영화를 통한 성찰과 인식
그리고 $+\alpha$

영화를 통한 성찰과 인식 그리고 $+\alpha$

최성수 지음

이담
Books

이 책을 여든 번째 생신을 맞으신 어머니 권순기 여사에게 바칩니다.

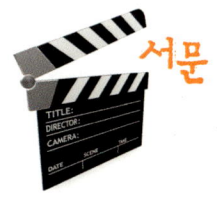

서문

필자는 그동안 영화의 매력에 푹 빠져 살아왔다. 이미지가 주는 힘이 신학자가 시도하는 개념적인 사유보다도 더욱 강력하다는 사실을 알게 되었고 또 세상에 미치는 힘이 비교할 수 없을 정도임을 깨닫게 되면서부터였다. 영화를 보고 또 공부하며 여러 매체들에 글을 기고하면서 학자들의 담론보다는 일상에서 만나는 사람들의 소통방식이 주는 편안함을 즐겼다. 학자로서 개인의 이력을 위해 부지런히 학술 논문을 써야 할 시기에도 영화에 대한 글을 썼다. 남들은 '외도'라고 비아냥거렸지만, 신학이라는 것도 결국은 알려진 것들을 통해서 하나님을 말하는 것이고, 그것을 교회와 세상에 소통하는 작업이라고 생각하기에 양식만 달랐지 영화를 통해 얻은 통찰들을 가지고 하나님을 말하는 일도 매한가지라 생각했다. 엄밀히 말하자면 조직신학자로서 필자는 영화와 더불어 신학적 주제나 개념 등을 성찰하고, 신학적인 지식을 재인식하며 또 그것을 일상 언어로 소통하기 위해 노력해왔다.

물론 비정규직의 삶을 살면서 겪을 수밖에 없는 경제적인 문제를 해결하기 위해 글을 써 온 까닭도 없지는 않겠지만, 더욱 우선 되는 이유는 신학적인 개념들과 주제들을 보다 쉽게 접근할 수 있는 방법을 모색하던 중에 영화를 선택하게 된 것이었다. 학문적인 사고와 소통 방식에 익숙하지 않은 사람들에게 우리 주위에 있는 수많은 이미지들과 삶의 편린들을 통해서 하나님 경험이 어떻게 가능한지를 보여 주고 싶었다. 필자 자신의 경험이기도 했지만, 그것이 다른 사람들에게도 가능하다는 사실을 확인하고 난 후로 지금까지 영화와 더불어 신학하고 또 영화와 더불어 목회하고 있다. 얼마나 많은 이야기들을 영화를 통해서 들을 수 있었는지, 수많은 이야기 속에서 얼마나 많은 나 스스로의 모습을 보고 놀랐는지 그리고 영화와 나의 이야기를 통해 새롭게 만들어지는 또 다른 이야기들 속에서 하나님의 경이로운 역사에 사로잡혀 말을 잃을 수밖에 없었는지… 만일 필자가 처음부터 신학이 아니라 영화를 업으로 삼았다면 상황이 어떻게 되었을지 자문하는 때가 많았다.

영화와 더불어 지냈던 삶의 족적들은 이미 출간된 필자의 책들을 통해서 짐작해 볼 수 있겠지만, 이번에는 영화를 통한 성찰과 인식 그리고 이를 바탕으로 이뤄질 수 있는 독자들의 다양한 경험들을 도울 수 있다고 생각되는 글들을 정리해 보았다. 생각하며 사는 독자들에게 도움을 주고자 한 것이다. 이 책을 읽는 독자들은 영화를 매개로 다양한 주제에 대해 생각하고, 세상을 살아가는 지혜를 얻으며, 인간과 하나님에 대한 지식을 얻을 수 있는 기회를 갖게 될 것이다.

이 책 안에는 그동안 여러 잡지에 기고했던 글들과 처음으로 발표되는 몇 편의 글들이 들어 있다. 필자의 생각을 정리한 영화 혹은 기독교 영화에 대한 몇 편의 논문들은 지면 관계상 이곳에 담지 못했다. 얼마 전부터 기획해 왔고 또 현재 집필 중에 있는 "영화적 인간학(Anthropology in Film)"이 완성되면 혹시 그 안에 부록의 형태로 포함될 수 있을 것으로 기대한다.

"영화를 통한 성찰과 인식 그리고 +α"는 영화에 대한 필자의 생각을 정리한 1장('영화란 무엇인가?')을 제외하고 여러 영화들을 주제별로 분류하였는데, 이는 독자들의 주제에 대한 성찰이 가능할 수 있도록 돕는 데에 목표를 두었기 때문이다. 한 주제 안에서도 다양한 생각들이 가능하다는 것을 보여 주기 위해-비록 책이 두꺼워지기도 했지만-여러 영화들을 같이 실었다. 뿐만 아니라 글 말미에 주제 성찰에 이어서 일정한 인식에 이르기 위해 필요한 질문들과 문제의식들을 언급함으로써 독자들의 인식 행위를 돕고자 했다. 주로 기독교적 영화 보기에 주안점을 두며 글을 썼기 때문에 설교와 교육에 유용하게 사용될 수 있을 것으로 기대한다.

특히 이미 발표했던 글들의 경우, 책으로 출판되는 시기를 고려해서 발표된 이후에 개봉된 영화들에 대한 이야기가 첨가되기도 했고, 그에 따라 표현도 알맞게 수정하였다. 발표된 당시와 다소 다른 문체들과 내용들을 발견하게 될 것이다. 뿐만 아니라 교회나 학교에서 주제 학습과 주제 설교를 위한 자료로 사용될 수 있도록 많은 부분을 수정하고 첨가하였다.

책을 출판할 때마다 느끼는 일이지만, 필자는 하나님의 은혜로 여기까지 왔음을 고백한다. 메마른 곳에서도 내 영혼을 만족하게 하며 내 뼈를 견고하게 하시는 하나님을 새롭게 경험할 수 있었다. 유학을 마치고 돌아온 후 지금까지, 그야말로 주위에 나를 이끌어줄 스승이나 선배, 혹은 신학적인 동기가 아무도 없었던 시기부터 오늘날까지의 시간들을 돌아보면 얼마나 많은 사람들이 음으로 양으로 도움을 주셨는지……. 사람들과 관계를 맺는 일에 많은 시간을 투자하지 못했음에도 불구하고 주변에는 필자를 돕는 분들이 참 많았다. 하나님의 은혜가 아니면 도무지 설명할 수 없는 일들이다. 그분들의 이름을 일일이 거명하지 못하지만 이 자리에서 다시 한 번 그들의 은혜와 사랑에 깊은 감사를 드린다.

이곳까지 오면서 함께 동반자의 길을 걸어온 아내 고영미와 세 명의 아이들 하은, 하람, 하진은 필자를 위해 가장 많은 부분을 희생해 왔다. 결코 잊어서는 안 될 소중하고 값진 희생이다.

모든 것을 오직 하나님께만 영광을 돌리며…….

2011년

최 성 수

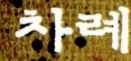

차례

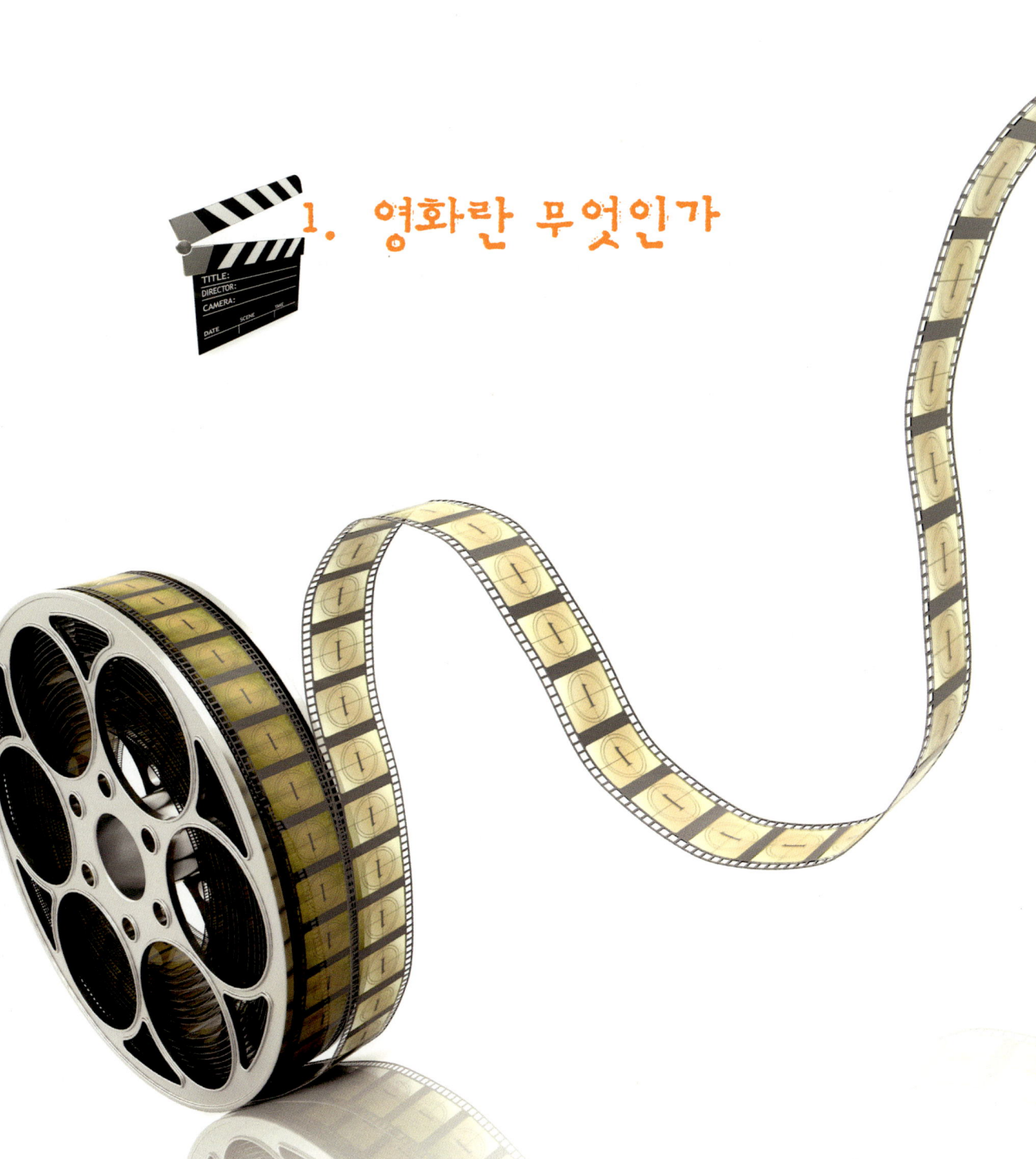

1. 영화란 무엇인가

영화를 통한 성찰과 인식 그리고 +a를 탐색하기에 앞서 먼저 영화에 대한 일반적인 생각들을 정리해 보는 것이 좋겠다. 여러 영화들에 대한 다양하고 복잡한 이해로 인해 글의 실마리를 놓치지 않기 위함이다. 영화에 대한 다음의 이해를 바탕으로 필자는 영화를 통해 성찰하고 또한 인식을 시도했다. 또한 하나님 경험을 할 수 있었는데, 독자의 종교적인 혹은 사상적인 성향에 따라 +a는 다양하게 이해될 수 있을 것이다. 다음의 글은 필자의 영화에 대한 생각을 중심으로 살펴보게 될 것이다.

1) 영화와 현실

프랑스 영화비평 잡지 「까이에 뒤 시네마」(Cahiers du Cinéma)를 중심으로 작가주의 태동에 지대한 영향을 미친 앙드레 바쟁(Andre Bazin)은 사진 영상의 존재론을 말하면서, 사진은 정신적 리얼리티(실재)를 표현하기 위해 외부세계를 모방하는 것이라고 보았다.[1] 작가 안에 있는 세계가 현실을 매개로 그리고 이미지 재현 기술(카메라 기술)을 통해 표현되는 것이 사진이라는 말이다. 마치 커다란 돌덩이에 불과한 것들이 조형 예술가들에 의해 하나의 형태를 입고 예술로 태어나듯이, 사진작가에게 있어서 현실은 자신의 정신적 실재를 표현하기 위한 소재이며, 이미지로 구체화되길 기다리는 조형물에 해당된다. 작가가 보고 또 생각하는 것들이 어떤 소재를 매개로 표현되느냐의 차이일 뿐, 예술행위는 모두 같은 맥락에서 이해된다.

사진의 연장인 영화와 관련해서 말하자면, 영화는 작가의 생각 안에 존재하는 이미지의 재현, 곧 현실을 매개로 하는 재현이며, 영상기술을 통해 현실을 재구성해서 사람들로 하여금 현실을 다시 보도록 할 뿐만 아니라 새롭게, 그리고 깊이 있게 보도록 한다.[2] 비록 현실

---

1) Andre Bazin, *What Is Cinema?*, 박상규 역, 『영화란 무엇인가?』(서울: 시각과 언어, 1998), 15.

2) 필자의 다음 정의를 참고: "영화는 현실 전체를 보여 주기보다는 부분에 집중하기 때문에 평상시에 간과하기 쉽거나, 현저하게 두드러지는 현상에 의해 가려져 있거나 혹은 그늘 속에 은폐되어 있는 현실들에 대한 관심을 환기시켜 준다. 몰랐던 것들을 알게 해 주기도 하고 때로는 다수의 그늘 속에 묻혀 있는 것들에 대한 사회적인 관심을 불러일으키기도 한다."(최성수, 『영화 속 기독교』).

그 자체를 재현하지는 않지만, 일상적인 시각으로는 쉽게 보지 못하는 현실의 단면들을 영상을 매개로 보여 준다. 여기서 말하는 현실들은, 앙드레 바쟁의 말을 빌린다면, 작가의 정신적 리얼리티이다. 작가의 정신적 실재가 이미지 기술을 매개로 현실을 모방하여 재현된 것일 뿐이다. 영화가 모방의 대상으로 삼고 있는 것은 단지 현실만은 아니다. 문자를 통해 읽히고 또 상상된 것들도 하나의 모방 대상이 되며, 이것 역시 시청각 이미지를 통해 경험된다. 물론 상상된 것들을 모방해서 표현하기 위해서는 영상기술의 발달을 기다려야 했다.

이처럼 영화는 작가의 생각을 표현하지만, 다른 한편으로 사실주의자들은 현실 그 자체를 이미지를 통해 재현하기도 한다. 어떤 영화든 현실을 다시 혹은 새롭게 보도록 하기 위해 현실을 재현한다. 그러나 보여 주는 것은 단지 시각행위만을 겨냥하지 않는다. 보여 줌으로써 현실을 경험하고 또 이해하도록 한다. 영화를 본다는 것은 작가가 본 것을 이해하는 행위인 것이다. 봄의 행위를 통해 영화와 관객의 대화가 이뤄지며, 본 것과 관련해서 성찰하게 되고 마침내 이해의 순간에 이르면서 관객은 의미 경험을 하게 된다. 이해라는 해석의 과정은 공감을 전제한다 하더라도, 그것이 항상 수용을 의미하는 것은 아니다. 때로는 거부감이 될 수도 있다. 영화에서 낯선 캐릭터를 보는 경우에도 관객은 스토리를 통해서 캐릭터에 공감하거나 캐릭터를 거부한다는 말이다.

이렇듯 영화는 현실을 보게 하거나 다시 보게 함으로써 의미를 생산하고 또 관객으로 하여금 의미를 경험하도록 한다. 본질적으로 환영인 영화에 대한 이해는 현실 재현의 목적과 방식의 차이에 따라 크게 형식주의와 사실주의로 갈라지지만, 아무리 사실주의라 하더라도 효과적이고 설득력 있게 재현하기 위한 작가의 노력을 결코 무시할 수 없다. 영화에서 형식적 재현과 사실적 재현은 영원히 상호보완 관계로 남아야 한다. 바쟁은 위대한 예술가들에게서 나타나는 특징으로 두 가지 경향의 종합을 보았다.[3]

영화는 현실을 재현하기만 하는 것이 아니라 현실을 변형시키기도 한다. 이는 인간의 욕망을 표현할 때 즐겨 사용된다. 가장 원시적인 형태로 인간의 욕망을 환기시키는 방식은 대체로 보는 것을 통해 표현된다. 하와가 자신의 욕망이 무엇인지를 알게 된 것은 뱀의 말을 듣고 선악과를 보았기 때문이다. 영화는 변형된 현실을 보여 줌으로써 한편으로는 보는 자들의 욕망을 깨우고 또 현실 인식을 왜곡시킬 수 있지만, 다른 한편으로는 자신을 되돌아보거나 혹은 현실을 새롭게 이해하거나 새롭게 구성하는 방향을 제시하기도 하고 원동력이 되기도 한다.

<눈먼 자들의 도시>(페르난도 메이렐레스, 2008)에서 잘 표현되었듯이, 본다는 것은 보지

---

3) 앙드레 바쟁. 앞의 글. 16.

못하는 자들에 대한 책임을 의식하는 행위이다. 그릇된 것을 보았을 때는 비판적인 태도를 요구하는 소리로 들어야 하며, 올바른 것을 보았다면 그것을 모두가 공유할 수 있도록 전해야 할 책임으로 받아들여야 한다. 영화가 직접적으로 이런 것들을 요구하거나 기대하는 것은 아니지만, 영화와 현실의 관련성에 비추어 볼 때 영화와 관객 사이에서 파생되는 윤리적인 함의라고 볼 수 있다. 성경의 예언자에 해당하는 원어의 뜻은 '선견자(先見者)', 곧 먼저 본 자, 앞서 본 자를 뜻한다. 이것은 영화를 통해 새로운 세계, 미래를 본다는 것이 어떤 의미를 갖고 있는지를 잘 말해 준다. 영화를 보는 것은 단지 개인적인 유희가 아니라 공적인 책임감을 자각하는 것이다.

2) 영화와 스토리텔링

영화는 엄밀히 말해서 문자에서 영상이라는 재현 방식이 바뀌었을 뿐 스토리텔링을 본질로 한다는 점에서 볼 때 문학과 크게 다르지 않다. 대체로 시간과 공간에서 자유롭고 또한 문자가 주는 무한한 가능성을 갖고 있는 문학이 상상력의 범위와 폭에 있어서 더욱 크지만, 영화는 문학, 음악, 미술, 연극, 뮤지컬, 발레와 춤 등 여러 예술 장르들을 모두 포함할 수 있기 때문에 기본적으로 하이브리드 예술이며 종합예술이다. 영상기술에 의지해서 생산되는 영화의 특수효과들 혹은 CGI(Computer-Generated Imagery)는 스토리텔링의 풍부함을 높이기 위한 수단일 뿐이다. 중요한 것은 스토리이다.

물론 아날로그 영상 미학과 달리 디지털 영상 미학은 기본적으로 3S(Surprise, Suspense, Spectacle)를 내세우고, 특히 게임에서 그 효과를 보고 또 발휘하고 있다 해도,[4] 디지털 기술이 영화에 사용될 경우 3S는 스토리텔링의 지배하에 있게 된다. 화려한 비주얼을 제공하는 디지털 영상은 그 나름대로 의미는 있지만, 만일 스토리텔링이 좋지 않으면 영화비평가들의 뼛속까지 스며드는 혹독한 비난에 노출될 수밖에 없다. 심형래의 <디워(D-War)>[5]와 제임스 카메론의 <아바타>에 대한 평단의 반응이 대표적인 케이스라 하겠다. 그러나 CG 기술이 영화의 성공 여부를 결정짓지 못한다는 생각[6]은 상대적으로 영화에서 스토리텔링의 비중이 얼마나 큰지를 입증한 것이다.

책에 관한 한 내용의 풍성함은 기본적으로 작가의 창의력과 스토리 구성능력 그리고 상

---

4) Andrew Darley, *Visual Digital Culture*, 김주환 옮김, 『디지털 시대의 영상문화』(서울: 현실문화연구, 2003).

5) 〈D-War〉와 관련된 논쟁에 대한 필자의 견해에 대해서는 다음을 참고: 최성수, "영화비평의 과제와 한계"(〈디워〉), 『기독교세계』(2007년 10월), 104-105.

6) 참고: "테크놀로지와 영화의 미래", 『씨네21』 No.749(2010), 52-63.

상력에 좌우되지만, 의미해독에 있어서 독자의 상상력에 의지하는 바가 적지 않다. 상상력에 있어서 저자와 독자의 울림이 독서 경험에서 결정적이라는 말이다. 비유법을 사용하는 문학에서는 저자와 독자의 소통이 비교적 자유로운 편이고 또한 상상의 범위도 다양하고 다채롭다.

그러나 영화는 그렇지 않다. 영화는 감독예술이라 불릴 정도로 감독의 창의력과 상상력이 중시된다. 관객의 상상력에 근거한 감상 혹은 비평은 기대할 만하지만 사실 특별한 경우다. 그래서 영화이해의 관건은 영화적인 이해를 바탕으로 감독의 의도와 메시지를 파악하는 것이다. 물론 사용된 기호(encoding)들이 읽히는 상황과 맥락 그리고 관점에 따라 달리 이해될 수도 있기 때문에 다양하게 해독(decoding)된다. 필자는 철학자 비트겐슈타인의 언어 의미론에 의지해서 영화의 의미를 영화적인 의미와 맥락적인 의미로 구분하였다.[7]

뿐만 아니라 영화사는 영상기술의 발전사와 병행할 정도로 영화의 상상력에 관한 한 영상기술 역시 중요한 요소다. 과거의 기술로는 가능하지 않아 만화로만 표현되었던 판타지 문학들이 첨단 영상기기와 CG 같은 테크놀로지의 힘을 빌려 영화로 거듭 태어나고 있는 현실이 잘 말해 준다. 영화감독과 영상 제작 그리고 재현 기술이 영화적 상상력과 그 풍부함을 결정짓는 데에 지배적이기 때문에 영화의 소통방식은 대체로 일방적이고, 관객은 수동적인 위치로 전락되는 듯이 보인다. 만일 이렇게 되면 관객의 상상력은 나래를 펴 보지도 못한다. 맥루한(Marshall McLuhan)의 용어를 빌려 말한다면, 영화는 TV에 비해 비교적 핫한 미디어지만, 그럼에도 불구하고 어느 정도 쿨한 미디어가 될 필요가 있다. 다시 말해서 영화에서 감독의 상상력과 그것을 현실화하는 영상기술은, 비록 그것이 관객들이 애써 상상하지 않고 편안하게 감상할 수 있도록 돕는 것이라 해도, 최소한 관객이 상상할 수 있는 틈새마저 막아 버리면 안 된다. 지나친 친절은 오히려 관객에게 외면당할 수 있다.

최근 웹2.0 철학(개방, 공유, 참여)에 따른 양방향 소통방식은 TV의 스토리텔링에서는 어느 정도 실현가능하다 할지라도(예컨대 시청자 반응을 보면서 각본을 수정하는 경향) 영화의 스토리텔링에는 적용하기 힘들다. 영화제작이 아무리 관객 이미지를 추구한다고 하지만 이미 설정되어 극장에서 개봉된 후에는 스토리텔링에 대한 수정은 가능하지 않다. 트위터나 페이스 북 혹은 블로그 같은 소셜 네트워크를 이용하면서 제작과정에서 관객과의 소통을 할 수 있지만, 그것이 어느 정도 실현이 가능할지는 감독과 스태프 그리고 시나리오 작가에 달렸다. 가까운 시일에 이뤄질 것 같지 않다. 기껏해야 시사회 이후에 이뤄지는 후반작업의 최종 편집과정에서 시도될 수 있을 뿐이다. 그러므로 영화에서 양방향 소통은 원래적으로 가

---

7) 최성수, 『영화 속 기독교』(대전: 글누리, 2007), 13 - 16.

능하지 않다. IPTV와 같은 형식이 영화제작과 유통방식에 어떤 영향을 미칠 것인지도 예상하기가 쉽지 않다. 자주 선택되는 영화들을 모니터링하면서 트렌드를 파악하여 장르나 주제혹은 캐스팅이나 스토리텔링을 반복하거나 리메이킹 작업을 통해 스토리텔링에서 새로운변화를 시도할 수 있는 기회로 삼을 수는 있지만, 상영 중인 영화의 스토리텔링을 관객의의견을 반영하며 변경한다는 것은 가능하지 않다.

3) 영화와 의미 경험

기본적으로 대중 예술로서 영화는 관객 이미지, 곧 관객이 보고 싶은 내용과 방식을 따르기 때문에 관객을 배제하는 소통은 결코 가능하지 않다. 관객 이미지는 집단적인 꿈 혹은이상에 가깝다. 그래서 영화는 시대의 '집단적인 꿈과 비슷'[7]한 것이다. 이런 점에서 볼 때영화는 다른 어떤 예술 장르보다 더욱 이성적으로 작업되어야 하지만, 또한 가장 감성적으로 표현되어야 한다는 말에 동의하지 않을 수 없다. 영화제작이 관객 이미지를 좇는다 함은영화가 현실과 현실의 요구 그리고 이상을 반영한다는 말이다.

칸트(Immanuel Kant)는 인간의 경험이 가능한 것은 감각의 내용들을 일정한 도식으로 수용하는 오성의 범주들 때문이라고 말했는데, 이에 근거해서 말한다면, 관객은 이미지들을각종 개념 혹은 범주를 매개로 지각함으로써 의미 경험을 하게 된다. 영화를 본다는 것은이해하는 것이며, 이것은 영화의 스토리 혹은 캐릭터 속에서 자신을 재발견하는 것이다. 그러므로 영화를 보는 것은 유비적인 의미나 비판적인 의미에서 현실을 보는 것이다. 영화를재미로만 볼 경우 현실이 배제된 영화 감상으로 이어질 가능성이 높다. 본 것을 성찰하면서다시 한 번 주목하게 될 때 내 안에 울림이 일어난다. 미적 경험과 더불어서 인식이 이뤄지는 것이다.

미적 경험이 단순한 감각적인 반응으로 머물러 있지 않게 하기 위해서는 영화 묵상이 필요하다. 묵상의 결과로 관객은 의미 경험을 하게 되는데, 영화를 통해 유비적으로 혹은 비판적으로 현실을 보게 된다. 미적 경험을 통해 일어나는 의미 경험은 영화를 통해 현실을 경험할 수 있을 때에 가능해진다. 따라서 영화를 어떻게 대하느냐에 따라서 단순한 시청각 경험으로 끝날 수 있고 또 의미 경험으로 확장될 수도 있다. 때로는 현실을 변화시켜 새로운 현실을 구체화하거나 새로운 문화를 생산하는 원동력이 될 수도 있다.

---

7) Birgit Wolz, *E-motion Picture Magic*, 심영섭 · 김준형 · 김은하 옮김, 『시네마테라피』(서울: 을유문화사, 2009), 33.

4) 영화와 인간

영화의 의미를 묻는 작업에서 빼놓을 수 없는 점은 영화의 세계가 곧 인간의 세계라는 사실이다. 영화는 인간을 중심으로 전개된다. 비록 신화나 애니메이션이라 하더라도 영화의 중심에는 언제나 인간이 있다. 이런 점에서 영화는 모두 영상적 인간학이다. 장르의 차이와 주제의 차이 그리고 스토리의 차이를 통해서 영화는 인간이 처한 다양한 상황과 다양한 문제들을 제시하고 또 해결을 시도한다.

복합장르의 유행은 인간상황이 그만큼 다층적임을 시사한다. 배우들의 연기를 통해서는 인간의 다양한 유형들이 제시되고, 영상기술을 통해서는 인간의 삶의 깊이와 넓이가 더욱 분명해질 뿐만 아니라 다양한 색채의 삶이 투영된다. 각종 영상문법을 통해 영화는 인간과 자연에 대한 다양한 관점들을 제시하며, 스토리텔링으로 인간은 언제나 상황적인 존재로 제시되고, 또한 인간이해에서 제기되는 갈등과 긴장감이 산출된다. 감독은 일종의 전능자 입장에서 캐릭터들을 창조하며 모든 것들의 관계를 생산해 낸다. 사건에 직접 혹은 간접적으로 개입해서 일의 추이를 바꾼다. <인셉션>(크리스토퍼 놀란, 2010)에서 표현하고 있듯이, 이미지 폭격을 통해 심지어 인간의 무의식에까지 침투해서 생각과 결정을 바꾸도록 영향을 미칠 수 있다. 화려한 역사나 이데올로기의 흙더미에 파묻혀 있는 사실들을 발굴해 내며, 각종 효과들을 동원하고, 시간과 공간을 재구성하면서 정서적 자극을 일으킨다. 심연 속에 묻힌 기억들을 회상시키고, 혼돈된 세계를 정돈하며, 관객의 인식을 확장한다.

관객은 영화를 통해 무엇보다 먼저 이미지를 본다. 이미지를 통해 현실을 보고, 현실을 통해 자신을 보며 그리고 결국에는 자기 내면을 본다. 탈무드에 따르면, 우리가 지각하는 것은 우리 내면을 보는 것이라고 말한다. 그러므로 본다는 것은 성찰하는 것이다. 영화를 보면서 관객은 인간에 대한 관찰의 범위를 넓히면서, 인간을 인지하고, 인간을 모방하며, 인간과 관련된 모든 것들을 경험하고 또 성찰한다. 상황에 따라 그리고 사람들에 따라 다르게 관계하는 방식을 학습한다. 영화 속 인간을 통해 자신을 보고 자신의 변화를 위한 계기로 삼는다. 영화를 통해 인간이 변하고, 이것은 세상이 변하는 출발점이 된다. 관객의 수가 영화의 질을 좌우하는 것은 아니지만, 관객은 실질적인 의미에서 영화의 잠재적 가치이며 영화의 미래를 가리키는 지표에 해당된다. 과거에 평론가들의 전유물로 여겨졌던 감독을 통제하는 기능은 영화 예술의 대중성으로 인해서 관객에게 귀속되었다. 감독은 관객들의 평가나 혹은 비평가들의 비평에 근거해서 자신의 피조물을 수정, 변형, 복제 혹은 더욱 발전시키기 때문이다. 관객은 감독의 오만을 경고하며, 감독의 게으름을 질책하고, 감독의 작가적인 능력에 박수를 아끼지 않는다. 보기에 따라서 관객은 감독이 차지하고 있는 위상보다 더 높은 전능자의 위치에 있다. 전능자의 위치에 선 감독이 가장 두려워하는 것은 비평가보다는 관객이기 때문이다. 관객의 영화이해를 지향하는 비평이 필요한 이유이기도 하다. 물론 작가주의에 충실한 감독들도 있기 때문에 영화가 전적으로 관객지향적일 수는 없다. 그렇다고 해서 관객을 무시하는 영화는 존재의 의미를 상실하며 마침내는 박물관 소장품으로 전락된다. 관객은 영화의 존재 이유가 된다. 관객은 영화의 반복적 상영과 재생산(비슷한 유형의 영화에 대한 투자를 고무함으로써 혹은 실력을 인정받은 감독에게 원활한 투자가 이뤄지도록 함으로써)을 결정한다. 영화는 영화적 상상력으로 새로운 인간형을 생산하고 또 새로운 세상을 제시한다. 이런 의미에서 영화는 종말론적 인간이해의 가능성을 열어 준다. 최근의 영화들이 인간의 욕망을 종말의 원인으로 지적하는 단계에서 벗어나, 종말 이후의 인간형과 세계를 탐색하는 것은 주목할 만한 일이다. 영화적인 인간이해의 새로운 시도라고 생각하기 때문이다.

5) 좋은 영화의 다섯 가지 조건

한편, 영상기술에 기반을 둔 미학적 측면을 배제한다면, 좋은 영화로 평가될 수 있는 영화는 대개 몇 가지 조건을 공유한다. 그 첫째는 성찰의 매개가 될 수 있을 정도로 주제와 스토리텔링이 분명하다. 둘째는 현실에 대한 분명한 이미지를 각인시키며, 이를 통해 존재 혹은 존재의 의미를 드러내는 서사구조를 가진다. 셋째는 영화를 매개로 타인과 소통할 수 있을 정도로 보편적인 정서를 가지며, 또한 주제의 연관성이 포괄적이다. 그리고 넷째, 영화 감상을 통해 인간의 해방(구원)이나 치유 사건이 일어난다. 다섯째, 창의적이다.

(1) 성찰의 매개

성찰은 잠시 동안의 쉼이며, 심호흡과 같다. 쉼은 일상으로부터 벗어나는 것이다. 심호흡을 통해 몸 안의 독소가 빠져나가며 새로운 것이 받아들여진다. 성찰은 쉼과 심호흡이 어우러진 '쉼 호흡'이다. 멈춤과 버림 그리고 수용이 이뤄지기 때문에 성찰의 반복적인 수련은 관점의 변화를 가져온다. 나로부터 출발하지만 결코 나 자신에 머물러 있지 않도록 한다. 자신을 성찰함으로써 더 큰 맥락에서 자신을 돌아볼 수 있게 된다. 그래서 성찰은 습관의 변화와 인식의 변화를 가져오고, 또 이것은 삶의 변화와 세상의 변화로 이어진다.

공자는 하루에 세 번씩 자신의 행동을 반성하라고 했다. 그 세 번이라는 것은 남을 위해 일을 도모하는 데 충실하지 않았는지[爲人謀而不忠乎], 벗과 함께 사귀는 데 신의를 잃지 않았는지[與朋友交而不信乎], 스승에게 배운 것을 익히지 못하지는 않았는지[傳不習乎] 등을 말한다. 대개의 사람들이 하루의 삶을 살면서 겪게 되는 것을 세 가지로 요약한 것인데, 현대 사회에 꼭 부합된 성찰의 내용은 아니다. 그럼에도 불구하고 여전히 고전적인 의미를 갖는다. 쉽게 말해서 '一日三省(일일삼성)'은 잠시 숨을 고르며 하루의 삶으로부터 잘못된 것은 버리고 새로움을 받아들이라는 말이다.

성찰에 익숙해져 있고 성찰을 인생의 낙으로 삼는 사람들은 성찰에 적합한 매개물을 얻는 데 큰 정성을 쏟는다. 책을 가까이하는 것은 정보를 얻으려는 이유가 있지만, 성찰에 더 큰 목적을 두는 사람들도 있다. 곁에 두고 오랫동안 음미할 수 있는 것이라면 가격의 고하를 막론하고 얻기를 노력한다. 심지어 고서점을 샅샅이 뒤져 마치 숨겨진 보화를 찾는 듯한 수고를 마다하지 않는다.

성찰의 매개는 한 편의 그림일 수 있고, 도자기일 수 있으며, 우연히 발견한 작은 돌멩이일 수도 있다. 식물일 수도 있고, 애완동물일 수도 있다. 각종 장르의 공연예술이나 전시예술을 통해 혹은 스포츠를 통해 성찰의 기회를 얻고, 어떤 사람들은 일상의 모습들을 통해 실마리를 삼기도 한다. 주름으로 가득한 노인의 검게 그을린, 모자 밑에 드러나는 환하게 웃는 얼굴은 많은 사람들에게 익숙한 장면이다. 엄마에게는 어린아이들일 수도 있고, 남편에게는 사랑하는 가족일 수도 있다. 한 장의 사진일 수 있으며 때로는 기억의 단편일 수도 있다. 간단하게 말해서 비록 시기와 장소 그리고 상황마다 달라질 수 있지만, 사람들은 누구나 자신에게 적합한 성찰을 위한 매개물을 갖기 마련이다. 혹시 일상화되어 있지 않더라도 어느 한순간에 큰 깨달음을 얻는 성찰의 과정이 있다. 생각하며 사는 사람은 자신에게 적합한 매개물을 늘 가까운 곳에 두고 음미하지만, 생각 없이 사는 사람은 아무리 좋은 것들이 주어진다 해도 의미가 없고 그저 볼 뿐이며 혹은 가치 있다고 생각되면 소유하려고 할 뿐 결코 생각의 실마리로 삼지 않는다.

매개물을 통해 생각하는 사람들에게 본다는 것은 단순한 시각 행위로 끝나지 않는다. 말 없이 보고 있다 해도 그들은 그 가운데서 말하기도 하고 듣기도 하며 소통한다. 물론 매개물을 통한 성찰에 익숙해 있지 않은 사람들에게는 아무런 결과도 없이 끝나 버리기도 하지만, 성찰하는 사람들에게 본다는 것은 소통하는 것이다. 그래서 <아바타>에서 제임스 카메론 감독은 소통의 표현으로 'I see you(나는 너를 본다)'라고 표현한 것이다. 비록 말을 하지 않지만 바라보면서 수많은 대화를 주고받으며 다양한 통찰을 얻는다. 통찰의 결과로 주어지는 것은 비록 사람마다 다르겠지만, 대개 발견의 기쁨이다.

대중문화 사회에서 성찰의 중요한 매개로 부상하는 장르 가운데 하나는 영화다. 과거에 춤, 연극, 음악, 미술이나 공예 혹은 조각이 차지했던 역할을 영화는 종합적으로 수행하기 때문이다. 영화는 메시지를 전달하며 메시지를 생산할 뿐만 아니라 성찰의 매체이기도 하다.

경우에 따라서 영화관에서 보내는 2시간 정도의 시간은 옛날의 나를 버리고 새로운 나를 받아들이는 과정이다. 관객은 일상에서 벗어나 일상과는 다른 세계를 보게 된다. 캐릭터와 스토리에 집중하면서 캐릭터와 스스로를 동일시하거나 혹은 거리를 두면서 자신의 내부를 들여다보게 된다. 영화를 보면서 현실을 보고, 그동안 무엇을 알지 못하고 있었는지 혹은 무엇을 간과하며 살았는지를 성찰한다. 신은 누구이고, 인간은 무엇인지를 성찰한다. 산다는 것 혹은 죽는다는 것이 무엇인지 그리고 어떻게 살아야 할 것인지를 성찰한다.

필자의 예를 들어 설명하면 다소 도움이 될 것 같다. 필자에게 성찰을 위한 매개물은 시기적으로 많이 변했다. 중고등 학교 시절에는 주로 시나 에세이 그리고 소설이었다. 한국 단편문학 전집, 도스토옙스키, 루이제 린저, 헤르만 헤세, 라이너 마리아 릴케의 작품들을 탐독하였다. 대학에서 철학을 전공하면서는 철학자들의 사상을 매개로 성찰하였다. 처음에는 철학사상 자체를 습득하는 데에 시간을 투자하고 철학사상을 이해하는 데에 노력을 기울였지만, 철학자와 이론에 익숙해지면서부터 철학사상과 사고방식 그리고 논쟁들이 매개가 되었다. 필자의 은사인 이한조 교수님으로부터 개인적으로 소개받은 플라톤 전집과 데카르트(René Descartes)의 '방법서설'과 '성찰' 그리고 필자의 지적 욕구를 자극하고 충족시켰던 칸트(Immanuel Kant)와 비트겐슈타인(Ludwig Wittgenstein)과 키에르케고르(S. Kierkegaard)는 철학뿐만 아니라 세상을 이해하는 데에 큰 디딤돌이 되어 준 철학자들이다. 이들의 작품을 통해서 세계와 인생을 성찰할 수 있었다. 그런데 어느 순간부터(많은 논쟁들을 연구하고 또한 직접 논쟁에 개입하면서 갑작스럽게 찾아온 철학에 대한 의혹이었다) 철학 사상 자체가 목적일 수 없음을 알게 되었다. 철학은 다른 무엇을 생각하기 위한 매개임을 발견했다. 수단과 도구에만 매달리는 것이 무슨 의미가 있을까를 생각하며 고민하다가 예수 그리스도를 만나게 되었다. 예수 그리스도가 인생의 의미와 목적임을 알게 되면서 신학으로 관심을 옮겼다. 그러나 중요한 것은 신학 자체가 아니라 하나님이고, 신학, 곧 신학자들의 사상은 하나님을 성찰하기 위한 매개에 불과한 것임을 처음부터 알고 신학을 시작했다. 물론 스승인 자우터(Gerhard Sauter) 교수께 배운 방법이긴 하다. 하나님은 목적이며 신학은 방법에 불과한 것이다. 자우터 교수의 가르침과 더불어서 9년의 시간 동안 독일에 머물면서 바르트(Karl Barth)와 판넨베르크(Wolfhart Pannenberg)의 저서들을 탐독하며 연구했지만 특정한 신학자와 그의 이론을 전공한다는 것이 필자에게는 큰 의미가 없었다. 오직 방법으로서 신학을 탐색하게 되었고, 하나님을 성찰하기 위한 도구로서 신학과 신학자의 사상을 연구하였다.

신학자로서 목회사역에서 얻은 경험은 필자로 하여금 학문의 언어와 사고는 대중적인 언어와 사고로 변환되어야 할 필요성을 절감토록 하였다. 필자에게 일어나는 생각의 변화는 큰 문제로 받아들여지지 않았고 오히려 자연스럽게 받아들이게 되었다. 왜냐하면 신학은 단지 하나님을 성찰하기 위한 도구일 뿐이기 때문이다. 영상문화와 미디어, 특히 영화에 대한 연구는 미적 경험과 하나님 경험이 결코 무관하지 않음을 알도록 했을 뿐만 아니라, 신학을 대중적인 언어로 소통하는 데 많은 도움을 주었다. 엄밀하게 말해서 영화 속에서 신학을 재인식하는 것이었지만, 어찌되었든 신학 언어와 신학적 사고가 아니라 이미지를 통해서 메시지를 공유할 수 있었다. 특히 존재와 인간 그리고 삶의 문제를 다룬 영화들을 감상하면서 필자는 신학적인 주제와 문제의식을 그 어떤 신학이론보다 분명하게, 즉 대중적으로 대중들에게 익숙한 이미지 언어로 소통할 수 있었다. 그 발견의 기쁨이 결실로 나타난 것이『영화관에서 만나는 하나님』(이화출판사, 2006),『영화 속 장애인 이야기』(이화출판사, 2007) 그리고『영화 속 기독교』(글누리, 2007)이다.

최근에는 학문의 각 분야에서 전공과 관련된 주제들을 영화를 통해 성찰하는 경향이 두드러지게 나타나고 있다. 이것은 영화가 다루는 내용이나 주제가 자신의 전공분야에서도 소통될 수 있다거나 혹은 전공지식에 접근하기에 많은 도움이 된다고 생각하기 때문이다. 지금까지 나온 책 혹은 연구논문들을 중심으로 살펴보면, 영화와 정신분석, 영화와 경제, 영화와 환경, 영화와 사회학, 영화와 건축학, 영화와 예술, 영화와 철학, 영화와 심리학, 영화와 음식, 영화와 여행, 영화와 장애인, 영화와 정치, 영화와 신학, 영화와 문화, 영화와 스포츠, 영화와 역사 등이 있다.

한편, 영화가 성찰의 매개가 되는 것은, 그것이 해석의 가능성에 대해서 열려 있을 때에만 가능하다. 전체주의 사회나 사상을 통제하는 시대와 같은 폐쇄된 소통구조에서는 대체로 체계를 유지하기 위한 중심적인 이미지가 있고, 그것을 받아들일 것을 요구할 뿐 새로운 해석의 가능성을 막아 놓고 있기 때문에 성찰 자체가 제한되어 있다. 단지 체계이론만이 가능할 뿐이다. 결코 자유로운 성찰을 할 수가 없다. 영화를 통한 성찰이 가능한 것은 영화가 열려 있다는 사실을 전제한다.

(2) 존재 혹은 존재의 의미를 드러낸다

영화에서 관객은 영상미학적인 표현을 통해 감독의 연출의도를 접하게 되며, 또한 미학적 표현 속에 담긴 메시지를 발견한다. 영화를 본다는 것은 단순한 시각행위를 넘어 감독과의 만남이며, 존재와 세계를 경험하는 것이고, 의미를 깨닫는 일이며 책임감을 의식하는 일이다. <아바타>를 통해 그 영향력의 실상을 알게 된 3D 혹은 4D 영상기술은, 관객들이 영화를 매개로 현실을 단지 볼 뿐만 아니라 실재 및 의미세계를 경험할 수 있도록 도울 수 있음을 입증해 주었다. 한층 발달된 3D 영화기술은 단순한 시청각 이미지 경험에서 벗어나 다감각적 이미지를 통해 구성되는 새로운 가능성의 세계를 체험할 수 있도록 했다. 그렇다고 해서 흔히 말해지듯이, 그것이 텔레비전 문화에 떠밀려 추락하는 영화계의 구원자로 부상했다고 말하는 것은 아니다. 3D TV도 현실화되고 있기 때문이다. 어떤 형태와 방향으로 발전될 것인지는 좀 더 지켜보아야 할 일이다. 그러나 분명하게 인정할 수 있는 것은 그동안 발달된 테크놀로지에 힘입어서 홈시어터를 즐기는 사람들을 다시금 영화관으로 끌어들이는 데에 성공했다는 것이다. 3D 영화는, 일각에서 기존의 영화산업을 절망적으로 바라보는 견해와는 달리, 앞으로 침체된 영화계에 큰 자극제가 될 것임에 분명하다.

존재는 어떤 방식으로 자신을 드러내는가? 이는 철학과 신학에서 매우 중요한 질문이며, 오랫동안 형이상학과 인식론의 주제로 다뤄져 왔다. 존재의 드러남을 필연적으로 이해한 철학자 헤겔(Friedrich Hegel)은 역사의 전개과정을 생각해 내었다. 그에게 있어서 역사는 절대정신 곧 존재자의 자기 드러냄의 과정이다. 존재인식과 관련해서 철학은 이성적인 혹은 이성에 적합한 이해방식을 고민했다. 과학적 사고에 있어서 존재는 관찰됨으로써 혹은 다른 것들을 설명하는 근거가 됨으로써 자신을 드러낸다. 보이지 않는 것, 관찰되지 않는 것은 존재하지 않는다.

그러나 블랙홀은 비록 가시적이지 않지만 천문학적인 현상들을 설명하는 데에 유용한 작업가설(working hypothesis)이기 때문에 존재한다고 말한다. 최근의 신경생리학은 존재의 자기 드러냄을 뇌의 활성화와 동일하게 생각하는 환원주의적 경향을 보이고 있다. 존재에 상응하는 뉴런 활동이 존재를 입증한다는 주장이다. 이보다 더욱 앞서 나가는 사람들은 의식이나 신도 결국 뉴런 활동에 대한 관찰로 설명될 수 있다고 믿고 또 주장한다. 종교적으로 볼 때 존재인식은 대부분 신탁을 통해, 선지자의 예언과 왕의 통치행위 그리고 제사장의 제의 행위들을 통한다. 존재인식을 위해 전문화된 기능을 중시한 종교는 대체로 성속을 구분했으며 초자연적인 현상을 거론한다. 동양종교는 도(道, 혹은 체(體))와 용(用, 혹은 덕(德)) 개념을 가지고 설명했다.

기독교는 다른 종교와의 차별성을 강조하면서 계시라는 개념을 사용하였다. 존재가 스스로 자신을 드러낸다는 것이다. 성경은 계시를 매우 독특하게, 즉 이야기의 형식으로 전해 준다. 크게 보자면 이스라엘의 역사요 선교의 역사이고 또한 세계의 역사이지만, 성경은 분명 하나님과 그의 말씀 그리고 그의 행위들을 이야기를 통해 전해 주고 있다. 판넨베르크의 '역사로서 계시'라는 주장에 전적으로 동의하는 것은 아니지만, 분명한 것은 존재가 자신을 드러내는 방식은 역사 속 사건들, 곧 이야기라는 사실이다.

관점을 달리해서 말한다면 하나님은 자신을 역사, 곧 이야기를 통해 드러내신다고 볼 수 있다. 이야기는 철학자들이 흔히 존재의 현재화라고 말했던 것으로 존재와 현상의 불연속적인 관계를 이어 주는 매개이다. 하나님은 인간의 삶과 역사를 통해 풀어지는 이야기 속에서 나타나시지만, 모든 이야기가 하나님의 자기계시를 반영하지는 않는다. 인간의 죄로 인해 이야기 자체가 어두워져 있어서 명료하지 못하기 때문이다. 오히려 하나님이 인간의 이야기를 사용하여 자기 자신을 드러내신다고 말하는 것이 더 적합하다. 이것은 말씀을 하나님과 동일시 보는 전통에서 매우 중요한 관점이다. 불연속적인 관계는 인간에 의해 연결되는 것이 아니라(만일 그렇게 된다면 종교가 된다), 하나님이 자신에 의해 이루어진다. 이것이 선행하는 하나님의 은총 원리이며 또한 성육신의 원리에 부합된다.

그러므로 인간의 모든 삶과 역사, 곧 모든 이야기는 그 자체로 하나님의 자기계시 방식이 될 수는 없고 하나님의 자기계시의 전형으로 드러낸 성경, 곧 메타내러티브(metanarrative) 혹은 근원적인 이야기(Ur-Geschichte)로 알려진 성경의 이야기 속에서 다시 이해되고 재해석되어야 한다. 이렇게 될 때 우리는 이야기 속에서 하나님을 만날 수 있게 된다.

여러 대학교에서 오랫동안 계속된 필자의 강의 '기독교와 영화'는 영화가 보이지 않는 세계, 곧 존재 혹은 존재의 의미를 드러낸다는 사실을 확인하면서 시작된 강의였다. 표면적으로는 영화이해(cineliteracy)와 미디어 비평을 위한 교육(medialiteracy)이지만, 내용적으로는 존재의 의미를 인식하고 소통하는 방식을 습득시키는 목적을 지향하였다. 다른 말로 표현한다면, 미적 경험을 매개로 존재 경험 혹은 하나님 경험에 이를 수 있도록 돕고자 했다. 미적 경험이 하나님 경험이 되는 방식은 예술의 미적 경험을 성경의 이야기 속에서 재구성하는 것이다. 강의가 철학이나 신학 전공과목이 아니라 교양과목이기 때문에 전문용어를 가급적 피하면서 존재를 이해시키려고 노력했고, 또 그것을 표현할 수 있는 능력을 함양토록 했다.

영화는 스토리텔링이다. 이야기를 설득력 있게 전달하려는 노력의 한 방식이다. 스토리텔링을 전제하는 여타의 장르와 비교해 볼 때 21세기 영상 시대에 가장 적합한 예술 장르이다. 인간의 이념뿐만 아니라 삶과 역사를 다양하고도 다층적 그리고 다중적인 구조를 갖는 이야기로 풀어낸다. 특수효과들과 반전기법을 사용함으로써 더욱 긴장감 있는 경험을 가능하게 한다. 그럼으로써 영화는 존재에 대한 성찰을 함축한다. 영화는 본질적으로 존재 혹은 의미를 드러내지만, 그것이 분명하게 다가오지 않는 이유는 본질적으로 죄로 어두워진 이야기 때문이다. 표면적인 이유를 들자면, 문자로 기록된 이야기를 영상언어와 문법을 통해 기호화(encoding)되었기 때문이다. 오락 위주로 제작된 것들이 있어서 모든 영화에서 존재와 의미가 발견되는 것은 아니지만, 영화는 스토리텔링을 통해 존재와 인간 그리고 삶을 성찰한다. 따라서 만일 영화적으로 생산된 기호를 읽어 낼 수만 있다면(decoding) 그리고 성서의 메타내러티브 안에서 재인식될 수 있다면 다감각적인 이미지를 매개로 표현된 존재 혹은 의미를 만나게 된다.

좋은 영화로 평가되는 영화는 장르 전개나 배우의 연기 혹은 기술적인 면에서 뛰어나지만 대개 뛰어난 스토리텔링을 공통점으로 갖는다. 존재와 의미에 대한 성찰이 영상미학적으로 제대로 표현되었다는 말이다.

(3) 보편적인 정서를 깨운다

스토리텔링으로서 영화는 비록 표현에 있어서는 감독 개인의 성향과 시대정신, 시간과 공간 그리고 상황에 좌우되지만, 감독은 그럼에도 불구하고 그 안에 인간의 보편적인 정서를 담으려고 노력한다. 영화가 존재의 자기 드러냄의 한 방식인 이야기이기 때문에 당연한 일이다. 그런데 이미지 자체는 세계 공통의 언어라 해도 그것의 해독과 이해는 문화적 전통에 따라 달라진다. 존재를 소통하기 위한 방식으로 이야기와 이미지를 사용한다고 해서 보편적인 공감을 전제할 수 있는 것은 아니다.

이야기와 이미지를 통한 표현은 존재를 더욱 현실감 있게 경험하게 해 주긴 하지만, 현란한 이미지에 현혹되지 않고 영화를 감상할 수 있도록 돕는 것은 주제다. 영화를 제작하는 입장에서도 주제는 영상작업(preproduction, production, postproduction 등)을 일관되게 이끄는 힘이다. 보편적인 정서를 자극할 수 있는 주제가 있고, 멋진 이미지로 표현된다 해도 영화와 현실의 관계를 더욱 돋보이게 하고, 심지어 살아 있게 만드는 것은 스토리텔링이다. 반복되는 말이지만. 심형래의 <디워>와 제임스 카메론의 <아바타>에 대한 관객과 평단의 상반된 반응은 스토리텔링이 영화에서 얼마나 중요한지를 입증해 준다. 두 영화는 분명한 주제가 있고, CG를 통한 표현에 관련해서 좋은 반응도 얻었지만 박약한 스토리텔링으로 인해 혹평을 피할 수 없었다.

세계 각 지역에서 만들어진 영화가 전 세계인에 의해 소통될 수 있는 것은 영화의 스토리 안에 보편적인 정서를 자극하는 무엇인가가 있기 때문이다. 스토리가 담고 있는 것이 얼마나 보편적이냐에 따라 소통의 범위가 달라진다. 세계적일 수 있지만, 경우에 따라서는 지역적인 수준에 제한될 수도 있다. 결정적인 기준은 얼마나 보편적인 정서를 자극하는 스토리텔링을 담고 있는가이다. 이런 까닭에 필자는 영화감독이나 PD 그리고 시나리오 작가와 같은 영상문화를 이끌어 가는 인재들을 양성하는 영상문화콘텐츠학과의 학습과정에 인문학적인 기본교육이 반드시 포함되어야 한다고 주장한다. 주제에 대한 인식과 주제를 창의적이고도 다양하게 표현해 내는 스토리텔링 능력을 함양하기 위함이다.

보편적이라 함은, 예컨대 세계와 인간의 본질에 대한 탐구를 통해 얻어지는 결과들이다. 인간은 워낙 복잡해서 그동안의 인간이해는 각 분야에서 관찰되거나 혹은 분석된 결과에 한정된다. 1912년에 노벨의학상을 수상한 알렉시스 카렐(Alexis Carrel)은 인간에 대한 과학적인 탐구를 전체적으로 조망한 결과를 『인간, 그 미지의 존재』에서 정리했는데, 이곳에서 그는 "모든 과학 중에서 '인간에 관한 과학'이 가장 어렵다"고 고백하고 있다. 인간에 관한 학문이 뒤처진 이유로 그는 세 가지를 제시한다. 첫째는 인류가 그동안 기본적인 의식주 문제에 천착하느라 마음의 여유가 없었기 때문이며, 둘째 이유는 인간이 너무 복잡하기 때문이고, 끝으로 세 번째 이유로 그는 인간의 마음이 인간(관찰 가능한 유기체로서 인간을 말한다)에 관한 지식에 향해 있지 않고 오히려 여전히 철학적·종교적 전통에 사로잡혀 있기 때문이라고 보았다.[8] 오늘날의 상황은 카렐의 시대와 비교할 수 없을 정도로 더욱 많은 변화가 있었다. 과학기술의 발달로 인간의 복잡성은 점점 풀려지고 있는데, 특히 인간에 대한 신경생리학적인 연구로 인해 그동안의 신비들이 과학적으로 설명될 수 있게 되었다.

인간은 참으로 다양하게 이해되고 있고, 또 지금까지 한 번도 모두가 동의하는 인간의 본질에 이르지 못했으면서도, 인간이해는 세계인 모두가 함께 고민하는 주제다. 지구가 멸망하는 순간에도(<2012>), 그리고 지구가 멸망의 순간을 경험한 후 생물체가 모두 사라지는 위기의 순간에도(<더 로드> <나는 전설이다>), 지구 멸망 후 새로운 세계를 건설하려는 순간에도(<일라이>) 인간에 대한 성찰은 끊이지 않고 있다. 인간에 대한 성찰의 범위에 따라서 세계영화제를 겨냥한 작품이 있는가 하면, 한 국가 안에서만 개봉되어 상영되는 것으로 만족하는 영화도 있다. 만일 전자를 위해 만들어진다면, 필자의 견해에 따르면, 인간의 본질을 탐색하는 영화가 되기를 노력해야 한다. 뿐만 아니라 다양한 영역에서 소통될 수 있는 주제를 다뤄야 한다. 그래야 모든 사람들의 정서를 자극할 수 있고 또 각 분야의 관심을 촉발할 수 있기 때문이다. 간단하게 말해서 포괄적인 소통을 가능하게 하는 영화가 좋은 영화다. 그렇다고 해서 흥행에 성공한 영화를 염두에 두는 것은 아니다. 흥행한 영화 가운데 인간에 대한 성찰이 부족한 것도 있고, 흥행하지 못했다 하더라도 인간에 대한 성찰이 매우 수준급인 것들도 있기 때문이다.

(4) 해방과 치유를 경험하게 한다

관객과 영화의 소통은 우선적으로 미적 경험으로 나타난다. 잔잔한 감동, 격렬한 흥분, 작

---

8) *Man, the unknown*, 류지호 옮김. 『인간, 그 미지의 존재』(서울: 문학사상사, 1998), 23-24.

열하는 기쁨, 끊어지는 것 같은 아픔, 가슴을 옥죄는 슬픔, 시공과 존재를 삼켜 버릴 듯한 긴장과 공포 등을 수반한다. 그러나 밋밋한 감동이라고 해서 그것이 소통의 부재를 의미하지 않는다. 단지 나와 직접적으로 관계되는 부분만을 찾지 못한 것일 뿐이다. 소통이 항상 나와의 관계에서만 성립되는 것은 아니다. 다른 사람들에게 미칠 영향과 감동을 예측하는 것도 소통의 한 방식이다.

그러나 좋은 영화의 공통된 특징은 감동을 준다는 데에 있다. 감동이란 울림이다. 영화를 통해 자신을 제대로 직면하는 것이다. 내 안에 있는 것과 영화가 서로 맞부딪힌 결과이다. 나의 질문에 대해 영화가 대답해 주기도 하고, 영화가 내게 질문을 제기하기도 한다. 때때로 무거운 질문이나 감당하기 어려운 대답을 안고 영화관을 떠날 때는 부담감을 느끼게 되지만, 사실 그것은 지금까지 여러 가지 이유로 회피하여 왔던 문제를 직면하게 되는 것일 뿐이다. 현실을 새롭게 보게 하고, 또 현실을 직면하게 함으로써 "왜곡된 감정을 닦아 내고 심리적 외상을 치유"[9]한다. 그럼으로써 그동안 감춰졌던 삶의 영역들이 확장될 수 있다. 영화 감상이란 단순한 엔터테인먼트의 수준을 넘어서 삶의 의미와 가치를 재인식하는 작업이다.

영화는 시청각 이미지를 통해 현실을 재구성함으로써 현실을 다시 보거나 새롭게 볼 수 있는 기회를 제공한다. 일상적인 감각으로 지각하지 못하는 현실의 단면들을 시청각 이미지를 매개로 지각하도록 해 준다. 각종 효과(비주얼 및 음향)는 스토리텔링을 화려하게 장식한다. 구체화되지 못한 채 머릿속에서 맴돌기만 하던 것이나 혹은 여러 가지 이유로 회피해 온 현실이 스토리텔링으로 그리고 시청각 이미지를 매개로 드러난다. 무거운 짐으로만 여기며 고민하던 삶의 문제들을 관객들은 제3자적인 관점에서 봄으로써 먼저는 현실에 대한 거부감과 두려움을 극복할 수 있고, 또한 전혀 예기치 못한 해결의 실마리를 얻기도 한다. 현실에서 벗어난 시공 속에서 쉼을 누리거나 일탈을 경험하기도 한다. 다양한 민족, 다양한 국가, 다양한 계층과 다양한 유형의 사람들을 간접적으로 접한 후에 자신의 정체성을 확립하고, 경우에 따라서는 소수자들의 삶과 애환을 보면서 커밍아웃의 용기를 갖는다. 절망의 굴곡과 심연에서 꿋꿋하게 이겨 내는 영웅에게서 삶의 희망을 보고 용기를 다지며, 또 그에게 자극받아 비전을 품기도 한다. 영화에서 얻는 감동은 변화의 단초이다.

항상 그런 것은 아니지만 대체로 영화는 인간을 이야기한다. 신을 주제로 삼는 것도 실상은 인간을 겨냥한 것이며, 동물이 등장하는 애니메이션 역시 인간을 말하기 위한 것이다. 환경에 대한 다큐멘터리도 궁극적으로 인간의 자연이해를 지향하며 또한 자연에 대한 인간의 태도 변화를 촉구하는 것을 목적으로 한다. 영화가 수많은 종류와 유형의 인간 및 인간 이야

---

9) 비르기트 볼츠, 앞의 글, 35.

기를 전해 주기 때문에 관객은 영화를 공감적으로 혹은 비판적으로 감상하면서 타인과 자신을 볼 수 있다. 자신을 억눌러 왔던 현실에서 벗어나 새로운 세상의 가능성을 보기도 하고, 의식의 수준으로 떠오르지 못했던 자신의 무의식을 확인하면서 해방과 치유를 경험한다. 이것은 영화를 통한 소통이나 영화치료법을 가능하게 하는 이유이다. 영화 경험들 가운데 비르기트 볼츠는 치유와 변화를 일으키는 것으로 두 가지가 있다고 말한다. 하나는 "우리 자신을 외재화하여 캐릭터의 경험 속으로 밀어 넣는 힘"을 경험하는 것이고, 다른 하나는 "현실에 있을 때보다 영화를 볼 때 더 건강한 관점"을 갖는 경험이다.[10] 좋은 영화들은 다양한 스펙트럼을 갖기 때문에 소통의 범위가 넓다. 인간의 근원적인 문제들을 이끌어 내고 무의식을 자극한다.

　박찬욱 감독의 복수 3부작은 인간관계에서 복수와 원한의 망령이 얼마나 비극적인지를 보여 주면서, 복수심에 사로잡힌 사람들의 응어리를 풀어 준다. 스티븐 스필버그 감독의 <라이언 일병 구하기>(1998)는 한편으로는 전쟁의 트라우마에 사로잡혀 있던 수많은 군인들을 치유해 주었고, 다른 한편으로는 참전 군인들을 새롭게 이해하도록 해서 그들의 가족 관계를 회복하는 데에 큰 도움을 주었다. 마틴 스콜세지 감독의 영화 <셔터 아일랜드>(2010)는 아내를 죽인 살인자라는 현실을 직면하기를 거부하는 한 정신질환자의 결말을 매우 실감 있게 표현하였다. 그럼으로써 인정하고 싶지 않은 현실을 직시하는 것이 정신건강에 얼마나 중요한 것인지를 말해 준다.

(5) 창의적이다

　2010년 한국을 방문한 프랑스 영화학자로서 영화 이미지학의 대가인 쟈크 오몽(Jacques Aumont)은 인터뷰에서 "영화에서 가장 중요한 것은 아이디어"이며 "그것이 영화에 예술성을 불어넣어" 준다고 주장하였다.[11] 다니엘 핑크(Daniel Pink) 역시 『새로운 미래가 온다』에서 미래는 창의성이 매우 중시되는 시대가 될 것이라고 말했다. 하이테크 시대를 이끌어 가는 힘은 바로 창의력이다.

　위키백과는 창의성을 새로운 생각이나 개념을 찾아내거나 기존에 있던 생각이나 개념들을 새롭게 조합해 내는 것과 연관된 정신적이고 사회적인 과정으로 본다. 디자인과 더불어 영화는 대중적인 관심에 매우 민감한 예술이다.

---

10) 비르기트 볼츠, 앞의 글, 16-17.

11) "작가정책은 영원하리니", 「씨네21」(No.763, 2010. 7. 20-27), 114-115, 114.

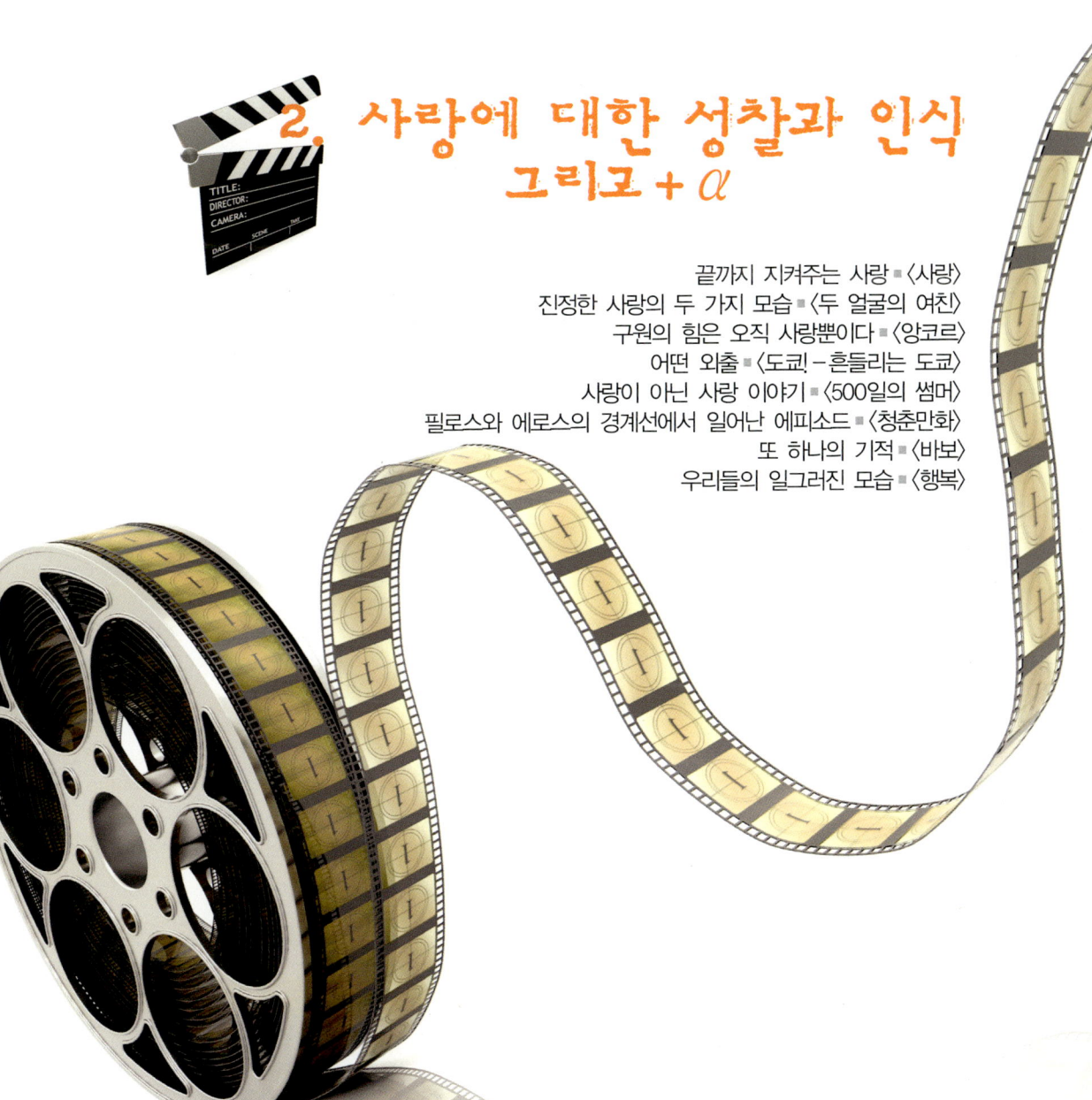

2. 사랑에 대한 성찰과 인식
그리고 + α

끝까지 지켜주는 사랑
〈사랑〉(곽경택, 2007, 15세)

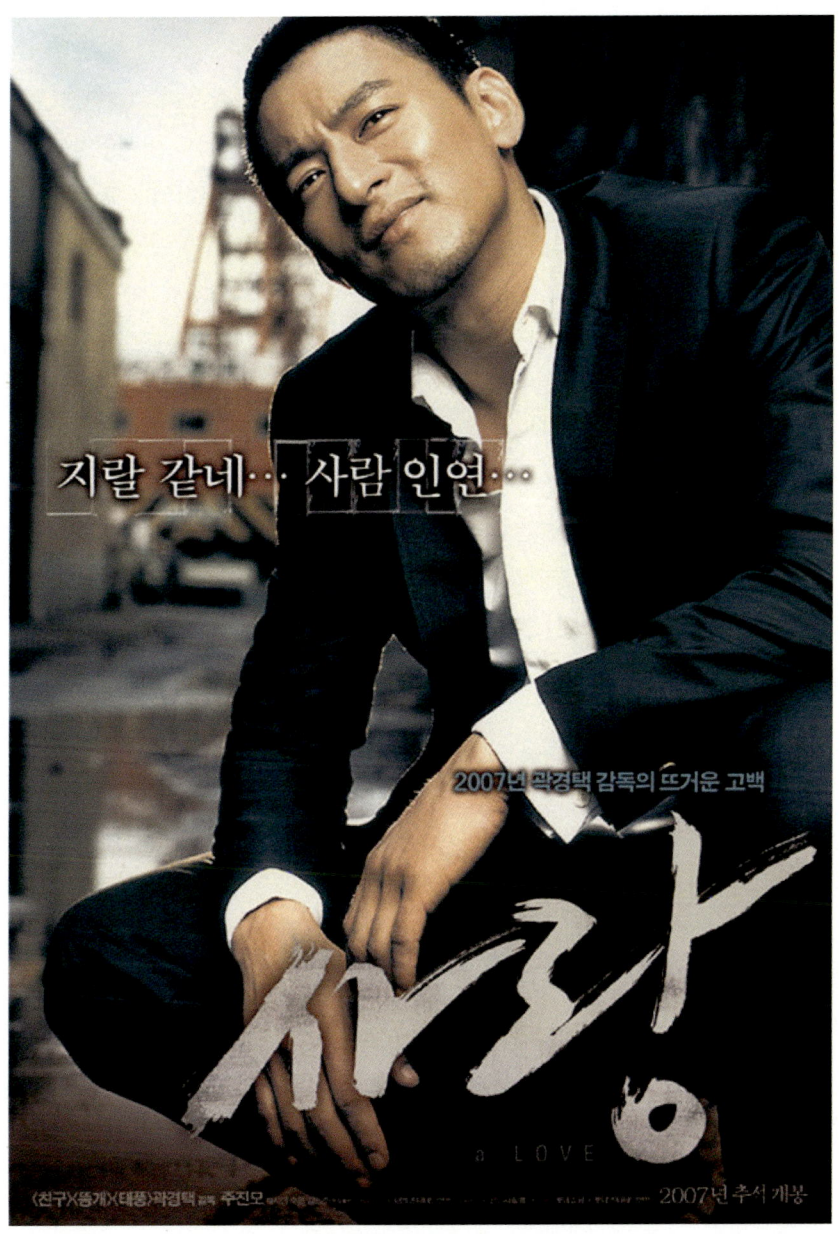

곽경택(1966~), 부산 출신으로 뉴욕대학교 영화연출과를 졸업, 2001년 제9회 춘사나운규영화예술제 대상, 감독상, 2007년 제27회 하와이 국제영화제 감독상 수상

Filmography: 억수탕(1997), 닥터 K(1998), 친구(2001), 챔피언(2002), 똥개(2003), 태풍(2005), 사랑(2007), 눈에는 눈 이에는 이(2008).

여론에 회자되는 높은 이혼율에 대한 통계는 사랑에 대한 현대인들의 오해와 편견을 어느 정도 가늠해 볼 수 있게 한다. 물론 이혼의 아픔 속에서 어쩔 수 없이 그 길을 선택하는 사람들 역시 스스로 사랑의 진정성에 대해 의문을 갖고 있을 것이다. 희생과는 거리가 먼 자기중심적인 사랑, 상호신뢰가 아닌 쾌락을 기반으로 하는 사랑, 생명의 탄생을 기대하지 않을 뿐만 아니라 오히려 두려워하는 사랑, 열정만 있고 책임감이 결여된 사랑, 서로에 대한 인격적인 관계가 성숙해지기를 인내하며 기다리기보다 성격의 차이만을 강조하며 조급해하는 사랑 그리고 성숙과는 거리가 먼 빠른 관계 진전과 정열적인 사랑만을 선호하는 현대인들의 경향 등은 진실과 거짓에 대한 분별력을 떨어뜨릴 수밖에 없다. 높은 이혼율에 대한 소식을 접할 때마다 사랑의 기본을 그리워하는 것은 필자만이 아닐 것이다.

특히 곽경택 감독은 사람들의 가슴 한구석에 자리 잡고 있는 그리움들을 영상언어로 표현하는 데에 일가견이 있는 것 같다. 과거 영화 <친구>(2001)를 통해 현대인들이 바쁜 일상에 쫓겨 잊고 지냈던 친구의 존재를 환기시키며 사나이들의 옛 친구들에 대한 향수를 불러일으켰던 그는 2007년도에는 <사랑>의 이야기를 통해서 다시 한 번 현대인들이 잊고 있는 사랑에 대한 그리움을 환기시켜 주었다. 이 영화 역시 일상적이지 않은 내용을 갖고 있고 또 다소 어두운 형식 속에서 표현되었는데, 감독의 장르적인 선호 때문이기도 하겠지만 꼭 그 이유때문만은 아닌 것 같다. 필자의 감상에 따르면, 사랑의 순수성을 다시 한 번 강조하고 싶었기 때문이 아니었을까 생각한다. 진흙 속에 피어나는 연꽃이 더욱 아름다워 보이는 것처럼 말이다.

영화 이야기

부산시내의 화려한 불빛이 훤히 보이는 곳에서 미주와 나란히 앉은 인호(주진모 분)는 가족을 잃고 혼자가 된 미주(박시연 분)에게 이렇게 묻는다. "내가 너를 지켜 줘도 돼?" 진호의 이런 질문에 미주는 "그래, 나를 지켜 줘, 나도 너를 지켜 줄게"라고 대답한다. 사랑한다는 말에 익숙해 있지 않은 사람에게 이런 대화는 당연히 '나는 너를 사랑한다'는 고백이며 '나도 너를 사랑해'라는 화답을 의미하는 것임에 분명하다. 다소 어설픈 방식으로 서로 사랑을 약속하지만, 그들의 사랑 앞에는 험난한 일들이 있었고, 심지어 서로의 사랑을 지켜 내기 위해서는 죽음을 불사하지 않을 수 없게 되는 상황이 전개된다. 미주는 인호를 그리워하며 죽음을 택하고, 인호 역시 미주를 그리워하며 바다에 몸을 던진다. 마치 로미오와 줄리엣의 마지막 장면을 보는 듯하다.

만일 미주와 인호의 죽음이 단순한 사랑의 절망을 표현하는 것이었다면, 미성숙한 관객들에게서 일어날 모방행위를 염려하는 것은 결코 기우가 아니다. 인호가 투신하는 마지막 장면은 매우 감동적이었기 때문이다. 살아남아 그녀와의 사랑을 가슴에 담고 살 수 있는 길도 많을 것인데 왜 투신하는 길을 선택했을까. 의문도 들었다. 감독은 무엇 때문에 자살이라는 소재를 사용하게 되었을까?

영문표기 'A Love(어떤 사랑)'라는 제목이 암시하고 있듯이 영화는 사랑의 전형(The Love)을 보여 주려고 한 것은 아니었다. 많은 형태의 사랑 가운데서 하나의 모습을 보여 주려는 것이었다. 그러나 필자에게는 어찌해서 인호와 미주의 사랑이 '바로 그 사랑'이라고 느껴졌던 것일까? 이 질문과 더불어 영화를 반추해 보면, 그들의 사랑은 오늘날 쉽게 찾아볼 수 없는 사랑의 한 형태임에는 분명하다는 생각에 이르게 된다. 거친 삶을 살아가는 사람들의 사랑이라는 점에도 그렇지만, 무엇보다 사랑의 약속을 끝까지 지키려는 두 사람의 노력을 볼 수 있었기 때문이었다.

서두에서 사랑의 기본을 언급했지만 사실 그것은 무엇일까? 일반적으로 사랑을 말할 때는 세 가지를 기본으로 꼽는다는 말을 들었다. 친밀함과 열정 그리고 책임감이다. 진실성 역시 중요하지만 아마도 책임감 속에 포함시킨 듯이 보인다. 이 가운데 하나라도 빠진다면 처음에는 그렇지 않다가도 얼마 가지 못해 곧 서로에게 큰 상처를 주게 되고 결국 이별의 아픔을 겪게 된다. 친밀함에 열정이 빠지면 건조해질 수 있고, 열정만 있고 친밀함이 없다면 마음의 안정을 주지 못한다. 뿐만 아니라 모든 것이 갖추어져 있다 해도 책임감이 결여되어 있다면 그 사랑은 언제나 순간적인 것이 될 뿐이며 상대에게 깊은 상처와 고통을 안겨 주게 된다. 겉보기에 책임감만 있으면 최소한 이혼은 막을 수 있다고 하지만, 책임감만으로 모든 문제의 해결을 기대할 수는 없다. 열정도 없고 친밀함도 없는 책임감은 우울증이나 신경쇠약증과 같은 인격손상으로 이어질 수 있기 때문이다. 또한 열정과 친밀함을 그리워하며 불륜의 관계로 이어지는 경우도 허다하다.

<사랑> 속에서 필자는 열정과 친밀함 그리고 책임감을 모두 갖춘 사랑을 볼 수 있었다. 그래서 두 사람의 죽음을 단지 사랑의 절망이 아니라, 오히려 약속을 끝까지 지키려는 의지의 한 표현으로 이해하게 된다. 다시 말해서 약속을 영원히 지킨다는 것을 형상화시키기 위해 감독은 죽음이라는 소재를 사용한 것이리라. 왜냐하면 죽음은 한편으로는 소멸이며 절망을 의미하지만, 다른 한편으로는 영원한 생명을 위한 통과의례이기도 하기 때문이다. 죽음이라는 이미지를 소비하면서 감독이 기대한 것이 있다면, 그것은 사랑의 약속을 끝까지 지키는 것이 사랑에 있어서 얼마나 중요한지를 관객들이 알게 되는 것이리라.

이것은 조금만 주의해서 감상한다면 충분히 이해될 수 있는 부분이다. 그러나 약속을 지키는 모습을 강조하기 위해 극단적인 형태인 죽음이라는 코드를 사용한 것은 혹시 상상력 부재에서 비롯된 것은 아닌지 의문이 들기도 한다. 순수성과 진실이 자살이라는 방법을 통

해서 지켜질 수 있으리라는 소박한 기대는 생명의 주인을 하나님으로 믿는 사람들에게는 결코 용인될 수 없는 일이기 때문이다.

어릴 때부터 사랑하는 사람을 지키기 위해 벌인 한판의 대결이나 목숨을 건 사투도 감동적이지만, 사랑의 약속을 끝까지 지키기 위한 노력을 단순한 멜로적인 감동으로만 머물러 있게 하기에는 너무 아쉽다. 인호와 미주의 사랑은 사랑의 약속을 쾌락의 유효기간 정도로 생각하는 이 시대에 대해 큰 경종을 울리는 것이 아닐 수 없다. 뿐만 아니라 <사랑>을 단순히 진정한 사랑이 부재함에도 불구하고 오히려 그것이 편하기 때문에 즐기려 하는 현대인을 비판하는 사회적인 의미로만 읽는 것도 만족스럽지 못하다. 왜냐하면 두 사람의 사랑은 비록 제한적이긴 하지만 필자로 하여금 약속을 끝까지 지키기 위해 당신의 아들까지도 희생시키신 하나님의 사랑을 떠올리게 만들기 때문이다. 비록 예수님은 자살을 택하지 않으셨지만 하나님의 신실하심을 입증해 보이시기 위해 죽음의 길을 마다하지 않으셨다.

비단 필자만이 아니라 예수님의 삶과 죽음의 의미를 아는 모든 사람들은 아마도 서로를 지키겠다는 약속에 기반을 둔 두 사람의 사랑을 보면서 어렵지 않게 신실한 사랑, 하나님의 사랑을 떠올렸을 것이다. 사랑의 진정함은 불타는 열정에만 있지 않고 깊은 친밀함만으로도 얻어질 수 있는 것도 아니다. 진실한 사랑을 바란다면, 비록 열정은 세월과 더불어 다소 식을 수 있고 또 친밀함도 경우에 따라서는 변할 수 있다 해도, 서로를 끝까지 지키는 마음에서만은 변치 말아야 할 것이다. 다시 말해서 십자가의 죽음은 우리가 새로운 삶을 살도록 시간과 공간을 주려는 것이지, 우리도 마땅히 죽어야 한다는 것을 의미하지는 않는다.

끝으로 영화를 보면서 필자의 마음을 사로잡은 한 장의 강렬한 이미지부터 정리해야겠다. 처음에는 그렇게 눈여겨보지 않았던 것이지만, 곽경택 감독의 영화 <사랑>을 보면서 갑자기 떠올려진 사진이다. 딸아이가 찍어 학교에서 상을 받은 사진인데, 철로 옆에 핀 키 작은 민들레꽃을 담고 있는 사진이다. 민들레는 장소를 가리지 않고 날아가는 꽃씨가 있어 머물 수 있는 곳이면 어디든지 피어나고, 또 아무렇게나 자라지만 뿌리가 깊어 쉽게 꺾이지 않는 생명력을 가진 꽃이다. 키 작고 연약하게 보이지만 질긴 생명력을 가지고 있어서 시인 이해인 수녀는 신앙의 힘으로 그분이 오시기만을 기다리는 땅을 '민들레 영토'라 부르기도 했다. 기다리는 삶에서 질긴 생명력만큼 필요한 것이 없을 것이기 때문이다. 영화 <사랑>을 보고 철로 변 민들레가 생각난 이유는 비록 거칠고 험한 환경 속에서 살아가지만, 사랑의 약속만큼은 생명처럼 여기는 그들의 사랑 때문이었다. 오늘날 찾아보기 쉽지 않은 한 사랑의 모습을 보았다.

약속을 끝까지 지키는 사랑을 묵상해 보자.

진정한 사랑의 두 가지 모습
〈두 얼굴의 여친〉(이석훈, 2007, 15세)

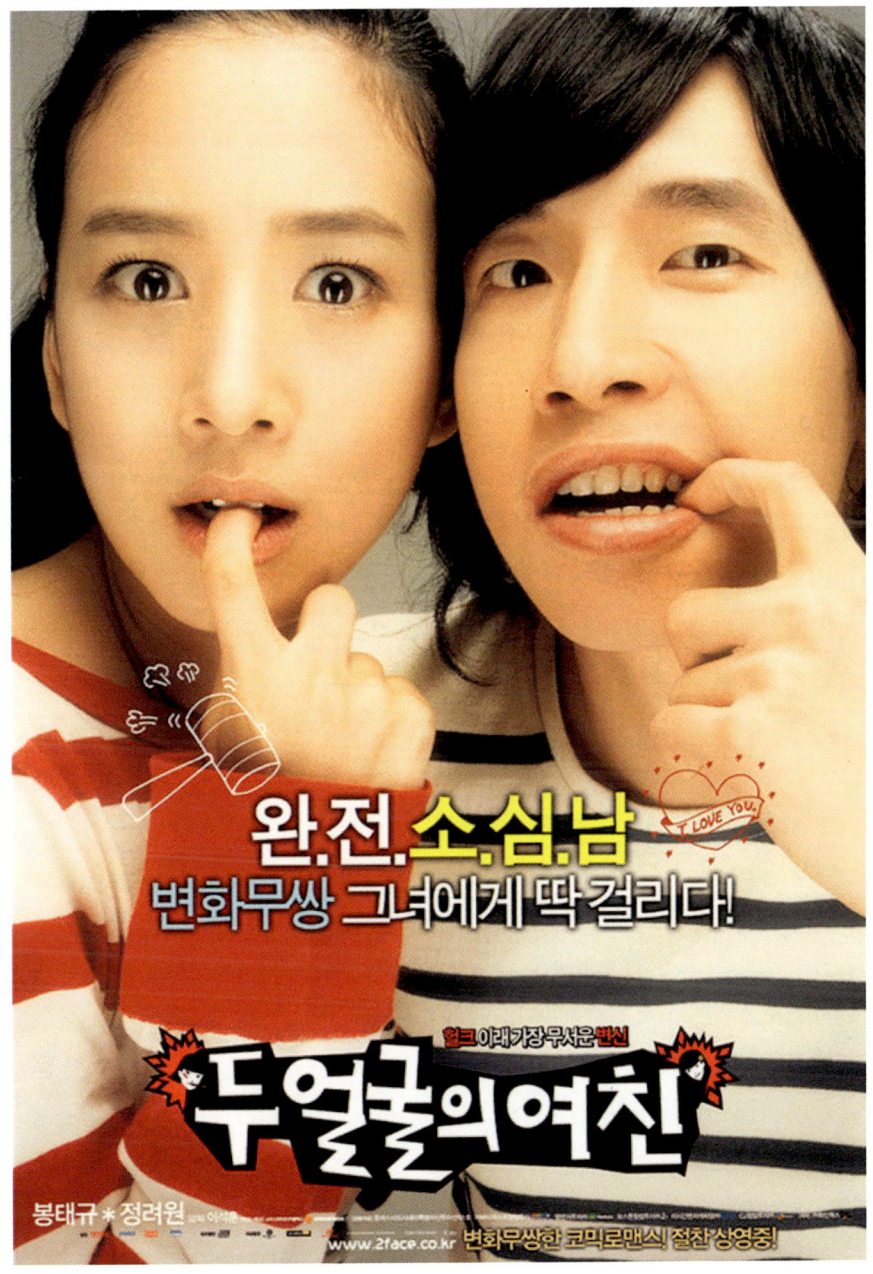

이석훈(1972~), 서울 출생. 한양대학교 연극영화과 출신. 〈방과후 옥상〉(2006)으로 데뷔, 200년 제51회 몬테카티니 국제단편영화제 심사위원 특별상 수상

Filmography: 포 더 피스 오브 올 맨카인드(1999), 순간접착제(2001), 방과후 옥상(2006), 두 얼굴의 여친(2007)

영화란 시청각 이미지를 통해 현실을 재구성하는 것이다. 이를 통해 현실을 다시 볼 수 있게 하며, 영상기술을 통해 보이지 않는 세계(가치나 신념 등)를 감각적으로(시각과 청각적으로) 경험하게 한다. 보이지 않는 세계를 감각적으로 경험할 수 있게 해 준다는 것에 영화의 묘미가 있다. 이 과정에서 감독은 영화적 상상력을 발휘한다. 스토리 구성을 위해 여러 영상언어들을 사용하며, 일정한 영화 문법을 통해서 내용 혹은 메시지에 적합한 형식을 결정한다. 이런 맥락에서 감독과 제작자들은 영화의 장르를 선택하는데, 최근에 만들어지는 영화는 대체로 복합장르의 형태를 띠고 있다. 이는 관객 이미지를 추구하는 상업영화의 특성상 관객들의 다양한 취향에 맞추려는 감독과 제작자의 의도에 따른 것이다.

특히 장르상 코미디 영화를 감상할 때 관객들은 대체로 의미에 대한 별다른 기대 없이 보는 편이다. 기대하지 않는다는 말은 진지한 의미를 염두에 두지 않고 감상한다는 말이다. 엔터테인먼트일 뿐이다. 아무리 모든 영화를 진지하게 보는 사람이라도 코미디 영화에 대해서만큼은 진지해지기가 쉽지 않다. 사실 장르 자체가 관객으로 하여금 진지함을 요구하지 않고 느슨한 상태에 있기를 바라는데 어떻게 진지해질 수 있단 말인가! 그래서 <두 얼굴의 여친> 역시 코미디 영화이기에 가벼운 마음으로 감상될 것이다. 필자 역시 그런 마음으로 영화를 보게 되었는데, 뜻하지 않은 보물을 발견할 수 있었다. <두 얼굴의 여친>은 단순한 오락거리가 아니라는 것이며, 코미디라는 장르적인 틀을 입고 삶에 있어서 중요한 요소인 의미를 성찰하고 또 소통하려 하고 있음을 확인해 볼 수 있었다. 먼저 영화의 이야기를 함께 나누면서 필자가 발견한 감동으로 다가가 보자.

영화 이야기

대학 7학년 백수 구창(봉태규 분)의 삶은 곤고하다. 누나의 집에 얹혀살면서 조카 학원비를 횡령하고, 조카 과외선생으로 빈둥거리면서도 용돈은 어김없이 챙긴다. 그러나 턱없이 부족한 용돈은 구창으로 하여금 남들이 먹다 남긴 과자 부스러기를 먹으며 허기를 채우게 만들 뿐이다. 어느 날 우연히 주운 지갑에서 슬쩍한 돈으로 배를 채운 구창은 이내 지갑 주인(정려원 분)을 만나게 된다. 비록 당황스러운 처지에 직면하게 되지만, 오히려 전화위복의 계기가 된다. 왜냐하면 이를 계기로 연애에 관한 한 선배나 후배로부터 무능하다고 조롱을 받았던 구창이는 마침내 얼짱 여자친구를 얻게 되기 때문이다. 이름은 아니. 남자친구와 헤어진 충격에서 아직 헤어 나오지 못하고 있어 불편하기는 하지만, 삼겹살을 무척이나 좋아하는 지극히 사랑스러운 여자여서 그런 대로 괜찮다고 생각된다. 연애초보인 구창은 아니의 애교 가득한 여성스러움에 푹 빠지게 된다.

한편, 누나에게서 받은 용돈으로 온갖 기분을 다 내면서 그녀와 행복한 시간을 꿈꾸던 구창은 결코 예상치 못한 일을 경험하게 된다. 술을 먹고 난 후에 그녀에게서 처음 보았던 모습과는 전혀 다른 모습을 보게 된 것이다. 여성스런 모습은 온데간데없고, 거칠고 험악한 모습의 '하니'로 돌변한 것이다. 4명의 불량배들을 순식간에 해치우면서 구창의 신변을 보호해 주기도 하지만, 구창은 그녀에게 얻어맞아 얼굴 성할 날이 없다. 구창을 더욱 답답하게 만드는 일은 하니로 있을 때에 한 일을 아니가 전혀 기억하지 못한다는 것이다. 그녀 스스로 고민하고 있듯이 누군가가 그녀를 사랑하게 되었더라도 그녀 안의 또 다른 모습으로 인해 서둘러 도망치게 될 것이다. 혹시 이런 모습으로 인해 그녀의 남자친구가 떠난 것은 아닐까?

두 개의 상반된 모습으로 인해 극도의 혼돈에 빠져 갈등하며 고민하는 구창은 몇 개의 사실을 확인하며 놀라게 된다. 첫째, 의사인 선배에게서 그녀에게 다중인격적인 모습이 있음을 듣는다. 둘째, 아니의 언니로부터는 아니의 남자친구가 남극 원정대에 탐사하러 갔다가 사망했다는 소식을 듣고 그 충격으로 그렇게 되었다는 사실을 듣는다. 그리고 셋째, 그녀가 원래의 모습으로 돌아가기 위해서는 구창의 도움이 필요하다는 말을 듣는다. 구창의 도움? 도대체 어떤 도움이란 말인가?

그녀에게 얻어맞는다 해도 잠시뿐이라고 말하면서 아니를 사랑해 왔던 구창은 아니가 원래의 모습으로 돌아갈 경우 자신을 전혀 기억하지 못할 것으로 인해 심각한 고민에 빠지게 된다. 아니에 대한 사랑으로 아니의 또 다른 모습인 하니까지도 받아들일 수 있게 되었고, 재떨이가 담배를 버리지 않듯이 그렇게 평생 '아니'를 지켜 주겠다고 맹세까지 했던 구창은 그럴 수 없다고 말하지만 결국은 아니가 자기의 모습으로 돌아갈 수 있도록 도와준다.

비록 관객들에게 웃음을 안겨 줄 목적으로 만들어진 로맨틱 코미디 영화이지만 이석훈 감독은 '진정한 사랑이란 무엇인가?'를 물으며 고민하는 관객으로 하여금 그 대답을 진지하게 생각해 볼 수 있는 기회를 제공해 주고 있다. 영화가 말하는 진정한 사랑은 여성스럽고 사랑스런 아니 속에 있는 야수와 같은 하니까지도 받아들이는 구창의 모습과 자기가 사랑하는 아니를 잃게 되는 상황에서도 그녀가 자기 자신으로 돌아올 수 있도록 도와주는 모습에서 감동적으로 확인된다. 사랑은 본래 자신의 행복이 아니라 타인의 행복을 우선하는 이타적인 것이기 때문이다.

아니에 대한 구창의 두 가지 형태의 사랑은 현대인들에게 시사해 주는 바가 매우 크다. 이기적인 사랑으로 가득한 요즘 같은 시대에 이타적인 사랑의 한 모습을 보여 주고 있기 때문이다. 다시 말해서, 비록 사랑한다며 열정을 태운다 해도 자신이 받아들일 수 없는 모습으로 인해 갈등하면서 기꺼이 헤어짐을 선택하는 것이 당연시되고 있는 때에 구창은 아니 안의 또 다른 모습인 하니까지도 받아들일 수 있는 사랑을 한 것이다. 사랑에는 사랑하는 사람의 단점까지도 품을 수 있는 포용능력이 있음을 입증해 보여 준 것이다. 뿐만 아니라 사랑하는 아니를 잃을 수 있는 상황에서도 기꺼이 그녀가 본래의 모습을 발견할 수 있도록 도와주는 장면은 사랑은 자신에게 맞는 사람으로 만들어 가는 것이 아니라 오히려 사랑하는 사람으로 하여금 자기의 본래적인 모습을 발견하도록 돕는 일임을 깨닫게 한다. 사랑의 역사에 있어서 모든 갈등의 진원지는 배우자를 자신에게 맞추려고 하는 데에 있다. 그것이 지나쳐 사람들은 자신의 자아발견과 입신양명을 위해 사랑을 이용하는 것을 주저하지 않기도 한다. 이런 세태에 비추어 본다면, 비록 어설프게 보이기만 할 뿐인 구창의 연애관은 우리 시대가 반드시 곱씹어 보아야 할 사랑의 진실을 함축하고 있는 것은 아닐까?

자기 자신을 발견하는 것이 왜 중요한 일인가? 인간의 자기 자신은 곧 하나님이 원하시는 모습이기 때문이다. 구약은 '하나님의 형상'이라고 표현한다. 바울은 '내 안의 그리스도'로 증거한다. 인간이 자기 자신을 잃어버린 것은 죄 때문이다. 그 후로 인간은 자아발견을 인생의 최고 목표로 삼았고, 심지어는 진정한 자기에 이르는 것을 종교적인 수행의 본질로 여길 정도다. 세속에 사로잡힌 사람들은 흔히 사람들의 눈에 띄는 온갖 것으로 자신을 포장하며 세상을 살아간다. 배우자를 자기의 반쪽이라고 여기는 까닭도 배우자를 통해 자기 자신의 모습을 볼 수 있다고 생각하기 때문이다. 사실 반쪽이라는 말은 다중적이다. 온전해지기 위해 서로를 필요로 한다는 의미도 있지만, 자기 자신을 완성하기 위해 소모될 수 있는 것으로 생각될 수도 있기 때문이다. 파트너를 자신에게 맞추려고 하는 것도 그릇된 일이지만 자신의 정체성을 버리면서까지 파트너에 몰입하는 것도 옳지 못한 일이다. 반쪽이란 온전한 하나 됨의 원리다. 서로를 버리지 않으면서도 서로와 더불어 온전한 모습으로 나타나도록 하는 것이다.

그러나 진정한 사랑은 배우자를 단지 자기의 반쪽으로 여기면서 자신에게 맞추려고 하기보다는 오히려 자신을 소멸시키지 않으면서도 배우자의 온전함을 위해 내어 주는 선택을 한다. 이런 사랑은 예수 그리스도의 사랑 속에서 가장 분명하게 확인된다. 그는 우리의 구원의 완성을 위해, 곧 우리가 하나님의 형상을 온전히 회복할 수 있도록 자신을 내어 주었기 때문이다.

요한복음 10:10의 말씀("도적이 오는 것은 도적질하고 죽이고 멸망시키려는 것뿐이요 내가 온 것은 양으로 생명을 얻게 하고 더 풍성히 얻게 하려는 것이라")을 통해 예수 그리스도의 사랑을 묵상해 보자. 그는 자신을 버리셨지만 결코 소멸되지 않으셨다.

(「기독교세계」 2007년 11월, 106-107)

구원의 힘은 오직 사랑뿐이다
〈앙코르〉(원제 Walk the Line, 제임스 맨골드, 2005, 15세)

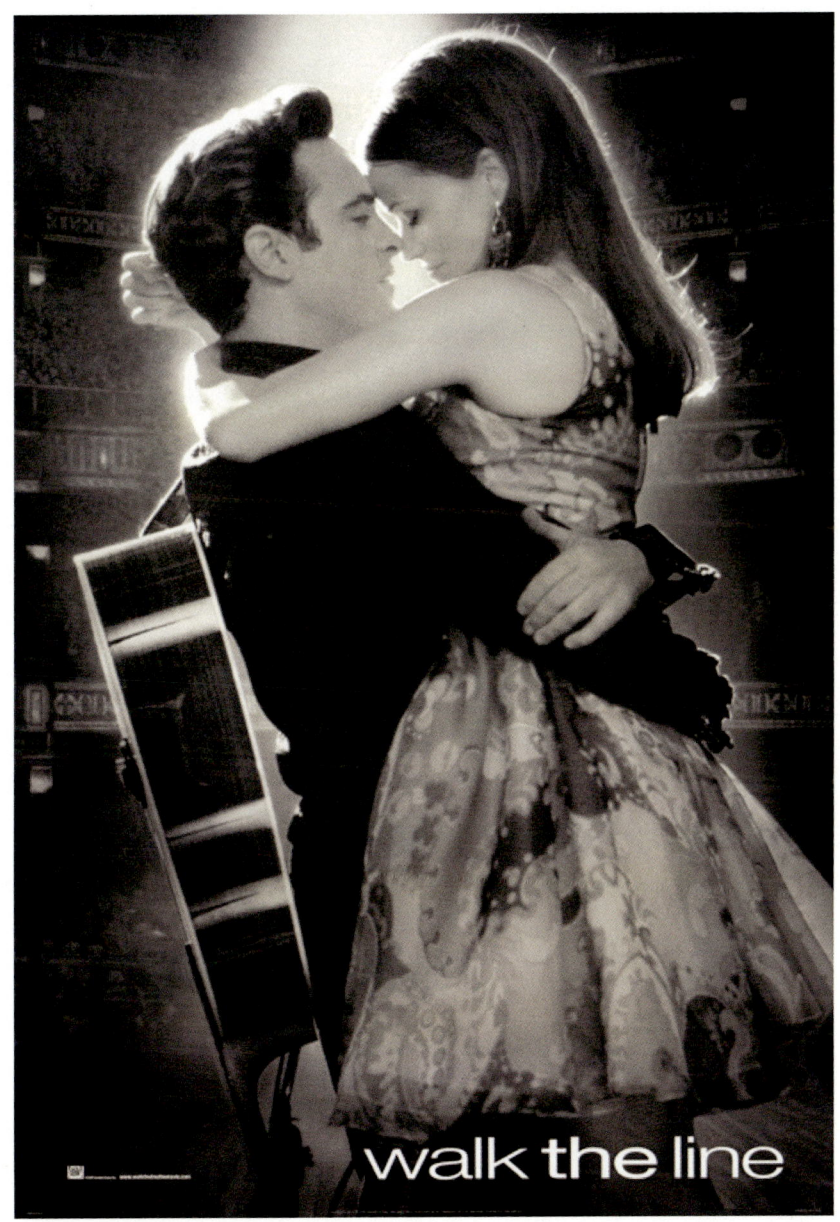

제임스 맨 골드(James Mangold, 1946~), 1995 선댄스영화제 심사위원특별상(Heavy), 1995 Gijon 국제영화제 그랑프리
(Heavy), 제36회 골든글로브 뮤지컬코미디 부문 작품상(2006) 수상

Filmography: 헤비(1995), 캅 랜드(1997), 처음 만나는 자유(1999), 케이트 앤 레오폴드(2001), 아이덴티티(2003),
앙코르(2005)

과거 사랑에 대한 담론의 생산자나 중심은 문학, 특히 시나 소설이었다. 음악 역시 한몫을 했다. 청중이 제한되어 있는 클래식풍의 음악과는 달리 대중음악은 심금을 울려 주는 부담 없이 듣고 부를 수 있는 짧은 멜로디를 사용해 사랑의 담론을 더욱 보편화시켰다. 이제 사정이 달라졌다. 사랑을 담론의 형태로 논하는 데에 있어서 영화나 드라마는 현대인들의 텍스트가 되고 있다. 문학이 여전히 그 바탕을 이루고 있지만 대중들이 접하는 결과물들은 영화나 드라마다. <러브스토리>는 청춘남녀의 사랑을 말하는 데에 있어 고전이 되었다.

영화가 사랑을 다룬다면 좀 특별한 것이어야 한다. 관객은 너도나도 하는 사랑에는 관심을 주지 않기 때문이다. 설령 평범한 옷을 걸친 사랑이라 해도 감동을 주는 것이어야 한다. 상황설정이 남다르거나(<데이지>), 배경이 색다르거나, 독특한 구성 속에서 자리 잡고 있거나(<이터널 선샤인>, <당신이 사랑하는 동안에>), 아니면 배우들이 특별해야 한다. 사랑을 만들어 가는 방식을 사용할 수도 있고(<내 생애 가장 아름다운 일주일>, <러브 액츄얼리>), 이별의 아픔을 통해 사랑의 가치를 표현할 수도 있으며(<새드무비>), 때로는 행복한 삶을 통해 말할 수도 있다. 중요한 것은 관객들이 감동을 받도록 하는 것이다. 달라도 달라야 한다. 그것이 어떤 것이냐? <음란서생>의 대사 한 부분을 인용해 본다면, 꿈을 꾸는 것 같은, 꿈에서 본 것 같은, 꿈에서라도 맛볼 수 있는 것 같은 그런 사랑이어야 한다.

자신의 현실은 그렇지 않지만 자신들이 꿈꾸는 것이기 때문에 혹은 꿈에서 보는 것 같은 것이기 때문에 혹은 꿈에서나 맛볼 수 있는 사랑이기 때문에 보고 보고 또 본다. 괜찮은 스토리나 연출 그리고 배우들의 탄탄한 연기만 뒷받침된다면 결코 싫증나지 않는다. 게다가 가면 갈수록 노출의 수위가 높아지고 또 표현이 더욱 선정적이다 보니 사랑에 관한 한 영화적인 상상력을 따라올 것이 없을 것 같다. 현대인은 영화를 통해 사랑을 알고, 영화를 통해 사랑을 경험하며, 영화를 통해서 사랑을 꿈꾼다고 말할 수 있겠다. 이것은 사실 과거에 문자가 했던 역할이다. 영상시대란 바로 이런 현실을 가리켜 말하는 것이리라.

갑자기 왜 사랑을 말하게 되었느냐 하면 영화 <앙코르>를 통해서 기존의 사랑과 비교해 볼 때 조금 다른 사랑 이야기를 볼 수 있었기 때문이다.

영화 이야기

폴섬 감옥 재소자들의 환호가 울려 퍼지는 가운데 한 사람이 무대 뒤에서 잠시 숨을 고른다. 감옥의 한 책임자에 의해 연거푸 불리는 이름을 통해 그가 60년대 엘비스 프레슬리와 더불어 컨트리 음악의 대스타였고 비틀즈의 인기를 추월하기도 했던 전설적인 가수 조니 캐쉬((J. R. Cash, 1932~2003)임을 알게 된다. 컨트리와 락의 경계를 넘나드는 음악이라서 이 분야의 음악에 대해 특별한 관심을 갖지 않으면 잘 알 수 없지만, 당시 조니의 음악은 실로 독보적인 의미를 갖는 것이었다. 찬송가를 통해 음악적인 감각을 다졌으면서도 당시로서는 파격적일 정도로 저속한 내용, 곧 이성에 의해 걸러지거나 다듬어지지 않은 감정을 표현했던 조니의 독특한 음악은 락, 컨트리, 펑크, 심지어는 현대의 랩과 같은 장르에 있어서 선구적인 의미를 갖는다.

폴섬 감옥의 재소자들이 환호하는 소리가 울리는 가운데 조니(호아킨 피닉스)가 만지는 전기 톱니바퀴를 통해서 관객은 그의 어린 시절을 보게 된다. 전기 톱니바퀴와 조니의 어린 시절에 어떤 연관이라도 있는 것인가? 일도 잘하고 성경도 잘 외우는 형에 비해 동생 조니는 음악을 좋아한다. 밤늦도록 책을 읽는 형과 라디오를 통해 흘러나오는 음악에 귀를 기울이는 조니는 퍽 대조적이다. 조니는 비록 성경구절은 외우지 못해도 찬송가의 가사는 줄줄이 외울 수 있다. 음악을 좋아해 라디오에서 나오는 음악에 푹 빠져 산다. 일하기보다는 공상과 놀기를 좋아한다. 노동력이 귀한 시절에 이런 모습으로 살다 보니 조니는 엄격한 소작농인 아버지의 눈에 벗어날 수밖에 없다. 반대로 일 잘하는 형은 아버지로부터 온갖 사랑을 받는다.

그러나 조니가 낚시하러 가는 동안에 형은 전기톱을 다루다 사고로 몸을 다쳐 사망한다. 무거운 죄책감에 사로잡히게 된 것은 물론이고 자신에게 쏟아지는 아버지의 차가운 눈초리로 조니는 괴로운 날들을 보낸다. 그의 피난처는 오직 음악뿐이다. 공군에 입대한 후에도 조니는 음악에 깊은 관심을 기울인다. 결혼 후에는 부엌용품 외판원으로 일하면서도 오히려 음악에 더 큰 열정을 쏟는 까닭에 겨우 입에 풀칠하며 살아갈 정도다. 가난을 한탄하는 아내의 푸념이 그를 괴롭게 하지만 이에 자극을 받은 조니는 오히려 음악에 더욱 몰입한다. 우연한 기회에 한 레코드 회사에서 오디션을 받게 되는데, 간절한 마음에 하늘도 감동을 받았던 것일까 조니는 마침내 자신의 음반을 Sun Records 스튜디오에서 발매하게 되고, 데뷔곡인 '크라이 크라이 크라이'가 크게 히트함으로써 그는 일약 스타의 자리에 오르게 된다.

여느 스타와 마찬가지로 조니 역시 바쁜 순회연주 일정으로 가정을 제대로 돌아보지 못한다. 조니의 음악적인 삶을 이해하지 못한 아내는 돈과 명예는 얻었어도 가정을 소홀히 해서는 안 된다고 종용한다. 그러나 음악만을 자신이 편하게 머물 수 있는 유일한 위안처로 삼으며 살아왔던 조니는 음악보다 가정을 더 중시하라는 아내의 말에 귀를 기울일 수 없다. 조니 부부 역시 스타들의 부부가 겪는 갈등의 전형적인 모습으로 힘들어한다. 통제가 크면 클수록 일탈의 유혹은 더욱 강한 법, 그의 순회공연에는 언제나 여자가 따라다녔고 또한 처음 마약의 맛을 경험한 조니는 자신의 외로움을 달래기 위하여 점점 더 마약의 힘에 의지하게 된다. 게다가 오래전부터 라디오를 통해 익히 알아 왔던 여성 싱어 '준 카터'(리즈 위더스푼)를 순회공연 중에 만난 후로는 그녀를 사랑하게 되고, 그와의 관계를 주저하는 그녀와의 내적인 갈등은 마침내 조니로 하여금 감정의 폭발을 불러일으킨다. 조니는 마약 복용 및 소지로 인해 경찰에 구속된다. 마약 복용과 준과의 관계 문제로 조니와 심하게 다툰 아내는 결국 그의 곁을 떠나고 조니는 거의 폐인이 되다시피 한다. 파트너가 자신이 아닌 다른 이성에게 관심을 가지고 있고, 마약을 상습적으로 복용한다면 도대체 누가 그 사람을 지켜 줄 수 있을 것인가?

그러나 조니는 준의 헌신적인 보살핌으로 회복되어 새로운 삶의 가능성을 얻게 된다. 준을 통해 진정한 사랑의 힘을 경험한 조니는 준에게 40여 차례나 되는 청혼을 하지만 매번 거절당한다. 자신을 새롭게 일으켜 세워 준 준 카터를 결코 포기할 수 없었던 조니는 준과의 공연 도중에 돌발적으로 그녀에게 프러포즈를 하고 마침내 그녀의 결혼 승낙을 얻어 낸다. 그 후 그들은 죽을 때까지 35년간을 함께 살았고, 조니는 준을 먼저 보내고 난 5개월 후에 세상을 떠난다.

7살 때 녹내장으로 시각장애인이 되었어도 결코 좌절하지 않는 노력으로 흑인의 정신과 정서를 노래함으로써 스타 자리에 오른 레이 찰스(1930~2004)를 다룬 영화에서와 같이 <앙코르>는 무서우리만치 깊은 외로움과 싸우는 유명 가수의 성공과 실패 그리고 갱생의 과정을 보여 준 전기 영화다. 성공한 사람들에게 흔히 있는 성공과 좌절 그리고 재기라는 구성으로 이루어진 판에 박힌 형식을 갖추고 있다. 한 음악인으로서의 삶의 실재를 보여 주려 했다면 분명 실패할 수밖에 없는 영화다. 흑인 가수 찰스 레이의 생애를 그린 <레이> 같은 영화는 그런 대로 장애의 한계에 부딪힌 레이의 불굴의 의지를 표현함으로써 전기 영화의 식상함에서 벗어날 수 있었다면, <앙코르>는 다른 길을 선택했다. <앙코르>는 사랑 이야기다. 파란만장한 사연으로 가득한 한 음악인의 삶을 통해 전설적이면서도 운명적인 사랑의 모습을 보여 주려는 의도가 짙게 깔려 있다. 감독은 숱한 영화 속 사랑 이야기들과 차이를 두기 위해 여러 가지 대책을 강구해 놓고 있다.

무엇보다 두드러진 사실은 립싱크를 전혀 사용하지 않고 출연 배우들로 하여금 직접 부르도록 했다는 것이다. 이 점은 특히 <레이>와 많이 비교되는 점이다. 레이 찰스의 독특한 음성을 재현할 수 없었을 뿐만 아니라, 오히려 이러한 한계를 인정한 감독은 레이의 실제성을 강조하기 위해 립싱크를 사용했다. 그러나 앙코르는 다른 길을 갔다. 실제 인물의 노래를 재현했다고 평가된 ― 준 카터 역을 맡은 리즈 위더스푼의 경우는 혹시 몰라도 아무래도 조니 캐쉬 역을 맡은 피닉스의 경우는 달라도 많이 다르다 ― 까닭에, 물론 뛰어난 연기력으로 인해 두 배우는 유명 영화상(제63회 골든 글로브 시상식과 제78회 아카데미 시상식)에서 남녀 최우수 주연상을 받는 영광을 얻었다.

두 번째로 감독은 조니 캐쉬의 연대기적인 삶을 따라가면서도 다른 길을 갔다. <앙코르>는 60년대를 풍미하던 컨트리 가수 조니 캐쉬를 추모하면서 해피엔딩으로 제작된 것인데, 특히 그의 음악을 연대기적으로 소개하는 차원에서 벗어나 음악을 통해 그의 삶의 애환을 보여 주는 독특한 구성으로 이뤄져 있다. 음악을 매개로 해서 그의 삶을 조명한 것이다. 그래서 그의 삶에 중요한 것임에 분명한 아내와의 관계를 과감하게 생략하고 오히려 준과의 관계에 집중하게 된 것이다. 왜냐하면 그의 노래 중 상당수는 직접 혹은 간접적으로 준과의 관계를 반영하고 있기 때문이다.

준과의 파란만장한 관계는 어려운 상황 속에서도 결코 떠나지 않고 함께 있어 줄 수 있는 사람이 얼마나 소중한 존재인가를 깨닫게 한다. 조니의 재기에 결정적인 도움을 준 준의 가족은 독실한 그리스도인으로 알려져 있다. 준은 비록 두 번에 걸친 이혼의 상처를 안고 있지만, 조니의 재기 과정에서 그녀의 진정한 그리스도인으로서 모습을 보게 된다. 한 사람의 치유를 위해 인내하며 함께 있어 준 것이다. 조니는 준과 그녀의 가족을 통해 깊은 수렁으로부터 구원을 받게 된 것이다. 영화가 말하려는 가장 큰 핵심은 바로 여기에 있다. 준과 조니의 관계는 사실 불륜에 해당되는 것임에도 영화는 그들의 사랑을 말하고 있을 뿐 그들의 잘못된 관계를 심판하고 있지는 않다. 조니의 재기를 도와준 준의 사랑 그리고 그들의 해피엔딩을 말하고 싶어 한다. 이로 인해 영화는 전 아내와의 관계뿐만 아니라 준과의 불륜 관계에 대해서도 대담할 정도로 침묵한다. 끝이 좋으면 다 좋은 것인가?

세 번째로 영화의 긴장관계를 잃지 않기 위해 처음부터 아버지와의 갈등 관계를 설정해 놓고 있다. 어린 시절과 현재를 교차시키며 진행된 <레이>와 달리 <앙코르>는 어린 시절을 회고함과 동시에 연대기적으로 진행된다. 연대기적 서술을 통해서 감독이 부각시키려는 것은 어린 시절의 경험이 조니의 삶에 미친 영향이다. 즉 조니는 어린 시절 형이 죽는 충격적인 경험에서 얻게 된 상처와 부모의 편견으로 인한 열등감 때문에 한 인간으로서의 건강한 성숙에 크게 방해받는다. 조니는 아버지로부터 받는 차가운 눈치를 평생 간직해야 했으며, 결국 형의 죽음에 대한 책임을 추궁하는 아버지 앞에서 한없이 작은 존재일 수밖에 없는 죄책감과 열등감이 자아내는 외로움과 긴장감에서 벗어나기 위해 마약에 손을 댈 정도가 된다. 평안과 쉼을 제공해 주지 못한 조니의 가정은 점점 더 깊은 수렁으로 빠져 들어가는 조니를 건져 낼 수 없다. 마약 복용은 더욱 상습적이 되고 이로 인해 그의 건강은 급속도로 악화되어 더 이상 음악을 할 수 없을 정도가 된다. 이로 인해 조니는 아버지와의 관계에서 더욱더 깊은 갈등의 늪 속으로 빠져들게 된다.

이것은 영화의 절정기에 해당되는 장면에서 표현되고 있다. 즉 재기의 과정을 거치는 순간에도 여전히 마약을 끊지 못한 조니는 약을 먹는 광경을 목격한 아버지의 경직된 모습에 잔뜩 긴장한다. 언제나 그의 내부를 통제하는 아버지에 압도된 것이다. 강력한 불안감에 사로잡힌 조니가 가족과의 식사에서 자신의 어린 시절부터 지금까지 아버지에 대해 가졌던 자신의 솔직한 감정을 털어놓은 것이다. 이것은 부자지간의 갈등관계에 일종의 정화 계기로 작용하여 오히려 급속도로 관계가 회복되는 기회가 된다. 뿐만 아니라 준의 도움으로 약물중독을 극복하는 험난한 시간을 이겨 낸다. 심리학의 대상관계 이론에 근거해서 이해될 수 있는 부분이지만 어린 시절의 충격적인 경험이 조니의 원만한 인격 형성과 대인관계 형성에 부정적인 영향을 미쳤음을 확인해 볼 수 있다.

삶의 중심에 아버지와의 갈등을 놓음으로써 영화는 조니의 영과 육의 갈등을 간접적으로 보여 준다. 다시 말해서 조니는 찬송가를 통해 음악을 알게 되고 또 기독교적인 영성을 갖추고 있었지만, 그의 음악은 인간의 여과되지 않은 감정을 그대로 드러내 당시의 보수 계층들에게는 받아들여지기 어려운 것이었다. 두 개의 영성이 만들어 내는 갈등은 아버지와의 갈등으로 대체되어 표현되고 있다. 자신의 숨겨진 내면을 다 알고 있는 듯이 보이는 아버지와의 관계가 회복되었을 때 비로소 조니는 새로운 삶을 살 수 있게 되며 자유로운 삶 속에서 새로운 음악의 세계를 열어 가게 된다. 그것이 바로 비틀즈 인기를 추월할 정도로 전설을 만든 폴섬 감옥 라이브 콘서트이다.

앞서 말한 대로 <앙코르>는 사랑 이야기다. 조니 캐쉬와 준 카터와의 사랑을 통해서 감독이 의도하는 강한 메시지를 어렵지 않게 읽어 볼 수 있다. 다시 말해서 제임스 맨 골드 감독은 인간으로서 깊은 수렁에 빠진 다른 인간, 더 이상 소망을 가질 수 없을 것 같은 한 인간을 구원해 줄 수 있는 힘이 있다면 그것은 진실한 사랑임을 역설하고 있다. 진실한 사랑은 없는 것을 있게 만드는 힘이 있다. 소망을 줄 수 없는 한 인간에게 삶의 소망을 갖게 만들고 또 다른 소망의 이야기를 만들어 낼 수 있는 힘은 오직 사랑밖에 없다. 감독은 바로 이 사랑을 조니와 준의 사랑을 통해서 — 비록 이들의 사랑이 완전하다 볼 수 없고 또한 불륜이라는 오명을 매개로 엮인 것이어서 결코 완전히 수긍할 수 없는 것이라 해도 — 말하고 싶은 것이다. 물론 이것은 구원의 힘은 오직 하나님에게 있음을 인정할 때 성립되는 일이다.

음악적인 재능에서 남보다 뛰어난 음악가들의 생애를 그린 영화들의 대부분은 정신이상(<샤인>의 데이비드 헬프갓)이거나 아니면 장애를 갖고 있고(<레이>의 찰스 레이), 약물중독(레이와 조니 캐쉬)으로 인생의 쓴맛을 겪는 경험을 표현하고 있다. 각각의 이유로 정상의 위치에서 하루아침에 바닥으로 떨어지지만 그들이 결코 역사 속에 묻히지 않게 된 배경에는 그들의 재기를 돕는 사람들이 있었다. 대부분은 아내가 그 역할을 맡게 되지만 고통을 감수하지 못해 아내가 떠났다면 그를 사랑하는 사람들에 의해 옛날의 명성을 회복하게 된다. 그들의 구원에는 그들 곁을 떠나지 않고 자리를 지켜 준 진정한 사랑이 있었다. 이 힘을 감히 구원의 힘이라 말한다면 불경한 일이 될까?

아내로 부터 오는 구원의 힘은 사랑이며, 그 사랑은 하나님의 사랑을 드러낸다. 구원의 힘은 오직 하나님에게서 나온다. 예수 그리스도는 그 힘이 실제로 존재하며, 그것이 어떠한 것인지를 몸소 보여 주었다. 그 힘은 하나님의 사랑, 곧 예수 그리스도의 십자가를 통해 나타난 사랑이었다. "우리가 아직 죄인 되었을 때에 그리스도께서 우리를 위하여 죽으심으로 하나님께서 우리에게 대한 자기의 사랑을 확증하셨느니라"(로마서 5:8) 예수 그리스도는 우리의 구원을 위한 하나님의 사랑이었다.

비록 이런 사랑이 우리에 의해 무시된다 해도 결코 우리 곁을 떠나지 않으시는 하나님, 그분은 언제나 우리와 함께 계신다. 그분은 특히 우리가 연약할 때에 우리와 함께 계셔 주신다. 연약할수록 더 가까이 오셔서 우리와 함께 고통을 당하신다. 오히려 구원을 바랄 수 없는 죄인의 상태에 있을 때 우리를 사랑하기 때문에 당신의 아들을 십자가에서 대신 죽게 하셨을 정도다. 우리가 믿는 여호와 하나님은 우리가 당하는 고통보다 더 큰 고통을 당하면서 우리의 구원을 위해 애쓰는 분이시다. 바로 이 사랑이 우리를 구원하였듯이, 만일 우리가 이 사랑으로 다가간다면 얼마나 많은 사람들이 하나님의 구원을 경험할 수 있게 될까… 구원의 능력은 오직 십자가의 사랑뿐이다. <앙코르>는 한 천재적인 음악가의 생애 속에 담긴 이런 사랑을 조금이나마 느껴 볼 수 있게 하는 영화다.

어떤 외출

〈도쿄! – 흔들리는 도쿄〉(봉준호, 2008, 전체)

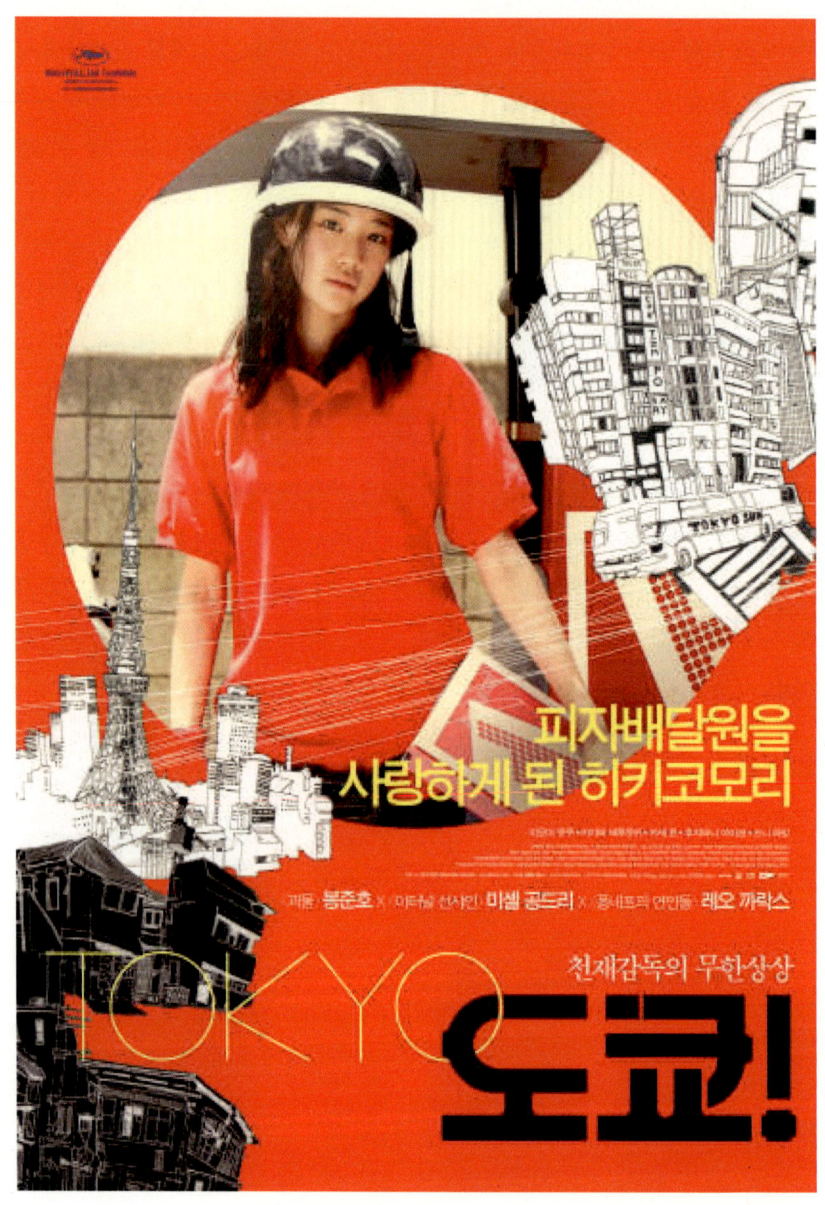

봉준호(1969~), 서울 출생, 연세대학교 사회학과, 단편영화 〈백색인〉(1993)으로 데뷔, 2008년 전주 국제영화제 국제경쟁 섹션 심사위원, 2009년 제8회 미장센 단편영화제 대표집행위원, 2010년 제3회 아시안필름어워드 각본상, 2010년 APN 아시아영화인상 수상

Filmography: 지리멸렬(1994), 플란다스의 개(2000), 살인의 추억(2003), 싱크 & 라이즈(2003), 인플루엔자(2004), 이공 (2004), 괴물(2006), 도쿄(2008), 마더(2009)

필자가 좋아하고 또 즐겨 부르는 대중가요 가운데 '가시나무'란 제목의 노래가 있다. 젊은 세대에게는 미소년 같은 이미지의 조성모의 노래가 더 친숙하게 느껴지고 또 사실 그의 노래로 더 많이 알려져 있지만, 사실은 하덕규의 신앙고백이 담겨 있는 노래이다. 겉보기에는 어느 남녀가 이별 후에 스스로를 자책하는 마음과 외로움을 노래하는 것처럼 들려도, 신앙고백이라는 맥락에서 가사를 자세히 들여다보면 매우 깊은 의미를 읽어 볼 수 있다.

가시나무

내 속엔 내가 너무도 많아 당신의 쉴 곳 없네 / 내 속엔 헛된 바램들로 당신의 편할 곳 없네
내 속엔 내가 어쩔 수 없는 어둠 당신의 쉴 자리를 뺏고 / 내 속엔 내가 이길 수 없는 슬픔 무성한 가시나무숲 같네
바람만 불면 그 메마른 가지 서로 부대끼며 울어대고 / 쉴 곳을 찾아 지쳐 날아온 어린 새들도 가시에 찔려 날아가고 / 바람만 불면 외롭고 또 괴로워 슬픈 노래를 부르던 날이 많았는데

내 속엔 내가 너무도 많아서 당신의 쉴 곳 없네

바람만 불면 그 메마른 가지 서로 부대끼며 울어대고 / 쉴 곳을 찾아 지쳐 날아온 어린 새들도 가시에 찔려 날아가고 / 바람만 불면 외롭고 또 괴로워 슬픈 노래를 부르던 날이 많았는데

내 속엔 내가 너무도 많아서 당신의 쉴 곳 없네

필자가 이 노래를 주목하게 된 계기가 있었다. 몇 년 전에 강원도 어느 군부대 교회에서 2박 3일간의 일정으로 부흥회를 인도하기 위해 성경을 묵상하고 있었다. 성경의 핵심을 가장 잘 요약했다고 여겨지는 요한복음 3:16을 이틀간의 오전 집회 본문으로 택한 필자는 본문이 워낙 잘 알려진 것이라 성도들이 설교를 식상하게 느끼지 않도록 하기 위해 색다른 설명 방식을 찾아 고심하던 중이었다. 집에 있는 여러 책들을 뒤적거리는 가운데 우연히 라디오 방송을 통해 흘러나오는 노래를 듣게 되었다. 조성모의 목소리에 실린 '가시나무'였다. 마지막 여운을 길게 남기며 사라지는 "내 속에 내가 너무도 많아 당신의 쉴 곳 없네"라는 가사에 이를때 과거의 이미지 한 장이 필자의 마음으로 파고들었다. 청년시절 '기독인의 삶', 곧 하나님과 나 자신의 관계를 놓고 몸부림쳤던 모습을 담은 것이었다. 하나님이 내 안에 들어와 나의 주님이 되기를 원하신다는 사실은 성경을 통해 잘 알고 있었지만, 당시 필자는 내 안에 있는 나의 욕망, 나의 가치관, 나의 이념과 바람 등에 이끌려 하나님의 나라와는 전혀 다른 관심들에 사로잡혀 있었다. 현실의 문제로 가득한 불만으로 결국 풍성하게 주어져 있는 하나님의 사랑을 누리지 못하는 이유는 내 것들로 가득 채워져 있었기 때문이라는 사

실을 알게 되었다. 나 자신의 진면목을 음악을 듣는 가운데 불현듯 깨닫게 된 것이었다.

그 당시에는 몰랐지만 지금 생각해 보니 그것은 성령의 조명이었다. 하나님은 나와 소통하기 위해 당신의 아들 예수 그리스도를 이 땅에 보내셨지만 그 사랑을 인정하지 않고 또 심지어는 거부하며 내 안에 갇혀 지내면서 오히려 그것으로 만족하며 살았던 내 자신의 모습을 다시 한 번 되돌아볼 수 있었다. 독일 신학자 판넨베르크(Wolfhart Pannenberg)는 인간이 자기 밖의 존재에 의존되어 있음을 인정하지 않고 자기 스스로를 폐쇄시키는 모습에서 원죄의 본질을 보았다. 말하자면 필자는 예수 그리스도를 믿고 난 이후에도 여전히 원죄의 흔적에 묻혀 지냈던 것이었다. 대중가요를 통해 필자는 그동안 숙지하고 있었던 말씀의 의미와 생명의 가치를 새롭게 깨닫게 된 것이다. 대중가요를 통해 내 안에 잠자고 있는 영성이 깨워진다는 사실에 놀라지 않을 수 없었다. 그야말로 진리를 깨닫는 순간의 기쁨이었다.

그 후에 필자는 나로 하여금 폐쇄적인 모습을 벗어 버리고 진리와 소통할 수 있도록 하기 위해, 그리고 하나님의 사랑 안에서 은혜의 삶을 살 수 있도록 하기 위해 하나님은 그 귀한 아들의 생명을 내어 주셨다는 사실을 마음으로 받아들일 수 있게 되었다. 이런 깨달음 덕분에 필자는 부흥회에서 '가시나무'를 매개로 나의 삶을 반성해 보게 되었을 뿐만 아니라 요한복음 3:16을 통해 하나님의 은혜와 사랑으로 인해 주어진 많은 은혜들을 성도들과 나눌 수 있었다.

비록 똑같은 정도의 감동은 아니었지만 봉준호 감독이 만든 <흔들리는 도쿄>를 통해서 필자는 잠시 동안이나마 다시 한 번 당시의 감격을 되새겨 볼 수 있었다. 마치 '가시나무'라는 노래가 영상으로 해석된 것 같은 느낌을 받았기 때문이다.

영화 이야기

<흔들리는 도쿄>는 세 명의 감독이 참여한 옴니버스 영화 <도쿄> 가운데 하나다. 일본인이 아닌 프랑스와 한국의 감독에 의해 도쿄를 이미지화한 것이라 특별한 관심을 갖게 되었는데, 특히 봉준호 감독의 작품은 도쿄시 전체를 히키코모리로 비유하고 있어서 무엇보다 도쿄 시민들의 반응이 궁금했다. 히키코모리란 <김씨 표류기>에서 정려원이 맡은 역할에서도 등장한다. 대개 '은둔형 외톨이'라고 번역되며, 6개월에서 심하면 10년까지 집 안에 틀어박혀 살기도 한다. 사람들은 흔히 '사회부적응자'로 인식한다. 어느 정도 일리가 있는 개념이다.

그러나 사회부적응자란 표현은 기능주의적인 관점에서만 본 것이고, 하나의 문화현상으로서 볼 때 히키코모리는 인격적인 소통을 단절하고 사는 사람으로 이해될 수 있다. 왜냐하면 그들은 '너와 나'라는 인격적인 소통을 피하는 것일 뿐, 전화 혹은 휴대폰이나 인터넷과

같은 미디어를 통해 나름대로 사회와 소통하고 있기 때문이다. 그러한 소통의 방식 속에서도 그들은 여느 사람과 마찬가지로 자신의 삶에 만족한다. 단지 소통의 다름에 있을 뿐이지 사회부적응자라고만 볼 수는 없다.

한편, 봉준호 감독이 <흔들리는 도쿄>에서 보여주고자 했던 것은 히키코모리 자체가 아니었다. 히키코모리를 정의하고 또 그들의 삶이 어떠한가를 보여 주려는 목적을 가지고 있지 않다는 것이다. 그러나 히키코모리들의 여러 특징들을 그 어느 것보다 잘 표현해 주었다고 생각한다. 영화를 통해 그 특징들을 정리해 보면 다음과 같다.

첫째, 외부, 심지어 가족과도 단절하며 산다.

둘째, 생활의 필요를 채우기 위한 소통은 오직 미디어를 통해서만 이뤄진다. 배달문화가 보편화된 일본사회에서 충분히 가능한 삶의 방식이다.

셋째, 세상에 대한 지식을 얻는 방식은 독서나 TV 혹은 인터넷을 통해서 이뤄진다.

넷째, 외부세계와 완전히 단절하지 않지만 그것을 자기 안에 들여놓고 자기만의 세계에 몰입하며 산다.

이상의 네 가지 모습은 10년 동안 집 안에서만 살아가는 영화 속 한 남자(카가와 테루유키 분)가 보여 준 모습들이다. 그는 자신이 결코 밖으로 나가지 않는 여러 이유들을 가지고 있었다.

그런 그에게 갑작스런 변화가 일어나게 된다. 어느 토요일, 여느 때와 같이 피자를 배달시켜 먹는 날이다. 배달된 피자를 넘겨받는 순간에 그는 자신이 10년 동안 지켜 왔던 규칙을 깨고 배달원과 눈을 마주치게 된다. 전혀 예기치 못했던 변화의 순간에 지진으로 세상이 흔들린다. 자신이 집 안에 쌓아 놓은 것들이 하루아침에 무너질 수도 있는 순간이다. 피자 배달원(아오이 유우 분)은 지진의 충격으로 잠시 정신을 잃고 쓰러진다. 쓰러진 그녀를 두고 남자는 안절부절못하게 된다. 10년 동안 그에게 익숙해진 소통방식으로는 결코 해결할 수 없을 것 같은 일이다. 그럼에도 불구하고 자신이 할 수 있는 온갖 방법을 다 쓰지만 결국은 실패하고 자신에게 전혀 생소한 방식을 시도한다. 다시 말해서 그녀의 몸에 여러 내용들을 표시한 버튼 모양이 문신으로 새겨져 있는 것을 발견한 그는 접촉을 시도하는데, 자신의 손가락을 뻗어 그녀의 몸에 새겨진 버튼을 누르고 나서야 그녀를 깨울 수 있게 된다. 정신이 돌아온 후 차분히 정리된 남자의 방을 보고 완벽하다고 감탄하는 그녀, 그러나 그녀는 아무런 여운을 남기지 않고 그렇게 그 남자 곁을 떠나고 만다. 그녀와의 마주침과 접촉은 그 남자의 마음을 사로잡았고, 그는 며칠 동안 아무것도 할 수 없게 된다. 고민 가운데 얼마간의 시간들을 보내던 남자는 다시금 흔들리는 세상을 느낀다. 아직 토요일이 되지 않았음에도 불구하고 그는 규칙을 깨고 피자를 배달시킨다. 그러나 정작 피자를 가지고 온 사람은 그녀가 아닌 피자집 사장이었다. 그 남자는 사장을 통해 그녀 역시 집 밖으로 나오지 않는 삶을 결정했다는 말을 듣게 된다. 피자를 배달시키면서 그녀를 만나고자 했던 그의 바람은 물거품이 되고 그녀를 다시 만날 기회는 영원히 사라지는 듯이 보였다. 그러나 히키코모리의 마음을 사로잡은 그녀를 향한 마음은 결코 쉽게 정리될 수 없을 정도다. 결국 용기를 내어 그녀의 주소를 알아낸다. 그러나 그것으로 그의 고민이 끝난 것은 아니었다. 그녀를 만나기 위해, 다시 말해서 히키코모리인 자신이 히키코모리인 그녀를 만나기 위해서 할 수 있는 유일한 방법은 자신이 먼저 나서는 것밖에 없는 것이다. 10년 동안의 삶의 방식에 일순간에 변화를 주어야만 한다. 그것이 얼마나 큰 고통을 수반하는 변화인가! 그래서 그는 주저할 수밖에 없었고, 그러는 가운데 하루 밤낮을 꼬박 문 앞에서 쪼그려 앉아 나갈까 말까를 고민한다. 외출하기 위해 꺼낸 운동화에서 곰팡이를 보며 쓴웃음을 지어야 했지만, 집 밖에 나선 그는 숲으로 변해 버린 자신의 집을 보고 놀라지 않을 수 없다. 속은 완벽하게 정리되어 있었지만 겉은 전혀 그렇지 못한 것을 알게 되었기 때문이다. 일단 용기를 내어 집 밖을 나섰지만 10년 만의 외출이라 당황스럽다. 교통수단을 고민해야 했고, 또 방향을 고민해야 했다. 결국 무작정 달리기로 결심하고 그녀가 사는 곳을 향해 달려가면서 그는 도쿄시 전체가 텅 비어 있는 것을 확인하면서 놀라게 된다. 그녀의 집에 도착한 그는 그녀에게 지금 나오지 않으면 평생 나오지 못한다고 외친다. 지진의 순간에 잠시 나왔다가 다시 들어가려는 그녀를 만류하면서 그는 그녀의 팔뚝에 새겨져 있는 'love 버튼'을 누르게 된다.

비록 30분 분량의 단편영화이지만 참 많은 것을 생각하게 하는 영화다. 무엇보다 히키코모리가 자신의 10년 동안 삶의 방식을 포기하게 되는 상황이 대단히 인상적이다. 그것이 얼마나 큰 고통을 수반하는 힘든 결정이었는지를 감독은 10년 동안의 폐쇄적인 삶을 먼저 보여 주고, 또한 외출을 결심한 이후에 꼬박 하루 밤낮을 주저하는 그의 모습으로 표현해 주고 있다. 그럼에도 불구하고 그가 집 밖으로 외출을 실행할 수 있었던 것은 그것이 그녀가 자신과 같은 폐쇄적인 삶에 빠지지 않도록 하기 위해 그녀를 설득할 수 있는 유일한 방법이었기 때문이다. 그리고 그것이 결국 사랑에서 비롯된 것이라는 사실을 깨닫는 것은 그렇게 어려운 일이 아니었다. 그녀와의 관계에서 접촉이라는 새로운 소통의 방식을 찾아낸 것이다. 자신이 폐쇄된 삶에서 벗어날 수 있었던 것과 또한 그녀가 히키코모리의 삶에서 벗어날 수 있도록 하는 것은 바로 인격적인 소통에 기반을 둔 사랑이었다.

바로 이런 생각에 이르게 되면서 필자는 예수 그리스도께서 우리에 대한 하나님의 사랑을 나타내기 위해 천국의 삶을 포기하고 이 세상으로 오셨다는 요한복음 3:16의 말씀을 새롭게 성찰할 수 있었다. 우리는 그가 오신 것을 단순히 '성탄' 혹은 '성육신'이라는 개념으로 표현하지만 그것이 얼마나 힘들고 또 큰 고통을 수반하는 일인지에 대해서는 쉽게 간과하는 것 같다. 단순히 세상에 대한 아버지의 사랑과 아들의 헌신적인 순종으로 인한 결과요 우리에게는 큰 은혜라고만 알고 있었을 뿐이다. 그의 탄생과 더불어 일어나는 일이기 때문에 어쩌면 당연한 결과라 생각한다. 그래서 예수 그리스도의 고난을 단지 십자가의 고통에만 제한할 수밖에 없었다.

그런데 '흔들리는 도쿄'에서 히키코모리가 히키코모리를 만나기 위해 10년 동안의 삶의 방식을 포기하는 모습을 보면서 천국의 영광을 버리고 인간의 육신을 입으신 성육신 과정에서 당연히 있을 수밖에 없는 아픔과 고통을 마음으로 깊이 느껴 볼 수 있게 되었다. 그리스도의 고난은 마지막 일주일이 아니라 이미 성육신 과정에서부터 시작되어야 한다고 생각하게 되었다.

예수 그리스도처럼 기독인은 하나님의 사랑을 세상에 나타내도록 부름을 받은 사람이다. 이 일을 위해 비록 성육신까지는 아니라 해도 어느 정도 삶의 방식에서 변화는 꼭 필요하다고 생각한다. 무엇을 어떻게 변화시켜야 하는지에 대해서는 각 사람마다 다르겠지만 소통이 가능하기 위한 목적을 갖고 반드시 변해야 한다는 당위성은 피할 수 없는 것 같다. 바울은 복음의 소통을 위해 어떤 상황에서도 자족할 수 있는 삶, 소위 카멜레온적인 실존을 주저하지 않았다(고린도전서 9:22-23). 또한 그의 서신서, 특히 고린도전서에서 그는 교회의 문제들을 대함에 있어서 자신의 확신을 관철시키려 하기보다는 오히려 교회에 덕을 세우는 일에 더 우선순위를 두고 자신의 확신을 희생시키는 모습을 보여 주었다. 이렇게 할 수 있었던 것은 그가 복음의 능력을 믿고 기대했기 때문이었다.

우리를 위해 이 땅에 오신 예수 그리스도의 삶과 사역을 묵상하자.
그리스도인인 우리가 타인, 특히 불신자를 향한 마음은 어떠해야 할 것인지를 묵상해 보자.

사랑이 아닌 사랑 이야기

〈500일의 썸머〉(마크 웹, 2009, 15세)

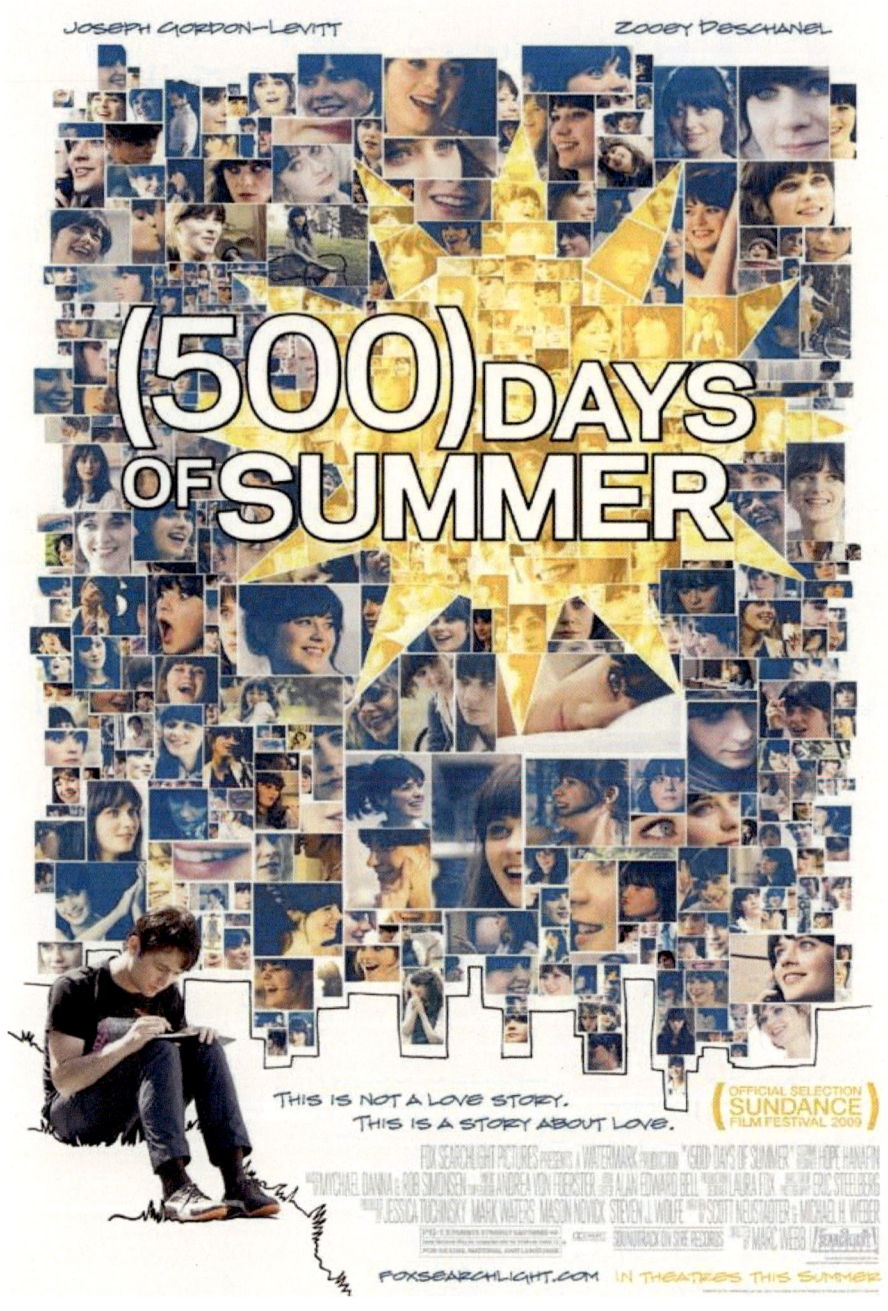

마크 웹(Marc Webb, 1974~), 2009년 〈500일의 썸머〉로 주목할 만한 시선 상을 수상

말하는 순간 확인되는 것

사랑은 느끼고 향유하는 것이지 생각하는 것이 아니다. 상호일치감으로 인해 사랑은 자기가 자신을 아는 것처럼 상대를 아는 것이고, 굳이 생각하지 않아도 직관적으로 아는 것이다. 생각한다고 해서 사랑 아닌 것이 사랑이 되는 것은 아니다. 사랑을 생각하거나 말할 수밖에 없는 것은 사랑 안에 있지 않은 사람들을 위한 것이다. 사랑에 대해 생각하거나 말하는 순간, 사랑 아닌 것이 불현듯 나타나 불안하게 만든다. A는 항상 −A(A아닌 것)를 전제하기 때문이다. 사랑이 갑작스럽게 사랑이 아닌 것으로 전락될 위험마저 배제하지 못한다. 사랑은 행위, 곧 실천인 것이고 느끼는 것이지 생각하거나 말하는 것이 아니다. 적어도 행위와 느낌이 살아 있는 한, 사랑은 이야기로 회자되기를 거부한다. 사랑한다고 믿고 있는 사람들에게 딜레마는 서로에 대한 (사랑)행위가 더 이상 의미가 없고, 또 서로의 행위에 대해서 아무런 느낌을 받지 못할 때다. 이쯤 되면 그 뜨거웠던 열정으로 불태웠던 사랑은 어디로 간 것인지를 묻게 된다. 갑작스럽게 사랑은 정으로 변하고, 신뢰와 의리로 바뀌며, 결국에는 함께 있는 것 자체를 사랑으로 여기며 자족한다. 결코 생각이나 말하는 것이 아니라고 믿었던 사랑은 이제 이야기가 되어 둘 사이에서 혹은 사람들 사이에서 회자된다. 비록 행위나 느낌은 없다 해도, 회상 속에서 사랑은 여전히 존재한다. 계절마다 세상이 바뀌듯이, 사랑 역시 시간에 따라 그렇게 옷을 갈아입는다. 단, 사랑의 진전은 적어도 서로가 헤어지지 않고 함께 있을 때만 가능한 일이다.

정의할 수 없는 난제, 사랑

사랑은 난제다. 사랑이라는 이름을 두고 수많은 사람들이 만남과 헤어짐을 반복하기 때문이다. 셀 수 없이 많은 사랑에 대한 정의들이 제시되지만, 생각의 대상이기를 거부하는 사랑은 결코 정의되지 않는다. 속도의 측정이 관찰자에 의해 영향을 받는 것과 유사하다. 우리의 생각 속에 있는 사랑은 모두가 부분적인 것이다. 그래서 사랑은 오해를 일으킨다. 기대가 다르고 생각이 다르기 때문이다. 사랑이 있는가 하면, 사랑이 아닌 것도 있다. 모양은 사랑이지만, 속은 그렇지 않은 것이다. 사랑의 진정성이 없었다는 말이다.

<봄날은 간다>에서 나오는 유명한 대사가 생각난다. '사랑이 어떻게 변하니'라는 묻고 따지는 말에 대해, '사랑이 아니니까 변한다'고 매몰차게 대답한다. 누구는 사랑이라고 생각해서 신나게 달려왔는데, 누구한테는 그것이 사랑이 아니었다는 말이다. 사랑이 아니었다면 도대체 그것이 무엇이란 말인가? 모습은 사랑하는 사람에게서 발견되는 것과 동일하지만, 그러나 일방향 사랑이었다는 말이다. 어떻게 사랑이 아닐 수 있단 말인가? 도대체 사랑과 사랑이 아닌 것을 어떻게 구분할 수 있는 것인가? 이해하기 쉽지 않은 말이다. 그녀에게 사랑

은 무엇인지 묻지 않을 수 없지만, 감독은 더 이상 그녀의 사랑을 추측할 만한 단서를 제공해 주지 않는다. 그녀의 태도는 사랑의 본질을 믿고, 사랑은 변하지 않는다고 믿고, 또 사랑의 모습은 다양하면서도 공통점이 있다고 믿는 사람들에게는 도무지 이해되지 않는 일이다. 내가 느끼기에 사랑이라고 해서 그것이 다 사랑은 아닌 것이다. 사랑에도 동의(consensus)가 필요하다.

함께 꾸는 다른 꿈, 동상이몽

썸머와 톰의 관계도 그랬다. 두 사람이 서로와 더불어 나누고, 또 서로를 위해 보인 모든 행위는 사랑하는 사람들의 그것과 전혀 다르지 않다. 썸머가 아무리 친구관계를 전제하고 교제를 시작했다 해도, 두 사람 사이에서 일어난 모든 일들을 사랑이 아니라고 단정 지을 수는 없다. 그래서 톰은 썸머와의 관계에서 경험한 일들이 단순한 친구관계 속에서는 결코 일어날 수 없는 일이라고 믿었다. 관객들 역시 그렇게 믿었을 것이다. 사실 관객들로 하여금 그렇게 믿게 해야지 그렇지 않으면 재미없는, 무미건조한 영화가 된다.

적어도 톰에게 사랑은 그런 것이었다. 그는 자신의 사랑을 기억을 통해 설득하려고 한다. 회사 내 복사실에서 은밀하게 뜨거운 키스를 나누고, 서로 잠자리를 함께하고, 함께 시간과 추억을 공유하며, 공통된 취미와 이상을 나누는 것, 이 모든 것들은 사랑이 아니면 생각할 수 없는 일들이라고 역설한다. 대니얼 골먼은 『EQ 감성지능』에서 사랑을 나누는 일(키스, 포옹, 성관계)을 최상의 상태에서 상호 감정이입이 이뤄지는 일이라고 말한다. 거기에는 공유된 욕망이 현존하고 일치된 의도가 있으며, 동시에 움직이는 상호 각성의 상태가 일정 시간 지속된다. 톰이 그녀와 보낸 시간 속에서 느낀 것과 전혀 다르지 않다. 그녀를 만나고 난 후부터 세상이 모두 활기로 가득 차고 톰으로 하여금 날아갈 듯한 느낌을 가질 수 있었던 것, 그것은 분명 사랑 때문이었다고 톰은 주장한다. 그러나 썸머는 달랐다. 그녀는 기억하지 않는다. 톰과의 관계는 다른 사람과는 조금 다른 방식으로 이뤄지는 친구관계였을 뿐이었다. 톰이 사랑이라고 주장하는 것, 그것은 톰의 착각에 근거한 것일 뿐이다. 톰의 사랑은 썸머에게는 전혀 동의되지 않는 것이었다. 톰은 자신이 사랑이라고 생각했던 것들을 기억 속에 전혀 담고 있지 않은 썸머의 태도로 인해 좌절할 수밖에 없다. 적지 않은 시간을 썸머와 함께 보내며 느낀 것들, 썸머와 자신이 했던 모든 행위들이 어떻게 사랑이 아닐 수 있단 말일까? 그 기억들은 도대체 사랑을 말하는 것이 아니라면 무엇이란 말인가? 사랑에 대한 보통의 생각을 가지고 있는 톰에게는 도무지 납득이 되지 않는 일이다. 기억 속에 파묻혀 현실의 끈을 놓아 버린 톰을 향해 그의 어린 여동생은 아주 의미 있는 충고를 던진다. 그것은 사랑이 아니라 좋은 기억들이었을 뿐이라고. 그러니 나쁜 기억들을 통해서 사랑의 환상에서 벗어나는 것이 좋을 것이라는 처방책을 내놓는다.

한참 어린 여동생도 알고 있는 사실을 성인인 톰이 모르는 것은 남자와 여자의 근본적인 차이 때문이었을까? 이런 오해, 이런 생각의 차이는 도대체 어디에서 비롯되는 것일까? 무엇이 문제인 것인가? 여하튼 톰과 함께했던 시간들은 톰의 기대와 생각과는 달리 썸머에게는 결코 사랑이 아니었다. 처음부터 그렇게 시작하기를 원했던 썸머는 그렇게 마치기를 원한 것이다. 톰과 썸머 사이를 가장 적합하게 표현한다면, 아마도 동상이몽이 될 것이다. 사랑에 대한 이해가 얼마나 다를 수 있는지 새삼 느끼게 된다.

사랑이라고 말할 수 있는 조건

한편, 톰과 썸머 관계에서 갑작스럽게 찾아온 무의미한 시간들, 그로 인해 톰이 괴로워하고, 둘 사이의 관계가 사랑이 아니라고 애써 부인하는 썸머의 모습을 보면서, 남녀 사이에서 무엇이 사랑이고 무엇이 사랑이 아닌 것인지를 결정할 수 있는 조건에 대해 궁금해졌다. 사랑의 진정성인가? 계절에 따라 다른 모습으로 변할 수 있는 것이 사랑인데, 왜 톰과 썸머에게는 그런 진전이 일어나지 않은 것일까? 그것은 처음부터 나가는 통로를 열어 두었기 때문이라고 생각한다. 누구든 하나가 나갈 수 있는 통로가 열려 있는 한 사랑의 성장은 가능하지 않다. 그래서 성경은 이혼을 절대 불가능하다고 본 것이다. 사랑은—비록 상황에 따라 다르겠지만—일종의 닫혀 있지만 그 끝을 헤아릴 수 없는 광대한 우주와 같다.

톰과 자신의 관계에서 사랑을 인정하지 않고 또 받아들이지 않는 썸머의 모습을 보면서, 필자는 지금까지 사랑하는 사람과의 관계에 있어서 필수적이라고 생각했던 많은 일들에 대한 생각들이 현저하게 바뀌었다는 사실이 새삼스럽다. 남녀의 소통방식이 바뀌고, 이성 간의 친구관계에서 경계이며 한계라고 생각했던 것들이 변한 것이다. 그렇다면 사랑이라고 말할 수 있는 조건은 무엇인지 묻지 않을 수 없게 된다. 사랑의 진정성은 무엇이고 또 어디에서 찾을 수 있는 것인가? 이런 질문에 대해 사람들은 대개 마음이라고 말하기를 주저하지 않는다.

톰과의 관계에서는 결코 없었던 것이 있었기 때문에 결혼할 생각을 했다는 썸머, 그녀에게 사랑, 곧 사랑의 진정성은 어떤 추억을 나누었고, 어떻게 서로를 위해 행했는지에 있지 않았다. 그녀에게 사랑의 진정성은 마음의 기울어짐에서 비롯되는 결혼을 통해서 확인되는 것이었다. 사랑 같은 것은 없고 단지 환상일 뿐이라고 주장해 왔던 그녀였지만, 그래서 사랑하는 사람들의 삶과 동일한 삶을 톰과 공유했음에도 행위와 기억 속에만 있는 것—그것을 사랑이라고 말하기를 거부했던 그녀였지만, 그녀는 마침내 사랑을 발견하고 결혼을 결심한 것이다. 결혼을 결코 원하지 않았지만, 결혼할 수밖에 없는 결정을 내리도록 만든 강력한 힘,

바로 그것이 썸머의 마음을 움직였고 썸머에게는 그것이 사랑이었다. 썸머는 이제 계절에 따라 옷을 갈아입는 사랑을 경험하게 될 것이다. 만일 헤어지지만 않는다면….

사랑과 결혼

그동안 우리 주변에서 숱하게 들어 왔던 말들, 사랑했지만 어쩔 수 없었다는 말들이 갑자기 구차한 변명에 불과했다는 생각이 들었다. 남녀 간 소통방식의 변화를 깨닫지 못한 톰에게는 안타까운 일이긴 하지만, 썸머의 말에서 오히려 사랑의 진정성을 강하게 느낄 정도다. 이에 반해 결혼했으면서도 진정한 사랑을 찾으려고 하거나, 사랑하면서도 조건에 매여 다른 사람과 결혼을 하는 사람들이 비겁하게 여겨졌다. 사랑의 문제로 인해서 심각한 수준의 가족해체 현상이 나타나고 있는 오늘날, 사랑과 결혼을 분리해서 생각하려는 이 시대의 모습 속에서 썸머의 결정은 오히려 외로운 싸움의 결과였다는 생각을 한다. 결혼을 사랑의 결론이라고 생각한다면, 끝까지 지키는 것이 바람직한 일이다.

그러나 다른 한편으로는 마음과 몸을 분리하는 썸머의 논리가 그렇게 긍정적으로 보이지 않는다. 비록 요즘 젊은 남녀들이 상호 소통하는 방식이 예전과 많이 달라졌다 해도, 몸은 마음과 함께 인격의 한 부분이라는 사실은 변함이 없다. 몸으로 소통했던 모든 것들을 마음이 부정하거나, 아니면 마음으로 소통했던 것들을 몸으로 부정하는 것은 이기적이며 탐욕적이다.

사랑의 두 수레바퀴, 운명과 우연

<500일의 썸머>는 남녀의 만남과 헤어짐 과정에서 흔히 일어나는 일이다. 뻔한 이야기를 색다른 연출방식을 통해 사랑의 의미를 생각해 보게 한 감독의 능력이 돋보인다. 감독이 이 영화를 통해 말하려고 했던 것은 무엇이었을까?

겉보기에 <500일의 썸머>는 한 남자의 성장통에 대한 이야기다. <청담보살>(2009)에서도 다뤄졌던 주제이지만, 사랑을 두고 흔히 일어나는 운명과 우연의 갈등을 다루고 있다. 사랑을 운명으로 믿고 있었던 톰은 썸머와의 관계에서 사랑이 결코 운명이 아님을 알게 된다. 이성관계에서 소통방식이 어떻게 바뀌었는지도 깨닫게 되고, 결국엔 사랑으로 여기게 하는 모든 행위들, 사건들 그리고 추억들도 서로가 동의하지 않는 한 사랑이 아닐 수 있다는 것을 알게 된다. 또한 사랑의 고통을 통해 톰의 정신은 강인하게 단련된다. 비전공 분야에서 비록 인정받는 자리였지만, 그는 과감하게 떨치고 일어나 전공인 건축학을 결단하게 되었으며, 또한 이성관계에 있어서 우연의 계기를 믿게 된다. 남녀의 만남과 헤어짐은 계절이 오기도 하고 또 가기도 하듯이, 그렇게 자연스런 흐름에 불과한 것이라고 말한다. 감독은 이런 메시

지를 마지막 장면에서 보여 주고 있다고 생각하는데, 썸머가 가고 난 뒤에 새로운 직업을 얻기 위한 면접대기실에서 '오텀(가을)'을 만나 데이트를 신청하는 장면을 연출한 것이다.

앞서 언급했듯이, 웹 감독은 특이한 서술 방식을 통해 사랑에 대한 진부한 이야기를 신선하게 표현해 내었다. 만나고 헤어지는 과정에서 만들어진 단편적인 장면들을 시간적으로가 아니라 임의적으로 진행시킨 것이다. 썸머의 이별 선언을 들은 후 가을을 만나기까지의 톰의 기억을 시간적으로 재구성하지 않고 그대로 놓아두고 바라보게 한 것이다. 5분간의 기억력을 가진 사람의 이야기를 다룬 <메멘토>를 보는 듯했다. 그렇다고 해서 흩어진 기억들을 제시하면서 관객으로 하여금 퍼즐 맞추기 게임으로 초대하려는 의도는 아닌 것 같다. 이유는 분명하다. 사랑의 기억이라는 것이 사실 단편적일 뿐만 아니라 또한 순차적이지도 않기 때문이다. 떠나 버린 사람은 기억하지 않겠지만, 사랑이라고 믿었던 톰의 기억 속에는 가장 좋은 것들로 가득하다. 그래서 톰의 여동생이 지적한 바와 같이, 그 기억들로 인해 톰은 더욱 큰 아픔을 느껴야만 했다. 미셸 공드리 감독의 작품 <이터널 선샤인>에서 그랬던가, 사랑은 가슴 가장 안쪽에서 일어나는 것이라고. 그래서 고통 가운데 가장 큰 것이 사랑이라고. 단편적인 기억들은 사실 톰의 기쁨과 슬픔의 상반된 모습을 보여 주면서 톰의 고통이 어떠한 것인지를 표현한다.

영화를 통해 깨달은 사실 한 가지, 여자는 사랑하면서 결혼을 생각하지만, 남자들의 사랑은 오직 언제나 진행 중이거나 기억 속에만 있을 뿐이다.

사랑과 기억의 상관관계를 묵상해 보자.
"좋은 기억=사랑", "나쁜 기억=미움"이라는 도식이 가능할까?

필로스와 에로스의 경계선에서 일어난 에피소드

〈청춘만화〉(이한, 2006, 12세)

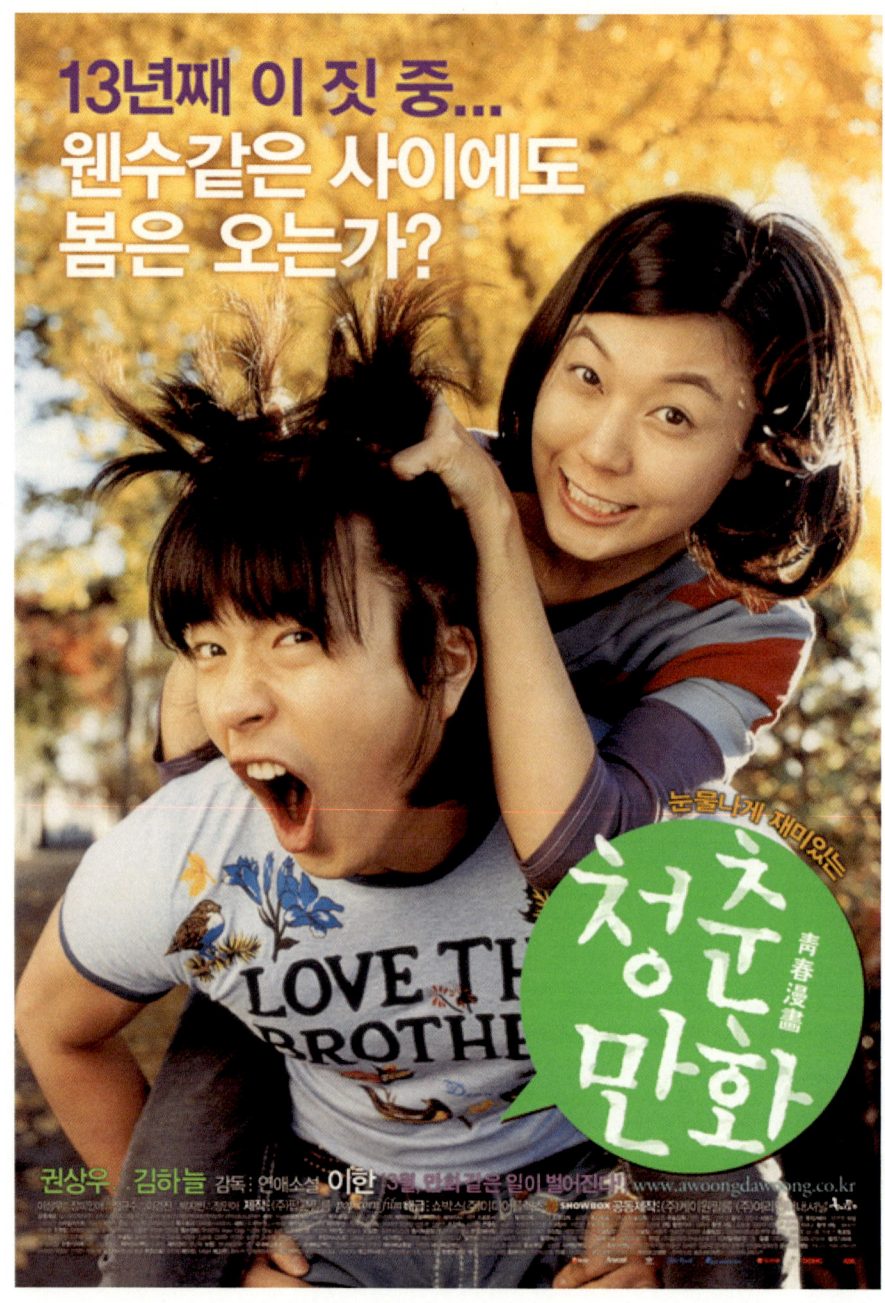

이한(1970～). 한양대 연극영화학과 출신, 배창호 감독의 연출부 출신의 감독으로 자신이 쓴 각본에 따라 만든 〈연애소설〉(2002)과 〈청춘만화〉(2006)가 있다. 이동현 감독의 작품 〈하늘 정원〉(2003)은 이한의 극본에 따른 것이다.

사랑과 우정의 힘겨루기에서 과연 승자는 누구에게 돌아갈까? 남녀관계에 제한해서 대답해 본다면 단연코 사랑이다. 우정으로 시작하고 또 그 우정이 계속될 것 같은 확신이 들어도 어느새 사랑으로 바뀌거나 아니면 다른 사람과의 사랑 앞에 우정은 쉽게 무너지게 된다. 무너진다기보다는 지속적인 관계가 어렵게 된다는 표현이 적합할 것 같다. 그래서 남녀 간에는 우정이 없다는 말도 나올 정도다. 앞으로는 어떻게 바뀌게 될지 모르지만 적어도 지금까지는 그랬다.

우정과 사랑에 관한 한 시몬 드 보부아르와 장 폴 사르트르의 관계는 역사적인 기록에 남을 만한 것이다. 그들의 관계는 야누스와 같은 모습을 가지고 있기 때문이다. 그들은 우정 같은 분위기에서 사랑하며 살았다. 그들의 관계를 우정이라 한다면 그것은 변형된 우정이고, 반면에 그것을 사랑이라고 본다면 그것은 변형된 사랑이다. 오늘날 '계약결혼'의 형태를 처음으로 시도한 장본인들이다. 그들은 친밀한 관계 속에 살면서도 서로의 독립성을 인정하며 살았다. 이렇게 가능할 수 있었던 것은 그들이 사랑과 우정 사이의 경계를 무너뜨렸기 때문이다. 서로에 대해 독립된 인격체로 인정하는 점에서는 우정의 모습을 갖고 있지만, 부부에게서 발견할 수 있는 (성적으로) 친밀한 관계를 가졌다는 점에서는 사랑의 모습을 갖고 있다. 우정과 사랑의 차이가 꼭 친밀함의 정도에 달려 있다는 말은 아니지만 결정적인 차이를 가져오는 것은 사실이다.

이런 사실로부터 우정과 사랑의 힘겨루기를 말함에 있어서 먼저 해결해야 할 고민거리가 있다. 남녀관계에서 우정과 사랑의 차이는 무엇이며, 그 경계선은 어디일까 하는 것이다. 다소 보수적인 상황에서 맺어지는 남녀관계에서는 성적인 친밀함(키스를 포함해서)이 표현되면 그때부터 우정은 끝나게 된다. 성적으로 친밀한 관계를 갖지 않으면서도 사랑할 수는 있지만, 우정이라는 이름으로 진행되면서 성적인 친밀함이 표현되기만 하면 그때부터 우정은 끝나게 된다. 자유로운 성관계가 전제된 상황에서는 우정과 사랑이 크게 다르지 않다. 차이가 있다면, 우정은 지속성을 보장하지만 사랑은 열정적이면서도 서로에 대한 책임관계 속에서 이뤄진다는 점이다. 젊은 세대들의 사랑과 우정의 모습을 이렇게 단순화시키는 것은 불가능하지만 적어도 우정과 사랑의 경계선과 관련해서는 틀린 말은 결코 아닐 것 같다.

우정과 사랑의 차이를 묻게 될 경우에 사람들은 대개 필로스와 에로스라는 그리스 개념을 떠올린다. 필로스는 흔히 상호적이면서도 지속성을 지향하는 관계를 말하는 우정을 표현하고, 에로스는 열정적이면서도 배타적인 관계로 나타나는 이성 간의 사랑을 가리킨다. 요즘같이 동성애가 자주 회자되고 또한 동성애자들의 커밍아웃이 많아지는 때에는 에로스를 이성 간의 사랑에만 제한할 수는 없을 것이다. 2006년 아카데미 시상식에서 최우수 감독상을 수상한 <브로크백 마운틴>(이안, 2006)[1]은 동성애가 이성애와 다르지 않음을 보여 주었다. 그렇기 때문에 필로스와 에로스의 본질적인 차이에 더욱 주목하게 된다.

먼저 이 두 개념의 의미와 관련해서 생기는 오해를 제거할 필요가 있다. 즉 필로스는 흔히 'give and take'라는 말로 설명되는데, 그렇다고 해서 서로에 대한 아무런 열정도 없는 단순히 대등한 관계만을 염두에 둔 것은 아니다. 또한 에로스를 '性愛(성애)'라는 말로 이해하곤 하는데, 그렇다고 해서 이 말이 항상 성적인 사랑에만 제한돼서 사용되는 것은 아니다. 친밀감과 지속성은 양쪽 모두에게 공통적으로 발견된다. 유사한 부분이 많지만 자세히 들여다보면 두드러진 차이를 갖고 있다. 에로스와 필로스를 구분 짓는 중요한 것은 소유에의 의지에 있다.

필로스에게는 소유에 대한 집착이 없어서 결코 배타적이지 않다. 우정관계에서 배타성을 주장한다면 그것은 우정이라고 할 수 없다. 다시 말해서 필로스 역시 사랑의 한 종류로서 서로를 지향하고 또 친밀한 관계 속에서 기쁨을 얻게 하지만, 이 사랑에는 소유에 대한 집착이 없다. 그저 상호 관계 속에서 기쁨을 나누는 것이다. 이에 반해 에로스는 강렬하며 배타적이다. 사랑의 관계를 갖고 있으면서 다른 사람과의 공유를 주장한다면 사랑이라 볼 수 없다. 에로스는 본질적으로 소유와 쾌락을 목표로 하는 사랑이다. 소유를 전제하기 때문에 열정이 생기고, 소유의 가능성이 의심받거나 위협받게 되면 질투와 미움이 끓어오른다. 그렇기 때문에 우정은 서로가 서로에게 존재한다는 것 자체만으로 편하지만, 사랑의 관계에서는 긴장감을 쉽게 떨쳐 버리지 못한다. 서로의 마음을 확인한 후에도 맘을 놓지 못한다. 상실과 변형 혹은 퇴색을 염려하기 때문이다. 그래서 언제나 조심스럽고 어렵게 느껴지는 것이다.

동성애를 일단 배제하고 말한다면, 남녀관계에서 기쁨과 슬픔을 서로 공유만 한다는 것은 쉬운 일이 아니다. 남자와 여자는 본질적으로(생리적으로) 서로가 서로에게 끌리도록 되어 있기 때문이다. 기쁜 일이 있으면 그것 때문에 끌리고, 슬픈 일이 있으면 그것 때문에 마음을 더 기울이기도 한다. 경우에 따라서 기호나 성격 혹은 외모나 비전이 달라서 서로에게 끌리지 않게 되는 경우도 있지만 본질적으로 남성과 여성 사이의 관계 맺음은 상호 지향을 바탕으로 하며 궁극적으로는 소유를 겨냥한다. 만일 누군가 자신은 그렇지 않다고 말한다면 그 사람은 매우 특별한 사람임이 분명하다.

필로스와 에로스의 차이는 성적인 친밀감의 현존 여부에 달려 있다. 따라서 만일 성적인 친밀감을 자유롭게 표현할 수 있게 된 사회 분위기 속에서는 사랑과 우정 사이에서 느낄 수

---

1) **이안**(1954~): 타이완 출신으로 영화배우의 꿈을 갖고 미국으로 갔지만 연출에 더 많은 관심을 갖게 되었다. 일리노이 대학에서 연극을 전공. 뉴욕대학 예술학 석사 과정 중에 스파이크 리의 조감독으로 활동하기도 했고, 〈쿵푸 선생〉으로 데뷔하였다. 아버지 삼부작으로 불리는 〈쿵푸 선생〉, 〈결혼 피로연〉, 〈음식남녀〉로 아카데미와 골든 글로브 그리고 베를린 영화제에서 최우수 작품상을 수상하였고, 제인 오스틴 원작 〈센스 앤 센서빌리티〉를 영화로 제작해 아카데미 7개 부문 노미네이트에 올랐으며, 결국 각색상 수상을 수상하였다. 〈와호장룡〉은 그의 감독의 능력을 맘껏 발휘한 작품으로 평가되며, 동성애를 다룬 〈브로크백 마운틴〉은 그의 최고작으로 꼽힌다.
   Filmography: 쿵푸 선생(1992), 결혼 피로연(1993), 음식남녀(1995), 센스 앤 센서빌리티(1995), 아이스 스톰(1997), 라이드 위드 데블(1999), 와호장룡(2000), BMW 단편 프로젝트(2001), 헐크(2003), 브로크백 마운틴(2005)

있는 애틋하고도 미묘한 긴장감을 느껴 볼 수 없다. 남녀관계에서의 긴장감은 윤리적인 기대와 그 기대를 무너뜨릴 만한 위협적인 현실의 충돌로 인해 나타나는 심리적인 현상이다.

영화 이야기

지금은 젊은 세대들에게 골동품으로 여겨지는 혼전 순결이 사회적으로 기대되는 윤리적인 덕목으로 존중되는 때, 남녀관계에 관한 한 향수적인 분위기를 자아내면서 사랑과 우정 사이에서 느끼는 긴장감을 맛볼 수 있게 해 주는 영화를 소개해 볼까 한다. 바로 <청춘만화>(이한, 2006)이다.

제목 자체에서부터 향수를 불러일으키는 분위기에서 두 남녀 주인공이 13년의 세월을 공유하며 우정이라는 이름으로 나눈 모습들은 다음과 같다. 추억을 공유하기, 힘들 때 함께 있어 주기, 기쁠 때 가장 먼저 연락하기, 한계를 극복하는 일을 도와주기, 아픔을 함께 아파하고, 그리워하기 등. 말이 우정이지 우정이라는 포장 속에 숨겨진 사랑은 아닐까? 영화를 본 관객이라면 남녀의 우정과 사랑, 그 경계가 어디인지를 새삼 묻지 않을 수 없을 것이다. 양자 관계에서 줄타기를 해 본 사람은 다 아는 일이겠지만 그렇지 않다면 여전히 궁금한 일이다.

<청춘만화>는 바로 이러한 일상적인 기대감에 과감하게 도전하려고 한다. 이 영화가 주목받는 첫째 이유는 흥행에서 성공했던 <동갑내기 과외하기>(김경형, 2003)[2]에서 열연한 두 영화배우의 잔상 때문이다. 이 영화는 동갑으로서 스승과 제자 그리고 남자와 여자의 미묘한 관계 속에서 팽팽한 긴장감을 끝까지 유지하게 만들어 많은 관객의 가슴을 조이게 했다. 아마도 이것이 흥행에 성공한 비결이 아니었을까 생각한다. 동일한 캐스팅으로 제작된 <청춘만화>는 어떠할 것인가? 아마도 이 비슷한 질문이 관객들로 하여금 이 영화를 보게 만든 동기가 아닐까 생각한다.

<청춘만화> 역시 유지하기 결코 쉽지 않은 긴장감을 보이기 위해 13년의 세월을 추억으로 공유하고 있는 두 남녀를 주인공으로 설정한다. 팽팽한 긴장감을 유지해 나가면서 영화가 의도하는 것은 우정과 사랑 사이의 경계선상에서 일어나는 에피소드를 재미있으면서도 감동적으로 풀어 가려는 것이다. 어느 한쪽으로 기울어지지 않으면서도 양쪽을 다 맛볼 수 있는 균형 잡힌 구도를 위해 노력한다. 남녀관계에서 우정과 사랑을 고민해 보았던 경험이 있는 사람이라면 누구에게나 한 번쯤은 일어날 수 있을 만한 에피소드다. 대부분의 경우는 사랑에 기울어지게 되지만 13년의 추억을 자산으로 가진 우정의 힘이 만만치가 않다. 추억을

---

2) **김경형**: 경희대 신방과 졸업. KBS에 입사해 활동하다 〈그래 가끔은 하늘을 보자〉의 조감독으로 영화계에 입문하였다. 단편작 〈숲〉이 2000년 부산아시아 단편영화제 본선 상영되었고, 2001년 삿포로 영화제에 초청되었다.
   Filmography: 동갑내기 과외하기(2003), 라이어(2004).

우정으로 공유하는 친구와 이제 막 사랑의 추억을 만들어 나가는 친구 사이에 놓여 있는 팽팽한 긴장감으로 관객은 고공줄타기를 하는 것 같은 느낌을 갖게 된다.

결론부터 말한다면, <청춘만화>는 우정에 손을 들어 주었다. 사랑보다 더 강한 모습의 우정을 부각시킨 것이다. 에로스를 전제로 사귀던 이성친구보다 필로스를 유지했던 두 사람의 사랑 같은 우정으로 끝내고 있다. 사실 남녀의 우정은 각자의 서로 다른 사람과의 사랑으로 인해 결국 추억으로 끝날 수밖에 없다는 것이 일상적인 편견이다. 사랑에 자리를 물려주게 되는 것이 대부분이다. 그렇다고 해서 그 우정을 나무라지 않는다. 남녀관계의 우선순위는 사랑임을 잘 알기 때문이다. 그렇다면 도대체 무엇이 사랑보다 강한 우정을 가능하게 했을까?

영화의 힘

그것은 생각을 현실로 옮겨 놓은 영화의 힘이다. 추억이란 지난 일을 되새겨 보는 것이다. 오직 기억 속에서만 존재할 뿐 그것을 현실 속의 진행형으로 만든다는 것은 불가능하다. 바로 이 순간에 영화의 힘은 유감없이 발휘된다. 다시 말해서 감독은 사랑보다 더 강한 우정을 연출하기 위해 지환(권상우 분)의 황당한 생각을 영화 속의 현실로 옮겨 놓는다. 즉 추억을 진행형으로 만든 것이다. 이른바 우정이라는 이름으로 공유했던 13년의 추억을 다른 사람과의 사랑에 빼앗기지 않기 위해 추억을 진행형으로 만든 것이다. 우정과 사랑의 긴장관계 속에서 다소 아쉬운 마음을 갖고 있을 때 이것을 해결하기 위한 한 방책으로 추억을 현실화했다는 말이다. 이를 위해 감독은 영화 속에서 동일한 주인공이 등장하는 또 하나의 영화를 만들어 나갔다. '내 친구 달래'라는 제목의 한 편의 시나리오를 통해서 지환과 달래의 우정은 단지 추억이 아니라 현재의 사건으로 나타난다. <청춘만화>를 보지만 사실 관객은 '내 친구 달래'를 본 것이다. 영화 내용을 정리해 보면 추억을 현재진행형으로 꾸며 나간다는 말을 좀 더 쉽게 이해할 수 있을 것 같다.

어릴 때부터 홍콩 영화배우 성룡을 동경하며 성장한 지환. 그는 대학에서 태권도학과에 재학 중이다. 세상 물정과는 전혀 상관없이 사는 아버지와 살면서 아르바이트로 틈틈이 액션 대역 배우로 일한다. 그의 꿈은 성룡과 같은 사람이 되는 것이다. 달래(김하늘 분), 그녀는 지환과 같은 대학의 연극영화과에 재학 중이지만 무대 공포증이 있어 오디션에서 매번 좌절하게 된다. 우황청심환을 먹어도 아무 효력이 없다. 지환과 달래의 만남은 마치 <포레스트 검프>에서 나오는 두 남녀의 만남과 비슷하게 이뤄진다. 외톨이 지환에게 달래가 관심을 보이면서 시작된 것이다. 그 후로 두 사람은 오랜 친구로서 추억을 만들어 나간다. 그들 관계에서 추억만큼이나 중요한 것은 각자 꿈을 가지고 있고 또 서로의 꿈을 위해 큰 도움이 된다는 사실이다. 서로에 대해 아무것도 기대하지 않는 것 같아도 사실 서로에 대해 많은 것을 기대하며 살아가고 있다. 그것을 아직 의식하지 못하고 있을 뿐이다.

그러나 달래에게는 지환의 친구인 남자친구가 있다. 우정보다는 사랑에 더 가까운 관계다. 달래의 남자친구는 달래가 지환과 맺은 오랜 우정으로 맘이 편치 못하다. 그러나 같은 대학의 같은 과 친구로서 자신에게 일어나는 모든 불편한 감정들을 긍정적으로 이겨 보려고 한다. 우정은 우정이고 사랑은 사랑이라는 생각이다. 이를 위해 그가 고안한 한 가지 방법은 지환에게 여자친구를 소개시켜 주는 것이다. 이렇게 되니 지환과 달래는 각각 여자친구와 남자친구를 갖게 된 셈이다. 우정과 사랑에 관한 한 서로에 대한 긴장관계는 이렇게 해서 해결되는 듯하다. 게다가 티격태격 싸우는 중에 결국 서로에게 연락도 하지 말자는 결별선 언까지 하게 된다. 사랑 앞에서 우정이 막 무너지려는 순간이다.

이때, 지환은 사고로 한쪽 다리를 잃게 된다. 꿈을 접어야만 한다. 좌절의 고통을 한 아름 짊어지며 1년 동안 방방곡곡을 돌아다닌다. 물론 달래와의 연락은 이미 끊어진 지 오래다. 그러나 잊은 것은 아니고 오히려 지환은 달래와의 추억을 '내 친구 달래'라는 시나리오 속에 담는다. 달래를 위한 시나리오인 것이다. 그러나 지환을 만난 달래는 오히려 화를 참지 못하고 폭발한다. 그렇지 않아도 달래가 지환에 대한 걱정으로 자신에 대한 관심을 보이지 않고 있어 내심 고민하던 달래의 남자친구는 우연히 지환이의 시나리오를 읽고 달래에게 주는 가장 최고의 선물이 될 것이라며 시나리오를 달래에게 건네주고 이별을 결심한다. 이미 과거가 되어 버렸지만 시나리오 속의 달래와 지환은 여전히 추억 속에 진행 중이다. 그들의 우정이 어떠한 것인지를 새삼 확인해 주는 계기가 된 것이다. 서로에 대한 기대가 얼마나 컸는지가 확인되고, 또 서로가 서로에게 얼마나 소중한 존재였는지를 확인한다. 다시 말해서 '청춘만화'는 단지 지환이와 달래의 우정을 추억하는 영화가 아니다. 영화 속의 영화를 통해 과거를 현재의 경험으로 옮겨 놓았다. 그럼으로써 현재와 과거의 구분을 모호하게 만들고 있다.

과거의 현실화

영화의 힘을 그대로 느끼게 해 주는 <청춘만화>를 보면서 필자가 주목하게 된 것은 과거의 현실화다. 아름다운 과거를 단지 기억 속에만 남겨 놓는다면 기억력의 한계에 부딪혀 어느 순간엔가는 잊힐 수밖에 없다. 그래서 사람들은 사진이나 동영상으로 찍어 놓는 것이다. 그러나 그것도 추억의 일부일 뿐 결코 현실화할 수는 없다. 아름다운 추억이 영원할 수 있기 위해서는 잊히지 않는 것만으로는 부족하다. 기억의 영역에서 벗어나서 그것이 삶 속에서 진행될 수 있어야 한다. 그래야 과거는 생생한 현재가 되며 또한 미래적인 의미를 갖는다. 예컨대 성경은 비록 과거 이야기지만 결코 역사적인 것으로 남는 것을 원하지 않는다. 성경의 의미는 오늘 우리들의 현재 안에서 또 하나의 사건으로 나타나길 기대한다. 과거의 것이 단지 추억으로만 남지 않는 것은 과거를 만든 하나님이 오늘도 또 내일도 여전히 사역하시기 때문이다. 따라서 기독교 신앙은 과거가 추억으로만 끝나는 것을 결코 원하지 않는다. 신앙의 초심이 기억 속에만 있게 될 때 하나님은 '처음 것을 버렸다'는 평가를 하신다.

과거의 현실화는 소망을 통해서도 가능하다. 과거에 약속으로 주어진 것들에 관한 한 그렇다. 아직 이루어지지 않은 약속의 현실은, 만일 우리가 소망 중에 기대하지 않는다면 우리와 아무런 상관이 없는 것이 된다. 독일 신학자 판넨베르크는 약속이 현실 속에서 힘으로서 작용한다고 말한다. 몰트만(Jürgen Moltmann)은 소망이 현실을 변화시키는 강력한 영향력을 가졌음을 역설한다. 그렇다고 누구나 다 소망할 수 있는 것은 아니다. 소망할 수 있는 가능성은 인간에게 있지 않고 오직 하나님에게 있다. 자우터(Gerhard Sauter)는 이 점을 매우 강하게 역설한다. 따라서 하나님의 약속은 미래의 세계에 대한 하나님의 비전이다. 하나님의 역사로 새롭게 나타날 세계는 하나님이 신실하시기 때문에 반드시 존재한다. 따라서 그리스도인들은 그 세계를 과거 속에 묻어 두어서는 안 된다. 현실 속의 실재로서 살아 내야 하는데, 그것을 가능하게 하는 방법은 바로 기대로 가득한 삶이다.

뿐만 아니라 과거의 현실화는 사랑을 통해 이루어진다. 여기서 말하는 사랑이란 다른 사람의 필요를 채워 주고 그들에게 도움이 된다는 것이다. 하나님의 실재는 사랑 속에서 경험된다. 이미 이루어진 하나님 나라는 사랑 중에 확인된다. 그렇다고 해서 인간이 이루어 낸다는 말은 아니다. 인간은 단지 그 세계의 존재를 확인할 수 있을 뿐이다. 사랑은 그 세계의 존재를 확인할 수 있게 하는 유일한 방편이다.

비록 코믹하게 볼 수 있었던 영화지만 필자에게는 의외로 복잡한 생각을 정리할 수 있는 계기가 된 영화였다.

사람은 기억 속에만 있어서는 안 된다. 사랑은 현재 진행형이어야 한다. 사랑이 기억으로 모습을 나타내는 순간은 이미 이별에 성큼 다가서고 있다는 사인이다.

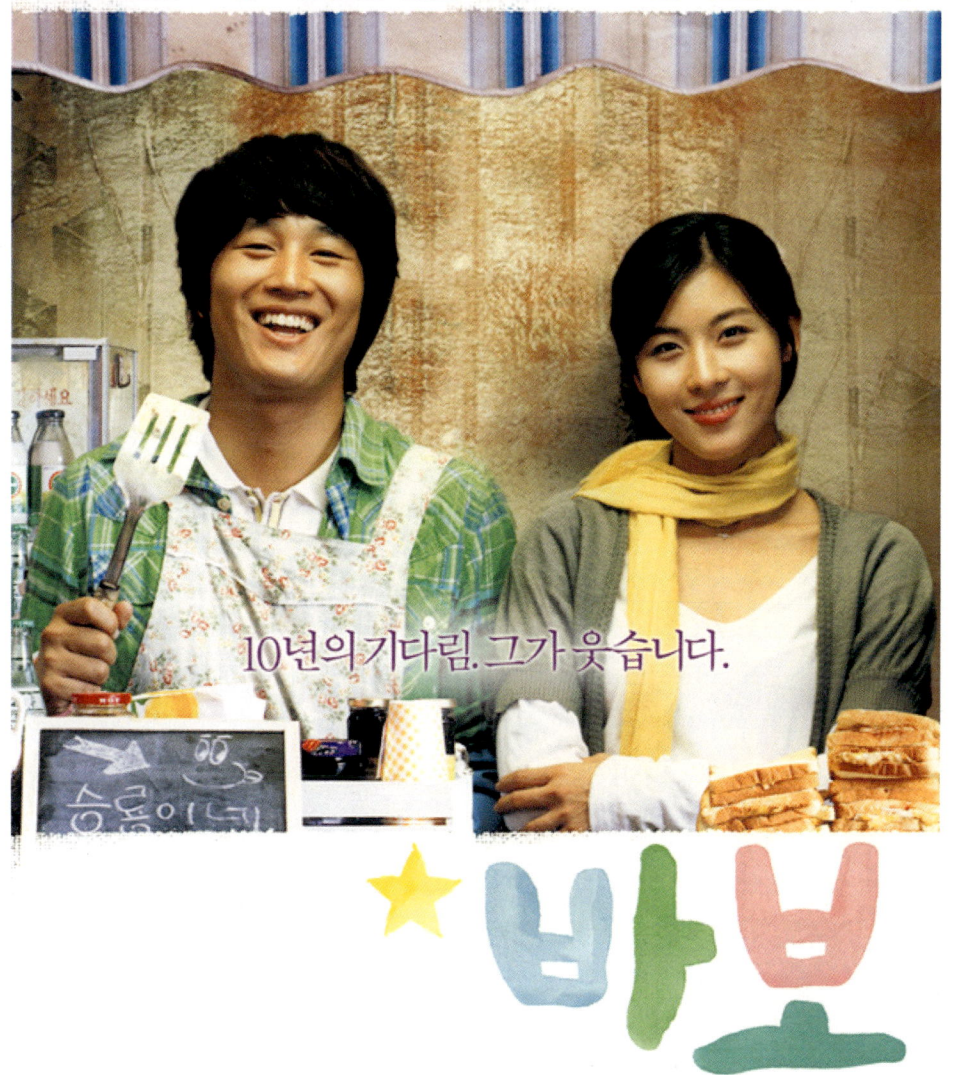

또 하나의 기적

〈바보〉(김정권, 2008, 전체)

천만 네티즌을 울린 강풀 원작

10년의 기다림. 그가 웃습니다.

★ 바보

차태현 : 하지원 박희순 · 이기영 · 박하선 · 박그리나 · 송재호 · 장경순 · 진미선 외 2008년 2월, 그의 웃음이 세상을 행복하게 합니다!
감독 김정권 제공 (주)CJ엔터테인먼트 공동제공 CJ엔터테인먼트(주) 제작 996년 투 바이 포 필름 배급 CJ엔터테인먼트(주) www.babo2008.co.kr

김정권(1969~), 서울 출생. 서울예술대학 영화과 졸업. 서울예대 시절 〈풍선〉으로 '예술의 빛' 상을 수상. 이후 헐리우드 키드의 생애(1994), 용병 이반(1997), 스카이 닥터(1997), 기막힌 사내들(1998), 간첩 리철진(1998) 등에서 조감독으로 활동

사전적인 의미에서 바보는 지능이 일반인에 비하여 떨어져 정상적인 사리판단을 하지 못하는 사람을 속되게 일컫는 말인데 문학적인 소재로 자주 등장하는 캐릭터다. 진짜 바보가 등장하지만, 현실과 거리가 먼 삶의 방식 때문에 바보로 몰리는 경우도 있다. 혹은 동일한 조건에서도 다른 사람들이 선택하는 길과는 다른 길을 가는 사람들을 일컫기도 한다. 예컨대 바보 노무현, 바보 김수환이 그렇다.

지능이 떨어지거나 현실감각이 결여되어 사람들에게 비난받거나 조롱받으며 살아간다 해도 이들이 문학의 소재로 자주 등장하는 이유는 바보들을 통해서 사람들은 자기 자신과 인간본성의 단면을 볼 것을 기대하기 때문이다. 예컨대, 고구려 설화에 등장하는 '바보 온달과 평강공주' 이야기는 교육과 양육의 필요성을 강조하는 의미에서 자주 회자된다. 톨스토이의 『바보 이반』은 화내지 않고, 욕심 내지 않고, 묵묵히 자기 할 일만 열심히 하는 캐릭터다. 사리사욕에 밝은 사람들 틈에서 살아가는 이반의 바보스러움에 빗대어 톨스토이는 비폭력주의, 반전운동의 정당성을 주장했다. 계용묵의 『백치 아다다』는 벙어리 처녀의 바보스러움을 통해 재물에 대한 욕심에 사로잡힌 인간의 본성을 꼬집는다.

문학뿐만 아니라 '바보스러움'은 텔레비전 드라마나 영화의 소재로도 자주 등장한다. 1972년 211회라는 최장 기록을 세우며 전국 시청자들의 심금을 울렸던 '여로'에서 바보 영구는 상대적으로 어질고 지혜로운 아내를 돋보이게 하는 캐릭터로 등장한다. 70년대 군사정권시절에 바보 캐릭터로 당시 젊은이들의 고민을 표현했던 하길종 감독의 <바보들의 행진>은 언제 보아도 가슴을 뭉클하게 하는 힘을 가지고 있다. <웰컴 투 동막골>의 여일(강혜정 분)과 같이 스토리 전개상 웃음을 주기 위해 등장하는 바보스러움이 있지만, 바보로 비난받는 사람들을 주인공으로 다룬 영화들이 있다. <아이 엠 샘>(제시 넬슨, 2001)은 아무리 지능이 낮다 해도 아버지로서의 정체성을 가질 수 있음을 감동적으로 보여 준다. <맨발의 기봉이>(권수경, 2006) 역시 바보 같은 기봉 아저씨의 극심한 효심을 다루고 있고, <말아톤>(정윤철, 2005)은 자폐아로서 바보 같은 삶을 보이는 초원이가 마라톤을 통해서 자신의 한계를 극복해 나가는 과정을 보여 준다. <허브>(허인무, 2007)와 <날아라 허동구>(박규태, 2007) 역시 바보로 불리는 사람들이 그들의 바보스런 모습을 통해서 정상인들로 하여금 깊은 감동 속에서 자신의 모습을 돌아보게 하는 영화들이다. 문학과 영화 속의 바보는 이처럼 인간의 삶과 본성을 볼 수 있게 하는 프리즘 역할을 한다.

강풀의 원작 만화 <바보>가 김정권 감독에 의해 영화로 만들어졌다. 이미 많은 팬들을 확보하고 있는 만화를 동영상으로 옮겨 놓을 때는 사전에 몇 가지 문제들을 염두에 두어야 한다. 그 대표적인 것을 두 가지 꼽는다면 첫째, 원작이 제시하고 있는 이미지를 어떻게 재구성할 것이며, 둘째, 원작으로부터 감동을 얻은 독자들의 기대에 어떻게 부응할 것이며 또 어떻게 차별화할 것인가 하는 것이다. 만화 자체가 구체적인 이미지를 가지고 작업한 것이기 때문에 이미지를 새롭게 혹은 다르게 부각시키는 일이 관건이 된다는 말이다.

영화의 기본이 되는 시나리오 작성은 대체로 원작의 의도를 충실하게 살리는 것을 원칙으로 삼는다. 그렇다고 해서 동영상 미학의 특징을 간과해서는 안 될 것이다. 정지된 영상인 만화와 동영상은 기본적으로 시각 이미지를 바탕으로 한다는 점에서는 공통적이지만, 영화는 다감각을 자극할 수 있다는 점에서 더욱 매력적이고 메시지 전달에 있어서 더욱 효과적이다. 따라서 만화를 영화로 만들 때는 원작과 완전히 다르지는 않더라도 이미지 표현에 있어서 더욱 효과적인 연출과 구성이 가능한 방법을 찾아내야 한다.

만화의 이미지를 동영상으로 풀어 가는 과정에서 과감한 일탈이 감독에게 허락되지 않았을까? 약간의 변화 이외에 대체로 원작 만화에 충실하려는 의도 때문에 만화와 동일한 표현과 대사로 이어진 것은 만화를 이미 접한 관객들에게 오히려 불필요할 정도로 지루함을 느끼게 했던 것 같다. 물론 드라마틱한 구성이나 블록버스터에 익숙해진 우리들의 정서도 큰 문제겠지만 스토리의 평범한 전개로부터 긴장감을 유지하는 일이 쉽지 않았다는 것은 필자만의 느낌은 아니었다. 그러나 착한 사람들의 이야기를 만들고 싶었다는 제작사의 기획 의도를 염두에 둔다면 아무래도 영화의 스타일 측면보다는 <바보>의 이야기와 주제 안에 머물면서 감동을 곱씹어야 할 것 같다. 김정권 감독의 <바보>는 강풀의 바보론을 영상으로 표현하려 했다고 보아도 좋을 것이다. 한편 차태현과 하지원의 잘 다져진 연기 역시 원작 만화에서 느낄 수 없는 현실감을 느껴 볼 수 있게 하는 요소임에 분명하다.

바보론

승룡이는 말 그대로 분명 정상과는 거리가 먼 일상을 살아간다. 그래서 영화는 무엇보다 승룡이가 어느 정도 바보인지를 알려 주는 일에 집중한다. 그리고 그 주변에서, 그와 만나는 사람들에게서 어떤 일들이 일어나는지를 적절한 플래시백을 사용해서 보여 준다.

기원

승룡이가 바보로 불리게 된 것은 연탄가스 중독으로 뇌손상을 입은 이후부터다. 선천적인 저지능아가 아니라는 점에서 분명 슬프고 가슴 아픈 사연을 갖고 있는 바보다. 슬프다 함은 아버지를 잃게 된 것이고, 가슴 아프다 함은 원래 바보가 아니었음에도 바보로 불릴 정도가 되었기 때문이다.

바보스러움

승룡은 신발을 제대로 신는 법이 없고, 한쪽 신발은 매일같이 잃어버린다. 고물상 아저씨가 길에서 주운 신발을 승룡이 집에 던져 주지 않았다면 승룡이는 아마도 맨발로 살아야 했을 것이다. 승룡이는 자기 몸을 가꿀 줄도 모른다. 냄새나고 지저분하다. 사람들 앞에서는 말도 더듬거린다. 할 수 있는 일은 토스트를 굽는 일밖에 없다. 동생이 자신을 바보라 부르며 외면해도 동생을 아끼는 마음은 끔찍하다. 바보라 불려도 웃기를 마다하지 않는다. 그래서 바보다.

무한 그리움

아버지를 땅에 묻은 날 토성 위에 앉아 죽은 사람은 별이 된다는 말과 함께 승룡은 엄마에게서 처음으로 별들의 사연을 듣는다. 엄마가 돌아가신 이후에도 별을 보며 승룡은 엄마를 그리워한다. 그래서 승룡이는 '반짝 반짝 작은 별'을 즐겨 치는 같은 반 여학생 지호가 피아노를 치는 것을 훔쳐보기를 즐기지만 그녀 앞에 결코 나서지는 못한다. 친구 상수가 버린 담뱃불에 지호가 치는 피아노가 불에 타 버리자 평소에 음악실 앞에서 서성거리며 지호를 훔쳐보던 승룡이가 의심을 받아 학교에서 쫓겨나게 된다. 아무런 변명도 못 하고 모든 잘못을 뒤집어쓴 것이다. 화가 난 지호로부터 다시는 내 앞에 나타나지 말라는 말을 들은 승룡은 늘 그녀 주위에 맴돌기만 할 뿐 결코 그녀 앞에 나서지는 못한다. 그래서 승룡이는 바보다.

무한 책임감

연탄가스 중독으로 아버지를 잃은 후 자신과 동생을 돌봐 준 엄마마저 신부전증으로 목숨을 잃자 오빠인 승룡은 어린 동생 지인(박하선 분)을 돌보아야만 한다. 어린 동생을 잘 지켜야 한다는 엄마의 말씀을 가슴에 새긴 승룡은 아침마다 토스트를 만들어 동생 문 앞에 놓고, 동생의 등·하굣길을 지켜볼 수 있는 곳에서 토스트를 만들어 판다. 승룡이가 유일하게 할 수 있는 일은 토스트 만드는 일이기 때문이다. 그러나 매사에 바보스런 행동으로 인해 동생으로부터 오빠란 말을 들어 보지 못할 뿐만 아니라 동생의 학교에서는 누구도 자신이 그녀의 오빠임을 알지 못할 정도다. 아픈 그녀를 업고 나오려는 순간 선생님으로부터 당신은 누구냐는 질문을 받았을 때, 승룡이는 처음으로 "얘는 내 동생이구요 나는 얘 오빠예요"라고 반복하며 울먹였을 정도다. 자기를 바보로 아는 동생을 승룡은 개의치 않고 돌봐 준다. 동생이기 때문에, 오빠이기 때문에, 오빠는 동생을 지켜야 한다고 들었기 때문에.

동생이 수술하기 전날 밤, 지인에게 신장을 기증하기로 되어 있던 상수가 깡패에게 집단

구타를 당할 위기에 빠져 있게 되었을 때, 동생을 잘 지켜야 한다는 엄마의 말을 기억하며 승룡은 오직 동생을 살리기 위한 일념으로 상수를 대신해서 깡패에게 몰매를 당한다. 그리고 하얀 눈이 내리는 날, 지호의 문 앞에서 피를 흘리며 쓰러진 승룡은 지호가 치는 피아노 소리를 들으며, 하늘에서 내리는 별을 보며, 별이 되어 나타나신 엄마 아빠가 지호를 지켜 줄 것을 기대하며 눈을 감게 된다. 자기 자신을 돌보지 않을 정도로 동생을 지키려는 무한 책임감을 승룡은 갖고 있다. 그래서 승룡이는 바보다.

무한 기다림

지호가 피아노를 배우러 외국에 나간 10년 세월은 승룡이에게 특별한 의미를 갖고 있다. 처음에는 하늘로부터 가장 가까운 동네 어귀 토성 위에서 별이 되어 나타나는 부모님을 만나기 위한 목적도 있었지만 지호가 외국에 나간 뒤로는 토성 위 동일한 장소에서 그녀가 돌아오기만을 기다린 세월이었기 때문이다. 연주회장에서 피아노 앞에 앉기만 하면 손이 굳어지는 자신의 모습에 실망한 지호는 마침내 도망치다시피 귀국한다. 그녀의 모습을 토성 위에서 지켜본 승룡은 설레는 마음에 토성 위에서 굴러 떨어져도 기분이 그렇게 좋을 수 없다. 이제는 지호를 매일같이 볼 수 있게 되었기 때문이다. 그녀가 오기만을 10년 동안 기다렸던 승룡에게는 그녀가 돌아온 날이 가장 기쁜 날이 아닐 수 없다. 기약도 없는 세월을 기다림으로 보내면서도 웃음을 잃지 않았던 승룡은 바보가 아닐 수 없다.

이처럼 승룡은 바보라 불리고 또 언제나 바보 같은 행동을 하지만, 그래도 승룡이 곁에는 든든한 친구들이 있다. 승룡이가 맘속에 품어 왔던 차분하고 순수하며 따뜻한 마음을 가진 지호다. 승룡이의 머리도 감겨 주고, 모두가 외면하는 승룡에게 먼저 데이트 신청도 한다. 상수는 비록 거친 하류인생을 살아가지만 거짓말을 안 하고 또 학교에서 쫓겨나는 위기 상황에서도 자신의 잘못을 끝까지 숨겨 준 승룡이를 가장 친한 친구로 생각하며 언제나 그를 지켜 준다. 심지어 승룡의 동생이 신장이식을 받아야만 했을 때 자신의 신장을 기증하기도 한다. 자신을 바보로 보지 않고 친구로 대해 주는 그들이 있어 바보 승룡이는 행복하기만 하다.

그런데 주목할 만한 것은—비록 변화를 이해할 만한 설득력 있는 장면들이 원작에서와는 달리 과감하게 생략되어 있어 승룡이 주변의 사람들이 왜 변하게 되었는지를 추적하기 쉽지 않았지만—승룡이를 만났던 모든 사람들이 변했다는 것이다. 오랫동안 연습했음에도 정작 연주회장에서 피아노 앞에 앉기만 하면 손이 굳어져 피아노를 포기해야만 했던 지호는 승룡이와 만난 이후로 자신의 피아노 소리가 승룡에게 기억되고 있고, 또 다른 사람들을 행복하게 해 줄 수 있다는 사실을 알게 된다. 그래서 다시 피아노 앞에 앉을 수 있게 되었다. 하류인생을 살면서 늘 어둠 속에 머물러 있었던 친구 상수도 거짓말을 하지 않는 승룡이가 자신을 대신해서 죽었다는 사실을 듣고 밝은 빛 가운데서 새로운 삶을 살아갈 수 있게 되었다. 그리고 승룡이의 어여쁜 여동생 지인이도 비록 오빠라는 말을 한 번도 하지 않았지만 뒤늦게 바보 승룡이의 진심을 알게 된 후로 변하게 된다. 사망신고를 하러 갔을 때 "그 사람이 제 오빠구요 제가 그 사람 동생이에요"라며 흐느끼는 장면은 차마 눈물 없이 볼 수 없는 장면이다. 사람을 새로운 존재로 변화시킨 예수 그리스도가 베푸신 기적과 같은 또 하나의 '기적'이 바보 승룡이와 만났던 모든 사람에게서 일어난 것이다.

바보 승룡이와 주변의 사람들이 변하는 모습을 보면서 영화의 한 장면을 떠올리는 것은 어렵지 않았다. "물고기가 변해 사람이 되는 것은 기적이 아니라 마술이고 사람이 변하는 것이 기적이야." 영화 <우리들의 행복한 시간>(송해성, 2006)에서 사형수의 발을 씻겨 주던 신부님이 하신 말씀이다. 사람이 진정으로 변하는 것이 얼마나 힘든 일인지를 잘 말해 주는 말이다. 철학자요, 문화신학자로 잘 알려진 폴 틸리히(Paul Tillich)는 복음이 말하는 구원의 의미를 존재의 변화, 곧 New Being(새로운 존재)이 되는 것이라고 보았을 정도다. 틸리히의 말에 따르면, 예수 그리스도는 믿는 자들을 새로운 존재로 거듭나게 해 주시는 분이다. 바울 역시 사람의 변화, 곧 예수 그리스도와 새로운 존재와의 관계를 더욱 철저하게 고민했던 것 같다. 고린도후서 5:17에서 "그리스도 안에 있으면 새로운 피조물이라 보라 이전 것은 지나갔으니 새것이 되었도다"라고 말하고 있기 때문이다. 사람을 진정으로 변화시켜 새로운 피조물이 되게 하는 힘은 오직 예수 그리스도에게서 나온다는 말이다.

이런 상태를 염두에 두고 한 말일까? 심리학자 구스타프 융에 따르면, 인간은 성숙하는 과정에서 최종적으로 이르게 되는 지점에서 바보와 방불한 품성을 갖게 된다고 한다. 바보 노무현, 바보 김수환을 떠올리게 하는 말이다. 바보 승룡이를 만난 사람들이 하나둘씩 변했던 것이 충분히 이해가 된다. 그들의 변화는, 비록 사람들이 정해 놓은 정상의 기준에는 미치지 못하지만, 승룡에게서 성숙한 인간이 지니는 것과 같은 품성을 만났기 때문일 것이다. 실제로는 바보가 아니라 하더라도 바보로 여겨지며 당대의 사람들에게 외면을 당하는 것은 이기적이지 않으며, 세상의 가치를 초월함으로 어떤 잣대로도 쉽게 잴 수 없는 진실을 추구하기 때문이다.

한편, 바보 승룡이와 친구들의 변화를 보면서 한 가지 의문을 갖게 되었다. 승룡이를 만난 사람들의 마음을 얼음장 녹이듯이 녹이는 힘은 도대체 어디서 나온 것일까? 기봉 아저씨가 우리에게 준 감동이 지극한 효심에 근거하고 있고, <말아톤>의 초원에게서 얻는 감동이 한계를 극복하는 의지에서 찾아볼 수 있다면, 바보 승룡에게서 얻는 감동의 힘은 어디에 있는 것일까? 우리의 현실에서는 분명 존재하지만 결코 쉽게 볼 수 없도록 숨어 있는 캐릭터 바보 승룡이는 오늘 우리에게 어떤 존재인 것인가?

사랑하는 사람을 한결같이 기다리는 마음, 자신의 피아노 소리의 가치를 인정해 주는 격려, 친구의 부름이라면 언제라도 마다하지 않는 우정, 하나밖에 없는 동생에 대한 헌신, 모든 사람에 대해 한결같이 순수한 마음 그리고 밤하늘의 별을 보며 돌아가신 부모님을 그리워하는 그 마음이 아닐까. 우리 사회에서 쉽게 발견할 수 없는 이런 마음을 접한 사람들은 승룡이를 통해서 삶의 용기, 변화의 용기를 얻을 수 있었다. 바보 승룡이는 바보스런 마음과 행동으로 그들이 변화할 수 있도록, 그들이 새로운 삶을 살 수 있도록 도와준 것이다.

마이클 프로스트가 『바보 예수』란 책에서 예수 그리스도의 예외적인 행동과 사람들의 몰이해를 두고 '바보'라는 별명을 붙여 준 사실을 염두에 둔다면, 승룡이는 비록 바보라 불리고 또 실제로 바보같이 살았지만 모든 사람들이 잊고 있거나 잃어버린 것들을 소중히 간직하고 살아갔던 사람임에 분명하다. 이런 사람들에게서 또 하나의 기적을 기대해 본다.

(「목회와 신학」 2008년 3월, 222-228)

우리들의 일그러진 모습

〈행복〉(허진호, 2007, 15세)

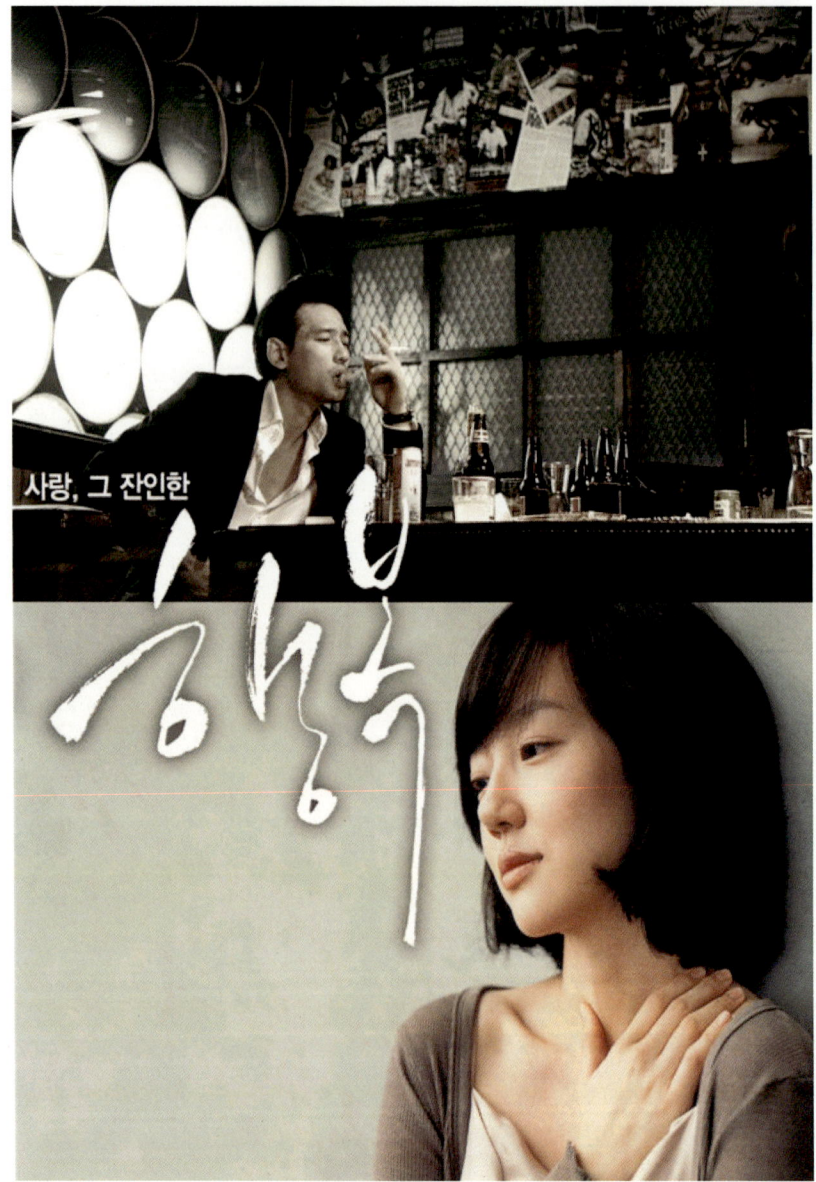

사랑, 그 잔인한

행복

허진호(1963~), 전주 출생. 연세대학교 철학과. 〈8월의 크리스마스〉(1997)로 데뷔. 2003년 제13회 유바리국제판타스틱 영화제 심사위원. 2008년 제2회 서울충무로국제영화제 올해의 발견상. 2008년 제31회 황금촬영상 촬영감독이 선정한 작품대상 수상

Filmography: 고철을 위하여(1993), 8월의 크리스마스(1998), 봄날은 간다(2001), 이공(2004), 나의 새 남자친구(2004), 외출(2005), 행복(2007), 오감도(2009), 호우시절(2009)

성경은 하나님이 인간을 어떻게 사랑했으며, 하나님의 사랑에 대해 인간은 어떻게 반응했는지를 이야기한다. 당신의 사랑을 표현하면서 하나님은 때때로 인간의 이해수준을 훨씬 넘어서는 방법을 사용하신다. 그래서 도대체 하나님은 존재하는 것인지, 기록되어 있는 대로 우리를 진짜 사랑하시는 것인지 의심이 들 때가 있다. 그러나 하나님과 관계를 바르게 유지하기 위해서는 하나님이 세상을 사랑하신다는 사실을 인정하고 또 사랑의 결실을 기대하면서 살아야 한다. 그래야 어떤 상황에서도 만족할 수 있으며 또한 어려운 일이 닥친다 하더라도 능히 극복할 수 있는 힘을 얻게 된다. 하나님이 하시는 모든 일은 사랑에서 비롯된다는 것은 기독교 신앙의 핵심이다.

하나님의 사랑에 대한 인간의 반응에 대해서도 성경은 여러 가지 이야기를 전해 준다. 그것이 너무 다양하고 많아서 일일이 열거할 수 없지만, 분명한 것은 하나님의 사랑에 버금가는 행위가 아니라는 것이다. 사사기는 하나님의 사랑에도 불구하고 이스라엘이 어떻게 그 사랑을 배반했는지를 반복적으로 보여 주고, 또 호세아서 역시 행실이 불량한 여자와 결혼해야만 했던 선지자의 기구한 운명을 통해서 우리가 하나님 앞에서 어떠한 자들이며 그의 사랑을 어떻게 배신했는지를 꼬집는다. 이사야 선지자는 이런 모습을 가리켜 '우리는 다 양 같아서 그릇 행하여 각기 제 길로 갔다'고 한탄했고, 예레미야 선지자는 '생명의 샘을 떠났다'고 표현했다. 가룟 유다는 예수가 적대자들에게 잡혀 가도록 기회를 제공했고, 베드로는 생명의 위협 앞에서 자신과의 관계를 부정했다.

어찌해서 사람들은 하나님이 수많은 사람들 가운데 특별한 관심을 기울여 자신들을 선택하였고 또 아들을 죽게 할 정도로 자신들을 사랑하셨음에도 불구하고 하나님의 뜻을 어기게 되는 것일까? 거듭 반복되는 죄로부터 인간들이 헤어 나오지 못하는 이유는 무엇일까? 사실 사랑의 배신을 경험해 보지 않은 사람은 아무리 많은 상상력을 기울인다 해도 실제로 하나님의 마음이 어떠하실 것인지에 대해 심각하게 고민하지 못하게 된다. 사랑의 배신을 온몸으로 겪어야 할 때 그 아픔은 도대체 얼마나 클까?

사랑의 배신을 경험해 보지 못했던 필자 역시 거듭되는 죄를 통해 일어나는 사랑의 배신이 하나님의 마음을 얼마나 아프게 하는지를 쉽게 상상할 수 없다. 상상이 안 되니 아픔을 공감하지 못하게 된다. 공감하지 못하니 죄가 반복되어도 양심의 가책을 느끼지 못할 때가 있다. 그래서 답답함을 느끼기도 한다. 신비가들이 스스로 고행의 길을 자처한 것도 이런 답답함을 어느 정도 해소하기 위함이거나 혹은 자신에게 없는 경험과 그 아픔을 공감하려는 의도 때문일 것이다. 하나님의 마음을 공감하기 위해 선택한 그 길은 도대체 얼마나 힘들었겠는가!

허진호 감독의 작품 <행복>이라는 영화는 다행스럽게도 필자로 하여금 신비적인 수행을 통하지 않고도 그 사랑의 배신으로부터 겪을 수밖에 없는 아픔을 어느 정도 이해하고 또 공감할 수 있는 기회를 얻을 수 있게 해 준 것 같다. 1998년 개봉된 <8월의 크리스마스>에서 시한부 인생을 사는 사람의 사랑 이야기로 사랑의 깊이를 물씬 느끼게 해 준 허진호 감독은 영화 <행복>을 통해 다소 다른 관점에서 진행된 사랑 이야기를 전해 주고 있다. <봄날은 간다>(2001)나 <외출>(2005)에서도 확인해 볼 수 있듯이 그의 영화들은 모두가 사랑과 이별의 이야기다. 사랑의 이유와 이별의 사연들을 다양하게 표현해 내었다. 그렇다면 <행복>은 어떤 사랑과 또 어떤 이별 이야기일까. 그 이야기에 함께 귀를 기울여 보자.

영화 이야기

영수(황정민 분)는 도시에서 클럽을 운영하지만 무절제한 삶으로 인해 간경변을 앓게 된다. 설상가상으로 사업은 망하고, 애인인 수연(공효진 분)에게마저 버림받는다. 유학 간다는 핑계를 대고 그는 요양원 '희망의 집'을 찾아간다. 전혀 어울리지 않을 것 같은 요양원의 일상 속에서 영수는 은희(임수정 분)를 만난다. 어려서 부모를 잃은 은희는 심각한 폐질환을 앓고 있으며 요양원 일을 돕고 있다. 두 사람은 여느 남자와 여자 사이에 흔히 있을 수 있는 사랑의 과정을 거친다. 처음에는 다소간의 긴장감 속에서 만나고, 서로에게 관심을 갖고, 같이 영화 보고, 손을 잡고 키스하며 또 잠자리를 같이하는 그런 연애다. 좀 특별한 것이 있다면, 요양원에서 만났다는 사실에서 알 수 있듯이 두 사람 모두가 중증 환자라는 것과 은희에게서는 오늘날 찾아보기 힘든 헌신적이고 희생적인 모습을 볼 수 있다는 것이다.

서로의 사랑을 확인하게 된 은희는 영수에게 동거를 제안하고, 영수는 은희의 제안을 흔쾌히 받아들인다. 언제 죽을지도 모르는 환자의 몸으로 함께 산다는 것은 그야말로 모험이 아닐 수 없다. 도시의 환락 문화에 익숙해진 영수에게도 은희와의 동거는 모험이 아닐 수 없다. 그러나 비록 모험일지는 몰라도 두 사람에게는 그 어느 순간보다도 행복한 날들의 연속이다. 특히 은희의 헌신적인 노력은 매우 주목할 만한 모습이다. 영수를 위해 약초를 캐고, 약 먹을 시간을 챙겨 주며, 간경변에 좋은 음식을 만들어 주면서 보낸 은희의 헌신적인 노력은 1년이 지난 후 영수의 완쾌라는 결실로 나타나게 된다.

행복의 절정이라고 생각되는 순간, 영수와 헤어졌던 수연이 찾아온다. 그리고 영수에 대해 남아 있는 자신의 미련을 남김없이 쏟아붓는다. 옛 생활에 대한 향수와 수연이가 떨어뜨려 놓은 마지막 흔적들로 인해 고민하면서, 영수는 마침내 서울 여행을 시도한다. 서울에서 수연과 더불어 몇 날을 보낸 영수는 은희에게 돌아온 후부터 은희의 행동에 못마땅함을 표현한다. 그리곤 줄곧 그녀 곁을 떠날 기회만을 찾는다. 영수는 쉽게 말을 꺼내지 못하고 하루하루를 소일하지만, 마침내 술의 힘에 의지해서 은희에게 속마음을 털어놓는다. 자신을 버리고 서울로 가겠다는 영수의 말을 들은 은희는 절망한다. 그러나 이미 영수의 마음을 돌이키기에 너무 늦었다고 생각하며 영수를 보내 준다.

서울로 간 영수는 수연과의 관계를 재개하고 또 친구에게 위탁받은 클럽을 운영하게 되면서 다시금 옛 생활로 돌아가지만, 새로운 행복을 찾아간 사람으로 살지 않는다. 수연에게 하는 말처럼 그는 그런 삶을 결코 기뻐하지 않았기 때문이다. 그의 몸과 마음은 오히려 극도로 피폐해진다. 결국 어렵게 나은 간경변이 다시금 재발하게 되고, 급기야 병원에 입원하게 된다. 희망의 집 원장은 영수를 찾아와 은희가 위독하다는 소식을 전해 준다. 서둘러 은희에게 찾아가지만 그녀는 이미 마지막 숨을 쉬고 있는 상태였고, 곧 숨을 거두고 만다. 영화 첫 부분에 나타난 복선 '2−1=51'에 따르면, 그녀가 죽은 날은 영수가 떠난 지 꼭 51일이 되는 날이다.

결코 행복하지 않은 결말인데도 <행복>이라는 제목을 붙인 이유는 어디에 있을까? 감독은 관객들이 제목을 보고 무엇을 연상토록 한 것일까? 행복에 대한 기대?, 행복은 순간에 불과한 것 뿐임을 말하려는 것이었을까? 곽경택 감독의 <사랑>(2007, 15세)은 오늘날 쉽게 볼 수 없는 서로를 끝까지 지키려는 사랑의 한 모습을 보여 주고자 했다면, 허진호 감독 역시 비록 짧은 기간이었지만 행복의 한 유형, 행복해지기 위해 사람들에게 무엇이 필요한 것인지를 보여 주려 한 것이었을까? 그래서 행복을 새롭게 정의해 보려는 것이었을까? 행복과 관련해서 관객은 은희와 영수에게서 도대체 어떠한 전형을 볼 수 있는 것일까?

영수는 두 사람의 행복을 말하는 데에 있어서 기여하는 정도가 그렇게 크지 않은 것 같다. 행복의 한 전형을 말함에 있어서 중요한 것은 두 사람이 함께 있는 것이며, 서로의 감정이 공유되는 공간에서 상대를 돕는 태도다. 은희에게 초점을 맞춰 말한다면, 행복은 상대방의 부족함을 채워 주기 위해 헌신하는 삶이며 누군가가 자신이 죽는 순간을 지켜보는 것으로 이해된다.

행복에 대한 이해와 더불어서 이런 질문도 생긴다. 자신의 병을 낫게 해 주었을 뿐만 아니라, 자신의 삶에서 가장 행복한 순간을 경험하게 해 준 은희의 사랑에도 불구하고 영수는 어떤 이유로 그녀를 헌신짝처럼 버릴 수 있었던 것일까? 은희로부터 받은 삶의 충만함이 왜 그에게 만족스런 것이 못 되었을까? 행복의 순간을 깨는 요인은 무엇이었을까? 또 다른 행복을 찾아 떠나지 않았다면 영수는 도대체 무엇을 생각하고 그녀를 떠난 것일까?

<행복>은 행복에 대해 정의하려 하지 않는다. 그렇기 때문에 행복에 대한 표현이 단순할 수밖에 없다. 사실 행복이 얼마나 정의하기 힘든 말인가! 영화는 오히려 행복을 깨는 이유들을 반추해 보게 한다. 그럼으로써 감독은 지금 우리가 누리고 있는 행복에 주의를 환기시키

고 있다. 현대 사회에서 어렵지 않게 찾아볼 수 있는 사랑과 이별의 모습을 영화 속에서 표현해 낸 이유는 행복에 대한 인간 본래적인 갈망 때문은 아닐까. 행복은 두 사람이 공간과 시간을 공유하는 것이다. 그렇게 할 때 감정은 더욱 깊어지고 사랑은 결실로 나타난다. 흔히 행복은 만들어지는 것이라고 말하지만, 사실은 그렇지 않다. 그것은 선물로 주어지는 것이며, 중요한 것은 오랫동안 지속될 수 있기 위해 그것을 지키는 것이다.

은희의 사랑에 대해 등을 돌린 영수의 모습을 보면서 필자는 하나님이 아들 예수 그리스도를 통해 어떤 사랑을 베풀어 주셨는지를 잘 알면서도 여전히 나를 주장하고 나의 생각을 고집하며 나의 길을 가려고 하는 나 자신의 모습을 볼 수 있었다. 예수 그리스도를 믿은 이후로 새 소망을 갖고 새로운 삶을 산다고 하면서도 여전히 배신하는 내 모습을 발견하게 된다. 무엇 때문일까? 은희와 새로운 인생을 엮어 가는 영수의 마음을 흔들어 놓은 것은 은희에 대한 불만이나 수연의 방문이 아니었다. 본질은 여전히 청산하지 못한 옛 생활에 있었다. 좋지 않은 성벽을 완전히 청산하지 못했던 영수는 언제라도 유혹에 넘어갈 수 있는 가능성을 가지고 있었다. 다시 말해서 믿음이 있는 자들이라도—비록 성경은 그들이 예수 그리스도 안에서 새로운 피조물로서 거듭났다고 선언하고 있지만—옛날의 나와 옛 생활 속에서 굳어진 습관들이 완전히 죽지 않으면 언제라도 배신적인 행위들을 서슴지 않게 된다. 이 사실을 잘 알았던 사도 바울조차도 '날마다 죽노라'라고 고백했고, 내가 죽고 내 안에서 그리스도가 살아나도록 하는 삶 속에서 그리스도인이 살아갈 유일한 길을 발견한 것이다. 바울조차도 여전히 살아 있어 옛 모습을 고집하는 자신과의 싸움에서 곤고함을 호소했다면, 오늘 우리들은 아마도 매순간 죽어야 하지 않을까?

매 순간 죽는 일과 행복의 상관관계를 묵상해 보자.

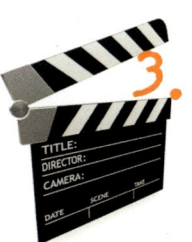

3. 자유에 대한 성찰과 인식
그리고 + α

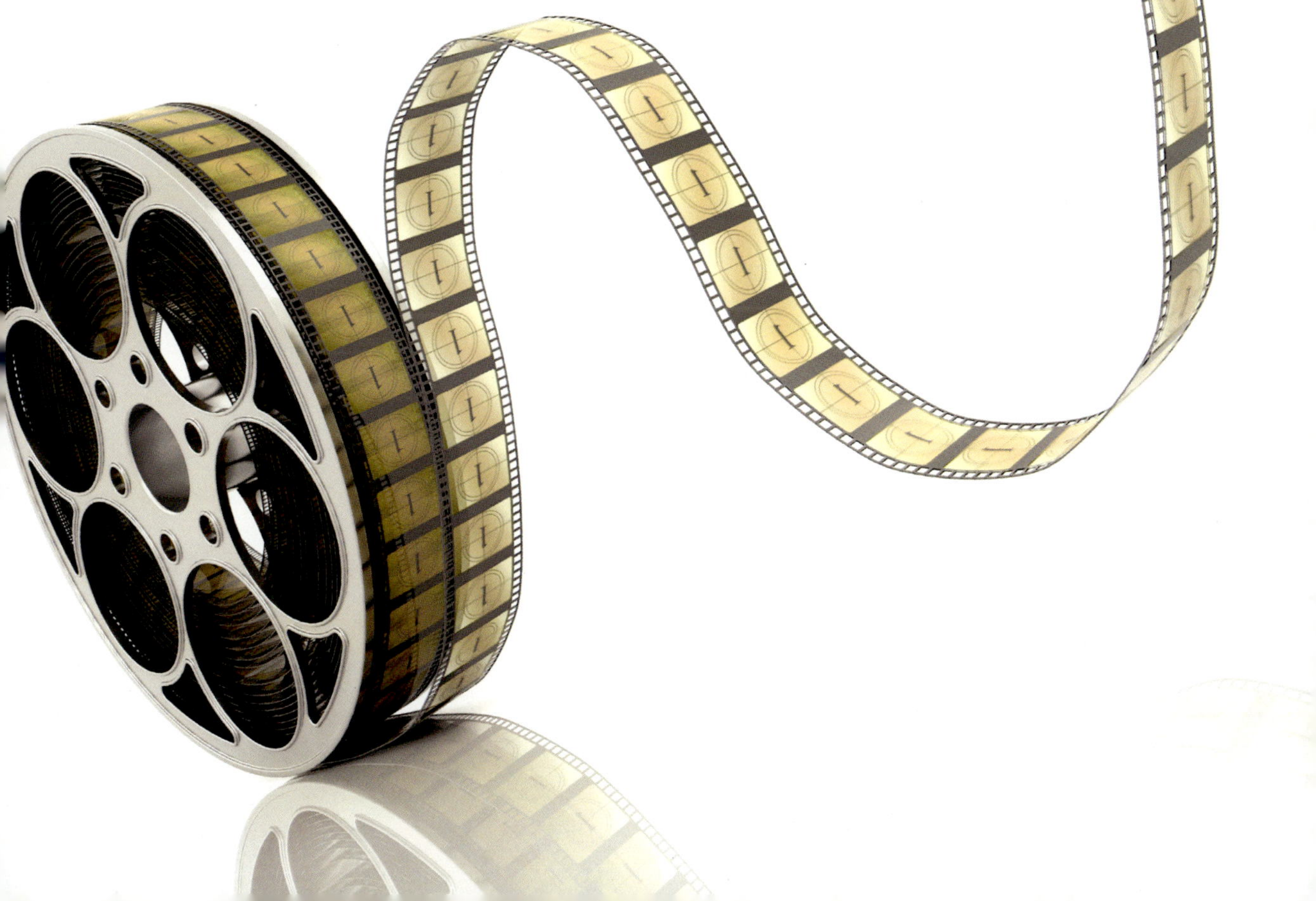

종과 자유인
〈왕의 남자〉(이준익, 2005, 15세)

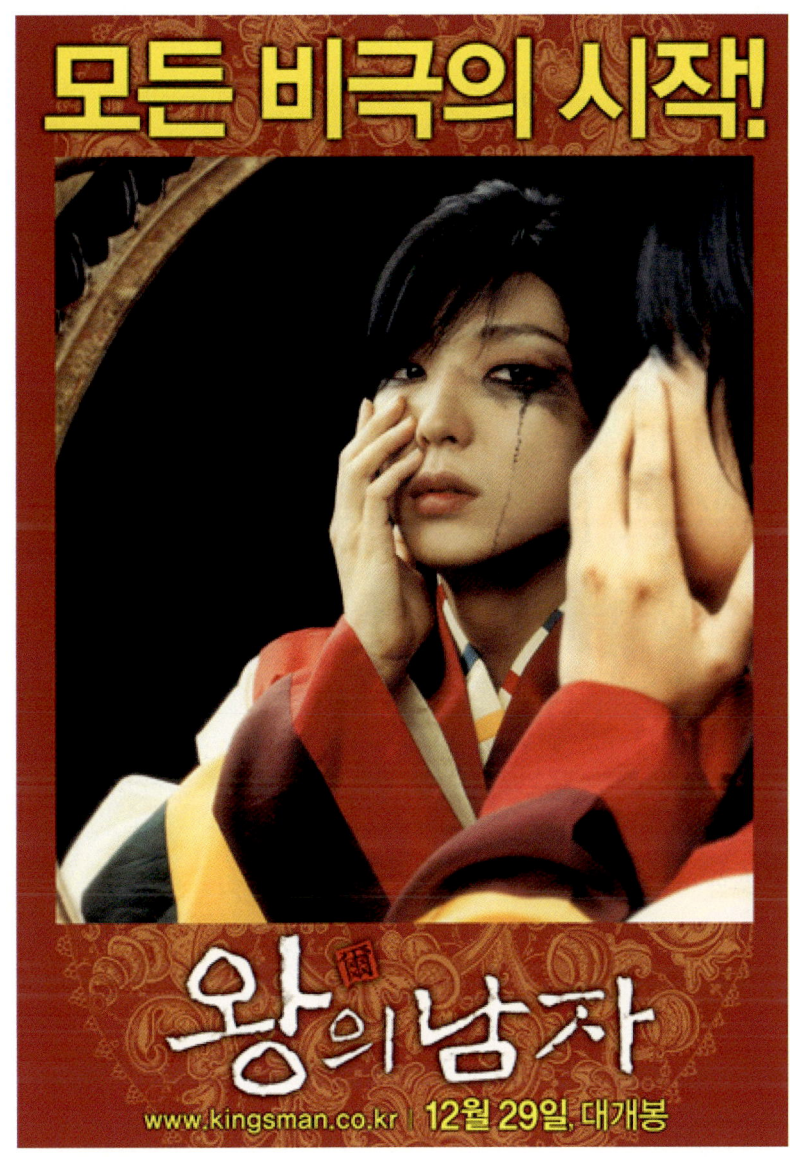

이준익(1959~). 세종대학교 회화과 출신으로 1987년 광고기획으로 활동하다가 〈키드캅〉(1993)으로 영화감독에 데뷔. 대종상 영화제에서 15개 부문 후보로 올랐던 〈왕의 남자〉는 최우수작품상을 비롯해 감독상, 남우주연상(감우성), 남우조연상(유해진), 신인남우상(이준기), 시나리오상, 촬영상을 거머쥐었고 이 밖에도 제2회 맥스무비 최고의 영화상, 감독상(2006)을 수상

Filmography: 키드 캅(1993), 황산벌(2003), 왕의 남자(2005), 라디오 스타(2006), 즐거운 인생(2007), 님은 먼곳에(2008), 구르믈 버서난 달처럼(2010)

포스트모더니스트를 자처하는 사람들은 주류보다는 지류를 통해 세상을 보려 한다. 지류를 통해 보는 세상이 어떠함을 알고 있기 때문이 아니라, 주류를 통해 보는 세상에 한계를 느꼈다고 보기 때문이다. 지류를 통해 과거와는 다른 새로운 것을 기대하는 것이다. 그동안 왕조사 중심의 역사는 역대 왕들의 치적과 행적에만 관심을 기울이게 했고, 그 주위를 둘러싼 중신들의 권력 투쟁의 모습을 보여 주었다. 조선시대가 '당쟁'의 이미지로 가득한 것도 그러한 역사보기의 한 결과다. 영웅들의 삶과 변태적 속성들에는 익숙하지만, 가장 가깝게 느껴져야 할 서민들의 애환이 오히려 낯설게 여겨지는 기현상 역시 그 결과 가운데 하나다. 주류적 사고를 고집하는 사람들에게는 어색한 일이겠지만, 지류를 통해 세상을 보려는 경향이 주류를 배척하기보다는 역사의 전체를 볼 수 있는 기회로 이해됐으면 좋겠다. 어차피 성경(고린도전서 13:9 – 12)은 우리가 보는 모든 것은 부분적인 것이라 하지 않았던가!

역사를 보는 안목의 변화는 드라마나 영화를 통해 역사를 표현하는 사극에 많은 변화를 불러일으켰다. <대장금>, <여인천하>, <동이> 등등의 드라마가 그렇거니와 <황산벌>, <형사>와 같은 영화도 같은 맥락에서 이해된다. 영화 <왕의 남자>는 바로 이러한 시대적 흐름을 숙지할 때 좀 더 재미있게 볼 수 있게 된다. 특히 놀이를 통해서 당시의 모습을 보게 하는 것은 새로운 시도가 아닐 수 없다. 아무리 사극이라 해도 굳이 역사적 사실 여부를 물어볼 필요는 없을 것 같다. 역사적인 사실을 재현하기보다는 이미지를 통해서 현실을 보도록 하는 데에 더 큰 의의를 두고 있기 때문이다. 역사적인 사실에 관심을 두는 사람들은 실재를 찾겠지만, 대부분의 관객들은 연산군의 또 다른 이미지나, 역사 속의 놀이패들과 그들의 예술행위들을 보는 것만으로 만족한다. 영화를 통해, 특히 역사와 이미지적 허구를 자유롭게 넘나들면서 역사를 새롭게 볼 수 있는 가능성을 제시했다는 점에서도 높은 별점을 얻을 만하다.

영화 이야기

<왕의 남자>는 앞서 말했듯이 역사적인 사실 여부는 차치하고, 조선시대 연산군이 무오사화나 갑자사화를 일으키며 정치적으로나 도덕적으로 온갖 횡포를 자행하던 시대, 곧 1506년 중정반정의 시기를 배경으로 여러 계층 광대들의 모습을 희극적이면서도, 때로는 진지하게 보여 준다. 희비가 교차되는 상황에서 감독은 역사의 주체는 진정 누구인가에 대한 질문에 나름대로 대답하려고 한다.

남자면서도 빼어난 미모로 인해 양반들의 침실 노리개로 살아야 했던 공길(이준기)의 처지를 보고 참다못한 장생(강우성)은 급기야 일을 저지르는데, 이 일로 공길은 우발적인 살인

을 범하고, 장생은 공길이와 더불어 한양으로 도주한다. 한양에 도착한 그들은 도성의 한 시장판에서 우연히 만난 놀이패와 더불어 생계를 위해 장안에 회자되는 이야기를 놀잇감으로 삼게 된다. 기생 장녹수(강성연)가 왕의 애첩으로 들어간 일을 통해 도덕적으로 타락하고 권위가 추락한 궁궐의 단면을 본 서민들의 가십거리가 놀이의 소재가 된 것이다. 이른바 왕을 가지고 놀게 된다. 장생은 광대로서 왕이 되고, 애첩 녹수 역은 단연 공길의 몫이다. 이렇게 해서 공길은 이른바 '왕의 남자'가 된다. 장생이 이끄는 놀이패들의 신명나는 놀이는 서민들에게 쌓였던 울분을 웃음으로 끌어내면서 장안의 화제가 된다. 당시로서는 도저히 상상조차할 수 없는 놀이가 이야기로 회자되는 것이었다.

이를 본 왕의 충신 처선(장항선)은 왕을 능멸했다는 이유를 들며 그들을 잡아들이지만, 장생은 적반하장으로 왕을 가지고 놀다 이렇게 되었으니 왕 앞에서 실컷 놀 수 있게 해 달라고 청원하는 대범함을 보인다. 처선은 그들의 목숨을 담보로 하고 왕을 웃길 것을 요구한다. 감히 왕 앞에서 왕을 가지고 노는 일에 엄두를 내지 못한 놀이패들은 대사도 제대로 읊지 못하는 실수를 연발하지만 마침내 장생과 공길의 즉흥 연기로 왕은 대소하고, 그 결과로 왕은 그들을 궁중 광대로 삼는다.

그러나 선례가 없다는 이유를 드는 중신들의 반대에 부딪히자, 처선은 왕을 가지고 놀아왕의 환심을 샀다면, 중신들을 가지고 놀면 중신들의 마음을 돌릴 수도 있지 않겠느냐는 논리로 장생에게 중신들을 가지고 놀 것을 제안한다. 중신들의 부정부패를 꼬집는 풍자극으로왕은 또다시 한바탕 웃게 되지만, 웃을 줄로만 알았던 중신들은 오히려 그들의 놀이를 통해자신들을 보면서 두려움에 사로잡힌다. 게다가 중신 가운데 한 사람은 즉각 파직당한다. 이후부터 그들의 놀이는 늘 죽음을 수반하는 비극을 겪는다. 게다가 더 큰 문제는 왕이 공길에대해 특별한 관심을 기울이기 시작했다는 것이다. 장생은 또다시 위기를 느끼지만, 상대가 양반과는 전혀 다른 왕이라는 사실로 인해 심한 좌절을 경험한다. 공길은 이제 '왕의 남자'로서왕의 총애를 받지만, 그러면 그럴수록 점점 더 깊어만 가는 장생과의 갈등으로 괴로워한다.

궁을 떠날 것을 전제로 처선의 부탁에 따라 기획된 가극은 연산군의 어머니 폐비 윤 씨의 죽음을 극화시킨 것이다. 사약을 마시는 순간, 극에 몰입한 왕은 극과 현실을 오가는 깊은혼돈 속에서 윤 씨의 죽음에 직·간접으로 가담했던 선왕의 후궁들을 죽이게 되고, 이로 인해 대비 역시 죽음을 맞이하게 된다. 궁 안에서 일어나는 비극을 결코 지켜만 보고 있을 수없었던 중신들은 마침내 사냥놀이를 통해서 광대들을 죽일 계략을 세우지만 실패한다. 중신들의 모략을 알게 된 왕은 더욱더 전횡하게 되고, 마침내 중신들을 궁 밖으로 쫓아낸다. 무오사화나 갑자사화를 이런 식으로 표현한 것은 아닐까 하는 생각을 해 본다.

여하튼, 공길로 인해 위협을 느낀 왕의 애첩 녹수는 분노하는데, 왕의 관심에서 벗어난 녹수가 남자에 대해 품은 분노라는 점에서 동성애 코드가 짙게 묻어나는 장면이다. 공길을 제거할 음모를 꾸미면서 녹수는 공길이 왕을 조롱하는 글을 썼다고 모함한다. 필적대조로 위기에 처한 공길을 대신해서 장생은 자신이 행한 것임을 밝히고, 그 결과 눈이 불로 지져지는 형벌을 받게 된다. 장님이 된 것이다. 장생은 자신이 평생 장님 역으로 놀았으면서도 마침내 장님이 되어서는 제대로 놀아 보지도 못하고 죽게 되었다는 신세타령을 늘어놓는다. 이를 엿들은 공길은 왕 앞에서 행한 인형극에서 장생의 처지를 재연해 보이며 장생의 뜻을 전해 주고는 자살을 시도하지만 미수로 그친다.

한편, 왕 앞에 부름을 받은 장생은 마지막 힘을 다해 줄타기에 오른다. "어릴 때는 광대들 노는 것에 눈이 멀고, 광대가 되어서는 어떤 놈과 짝 맞춰 노는 것에 눈이 멀고, 한양에 올라와서는 구경꾼들 던져 주는 엽전에 눈이 멀고, 그러다 얼떨결에 궁에 들어와서는… 이렇게 눈이 멀어… 볼 걸 못 보고… 어느 잡놈(연산군)이 그놈 마음 훔쳐가는 것을 못 보고…"로 시작하며 사설을 읊는다. 이에 공길 역시 줄에 오르며 장생과 공길 간의 감동적인 사설이 오고 간다.

"야 이 잡놈아! 눈깔도 없는 놈이 죽으려고 줄에 올라갔냐! 눈이 먼 놈이 게가 어딘 줄 알고 올라가! 광대짓 하다가 맹인이 되도 광대냐! 야 이 잡놈아! 장님이 된 게 그리도 좋더냐…!"

"그래 좋다! 근데, 네 놈은 다시 나면 무엇으로 나고 싶으냐? 다시 태어나면 뭘로 태어날래? 양반으로 태어나련? 아님 왕으로 태어나련?"

"이 세상 한바탕 놀다 가면 그만인 것을. 다음 생에 태어나도 당연히 광대로 태어날 거다. 네 년은 뭘로 태어날 거냐? 나야 두말할 것 없이 광대, 광대지."

중종반정을 계획하며 궁을 접수하려는 무리들의 함성들을 배경으로 장생과 공길의 신명나는 줄타기 놀이로 영화는 마지막 화면을 장식한다.

이미 정치계에서 여러 가지 형태의 패러디로 사용된 '왕의 남자'란 표현은 겉으로 볼 때는 마치 동성애를 다루는 듯하는 분위기를 자아내지만, 실제로는 왕을 가지고 노는 왕과 그의 애첩인 녹수의 역을 하는 왕의 '남자'로서 더 강한 인상을 준다. 광대들의 이야기를 중심으로 당시의 현실을 보여 주는 면이 없지 않지만, 영화의 본래 의도는 왕이나 중신들 모두를 광대로 보려는 것 같다. '광대'라 함은 구체적으로는 절대 권력을 가지고 놀던 연산군을 가지고 노는 남사당패 광대들, 특히 어릴 때부터 떠돌다 광대라는 이름으로 함께 만나 신명나게 놀아난 두 사람, 장생(강우성 분)과 공길(이준기 분)과 그들과 함께했던 놀이패들을 일컫지만, 사실 그들에게만 제한되지 않는다는 말이다. 온갖 중신들에 휩싸여 왕으로서의 정체성과 씨름하면서도, 마더 콤플렉스로 인해 애첩의 치마폭에 싸여 놀아났던 연산군이나 권력을 등에 업고 온갖 부정부패로 타락할 대로 타락한 중신들 역시 광대의 일종이다. 광대라는 업이 남을 웃기게 만드는 일이고, 그들의 목숨이 파리 목숨과도 같기에 더욱 그렇다. 연산군이나 당시의 중신들 역시 역사라는 무대 위에 등장해서 당시는 물론이고 후세대들을 웃기게 만든 사람들이었고, 또한 그들의 운명은 그들 자신의 것이 아니었기 때문이다. 그러나 자세히 들여다보면 연산군이나 중신들은 광대라기보다는 꼭두각시에 가깝다. 광대와 꼭두각시는 결코 같지 않기 때문에 하는 말이다.

광대는 자신만의 놀이를 갖고 있고, 그 안에는 자신의 인생관과 철학을 담고 있다. 비록 사람들을 웃기는 것을 업으로 삼지만 결코 남들에 의해 조종되지는 않는다. 그러나 꼭두각시는 노리개에 불과할 뿐이다. 주체적이지 못하며, 실컷 놀고 나서 싫증나면 버려지는 그런 것이다. 연산군은 꼭두각시를 거부하고 스스로 광대가 되고자 했지만 그로 인한 결과는 엄청난 피바다였다.

<왕의 남자>는 광대들의 삶의 애환을 빗대어서 당시의 현실을 보여 주면서, 오늘 우리들의 삶의 현실을 다시 한 번 돌아보게 한다. 내 삶은 주체적인 삶을 살아가는 광대인가, 아니면 꼭두각시로서 종의 삶인가? 이런 질문 앞에 서게 되는 이유는 그렇게 생각할 만한 부분을 영화 곳곳에서 발견할 수 있기 때문이다.

먼저는 공길이기 양반들의 노리개가 결코 아닌 넛넛한 광대라는 사실 속에서 강조되고 있고, 연산군이 중신들의 꼭두각시가 아니라 왕으로서의 주체성을 찾으려고 노력하는 모습이나, 가극을 지시하는 처선의 제안에 불만을 터뜨린 장생의 모습을 통해 잘 나타난다. 꼭두각시가 아닌 주체적인 삶은 온갖 부귀영화를 보장해 주는 궁을 떠나 비록 떠돌이지만 자유로운 광대의 길을 선택했던 장생의 결단 속에도 배어 있다. 죽어 다시 태어나도 광대의 길을 선택하겠다는 장생과 공길의 감동적인 사설도 빼놓을 수 없다.

사실 영화에서 '광대'는, 장생이 마지막 줄타기에서 말하듯이 이 세상을 신명나게 놀며 사는 삶을 상징한다. 그에 반해 꼭두각시는 놀지도 못하고 주체성도 없고, 그저 다른 사람들의 종으로서 살다 후에는 아무 쓸모가 없어 버려질 뿐이다. 광대냐 꼭두각시냐는 온갖 부귀영화 속에서 종의 삶을 선택하느냐, 아니면 비록 초라하지만 자유로운 삶을 선택하느냐에 달려 있다. 서로 다른 부류의 왕 앞에 남자로서 서 있는 공길은 잠시 부귀영화 속의 꼭두각시에 만족해하지만, 결국 장생과 더불어 광대의 삶을 선택함으로써 관객들에게 자유로운 삶의 중요성을 일깨워 주고 있다.

그리스도인으로서 필자가 이 영화 속에서 단순히 역사의 단면을 보는 것으로 결코 만족할 수 없는 이유는 자유인과 종으로서의 신분을 결정짓는 중요한 사건을 알고 있기 때문이다. 그리스도의 보혈은 자유가 얼마나 중요한지를 말해 준다. 예수 그리스도에 대한 믿음은 죄의 종에서부터 자유인으로 옮겨 주는 힘을 갖는다. 말하자면 그리스도인들은 비록 하나님과 사람들을 기쁘게 하는 삶을 살지만, 결코 종이 아닌 자유인으로서 사는 것이다. 그럼에도 불구하고 기꺼이 하나님과 성도들의 종으로 사는 것은 우리를 위해 자기 몸을 버리신 그리스도로 인한 것이다. 그것은 순종에 따른 헌신이기 때문에 종이 아닌 자유인으로서의 삶이다.

(「목회와 신학」 2006년 2월, 208-211)

누군가의 필요가 되는 존재
〈도쿄!－아키라와 히로코〉(미셸 공드리, 2008, 15세)

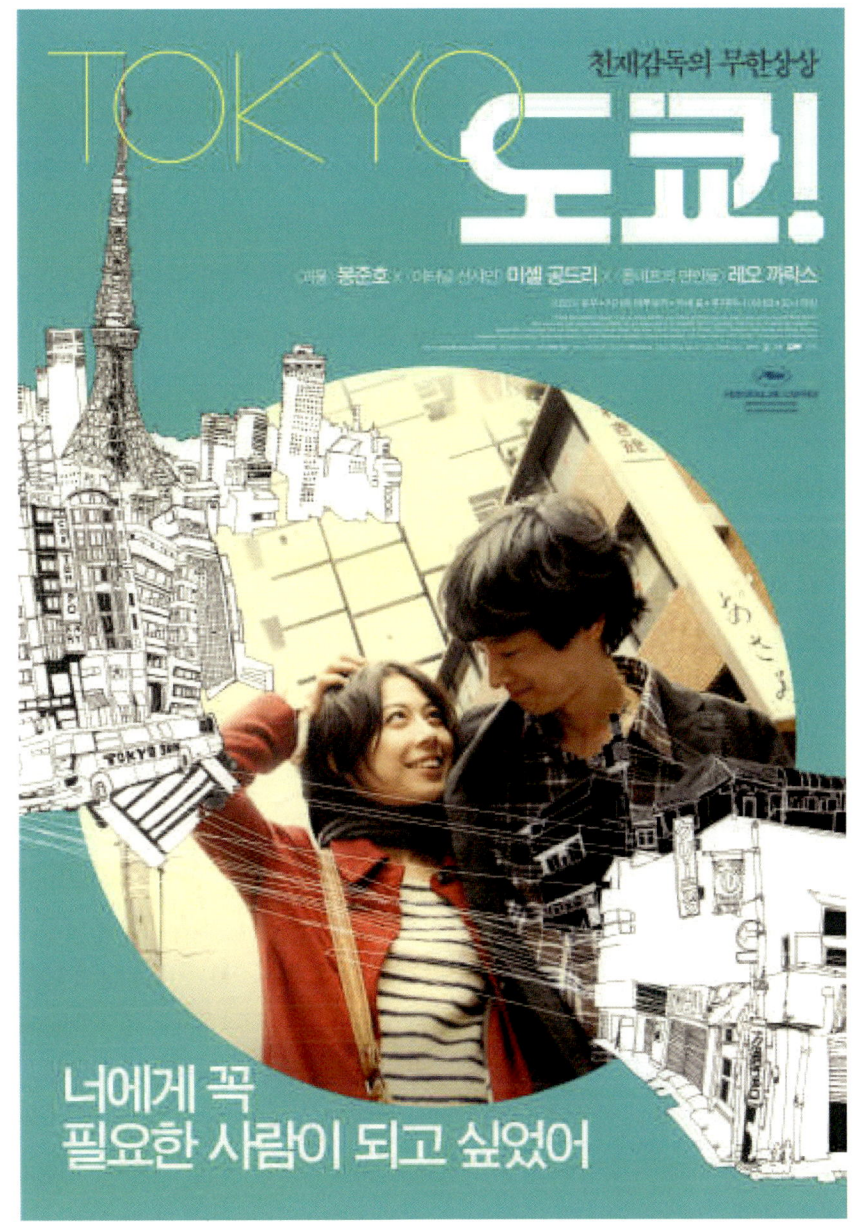

미셸 공드리(Michel Gondry, 1964~), 프랑스 출신, 2005년 〈이터널 선샤인〉으로 제77회 아카데미시상식 각본상, 2005년 브램스토커시상식 각본상 수상

Filmography: 휴먼 네이처(2001), 이터널 선샤인(2004), 블록 파티(2005), 수면의 과학(2005), 도쿄(2008), 비카인드 리와인드(2007), 마음의 가시(2009)

최근에 필자는 존재의 의미를 다시 한 번 성찰하게 하는 영화 한 편을 접하게 되었다. 미셸 공드리 감독의 <아키라와 히로코>(Interior Design)이다. 이 영화는 단편 3부작 <도쿄!> 안의 한 작품으로, 앞에서 소개된 봉준호 감독의 <흔들리는 도쿄> 그리고 레오 까락스의 <괴물>이 포함된 옴니버스 영화로 2008년 칸 영화제에 '주목할 만한 시선'에 초대된 바 있다. 이 가운데 미셸 공드리의 작품은 3부작의 첫 번째 작품으로 <아키라와 히로코>(Interior Design)란 제목을 갖고 있다.

영화 이야기

홋카이도 출신의 무명 영화감독 아키라는 스크린의 한계를 깨뜨리는 새로운 시도를 통해 영화와 현실의 소통을 추구하는 야심만만한 영화작가이다. 그는 영화감독으로서 데뷔를 위해 여자친구 히로코와 함께 도쿄에 오게 된다. 마땅한 거처를 마련하지 못한 아키라는 집을 얻기까지 히로코의 여자 친구 집에 기거하게 된다. 그러나 아키라와 히로코는 도쿄 도착 다음 날부터 갖가지 난관에 부딪히게 된다. 주차위반으로 거액의 벌금을 물게 되고, 방을 얻는 과정에서 충분한 돈을 갖고 있지 못한 두 사람은 자신들이 가진 돈으로는 도쿄에서 방을 구하는 일이 쉽지 않다는 것을 알게 된다. 그렇다고 해서 친구의 집에서 어느 때까지 머물러 있을 수는 없는 일이었다. 집을 구하러 다니면서 아르바이트 자리 얻기를 노력하지만 히로코는 그 일에서마저 좌절하게 된다. 설상가상으로 철물점 앞에 주차시킨 차가 견인되어 아키라와 히로코는 더욱 심각한 재정난에 빠지게 된다. 그나마 아키라는 틈틈이 아르바이트를 하면서 영화작가의 꿈을 키워 나가지만, 히로코는 방을 얻으러 돌아다니는 일 이외에는 달리 하는 일이 없이 그저 하루하루를 소일할 뿐이다. 적은 돈을 갖고 마땅한 집을 얻기 위해 도쿄 시내를 돌아다니는 것 자체가 히로코에게는 큰 부담이 아닐 수 없다. 그러던 어느 날 밤 히로코는 우연히 자신을 폄하하는 친구의 말을 엿듣게 된다. 아키라는 자신이 제작한 영화를 통해 나름대로 사람들의 주목을 받지만, 이에 비해 아키라의 출세를 위해 헌신적인 히로코는 자신의 존재가 친구에게 인정되지 못하고 또 아키라조차도 알아주지 않는 것에 대해 깊은 소외감과 외로움을 느낀다.

도쿄생활에 의욕을 상실한 채 힘없이 하루를 시작하려는 히로코, 거울 앞에 선 그녀는 갑자기 자신의 몸이 이상하게 변해 가는 것을 깨닫게 된다. 시간이 갈수록 자신이 걸치고 있는 옷이며 신발 등 모든 것이 다 사라지는 것은 물론이고, 마침내 그녀는 낡은 나무 의자로 변해 버린다. 그리고 어느 남자에게 발견된 의자는 그에게 아주 요긴하게 쓰이게 된다. 비록 의자의 형태이긴 하지만 자신이 누군가의 필요가 되고 있다는 것을 알게 된 히로코는 비로소 자신의 존재 의미를 깨닫는 것과 동시에 삶의 아름다움을 발견한다.

영화 속에서 아키라 역시 히로코와의 대화에서 사람은 꿈과 포부를 통해 자신의 존재감을 드러내는 것이라며 히로코가 꿈과 포부가 없다는 사실을 언급한 바 있다. 아키라는 무엇보다 '생존'에 큰 의미와 가치를 두고 있는 것으로 여겨진다. 경쟁 사회에서 살아남기 위해서는 돌연변이라도 감수해야 한다는 그의 영화 속 대사가 잘 말해 준다. 수많은 경쟁 속에서 생존한 사람만이 존재의 의미를 가지며 자신의 위대함을 드러내는 사람이라는 것이다. 이와 대조적으로 그의 여자친구 히로코는 존재의 의미와 가치를 삶 자체에서 발견한다. 다른 사람보다 더욱 뛰어난 능력을 발휘하기보다는 자신이 좋아하는 일을 하며 사는 삶, 그것이 바로 존재의 의미와 가치라는 것이다.

아키라와 히로코의 갈등은 바로 이 점에서 첨예하게 드러나지만, 사실 이 두 사람의 갈등은 어느 정도는 에리히 프롬(Erich Fromm)이 다루었던 주제인 '소유냐 존재냐'를 반영하고 있다. 에리히 프롬은 이 책에서 인간생존의 두 가지 양식인 재산, 지식, 사회적 지위, 권력 등 '소유'에 전념하는 소유양식과 자기 능력을 능동적으로 발휘하며 삶의 희열을 확신할 수 있는 존재양식을 구별하고 있다. 프롬은 존재가 아닌 소유적 실존양식을 따르는 자는 가진 것을 잃을 때 자신의 존재도 함께 사라진다고 본다. 그래서 그들은 가지고 있는 것이 상실될 때 두려움을 느끼게 된다. 두려움을 극복하기 위해서 프롬이 제안하는 것은 소유지향의 삶에서 벗어나 미지의 세계를 향해 나아가면서 자신이 하고 싶은 일을 할 수 있기 위해 스스로 변회하는 것이다. 비록 동일한 문제의식은 아니겠지만 어느 정도 히로코는 에리히 프롬이 말하고자 하는 존재의 변형을 표현하고 있다고 볼 수 있을 것이다.

그렇다고 해서 미셸 공드리 감독이 프롬의 존재에 대한 성찰을 반복하면서 영상을 통해서 재현해 주고 있는 것은 아니다. 히로코의 소외된 삶과 변형된 의자로서의 삶을 통해 감독이 말하고자 하는 것은 다른 곳에 있다. 존재의 의미와 가치는 누군가에게 필요가 되는 삶에 있다는 것이다.

히로코의 몸이 변화되는 것을 보고 필자는 흘러간 노래 하나를 떠올릴 수 있었다. 장재남이 부른 '빈 의자'(작사: 박건호 / 작곡: 최종혁)라는 제목의 노래이다.

서있는 사람은 오시오 나는 빈 의자 / 당신의 자리가 돼 드리리다
피곤한 사람은 오시오 나는 빈 의자 / 당신을 편히 쉬게 하리라
두 사람이 와도 괜찮소 / 세 사람이 와도 괜찮소
외로움에 지친 모든 사람들 / 무더기로 와도 괜찮소
서있는 사람은 오시오 나는 빈 의자 / 당신의 자리가 돼 드리리다
(당신의 자리가 돼드리리다)

이 노래 가사에서도 알 수 있듯이 미셸 공드리의 존재의 의미에 대한 성찰과 발견은 그리스도인에게 매우 중요한 점을 시사해 준다. 누군가의 필요를 채워 주는 삶, 누군가에게 도움이 되는 삶, 바로 그런 삶에서 존재의 의미를 발견할 수 있다는 것이다.

그런데 누군가에게 필요와 도움이 되는 삶에 존재의 의미가 있다는 사실을 확인하게 되면서 동시에 이런 질문이 제기된다. '누구의 필요가 되며 누구의 도구가 되느냐'라는 것이다. 독일의 종교 개혁자 마르틴 루터(Martin Luther)는 「그리스도인의 자유」라는 작은 책자에서 사람은 사단의 종이 될 수도 있고, 하나님의 종이 될 수도 있다고 했다. 단지 필요만을 중시한다면 사단의 종으로서 살면서도 삶의 의미를 발견할 수 있을 것이다. 실제로 그런 경우가 없지 않다. 그러나 이미 사도바울이 고린도전서 10:31에서도 말하고 있듯이 그리스도인은 하나님의 영광을 위한 도구로 사용되는 존재이다. 비록 가진 것이 없어도, 비록 금과 은으로 만들어진 그릇에 비하면 초라할 수밖에 없는 질그릇에 불과하다 하더라도 복음을 위해 사용되기만 한다면 가장 의미 있는 삶을 사는 것임을 환기시켜 준다. '누구'의 필요에 의해 사용되느냐, '누구'의 도구로 사용되느냐 하는 것은 존재의 의미를 성찰하는 과정에서 결코 빼놓을 수 없는 것이다. 그리스도인으로서 존재의 의미와 가치는 예수 그리스도의 복음을 위해 사용되는 것에서 찾아야 할 것이다. 그렇기 때문에 우리 그리스도인은 먹든지 마시든지 무엇을 하든지 다 하나님의 영광을 위해 하는 삶의 목적을 가져야 한다.

권력 아래 안주하는 자는 모두 하녀다
〈하녀〉(임상수, 2010, 18세)

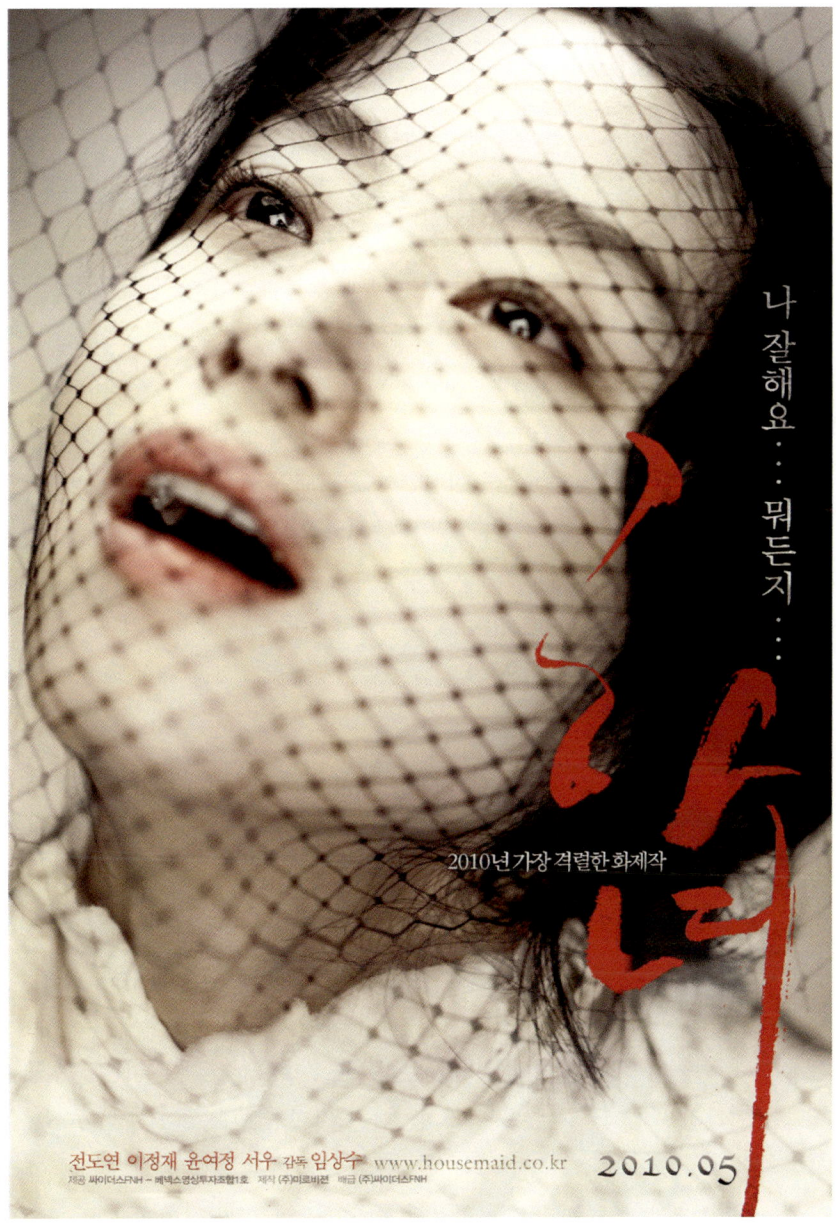

임상수(1962~), 서울 출생, 연세대학교 사회학과, 〈처녀들의 저녁식사〉(1998)로 데뷔, 2005년 제41회 백상예술대상 작품상, 2007년 제8회 부산영화평론가협회상 감독상 수상

Filmography: 처녀들의 저녁식사(1998), 눈물(2000), 바람난 가족(2003), 그때 그 사람들(2004), 오래된 정원(2007), 하녀(2010)

인간은 하나님의 형상으로 창조되었다. '하나님의 형상'에 대한 여러 가지 해석이 있지만 다양한 의미에도 불구하고 놓치지 말아야 할 핵심은 '하나님을 닮았다' '하나님을 나타낸다'는 사실을 환기시켜 주는 개념이며, 인간이 '하나님을 드러내는 삶으로 부름받았다'는 부르심을 가리킨다는 것이다. 하나님의 속성은 물론 그의 말씀과 행위가 인간의 모든 일거수일투족에 묻어나야 한다는 말이다. 이것을 거부하거나 혹은 방해하는 일체 행위는 죄로 여겨진다.

인간이 존엄한 이유는 인간이 유기적인 생명체이기 때문이다. 인간은 누구도 혼자가 아니며 생명 공동체로서 다른 인간과 혹은 자연과 연결되어 있다. 어느 하나라도 고리가 끊어지면 전체에 영향을 미친다. 그것을 모르는 것은 의식하지 않거나 애써 무시하기 때문이다. 불교에서 매우 중요하다고 여겨지는 가르침인데, 기독교에서는 이것을 조금 다르게 표현한다. 즉, 인간이 존엄한 가장 중요한 이유는 하나님을 드러내는 존재이기 때문이다. 하나님은 세상 안에 존재하는 사람들의 수만큼 다양한 방식으로 당신을 드러내신다. 하나님의 무한한 자기 변형이며, 이는 하나님은 인간의 노력으로 결코 파악할 수 없는 존재임을 의미한다. 인간은 자신 안에 들어 있는 것으로 하나님을 드러내야 하지만, 그것을 거부하면 교만이요 죄가 되는 것이고, 그것을 방해하면 사악한 존재의 역할을 행하는 것이다. 하나님은 인간의 본질이기 때문이다.

하나님을 참하나님으로 드러내도록 부름받은 인간에게 가장 큰 도전은 무엇일까? 다시 말해서 인간의 소명을 가로막는 것은 무엇일까? 그것은 힘과 쾌락이다. 힘은 하나님의 뜻을 무시하고 세상을 자신의 뜻으로 관철시키려는 의지로 나타나고, 쾌락은 하나님의 온전한 뜻을 분별하지 못하게 하고 하나님의 일에 순종하지 못하게 한다. 아담과 하와가 뱀의 유혹에 빠져 금지된 과일을 따 먹은 것도 하나님처럼 눈이 밝아지려는 마음(힘에 대한 욕구)과 쾌락(보암직스럽고 먹음직스럽고 지혜롭게 할 만큼 탐스럽다는 생각)의 상호작용에서 비롯된 것이다. 그 후로 인간은 하나님을 드러내는 삶을 살거나 혹은 힘과 쾌락으로 인해서 자신이 하나님의 형상으로서 하나님을 드러내야 함을 망각하거나 혹은 왜곡시키는 역사를 반복했다. 인간은 원초적인 부르심에 반해서 오히려 자신을 드러내거나 아니면 하나님을 드러내려는 다른 사람들의 소명을 방해했다. 힘은 인간이 하나님처럼 되려는 교만을 불러일으키고, 쾌락은 인간의 원초적인 부름을 망각하거나 인간의 영성을 현혹시켜 스스로를 하나님의 형상이 아닌 존재로 착각하게 만든다. 행복을 추구한다는 미명하에 쾌락에 만족하는 삶을 살도록 한다. 힘은 무한한 쾌락을 가능하게 하기 때문에 인간은 언제나 두 가지를 동시에 추구해 왔다. 더 큰 쾌락을 위해 힘을 추구하고, 힘을 과시하기 위해 더욱 강력한 쾌락을 추구하였다. 때로는 더 큰 힘을 얻고 미래의 쾌락을 즐기기 위해 현재의 쾌락을 절제하기도 하였다. 역사 속에서, 힘을 가진 자들의 삶 속에서 쾌락적인 삶을 보는 것은 어렵지 않은 일이다.

힘은 그것을 갖지 못한 자들로 하여금 비굴하게 살도록 하며, 쾌락은 그것을 얻으려는 자들의 지성과 영성을 마비시킨다. 힘과 쾌락은 비록 그 자체는 악한 것은 아니지만, 인간을 인간답지 못하게 할 뿐만 아니라 인간을 인간 이하로 전락하게 만드는 장본인이다.

임상수 감독의 작품 <하녀>(2010)는 힘과 쾌락에 매인 인간의 본질을 영화적 상상력을 통해 잘 보여 주고 있다고 생각한다. 비록 김기영 감독의 1960년대 작품 <하녀>를 리메이킹했다고 하지만, 의미론적으로 거듭 태어났다고 보는 것이 좋을 것 같다. 그만큼 같으면서도 많은 점에서 다르다.

영화 이야기
에필로그
영화는 크게 세 부분으로 구성된다. 오프닝 신에서 보여 주는 보통사람들의 일상과 무명의 한 여자의 자살사건, 큰 하녀 병식(윤여정 분)의 등장과 더불어 시작되는 은이(전도연 분)의 하녀로서의 삶 그리고 엔딩 신에서 볼 수 있는 몽환적인 분위기에서 연출된 딸의 생일잔치이다. 모든 영화에서 흔히 볼 수 있는 일반적인 구성에 필자가 굳이 주목하는 이유는 영화가 다소 논리적인 구성과정을 거쳤다고 생각되기 때문이다. 영화의 의미가 분명해지기 위해서는 서로 분리된 듯이 보이는 세 부분을 하나의 구조로, 치밀하게 구성된 것으로 볼 필요가 있다. 오프닝 신을 본 관객은 강한 궁금증을 갖게 되는데, 그 후로 이어지는 이야기에서 어느 정도 해결될 것을 기대하게 된다. 사건의 단서에 대한 해결을 예상하게 되는 것이다. 이것은 영화에 더욱 몰입하게 만드는 요소이며, 감독은 사실 관객의 이런 예상을 계산에 넣고 있다고 여겨진다. 감독에게 있어서 오프닝 신과 그 후의 이야기는 비유적인 관점에서 구성된 것이며 관객을 영화 속으로 끌어들이는 장치이다. 그리고 엔딩 신은 관객이 기대했던 것과 감독의 의도가 얼마나 달랐는지를 보여 준다.

본론
임상수 감독의 <하녀>의 첫 장면은 수많은 사람들이 오고 가는 어느 도시의 전형적인 밤거리 풍경이다. 화려한 네온사인이 내려다보이는 건물 난간에 기대어 한 여자가 서 있다. 로우 앵글(low angle)을 통해 자신의 일에 매몰되어 살아가는 사람들의 모습을 담아내고, 누구도 자기 이외의 일 혹은 사람에 주목하지 않는 바로 그때에 난간에 몸을 기대고 서 있었던 여자가 몸을 던진다. 은이는 비록 소란스런 현장을 보지 못하고 흔적만을 볼 수 있었을 뿐이지만, 죽음의 흔적은 그녀에게 강한 이미지로 각인된다. 이것은 그녀의 결말을 예상하게 만든다는 점에서 복선으로 읽힐 수 있다. 첫 장면에서부터 김기영 감독의 <하녀>를 리메이킹

한 것이라고 전혀 생각할 수 없는 도발적인 장면이 아닐 수 없다. 자살한 여자에 대한 은이의 호기심 가득한 관심과 일을 마치고 돌아가면서 굳이 그 흔적을 바라보는 은이의 모습으로 이뤄진 오프닝 신은 궁금증을 갖고 영화에 몰입하게 만들기에 충분하다.

오프닝 신은 영화의 긴장감을 위해 감독이 의도적으로 설정한 것이다. 왜냐하면 관객은 그녀가 왜 자살하게 되었을까를 묻지 않을 수 없기 때문이다. 그리고 그 사건과 그 후로 이어지는 이야기와의 관계가 궁금해지기 때문이다. 줄거리를 이미 알고 영화를 본 사람들은 하나의 복선으로 예상할 수 있겠지만, 영화의 흐름만을 따라간다면, 그 첫 장면은 영화의 복선이라는 단순한 생각을 넘어, 이어지는 장면들이 그 이유에 대한 탐색작업으로 여겨지게 만드는 일종의 도입부로 여겨진다. '그녀는 왜 자살했을까?'라는 궁금증을 갖게 한다는 말이다. 은이의 하녀로서 삶은 죽음의 흔적을 엿본, 아니 어쩌면 떨어진 자리에 하얀색 페인트로 표시되어 있는 사람의 형태가 자기 자신의 자리일 수도 있다는 생각에서 오는 하나의 트라우마가 아닐까.

그리고 이어지는 병식(윤여정 분)의 등장 역시 원작에서 벗어나는 캐릭터다. 그래서 임상수의 <하녀>에서 병식의 역할은 영화 구성에 있어서 의미가 적지 않다. 이 점에 대해서는 나중에 언급하겠지만, 병식에 의해 안내되어 들어가는 두 번째 공간은 오프닝 신에서 보인 첫 번째와는 전혀 다른 분위기다. 질적으로나 분위기에서 너무나 달라서 의미론적으로 철저하게 계산된 미장센임을 알 수 있다. 첫 장면과 비교해서 생각해 보면, 은이는 지금 보통 사람들의 일상에서 벗어나 아주 특별한 공간으로 옮겨진 것이다. 유아교육과를 중퇴하고 이혼한 은이로서는 식당에서 하는 허드렛일이나 궁정 같은 저택에서 하녀(실상은 딸의 양육에도 책임을 지는 위치)로서 사는 일이나 별다른 차이가 없다. 아니, 병식과의 대화에서 "나 이짓 잘해요"라고 말한 것으로 보아 그녀가 잘할 수 있는 일이며, 그녀에게는 일종의 신분의 변화이고 딸의 양육에 대해서도 약간의 책임감을 가져야 하는 존재로서 어느 정도는 자신의 기대가 충족되는 삶(유아교육과 출신이다!)이다.

은이가 들어가게 된 공간은 만삭의 아내와 딸과 더불어 부족한 것이 전혀 없는 삶을 살면서 막강한 재력으로 무장된 훈(이정재 분)의 집이다. 그는 피아노 연주와 적포도주를 즐길 줄 알며, 다른 사람을 높여 주는 것이 곧 자신이 높아지는 길임을 딸에게 가르칠 정도로 교양이 있어 보인다. 그를 교양 있는 사람으로 부각시키는 데에는 그가 아내 해라(서우 분)를 대하는 태도나 하녀인 은이에게 친절을 베푸는 모습도 한몫한다. 그러나 그 이면에 담긴 그의 모습은 전혀 달랐던 것 같다. 오랫동안 함께 지냈던 큰 하녀 병식의 입에서 나오는 "아(니꼽고) 더(럽고) 메(스껍고) 치(사하다)!"를 외치는 불만으로 가득한 표현에서 미루어 짐작할 수 있다. 그녀가 역겹게 느끼는 것은 '돈으로 모든 문제를 해결하려는 집안'이기 때문이지만,

다른 한편으로 자신의 아들이 검사라는 권력의 한 주체로 상승되면서 병식은 점점 하녀로서 정체성과 삶에 회의를 갖게 되었기 때문이다. 훈의 집 밖 생활은 전혀 알 수 없지만, 아내는 물론이고 장모에게 있어서 훈은 가장 큰 권력을 가진 사람임에 분명하다. 쌍둥이를 임신하고 있는 만삭의 힘든 몸임에도 불구하고 해라는 그의 성적 만족을 위해 최선을 다하며, 심지어 넷째와 다섯째를 계획할 정도다. 남편 훈과의 삶, 아니 그의 밑에서 가장 만족스럽고 또 편안한 삶을 살고 있다는 의미이다. 장모 역시 훈이 가진 권력과 그것을 함께 누리는 딸의 삶에 만족해하는 모습이다. 훈과의 관계는 장모와의 관계가 아닌 권력 있는 자와 그것에 만족하며 사는 딸을 가진 자와의 관계일 뿐이다. 훈과 은이의 관계를 알고 있으면서도 시어머니가 그랬듯이 나중의 영광을 기대하며 꾹 참고 살아야 한다고 딸에게 훈계하는 말에서 잘 알 수 있다. 훈은 가장의 힘은 물론이고 자본의 힘으로 철저하게 무장된 사람이다. 모든 문제를 돈으로 해결하는 모습은 그와 그의 가족에게 있어서 돈은 곧 힘임을 나타낸다. 자본주의가 만들어낼 수 있는 화려함이 현존하는 궁정 같은 집과 그 안에서 최고의 위치를 누리는 훈 자신은 최상의 권력을 상징한다. 그와의 관계에서 아내와 장모 역시 재력과 권력에 철저하게 길들여져 있고 또 그 아래에서 남편과 사위를 만족시켜 살아가는 또 하나의 하녀에 불과하다.

　은이는 특별한 욕망을 갖고 있는 것 같지 않다. 병식이 평가하는 바이기도 하지만 훈의 딸이 즐겨 따를 정도로 은이는 순수한 영혼을 갖고 있으며, 보통 사람의 일상에서 벗어나 비록 권력이 제공하는 삶에 만족하며 살아가고 있다 해도 별다른 욕심이 없이 훈의 집 안에 머무는 것을 단지 편하게 느끼고 또 그것을 즐기고 있을 뿐이다. 그녀가 훈이를 받아들인 것은 힘에 압도된 것이며 그 힘 안에서 안주하며 살고 싶은 욕망에서 비롯된 것이다. 그러나 훈의 아내나 장모처럼 재산에 대한 욕심도 없고 병식에게서 볼 수 있는 자식을 위한 희생의 삶이라는 명분도 없다. 그녀에게 바라는 것이 있다면 훈과의 불륜 관계에서 얻은 아이를 낳아 키우고 싶다는 것뿐이다. 그렇다고 해서 나중에 그 아이를 빌미로 돈을 뜯어낼 것이라는 장모의 계산은 은이에게는 결코 정당하지 않다. 비록 권력에 안주하며 얻은 것이긴 해도 그녀에게는 뱃속에서 자라는 아이가 유일한 희망이다.

　돌발적으로 보이지만 실상은 장모가 꾸민 계획적인 사고에서도 유산이 이뤄지지 않자 훈의 아내는 유산을 촉발하는 약을 처방받고 그것을 은이가 먹는 보약에 섞어 넣는다. 결국 은이는 유산하게 되고 이후에 모든 음모 사실을 알게 된 그녀는 복수를 다짐한다. 그런데 복수라는 것이 조금은 생뚱맞다. 가족 모두가 편안하게 머무는 거실에서, 특히 훈의 딸이 보는 앞에서 자살을 하는 것으로 나타났기 때문이다. 자살은 고통에서 벗어나기 위한 도피의 수단이지만, 대체로는 자신의 정당성을 주장하는 최후의 보루이거나 혹은 자신의 잘못을 영원히 은폐하기 위한 행위이기 때문이다. 그런데 자살로 죽는 것이 어떻게 복수가 될 수 있는 것인지 강한 의문을 남기는 장면이다. 박찬욱 감독의 복수 3부작이나 <악마를 보았다>에서 볼 수 있는 복수 이미지와는 전혀 달랐기 때문이다. 뿐만 아니라 마지막 엔딩 신 역시 쉽게 이해되지 않는 장면인데, 다소 몽환적인 분위기에서 딸의 생일을 축하하고 딸이 전면에 나서면서 곁눈질을 하면서 끝나고 있다.

감독은 오프닝 신에서 보여 주었던 한 여자의 자살과 복수로서의 은이의 자살 그리고 마지막 딸의 생일잔치를 구조적으로 연출하면서 무엇을 기대한 것일까? 아니, 그는 무엇을 전하기 위해 관객들로 하여금 이런 장면들을 보도록 한 것일까? 질문에 대한 답을 주기보다는 오히려 질문하게 만드는 작품이라고 감독 스스로 말하고 있지만 오프닝 신부터 끝까지 영화를 보는 내내 참으로 많은 질문을 던지게 만든 작품이 아닐 수 없다.

나름대로 영화를 이해하기 위한 실마리를 찾던 중에 이장호 감독의 1983년 작품 <바보선언>에 이르게 되었다. <바보선언>은 절름발이와 창녀, 뚱보와 같은 사회의 그늘 속에 있는 사람들을 전면에 내세워 그들의 파격적인 제스처를 통해 진실을 말하고자 했던 영화였다. 영화의 오프닝 신에서 속옷 차림으로 등장한 이장호 감독은 건물 옥상에서 뛰어내리는 장면을 연출했다. 그는 후에 당시의 상황을 떠올리면서 전두환 군부독재의 문화예술정책에 대해 스스로 만족하지 못했고, 바로 이런 심정으로는 더 이상 영화를 만들 수 없었다고 판단해서 영화를 포기할 생각으로 자살하는 심정으로 영화를 찍었던 것이라고 설명했다. 감독은 비록 자살하는 심정으로, 곧 마지막 작품을 찍는다는 심정으로 영화를 만들었다고 말하고 있지만, 그 장면을 보았던 사람들은 단지 감독 자신의 진솔한 마음만을 읽지 않았다. 한편으로는 당시 군부독재의 권력 아래 삶의 터를 마련하고 안주했던 사람들(직접적으로는 영화계의 사람들)에 대한 심판이었고, 다른 한편으로는 잘못된 시대에 짓눌려 신음하는 민중들의 고통스런 절규를 듣고도 애써 외면해야만 했던 당시 지식인들이 가질 수밖에 없었던 고뇌의 한 단면이었다.

한 여자의 자살로 영화를 시작하는 임상수 감독의 영화 <하녀>는 이런 맥락에서 이해되어야 하지 않을까 생각한다. 다시 말해서 권력이 제공하는 편안함과 안락함에 젖어 사는 사람들을 겨냥하고 있다는 말이다. 그들은 권력을 가진 자와 어떤 관계에 있든지 결국 '하녀'일 수밖에 없다는 감독의 메시지를 읽을 수 있다. 하녀란 자기의 정체성을 가질 수 없는 존재다. 개성의 상징인 일상적인 옷을 벗어던지고 언제나 주인이 원하는 똑같은 옷만을 입어야 한다. 힘을 가진 자들이 먹다 남은 찌꺼기를 먹으며, 그들이 나누어 주는 힘(돈)으로 또 다른 힘(아내와 장모)을 행사할 뿐이다. 이런 관계에서는 그 자신이 하녀로 전락하는 것은 물론이고, 그 권력과의 관계 속에서 얻은 그 어떤 희망(임신)이라도 권력에 도전하는 것이라면 무참히 짓밟힐 수밖에 없다(강제 유산). 그곳에서 벗어날 수 있는 길은, 큰 하녀 병식(윤여정 분)이 보여 준 하녀로서의 정체성에 대한 회의와 떠나겠다는 과감한 결단에서 볼 수 있듯이, 또 다른 권력(검사 아들)에 의탁하는 것 외에는 달리 방법이 없다. 다른 길이 있다면 은이가 보여 주었듯이, 스스로 죽음을 선택함으로써 하녀의 정체성에서 벗어나는 것이다. 복수를 위해 선택된 행위가 자살로 표현된 것은 뜻밖의 연출로 많은 질문을 불러일으키지만 임상수는 권력에 빌붙어 사는 사람들을 경고하기 위해, 권력의 무의미함을 폭로하기 위해 그리고 권력의 종말을 암시해 주기 위해 선택한 것이 아니었을까?

만일 은이의 하녀로서 삶이 오프닝 신에서 일어난 죽음의 흔적을 보았던 그녀에게 일어난 에피소드요 트라우마였다면, 죽음의 순간과 현장을 직접 목격할 수밖에 없었던 딸에게는 (생일잔치에서 표현된 딸의 트라우마) 어떤 불행한 미래가 전개될 것인가! 자신의 죽음을 보게 한 은이의 복수는 당대에 그치지 않고 다음 세대로 이어진다는 점에서 어쩌면 더욱 끔찍한 복수가 아닐 수 없다.

오늘 우리 시대에 '하녀'는 도대체 누구를 가리켜 말하고 있는 것인가? 김기영 감독은 결코 '누가 하녀인가'를 화두로 던지지 않았다. 인간의 욕망이 빚어내는 삶의 비극을 스릴러로 풀어냈을 뿐이다. 그러나 임상수 감독은 표면적으로는 리메이킹이라고 하지만 전혀 다른 길을 택했다. 김기영의 <하녀>에서 출연했던 배우(윤여정)가 큰 하녀로 바뀌고, 또 영화가 갖고 있는 몇 개의 이미지만을 빌려 왔을 뿐 전혀 새로운 각색이었다. 단지 시대의 변화만을 반영한 것이 아니라 주제 자체가 바뀌었다. 임상수의 <하녀>는 '하녀는 누구인가?' 아니, '우리 가운데 누가 하녀인가?'를 진지하게 묻고 있다. 그리고 대답하지 않았다고 하지만 권력에 길들여진 채, 권력이 제공하는 안락함과 편안함에 만족하며 사는 모든 사람을 '하녀'로 규정하고 있다. 김기영의 작품을 전제할 때 더욱 도드라지는 작품이다. 칸의 권력자들은 이 사실을 알지 못했을 것이라 생각한다.

힘과 쾌락은 그것을 가진 사람은 물론이고 그것에 안주하려는 자로 하여금 하나님의 형상으로서 원초적인 부르심에 합당하게 살지 못하도록 한다. 모두가 다른 무엇인가의 종으로서 살아갈 뿐이다. 가진 자는 가진 것에 매여 종이 되는 것이고, 그것이 없으면서도 그것이 주는 편안함에 안주하려는 사람들 역시 종이 되는 것이다. 또 다른 형태의 우상숭배인 것이다. 하나님은 처음 창조할 때에도 인간이 자유로운 존재이기를 원했고, 그렇게 창조하셨다. 타락한 이후에는 예수 그리스도를 통해 인간을 죄의 종에서 자유로운 존재로 해방시키셨다. 그럼에도 불구하고 인간은 힘과 쾌락이 주는 안락함에 안주하면서 살아간다. 그리스도인이라고 결코 예외는 아닐 것이다. 이것이 우리가 영화 <하녀>에 주목하는 이유다. 원초적인 부르심을 환기하도록 만들기 때문이다.

하고 싶은 대로 살았을 때

〈클릭〉(프랭크 코라치, 2006, 12세)

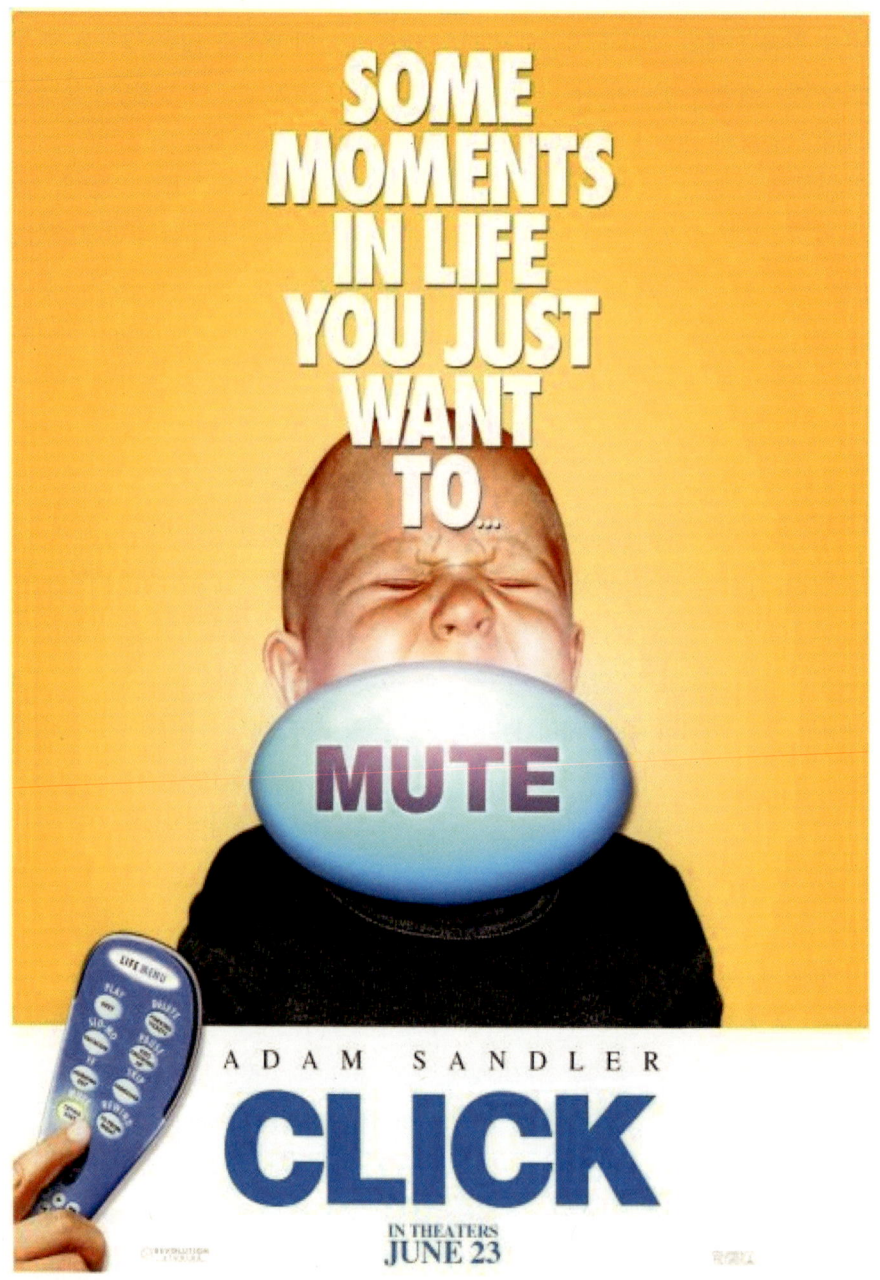

프랭크 코라치(Frank Coraci, 1966~), 미국, 뉴욕대학교, 1995년 제11회 롱아일랜드영화제 작품, 각본, 감독상 수상
Filmography: 라스트 리벤지(1995), 웨딩 싱어(1998), 워터보이(1998), 80일간의 세계 일주(2004)

삶의 경험이 많아지면서 자연히 알게 되는 일이지만 세상의 일이란 내 맘대로 되지 않는다. 원하는 일이 아무 문제없이 잘 풀려 나갈 때에는 하루하루의 삶이 기쁘고 행복하고 활력이 넘치며 희망으로 가득 차지만, 반대로 아무리 열심히 일을 해도 계속 꼬이기만 하면 삶의 의욕을 상실하게 된다. 베르테르 효과를 일으키면서 연이어지는 연예인들의 자살사건에서 볼 수 있는 것처럼, 단순한 실망감을 넘어 좌절할 수밖에 없는 상황에 직면하기도 한다. 이런 일이 왜 생기는 것인가. 왜 세상은 원하는 대로 되지 않는 것일까? 사람이 자신의 무능력함을 깨닫는 순간만큼 괴로운 때는 없을 것이다. 평소에 신앙생활을 게을리했던 사람들도 이때만큼은 하나님을 찾는다. 전능하신 하나님의 힘에 의지해서 문제를 해결해 보자는 것이다. 그럼에도 불구하고 형편이 나아지는 기미가 보이지 않을 때, 전능하시다고 하는 하나님은 도대체 존재하는 것일까? 혹시 나와는 전혀 무관한 분은 아닐까? 하나님은 실제로 전능하신 것인가, 혹시 무력하신 분은 아닐까 하는 질문이 자연스럽게 제기된다. 사실 이 질문들은 영화 <브루스 올마이티>(톰 새디악, 2003)와 <에반 올마이티>(톰 새디악, 2007)란 영화를 통해서 우리에게 이미 친숙해 있는 것이다.

<브루스 올마이티>는 모든 것을 자기 뜻대로 할 수 있는 능력을 부여받아 생활하지만 결국 어디서 매듭을 풀어야 할지조차 모를 수많은 문제들 앞에서 오히려 고민할 수밖에 없는 한 인간의 모습을 보여 준다. 그럼으로써 하나님의 전능을 오해하며 사는 사람들에게 좋은 교훈이 되었다. 오해의 핵심에는 하나님의 뜻을 오직 나와 상관있는 것으로만 이해하고 자기의 뜻을 관철시키려는 이기적인 욕심이 자리 잡고 있다는 것이다. 누구든지 피조물 가운데서 단지 한 존재로서 하나님의 통치를 받고 있음을 망각하게 될 때, 다시 말해서 자신이 유기적인 구조 속에 있는 한 존재임을 인정하지 않을 때, 인간은 하나님의 전능을 오해할 수밖에 없게 된다. 하나님의 전능은 사람들의 모든 기도를 들어 주실 수 있는 능력이라기보다는 모든 사람들이 각자 가지고 있는 잠재력을 발견하고 또 그것을 실현할 수 있도록 도와주면서 합력하여 선을 이룰 수 있는 능력이다.

이미 나온 <브루스 올마이티>를 보고도 자기중심적인 생각에서 벗어나지 못했다는 생각에서 불만을 가진 것이었을까? 코라치 감독은 <브루스 올마이티>의 시나리오 작가의 힘을 빌려 다시 한 번 하나님의 섭리에 따른 통치에 대한 인간의 근원적인 오해를 폭로한다. 다시 말해서 <클릭>을 통해 이와 비슷한 문제를 두고 고민하는 한 인간의 모습을 보여 준 것이다. 다른 것이 있다면, 한편으로는 현대인이라면 누구나 겪게 되는 가족과 일의 갈등을 주제로 다루고 있는 것이고, 다른 한편으로는 제한된 능력을 갖고 살지만, 단지 좋은 기억만을 갖기를 원하는 한 사람의 모습을 제시한다는 것이다. 과연 인생에서 슬픔과 고통과 번잡스러움을 건너뛰고 오직 기쁘고 행복한 기억 속에만 머물러 있기를 원하는 사람들의 삶은 어

떤 모습이며 그 결과는 어떠할까? 달리 표현하자면, 자기가 원하는 모습만을 보면서 인생을 살아가면 결국은 어떻게 될까? 코라치 감독은 바로 이 질문을 <클릭> 속에서 제기하고 코믹하면서도 의미심장하게 대답하고자 한다.

영화 이야기

건축가 마이클은 회사에서 능력을 인정받는 사람이지만, 남편과 두 아이의 아빠로서 역할도 결코 소홀히 할 수 없기 때문에 갈등에 빠지게 된다. 일에 매이면 가족의 일이 소홀히 되는 것이며, 가족에 매이면 직장에서 뒤처지게 되는 것이다. 현대인이라면 누구나 직면하게 되는 아주 평범한 문제다. 그의 이런 고민을 상징하는 것은 탁자 위에 놓인 여러 개의 리모컨이다. 사실 리모컨은 편안함을 추구하는 현대인들의 마음을 형상화시킨 것이다. 가만히 앉아서 클릭 하나만으로 수십 개의 방송사가 제시하는 무수한 세계 속으로 여행할 수 있게 하며, 자기가 원하는 것을 오직 클릭 하나만으로 자유롭게 선택할 수 있기 때문이다. 문제가 있다면, 제품마다 각각의 리모컨이 있는 것이다. 이로 인해 때로는 혼란이 가중된다. 회사에서 돌아오면 별로 할 일이 없어 주로 TV 앞에서만 시간을 보내려는 마이클이 가정에서 직면한 고민은 이런 것이었다. 자신 앞에 여러 개의 리모컨이 있는 것으로 인해 혼란을 느낀 마이클은 모든 전자제품을 한 개의 리모컨으로 작동시킬 수 있는 만능 리모컨을 구입하러 간다. 그리고 그곳에서 하나의 리모컨을 소개받는다. 무료이긴 하지만 결코 반품이 불가능한 제품이다. 전자제품만이 아니라 사람이나 동물도 통제가 가능하며, 출생에서 죽을 때까지 진행되는 자신의 전 생애 중에서 자신이 원하는 부위로 순간 이동할 수 있도록 해주는 리모컨이다. 마치 타임머신을 연상케 하는 기계다. 이것만 있다면 짜증스런 교통체증을 뛰어넘을 수 있고 부모의 사망 소식과 같은 것들로 인해 슬픔을 겪을 이유도 없다. 아내와의 불편한 관계에 얽매이지 않아도 되고 맘에 들지 않는 상사에게 복수를 해 줄 수도 있으며, 인생의 중요한 부분이라고 생각되는 부분으로 순식간에 뛰어넘거나 혹은 과거의 순간으로 돌아갈 수도 있다. 원하기만 한다면 행복한 순간만을 경험하며 살 수 있게 된다. 역사를 바꿀 수 있는 초능력적인 힘을 발휘하는 것은 아니지만 적어도 자신이 원하는 모습만을 보면서 인생을 살 수 있게 된 것만은 분명하다. 자기가 하고 싶은 대로 살고 자기가 경험하고 싶은 것만을 경험할 수 있는 것이다. 그 결과는 어떠할까?

비록 코미디 영화이지만 어쩌면 이렇게 인간의 마음을 잘 꼬집어 내고 있는지! 이렇게 감탄할 수밖에 없었던 이유는 영화의 이야기가 아니라도 좋은 기억만 하고 싶고, 행복한 순간 속에 머물고 싶어 하며 자신의 인생을 자신이 통제하고 싶은 마음은 모든 사람들에게 공통적인 일이기 때문이다. 물론 현실은 결코 그것을 허용하지 않는다. 언제나 행복한 순간에 머물러 있을 수 없다는 말이다. 자기의 뜻대로 인생을 통제할 수 없다는 말이다. 인생이 생로병사와 희로애락의 굴레에서 벗어난다는 것은 불가능한 일이다. 그래서 사람들은 종교를 찾거나 아니면 늘 좋은 기억 속에서 머물기 위해 노력한다. 슬픔과 아픔을 극복하는 한 일시적인 방편이라면 모르겠지만, 간혹 아예 그런 기억에만 집착해서 살려고 해서 결국 정신질환을 앓게 되는 사람들도 없지 않다. 하여간 행복한 순간에 대한 지나친 집착은 현실도피의 한 방법이 될 수도 있는 것이다. 이런 사람들은 결국 어떻게 될까?

영화에서 살펴보면, 마이클은 자기가 좋아하는 방식대로 살고, 자신의 주변 사람을 자기 멋대로 통제하며, 자기가 편하다고 생각하는 순간에만 머물기를 원하는 삶으로 인해 불행한 상황에 직면하게 된다. 아내와 이혼하게 되고, 몸은 비대해질 대로 비대해졌다. 아내의 충고에 귀 기울이지 않고 자신이 원하는 대로 살았다는 증거다. 성장한 아이들의 변화된 모습을 보고도 그들이 누구인 줄 모른다. 그만큼 아이들보다 자신의 일에 관심이 많았다는 말이다. 심지어 부모의 사망 소식조차도 기억해 내지 못한다. 이러한 것들이 자기가 원하는 인생만을 살게 될 때 얻게 되는 결과로 제시되었다. 다시 말해서 좋은 기억만을 갖고 싶고 행복한 순간에만 머물고 싶어 하고 또한 모든 것을 자신이 통제하려는 의지는 남을 배려하는 마음이 머물 공간을 남겨 놓지 않으며, 자제력과 절제력을 등한시하고, 다른 사람에 대한 관심을 기울이지 않게 한다. 그 결과가 어떠할 것인지를 보여 준 것이다.

마이클은 자신의 기억 속에 남아 있지 않은 모든 현실에 대해 비통해하지만 이미 늦은 일이다. 아들의 결혼식장에서 쓰러진 후, 오직 생명 유지 장치에 의존해야 생명을 유지할 수밖에 없는 처지에 빠진 마이클은 직장 일로 인해 신혼여행을 미루겠다는 아들을 만류하기 위해 마지막 힘을 다해 병원 밖을 나선다. 그리고 가족이 가장 우선이 되어야 함을 아들에게 숙지시키면서 눈을 감는다.

가족과 일 사이에서 갈등을 겪는 사람들, 그 가운데서 인생의 쓴맛에 별다른 의미를 발견하지 못하는 사람들에게 과연 무엇이 소중한 것이며, 또한 인생이란 진정으로 어떠한 것인지를 깨닫게 해 주는 영화다. 영화 <클릭>은 분명 가족의 중요성을 강조하는 영화이지만 필자는 이 영화를 통해 또 다른 면을 볼 수 있었다. 하나는 인간이 스스로를 통치하려 할 때 나타나는 결과이다. 사람이 자기의 길을 계획하지만 그 길을 인도하시는 분은 여호와 하나님임을 인정하지 못할 때 어떤 결과로 나타날 것인지를 잘 보여 주고 있다. 다른 하나는 오직 중요하다고 여겨지는 일만을 추구하고, 기쁘고 행복했던 순간만을 경험하기를 원하는 현대인들의 편의주의적이고 실용주의적인 삶의 모습이다. 이것은 자기중심적이고 지나치게 개인주의적인 삶을 대변하는 것이다. 이런 삶이 심각한 이유는 관계를 파괴하고, 처음에는 그렇지 않아 보여도 결국에는 스스로를 고립시키기 때문이다. 본래 유기적인 존재임을 망각하고 나 홀로 인생을 사는 것만큼 불행한 일은 없는 것이다. 함께한다는 것은 생로병사와 희로애락으로 점철되는 삶의 경험을 공유하는 것이다. 함께한다고 하면서 자기가 원하는 순간에만 머물러 있으려 하는 것은 타인의 느낌과 경험을 무시하는 것이며, 결국 타인의 존재마저 부정하는 것과 전혀 다르지 않다.

영화를 보면서 비록 현실 속에서는 인정하기 쉽지 않은 일이지만 삶의 번잡함, 고통, 슬픔 등이 사실 인생에서 얼마나 중요한 일인지 새삼 깨닫게 된다. 싯다르타는 인생의 생사고락의 문제를 해결하기 위해 노력하는 가운데 득도하여 부처가 되었다고 한다. 삶의 번뇌와 인연의 고리에서 벗어나는 길을 발견했다는 것이다. 그러나 예수님은 그렇지 않다. 예수님은 인생의 생사고락 문제를 해결하기 위해 이 땅에 오신 것이 아니었다. 그러한 사건의 중심에서 하나님의 임재와 통치를 증거하셨다(임마누엘과 하나님 나라). 이것은 인생이 비록 힘들어 보인다 해도 자세히 들여다보면 생각지도 못하는 다른 면을 발견할 수 있음을 암시한다. 주님은 세상 속에서 우리와 함께 계시면서 희로애락의 경험을 마다하지 않았으며, 결국 삶의 모든 경험을 공유하는 가운데 우리의 모든 것을 용납할 수 있는 분으로 스스로 입증해 보였다. 이런 분이 우리와 함께 계시겠다고 약속하신 것이다. 죽기까지는 이 세상을 떠날 수 없는 우리들에게 얼마나 큰 위로가 되는가! 관계를 떠날 수 없는 우리 인간들이 서로의 삶을 나누고 또 삶의 경험을 공유한다는 것이 얼마나 중요한 일인지 모른다.

- 지나온 삶 속에서 하나님이 함께 계시리라고 생각할 수 없었던 때는 언제인지 왜 그렇게 생각했는지 간단하게 정리해 보자. 그 당시에 보였던 나의 태도와 생각을 나누어 보자.
- 영화 <클릭>은 주인공 마이클이 상점에 진열되어 있는 침대에서 잠시 누웠다가 꾼 꿈 이야기다. 비록 꿈이었지만 마이클에게는 삶의 태도와 가치관이 변하는 중요한 계기가 되었다. 한낱 꿈이라도 새로운 삶을 사는 계기가 되었다면, 오늘 우리의 삶을 변화시켜 줄 수 있는 경종에 해당되는 것은 얼마나 많겠는가! 삶을 다시 돌아볼 수 있는 계기가 될 만한 것을 발견하자.
- <클릭>은 한 인간이 통제하는 삶의 부정적인 결과를 보여 주면서 상대적으로 하나님의 통치를 기대하게 한다. 내가 통제하는 삶과 하나님이 통치하시는 삶의 모습이 어떻게 다를 것인지 생각하여 보자. (참고: 요한복음 21:18, 잠언 16:9, 19:21)

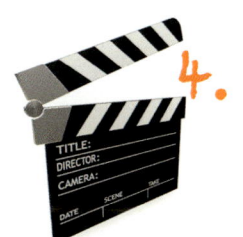

4. 가족에 대한 성찰과 인식
그리고 + α

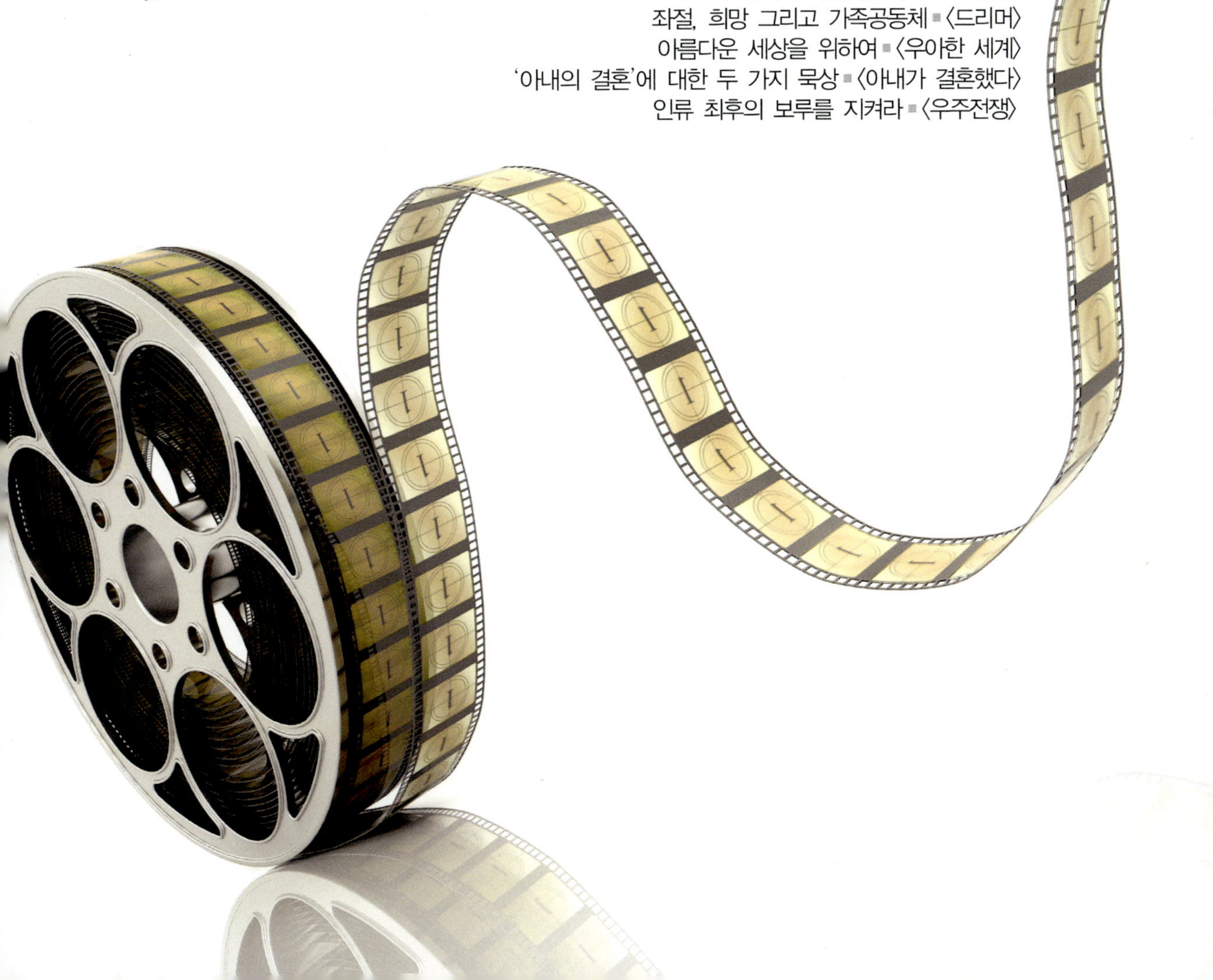

서로 부대끼며 사는 삶

〈가족의 탄생〉(김태용, 2006, 15세)

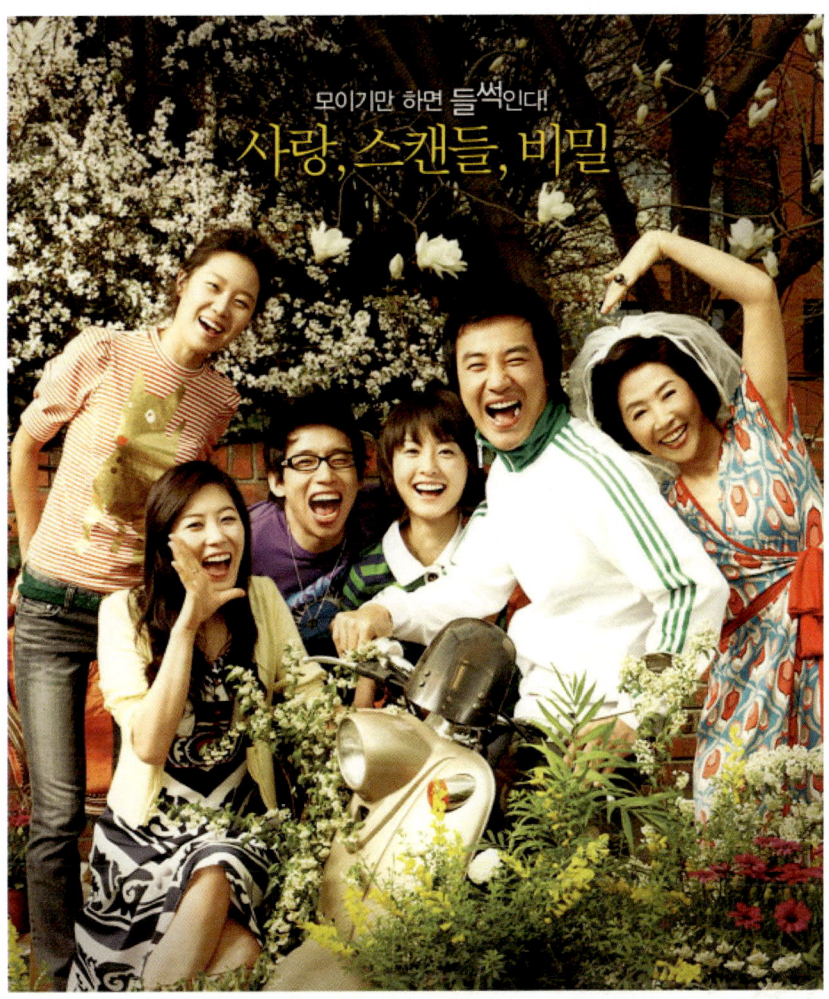

김태용(1969~), 서울 출생. 연세대 정치외교학과, 영화아카데미 13기, 호주국립영화학교 졸업, 1998년 제15회 부산단편영화제 작품상, 관객상, 매스컴상 수상

Filmography: 여고괴담 두 번째 이야기(1999), 온 더 로드, 투(2005), 가족의 탄생(2006), 시선 1318(2008), 모두들 하고 있습니까?(2009)

'가족' 하면 흔히 한 쌍의 부부와 하나나 둘 혹은 그 이상의 아이들이 떠올려진다. 대가족을 염두에 두는 경우는 할아버지나 할머니까지 포함된다. 우리 사회는 최소한 이러한 조건을 갖춘 가정을 '정상'이라 하고, 이런 기본적인 구성 요소 가운데 하나라도 빠질 때는 '결손'으로 표현하는 데 익숙해져 있다. 예컨대, 부모 중 한쪽이 없는 경우(편모 혹은 편부 가정)나, 부모가 없이 할아버지 할머니와 함께 사는 경우 혹은 자녀들만 사는 경우(소년 소녀 가장), 자녀가 없는 경우(무자녀 혹은 입양가정), 배우자와 자녀가 없는 경우(독신가정), 미혼가정 그리고 아직 법적으로는 인정되지 않고 있지만 동성가정 등이다. 요즘에는 이혼 이후 재혼의 비율이 높아 이부 혹은 이복형제로 구성되는 가정, 그리고 다문화 가정도 늘어나고 있다. 간단히 말해서 우리 사회는 현재 급격한 가족해체와 이질적인 구성원의 결합으로 인해 가족의 형태가 빠르고 다양하게 변하고 있다.

　이로 인해 흔히 정상가정과 결손가정으로 구별하는 것이 일상이 되었다. 이러한 구분으로 고통받는 쪽은 결손가정이다. 왜냐하면 결손가정은 결손을 유발한 원인으로 인해 괴롭고, 또 자신들의 존재 자체가 비정상적으로 여겨지는 것으로 인해 다시 한 번 힘들어지기 때문이다. 이런 차별화는 우리 사회에서 사라져야 한다. 비록 몇%가 부족하더라도 가정은 가정이기 때문이다. 인식을 바꾸기 위해서는 무엇보다 먼저 가정의 개념이 바뀌어야 한다.

　이런 현실을 반영하는 듯, 미국에서 제작되는 가족 영화들 가운데 다수는 편모 혹은 편부 슬하의 가정이 많이 등장한다. 가족의 다양한 형태를 긍정적으로 보려는 사회적인 분위기를 반영한다. 뿐만 아니라 기존의 개념과 다른 모습의 가족 현실을 보여 줌으로써 가족에게 진정으로 필요한 것이 무엇인지를 말하려는 의도도 엿보인다.

　다양한 가족형태에 직면해서 사회학에서는 가족의 의미를 새롭게 정의하려는 시도를 다방면으로 전개하고 있는데, 그럼으로써 가족의 의미와 중요성에 대해서 다시 한 번 숙고해 보는 기회를 제공해 주고 있다. 지금까지 연구결과는 사회의 급격한 변화와 함께 나타나는 가족해체와 그 복잡다단한 현실을 보여 주는 것이 대부분이었다. 그러나 다양하면서도 복잡한 현실을 보는 것만으로는 가족의 해체를 막는 데에 역부족이다.

　시대의 흐름에 맞는 대안이 필요하다고 여겨지는 때에 아주 의미 있는 작품이 영화로 제작되었다. 김태용 감독이 민규동 감독과 공동으로 제작한 <여고괴담 두 번째 이야기>(1999)에 이어 두 번째로 제작한 것으로 2007년 대종상 최우수 작품상을 수상한 <가족의 탄생>이다. 그동안 한국영화계는 '가족 영화'라는 맥락에서 가족의 중요성을 강조하고 또 그 의미를 묻는 영화를 많이 제작했지만 시대의 변화에 따른 새로운 가족형태의 모습을 보여 주지는 못했다. 아마도 <가족의 탄생>이 처음이 아닐까 생각한다. 어떤 점에서 그러한지는 크게 세 장면으로 구성되어 있는 영화의 내용을 통해서 살펴볼 수 있다.

영화 이야기

#1

홀로 분식집을 운영하는 미라(문소리 분)에게는 남동생이 있다. 오랫동안 무소식으로 지내다 불현듯 찾아온 형철(엄태웅 분), 감옥을 드나들며 책임감이라고는 결코 찾아볼 수 없는 철없는 동생이지만 누나는 아랑곳하지 않고 마치 연인을 기다리듯 설레는 마음으로 동생의 방문을 애타게 기다린다. 그러나 재회의 기쁨도 잠깐(연인을 방불케 하는 관계의 표현이 대폭 삭제되었다고 한다), 기대와는 다르게 형철은 혼자가 아니다. 23살 연상의 여인 무신(고두심 분)과 함께 온 것이다. 담배를 피우는 것이나 아무렇게나 흥얼거리는 무신에게는 정숙치 못한 분위기로 가득하다. 연인 못지않은 남매 사이에 끼어든 동생의 여자, 그것도 한창 연상인 여자와의 황당한 동거에다 주변 사람은 아랑곳하지 않고 닭살 돋는 두 사람의 애정 행각에 미라는 괴로울 수밖에 없다. 게다가 형철은 백수로 빈둥거리기만 하고, 설상가상으로 한 여자아이가 무신을 엄마라고 부르며 찾아온다. 형철의 설명에 따르면 무신의 전남편의 전부인의 딸이다. 아이를 포함해서 모두가 함께 살자 하고 또 충분히 그럴 수 있다며 자신감을 내비치는 몽상가 형철의 말을 미라는 허풍으로 여기며 결국 동생을 포함해서 모두를 내보낼 결심을 한다.

#2

선경(공효진 분)은 상당한 현실주의자다. 어떤 현실도 그녀에게는 아무런 걸림돌이 되지 않는다. 삶의 의욕이 펄펄 넘친다. 이런 그녀가 준호(류승범 분)에게는 힘들게 느껴지기만 한다. 결국 그녀와 헤어진다. 아니 후배라고 소개된 여자로 인해 선경에 의해 일방적으로 퇴출당했다고 보는 것이 옳을 것이다. 선경은 나이에 걸맞지 않게 사랑에 목을 매며 살아가는 엄마 매자(김혜옥 분)와는 전혀 다른 인생관을 갖고 있다. 그러니 서로의 사이가 좋을 리는 없다. 함께 있으면 날마다 티격태격, 비록 삶을 공유할 만한 공간을 서로에게 허락하지는 못하지만 둘 사이를 이어 주는 모녀의 끈은 결코 쉽게 끊어지지 않는다. 엄마가 중병으로 마침내 운명을 달리했을 때에도 엄마가 애인과의 사이에서 남겨 놓은 하나밖에 없는 남동생을 생각해 자신의 인생계획을 포기한다. 이로 인해 '미친 X'이라는 비난을 받고 또 비록 이부(異父)형제라도 동생과 함께 여생을 살아가기로 결심한다. 참, 그 전에 빠뜨려서는 안 되는 사건이 있다. 선경은 건실한 가장으로서 사랑이라는 이름하에 엄마와 관계를 맺고 있는 애인의 집으로 찾아가 엄마를 사랑하고 있느냐고 묻고 가족 모두가 지켜보는 가운데 그 대답을 받아 낸다. 그야말로 도발적인 행위로 그를 삶의 공간 밖으로 퇴출시키는 대단히 시원스런 장면이다.

#3

경석(봉태규 분)과 채연(정유미 분)은 연인 사이다. 외롭고 힘들어하는 사람이면 누구에게나 맘을 열고 또 기꺼이 기댈 곳이 되어 주는 채현은 그야말로 만인의 연인이다. 그러나 경석은 연인 사이이면서도 자신에게만 집중하지 않는 채현이 늘 불만이다. 경석은 자신이 배려받지 못하고 있다는 것에 분노하고, 채현은 자신의 행위가 이해받지 못한다는 사실로 인해 아쉬워한다. 급기야 채현의 친절과 위로에 감격해하는 남자 선배에게 횡포를 놓는 상황까지 이르게 되었고, 채현 역시 이런 경석의 태도를 더 이상 참지 못한다. 연인으로서 관계가 위태롭기만 하다. 서로를 깊이 이해하지 못하는 두 사람은 행복한 사랑으로 결코 이어질 것 같지 못하다. 위기의 순간을 몇 차례 넘기는 상황을 맞이하면서 결국 두 사람은 마지막 여행을 계기로 결별을 선언한다.

두 연인의 관계는 물론이고 앞서 소개된 두 가정은 결코 정상적이지 않다. 우리 사회가 흔히 말하는 용어를 빌린다면 '결손가정'이고 금방이라도 폭발할 것 같은 '위기의 가정'이다. 행복? 그저 하루하루 아무 일이 벌어지지 않고 살아갈 수 있다면 그것으로 오히려 감사할 수 있을 뿐이다. 행복과는 처음부터 거리가 너무 멀다고 느껴지기 때문이다. 정상적인 가정에게서 어렵지 않게 기대할 수 있을 만한 행복의 단서들은 눈을 씻고 보아도 찾을 수 없다. 미래? 글쎄, 현재는 그렇다 해도 내일에 대한 희망을 갖도록 해 주는 낌새도 보이지 않는다.

김태용 감독은 오늘 우리 사회에서 있을 수 있는 최악(최악은 아니라도 분명 바닥의 수준에 있는)의 시나리오를 가진 두 가정을 영화를 통해 소개하고 있다. 비슷한 경험을 가진 관객들은 자신의 어두운 과거를 들여다보는 것 같아서 답답해할 것이고, 영화 속 가족의 모습이 낯설게만 느껴지는 관객들에게는 장면 장면들이 그저 한심하게만 느껴질 뿐이다. 비현실적인 모습에 쉽게 식상해하기도 한다. 이런 가족들의 모습을 보여 주면서 감독은 도대체 무엇을 기대한 것일까? 두 가지 의문이 제기된다.

첫째, 일단 제목부터가 의외다. '탄생'이라 함은 대개 역사적으로 위대한 인물들에게 해당되는 말이기 때문이다. 그런데 '이런 가족'에 대해 '탄생'이라는 말이 붙어 있다. 긍정적으로 생각해 볼 경우, 기대에 반하는 역설적인 상황을 연출해 관객으로 하여금 한바탕 웃기고자 하는 감독의 소박한 의도를 추측하게 된다. 정말 그런가? 꼭 그렇지는 않은 것 같다. 왜냐하면 가만히 들여다보면 두 가족에 대해서는 탄생이라는 의미보다는 오히려 '해체'에 더 가깝기 때문이다. 해체되는 가족의 모습을 보여 주면서 오늘 우리들의 가족의 실상을 보여 주는 것이라 여겨질 정도다. 새로운 가족으로 태어날 가능성은 경석과 채현의 관계에서 기대해 볼 만하지만 둘은 이미 결별을 선언한 상태다. 감독은 도대체 무엇을 의도한 것일까?

둘째, 영화의 흐름이 그렇게 썩 시원스럽지 못하다. 답답한 내용이 형식 속에도 그대로 표출되고 있다. 의도적인 촬영과 편집의 결과이겠지만 화면의 진동도 크고, 인물도 클로즈업되어 그들과 가깝게 마주 보고 앉아 있다는 것 자체가 부담스럽게 느껴진다. 도대체 이런 가정에서 어떻게 살아갈 수 있으며, 이런 가정에서 사는 것을 무엇이라 일컬을 수 있을 것인가? 이런 상황에 있게 될 때 사람들이 흔히 쓰는 말 가운데 하나는 '지옥 같다'는 것이다. 피할 수 없는 삶의 고리에 매여 힘겹게 살아가야만 하는 상황을 말한다. 비록 가족이라는 이름으로 엮여 있지만 어떻게 해서라도 하루속히 벗어나고 싶어지는 가족의 모습이다. 매스컴을 통해 세뇌된 현대인이라면 대개 '동반자살' 혹은 간단히 '자살'이라는 결론을 자연스럽게 연상할 수 있을 정도다. 모든 것이 답답하기만 하다. 관객들로 하여금 가까운 거리에서 이런 가정을 들여다보도록 초대하는 감독은 대체 무엇을 겨냥한 것일까?

어떤 수단을 강구해서든 해결되어야 하는 문제라고 생각되는 지점에서, 또 어떻게 해서든 뚫고 나가야만 할 것같이 느껴지는 막다른 골목에서 답답해하며 서성거리고 있을 때 감독은 누구도 예상치 못한 돌파구를 해결책으로 제시한다. 서로 분리되어 전개된 두 결손가정의 이야기를 하나로 모은 것이다. 단순히 서로 힘든 두 가정이 극적으로 하나가 되었다는 의미가 아니다. 반전의 묘미를 느껴 볼 수 있는 장면으로서, 경석이가 선경의 이부동생이고, 채현이 다름 아닌 무신을 엄마로 알고 따라다녔던 바로 그 여자아이임이 밝혀지면서 그리고 무신과 미라 그리고 채현이 단란하게 함께 살고 있는 모습을 보여 주면서, 갑자기 두 가정이 새로운 의미로 부각된 것이다. 헤어졌다는 채현의 말에도 인간은 누구나 헤어지는 것이라며 함께 밥이라도 먹자고 권하는 미라의 마음에서 삶의 넉넉함을 느낀다. 무신의 생일을 축하하기 위해 생일 케이크 앞에 둘러앉은 모습은 소박하면서도 행복한 가족의 모습을 물씬 풍긴다. 채현의 넓은 마음은 도대체 어디서 온 것이었는지 내내 궁금했는데, 아마도 기댈 곳 없었던 외롭고 외로운 자신을 거둬 준 사람들에게서 배운 것이리라.

가족의 의미를 한 번이라도 고민해 본 관객이라면 이들이 부대끼며 살아가는 모습을 보는 순간에 그야말로 해갈의 기쁨을 만끽했을 것이다. 필자가 해갈의 기쁨이라고 표현한 것은 정상적인 가정으로부터 기대할 수 있는 것이라고는 전혀 찾아볼 수 없었던 두 가정, 다시 말해서 외롭긴 하지만 서로 부대끼며 살아가는 그들의 모습이 참으로 행복하게 보였기 때문이다. 그들의 미래에 대해서는 아직 말할 준비조차 되어 있지 못하지만, 아마도 관객들은 그들의 더불어 사는 삶 속에서 결코 예상치 못한 희망의 실마리를 발견했을 것이다. 도대체 이런 가정에서 삶이라는 것이 어떻게 가능하겠는지를 염려했던 관객은 마지막 장면에서 예상치 못한 감독의 해결책에 탄복하게 된다.

이 순간에 불현듯 노래의 가사 한 구절이 떠올려지는 것은 결코 우연이 아니었다. "외로운 가슴끼리 사슴처럼 기대고 살자" 이진관의 '인생은 미완성'의 한 구절이다.

"인생은 미완성 쓰다가 마는 편지 / 그래도 우리는 곱게 써가야 해 / 사랑은 미완성 부르다 멎는 노래 / 그래도 우리는 아름답게 불러야 해 / 사람아 사람아 우린 모두 타향인 걸 / 외로운 가슴끼리 사슴처럼 기대고 살자 /// 인생은 미완성 그리다 마는 그림 / 그래도 우리는 아름답게 그려야 해 / 친구야 친구야 우린 모두 나그넨 걸 / 그리운 가슴끼리 모닥불을 지피고 살자 / 인생은 미완성 새기다 마는 조각 / 그래도 우리는 곱게 새겨야 해"

한편, 영화 속의 두 가정에 대해 희망을 가질 수 있게 된 이유는 무엇일까? 해체의 전형을 보여 주는 것 같은 상황에서, 해체의 이유가 무엇인가를 고민하고 그 해결책을 모색하며 현대인의 가족의 중요성을 되새김질해야 한다고 생각되는 때에 갑자기 희망을 갖게 된 이유는 무엇일까? 서로 부대끼며 살아가는 모습이 아닐까? 외로운 사람끼리 서로를 품으며 살아가는 모습, 바로 이것이 희망의 빛을 던져 준 것은 아니었을까?

앞으로 어떻게 살아 나갈 수 있을 것인가? 영화 속 두 가정을 가슴 조이며 바라보면서 염려할 수밖에 없었던 이유는 우리에게 너무 익숙한 가정환경 때문이다. 그러나 <가족의 탄생>은 비록 다소 부족한 부분이 많지만 서로 부대끼며 살아간다면 얼마든지 행복한 가족이 될 수 있다는 가능성을 보여 준다. 그렇다고 해서 그런 가정이 오늘 우리 사회의 모범이 된다는 말은 결코 아니다. 서로 피 한 방울 섞이지 않은 사람들도 서로가 노력한다면 '가족'이라는 이름으로 엮일 수 있다는 것, 곧 외롭고 힘든 삶을 살 것으로 여겨지는 사람들에게도 희망은 있다는 감독의 메시지를 들을 수 있다. 이 점에 관한 한 혈연관계 속에 맺어진 가족도 예외가 아니다. <좋지 아니한가>(정윤철 감독, 2007)라는 작품에서 혈연관계 속에 있는 가족이 서로 부대끼며 사는 것이 가족으로서 얼마나 중요한 것인지를 말해 주기 때문이다.

그러나 이런 사람들에게도 결코 용납되지 않는 한 가지가 있음을 감독은 환기시켜 준다. 가정을 파괴하는 행위다. 선경과 아직 완전히 정리되지 않은 상태에서 후배와 사귀는 준호, 건실한 집안의 가장으로서 엄마와 부적절한 연인관계를 갖는 남자 그리고 여자관계에서나 인생의 문제에서 무책임한 형철은 외로운 사람들이 서로 부대끼며 살아가는 삶에서조차 모두 퇴출된다. 이런 가정이라고 경시한다면 큰코다치게 된다는 것을 보여 준다.

하나님은 한 남자와 한 여자의 동거를 허락하면서 가정을 세우셨다. 그들이 부귀영화를 누리며 살라고 하지 않았고 하나님이 공급해 주는 능력으로(복을 주어 가라사대) 하나님 앞에서 허락된 삶을 살라고 하셨다. 독처하는 것이 좋아 보이지 않아서 돕는 배필을 주면서 서로 돕는 관계 속에서 살도록 하신 것은 다른 말로 하면 서로 부대끼며 더불어 살라는 말씀이다. 이 말씀은 인간이 어떤 상황에 있다 하더라도 희망을 포기하지 않을 이유가 된다. 그러나 그들이 하나님의 계명을 어겼을 때 하나님은 주저하지 않고 그들을 퇴출시켰다. 계명을 어긴 아담과 하와를 퇴출시켰고 아우를 죽인 가인을 퇴출시키셨다. 또한 후에 모세를 통해서는 가정을 온전하게 지켜낼 수 있는 기회를 주기 위해 일곱 번째 계명을 주셨다. 이것을 어기는 사람들이 머물 공간은 오직 하나님의 용서 이외에는 없다. 간음한 여인이 예수님 앞에서 비로소 삶의 가능성을 얻은 것은 이러한 사실을 잘 말해 준다.

비록 외롭고 힘든 상황에 있는 사람들이지만 서로를 결코 배척하지 않으면서 서로 부대끼며 더불어 사는 삶을 통해 엮이는 가족, 그 가족은 우리 사회에 존재하는 그 어떠한 가족의 형태에 비해 결코 뒤지지 않는 의미를 갖는다. 그야말로 '탄생'이라 하지 않을 수 없는 가족이다.

(「목회와 신학」 2007년 8월, 224-229)

좌절, 희망 그리고 가족공동체

〈드리머〉(존 거틴즈, 2005, 전체)

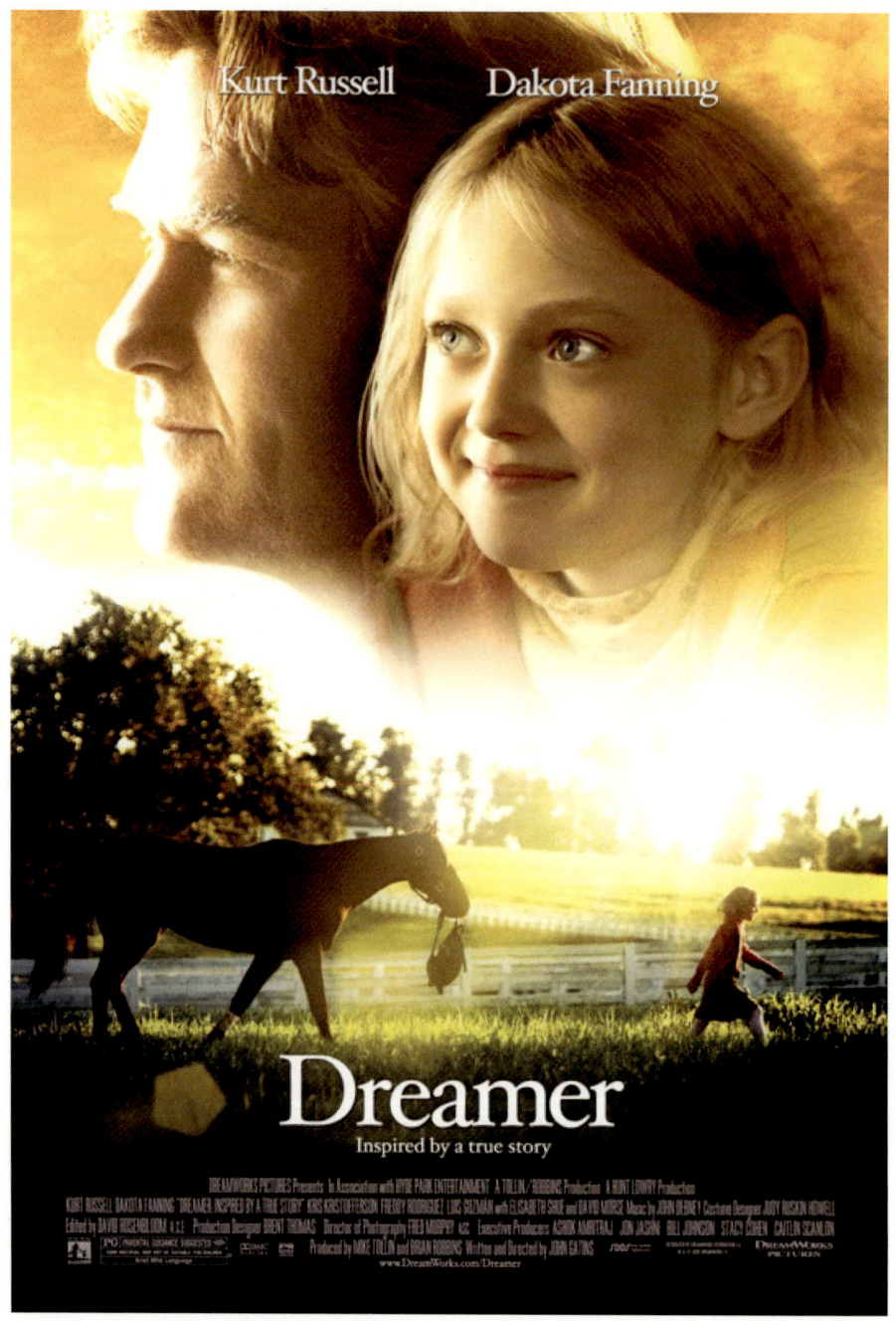

존 **거틴즈**(John Gatins), 〈코치 카터〉(2005) 시나리오 작가

5월은 혈연공동체의 중심이며 사회의 가장 기본적인 구성단위인 가족의 의미를 생각해 보는 시간이다. 굳이 가족의 달 5월은 아니라도 가족이 함께 즐기면서 가족의 의미를 되새겨 볼 수 있는 영화 한 편을 소개해 본다. 국내에선 2006년 개봉된 존 거틴즈 감독의 <드리머>이다. 비록 경마에 얽힌 이야기지만 가족의 의미가 점점 희박해져 가는 현재의 무한경쟁 시대에 가족의 의미를 다시 한 번 깊이 생각하게 하는 영화이다. 이환경 감독의 2006년도 작품 <각설탕>은 <드리머>와 유사한 내러티브 구조 속에서 감상될 수 있는 영화다. 2010년에 개봉된 <그랑프리>(양윤호)는 경마라는 소재는 같아도 좌절을 극복하는 인간의 의지와 로맨스에 초점을 둔 영화다.

영화 이야기

11살 소녀 케일 크레인(다코타 패닝)의 집은 목장이지만 말이라고는 눈을 씻고 찾아도 찾을 수 없다. 과거 명마를 길러 내는 목장으로 이름을 날리긴 했지만 지금은 빚에 쪼들려 사는 형편이다. 케일의 아버지 벤(커트 러셀)은 무수한 경마에서 우승의 경력을 갖고 있던 소냐도르(dreamer)의 조련사로 근근이 살아간다. 경주 전에 소냐도르에게 이상 증세를 발견한 벤은 말의 소유주에게 출전을 만류하지만 무시된다. 1위로 달리는 도중에 불의의 사고로 소냐도르에게 정강이가 부러지는 불상사가 일어난다. 경주마에게는 가장 치명적인 상처. 이 정도의 사고라면 안락사가 최선책이다. 벤은 어린 딸 케일이 지켜보고 있는 곳에서 안락사를 시키는 것이 맘에 걸린다. 안락사를 미루는 와중에 마주(馬主)와 심한 다툼을 하게 되고 벤은 즉시 해고된다. 부족한 퇴직금 대신으로 소냐도르를 사들인 벤은 어떻게 해서든지 소냐도르를 살려 보려 한다. 소냐도르를 회복시키면서 그가 원하는 것은 암말인 소냐도르에게서 새끼를 얻는 것이다. 그러나 종자를 받기 위해 지불해야 할 돈이 그에게는 없다. 이 사실을 알게 된 아버지 팝(크리스 크리스토퍼슨)은 그동안 모아 둔 돈을 아들 벤에게 건넨다. 전혀 기대할 수 없었던 일이었는데, 왜냐하면 벤은 아버지와 사이가 좋지 않기 때문이다. 왕래조차 힘들어하는 관계였다. 그러나 소냐도르를 계기로 그동안 소원했던 가족의 관계가 회복된다. 다시 말해서 벤과 그의 아버지 팝이 서로 화해하면서 크레인 가족은 오랜만에 가족의 기쁨을 만끽한다. 그러나 이러한 기쁨도 잠깐, 벤은 소냐도르가 불임이라는 사실을 통보받고 절망한다. 소냐도르를 사들인 배경에 케일이 현장에 있었기 때문이라고 불평하는 아버지의 태도에 대해 크게 실망한 케일은 소냐도르를 타고 달아날 생각을 하는데, 그 와중에 뜻하지 않게 소냐도르의 다리가 완전히 회복되었음을 알게 된다. 소냐도르가 다시 뛸 수 있게 되었다는 사실에 모두들 기뻐한다. 작은 희망을 안고 작은 경마에 참가해 3등을 해 모두에게 감격을 주지만 시합 전에 신청한 매각협상에서 소냐도르가 이미 매각되었다는 통보를 받는다. 가장 큰 실망을 한 사람은 케일이다. 케일은 소냐도르가 단지 하나의 소유물이어서 주인이 원하는 대로 처분될 수 있는 그런 존재로 보지 않았다. 소냐도르는 가족의 꿈이면서 가족의 일원임을 아버지 벤에게 호소한다. 빚에 쪼들려 사는 벤에게는 당장 돈이 필요했기 때문에, 그리고 경마로서 더 이상의 비전을 갖고 있지 못하기 때문에 소냐도르를 포기할 수밖에 없다며 설득하지만 막무가내다. 케일의 눈물 어린 호소에 감동한 벤은 아버지 팝에게서 빌린 돈으로 소냐도르를 다시 사들인다. 이제 소유주는 케일 크레인이다. 소냐도르의 재기를 위해 온 가족이 총력을 기울인다. 케일은 소냐가 유명 경마대회에서 재기의 기회를 갖기를 원한다. 그러나 높은 참가비로 인해 출전 자체가 불가능하게 보일 뿐이다. 출전을 포기할 수밖에 없는 상황에서 생각지도 않게 크레인 가족은 아랍 왕자의 도움을 받게 되고 출전의 기회를 얻게 된다. 그리고 마침내 소냐도르는 감격적인 우승을 하게 된다.

이 영화는 <씨비스킷>(게리 로스, 2003)이 제시하는 것처럼 경마에서 승승장구하는 영광을 보여 주려는 것은 아니다. <씨비스킷>이 잡종은 열등하다는 편견을 극복해 주면서 순수 혈통만을 고집하는 사람들에게 일격을 가하는 영화였다면, <드리머>는 한 번의 상처로 죽음의 위기에 처한 명마 소냐도르가 어떻게 회복되는지, 그 회복의 과정을 그린 감동적인 이야기다. 이 영화를 통해 감독이 기대하는 것은 소냐도르가 재기의 기회를 얻을 수 있었던 중요한 요인이 무엇인지를 관객으로 하여금 깨닫도록 하는 데에 있다.

그것은 진정 무엇일까? 경주마에게 당연히 기대되는 뛰어난 경주기능에만 관심을 두었다면, 불의의 사고와 더불어 소냐도르를 안락사를 시키는 것이 가장 합리적인 선택이었을 것이다. 설령 당장에 죽이지는 않는다 하더라도 경주마로서 더 이상의 기능을 기대할 수 없는 형편이라면 그의 종자를 얻어 내는 것으로 혹은 말로서의 최소한의 기능을 할 수 있음을 보여 주고 매각하는 선택을 취했을 것이다. 아버지 벤은 이런 생각을 대변한다.

이런 두 가지 결정과 선택으로 소냐도르는 오직 과거의 명성으로만 기억될 수 있을 뿐이다. 그렇다면 지금도 최고를 향해 뛰고 있다는 엔딩 자막이 말해 주는 그런 모습은 결코 볼 수 없었을 것이다. 무엇이 여전히 최고를 향해 달리는 명마 소냐도르를 회복하게 해 주었는가? 무엇이 케일 가족에게, 그리고 소냐도르에게 희망을 안겨 준 것이었을까? 그것은 케일이 말한 대로 '가족'이라는 공동체적인 마음이다. 치명적인 상처를 입은 말을 당장에 죽이지 않은 것도 가족이기 때문이고 다른 사람에게 매각하지 않은 것도 가족이기 때문이다. 가족이기 때문에 기능에 초점을 두지 않고 존재 그 자체에 관심을 기울일 수 있었다. 가족이기 때문에 전혀 바랄 수 없는 상황에서도 기다리고 또 기다릴 수 있었던 것이다.

학생들과 더불어 안락사와 낙태 그리고 생명복제 문제를 토론하면서 얻은 교훈 가운데 하나는 이들 문제들이 단순히 생명경시 풍조를 조장할 수 있다는 염려를 넘어서, 이 문제를 어떻게 해결하느냐에 따라 한 사회의 공동체적인 의식을 평가할 수 있다는 사실이다. 안락사를 원하고 또 낙태를 찬성하며, 생명복제를 통해 생명을 연장해 보거나 혹은 더 나은 삶의 질을 얻으려는 사람들에게 들을 수 있는 공통적인 말은 사회가 요구하는 기능을 더 이상 수행할 수 없다는 것이며 오히려 주변 사람들에게 짐만 된다는 생각이다. 그래서 죽음을 선택하는 것을 당연하게 생각한다.

기능을 중시하는 바로 이런 상황에서 교회가 할 일이 있다면 무엇일까를 생각해 보게 된다. 상한 갈대를 꺾지 아니하며 꺼져 가는 등불도 끄지 않으시면서(이사야 42:3) 비록 제 기능을 다하지 못한다 하더라도 결코 포기하지 않으시는 하나님의 마음은 공동체를 지향하는 교회라면 반드시 추구해야 하며 또한 부르심을 받은 자로서 마땅히 드러내야 할 원형이다.

아름다운 세상을 위하여
〈우아한 세계〉(한재림, 2007, 15세)

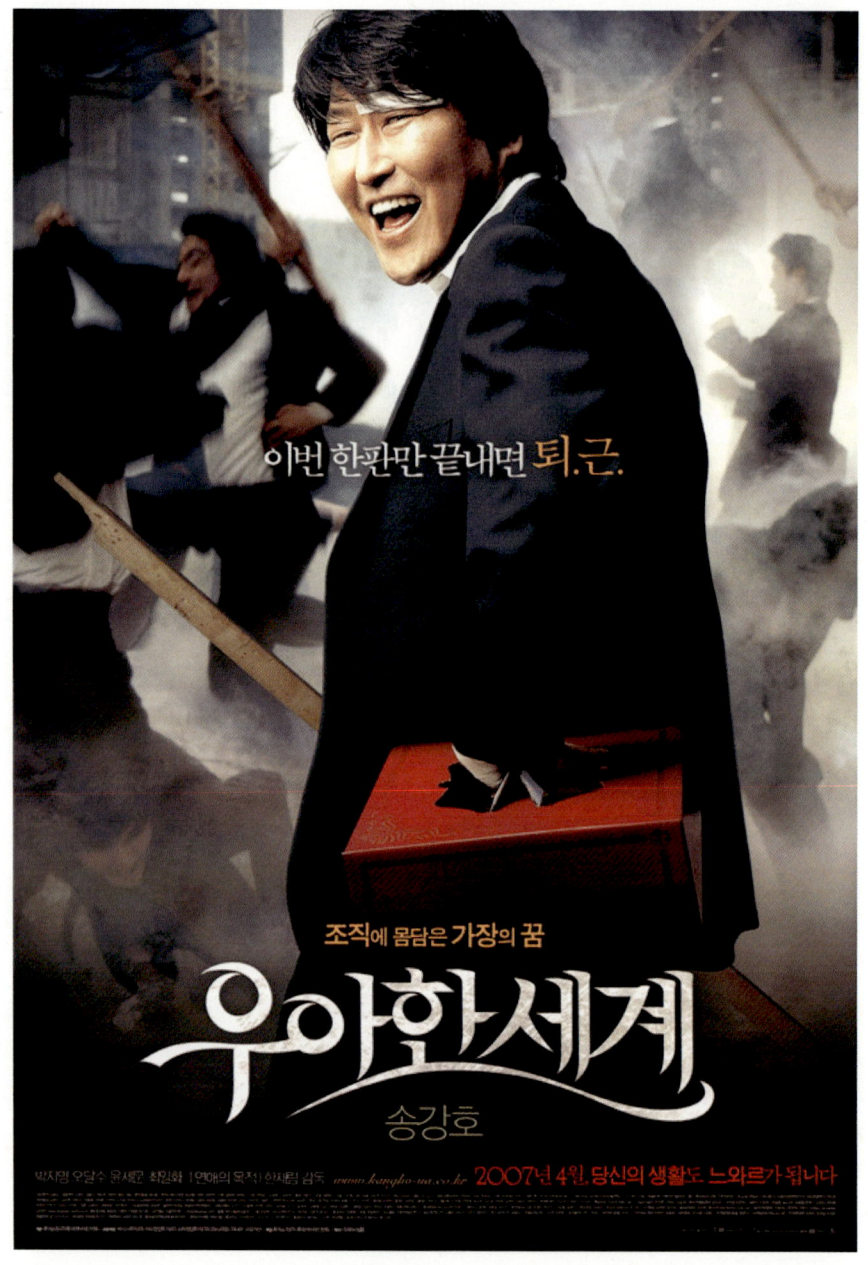

이번 한판만 끝내면 **퇴.근.**

조직에 몸담은 **가장의 꿈**

우아한세계
송강호

박지영 오달수 윤제문 최일화 |연애의 목적| 한재림 감독   *www.kangho-sa.co.kr*   **2007**년 4월, 당신의 생활도 **느와르**가 됩니다

한재림(1975~), 서울예술대학 영화과, 2006년 제43회 대종상영화제 신인감독상, 2008년 제6회 피렌체한국영화제 작품상 2등상 수상

Filmography: 연애의 목적(2005), 우아한 세계(2007)

자연의 아름다움을 접할 때마다 부르게 되는 찬송가 '주 하나님 지으신 모든 세계'는 우리로 하여금 처음 창조되었을 때, 인간의 손길이 닿지 않았던 때의 세상은 얼마나 아름다웠을까를 상상할 수 있게 해 준다. 다섯 식구의 가장으로서 행복한 가정을 생각하면서 그것에 이르는 길이 얼마나 힘겨운 일인지를 절감하던 시기에 필자는 창세기를 묵상하며 문득 이런 의문을 가져 본 적이 있다.

"하나님은 아름다운 세계를 말씀 한마디로 만들어 내실 수 있으니 얼마나 좋으실까?"

일상의 삶을 행복하게 꾸려 나가는 것이 쉽지 않은 일임을 절감하고 있던 때라 아름다운 세상을 창조하셨다는 말씀은 익히 잘 알고 있는 말씀이었지만 필자의 특별한 관심을 끌기에 충분했다. 인간과 전적으로 다른 하나님 됨을 생각하기 이전에 먼저 그것이 어떻게 가능했는지를 생각해 보았던 것이다. 히브리 민족은 어떻게 세상의 생성을 그렇게 간단하게 표현할 수 있었을까? 세상의 기원에 대한 다양한 신화를 접할 때마다 히브리 인들의 사고에 새삼 놀라지 않을 수 없다. 인간의 노력과 행복은 항상 비례하는 것이 아니고, 행복은 하나님의 선물로만 주어진다는 것은 성경의 진리이지만, 이 진리를 인정하고 나의 삶 속으로 받아들이기까지는 참으로 오랜 세월이 지나야만 했다.

사실 하루하루의 삶을 꾸려 가기도 버겁게 느끼는 사람들에게는 삶의 아름다움을 운운하는 것조차 사치요 딴 나라 이야기로만 들린다. 굳이 극단적으로 표현하지 않는다 해도, 지금까지 역사를 거쳐 오면서 아름다운 세상을 만들기 위해 기울인 노력이 얼마이며, 그 대가로 얻은 세계는 어떠한가? 환경오염과 파괴의 현실은 심각한 문제가 되고 있고 빈부의 양극화 현상은 더욱 심화되고 있으며, 편견과 차별 속에서 신음하는 소수자들은 얼마나 많고 테러와 전쟁으로 얼마나 많은 사람들이 죽어 가고 있는가! 아무리 수많은 사람들이 유토피아를 꿈꾸며 세상의 구원을 위해, 변혁을 위해 혹은 개혁을 위해 노력했지만, 노대체 언세쯤이나 모두가 경험할 수 있는 아름다운 세상이 오게 될 것인지 예측하기가 쉽지 않다. 그래서 오직 말씀만으로 세상을 아름답게 만드신 하나님의 전능성에 더욱 감탄하지 않을 수 없으며, 또한 다시 회복될 세상에 대해 기대하지 않을 수 없다.

하나님에 비해 인간의 능력이 턱없이 부족하기 때문일 것이지만, 반드시 되어야 할 일이라고 생각되면 사람들은 서로 힘을 모으려고 한다. 그러나 정상적인 방법으로는 도저히 안 되겠다고 판단될 경우, 자신들의 운명으로 알고 포기하는 사람들이 있지만 대부분의 사람들은 무리수를 사용한다. 때로는 위법과 불법으로, 때로는 편법으로 심지어는 폭력을 불사하고 자신의 의지를 관철시키려 한다. 그렇게 해서라도 자신들이 꿈꾸는 세계에 이르려고 하는 것이다. 그렇게 해서 얻어진 세계의 모습은 과연 자신들이 꿈꾸고 원하던 대로의 모습일까, 아니면 전혀 다른 어떤 세계일까? 그 결과에 대해 상당한 궁금증을 갖게 되는 것은 자연스러운 일인데, 한재림 감독의 <우아한 세계>는 이런 궁금증을 어느 정도 풀어 주는 것 같다.

영화 이야기

출근길 교통 신호등 앞에서 깊은 잠에 빠질 정도로 몹시 피곤한 삶을 사는 사람, 강인구(송강호 분), 아내와 1남 1녀의 자녀와 함께 사는 평범한 삶을 꿈꾸며 살아가는 한 가족의 가장으로서 그는 아내 미령(박지영 분)과 딸(김소은 분)에게 심지어 '깡패'라는 소리를 들으면서도 가장으로서 할 일은 폼 나게 해 보려는 의지를 가진 사람이다. 아니, 가족의 행복을 위해 매우 적극적인 40대 가장이다. 청과물 도매상을 업으로 삼고 있지만, 실제로 그가 하는 일은 아파트 시공 사업권을 따내기 위해 협박하고 그게 통하지 않으면 폭력도 불사하는 것이다. 조직에서 3인자인 그는 분명 조폭의 한 사람임에 분명하지만 깡패에 가깝다는 것이 역할 분석가들의 일치된 견해다. 그러니까 강인구는 수압이 낮아 물이 잘 나오지 않는 아파트에서 벗어나 물 잘 나오고 전망이 좋은 전원주택에서 가족들이 꿈같은 시간들을 보낼 수 있기 위해 피눈물 나는 일상의 삶을 살아가는 것이다.

영화 속에서 반복되어 나타나는 그의 피곤함은 가족의 우아한 삶을 위해 반드시 지불해야만 하는 대가일 뿐이다. 정상적인 가장의 자리로 돌아가려 노력하지만 뜻대로 되지 않음으로 인해서 엄습해 오는 피곤이다. 육체적인 피로보다는 양어깨를 누르는 책임감에서 오는 피로다. 다시 말해서 그의 마음은 여느 남성들의 경우처럼 조직 내에서의 승진이 아니라 온통 가족의 행복에 있었기 때문에, 자신의 계획이 성취될 때까지 직장으로 가는 길은 늘 피곤할 수밖에 없다. 가족의 행복에 가장 큰 의미를 두고 있기에 이혼을 요구하는 아내 앞에서, 한편으로는 가족을 위해 그동안 어떤 삶을 살아왔는지를 잘 알면서도 자신에게 그렇게 말할 수는 없다고 따지면서도, 다른 한편으로는 자신의 주변을 과감하게 정리하겠다는 결심을 할 수 있었다. 하지만 세상 일이 그렇게 뜻대로 된다면 얼마나 좋겠는가. 조직 내의 경쟁자와 예기치 않은 사건에 휘말려 감옥에 수감된다. 새로운 인생을 살 것 같은 상황은 환영할 만한 일이었지만, 그로 인해 아들은 유학을 접어야 하고 현재보다 더 좋지 않은 집으로 이사해야 하는 상황을 예상한 인구는 갈등한다. 인구는 처음부터 꿈꾸었던 가족의 우아한 삶을 위해 조직폭력배인 친구에게 도움을 청함으로써 어쩔 수 없이(?) 또다시 조직에 발을 들여놓게 된다.

전원주택을 구입하고 이제는 가족과 함께 살아가는 우아한 삶을 기대했지만, 험한 삶을 대가로 지불하면서 힘겹게 마련한 그 넓은 전원주택은 단지 인구의 독차지가 될 뿐이다. 아내와 딸이 아들이 있는 캐나다로 거처를 옮겼기 때문이다. 조직의 일을 깨끗이 정리하지 못한 인구에게 불만을 품은 아내의 선택이었다고 여겨진다. 캐나다로부터 배달된 비디오테이프에 담긴 가족의 우아하고 행복한 삶, 마지막 장면을 장식하는 가족의 그 우아한 삶을 보면서 인구는 혼자 흐느끼며 라면을 먹어야 한다. 영화는 가족의 행복이라는 이름 뒤에 아버지들의 얼마나 많은 땀과 눈물이 있어야 하는지를 잊지 말아야 할 것을 이렇게 역설하는 것 같다.

이미 많은 사람들에 의해 회자되어 잘 알려진 일이지만, 비평가들과 여론은 인구에게서 대한민국 아버지들의 전형적인 모습을 보고자 한다. 그러니까 인구의 깡패생활은 한국 남성들이 가족의 우아한 삶을 위해 어쩔 수 없이 직장에서 겪어야 하는 조직사회를 은유한다는 것이다. 힘들다고 해서 쉽게 빠져나올 수도 없고, 그렇다고 직장에 충실하면 할수록 가족으로부터 점점 외면당할 수밖에 없는 대한민국 40~50대 가장들의 모습을 보여 주는 것이다. 그렇다면 감독이 말한 대로 대한민국에서 가족은 팜므파탈(거부할 수 없는 묘한 매력과 아름다움을 이용해 남자 주인공의 운명을 예기치 않은 나락으로 빠뜨려 헤어날 수 없게 만드는 악녀를 가리킨다)임에 분명하다.

어떻게 시대가 이렇게까지 되었는지 모르겠다. 가장의 수고는 가족 모두의 행복과 비례해야 함에도 불구하고, 오히려 열심히 일하면 일할수록 가족으로부터 외면당하게 되는 현실이 쉽게 받아들여지지 않는다. 도대체 어디서부터 꼬이게 된 것일까? 이것은 대부분의 현대인들에게 일어나는 어쩔 수 없는 삶의 모습인가?

초등학교 2학년 학생의 시라며 인터넷 신문에 실린 글이 가슴에 와 닿는다.

"엄마가 있어서 좋다.
나를 이뻐해 주어서
냉장고가 있어서 좋다
나에게 먹을 것을 주어서
강아지가 있어 좋다
나랑 놀아주어서
아빠는 왜 있는지 모르겠다."

한편, 영화를 자세히 들여다보면, 여론에서 말하고 있는 것과는 조금은 다른 대답을 얻게 된다. 영화라는 것이 현실이 아니기 때문에 영화의 스토리를 두고 왈가왈부한다는 것은 어설픈 일이 되겠지만, 영화가 말하는 이야기 구조 속에서 반드시 짚고 넘어가야 할 부분이 있다는 말이다. 먼저 '한 가족에게 있어서 우아한 삶의 본질은 무엇인가?'를 묻지 않을 수 없다. 강남지역에 사는 것이고, 전망 좋고 시설 잘 갖춘 전원주택에 사는 것이고, 자녀들이 유학 가서 원하는 삶을 준비하는 것, 그것으로 가족의 삶이 우아하다고 볼 수 있는가? 작금의 대한민국은 자기 집이 있고, 자녀들이 대학입시로 인해 고민하지 않고 공부하며 노후가 보장된 여유롭고 풍족한 삶을 이상적으로 생각하고 있는 것은 사실이다. 인구가 꿈꾸는 '우아한 세계'는 바로 그런 것이었다. 우아한 삶에 대한 잘못된 기대가 빚은 결과였다. 그것이 가장 큰 문제였다. 오늘 우리 사회의 단면을 잘 보여 주는 부분이다. 문제는 아무리 많은 사람들이 그런 삶을 우아하다고 생각한다 하더라도 좀 더 다른 차원의 우아한 세계를 꿈꿀 수는 없었던 것일까?

또한 우아한 삶을 위해 처음부터 선택한 직업은 아니겠지만, (불법과 위법으로 가득한 직장생활을 비유하는) 조폭의 일원으로 살아가면서 우아한 가족을 꿈꾸는 것이 도대체 어떻게 정당화될 수 있겠는가? 가족의 생계를 위해 어쩔 수 없이 선택하게 된 잘못된 방법은 가족을 부당하게 팜므파탈로 전락하게 만들 뿐이다. 그래서 인구의 아내와 자녀는 본의 아니게 악역을 맡을 수밖에 없었다. 아무리 가족의 생계가 걸린 문제라 해도 최소한의 윤리는 지켜야 하지 않을까? 하기야 <쏜다>(박정우, 2007, 15세)에서 볼 수 있는 것처럼, 오늘 우리 사회에서는 법을 지키며 평범한 일상을 사는 사람들 역시 직장과 가정에서 외면당하기는 마찬가지라고 생각하면 마음이 편해지지 않는다. 법을 잘 지키며 사는 것이나 그것을 어기며 사는 것이나 가족을 팜므파탈로 만드는 일이라는 현실에 더 이상 할 말을 잃게 된다. 도대체 대한민국의 평범한 가족을 꿈꾸는 사람들에게는 행복한 삶에 대한 희망이 허락되지 않은 것일까?

가족으로 돌아가려는 과정에서 만난 불의의 사고에 연루되어 범죄를 범한 인구는 수감된다. 수감 전과 수감 중에 손을 씻겠다는 말을 믿은 아내는 아들의 유학을 포기하게 할 생각을 할 정도로 정상적인 가족을 꿈꾼다. 아내를 통해서 사회 한구석에 조금은 남아 있는 양심을 들을 수 있었다. 그러나 인구는 오히려 그 일로 인해 과거를 청산하지 못하게 된다. 그 결과 인구는 자신만이 빠져 있는 가족의 우아한 세계를 보면서 흐느껴야만 했다. 단지 영상 속에 있는 가족의 행복한 듯이 보이는 삶, 곧 그가 꿈꾸던 우아한 세계는 단지 이미지로만 존재할 뿐임을 말해 주며, 우아한 세계에 대한 잘못된 꿈에서 깨어나지 못한 사람의 현실을 폭로한다.

이쯤 되면 영화를 통해 감독이 말하고자 하는 바가 분명해진다. 다시 말해서 감독은 단순히 대한민국의 아버지를 비유적으로 보여 주기보다는, 진정한 의미에서 가족의 행복이 무엇인가를 묻고 있는 것이다. 대한민국 가장들이 가정과 직장에서 겪는 모습을 인구의 삶에 비유해서 보여 주면서 우아한 세계를 꿈꾸는 자들이 무엇을 잘못하고 있으며, 가족의 진정한 행복을 위해서 무엇을 지켜야 할 것인지를 제시해 준 것이다. 대한민국(비록 모든 사람에 해당되는 말은 아니지만)의 다수가 꿈꾸는 우아한 세계가 과연 존재하는지를 묻는 것 같기도 하다. 영화가 말하고자 하는 내용을 정리해 보면 다음과 같을 것이다. 첫째, 우아한 삶은 가족 모두가 즐길 수 있는 것이어야 한다. 둘째, 우아한 삶을 위해서는 가족 모두가 받아들일 수 있는 방법이 사용되어야 한다. 셋째, 우아한 삶은 결코 넓은 주택과 물질적인 풍요로움의 이미지와 동일시될 수 없다.

우아한 세계에 대한 바른 비전을 갖는 것이 얼마나 중요하며, 또한 우아한 세계를 위해서는 정당한 노력이 기울여져야 한다는 것을 영화를 통해 깨닫게 된다. 이러한 깨달음과 관련해서 모든 인류가 꿈을 꾸는 행복한 세상이 어떠한 곳인지를 고민한 히브리 민족은 그 대답으로 창조론을 제시한 것이 아닐까 생각한다. 곧 세상 창조가 하나님의 말씀으로 이뤄졌다고 고백한 것인데 달리 말한다면, 우아한 세계에 대한 비전이나 그것을 위한 노력은 철저하게 하나님의 뜻에 합당해야 한다는 말이다. 하나님의 말씀은 하나님의 뜻이요 의지이며, 세상에 대해서는 미래다. 세상이 하나님의 말씀대로 지어졌다는 것은 하나님의 의지가 관철된 것이며, 하나님의 의지대로 되었다는 것이다. 히브리 인들은 바로 여기서 인간의 미래를 보게 된 것이다. 하나님은 아름다움의 기준을 갖고 세상을 아름답게 만드신 것이 아니다. 하나님의 말씀으로 창조되었기에 하나님이 보시기에 좋았던 것이다. 그러므로 그리스도인에게 삶의 아름다움은 무엇보다 먼저 일상적인 삶 속에서 하나님의 뜻이 관철되었을 때 얻어질 수 있는 선물이다. 결코 무리수를 써서 획득될 수 있는 결과가 아닌 것이다.

여기서 아름다운 세계를 평가하는 기준이 나온다. 곧 세상의 아름다움은 단순히 미학적인 관점에서만 평가될 수는 없으며, 오히려 하나님의 뜻에 부합되느냐 그렇지 않느냐에 따라 아름답거나 그렇지 않게 된다는 말이다. 뿐만 아니라 힘겨운 수고와 노력이 기울여졌다고 해서, 보고 듣는 자들에게 진한 감동을 준다고 해서 정당화될 수 있는 것도 아니다.

또한 그리스도인들이 반드시 기억해야 할 일이 있다. 하나님은 세상을 결코 말씀 한마디로 새롭게 창조하지는 않으신다는 것이다. 이 세계가 어떤 모습으로 있든 오늘 우리가 그리스도인으로서 하나님 나라를 기대하며, 이곳에서 기쁨과 평안을 누리며, 천국을 소망하며 살 수 있는 것은 예수 그리스도의 십자가, 곧 그의 고난이 있었기 때문임을 잊어서는 안 될 것이다. 영화 <우아한 세계>는 이미지에 사로잡혀 있는 사람들의 결과가 어떠한 것이며, 그러한 세계는 저절로 얻어지는 것이 아님을 잘 말해 주고 있다. 이 영화를 보는 그리스도인들은 '우리들의 우아한 세계'를 위해 하나님에게 어떤 일이 일어났는지를 기억할 수 있어야 할 것이다. 말씀의 능력만으로 가능할 수 있었지만, 아들의 고난과 희생을 통해 이 세상을 새롭게 하는 길을 택하신 하나님의 그 깊은 뜻을 헤아려 볼 수 있어야 할 것이다. 이것은 하나님의 뜻이 사람을 통해서 이뤄진다는 것을 시사하며, 우아한 세계를 위해 우리가 어떠한 고난을 염두에 두어야 할 것인지를 암시해 준다. 하나님의 세계는 불법이나 위법 혹은 편법이 아니라 하나님의 뜻에 합당한 삶, 부름을 받은 자들의 희생적인 헌신을 통해서만 경험될 수 있기 때문이다.

(「목회와 신학」 2007년 6월, 234-239)

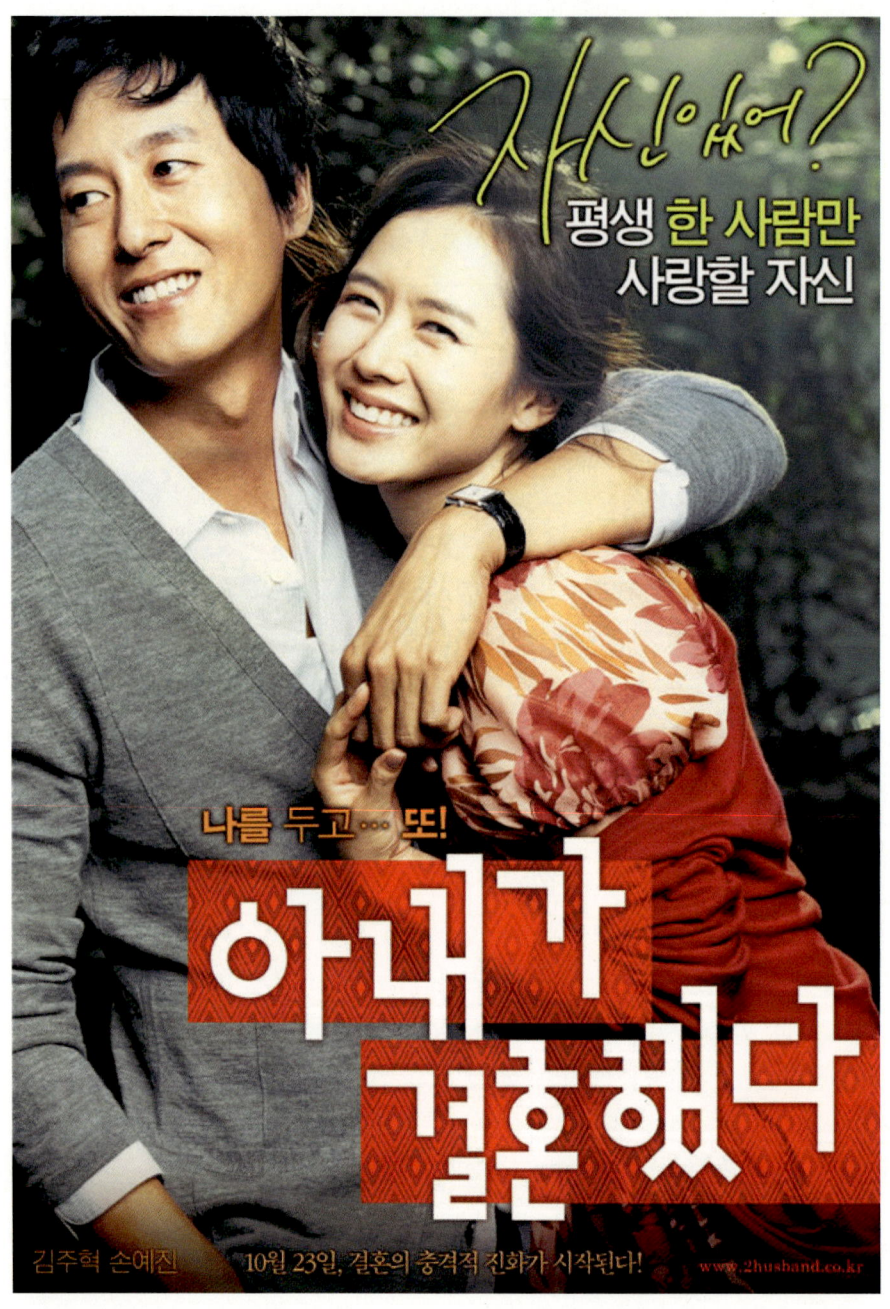

정윤수(1962~), 롱아일랜드 대학교 영화연출학

Filmography: 예스터데이(2002), 지금 사랑하는 사람과 살고 있습니까?(2007), 아내가 결혼했다(2008)

우리 사회에서는 '아내가 결혼했다'는 말 자체가 성립되지 않는다. 이혼한 '전 아내'가 결혼했다든가, 아니면 남편이 죽고 혼자 남은 '미망인인 아내'가 결혼했다는 의미로 읽힐 수 있다면 모를까. 이산가족의 상황 속에서 혹시 일어날 수 있는 일이기는 하다. 여하튼 아내의 결혼은 중혼을 허용하지 않는 현실에서는 결코(?) 쉽게 찾아볼 수 없는 일이다. 가부장적인 전통이 강했던 사회에서도 '남편이 결혼했다'는 말은 없었다. 그럼에도 불구하고 영화 <아내가 결혼했다>는 지극히 당연한 상식을 깨뜨린다. 현재의 '아내', 호적상의 '아내'가 다른 남자와 결혼하는 상황을 설정하고 있기 때문이다. 물론 중혼이 법적으로 허용되지 않고 있기 때문에 두 번의 결혼식은 혹시 가능할 수 있을지 몰라도 호적상에 두 번 기재되는 일은 없었을 것이다.

사실 한 남자의 아내로서 또 다른 남자와 불륜관계를 갖는 일은 영화에서 흔히 사용되고 있지만 아무리 그렇다고 해도 그 관계는 대체로 불행으로 끝나거나 아니면 한쪽 관계가 정리되는 방향으로 이야기가 전개되었다. 사회적 정서를 대중문화가 외면할 수는 없는 것이다. 예컨대 결혼에 관한 한 매우 도발적인 생각을 보여 준 <결혼은 미친 짓이다>(유하, 2002) 역시 결혼 상대자와 연애 상대자를 구분하면서 모두를 소유하고 싶은 한 여인을 등장시키지만, 그녀가 두 사람 모두를 자신의 남자로 얻는 데에는 성공하지 못한다. 이런 점에서 두 번에 걸친 아내의 결혼을 다룬 이 영화는 결혼과 관련된 이전의 영화에 비해 소재에 있어서 일단 매우 특이하다. 동명소설을 영화한 것이라 소설가의 의도를 먼저 생각하게 되는데, 작가가 이런 스토리를 쓰게 된 데에는 그럴 만한 이유가 있을 것이란 생각에 이르게 되었다. 그 이유를 생각하면서 필자는 이 영화에서 표현상의 의미(외연)와 비유적인 의미(내연)를 생각해 보게 된다.

잘못된 결혼관

높은 이혼율에 있어서 세계적인 기록을 보이고 있는 한국사회는 그야말로 잘못된 결혼관으로 몸살을 앓고 있다고 보아도 좋다. 사유야 어찌되었든 이혼은 한편으로는 사람에 대한 잘못된 선택도 큰 몫을 차지하지만, 다른 한편으로는 결혼에 대한 잘못된 생각과 판단으로 빚어진 결과임에 분명하기 때문이다. 외적인 조건에 끌려 결혼하는 것이나 분명한 비전이 없이 그저 외로움을 피하기 위해 결혼하는 것이나, 성인으로서 당연히 거쳐야 하는 한 과정으로 생각하는 경우는 결혼의 파행을 피하기가 쉽지 않다. 따라서 결혼에 대한 바른 생각과 가치관을 가지고 결혼을 준비해야 한다. <아내가 결혼했다>는 동명의 소설을 기반으로 한 영화인데, 소설의 저자는 '행복'을 말하고자 했다고 알려져 있다. 그러나 영화적으로 보면 잘못된 결혼관이 가져오는 결과들 가운데 하나를 소개하는 듯한 인상을 받는다.

일단 영화 속 아내의 행위를 단순히 간음으로 규정하기보다는 다소 다른 관점에서 조명할 필요가 있다. 그리고 비판적인 안목에서 들여다본다면 영화는 위기를 맞고 있는 부부들에게 새로운 결혼관에 대한 도전을 주는 것은 물론이고 특별히 결혼을 앞둔 예비부부들에게 올바른 결혼관을 되새겨 보게 하는 기회가 될 수 있을 것이다.

결론부터 말한다면, 필자는 이 영화를 보면서 어렵지 않게 열 번째 계명을 떠올릴 수 있었다. 즉 <아내가 결혼했다>는 '소유'와 관련해서 두 가지 문제를 전면에 내세우고 있다. 하나는 여자를 자신의 소유와 같이 생각했던 남성들의 편견을 깨뜨린 것이며, 다른 하나는 결혼관계에서 두 마리 토끼를 다 잡겠다는 인간(남성과 여성)의 탐욕을 폭로한 것이다. 영화의 이야기를 통해서 자세히 들여다보도록 하자.

영화 이야기

인아(손예진 분)는 직장에서나 가정에서 흠잡을 데가 없는 미모의 여성이다. 게다가 유럽 축구에 대한 열정이 대단하다. 유럽 축구에 남다른 애착을 가지고 있던 덕훈(김주혁 분)에게 그녀는 그야말로 이상적인 여성이다. 한 가지 불만이 있다면, 자신과 열렬히 연애하는 기간에도 여전히 다른 남자와 연애한다는 것이다. 아직 자신의 여자라고 주장할 수 없는 상황에서 그것을 막을 수 있는 방법을 찾지 못한 덕훈은 늘 안절부절못한다. 단순한 불평의 수준을 넘어 인아의 이중적인 태도에 덕훈이 느끼는 절망의 벽은 더욱 두터워진다. 그래서 과감하게 그녀와 이별을 선언하지만 이내 후회하게 되고, 그녀를 놓치고 싶지 않은 마음에(사랑 때문에?) 마침내 한 가지 대책을 내놓는다. 흔히 '연애의 무덤'이라 여기는 결혼을 제안한 것이다. 덕훈의 프러포즈는 인아를 소유할 뿐만 아니라 독점하겠다는 의지의 표현이다. 사랑? 글쎄다. 대부분의 남성들이 여성들에 대해 고정적으로 갖고 있는 생각임에는 분명하다.

그러나 그런 욕심(?)을 알아차린 것일까? 아니면 남성들의 착각을 깨뜨리려는 것일까? 인아는 덕훈의 프러포즈를 조건부로 받아들인다. 결혼 후에도 공개적인 연애를 보장해 달라는 것이다. 이런 제안에도 불구하고 덕훈은 인아와 결혼을 결심한다. 무엇 때문이었을까? 아마도 결혼하고 애 낳고 키우다 보면 인아의 생각이 변할 것이라는 기대 때문이 아니었을까?

그러나 설마가 사람 잡는다고 했는데, 공개적인 연애를 요구하는 것에서 한 걸음 더 나아가 덕훈은 인아로부터 폭탄선언을 듣게 된다. 직장문제로 인해 주말부부 생활을 할 수밖에 없는 상황에서 인아는 자기와 너무나도 많이 닮았고, 또 자기의 꿈을 공유할 수 있을 것 같은 남자를 만나게 되었다는 말을 한 것이다. 그와 연애하는 것만으로 부족해서 결혼하고 싶다는 말도 한다. 사랑은 나누어 주면 두 배가 된다는 논리로 남편 덕훈을 설득하고자 한다. 공개적인 연애마저도 곧 끝날 것으로 기대했던 덕훈에게 그녀의 제안은 청천벽력이 아닐 수 없다. 남편으로서 덕훈은 완강하게 거절할 수밖에 없다.

여기서 한 가지 질문이 생긴다. 이미 남편이 아닌 다른 남자와 공개적인 연애를 허용하면서도 다른 남자와의 결혼만은 허락할 수 없다고 보는 이유는 무엇이었을까? 자신의 소유가 빼앗긴다고 생각한 것일까? 아니면 중혼을 허용하지 않는 제도나 사회적인 관행 때문일까? 그렇다면 간통죄가 여전히 유효하게 적용되고 있는 나라에서 공개적인 연애를 허용하는 것부터 문제 삼아야 했을 것이다. 사실 덕훈에게는 인아의 억지 논리를 반박할 만한 근거가 변변치 않다. 다시 말해서 덕훈이 결혼을 하나의 인격체를 소유하고 독점하는 것으로 생각한 것부터가 문제였다. 비록 연애에서 자유분방하다 해도 완벽한 조건을 가진 인아를 결코 놓치고 싶지 않았던 그가 인아를 연애의 무덤으로 데리고 가겠다는 결심으로 그녀에게 청혼하게 된 것부터가 문제였다는 말이다. 결혼 후에도 공개적인 연애를 허용한 것부터 덕훈은 이미 딜레마에 빠지게 된 것이다. 인아가 결혼 후에 남편이 아닌 다른 남자와의 결혼을 제안하게 된 것은 결국 그녀를 독점하려는 덕훈의 잘못된 결혼관에 대한 충격적인 도전일 뿐이다.

소유와 관련해서 덕훈의 집착은 자식에 대해서 더욱 강하게 나타난다. 인아가 두 남편과의 관계에서 아이를 가지게 되었을 때 덕훈은 가장 먼저 누구의 아이인지에 대해 궁금해한다. 인아가 덕훈의 아이임을 거듭 말해 주었음에도 불구하고 덕훈은 미심쩍어한다. 사실 덕훈의 의심은 생물학적인 관점에서 당연한 일이다. 그래서 비밀리에 친자확인을 하고, 아이의 돌잔치에 그것을 터뜨려 모두를 경악하게 만든다. 아이에 대한 소유권 주장은 인아를 화나게 했고, 결국 인아는 두 사람 모두를 떠나게 된다. 결혼을 하나의 소유개념으로 이해했던 덕훈의 잘못된 결혼관이 빚은 결과가 아닐 수 없다.

인격은 결코 소유될 수 없는 것이다. 인격은 상호관계를 통해 교류될 수 있을 뿐이다. 이것은 삼위일체 하나님의 내적인 교류를 통해서 분명하게 계시되었다. 남성과 여성의 인격적인 교류는 삼위일체 하나님의 내적인 교류를 반영하는 것이며, 인격적인 교류가 아니라 여성에 대한 남성의 지배나 혹은 여성을 하나의 소유물로 보는 것은 하나님의 형상을 크게 훼손하는 것이다.

영화 속 이야기로 아내의 결혼을 보면서 또 하나 확인해 볼 수 있는 것은 인간의 탐욕이다. 결혼은 원래부터 배타적인 관계를 전제하는 것이다. 남자와 여자가 서로에게 만족하는 법을 배우며 서로의 부족을 채워 가는 것이다. 결혼 후에도 공개적인 연애를 요구한 인아는 결국 이런 배타적인 관계를 전제하는 결혼관을 깨는 것이며, 결코 한 남자에게서 모든 것을 만족하지 못하고 그 부족함을 다른 남자로부터 채워 보려는 탐욕의 한 모습이다. 사실 보기에 따라서 인아와 덕훈의 관계는 가부장적인 사회에서 통용되던 남성과 여성의 역할이 바뀌었을 뿐이다. 그러므로 이 영화는 남성들의 이중적인 윤리에 대한 도전으로 독해될 수도 있을 것이다. 아내가 결혼함으로 겪는 남편의 고통을 보면서 남편의 외도에 대한 아내의 고통을 한 번 느껴 보라는 것이다.

한편, 바로 이런 관점에서 볼 때 영화는 오직 한 남자 혹은 한 여자에게서 만족하지 못하는 인간들의 탐욕의 현주소를 보여 준다. 남자는 아내에게서 어머니와 창녀의 모습을 찾는다고 한다. 아내에게서 두 가지 모습을 발견하는 것이 쉽지 않기 때문에 조강지처와 첩을 두고 사는 관행으로 이어졌다. 현대 사회에서는 성매매와 불륜으로 나타난다. 이에 비해 여자는 흔히 남편에게서 자신을 사랑하는 남자와 자기의 꿈을 실현시켜 줄 남자를 찾는다고 한다. <결혼은 미친 짓이다>는 이 점을 분명하게 보여 주었다. 그러나 이 일 역시 쉽지 않은 일이다. 그렇다고 해서 남자들의 경우처럼 여자들이 자유롭게 행동할 수 있는 상황도 아니다. 그래서 여자들에게는 모든 어려움을 참고 인내하는 것이 최고의 미덕이었다. 비록 한 남자에게서 만족할 수 없어도 한 남자에게만 매여 있어야 했기 때문이다.

그러나 여성의 자기표현 욕구가 강해질 뿐만 아니라 적극적으로 표출되고 있고, 또 실현 가능성이 높아진 현대 사회를 생각해 본다면, 가부장적인 사회에서 남성에게 허용되었던 관행들이 여성들에게 일어날 수 있다는 것은 그렇게 어려운 일이 아니다. 여성들 역시 자신을 사랑하는 사람과 자신의 꿈을 이뤄 줄 수 있는 사람을 찾게 된 것이다. 사실 그렇게 되는 것이 바람직하다기보다는 과거의 남성지배적인 이데올로기에 대한 하나의 도전이며 심판으로 이해된다. 즉 만일 영화를 보는 남성들이 인아의 결혼을 충격으로 받아들인다면 그것은 남성지배적인 이데올로기에 대한 하나의 심판으로 받아들여야 한다는 말이다. 탐욕을 금지하는 열 번째 계명은 한 남자는 한 여자에게서, 한 여자는 한 남자에게서 만족을 누릴 수 있어야 한다는 메시지다. 나머지 부족한 부분은 하나님이 채워 주신다는 약속이 담긴 계명이다.

하나님을 모르는 인간은 기대하고 소망할 것이 없어 부족한 부분을 자기 스스로의 힘에 의해 충족시킬 수밖에 없게 된다. 이것은 결국 탐욕으로 이어져 이웃의 집과 아내를 탐내게 만든다. 그러나 그리스도인들은 부족한 부분을 하나님이 채워 주실 것에 대해 기대한다. 그래서 그리스도인들의 결혼은 하나님을 소망하는 것을 배우는 삶의 한 방식이며, 이런 의미에서 하나님의 은혜를 받는 한 방법이다.

가정과 직장 사이의 아내

한편, 영화를 보면서 필자가 다소 의문을 갖게 된 것은 이상하게 엮인 두 남자들의 관계가 화해와 공존으로 이어지고 있다는 사실이다. 아내의 질투를 칠거지악의 하나로 규정했던 조선시대의 억압윤리들이 영화 속에도 작용하고 있다는 인상을 받는다. 즉 남편들 역시 서로 화해하지 않는다면 아내로부터 버림받을 것을 각오해야 한다는 말인가? 비밀리에 친자확인을 하면서 끝까지 소유욕을 버리지 못하는 덕훈에 대해 분노한 인아가 떠나고 없는 상황에서 두 사람은 갈등관계에서 어쩔 수 없이 형님과 아우의 관계로 발전하고 인아를 놓치고 싶지 않은(사랑하는) 덕훈이나 재경 모두 인아를 만나러 아니, 그녀와 함께 살기 위해 스페인을 향해 떠난다. 아내의 결혼을 받아들일 수밖에 없다는 메시지인가? 아니면 그동안 여성들이 겪어야 했던 상황을 역지사지 하라는 말인가?

다소 황당하게 느껴지는 장면에서 제기되는 이런 질문에 이르게 되면서 필자는 영화가 갖고 있는 또 다른 의미를 추측해 보게 된다. 다시 말해서 영화는 전통적인 의미에서 결혼한 여성들에게 숙명으로 받아들여지는 가정과 현대 여성에게 필수적인 직장에 대한 갈등관계를 비유적으로 암시해 주고 있는 것이다. 이 영화에서 다소 특별한 것은 첫째, 현대 사회에서 심각한 문제로 인식되고 있는 불륜이란 소재가 사실은 무거울 수밖에 없는 주제이지만, 그럼에도 불구하고 스토리 전개가 다소 코믹하게 이뤄져 큰 부담감 없이 볼 수 있게 만든 것이다. 이것은 뛰어난 연출력과 출연 배우 특히 인아의 미모와 그녀의 능숙한 연기력에서 그 이유를 찾을 수 있을 것이다. 다른 하나는 가정과 직장 사이에서 이뤄지는 아내의 정체성과 실존적인 삶에 대해 여성 자신의 고민이 아니라 남편의 입장에서 고민하도록 한 것이다. 즉 덕훈과 재경은 여성에게 각각 가정과 직장을 비유하는 것이 된다. 결혼이라는 것이 아내를 전업주부로 만드는 전형적인 방법이었다면, 아내의 직장은 또 다른 전업을 갖는 것이기 때문이다. 아내의 상황변화에 대한 고민은, 영화에서 볼 수 있듯이, 이제 더 이상 아내의 몫이 아니라 전적으로 남편들의 몫이다. 아내는 단지 가정과 직장 사이를 오고 갈 뿐이다. 이런 아내를 받아들일 것인지 아니면 거부할 것인지는 전적으로 남편의 몫이다. 그렇다면 남편에게 선택과 결정의 기준은 무엇일까? 아내의 선택을 존중해 줄 마음의 준비가 되어 있는 남편들이 흔히 제기하는 질문이다.

여성들은 흔히 결혼과 일 가운데 어느 하나를 선택할 수밖에 없다고 생각한다. 가정을 택하든가 직장을 택해야만 했다. 여성 스스로의 결정이라기보다는 사회적인 압력에 의한 어쩔 수 없는 선택이었다. 그러나 여성들이 경제활동에서 차지하는 의미가 더욱 커지면서 이제는 양자택일이 더 이상 강요될 수 없게 되었다. 선택은 전적으로 여성의 몫이다. 그 선택을 수용할 것인지, 아니면 거부할 것인지는 남편에게 달려 있다. 남편은 이제 무엇을 근거로 아내의 선택을 수용할 것인지를 고민해야 한다. 그것을 영화는 인아에 대한 사랑으로 표현한다. 영화가 덕훈과 재경의 화해와 더불어 공존의 상황을 연출한 것은 바로 이런 과정에서 아내를 진정으로 사랑하는 남편이 선택하는 모습을 보여 준 것이다. 아내를 진정으로 사랑한다면 여성의 선택을 존중해 줄 것이라는 논리다(물론 비유적인 의미에서 생각할 때 그렇다는 것이다). 미래 사회에서 남편들은 가정과 일을 공유하는 여성을 아내로 받아들일 수 있도록 준비하지 않으면 안 된다는 메시지를 위해 저자는 바로 '아내가 결혼했다'는 도발적인 상황으로 관객들을 이끌어 간 것이 아닐까.

인류 최후의 보루를 지켜라
〈우주전쟁〉(스티븐 스필버그, 2005, 12세)

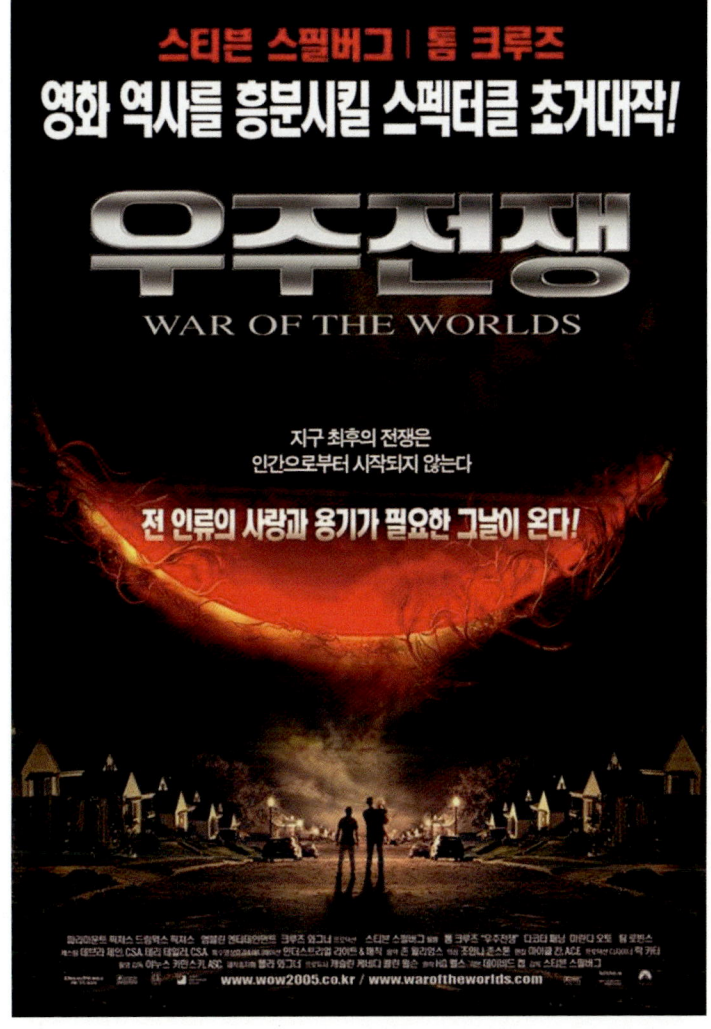

스티븐 스필버그(Steven Spielberg, 1946~), 오하이오 주 신시내티 출생으로, 어린 시절부터 영화에 관심이 많았으며 13살에 〈도피할 곳이 없는 탈출〉, 16살에는 장편 〈열전〉을 만들었다. 69년 단편 〈앰블린〉을 애틀랜타영화제에 출품했고, 1970년 캘리포니아 주립대학 영화과를 졸업할 무렵에 제작한 단편영화가 유니버설영화사의 눈에 띄어 그때부터 텔레비전 방송물의 감독을 하기 시작했다. 71년 텔레비전전용 영화로 제작된 〈대결〉은 유럽 극장에서 개봉되어 아보리아츠영화제에서 그랑프리를 받았다. 1974년에 제작되어 칸 영화제에서 각본상을 수상한 〈슈가랜드 특급〉은 그의 첫 극장상영작으로서 실화를 바탕으로 한 것인데, 코믹한 요소와 긴박감 넘치는 서스펜스 연출의 탁월함으로 많은 비평가들로부터 찬사를 받았다. 아카데미영화제 감독상(1994), 골든 글로브 감독상(1999), 아카데미영화제 감독상(1999) 등을 수상한 화려한 경력을 가지고 있다. 그의 작품 가운데 〈죠스〉(1975), 〈레이더스〉(1981), 〈E.T.〉(1982), 〈인디아나존스〉(1984), 〈컬러 퍼플〉(1985), 〈태양의 제국〉(1987) 등은 잇따라 영화흥행기록을 갱신하였다. 특히 〈쥬라기 공원〉(1993)은 그의 독창적인 특수효과와 기술적인 기교가 잘 드러났고 〈쉰들러 리스트〉(1993)는 제66회 아카데미 감독상과 작품상을 비롯하여, 7개 부문을 수상한 바 있다. 현재는 감독활동뿐만 아니라 제작활동도 활발하게 하고 있다.

Filmography: 죠스(1975), 레이더스(1981), E.T.(1982), 인디아나존스(1984), 컬러 퍼플(1985), 후크(1991), 쥬라기 공원(1993), 쉰들러 리스트(1993), 아미스타드(1997), 쥬라기 공원 2-잃어버린 세계(1997), 태양의 제국(1987), 라이언 일병 구하기(1998), 우주전쟁(2005), 뮌헨(2005) 등

기독교신학의 주제 '종말'은 전통적으로 개인적 종말과 우주적 종말로 구분되어 다루어진다. 개인적 종말이라 함은 한 인간의 죽음의 문제를 다루는 것이고, 우주적 종말은 우주의 파국, 곧 세상의 마지막에 일어날 일들을 다룬다. '마지막'이 갖는 암울한 이미지로 인해 종말에 대한 이야기는 언제나 '위기적 사건'이 중심이 된다. 개인적인 종말은 인과응보나 권선징악의 맥락이 두드러지는 사건으로, 우주적 종말은 환경파괴나 핵무기를 통한 세계전쟁 혹은 외계인의 침입을 통한 사건으로 표현된다. 그런데 1950년대 후반 혹은 60년대부터는 희망이 종말론의 중심 주제로 인식되면서 종말은 절망적 상황을 경고하기보다는 오히려 희망을 말하게 되는 계기로 다루어진다. 이러한 이해에 따르면, 종말론은 희망할 수 있는 근거를 묻는 학문적 노력이 된다.

교회사적인 맥락에서 현재와의 관계 속에서 종말을 성찰하는 관습에 비추어 볼 때 <우주전쟁>은 일종의 스티븐 스필버그의 종말론적 관점에서 제작된 가족 영화다. 스필버그가 <우주전쟁>에서 사용한 모티브는 전통적 의미에서의 우주적 종말론, 보다 정확하게 말하자면 지구 종말론이다. 외계인의 침입으로 인한 지구의 멸망이라는 모티브를 사용한다. 전통적인 모티브를 사용해서 연출되었지만, 자세히 들여다보면 그 내용은 인류가 종말을 넘어 희망할 수 있는 근거를 제시하려는 것이다.

영화 이야기

천둥을 동반하지 않는 번개와 그 기운을 받고 오래전에 이미 숨겨져 있었던 이상 물체가 땅 밑으로부터 솟구쳐 오른 이후로 도시는 눈 깜짝할 사이에 폐허가 된다. 폭발적 굉음을 동반하며 무차별적으로 파괴하고 죽이는 트리아포드(세 발 달린 괴물체)의 끊임없이 계속되는 공격을 통해서 관객은 숨 고를 틈조차도 갖기 힘들 정도다. '우주의 마지막' 이미지를 극대화하려는 뛰어난 연출력에 탄성을 감출 수 없다. 괴물에게는 강한 방어막이 설치되어 있어 어떤 접근도 가능하지 않다. 따라서 어떤 형태의 공격도 괴물에게는 새 발의 피에 불과하다. 문어처럼 생긴 괴물의 공격에 맞서 싸운다는 것은 계란으로 바위 치기다. 인간의 무력함에 대한 표현이 그야말로 드라마틱하다.

우주의 마지막을 대하는 인간의 모습은 공포와 혼란 그 자체다. 그러나 겉보기와는 달리 영화의 목적은 미래 혹은 외계의 침입에 대한 공포를 보여 주려는 데에 있지는 않다. 과학기술문명의 첨단을 달리고 있는 미국조차도 속수무책으로 당하는 입장이라면 인류의 멸망은 시간문제일 뿐임을 말하려는 것일 뿐이다. 외계인의 정체가 무엇이고, 어디서 왔으며, 또 무엇 때문에 지구를 공격하는지조차도 파악되지 않는다. 그래서 공포의 분위기는 압도적이다.

그러나 상영 전까지 그 형태에 대해 철저하게 비밀에 붙여졌던 외계 물체였지만 영화는 이것에 대해서는 아무런 관심을 기울이지 않는다. 영화평론가들은 인류의 위기에 직면해서 흔히 등장하는 백악관 혹은 미국 안보회의 같은 장면들이 나올 법도 한데 이것조차 과감하게 생략한 감독의 저의를 묻는다. 아마도 속수무책인 인류의 암울한 미래, 곧 인류 멸망의 초읽기를 암시하기 위한 계획적 연출이 아닌가 생각한다. 도대체 이런 일방적인 상황에서 정부의 대책이 무슨 소용이 있단 말인가! 극도의 공포 분위기 속에서 공동체 의식은 찾아볼 수 없고, 오직 살아남겠다는 의지만으로 가득한 사람들이 대혼란을 자아내는 모습은 아비규환을 연상케 한다.

이런 공포와 우주적 종말의 분위기 속에서 영화의 포커스는 한 가족, 아니 더 정확하게 말하자면 한 사람에게 주목한다. 어깨를 다친 후 운동을 그만둘 수밖에 없었고, 또 이른 결혼 생활에서 두 아이를 낳은 후에는 무책임하고 게으른 생활 태도로 인해 아내에게 이혼을 당하고 부두 노동자로서 살아가는 레이 페리어(톰 크루즈 분)다. 영화는 아버지로서 레이에게 주목한다. 냉장고가 비어 있고, 청소도 안 되어 있는 어수선한 집안 분위기는 그가 이혼 후의 삶을 어떻게 살아가고 있는지를 단적으로 보여 준다. 희망을 말할 수 없는 삶의 단조로운 리듬 속에서 하루하루를 연명해 가는 레이에게 한 가지 과제가 주어진다. 아들 로비(저스틴 채트윈 분)와 딸 레이첼(다코타 패닝 분)과 주말을 함께 보내는 일이다. 그들과 함께 어떻게 시간을 보내야 할지 모르는 레이는 그저 시간이 빨리 지나가기만을 바랄 뿐이다. 심지어 아이들과의 어색한 만남을 피하기 위해 휴일임에도 일하려는 마음을 가질 정도다. 외계인의 침공은 바로 이때에 일어나게 된다. 레이의 부성이 이제 막 시험대에 올려지는 순간이다. 아버지로 보기에는 너무 부족해서 보는 이로 하여금 답답하고 안타까운 마음을 불러일으키는 레이의 모습을 보여 줌과 동시에 거대한 폭발음으로 시작되는 외계인의 침공은 관객들에게 재미있는 질문으로 유도하려는 감독의 장난기 가득한 의도를 엿보게 한다. 레이는 아버지로서 과연 아이들을 지켜 내고 전 아내와 새 남편의 가족에게 안도감과 기쁨을 안겨 줄 수 있을 것인가, 아니면 여전히 철없는 아버지로서 남을 것인가?

사실 영화의 흐름은 <우주전쟁>이라는 제목의 이미지와는 전혀 어울리지 않게 공포의 도가니 속에서 레이가 아이들을 지켜 내려는 노력을 크게 부각시키고 있다. 가족 구성원들(레이와 두 아이들)의 갈등에서 상호 이해에 이르는 과정을 그린 영화에서 왜 하필 제목을 <우주전쟁>으로 삼게 되었을까? 이 질문에 대답할 수 있기 위해서는 공포로 가득한 상황에서 아이들의 생명을 지켜 내기 위해 레이가 어떤 노력을 기울이는지를 주목해야 한다. 무엇보다 두 자녀의 캐릭터는 레이가 직면한 문제를 실제적으로 이해하는 데 큰 실마리가 된다. 아들 로비는 사춘기에 접어들었다. 자기주장이 강할 뿐만 아니라 레이를 아버지로 인정하기를 꺼린다. 자신과 동생을 귀찮게 여길 뿐이라고 생각한다. 한마디로 레이를 아버지로서 신뢰하지 않는다. 딸 레이첼은 새 아빠에게는 '아빠'라고 부르지 않지만 레이에게는 여전히 '아빠'의 존재를 인정해 준다. 그러나 아빠보다 오빠를 더 신뢰한다. 그녀가 겪은 이혼의 충격 가운데 하나다. 위험의 순간에 있을 때마다 듣는 이로 하여금 불안감을 더해 주는 그녀의 비명 소리 역시 어린아이가 부모의 이혼으로 인해 얻게 된 충격의 한 단면을 보여 준다. 레이는 절체절명의 위기상황 속에서 자신의 통제에서 완전히 벗어나 있는 로비를 설득해야 하며, 불안과 두려움의 깊은 그늘 속에 있는 레이첼의 신뢰를 얻어야 한다. 뿐만 아니라 이들의 생명을 지켜 주는 것은 물론이고 보스턴에 있는 엄마에게 데리고 가야 하는 과제를 안게 된 것이다.

아들 로비는 속수무책으로 당하는 사람들의 모습을 보면서 기꺼이 전쟁에 참여하려는 뜻을 비친다. 어쩌면 아버지 레이와 더불어 불확실한 상황으로 나아가는 대신에 명분 있는 삶으로 도피하는 것은 아니었을까? 레이는 로비의 선택이 무모한 것임을 역설하며 만류하지만 아들의 강한 의지를 보고 어쩔 수 없이 아들을 떠나보내게 된다. 아들을 보내며 아쉬워하는 것은 물론이고, 그를 떠나보내는 순간까지 끝까지 자신의 곁에 붙들어 두려는 아버지의 노력이 눈물겹다. 아들을 보낸 뒤에 딸과 함께 지하실로 피신한 레이는 그곳에서 외계인 못지 않게 딸의 안전을 위협하는 오길비(팀 로빈슨 분)를 만난다. 지구수호를 위한 레지스탕스를 자처하며 외계인에게 대항하겠다는 오길비의 황당한 계획이 오히려 딸의 생명에 큰 위협으로 여겨진다. 레이는 오직 딸의 생명을 지키기 위한 방편으로 아무도 모르는 방식으로 그를 제거한다.

트리아포드에 대한 대항은 누구도 감행하지 못한 일이다. 그러나 딸이 괴물에게 사로잡혀 갔을 때 레이의 잠재되어 있는 부성애는 용기로 거듭나게 된다. 그 무엇으로도 감히 대항할 수 없었던 괴물에게 감히 도전할 생각을 한 것이다. 그 결과 레이 역시 괴물에게 사로잡힌다. 사로잡은 사람들을 하나둘씩 빨아들이곤 붉은 피를 토해 내는 모습은 등골을 오싹하게 한다. 딸을 구하려다 오히려 레이가 빨려 들어가게 되었을 때—호랑이 굴에 물려 가도 정신만 차리면 산다는 격언을 기억하며 수류탄을 집어 드는 것을 잊지 않는다—그동안 두려움과 공포로 떨고 있던 사람들 모두는 빨려 들어가는 레이를 끄집어내는 데 힘을 합친다. 수류탄의 안전핀은 뽑혀 있고, 괴물 안에서 유래하는 거대한 폭음과 더불어 사로잡힌 사람들은 괴물의 손에서 무사하게 벗어나게 된다. 더불어 방어막이 무너진 것을 확인한 레이는 군인들에게 그 사실을 알리고, 결국 군사적인 반격으로 인해 외계물체는 무너져 내리게 된다.

마지막 장면은 보스턴에 있는 전 아내의 친정집 앞이다. 이로써 아버지로서 레이는 레이첼의 생명을 지켜 내는 과제를 충실히 이행한 것이다. 레이는 아들 로비로부터는 '아빠'로 인정받게 되고 레이첼로부터 신뢰를 회복하게 된다. 레이는 비록 새롭게 구성된 가족의 일원으로 들어가지 못한 채 멀리 서 있어야 했지만, 아버지로서 거듭난 자신의 모습을 확인할 수 있었다.

괴물의 공격은 한 남자의 아버지로서의 본질을 회복하게 해 준 계기로서 의미를 갖는다. 마치 오래전부터 땅 밑에 있었지만 천둥 없는 번개와 더불어 깨어난 괴물처럼, 잠재되어 있는 아버지의 모습이 위기적 상황으로 인해 일깨워진 것이다. 영화 <콘스탄틴>(프란시스 로렌스, 2005)은 평범한 삶으로 가득한 세상에서는 사람들이 도무지 선하게 살려고 노력하지 않고 오히려 악을 행하면서도 그 심각성을 자각하지 못하기 때문에, 오히려 고난 가운데 선이 빛을 발한다는 논리에 근거해서 사람들에게 자극을 주기 위해 사탄의 세력을 풀어 놓으려는 가브리엘 천사의 의도가 부당함을 역설한다. 그의 논리는 당연히 부당하다. 그렇다고 한다면, 잠자고 있는 부성을 깨우기 위해 <우주전쟁>이라는 스펙터클을 필요로 한 스필버그는 <콘스탄틴>에서 나오는 가브리엘의 논리를 긍정했던 것이었을까? 그가 연출했던 영화들이 보여 주는 낙관주의적 측면을 생각해 볼 때 상식적으로 이해하기 힘들다.

사실 아버지로서 사는 것이 얼마나 힘든 시대인가. 가족의 역할이 바뀌면서 아버지의 가치가 상실되고 있고, 또 직장과 가정, 아내와 자녀들의 틈바구니에서 이리저리 채이다 보니 자녀들에게서조차도 아버지로서 제대로 인정받지 못한다. 아버지로서의 본분을 다하고 또 역할을 수행해야 한다는 부담감으로 가슴을 펴고 다닐 여유가 없다. 부성의 위기가 상대적으로 모성에 대한 더 많은 기대로 이어지는 것은 아니지만, 현실은 아버지보다 어머니의 역할이 더 중요하게 여겨지는 때다. 세계적인 추세다. <우주전쟁>을 바로 이런 배경 속에서 본다면 레이가 다시금 아버지로서 거듭나는 모습을 보여 주려는 의도를 읽어 볼 수도 있다.

그러나 아버지의 본질 회복에 초점을 맞출 경우에는 영화의 일부를 이해하는 데에 도움이 될지 모르지만 영화의 전체적 의미를 지나치게 된다. 영화의 본질적 의미는 오히려 다음의 질문을 통해서 접근이 가능할 것 같다. 인류의 위기에 직면했을 때 지켜야 할 최후의 보루는 무엇인가? 인간의 방어행위는 겉으로는 인류나 우주를 지키기 위한 명분을 세울지 모르지만, 결국 가족을 지켜 내기 위한 것이다(딸의 생명을 지키기 위해 오길비를 살해하는 장면과 괴물에 대항하는 레이의 용기를 기억하라). 가족의 붕괴는 도미노 현상으로 나타나 세계의 멸망, 더 나아가 지구의 멸망으로 이어지게 된다. 스필버그가 말하려는 것은 바로 이것이 아니었을까. 다시 말해서 우주의 멸망을 막을 수 있는 힘은 가족을 지키려는 것에서 비롯되며, 인류 최후의 보루는 가족임을 말하려는 것이라 생각된다. 괴물의 첫 공격의 희생물로서 교회가 선택된 것은 종말의 순간에 가장 먼저 기대야 할 곳으로 여겨지는 교회마저도 아무런 의미 없이 무너져 내리는 모습을 형상화한 것이라 생각된다. 세계가 무너져 내리는 마지막 순간에 기댈 수 있는 교회마저 아무런 의미가 없게 되었을 때 도대체 누가, 어떻게, 무엇을 통해서 인류를 구할 수 있을 것인가?

스필버그는 영화 <우주전쟁>을 통해 '인류의 마지막이 재촉되며 기댈 만한 것이 아무것도 없게 된 상황에서 미래를 소망할 수 있는 근거는 무엇인가?'라는 종말론적 질문에 대답하려는 것으로 보인다. 물론 영화를 통해서 제시된 그의 대답은 서로를 보호하고 지켜 내려는 가족이다. 레이가 새로운 가족과 거리를 두고 서 있는 모습은 현실 속 가족의 모습을 결코 은폐하지 않으려는 연출 의도를 읽어 보게 된다. 현실을 인정하면서도 가족의 의미는 결코 변하지 않아야 한다는 메시지를 읽을 수 있다면 지나친 일일까?

주지의 사실이지만, 인류의 시작은 가족과 더불어 이루어졌다. 독단과 주관주의에 빠진 사람들이 종종 세계의 출발은 '나로부터'라고 말하지만, 하나를 알고 둘을 모르는 무지의 소산이다. 왜냐하면 인간의 독처는 하나님의 근심을 만들어 낸 요인이었기 때문이다. 이에 대한 대책으로 하나님은 '돕는 배필'의 콘셉트를 가지고 남자와 여자가 서로 조화롭고 협력하며 살아갈 수 있도록 가족 제도를 세우신 것이다. 하나님은 세상을 창조하면서 남자와 여자를 통해서 가족을 세우셨다. 따라서 세계의 구성은 바로 가족에서 비롯되며, 이것이 인류의 보루이다. 이것이 무너지면 인류가 무너진다. 인류가 인간으로서 본질을 회복할 수 있기 위해서는 서로가 사랑의 짐을 지는 가운데 협력해야 한다. 우주의 대혼란 속에서도 반드시 지켜져야 할 것은 가족이다. 가족의 사랑 속에 하나님이 계시기 때문이다. 따라서 인류 최후의 보루로서 가족은 어떤 상황에서든 지켜지도록 하는 것이 교회의 과제이다. 가족의 해체와 붕괴가 일반화되는 상황에서 인류 최후의 보루로서의 가족의 의미를 다시 한 번 생각해 보게 만드는 영화임에 분명하다.

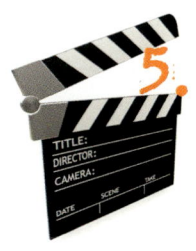

5. 종말에 대한 성찰과 인식
그리고 +α

휴머니즘적 종말론 ■〈2012〉
종말 이후 남은 자들에게 희망할 것이 있다면… ■〈더 로드〉

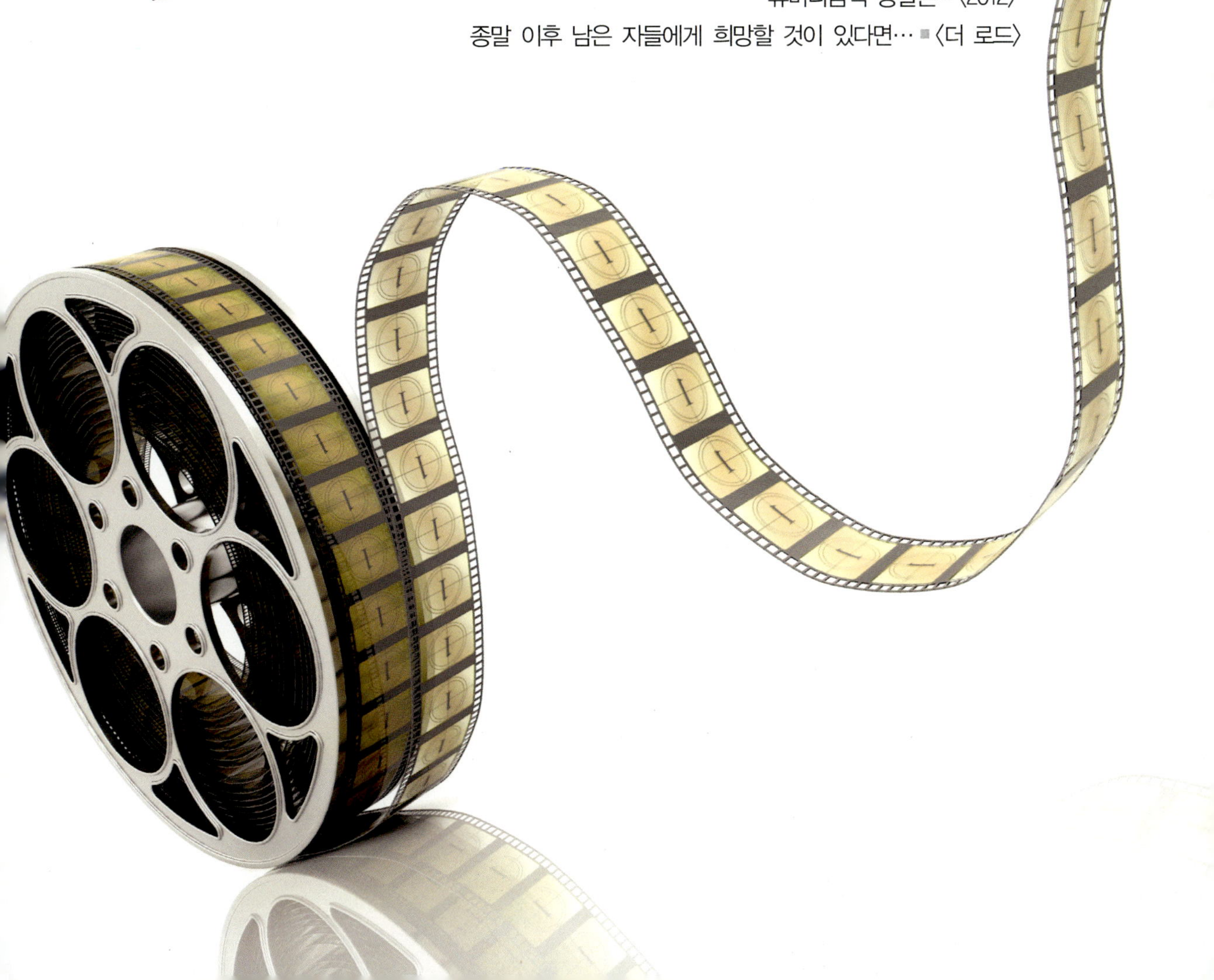

휴머니즘적 종말론

〈2012〉(롤랜드 에머리히, 2009, 12세)

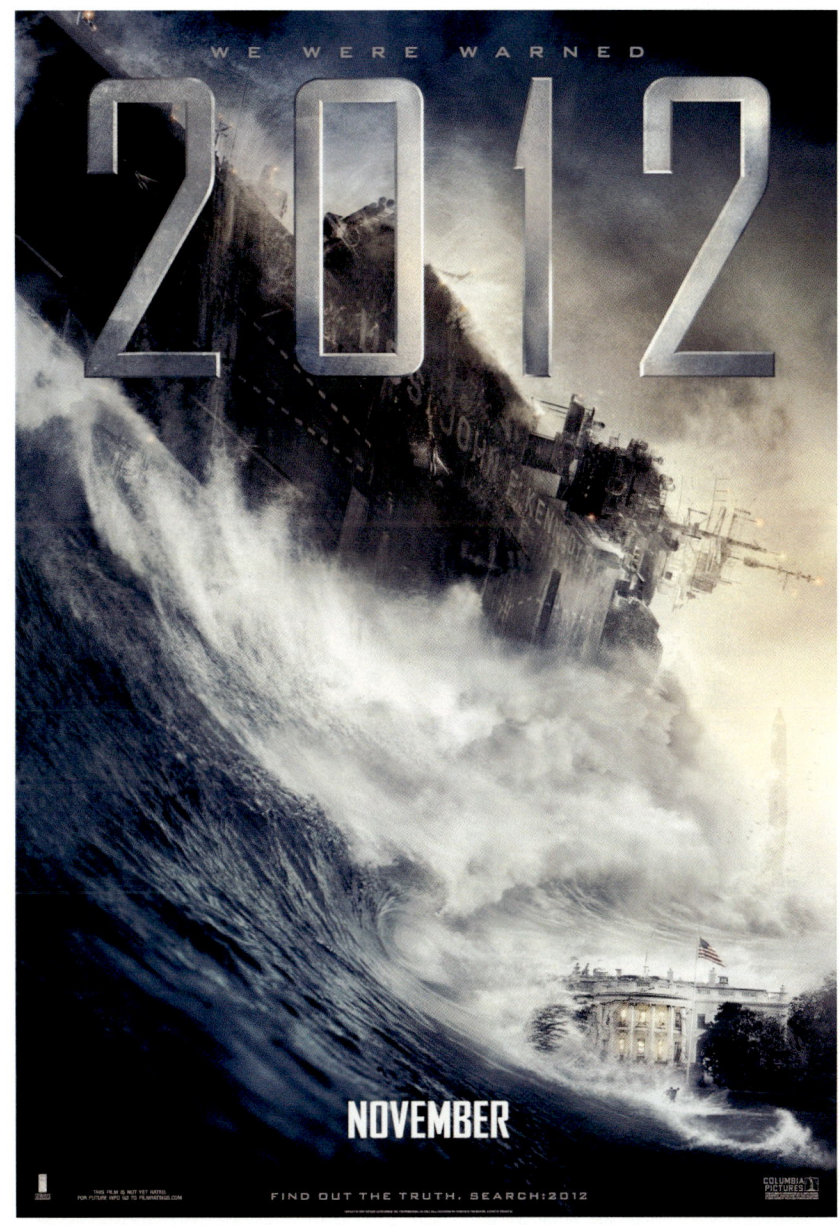

롤랜드 에머리히(Roland Emmerich, 1955~), 독일 출신, 〈디스트럭션〉(1984)으로 데뷔, 1997년 노르웨이 아만다영화제 최우수외국영화상, 1998년 유럽영화제 감독상 수상

Filmography: 디스트럭션(1984), 조이(1985), 문 44(1990), 유니버셜 솔져(1992), 스타게이트(1994), 인디펜던스 데이(1996), 고질라(1998), 패트리어트—늪 속의 여우(2000), 투모로우(2004), 10,000 BC(2008), 2012(2009)

지구의 종말과 관련해서 제기되는 질문들을 일일이 나열한다는 것은 가능하지 않다. 아마도 인류의 수만큼이나 많을 것이다. 그렇다고 공통적이면서도 중요하다고 생각되는 질문들이 없는 것은 아니다. 예컨대, 그날은 언제이며 어떤 모습으로 일어날 것인가, 인류의 미래는 어떻게 될 것인가, 종말을 막거나 피할 방법은 없는 것인가 등이다. 종교적인 측면이 반영된다면 아마도 왜 이런 일이 일어나게 되는가, 누가 이 모든 일에 책임을 지는 것인가, 종말의 순간에 구원받을 가능성은 있는가, 누가 그 축복을 누릴 것인가 그리고 지구의 종말에 대한 주권은 누구에게 있는 것인가, 종말 이후의 세계는 어떤 것인가 하는 질문 등이 추가될 것이다.

동일하지는 않지만 세계의 종교는 각각 다른 근거를 갖고 위 질문들에 대답해 왔다. 종교에서 죽음과 출생의 제의들이 그토록 중요하게 여겨지는 이유를 생각해 본다면, 어쩌면 종교의 태동이 종말에 대한 불안에서 시작된 것은 아닐까 여겨질 정도다. 마지막, 곧 종말을 생각하게 되는 중심 이유는 개인적인 관점에서는 주변 사람들의 죽음을 경험하는 것에 있다. 특히 마지막에 대한 질문에 주어진 종교적인 대답들을 살펴보면, 종말에 대한 성찰들이 개인 종말론을 넘어서 우주의 종말로 확장되는 경향을 찾아볼 수 있다. 개인의 죽음, 공동체의 멸망 그리고 갖가지 환경 재앙들, 이 모든 것들에 대한 경험은 사람들로 하여금 세상의 종말을 생각하게 했다. 죽음, 이별, 사라짐, 슬픔, 아쉬움, 그리움 그리고 회상과 만남에 대한 소망으로 이어지는 경험들은 마지막에 대한 불안과 두려움을 넘어 만남에 대한, 새로운 세계에 대한 동경으로 발전된다. 결국 마지막에 대한 성찰은 사후 세계에 대한 질문으로 발전되고, 그것은 보이지 않는 세계의 존재에 대한 물음으로 이어졌다. 고대의 동굴벽화나 미술에는 그런 흔적들이 많이 남아 있다. 그리고 당시의 지도자는 이런 문제들로 고민하는 사람들의 불안과 염려로부터 해방시켜 줄 책임을 느끼지 않을 수 없었다. 왜냐하면 종교는 이 문제에서 지도적인 역할을 수행할 것으로 기대되기 때문이다. 게다가 세계의 현상들을 이해하고 설명할 수 있는 능력이 결여되었던 시기에는 보이지 않는 세계의 영향력을 생각하게 되기 때문에 종교지도자가 가장 중심적인 의미를 차지하게 되는 것은 자연스런 결과이다. 종교지도자가 곧 정치지도자였고, 정치지도자가 되는 사람에게는 종교적인 일에 대한 책임도 주어졌다. 신화의 구조 속에서 종말을 생각한다는 점에서 신화적 종말론이라 볼 수 있다.

한편, 일상의 흐름 속에서 자연스럽게 경험하게 되는 마지막과는 달리 의도적으로 '마지막'을 생각하게 되면서 종말에 대한 문제는 또 다른 양상을 띠게 된다. 전쟁을 통해 적을 죽여야 하는 일이나 혹은 누군가에 대해 살의를 느끼게 되는 경우다. 혹은 그 반대의 경우도 경험하게 된다. 다시 말해서 시간의 흐름에 따른 마지막이 아닌 '마지막'을 생각하게 된 것이다. 그 원인은 일상을 방해하거나 혹은 자연스러움에서 벗어나는 것들이 작게는 개인을 위해 크게는 공동체를 위해 제거되어야 한다는 생각에서 비롯된다. 그것은 하나의 벌(복수)로 혹은 심판으로 이해된다. 자연스런 마지막이 아닌 당위적인 마지막, 곧 당위적인 종말에 대한 생각이 열린 것이다.

문제는 마지막에 대한 질문에 대해 자신 있게 대답할 수 있는 가능성이 많지 않다는 것이다. 이들 가운데는 건전한 종말론이 있는가 하면, 어떤 것들은 건강하지 못한 종말론을 주장해 그것을 믿는 자들로 하여금 광신적인 삶을 살도록 만들기도 한다. 사회병리적인 현상을 동반하는 종말론은 흔히 사이비나 이단 종교에서 발견된다.

그러나 과학기술의 발달로 더불어 종말에 대한 경고는 단지 신화적인 사고일 뿐이며, 종교지도자들이 기득권 획득을 위해 조작되고 과장된 사기로 폭로되었고, 특히 진화론을 사상적으로 해석한 사람들은 지구촌에서 이상 세계가 건설될 수 있다는 청사진을 제시하였다. 종말과 관련된 생각은 낙관적인 미래상으로 대체되었고, 이에 따라 종말에 대한 생각은 구시대 유물로 간주되었다. 한편, 두 번에 걸친 세계 대전을 치르고 난 후 인류는 발달된 과학기술에 대한 인간들의 무책임한 본성을 자각하게 되었고, 또한 무분별한 개발과 무절제한 소비행위에 기인하는 자연환경의 변화로 인해 종말에 대한 생각은 다시 한 번 지구촌을 뒤흔들게 된다.

특히 노스트라다무스(Nostradamus, 1503~1566)의 묵시적인 예언은 새로운 밀레니엄을 향한 인류의 역사에서 지대한 관심사였다. 전쟁으로 인한 지구의 멸망이라는 시나리오가 사라지게 되면서 종말에 대한 관심은 완전히 새로운 성격을 띠게 된다. 특히 새로운 밀레니엄 시대와 더불어 노스트라다무스 예언은 사실이 아님이 밝혀졌다. 이로 인해 종말론에 대한 불신이 더욱 커지게 된 것은 당연한 일이다.

그러나 20세기 말부터 종말론은 더 이상 종교나 신학의 전유물이 아니었다. 과학의 주제로 다뤄지기 시작했기 때문이다. 비록 노스트라다무스의 예언은 빗나갔지만, 자연 환경의 변화가 가져오는 암울한 결과에 대한 과학적인 예측과 예고가 나타나기 시작한 것이다. 어쩌면 노스트라다무스 예언 이후에 대두되는 가장 강력한 종말론이 있다면, 그것은 단연코 과학적인 종말론이 될 것이다. 과학적인 종말론이란 종말을 과학적인 근거로 설명하고 종말을 피할 수 있는 과학기술적인 방법과 종말 이후의 생존을 위한 과학적인 대안을 모색하는 것이다.

현재 과학적인 종말론은 주로 생명복제와 인간복제의 결과에 대한 재앙과 지구환경의 위기로 인해 초래될 수 있는 자연 재앙을 예고하고 그에 대한 인간의 대책을 촉구하는 것으로 나타나고 있다. 지구 온난화에 따라 북극의 얼음이 빠른 속도로 녹게 되면서 일어나는 각종 이상 기후들이 가져올 지구 재앙들을 과학적으로 설명하며 경고하는 것이다. 말하자면 종말을 막거나 종말 이후의 삶이 가능할 수 있는 방법을 모색하려는 것이다. 과학적인 종말론의 매력은 종교적인 종말론과 달리 확실한 근거를 갖고 있고, 종말 현상들에 대한 설명과 예측이 현실적으로 충분히 받아들일 수 있을 정도로 설득력이 있다는 점에 있다. 핵전쟁, 유전자 변형, 기후의 변화, 쓰나미, 지구 환경의 변화 등 여러 가지 원인에서 비롯될 수 있는 재앙들에 대해 과학적으로 설명하는 과학적인 종말론에 종교들 역시 민감하게 반응하고 있지만 가장 빠르고 또 실감나게 반응하는 것은 영화적인 종말론이다.

지구의 종말을 직접 혹은 간접적인 주제로 다룬 영화들은 많은데, <워터월드>(1995), <인디펜던스 데이>(1996), <투모로우>(2004), <불편한 진실>(2006), <나는 전설이다>(2007), <둠스데이—지구 최후의 날>(2008), <지구>(2007), <지구가 멈추는 날>(2008), <월—E>(2008), <노잉>(2009), <9: 나인>(2009), <2012>(2009) 등이다. 영화적인 종말론이 종교적인 종말론과 비교되는 것은 무엇보다도 과학적인 자료들을 근거로 하고 있어 설득력이 있으면서 동시에 상상을 현실감 있게 표현하는 영상미학에 있다.

영화적인 종말론에 있어서 단연코 돋보이는 감독이 있다면 독일계 할리우드 감독인 롤랜드 에머리히이다. 그는 다른 감독들에 비해 비록 지구 종말은 아니라 해도 지구 재앙을 다룬 영화들에 더욱 많은 관심을 지속적으로 표현하고 있다<고질라>, <인디펜던스 데이>, <프릭스>, <투모로우>, <2012> 등.

2004년에 개봉된 에머리히 감독의 <투모로우>는 지구 온난화가 지구의 기후에 미치는 영향과 그에 따른 결과들을 실감나게 보여 준 영화였다. 지구 온난화에 따른 종말이 온다면 그 모습이 어떠할 것인지를 묵시적으로 보여 주면서 에머리히는 환경오염으로 인한 재앙을 막을 수 있기 위해서 인류가 무엇을 해야 할 것인지를 묻는다. 에머리히는 이 영화를 통해서 특히 환경문제에 소극적인 미국을 겨냥하며 지구의 종말을 불러오는 원인이 인간의 탐욕과 오만에 있음을 폭로하고 이를 경고하였다. 내일이라는 시간을 갖기 위해 인류가 해야 할 일은 인간이 모든 관계(자연과의 관계, 인간 상호간의 관계 등, 그러나 신과의 관계는 빠져 있다. 이 점에서 <투모로우>는 생태적 종말론이라 불릴 수 있는 것이다)에서 기본에 충실해지는 것과 친환경적인 삶을 사는 것임을 역설했다. 이 영화가 환경문제에 대한 미국의 태도 변화에 결정적인 영향을 미쳤다는 후문이 있는데, 사실 여부를 떠나 충분히 그럴 수 있는 일이라고 생각한다.

지구의 종말을 보여 줌에 있어서 아직도 미련이 남아 있었던 것일까? 아니면 환경문제에서 소극적이었던 미국에 대한 심판만으로 부족했던 것일까? <2012>에서 에머리히는 종말의 범위를 지구 전체로 확장하고 있다. CG 기반의 비주얼한 측면에서나 재앙의 범위에서 그리고 제작비 차원에서 비교해 볼 때 <투모로우>는 <2012>와 결코 비교가 되지 않는다. 아마도 <2012>를 제작하게 된 배경에는 시중에 유포되고 있는 '2012 지구 종말론'에 자극을 받은 것이리라 생각된다. 에이드리언 길버트의『마야의 예언, 시간의 종말』(고솔, 강민영 공역, 말글빛냄, 2007)은 B.C. 3114년에 나왔다는 마야 문명의 예언을 다룬 책으로 잘 알려져 있는데, '2012 지구 종말론'의 대중화에 지대한 영향을 미친 것은 영성연구가이자 컴퓨터과학자이며, <뉴욕 타임즈>가 선정한 베스트셀러 저자인 그렉 브레이든의『2012 아마겟돈인가, 제2의 에덴인가?』(김형준 역, 물병자리, 2009)가 아닐까 생각한다. 브레이븐의 책은 다분히 뉴에이지적인 성격이 짙은 글이다.

 '2012 지구 종말론'이란 B.C. 3114년 마야 문명에서 살던 사람들의 달력이 2012년 12월 21일로 멈춰져 있다는 사실에 근거하는 예언에서 비롯된다. '2012 지구 종말론'은 어떤 종교적인 이유나 인간의 죄에 의한 종말이 아니라는 점에서 이전 작품들과 전혀 같지 않다. 그렇다고 해서 환경침해적인 삶에서 그 원인을 찾지도 않는다. 순전히 태양계의 순환운동과 태양의 이상 현상이 미친 지구의 변화로 인한 재앙에서 비롯되는 종말이다. 자연의 재앙을 동반하는 지구의 종말이 어떤 모습이 될 것인지, 우연이면서도 운명적인 사건에 직면해서 인간이 어떻게 반응하는지 그리고 종말의 순간에 인간의 바람직한 태도는 무엇인지를 보여 준다.

 다른 어떤 재앙영화들에 비해 더욱 강력한 모습으로 관객을 사로잡은 <2012>에서 에머리히 감독이 집중하고 있는 점은―다소 김빠진 느낌을 주지만―한 작가의 소설이다. 이것은 종말과 관련해서 중요한 역할을 담당하고 있는 지질학자의 관심을 받고 또 그가 그 책을 가장 가치 있는 것으로 평가하고 있는 것이나, 종말을 일으키는 재앙들이 소설가 가족이 움직이는 동선에 따라 움직이고 있는 것 등을 보아서 잘 알 수 있다. 그렇다고 해서 <투모로우>에서 보여 주었던 것과 같은 특별한 역할과 의미를 가족으로부터 버림받은 소설가와 그의 가족에게서 기대할 정도는 못 된다. 물론 재앙의 순간에 가족 구성원이 서로에 대한 생각들이 어떻게 변하는지를 보여 주고 있긴 하지만 이것은 재난 영화에서 흔히 볼 수 있는 매우 전형적인 모습에 불과하다. 어떻게 보면 심형래 감독의 영화 <디 워>에서 등장하는 두 남녀 주인공의 역할과 비슷하다. 영화의 흐름을 인도하면서도 실제로는 결정적인 역할을 하지 않는 그런 의미에서 보면 될 것이다.

 에머리히 감독에게 보다 중요한 것은 재앙의 순간에 서로 협력하는 인간의 모습을 그려내고 있는 소설가의 글이다. 에머리히가 <2012>를 통해 말하고 싶었던 것은 바로 이것이라고 생각하는데, 에머리히는 영화 결말의 결정적인 순간에 이 말을 지질학자의 입을 통해서 드러내고 있다. 그는 종말의 순간에 인류가 총체적인 멸망에서 살아남기 위한 방법은 서로가 협력하는 것이며, 종말 이후의 새로운 삶이 가능하다면 그것은 결코 다른 사람의 희생위에 세워지는 것이어서는 안 된다고 역설하며 위험을 감수하는 행동을 취한다. 비록 모두가 죽을 수도 있는 일이었지만 세계의 모든 정상들은 그의 말에 동의를 표한다. 종말을 예견하면서 혹은 직면해서 소망할 수 있는 이유를 제시하는 것이 종말론의 과제라 한다면, 에머리히는 <2012>를 통해 다시 한 번 인류가 구원받을 가능성으로 휴머니즘을 강조한 것이다. 다시 말해서 환경재앙을 동반한 종말에도 인류가 새로운 세계 혹은 새로운 삶을 소망할 수 있는 이유가 있다면, 에머리히는 그 이유를 인간이 서로 협력하며 사는 모습에서 발견한 것이다.

이 영화는 여러 가지 면에서 성경, 특히 노아의 홍수 이야기를 반영하고 있다. 아들의 이름이 노아인 것이나 산꼭대기에 방주와 같은 구조선을 만든 것이나 종말 이후의 새로운 세상을 건설하기 위해 그 안에 동물들과 40만 명 정도의 사람들이 탑승하게 된 사실 등이 그렇다.

그러나 그리스도인 관객으로서 다소 찝찝하게 느꼈던 것은 구조선에 탑승하게 되는 조건이 세계의 정치 지도자들이나 영향력 있는 사람들 그리고 10억 유로를 지불할 만한 재정적인 능력이 있는 사람들이라는 것이다. 노블레스 오블리주의 정신을 찾아보기 어려운 상황 설정이다. 종교적인 종말론을 말하는 것이 아니기 때문에 구원을 위한 어떤 기준을 제시하는 것이 쉽지 않을 것이라는 점은 인정되지만, 그렇다고 해서 정치적인 힘을 가진 자들과 능력 있는 사람들, 그리고 부자들이 구원의 대상으로 설정되었다는 점은 에머리히 종말론의 한계가 아닐 수 없다. 게다가 그들의 생존은 새로운 세계를 건설하기 위한 의미를 갖는다. 그러나 지구위기의 책임을 말함에 있어서 정치가와 재력가들을 결코 배제할 수 없는 현실에서 과연 그들로부터 새로운 세계를 기대할 수 있을 것인 지 의심을 떨쳐 버릴 수 없다. 혹시 그 반대로 가진 자들의 욕망을 경고하기 위해 의도적으로 설정된 것일까?

이런 점에서 새로운 피조물에 대한 언급은 기독교 종말론의 특징이 아닐 수 없다. 옛 모습으로는 하나님 나라에 결코 합당하지 않기 때문이다. 또한 기독교 종말론은 소망의 이유를 예수 그리스도의 부활에서 찾는다. 왜냐하면 부활은 하나님의 약속이 얼마나 신실한지를 입증한 사건이기 때문이다. 따라서 <2012>에서와 같은 환경 재앙이든 아니면 인류의 전쟁에서 비롯된 것이든 어떤 형태의 종말이 오든 우리가 구원을 기대하는 가운데, 소망하는 가운데 종말을 말할 수 있는 이유는 하나님이 신실하시기 때문이다. 인류가 서로 협력하고 아무리 환경문제에 신경을 기울인다고 해도 그것이 구원의 조건일 수 없으며, 그것을 바탕으로 종말 이후의 새로운 삶을 소망하는 것은 더욱 불가능하다. 인류가 상호 관계 속에서 서로 협력하며 사는 것은 이 땅의 삶에서 하나님의 형상을 드러내는 삶에 불과할 뿐이다. 종말 사건에서 구원받을 사람은 재물을 가진 자나 권력을 가진 자 혹은 지식과 명예를 가진 자나 빼어난 외모를 가진 자도 아니다. 기독교는 오직 하나님의 주권에 따라 이뤄진다고 믿으며,

믿음을 가진 모든 사람들이 될 것이라는 확신을 갖는다. 구원의 결정은 오직 하나님에게 있으며, 인간은 오직 그리스도와의 관계 속에서만 구원의 가능성을 기대할 수 있을 뿐이다.

- 지구 온난화 현상에 대해 알아보자.
- 과학적 종말론이 시대의 화두가 되는 이유는 무엇인가?
- 기독교 종말론의 과제는 무엇인가?
- 종말적인 상황에서 희망할 수 있는 이유는 무엇인가?

비그리스도인의 경우와 그리스도인의 경우를 비교해 보자.

종말 이후 남은 자들에게 희망할 것이 있다면...
〈더 로드〉(존 힐코트, 2009, 15세)

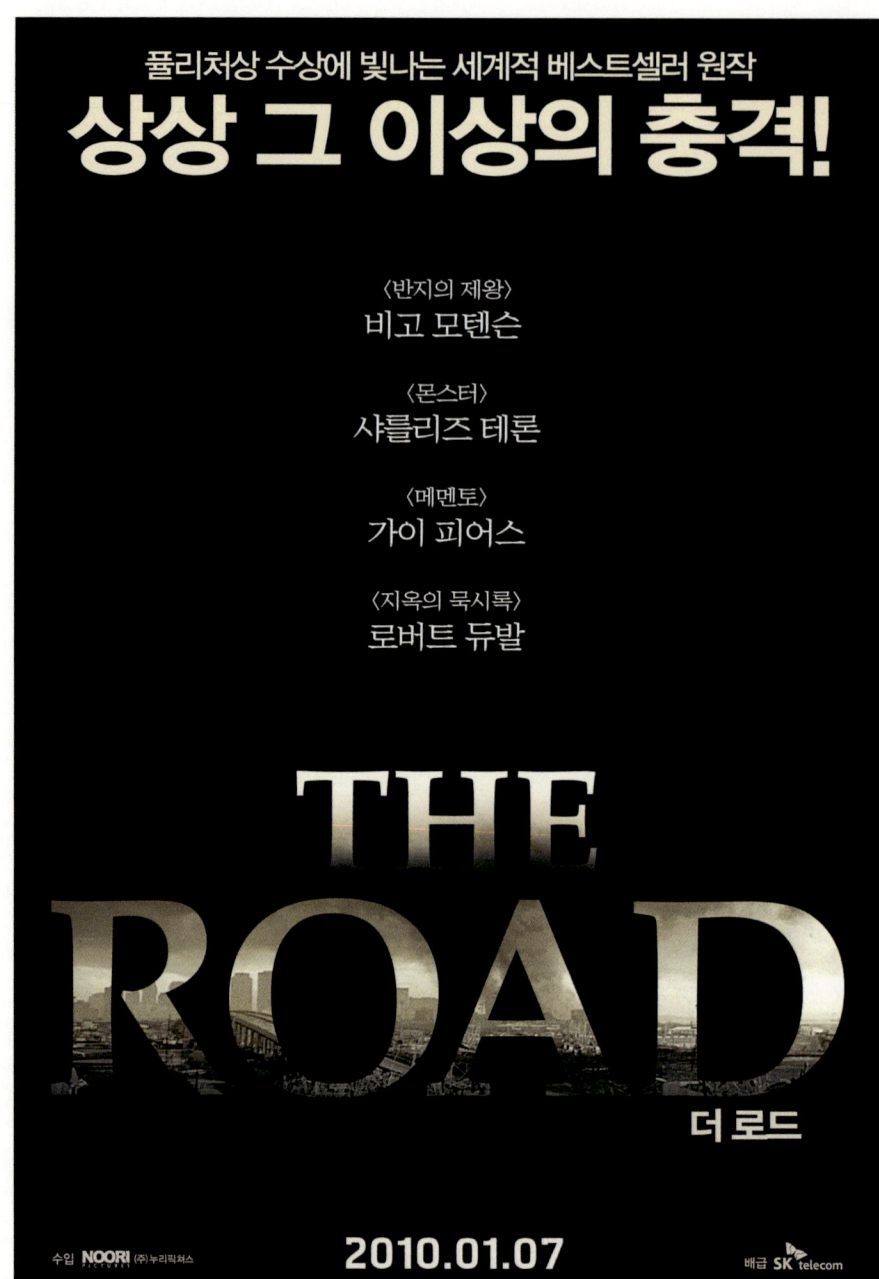

존 힐코트(John Hillcoat, 1961~), 오스트레일리아 출신
Filmography: 프로퍼지션(2005), 더 로드(2009)

영화적 종말론에 있어서 두드러진 변화가 있다면, 과거에는 대개 지구의 종말을 앞에 두고 전개되는 사건들이 중심이었다. 전쟁, 환경, 외계인의 침입 등 종말을 초래하는 각종 원인들이 지구의 미래를 위협할 때, 영화는 영웅주의적이거나 혹은 휴머니즘적인 해결책을 제시하고 그럼으로써 지구는 종말의 위기에서 벗어나게 된다는 이야기다. 그런데 얼마 전부터, 기억이 정확하다면, 프란시스 로렌스 감독의 작품으로 2012 지구종말론에 근거해서 제작된 <나는 전설이다>(2007)부터는 종말 이후의 세계를 다루는 묵시적인 영화들이 등장하고 있다. <나는 전설이다>는 바이러스로 모든 인간들이 사라지고 황폐해진 지구의 유일한 생존자가 바이러스에 감염되어 야수로 변종된 인간과 사투하면서 어딘가 살아 있을지도 모르는 인간들을 지킬 수 있는 백신개발을 위해 노력하는 내용을 담고 있다.

비록 2009년도에 제작되었지만 우리나라에는 2010년에 개봉된 힐코트 감독의 <더 로드>는 조금 다른 상황을 전개한다. 스토리는 달라도 <나는 전설이다>와 매우 유사한 구조를 갖는다. 예컨대, 인간의 변종 대신에 식인습관을 갖게 된 인간들을 등장시키고, <나는 전설이다>에서는 어딘가에 살아 있을 사람들을 위해 백신을 개발하는 노력을 기울였다면, <더 로드>는 어딘가에 살아남아 있을 착한 사람들을 찾아 여행을 하는 모습을 보여 준다.

롤랜드 에머리히 감독의 작품 <2012>(2009) 역시 앞서 살펴본 대로 '2012 지구 종말론'에 근거한 것으로, 비록 종말 이후는 아니라 해도 종말의 위기에서 인간이 어떤 태도를 보일 것이며, 종말 이후의 생존을 가능하게 하기 위한 바람직한 태도는 무엇인지를 탐색하는 영화였다. 위기의 상황에서 서로가 서로를 도우며 사는 것이 미래를 보장하는 태도임을 역설한다. 그러나 다른 한편으로 종말의 위기에서 벗어난 인간들의 범위를 재력과 권력을 가진 사람들로 설정한 것은 현대 사회를 이끌고 지배하고 있는 중추적인 힘이 어디에 있는지를 강하게 시사한다. 지구의 생존자인 그들에 의해 새롭게 건설될 지구의 모습은 어떻게 될까 하는 질문을 제기하게 만드는 영화였다. 자본주의 사회에서 자행되는 재력가와 권력가들의 행태들을 염두에 둔다면 재력과 권력의 맛을 본 사람들이 건설하는 세계는 지금보다 결단코 더 나아질 것 같아 보이지 않는다. 결국 종말이란 인간의 종말일 뿐 지구 자체가 사라지는 것은 아니며, 그렇다면 종말 이후의 세계에서 새로운 것을 발견하기가 쉽지 않을 것이라는 다소 비관적인 생각을 하게 만든 영화였다. 약육강식과 적자생존의 원리에서 크게 벗어나지 않은 모습을 보는 듯했고, 그럼으로써 오히려 종말 이후의 변화된 삶에 대한 기대감에 큰 손상을 입힌 영화였다. 종말을 말함에 있어서 희망과 희망의 이유를 말하는 기독교 종말론의 과제를 더욱 확신하게 되기도 했다.

영화 이야기

<나는 전설이다>와 <2012>의 핵심적인 주제를 종합한 듯이 보이는 <더 로드>는 밝혀지지 않은 원인에 의한 지각 변동으로 하루아침에 잿더미로 변해 버린 지역에서 살아남은 사람들에 대한 이야기다. 이미 전 세계적으로 잘 알려진 동명의 소설(코맥 매카시의 원작소설)을 영화화한 것인데, 겨울이라는 설정만 알려져 있을 뿐, 황폐해지게 된 이유도 밝히지 않고 있고, 언제, 어느 지역에서 일어난 일인지도 모른다. 종말 이후의 시간이 많이 지났거나, 아니면 영화가 철저하게 종말 이후에만 관심을 가지고 있음을 말해 준다. 심지어 살아남은 사람들의 이름조차도 밝히고 있지 않은데 그들에게 이름도 주어지지 않았다는 것은, 종말 이후의 상황에서 생존자들이 인격적인 존재로 여겨지지 않고 있음을 암시한다. 실제로 영화 속 생존자들은 생존을 위해서 무차별 폭력을 휘두르며, 심지어 인육을 먹는 일까지 서슴지 않는다. 더 이상 인간이 아닌 모습으로 변해 버린 것이다. 그래서 서로가 서로를 경계할 수밖에 없다. 사람이 더 무서운 세상이 바로 <더 로드>의 배경이라면 배경이다.

더 이상의 미래를 상상할 수조차 없었던 엄마는 자살하고 살아남은 아버지와 아들은 서로가 서로에 대한 존재 이유로서 살아남게 된다. 하나밖에 없는 권총에는 두 발의 총알이 있을 뿐이다. 원래는 만약의 사태를 대비해 자살을 하기 위해 소지하고 있었던 것이지만, 지금은 아들을 지키기 위해 한 발을 쏜 이후로는 한 발밖에 남지 않은 상태다. 아버지와 아들은 추위와 굶주림을 면하기 위해 따뜻한 남쪽을 향해 여행을 떠난다. 그들은 착한 사람들을 만나기를 고대하며 마음속 불씨가 꺼지지 않도록 노력한다. 아들을 자신의 존재 이유로 삼으며 아들의 생명을 지키기 위해 혼신의 힘을 기울이는 아버지는 안타깝게도 기침할 때마다 각혈을 하는 상태다. 파란색일 줄만 알았던 바다마저도 잿빛으로 변한 모습은 그들이 처한 상황이 얼마나 절망적임을 잘 말해 준다. 점점 죽어 가는 자신을 보면서 그는 아들이 이 세상에서 살아남을 수 있는 방법을 가르쳐 주려고 노력하지만, 남쪽에 채 이르기도 전 어느 바닷가에서 숨을 거두게 된다. 홀로 남은 아들은 자신들을 몰래 따라왔던 가족(아버지와 엄마와 두 자녀)을 따라 함께 남쪽으로 여행을 계속한다.

존 힐코트 감독은 소설의 복잡한 내용들을 매우 단순화시켜 놓았다. 그렇다고 소설의 내용이 많이 생략된 것은 아니다. 소설의 내용을 충실하게 영상으로 잘 옮겨 놓았다는 평가가 지배적이다.

매우 인상 깊었던 장면은 지도상에 파랗게 표시된 바다에 이르렀을 때의 모습이다. 파랑은 인간의 희망을 상징적으로 표현하기 위해 자주 사용된 색이다. 절망 속에서도 그들은 남쪽을 향한 여행에서 희망의 실마리를 발견하고자 했다. 그러나 막상 그들이 보아야 했던 바다의 모습은 그들이 지금까지 벗어나고자 했던 곳과 전혀 다르지 않은 잿빛이었다. 더 이상 소망할 것이 없다는 말로 들린다. 홀로 남은 아이의 모습이 더욱 절망스럽게 느껴질 뿐이다. 더 이상 희망의 실마리가 남아 있을 것 같지 않다는 생각이 든다.

만일 이런 상황으로 영화가 끝났다면, 영화는 암울한 이미지로만 기억될 뿐, 관객에게 그렇게 강한 인상을 각인하지는 못했을 것이다. 그러나 영화는 결코 이런 질문으로 끝내고 있지 않다. 모든 것이 잿빛으로 변해 버린 세계에서도 희망할 것이 아직 남아 있음에 대한 강한 여운을 남긴다. 즉 '남쪽'의 존재에 대한 상상마저 잿빛으로 변해 버렸음을 보여 주면서 영화는 다른 곳에서 희망의 근거를 찾는다. 아버지와 아들을 줄곧 따라왔다는 가족과 만나는 장면에서 대답의 실마리를 발견하게 되는데, 그들이 아버지와 아들의 뒤를 따라온 이유가 바로 그것이다. 그들은 아버지와 아들이 서로의 존재와 생명에 대해 어떤 의미를 가지며, 아들의 생명을 지키려는 아버지의 간절한 마음을 보았던 것이다. 다시 말해서 그들은 절망적인 상황 속에서도 생명을 지키려는 아버지와 아들의 모습을 등대 삼아서 길을 나섰던 것이다. 홀로 남은 아이에게는 이제 그들이 등대가 된다. 왜냐하면 그들은 가족 중 누구도 절망하지 않고 서로의 생명을 지켜 나가는 사람들로서 착한 사람들임에 분명하기 때문이다.

정리하여 말한다면, <더 로드>는 종말 이후의 세계가 얼마나 암울하고 절망적인지를 보여 주면서, 종말 이후에도 희망은 존재하는지, 그 이유는 무엇인지를 진지하게 탐색한다. 모두가 절망할 수밖에 없고, 자살마저도 사치로 여겨지는 상황에서 인간은 과연 무엇에 근거해서 희망할 수 있을 것인가? 무엇을 등대로 삼고 살아갈 것인가?

<더 로드>는 종말 이후에도(비록 종말이 아니라 절망적인 현실로 이해된다 하더라도) 인간이 다른 생명을 지키려는 희생적인 모습이 있는 한, 인간은 희망할 수 있다는 것을 역설한다. 즉 다른 생명을 내 생명을 위해 소비하려는 사람들은 '나쁜 사람'이며, 다른 사람의 생명을 내 생명과 같이 소중하게 생각하고 지키려는 사람은 '착한 사람'이고 그들에게서 희망을 찾을 수 있다는 메시지를 들을 수 있다.

필자는 영화를 정치적인 현실에 빗대어 볼 수도 있었지만, 먼저는 영화가 기술하는 그대로를 이해하고 싶었다. 사실 영화를 보면서 종말 이후의 상황 자체가 무척 낯설게 느껴졌다. 왜냐하면 성경에 따르면, 종말 이후에는 하나님의 세계가 있다고 생각했기 때문이다. 그런데 왜 종말 이후의 세계를 이토록 황폐하게 만들어 놓은 것일까? 더군다나 생존자들에 의해서 새로운 세계의 건설이 이뤄질 것이라는 기대감을 갖게 하면서, 마치 순환적인 역사관을 보는 듯했다.

이런 까닭에 필자는 영화가 설정하는 종말 상황을 역사의 마지막으로서의 종말로 생각할 수 없었다. 오히려 바벨론에 의해 멸망당한 유대의 땅의 모습을 상상할 수 있었다. 하나님의 성전이 무너지고(이것은 당시의 사람들에게는 세계관의 붕괴였으며, 더 이상 희망할 것이 없다는 의미를 갖는 사건이다), 땅은 황폐해져 소산을 내지 못하고, 살아남은 백성들은 추위와 굶주림과 싸울 수밖에 없는 상황이다. 성경은 이런 상황이 오게 된 까닭이 하나님의 말씀에 순종하지 않은 데에 있다고 설명하고 있다. 하나님이 행하신 일이라고 역설한다. 나라의 멸망과 함께 수많은 사람들이 죽을 것이지만, 그럼에도 불구하고 남아 있는 사람들이 있다 해도 여러 가지 이유로 죽게 될 것이라는 예언은 하나님이 이스라엘에 대해 얼마나 분노하셨음을 잘 알 수 있게 한다. 바빌로니아에 의한 멸망은, 예레미야의 탄식에서 볼 수 있는 것처럼, 누구도 한 치 앞을 내다볼 수 없는 절망으로 이어졌다.

이런 상황에서 살아남은 사람들은 그 어디에서도 희망의 이유를 찾지 못했다. 심지어 하나님의 말씀을 듣고도 그것을 인정할 수 없었다. 사람에 대한 기대는 물론이고, 하나님의 구원조차도 기대할 수 없었던 것이다. 그러나 하나님은 예레미야 선지자를 통해 거듭해서 하나님의 구원의 약속을 듣도록 했고, 또 새로운 세계에 대한 비전을 갖도록 했다. 마침내 생존자들이 절망적인 상황 속에서도 희망할 수 있었던 이유는 바로 하나님의 약속이 있었기 때문이었다.

한편, 구약의 종말론을 대하면서 궁금했던 것이 있었다. '하나님의 약속은 생존자들에 의해 구체적으로 어떤 모습으로 상상되었고, 또 실현되었을까?' 하는 것이다. 모든 것이 절망적인 상황이라면 분명 인간들마저 극단적으로 변했을 것이라는 점은 분명한 사실이다. 과거 사마리아 성이 포위되었을 때 자녀들을 먹기도 했다는 기록에 비추어 볼 때 자신의 생명을 지키기 위한 몸부림은 상상을 초월했을 것이다. 바로 이런 상황에서 오랜 시기 후에 이루어질 하나님의 약속은 그들의 삶에서 어떤 모습으로 구체화되었던 것일까?

백성들 가운데는 하나님의 약속을 더 이상 현실적으로 받아들일 수 없었던 사람들도 있었다. 그들은 하나님이 자신들을 버렸다고 판단했으며, 더 이상 삶의 희망을 가질 수 없었다. 성경은 그들의 절망스런 외침과 하나님의 구원의 약속만을 전해 주고 있을 뿐 백성들의 구체적인 삶 자체를 전해 주지 않고 있어 더 이상 알 수 있는 방법은 없다.

그러나 영화 <더 로드>를 매개로 상상할 수 있는 것은, 그런 상황 속에서 사람들이 기대하는 것은 누군가가 등대 역할을 감당하는 것이라는 사실이다. 그들은 생명의 위협에도 끝까지 하나님의 말씀을 전했던 선지자들이었고, 모르드개와 에스더와 같이 믿음을 포기하지 않았던 사람들이었으며, 여호와 하나님에 대한 믿음으로 주위를 변화시켰던 다니엘과 세 친구들이었다. 그리고 그들의 말을 듣거나 혹은 등대 역할로 삼으면서 불가능한 상황에서도 소망을 잃지 않았던 사람들이었다.

절망 속에 있는 사람들은 대체로 자기 자신만이 아닌 다른 사람들의 생명을 위해 헌신하며 수고했던 사람들을 보며 소망을 배우게 된다. 그래서 절망이 깊을수록 그런 사람들에 대한 기대는 더욱 커진다. 한편으로는 영웅을 기대하며 새로운 상황으로 역전되기를 기대하지만, 다른 한편으로는 그런 상황 속에서도 결코 굴하지 않고 빛을 바라는 사람들을 기대하기도 한다. 바로 이 순간에 빛을 발할 수 있는 사람은 소망의 이유를 분명하게 가지고 있는 사람들이며, 하나님의 약속을 마음속의 불씨로 간직하며 사는 사람들이다. 우리 마음속에 소중하게 간직되어 있는 생명의 불씨, 곧 예수 그리스도의 복음은 절망 속에 있는 사람들을 바른 길로 인도할 수 있는 능력이 될 것이다.

(「신앙세계」 2010년, 2월, 100-105)

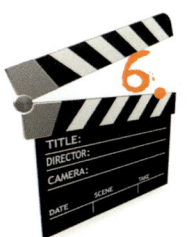

6. 천국과 지옥에 대한 성찰과 인식
그리고 + α

천국과 지옥 ▪ 〈킹덤 오브 헤븐〉 〈혈의 누〉 〈남극일기〉
모두에게 열려 있는 교회를 꿈꾸다 ▪ 〈웰컴 투 동막골〉
세상에 있으나 천국에 속한 사람 ▪ 〈아바타〉
근원으로의 회귀, 그리고 회복 ▪ 〈위대한 침묵〉 〈회복〉

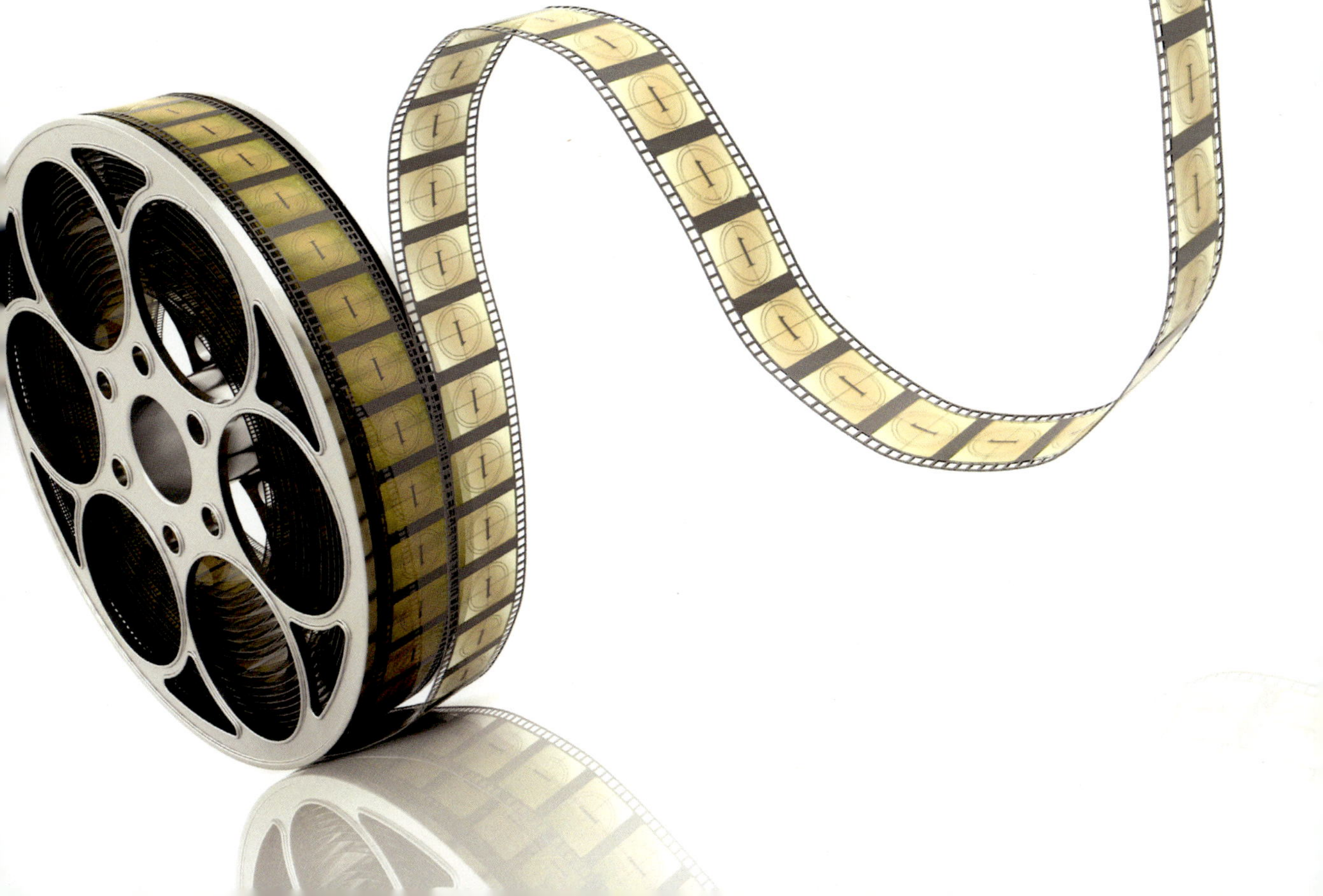

천국과 지옥
〈킹덤 오브 헤븐〉(리들리 스콧, 2005, 15세)

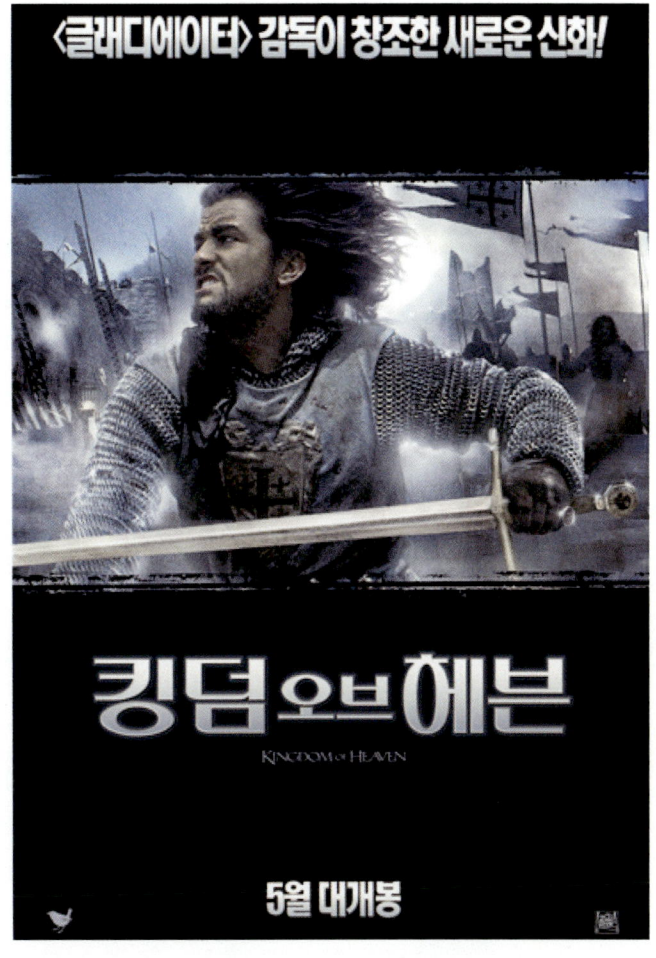

리들리 스콧(Ridley Scott, 1937~). 영국 태생. 로얄예술대학에서 미술을 공부한 후에 리들리 스콧은 런던에 있는 웨스트 하트폴 예술학교에서 영화를 공부하며 주로 단편영화를 찍었다. 졸업 후에는 다큐멘터리 감독으로 유명한 페니 베이커, 리처드 리콕과 함께 미국에서 활동하기도 했다. 처음에는 BBC 방송국의 프로덕션 디자이너와 연출자로 경력을 쌓았고, 수많은 광고도 제작하기도 하였다. 이러한 그의 경력은 독특한 조명효과를 사용해 이미지 중심의 감각을 새롭게 연출할 수 있었는데, 주로 빛보다는 어둠(예컨대 〈블레이드 러너〉와 〈에이리언〉), 남성보다는 여성(예컨대 로드무비로 칸영화제 개막작으로 선정된 〈델마와 루이스〉, 〈지 아이 제인〉)에 대한 강한 집착을 보여 주는 작품을 만들었다. 이 시대의 가장 대표적인 비주얼리스트로 보아도 전혀 손색이 없는 인물이다. 1977년 나폴레옹 시대를 영상화시킨 데뷔작 〈결투자들〉(The Dualist)이 비평가들로부터 좋은 반응을 얻어 칸 영화제에서 황금 카메라상을 수상한 이후, 12회 런던 비평가 협회상 감독상(1991), 제58회 골든 글로브 시상식 드라마부문 작품상(2001), 제73회 아카데미 시상식 작품상(2001)을 수상했다.

Filmography: 에이리언(1979), 블레이드 러너(1982), 레전드(1985), 위험한 연인(1987), 블랙 레인(1989), 1492 콜럼버스(1992), 화이트 스콜(1996), 지 아이 제인(1997), 글래디에이터(2000), 블랙 호크 다운(2001), 한니발(2001), 매치스틱 맨(2003), 보이지 않는 아이들(2005), 킹덤 오브 헤븐(2005), 어느 멋진 순간(2006), 아메리칸 갱스터(2007), 글래디에이터(2007), 로빈후드(2010).

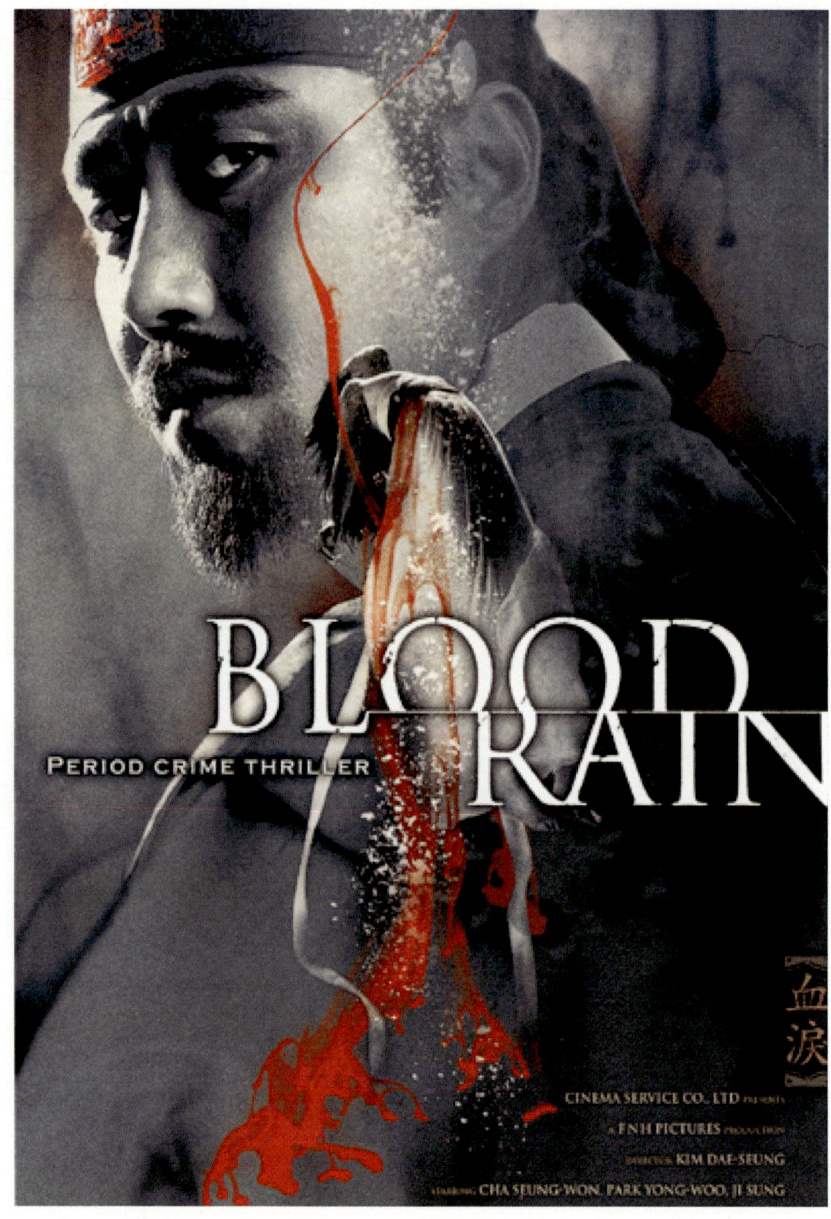

<혈의 누>(김대승, 2005, 18세)

김대승(1967~). 중앙대 연극영화과를 졸업한 김대승 감독은 임권택 감독 밑에서 오랫동안 조연출로 활동하며 〈서편제〉, 〈태백산맥〉, 〈축제〉, 〈노는 계집 창〉, 〈춘향뎐〉에서 조연출로 있으면서 영화경력을 쌓았다. 데뷔작인 퓨전멜로드라마 〈번지점 프를 하다〉로 2001년 제22회 청룡영화상 신인감독상을 수상했다.

Filmography: 번지점프를 하다(2000), 혈의 누(2005), 가을로(2006), 연인(2007)

〈남극일기〉(임필성, 2005, 15세)

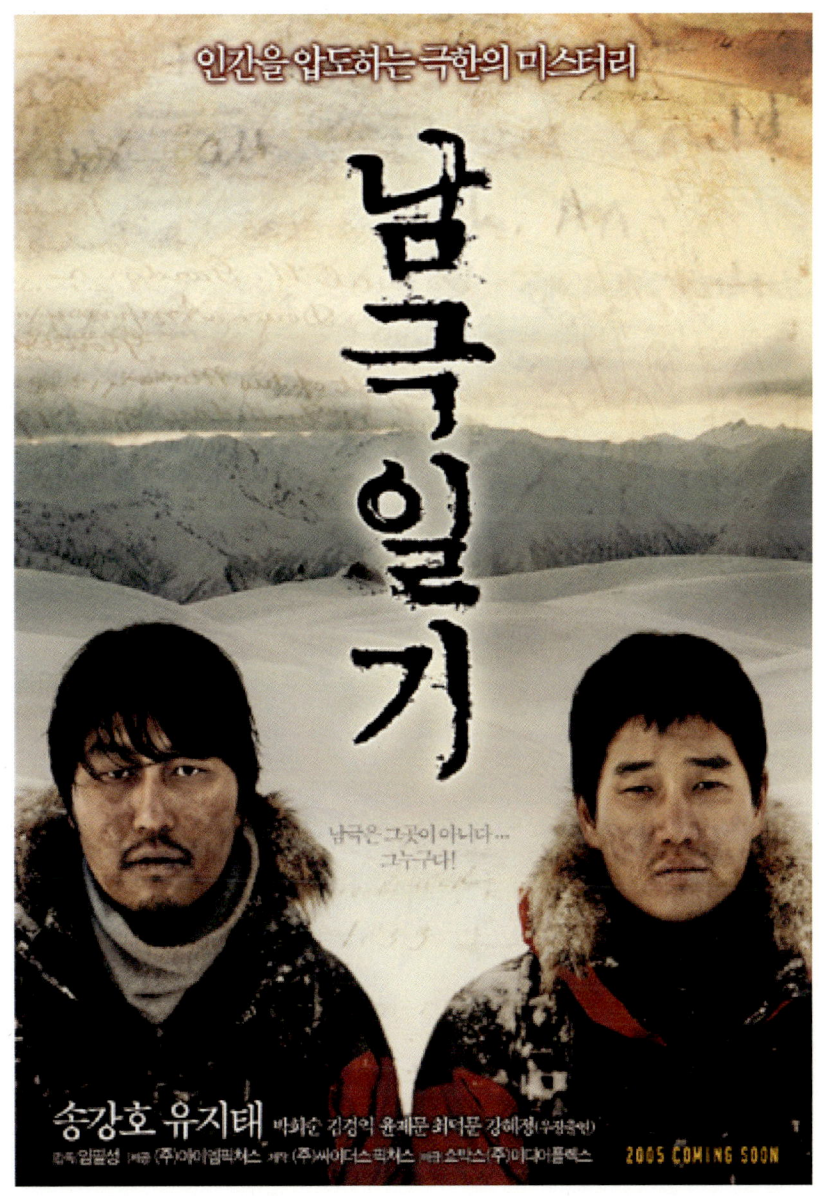

임필성(1972~), 단국대 영문과 출신의 영화감독으로 과거 씨네21의 객원기자로 활동하기도 했다. 이탈리아 몬테카티니 국제 단편영화제 Proposte 부문에 공식으로 초청되었던 단편 〈기념품〉으로 데뷔한 임필성 감독은 그 후 1998년에 〈소년기〉를 만들어 부산단편영화제에서 작품상을 수상했다.

Filmography: 기념품(1997), 소년기(1998), 베이비(1999), 쇼우 미(2003), 남극일기(2005), 헨젤과 그레텔(2007), 인류멸망보고서(2010)

2005년에 개봉되었던 세 영화는, 감독들이 원래부터 의도했던 것인지는 모르겠지만, 각각 천국과 지옥의 이미지를 보여 준다. 바로 <킹덤 오브 헤븐>과 <혈의 누> 그리고 <남극일기>이다. 첫 번째 영화는 제목 자체가 말해 주듯이, 천국의 속성을 묻는 질문에 대해 영화를 통해 대답하려 한 것이고 <혈의 누>는 '피의 비'라는 뜻의 제목으로 억울하게 죽은 한 사람과 그 가족의 처참한 죽음에 대한 복수를 다루면서 복수세계의 잔혹함과 비참한 결과를 보여 주고 있다. <남극일기>는 남극 탐험대에 참가한 대원들의 갈등과 탐험대장의 욕망을 통해 인간 욕망의 실체를 보여 주려고 한다. 영화를 보면서 지옥이 바로 이런 곳임을 실감할 수 있다.

천국은 어떤 곳이며 또 어디에 있는가?

이 질문은 리들리 스콧 감독이 12세기(2차와 3차 원정 사이의 시대) 십자군 전쟁을 사실적으로 재현한 영화 <킹덤 오브 헤븐>를 통해 어렵지 않게 들을 수 있는 질문이다. 스콧 감독은 이 질문에 대한 대답을 중세의 실존적인 영웅이었던 십자군 기사 발리안(올랜도 블룸)을 통해서 보여 주고자 한다. 스콧 감독은 실존인물인 발리안을 프랑스의 한 대장장이로 각색하면서 역사와 허구의 벽을 넘나드는 팩션(faction)을 사용한다. 그 이유는 사실 속에 묻혀 있는 것들을 상상력을 통해 드러내기 위해서다. 다시 말해서 스콧 감독은 역사적 사건인 십자군 전쟁을 매개로 해서 하나님 나라의 참모습은 무엇이며, 또 그것은 어떻게 발견될 수 있는지를 허구적 구성을 통해 묻고 대답해 보려 한 것이다.

발리안은 아들을 잃은 슬픔으로 스스로 목숨을 끊은 아내의 죄와, 죽은 아내가 지옥에 갔다며 발리안이 마을을 떠날 것을 종용하던 사제를 죽인 자신의 죄에 대한 속죄의 방법을 찾으면서 예루살렘에 도착한다. 예수가 십자가에 달리신 골고다 언덕에서 오랜 시간 응답을 기다리지만 그는 아무런 대답도 얻지 못한다. 예루살렘으로 돌아오는 도중에 부상을 입은 후 그 후유증으로 숨을 거둔 아버지 고프리(리암 니슨)의 뒤를 이은 발리안은 봉토로 받은 척박한 땅을 사람이 살 수 있는 곳으로 개간한다.

하루하루를 열심히 살아가는 그에게 나타난 도전이 하나 있었는데 한센병에 걸려 죽음에 임박해 있는 왕 볼드윈 4세(에드워드 노튼)가 자신의 여동생이자 공주인 시빌라(에바 그린)와 정략결혼을 시키고 예루살렘 왕의 후계자로서 전쟁을 꾀하는 무리들을 제거할 것을 발리안에게 제안한 것이다. 평화를 존중하는 티베리아스(제레미 아이언스)의 지원을 받아 예루살렘의 평화를 지킬 수 있는 최선의 방책이었고, 명예와 권력 그리고 사랑을 한꺼번에 얻을 수 있는 좋은 기회였다. 감히 거역할 수 없는 왕의 명령이었지만, 발리안은 "말은 '왕'에게 복종하고 아들은 아비를 따르지. 허나 명심하게. 비록 몸은 권력에 복종해도, 영혼은 네 자신의 것"이라는 왕의 가르침에 따라 거절한다. 그가 거절했던 가장 중요한 이유는 평화를 지키기 위한 명분으로 수많은 사람이 목숨을 대가로 지불해야만 하는 일이었기 때문이다. 어떠한 폭력이든 결코 정당화될 수 없다는 생각이었다. 결국 왕위는 주전파인 기 드 뤼시앙에게 가고, 그는 전쟁광 레이놀드를 사주해 모슬렘 지도자 살라딘(가산 마소드(Ghassan Massoud) 분)과의 전쟁을 서둘러 감행하지만 완패하고 만다.

역사적인 사실에 따르면, 정략결혼은 여왕 시빌라가 원해서 이루어진 것이다. 예루살렘에 거주했던 기독교도들로부터도 '세상에서 가장 고결한 정복자'라는 칭송을 받았던 살라딘에 대한 표현에 대해서도 무슬림들의 반발이 심하다고 하는데 사실과 다르기 때문이다. 팩션이라는 장르는 허구적 구성의 효과를 위해 역사적 사실까지도 바꿀 수 있는 것인지를 의심하게 만든다. 수학자로서 노벨 경제학상을 받은 존 F. 내쉬의 일대기를 그린 <뷰티풀 마인드>(론 하워드, 2001)에서도 아내와의 관계에서 이혼이 아내의 헌신으로 표현돼 많은 논란을 불러일으켰는데, <킹덤 오브 헤븐> 역시 적지 않은 논란에 휘말렸다.

발리안은 자신이 일으키지 않은 전쟁에서 예루살렘 안의 사람들을 지키면서 모슬렘 지도자 살라딘과 치열한 전쟁을 치르게 되지만, 결국 살라딘과의 협상을 이끌어 내게 된다(1187년). 이 싸움은 힘에 의한 평화를 얻기 위한 선제공격이 아니라 사람의 생명을 지키기 위한 최선의 노력이었다. 전력 면에서 본다면, 살라딘과 비교할 수 없을 정도로 열세여서 예루살렘의 백성들은 자신들이 감히 살라딘과 맞서 싸울 엄두를 내지 못하지만, 발리안은 "우리가 수호해야 할 것은 예루살렘의 돌 벽이 아니라, 그 안에 사는 사람들이다"는 말로 그들을 독려한다. 이 말을 통해서 발리안은 '킹덤 오브 헤븐'으로 알려진 예루살렘에 대한 자신의 이해를 드러낸다. 예루살렘은 전쟁의 승자가 지배하는 곳이 아니라 사람이 함께 거하는 곳이며, 종교의 차이를 막론하고 모두가 더불어 살 수 있는 곳이다. 그곳은 살라딘이 지배하는 곳도 아니고 또한 기독교가 지배하는 곳도 될 수 없다. 그곳은 바로 평화가 지배하는 공존의 세계이며, 예루살렘 성벽 안이 아닌 마음속에 있는 것이다. 이런 점에서 발리안은 세계 정복을 통해 평화를 추구했던 알렉산더와는 전혀 다른 영웅적 캐릭터를 보여 준다.

하나님 나라와 관용의 공동체

이 대목에서 누가복음 17:21의 말씀을 떠올리는 것은 지극히 자연스럽다. 바리새인들과 예수님의 대화에서 바리새인들은 '하나님의 나라가 어느 때에 임하나이까?'라고 묻는다. 이에 대해 예수님은 하나님의 나라는 볼 수 있는 형태로 임하지 않는다고 말씀하신다. 어느 때에 임하는 것도 알 수 없거니와 어느 곳에 있는지도 알지 못할 것이라고 말씀하신다. 그리고 '하나님의 나라는 너희 안에 있느니라'는 말씀으로 끝을 맺으신다. 언제 어떻게 임하게 될지도 모르고 또 그것을 확인할 수 있는 방법도 없지만 분명한 것은 너희, 곧 공동체 속에 현존해 있다는 것이다. 사람이 함께 있는 곳에 현존하지만 그것이 어떻게 있고, 또 어디에서 발견될 수 있는지를 모를 뿐이라는 것이다.

이 말을 통해 주님은 하나님 나라는 비록 완성된 형태로 현존해 있을 수도 있지만, 공동체와 융합되어 있고, 또한 공동체 구성원들과 더불어 하나님 나라를 기대하며 살아가는 사람들에게 진정으로 중요한 것이 무엇인지를 환기시켜 주신 것이다. 그것은 천국에 대한 수많은 가르침(이미지)에 결코 현혹되지 말 것이며, 주님의 약속을 신뢰하되 결코 후회하지 말고 인내하며 살라는 것이다. 노아가 120년의 세월을 기다리며 살다가 결국 하나님의 구원을 받았듯이, 공동체 속에서 공동체와 함께 자라는 하나님 나라가 확인될 때까지 기다리고 또 기다리며 살아가야 한다는 것이다. 이를 위해 필수적인 덕목은 관용이다.

관용이란 더 나은 뜻이 밝혀질 것을 기다리며 상생의 원리를 바탕으로 상극으로 보이는 것들을 용납하는 것이다. 이것은 균형 잡힌 구도로 이어지고 더 나아가 각자의 한계로 인해서 보지 못하는 서로 다른 모습들을 보게 해 줌으로써 삶을 한층 다양하게 살아갈 수 있도록 해 준다. 그런데 관용은 흔히 이미 힘의 구도에서 지배와 피지배의 관계가 분명한 상태에서 기대할 수 있는 덕목으로 이해되지만 동등한 관계 속에서도 유용하다.

동등한 관계 속에서 발견할 수 있는 관용의 또 다른 모습을 대안으로 제시한 사람은 사도 바울이다. 그는 고린도전서 13장에서 서로에 대한 주장이 난무하게 됨으로 해서 생기는 문제를 해결하면서 서로가 진리라고 주장하는 것들이 다 부분적인 것이라고 말한다. 온전한 것이 올 때까지 하나님에 대해 가져야 할 태도는 믿음과 소망이며, 서로가 서로에 대해 가져야 할 태도는 사랑이라는 것이다. 이것은 서로가 진리를 향해 함께 커 가는 것이라는 의미를 내포한다. 관용의 또 다른 모습이 아닐 수 없다.

하나님 나라는 관용 속에서, 사랑 가운데 함께 거하는 곳에 현존해 있는 것이다. 그러나 하나님 나라는 도대체 어떤 곳인가에 대한 대답은 아직 주어지고 있지 않다. 이런 맥락에서 볼 때 속죄를 위해 예루살렘을 향해 가는 발리안의 모습은 천국을 이해하는 데에 있어서 중요한 단서를 제공해 준다. 천국은 속죄, 곧 용서가 이루어지는 곳이며, 용서를 통해 새로운 삶을 시작할 수 있게 하는 곳이다.

이것을 가장 잘 보여 준 분은 예수님과 스데반 집사다. 두 사람은 공통적으로 자기를 죽이려는 사람들의 죄에 대해 용서를 구했다. 그들은 원수가 될 수 있는 자들을 용서함으로써 죽음의 순간에 세상에서 천국을 경험한 것이다.

지옥은 어떤 곳이며 어디에 있는가

<혈의 누>는 조선 말 천주교 박해가 한창이었던 시대를 배경으로 한다. 제지업을 주업으로 삼으며 살아가는 외딴섬에서 일어난 이야기다. 중앙관청에 상납하는 종이가 선적된 배에 갑자가 화재가 난다. 방화범을 수색하는 과정에서 연쇄 살인 사건이 일어나고 살해범을 잡으려는 과정에서 일어나는 일들을 스릴러의 형식으로 영상화한 것이다. 이것 역시 팩션의 형태를 사용함으로써 사실성에 대한 긴장감과 상상력으로 인한 재미 모두를 제공해 준다.

영화의 주제는 복수다. 제지소 주인 강객주(천호진 분)가 천주교인으로 몰려 가족과 함께 다섯 가지 방법으로 억울하게 죽은 후, 그 섬에서는 각각의 방식으로 다섯 명의 발고자들에 대한 잔인한 복수가 진행된다. 이야기는 살인자를 쫓는 원규(차승원 분)에 초점을 맞추며 추리극의 형식으로 전개된다. 놀랍게도 살인범은 주인의 딸 소연(윤세아 분)을 사랑했던 현 제지소 주인 김치성 영감(오현경 분)의 아들(인권, 박용우 분)로 밝혀진다. 그는 복수의 차원에서 발고자들을 죽였을 뿐 아니라, 억울한 죽음에 대해 침묵했던 당시의 주민들을 응징하는 차원에서 제지소에서 그들을 가혹하게 대했음이 밝혀진다. 그는 발고자 가운데 마지막 한 사람을 남겨 놓고 죽지만, 마지막 발고자인 두호(지성)는 주민들에 의해서 잔인하게 살해당한다. 바로 이때 하늘로부터 피의 비가 내리며 주민들은 광기에 휩싸이게 되고, 섬 전체는 복수의 망령으로 들끓게 된다.

마지막 복수의 현장에서 피가 비로 뿌려지는 장면은 그야말로 지옥의 한 장면과 방불했다. 지옥이란 바로 이런 곳이라는 생각이 절로 들게 만든다. 심판받는 자들이 가게 되는 곳인 지옥은 실상은 복수가 행해지는 곳이다. 믿지 않거나 죄를 범하고 악을 행한 자들이 마지막 순간까지 용서받지 못했을 때, 그에 대한 대가를 지불하는 곳이 바로 지옥이기 때문이다. '인과응보'라는 말은 종교적인 맥락에서 표현한 것일 뿐, 사실 복수와 동일한 맥락에서 이해될 수 있는 말이다. 지옥은 복수가 행해지는 곳이다.

영화계의 주목을 한 몸에 받고 있는 박찬욱 감독의 3부작 작품 <복수는 나의 것>(2002), <올드보이>(2003), <친절한 금자씨>(2005) 그리고 <악마를 보았다>(김지운, 2010)에서 볼 수 있듯이 영화 속에서 표현된 복수의 장면들은 한결같이 혐오스럽다. 스릴러 영화로서 볼 뿐이지 두 번 다시 보고 싶지 않은 장면들이다. 복수가 이루어지는 현장이 지옥이 아니라면 또 어떤 곳을 생각할 수 있을 것인가? <친절한 금자씨>는 영혼의 구원이 이루어지지 못했다는 엔딩 내레이션으로 이 사실을 더욱 부각시킨다.

욕망이 지옥을 만든다

<남극일기>는 6명으로 구성된 남극탐험대가 '도달 불능점'에 도달하기 위한 과정에서

일어나는 사건들과 대원들 사이의 갈등을 스릴러 형식으로 표현한 영화다. 1922년 영국탐험대가 남겨 놓은 탐험일지인 '남극일기'가 발견되면서 탐험대원들 간에 심각한 갈등이 일어나게 된다. 기상 조건은 점점 악화되어 가고, 게다가 조난당한 동료에 대한 탐험 대장의 이해할 수 없는 태도는 대원들의 불만을 증폭시킨다. 반드시 목표지점까지 가야 된다는 집착으로 인해 대장은 대원들로 하여금 베이스캠프에 대한 미련을 포기하도록 모든 통신수단을 망가뜨린다. 대장은 대원들의 건강상태와 기상 조건에는 아랑곳하지 않고 강행군을 재촉한다. 대장에게 있어서 '도달 불능점'은 어떠한 상황 가운데서도 반드시 도달되어야 하는 것이었다. '남극이 대장을 미치게 한 것일까?'

영국탐험대가 남겨 놓은 메모에 따르면 '도달 불능점은 없다.' 그럼에도 불구하고 그곳을 향한 열정은 오히려 대원들을 갈등과 죽음으로 이끌 뿐이다. 영국탐험대는 바로 이 사실을 깨달았고, 그것을 일기로 남겨 놓은 것이었다. 그들은 자신들의 깨달음을 이렇게 기록했다. '욕망은 지옥을 만든다.' 도달 불능점이 없음에도 불구하고 그곳에 이르기 위한 노력은 욕망의 표현일 뿐이며, 결국은 지옥과 같은 끔찍한 결과를 초래할 뿐이라는 메시지다. 탐험대가 이 메시지의 의미를 알게 되었을 때는 이미 때가 늦었다. 대원들이 하나둘씩 죽어 가고, 마지막으로 남은 두 사람은 마침내 목표지점에 이르게 된다. 그러나 그곳은 대장이 원하는 지점은 아니었다. 대장이 원하는 지점은 아무도 도달할 수 없는 지점, 곧 도달 불능점이었다. 따라서 이 탐험은 처음부터 좌절될 수밖에 없는 것이었다. 마치 무지개를 잡는 것과 같은 삶, 그 자체가 대장의 목표였다. 욕망의 끝은 도대체 어디가 될 것인가?

남극의 어둠 속으로 사라져 가는 대장의 모습을 보면서 던진 질문이다. 대장이 왜 그런 욕망을 품게 되었는지 알 수 있는 부분이 없다는 점은 아쉬운 부분으로 남는다. 도달 불능점을 지나치게 강조하면서 나타난 스토리 전개의 비약이라고 생각한다. 여하튼 도달 불능점에 도달하기 위한 그들의 탐험은 처음부터 불가능한 일이었다. 왜냐하면 그들이 겨냥하고 있는 '도달 불능점'은 말 그대로 결코 도달할 수 없는 지점을 가리키기 때문이다. 결코 도달할 수 없는 곳을 가도록 하는 것은 인간의 욕망일 뿐이다. 인간의 욕망이 지옥을 만든다는 말은 '욕심이 잉태한 즉 죄를 낳고 죄가 장성한 즉 사망을 낳느니라'는 말씀(야고보서 1:15)을 떠올리게 한다. 사실 사람의 욕망은 얼마나 많은 얼굴을 가지고 있는가. 사랑, 꿈, 비전, 희망, 야망, 도전, 성취의 기쁨 등. 모두가 인간의 욕망이 쓰고 있는 가면들이다. 잘 통제되기만 한다면 개인은 물론이고 인류를 위해 크게 기여를 한다. 그렇지 않게 되면 욕망은 순간적으로 그 본색을 드러낸다. 욕망에 사로잡혀 있는 사람들에게 주변에 있는 모든 사람들은 자신의 목적을 위한 수단에 불과하다. 목적에 이르기 위해 필요할 때만 의미가 있을 뿐, 방해될 경우에는 여지없이 제거된다. 모든 판단의 기준이 자기중심적이다. '지옥' 이미지와 결코 다를 것이 없다. 쉼이 없는 곳, 결코 만족이 없는 곳, 언제나 갈증과 부족과 원망과 한탄으로 가득한 곳, 끝을 모르고 결코 멈출 줄 모르는 욕망에 사로잡힌 인간이 만들어 내는 모습이다.

기독교는 용서와 안식의 종교, 교회는 천국의 모형

복수가 행해지는 그 순간 바로 그곳이 지옥이라면, 천국은 용서가 이루어지는 그 순간이며 바로 그곳이다. 발리안이 사죄를 위해 찾아간 곳은 단지 눈에 보이는 '킹덤 오브 헤븐'이 아니라 평화의 씨가 뿌려진 곳이었다. 평화를 위해 명예와 권력 그리고 사랑마저 포기했을 때 비로소 그는 사죄를 경험하고 새로운 삶을 살 수 있는 용기를 얻을 수 있었다.

육신의 소욕대로 사는 삶의 끝이 멸망이라면, 천국은 안식을 누리는 곳이다. <욕망이라는 이름의 전차>(엘리아 카잔, 1951)는 한 여인이 자신의 욕망에 이끌리어 살아가면서 어떻게 파멸되어 가는지를 보여 주고 있고, 이 점에서 <주홍글씨>(변혁, 2004)도 마찬가지이다. 특히 자동차의 트렁크에 갇혀 피범벅이 되어 최후를 맞이하는 장면은 욕망의 끝이 갖는 비참함을 잘 표현해 주었다. <악마를 보았다>는 사람을 처참하게 살해하며 인육을 먹는 악마와 같은 살인마를 복수의 의미에서 응징하는 사람 역시 악마로 변해 가는 모습을 보여 주었다. 복수가 행해지는 그곳은 지옥이며, 그 일을 행하는 사람은 악마로 비춰질 수밖에 없다.

기독교는 용서의 종교로 천국을 소망할 뿐만 아니라 이미 이곳에서 천국의 삶을 누린다고 가르치는 종교다. 교회는 용서받은 자들이 모이는 곳이기 때문이다. 교회는 천국의 모형으로 부름을 받고 있다. 용서가 실천되는 곳이 천국이라고 한다면, 교회가 해야 할 일이 아무리 많다 해도 무엇보다 먼저는 하나님의 용서를 실천하는 곳이어야 하며, 또한 먼저 용서받은 자들을 통해서 하나님의 용서가 나타나는 곳이어야 한다.

교회는 안식의 종교다. 주일을 거룩하게 지킴으로써 하나님의 안식을 증거하고 그럼으로써 교회는 장차 나타날 천국의 모형이 된다. 하나님의 안식은 하나님의 창조를 전제한다. 모든 것을 하나님이 하셨다는 고백과 안식에 대한 하나님의 약속에 근거해서 믿음 안에서 안식을 실천하는 곳이다. 삶의 여유를 잃어버린 현대인들에게 안식의 가치와 기회를 제공해 줄 수 있는 곳은 교회이다. 모든 것을 하나님에게 맡기는 삶, 이것이 바로 안식할 수 있는 이유가 된다.

(「목회와 신학」 2005년 6월, 204-207)

모두에게 열려 있는 교회를 꿈꾸다

〈웰컴 투 동막골〉(박광현, 2005, 12세)

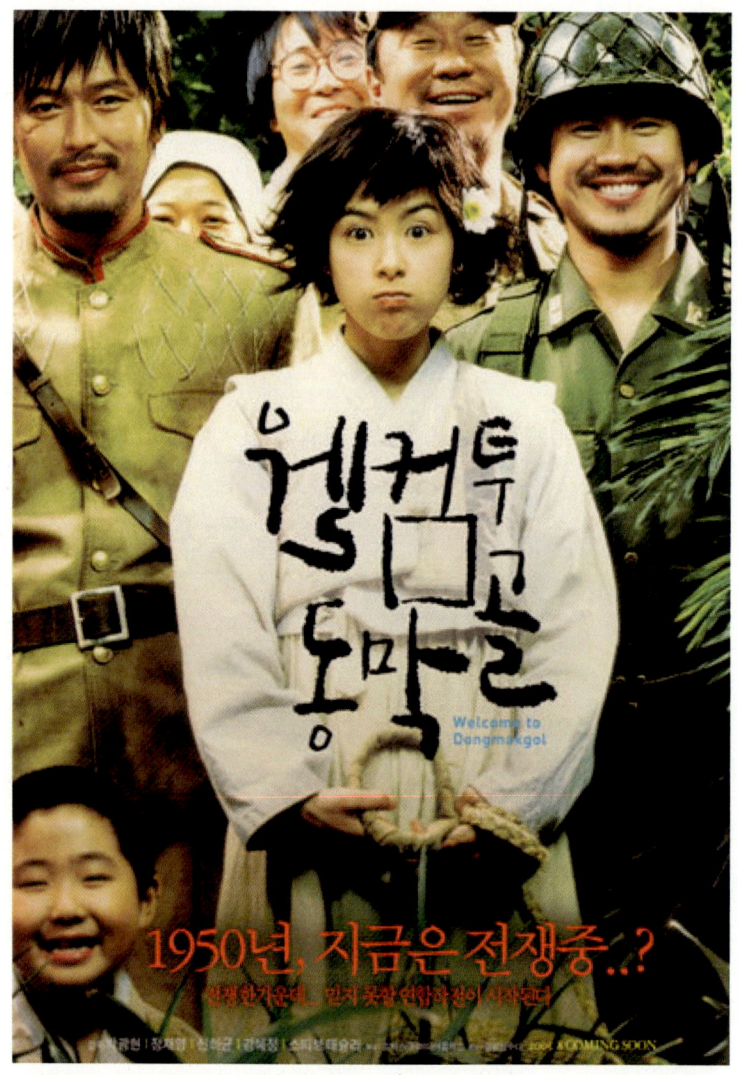

박광현(1969~   ), 홍익대 시각디자인학과 출신 CF 감독으로 시작하여 7년간이나 CF 제작을 해 오면서 많은 이들의 기억 속에 남은
작품들을 생산해 내었다. '목숨 걸지 마세요 맥도날드에서는…'이라는 카피의 맥도날드 CF는 해외 광고제 수상까지 하면서 화제를 모
았다. 또 '선영아 사랑해'라는 문구로 광고계의 새 바람을 주도했던 CF도 그의 작품이다. '교보생명' 최민식 편으로 국내 광고 대상을
거머쥐면서 그의 탁월한 연출력을 다시 한 번 뽐냈다. 영화 데뷔작 〈묻지마 패밀리〉(2002)의 '내 나이키 편'으로 영화계에 발을 들여놓
은 그는 그 이후 자신의 영화를 만들겠다며 시나리오를 쓰고 있었다. 그때 장진 감독의 제안에 따라 만든 〈웰컴 투 동막골〉(2005)은
한국 영화의 역사를 다시 쓰게 만든 영화였다. 2005년 대한민국 영화대상에서 〈웰컴 투 동막골〉은 최우수 작품상과 감독상. 여우조연
상. 각본상. 음악상 등 총 6개 부문상을 휩쓸었고, 박광현 감독은 감독상과 신인 감독상을 동시에 수상하는 영예를 안았다.

Filmography: 묻지마 패밀리(2002), 웰컴 투 동막골(2005)

재미있다. 영화 속에서 함께 웃고 울다 보니 어느새 엔딩 음악에 푹 빠져 있는 나를 발견한다. '영화가 말하려는 것은 무엇일까?' 영화 감상이 끝나면 습관처럼 묻던 질문이 왠지 사치스럽게 느껴질 정도다. 의미를 묻는 질문이 도대체 무슨 의미가 있을까? '동막골'은 의미를 묻기보다는 경험해야 하는 곳으로 생각되기 때문이다. 이러다가는 영화를 보고 글 쓰는 일을 그만두어야 할 판이다. 영화를 보고 글을 쓴다는 것이 영화 속 현실에서 함께 있지 못한 사람들의 화려하게 포장된 변명처럼 느껴지기 때문이다. 나의 글쓰기를 일순간 한없이 부끄럽게 만든 영화다. 사실 이렇게 영화 속의 한 사람이 되어 맘껏 웃으며 영화를 본 적이 있었을까? 기대 이상의 웃음을 선물로 준 영화다. 내 안의 무수한 암세포들이 일순간에 퇴치되었으리라. 비록 인기리에 공연을 끝냈던 장진 감독의 동명의 연극을 바탕으로 한 것이지만, 박광현 감독의 첫 작품치고는 놀라운 기량이 발휘된 작품이다. 앞으로 그의 활약이 기대된다.

그러나 강원도 두메산골 동막골을 나서는 순간, 정수리 끝으로 떨어지는 갖가지 사념들을 막을 수는 없었다. '우리에게도 동막골은 있을까?', '있다면 그곳은 어디일까?' 잠시 동안이었지만 동막골에 살다 온 터라 한편으로 추억을 회상하는 뜻이기도 하지만, 다른 한편으로 동막골과는 전혀 다른 현실에서 여생을 살아야 하는 안타까운 마음의 표현이기도 했다. '동막골', 그곳은 오늘 우리에게 어떤 곳일까? 그곳에서 하룻밤을 자고 나면 어떤 아침을 맞게 될까? 뭔가 많이 부족한 여자 여일(강혜정 분)의 해맑은 웃음과 낯선 사람의 안전을 염려해 주는 그 따뜻한 마음이 그리움에 사무친다. 동막골에 가면 나도 그녀를 만날 수 있을까? 잠자고 있는 내 머리에 아무렇게나 꽂아도 예쁜 들꽃을 꽂아 줄까?

감독의 '동막골論'

동막골은 강원도 두메산골의 한 마을 이름이다. 아이들이 거침없이 막 자라기를 바라는 마음에서 붙여진 이름이다. 세상 두려워하지 말고 떳떳하게 살라는 뜻이리라.

동막골 사람들은 인민군이 누구이고 국군이 누구이며 또 연합군이 누구인 줄 모른다. 그들 사이에서 일어난 전쟁을 알 턱이 없다. 전쟁의 무풍지대이며, 또한 이념의 용광로다. 어떤 상반된 이념이라도 이곳에서는 무의미해진다. 모두가 사람으로 대접받을 뿐, 그 이상도 그 이하도 아니다. 미친 사람도 동막골에서는 떳떳한 한 사람이다. 동막골에 일단 발을 들여놓은 사람들은 모두가 동막골 사람이다. 누구든 예외 없이 환대를 받는다. 사람으로서 살기를 원하는 한 거부되지 않는 곳이다. 언제나 '웰컴 투 동막골'이다.

동막골은 공동체다. 모두가 함께 살아간다. 촌장의 지도력이 많이 먹이는 데에 있다고 말하는 것에서 볼 수 있듯이 동막골 사람들은 비록 부유하지는 않지만 부족한 것이 없이 산다. 그래서 동막골은 어떠한 희생을 치르고서라도 반드시 지켜져야 할 곳이다. 왜냐하면 그곳은 모두가 만족하는 곳이며, 누구든 함께 있을 수 있는 곳이어서 어떤 이념의 분쟁도 없고, 갈 곳 없는 모든 사람들의 피난처이며, 과거의 상처로 가슴 아파하는 모든 사람들의 위로가 되는 곳이기 때문이다.

동막골은 불멸의 정신이 깃든 곳이다. 유독 동막골에 많았던 나비들은 흔히 불멸의 정신으로 상징되는 것이다. 시인 박봉우가 민족 분단의 아픈 현실을 안타까운 마음을 갖고 지은 '나비와 철조망'에서도 나비는 비록 피에 적신 날개를 갖고도 자신이 가야 할 곳까지 날아간다. 동막골에 나비가 많은 것은 동막골은 분단의 비극을 초월한 불멸의 정신이 깃든 곳임을 말하기 위함이다.

동막골 이야기

이런 동막골 사람들의 삶을 담고 있는 이야기의 배경은 1950년 9월 한국 전쟁에서 인천상륙작전이 막 성공을 이루던 때다. 세 부류의 사람들이 동막골에 모여든다. 연합군 스미스(스티브 태술러 분) 대위는 비행기 추락으로 인해 동막골에 들어오게 되고, 부대원을 다 잃고 아군에 의해 쫓겨 다니는 인민군 리수화(정재영 분)는 여일에 의해, 그리고 탈영한 후에 낙오병 신세가 된 국군 표현철(신하균 분)은 마을의 한 주민에 의해 인도되어 동막골에 이르게 된다. 그들이 처음 마주치는 순간에는 서로에게 총부리를 겨눌 수밖에 없는 처지이지만, 수류탄을 쇠뭉치로 알고 안전핀을 가락지로 생각하는 동막골 사람들의 순박함 속에서 상황은 돌변하고 만다. 옥수수 곳간에서 잘못 터진 수류탄으로 인해 곳간 안의 옥수수는 팝콘, 아니 팝콘 꽃으로 피어난다. 꽃이 만개함과 동시에 이념 갈등의 숨 막히는 긴장은 한순간에 무너지고 모두에게 웃음과 화해가 찾아온다. 무너진 곳간이 다시 세워질 때까지 남아 있게 된 양 진영의 사람들은 서로 협력하는 가운데 우애를 다지게 된다.

동막골을 찾은 사람들은 모두 네 가지 남북 연합작전을 통해 자신들도 동막골의 일원임을 확인한다. 특히 느린 화면으로 찍힌 달려드는 멧돼지를 잡는 모습은 관객 모두에게 깊은 인상을 남겼을 것으로 예상되는데, 멧돼지에 쫓기는 여일의 모습을 보고 빠른 속도로 돌멩이를 던져 멧돼지의 방향을 돌린 인민군 소년, 멧돼지의 관심을 자신에게 돌리는 데는 성공했지만 곧 위기에 처하고, 깔리기 직전에 표 대위가 그를 구한다. 팽팽하게 잡아당긴 밧줄로 멧돼지를 넘어뜨려 공격을 약화시킨 후, 스미스는 자신의 목발로 사용된 막대기를 인민군 리수화에게 던져 준다. 리수화는 그것으로 목창을 만든 후에 순식간에 멧돼지의 목에 꽂아 숨을 끊어놓는다. 이것은 삼군(인민군, 국군, 연합군) 연합작전의 첫 번째 결실이다.

두 번째 결실은 곳간의 완성이다. 모두가 함께 노동함으로써 얻은 결실이다. 곳간이 다 완성되었을 때 마을은 기쁨의 축제로 떠들썩하다. 새로 온 동막골 사람을 놓치기 싫어 더 큰 곳간을 지을 것을 생각하기도 한다.

이때 기쁨과 행복으로 가득한 동막골 사람들에게 뜻하지 않은 낯선 손님들이 찾아온다. 스미스를 구하러 온 연합군이다. 그들 역시 동막골에 들어온 이상, 군인이 아닌 동막골 사람으로 환대받지만 그들은 반공산주의적인 군인으로서의 신분을 고집한다. 그들은 오히려 동막골 사람들로서는 도무지 이해하지 못하는 두려움에 사로잡혀 동막골의 평화를 산산이 무너뜨린다. 세 번째 연합작전으로 동막골 사람들은 동막골 안에서의 폭력을 제거하는 데 성공한다. 물론 이 과정에서 여일은 연합군의 총격에 숨을 거두게 된다.

한편, 동막골을 괴뢰군의 대공포 기지로 오해한 연합군의 폭격계획을 들은 사람들은 동막골을 지키기 위해 폭격을 유도할 생각을 하고 실행에 옮기게 된다. 동막골 사람들은 폭격의 섬광을 불꽃놀이처럼 바라본다. 폭격을 유도하려고 마지막 힘을 다한 사람들 역시 불꽃놀이를 보는 표정으로 최후의 순간을 맞는다. 그들 역시 동막골 사람으로서 죽은 것이었다. 이것이 바로 마지막 네 번째 연합작전이다.

이상과 같은 총 네 차례의 연합작전으로 동막골 사람들은 위험으로부터 안전하게 보호된다. 그들의 희생은 동막골의 의미와 가치를 입증해 주는 것이다. 그곳은 그들이 인민군과 국군이 아닌 사람으로서 만날 수 있었던 장소이고, 대립과 반목이 사라지고 화해와 평화로 가득한 곳이며, 불멸의 정신이 깃든 곳이다.

오늘 우리에게 동막골은 어디인가?

오늘의 의미에서 '동막골'은 존재할까? 있다면 그곳은 어디일까? 박광현 감독은 바로 이 질문을 바탕으로 영화를 만들었기 때문에 다소 판타지하게 영상을 처리했을 것이라 생각한다. 현실로서의 동막골의 모습을 보여 준다면 질문은 단지 현실비판으로 끝날 수 있을 것이지만 판타스틱한 영상과 음악으로 인해 동경의 대상으로서의 동막골의 이미지가 더욱 돋보일 수 있었다는 말이다. 무거운 주제인 전쟁영화를 이렇게도 만들 수도 있다고 생각하며 연극과 다른 차원의 영화의 힘을 보게 된다.

영상으로 표현된 이미지를 현실 속에서 찾는다는 것이 어쩌면 무지개를 좇는 것 같지만, 사실 동막골이 우리 그리스도인들에게 그렇게 낯설게 느껴지지는 않는다. 가장 먼저 떠오르는 곳은 교회가 아닐까? 적어도 신학적인 의미에서 교회 말이다. 그런데 현대 교회는 과연 '웰컴 투 교회'를 자신 있게 말할 수 있을까? 이념이 다르고, 서로 대립하고 반목하는 사람들, 빈부의 심각한 갈등 속에서도 아랑곳하지 않는 사람들, 권력쟁취를 추구하는 사람들이라도 교회에 들어오기만 하면 화해하고 평화하며, 또한 모두가 평범한 한 사람으로 대접받게 될까? 누구에게나 '웰컴 투 교회'라고 말할 수 있을까? 북핵문제로 인해 교회 안에 있었던 친미와 반미 세력의 갈등의 골이 깊어진 때가 그렇게 멀지 않다는 현실을 생각해 보면 긍정하기가 쉽지는 않다. 혹시 현실 교회는 이념의 대립이 첨예하고 화해와 평화보다는 반목과 갈등으로 가득 차 있는 곳은 아닐까? 그래서 아무나 환영되는 것이 아니라, 특정한 부류의 사람들만 반겨지는 곳은 아닐까?

예수님은 말씀하셨다. '수고하고 무거운 짐 진 자들아 다 내게로 오라, 내가 너희를 편히 쉬게 하리라(마태복음 11:28)'. 모두를 받아들이겠다는 말이다. 이념의 차이를 묻지 않겠다는 말이다. 신분의 차이도 무시하겠다는 말이다. 빈부의 차이도 상관하지 않겠다는 말이다. 인간 모두는 무거운 짐을 지고 사는 사람들이며, 이것으로 인해 괴로워하는 모든 사람들의 삶에 평안을 주시겠다는 말이다. 그분을 머리로 삼고 혹은 그분의 기초 위에 세워진 교회는 마땅히 그런 모습이어야 할 것이다. 그렇게 기대된다. 그러나 현실은 어떠한가?

교회의 문이 아직은 모두에게 열려 있지만, 들어가면 들어갈수록 특정한 사람들만 출입이 가능한 문들이 너무 많다. 교회 밖의 사람들은 돈 많고 배경이 좋고 권력이나 명예가 있는 자들에게만 더 활짝 열리는 곳이 교회라고 인식하고 있다. 이기적인 욕심이어서 주위의 눈살을 찌푸리게 만드는 행위라도 만일 그것이 자기 교회를 위한 것이라면 대담하게 면죄받는다. 안타까운 일이지만 현실이다. 그래서 '동막골' 사람들에 대한 더욱 큰 관심을 갖게 되는 것 같다.

'동막골'은 실로 현대 그리스도인들에게 이미 오래전에 잊힌 색 바랜 기억을 회상케 한다. 다시 말해서 세상에 대해 구원의 방주요, 모든 자들의 쉼터로서의 이미지를 되새겨 준다. 막힌 담을 허무신 예수 그리스도의 넉넉한 마음을 간직하고 있다. 따라서 이곳에서 살고 싶다. 당장이라도 그곳으로 달려가고 싶은 마음이 간절하다. 프로테스탄티즘의 종교개혁 정신이 다시 회복되기를 바라는 마음이 간절한 시기다. '웰컴 투 교회'를 외칠 수 있고 또 모두에게 안식처가 될 수 있는 교회가 되기를 기대해 본다.

(「목회와 신학」 2005년 9월, 204-207)

세상에 있으나 천국에 속한 사람

〈아바타〉(제임스 카메론, 2009, 12세)

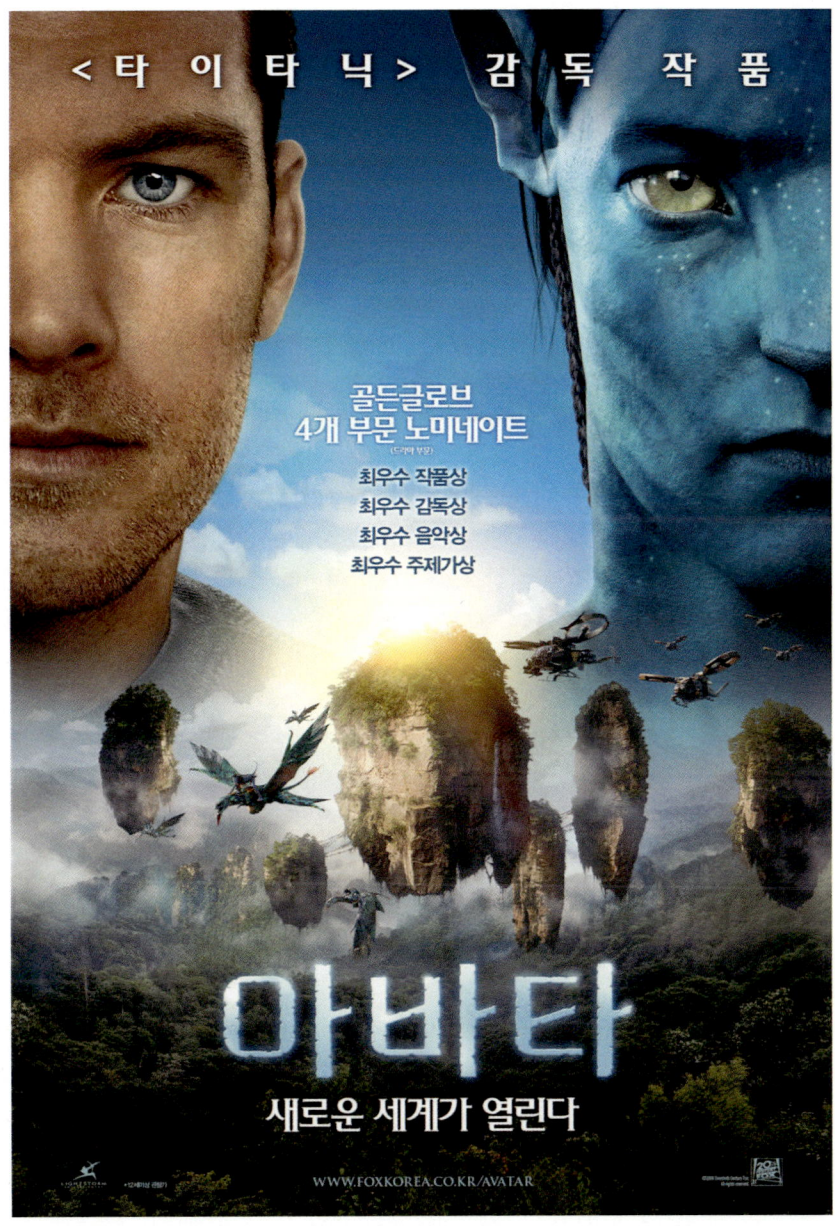

제임스 카메론(James Cameron, 1954~), 캐나다 출신, 1998년 골든글로브 감독상, 각본상, 작품상, 1998년 아카데미 감독상, 작품상, 편집상 수상

Filmography: 제노제노시스(1978), 피라나 2(1982), 터미네이터(1984), 에이리언 2(1986), 어비스(국내 개봉명 심연, 1989), 터미네이터 2(1991), 트루라이즈(1994), 타이타닉(1997), 에이리언 오브 더 딥(2005), 아바타(2009)

필자의 '기독교적 영화보기'는 유비적이거나 비판적인 의미읽기를 통해 영화를 기독교적으로 감상하려는 노력이다. 그런데 가끔은 유비적이랄 수도 없고 또 비판적이지도 않은 방식으로 영화에 의해 자극받을 때가 있다. 생뚱맞다는 말로 표현할 수 있는지 모르지만 때로는 전혀 예상하지 못한 주제들을 성찰할 계기를 얻는 경우다. <아바타>의 영화적인 상상력에 대한 필자의 경험, 즉 '천국과 세상'의 관계에 대한 성찰은 그야말로 돌발적인 것이었다. 필자가 굳이 천국과 세상의 관계를 생각하게 된 계기를 말한다면, 묵은해를 보내고 새해를 맞이하는 과정에서 마지막과 시작에 대한 묵상 때문이었지만, 무엇보다 우선되는 이유는 그 와중에 영화 <아바타>를 감상했기 때문이다. 영화 감상을 통해 천국과 세상의 관계를 이전과는 다르게 생각하게 된 것이다. 먼저 <아바타>의 영화적인 의미를 탐색하면서 이야기의 실마리를 풀어 보도록 하겠다.

<아바타>의 영화적인 의미

아바타는 '아바타 산업'이 형성될 정도로 웹을 통한 소통이 중시되는 현대 사회에서 매우 중요한 의미를 갖는 가상공간 속의 분신이다. 흔히 웹상에서 생산되어 진화되는 캐릭터 정도로 이해되어 왔지만, 원래는 산스크리트어 '아바따라(avataara)'에서 유래하며 '지상에 내려온 신들의 화신' 혹은 '분신'을 의미한다.

<타이타닉>으로 잘 알려진 제임스 카메론 감독이 기존과는 차원이 다른 3D 영화로 제작한 <아바타>는 기획 단계부터 필자의 관심을 불러일으켰던 작품이다. 특히 <아바타>가 개봉되기 전에 이미 화려한 CG작업으로 <폴라 익스프레스>(2004), <베오울프>(2007), <크리스마스 캐롤>(2009)이 로버트 저메키스 감독에 의해 제작되었기 때문에 필자의 의문은 더욱 증폭되었다.

<아바타>는 과연 이런 영화들이 보여 준 영상미를 뛰어넘을 수 있을 것인가? 이런 질문이 제기된 것은 3D CG 애니메이션인 <베오울프>(이 영화에는 실제 배우 연기와 CG가 섞여 있다)와 <크리스마스 캐롤>은 소위 모션 캡처(Motion Capture)를 통해 CG와 실사의 경계를 넘나들면서 기존의 입체영화와는 완전히 차별화된 작품이었기 때문이다. 특히 <크리스마스 캐롤>은 2억 달러라는 제작비를 투자해 만들면서도 엄청난 수익을 올리는 기록을 세웠다. <아바타>에 대한 반응이 기대 반 의심 반으로 나타난 것은 결코 근거 없는 일이 아니었다. <아바타>의 제작비가 영화역사상 최고액인 5억 달러에 이른다는 보도 역시 영화계의 관심을 끌기에 충분했다. 게다가 카메론 감독이 모션 캡처에 만족하지 않고 CG 후반작업을 위해 획기적인 3D 이모션 캡처(Emotion Capture: 작은 카메라 센서와 얼굴에 부착하는 안면 근육 센서, 헬멧 등을 이용해서 배우의 표정을 캡처해 배우의 표정 연기까지도 CG작업으로

처리할 수 있도록 하는 기법)를 도입했다는 소문은 영화에 대한 기대를 한층 부풀리는 데에 일조했다. <아바타>가 개봉되었을 때 필자는 화려하고 CG와 실사를 구별하기 쉽지 않은 영상미로 인해 감탄하지 않을 수 없었고, 그동안의 의심을 한순간에 떨쳐 버릴 수 있었다. <아바타>의 이야기는 기대만큼 새롭지 않아 혹평의 이유가 되고 있지만, 가상세계를 현실감 있게 표현한 영상미에 대한 충격은 대단했다. 영상미에 있어서 신기원을 이뤘다는 보도들이 전혀 근거 없는 말이 아니었음을 확인할 수 있었다.

실제와 가상의 관계와 관련해서 역사적인 의미를 갖는 영화들 가운데 <아바타>는 새로운 경지를 열어 준다. <매트릭스>(앤디 워쇼스키/래리 워쇼스키, 1999)가 가상세계의 존재에 주목하게 했다면, <써로게이트>(조나단 모스토우, 2009)는 가상세계에서 오직 대체로봇에 의해서 엮이는 인간관계의 한계를 지적한다. 이에 비해 <게이머>(마크 네빌딘/브라이언 테일러, 2009)는 가상세계를 더욱 실감나게 경험하게 할 방법을 탐색하면서 의식을 통제받는 실제 인물을 가상공간 속에 투입시킨다. 기계적으로 통제될 수밖에 없는 가상공간에 있게 될 때 인간의 본질은 파괴될 수밖에 없음을 실감 있게 보여 주었다. 이 모든 요소들을 통합하는 듯이 보이는 <아바타>는 <써로게이트>에서와 같이 실제 인물이 아닌 대체로봇에 해당되는 아바타를 등장시키지만, 마지막에서는 실제 인물이 자신의 실제를 포기하고 자신의 아바타로 탈바꿈되는 장면이 연출되어 있다. 카메론 감독은 이 영화를 통해 가상세계의 존재가 더 이상 가상, 즉 의식의 차원에서만 경험될 수 있는 것이 아니라 오감을 통해 경험될 수 있는 세계임을 말하고자 했다. 곧 가상세계의 현실화를 시도한 것이다. 현실을 3D 영상기술로 복제하려기보다는 이미 가상으로 설정된 세계를 현실감 있게 그려 내 현실로 경험하게 한 것이다. 한마디로 말해서, CG임에도 불구하고 전혀 가상으로 느껴지지 않는 실사 영화였다. 혹자는 이런 세계를 판도라의 상자로 여기고 카메론 감독이 <아바타>를 통해 이 상자를 열었다고 말한다. 이 말이 사실이라면, 매체의 변화가 세상의 변화로 이어진다고 믿는 마샬 맥루한(Marshall McLuhan)의 견해에 비추어 볼 때, 판도라의 상자에서 앞으로 무엇이 쏟아져 나올 것인지 영화계는 긴장하며 지켜보아야 할 것이다.

<아바타>의 내용

현실과 가상에 대한 성찰을 제외한다면, 영화의 내용은 비교적 단순해서 영상미에 현혹되어 내용 파악을 놓치는 일은 없을 것이다. 단지 신화적인 배경으로 인해 기독교계에서는 부정적인 반응을 보이고 있다. 생태적인 사고를 두고 생태계를 신적인 의미로 생각하는 것이라고 비난하는가 하면, 다신론적인 사고를 교묘하게 유포시키고 있다고 비난한다. 그러나 영화를 바르게 보는 방법은 영화적인 표현을 통해 감독이 말하고자 하는 것이 무엇인지를 살펴보는 것이다. 그렇게 되면 아바타에서 말하는 신화적인 배경은 나비족들의 삶이 자연환경과 완전한 조화를 이루고 살고 있는, 그야말로 원시적인 이상을 표현하는 것으로 이해된다.

평론가들에 의해 제기되고 있는 빈약한 스토리에 대한 비판 역시 지나치게 성급하다는 생각이 든다. 심형래 감독의 <디 워>와 관련해서 네티즌들과 비평가들 사이에 논쟁이 뜨거웠을 때, 필자는 "영화비평의 과제와 한계"(「기독교세계」 2007년 10월, 104-105)라는 제목의 글을 통해서 디지털 시대에 맞는 비평방식이 개발될 필요가 있다고 강조했다. 아날로그적인 영상미학의 기준으로 디지털 영상을 비평하려고 한다면, 불필요한 잡음은 피할 수가 없게 된다고 생각했기 때문이다. 에머리히 감독 역시 <2012>(2009)에서 현란한 CG 작업에 비해 다소 허술한 스토리 전개로 인해 비판받았는데, 카메론 감독 역시 동일한 케이스라고 생각한다. 3S(Spectacle 스펙터클한 영상, Suspense 넘치는 긴장감, Sensational 놀라움을 불러일으키는 영상)를 강조하는 디지털 영상미학과 스토리와 플롯, 배우의 연기와 감독의 연출을 강조하는 아날로그 영상미학이 결코 같지 않다는 점을 생각한다면 충분히 납득될 수 있는 부분이다. 이런 한계는 발전된 영상기술이 감독들의 손에 익숙해지게 되면서 극복될 수 있을 것이라 생각하기 때문이다.

영화의 3D 효과에 대한 비난 역시 끊이지 않고 있다. <아바타>를 통해서 영화의 미래를 보려고 하는 관점을 비판한 의도로 보인다. 영화의 미래를 말할 수 있게 된 것은 그만큼 기술적으로 앞서 있다는 말도 될 것이고, 다른 한편으로는 영화로 인해 받은 충격이 컸다는 의미도 있다. 영화의 발전에 기술력의 개발이 큰 몫을 차지하지만, 영화가 결코 기술만으로 미래를 말할 수 없는 것은 사실이다. 그러나 미디어 학자 맥루한이 미디어의 변화가 세상을 변화시킨다고 말한 것처럼, 영상기술의 변화는 영화의 이해에 대한 생각을 변화시킬 수가 있다. 과거, 사진이 움직이는 것처럼 보이는 단순한 기술에서 어떻게 오늘날까지 영화가 발전했는지, 그리고 그로 인해 영화에 대한 이해가 어떻게 바뀌었는지를 생각해 보면 금방 알 수 있다.

<아바타>를 두고 일어나는 <디 워> 논쟁에 이어서 동일한 방식으로 이뤄지는(물론 내용은 다르지만) <아바타> 논쟁을 지켜보면서, 비평가들의 논쟁이 한편으로는 일리가 있지만, 다른 한편으로는 디지털 영상에 대한 비평방식을 개발하지 못한 까닭에 불필요한 노력이 소모되고 있는 것은 아닌가 생각하게 된다.

그럼에도 불구하고 주제와 관련해서 필자는 <아바타>에서 최근의 영화들이 지속적으로 표현하고 있는 인상 깊은 주제인 '인간의 탐욕'을 읽어 볼 수 있었다. 자세한 주제 탐색에 들어가기 전에 먼저 영화의 스토리를 개괄해 보는 것이 좋겠다.

지구의 자원은 고갈된 상태이다. 새로운 대체 에너지를 찾기 위해 우주로 나선 인간들은 판도라 행성을 발견한다. 판도라 행성은 해로운 가스로 인해 기지 밖에서는 반드시 산소마스크를 착용해야만 할 정도로 인간에게 쾌적한 환경은 아니다. 그런데도 인간이 이 행성에 관심을 갖는 이유는 높은 부가가치를 갖는 에너지 자원이 매장되어 있기 때문이다. 자원을 얻기 위해 판도라 행성을 개발하려는 인간의 노력은 원주민들과 첨예한 갈등을 겪게 된다. 특히 자원이 매장되어 있는 곳을 삶의 터전으로 삼고 살아가는 부족은 나비족이다. 나비족은 3미터가 넘는 신장에 푸른색 피부를 갖고 있으며, 생태계에 철저하게 적응해 살아가며 자연과 교감하고 이크란이라는 새를 타고 다니는 부족이다. 나비족들의 홈 트리인 거대한 나무의 뿌리는 판도라 행성의 숲 전체와 생태계적으로 연결되어 있다. 그러나 인간의 몸은 판도라 행성이 뿜어내는 독성의 가스로 인해 활동에 제한되어 있기 때문에, 인간은 나비족의 DNA를 복제한 아바타에 인간의 의식을 링크시키는 계획을 세우게 된다. 일종의 '써로게이트'이다.

불의의 사고로 목숨을 잃은 형 대신에 투입된 일란성 쌍둥이 제이크 설리(샘 웨싱턴 분)는 사고로 하반신이 마비된 상태다. 그가 투입된 것은 새로운 아바타 생산비용과 시간을 줄이기 위한 전략이었다. 제이크 설리의 육체가 우주선의 수면캡슐 속에서 머무는 동안, 그의 의식에 접속된 아바타는 휠체어에 의지해서 살아가야 하는 현실에서와는 달리 자유로운 몸으로 나비족이 사는 숲 속을 활보하게 된다. 그곳에서 제이크 설리는 위험에 처한 자신을 구출해 준 나비족의 여전사 '네이티리(조 샐다나 분)'의 안내를 받아 나비족에 들어가게 된다. 임무상 나비족의 신임을 얻어야만 하는 제이크 설리는 네이티리를 통해 전수되는 나비족이 되기 위한 혹독한 훈련을 마다하지 않는다. 모든 훈련과정을 마치고 나비족의 한 일원이 되는 순간에 쿼리치 대령(스티븐 랭 분)은 무력으로 나비족을 몰아내고 에너지 자원을 차지하려고 한다. 판도라 행성을 지구의 지배하에 놓으려는 전략이었다. 이미 나비족의 삶에 만족하고 또 네이티리와 사랑에 빠진 제이크 설리는 인간의 무차별 공격으로부터 나비족을 보호하기 위해 노력하지만 오직 아바타로서만 나비족을 만날 수 있는 그로서는 속수무책이다. 게다가 자신이 침투된 이유를 알게 된 네이티리와 나비족으로부터 거절당한다. 진퇴양난에 빠진 설리는 결국 쿼리치의 지시를 무시하고 나비족을 위해 싸우기로 결심하며 수면캡슐을 기지국에서 빼내어 나비족의 근처로 옮겨 놓는다. 인간의 통제에서 자유로워진 제이크 설리는 네이티리와 나비족의 신임을 얻기 위해 그 누구도 시도하지 못했던 일을 감행하는데, 나비족에게 전설적인 의미를 갖는 이크란을 자신의 말로 삼는다. 이로 인해 설리는 나비족의 신임을 회복하게 되고 판도라 행성에 거주하는 모든 부족들을 설득해서 나비족을 무차별 공격하는 인간과 대항해서 이기게 된다. 지구로 돌아갈 것인지, 아니면 나비족의 가족으로서 판도라 행성에 남게 될 것인지를 고민하지만 설리는 나비족으로 남는 길을 선택한다. 현실의 인간은 사라지고 가상의 인물이 현실이 되어 정체성의 전환이 일어난 것이다.

설리를 나비족으로 남게 한 요인은 무엇일까? 인간의 탐욕으로 가득한 세상에 대한 실망일까, 아니면 나비족 여전사 네이티리에 대한 사랑 때문이었을까, 그것도 아니면 생태계와 완벽하게 조화를 이뤄 가며 살아가는 원시적인 판도라 행성 자체의 매력 때문이었을까? 분명한 것은 탐욕에 근거한 인간들의 일관된 관심에 비해 설리의 관심이 달랐다는 사실이다. 그는 판도라 행성을 지배하는 것이 아니라 판도라 행성의 삶이 계속될 수 있도록 노력했으며 또한 판도라 행성의 삶을 자신의 삶으로 받아들였다.

<아바타>는 영상미학적인 측면 이외에 내용적인 측면에서 크게 두 가지 인간학적인 질문을 제기한다. 하나는 인간이해에 있어서 이원론적인 전제다. 그렇다고 육체와 의식 가운데 무엇이 더 우월한 것인지를 말하지는 않는다. 설리의 아바타는 나비족의 클론이다. 의식은 제거되어 있으며, 설리의 의식과 접속함으로써 아바타는 비로소 생명력을 얻는다. 육체는 철저하게 의식의 통제하에 있지만, 나비족과의 관계 속에서 의식이 변하고 결국에는 아바타에 설리의 의식이 이식됨으로써 설리는 나비족이 되어 정체성의 전환으로까지 이어진다. 육체와 의식의 분리와 상호 영향력을 전제한 것이다. 인간을 통전적으로 이해하는 관점에 비해 다분히 원시적인 측면이 없지 않다. 아바타의 인간이해는 신화적이다.

다른 하나는 현실과 가상세계 사이에서 일어나는 정체성의 문제다. 현실의 설리가 수면상태에 들어가는 동안 아바타로서 설리는 나비족 안에서 활동하게 되며, 반대로 설리가 깨어 있는 동안에 아바타는 수면상태에 있게 된다. 인간의 입장에서 볼 때는 설리의 꿈이 아바타이지만, 나비족의 입장에서는 아바타의 꿈이 설리가 된다. 장자(莊子)의 '제물론' 편에 나오는 장자의 꿈[1]이 생각나는 장면이다. 도대체 진정한 제이크 설리는 누구인가? 현실과 가상의 관계 속에서 정체성 혼돈은 불가피한 것인가?

이런 질문과 관련해서 필자에게 생동맞게 떠오른 생각이 있었다. 그리스도인들이 세상에서 꿈꾸는 것은 천국이지만, 하나님은 혹시 당신의 나라에서 세상을 꿈꾸고 계신 것은 아닌가 하는 의문이었다. 사실 그렇지 않고서는 참하나님이신 아들을 참사람으로서 세상에 보낼 생각을 한다는 것은 가능하지 않았을 것이며, 게다가 천지를 창조하신 것 역시 당신의 꿈(계획)을 실현한 것이 아니던가! 하나님의 꿈과 세상의 꿈이 완전한 조화를 이룬 모습을 우리는 예수 그리스도에게서 찾아볼 수 있다. 필자가 영화 감상을 통해 천국과 세상의 관계를 묵상하게 된 것은 바로 이런 생각 때문이었다.

---

1) "전에 장주(莊周)는 꿈에 나비가 되었다. 훨훨 나는 것이 분명히 나비였다. 스스로 즐겁고 뜻대로라 장주인 줄을 알지 못했다. 그러다가 조금 뒤에 문득 깨어 보니 분명히 장주였다. 장주가 꿈에 나비가 된 것인지, 나비가 꿈에 장주가 된 것인지를 알지 못하겠다."

천국과 세상에 대한 묵상

사람들은 하나님 나라를 생각할 때 상대적으로 지옥을 함께 생각한다. 혹은 그 반대의 경우도 일어난다. 중세 교회는 끔찍하고 혐오스럽고 두려움을 유발하는 지옥의 모습을 보여주면서 천국에 대한 동경을 불러일으켰으며, 이것은 결과적으로 면죄부 판매에 크게 기여했다. 종교개혁 이후에는 지옥에 대한 두려움보다는 천국에 대한 희망이 더욱 강조되는 경향이 있었지만, 그럼에도 불구하고 천국은 언제나 지옥과 비교되어 설명되었다. 17세기 작가 밀턴은 『실낙원』에서 악마와 천사, 천국과 지옥에 대한 묘사를 통해 하나님의 뜻이 정당하게 실현되는 모습을 보여 주었다. 이 시대의 대표적인 기독교 작가로서 강한 영향력을 행사하고 있는 C. S. 루이스 역시 예외는 아니다. 그는 『천국과 지옥의 이혼』에서 인간의 탐욕을 매개로 천국과 지옥을 묘사했다.

그러나 천국의 대조적인 존재로 성경이 주목하고 있는 것은 사실 지옥보다는 세상이다. 세상에서의 삶이 끔찍스럽다고 해서 세상을 지옥으로 생각한다면, 그것은 세상에 대한 하나님의 사랑을 은연중에 부정하는 것이다. 아무리 힘들다고 해도 세상은 결코 지옥이 아니다. 세상은 구원의 가능성을 갖지만 지옥은 그렇지 못하기 때문이다. 그러므로 천국에 대한 이해나 혹은 세상에 대한 이해에 있어서 천국과 세상에 대한 상호 이해는 매우 중요하며 심지어 구성적인 의미를 갖는다. 어느 한쪽에 대한 이해 없이 천국 혹은 세상에 대한 이해는 만족스럽지 못하다.

한편, 천국과 세상의 관계에 대한 이해가 궁극적으로는 하나님 이해에 기여하지만, 그리스도인의 삶을 위해서도 적지 않은 의미를 갖는다. 세상 속 그리스도인의 정체성 규정과 신앙적 삶의 양태를 규정하는 일에 결정적이기 때문이다. 무엇보다 천국에 대한 바른 이해와 태도가 세상 속의 삶을 결정짓고, 또 세상 속의 삶 역시 천국에 대한 이해에 대단히 중요한 변수가 된다.

하나님 나라에 대한 다양한 이론들에 비추어 볼 때, 양자의 관계는 섣불리 규정할 수 없을 정도로 매우 복잡하나 단순화시켜 본다면 크게 몇 가지 방향으로 정리된다.

첫째, 천국을 사후 세계로 이해한다. 살아 있을 때는 결코 경험하지 못하거나 혹은 부분적으로 경험할 뿐이며 오직 죽은 후에만 들어갈 수 있다는 것이다. 이런 생각은 현실에서의 삶보다는 사후세계에 더 큰 비중을 둠으로써 상대적으로 현실 문제를 해결하는 데에 소극적이다. 비현실적이고 비정치적이고 비사회적인 삶으로 나타나기도 한다.

둘째, 천국은 이념의 세계로서 물질적인 세상과 대립관계에 있다. 천국은 세상 속에 있지는 않지만 하나의 비판원리이며 또한 세상을 이끄는 원리로서 의미를 갖는다. 살아 있는 자에게 천국에 대한 경험은 의미 혹은 진리 경험으로 나타난다. 이것은 천국을 하나의 이념의 세계, 곧 깨달음의 세계로 환원시키는 것인데, 영지주의자들에게서 흔히 발견되는 생각이다.

셋째, 천국은 세상 안에 감추어진 보화의 형태로 존재한다. 천국은 비록 세상 속에 있지만 그것의 향유는 누구에게나 허용되어 있는 것은 아니고, 그것의 인식과 그 안에서의 삶을 위해서는 특별한 방식, 곧 믿음이 요구된다. 이런 입장은 세상과의 관계에서 천국의 가치와 의미를 설명하고는 있지만 공간과 통치와 영토로 구성되는 존재의 의미는 충분하지 못하다.

넷째, 천국은 세상 안에서 실현된다. 이것은 세상이 천국으로 변화될 수 있다는 전제하에 천국의 실현을 위한 끊임없는 노력을 요구한다. 인류 발전에 대한 낙관적인 생각을 가지고 있으며, 계몽주의 시대에 사회진화론자들이나 독일의 문화개신교주의자들에게서 발견되는 생각이다. 그러나 두 차례 세계대전을 치르면서, 그리고 최근에는 지구촌 환경의 파괴를 직면하게 되면서 과학기술을 사용하는 주체인 인간의 탐욕을 심각하게 생각하게 되었고, 이로 인해 과학기술에 대한 무한한 낙관주의적인 생각은 큰 회의에 부딪히게 되었다. 인간이 변화되지 않는 한 인류의 무한한 진보에 의한 천국의 실현은 불가능한 것으로 여겨진다.

다섯째, 천국은 초월적인 존재이지만 세상과 독립해 존재하는 것이 아니라 세상 안으로 온다. 천국은 어떤 의미에서든 세상과 동일시할 수 없고, 세상 안에서 실현되는 것도 아니다. 천국은 미래적이지만 실존적인 결단과 더불어서 매 순간 임하는 것으로 현재적으로 경험이 가능한 것이다. 천국의 존재를 초월적인 존재로만 보지 않고 또 이념적으로 이해하지 않는다는 점에서 앞의 입장들과 구별되며, 세상 안에서 실현되는 것이 아니면서도 또한 미래적이면서 예기치 않은 사건을 통해 전적인 타자로서 현재적으로 경험된다는 점에서는 초월적이면서도 내재적이며, 미래적이면서도 현재적인 의미를 갖는다고 할 수 있다.

천국을 이해하는 어려움은 이 모든 입장들이 각각 성경적인 근거를 주장하기 때문이다. 해석이 다양하다 보니 하나님 나라에 대한 생각 역시 다양해질 수밖에 없다. 그러나 필자의 생각에 따르면, 천국은 여호와께서 참하나님으로 인정되는 나라이며, 세상과 관계를 갖고 있지만 결코 인간에 의해 소유되지 않는다. 약속되었다는 점에서 미래적인 의미를 갖고, 인간에 의해서가 아닌 오직 하나님에 의해 성취되는 나라이다. 인간의 노력과 상관없이 오직 전적인 타자로서 경험되지만, 세상에서 경험되기 때문에 세상 밖의 존재로만 생각될 수도 없다. 또한 미래적인 것이지만 세상을 변화시키는 힘으로서 언제나 현재적으로 경험된다.

그러므로 하나님 나라와 세상의 관계를 이해함에 있어서 다음과 같은 질문이 제기되는 것은 피할 수가 없다. '하나님 나라는 세상과의 관계에서 어떤 방식으로 존재하는가?' 이 질문이 천국과 세상의 관계를 이해하는 데에 의미가 있는 까닭은 하나님 나라의 실존 방식을 이해할 때 비로소 그리스도인은 그 나라에 속한 백성으로서 실존의 형태를 더욱 구체화할 수 있을 것이기 때문이다.

침노당하는 천국

다른 판타지 영화들에 비해 비교적 매우 단순한 스토리여서 주제 파악에 어려움은 없을 것이라고 생각한다. 지극히 평화롭고 또 생태계에 적응하며 사는 판도라 행성에 대한 인간의 무력적인 침략행위는 과거 제국주의적인 침략을 다시 보게 해 준다. 온갖 자원을 캐 내갈 뿐만 아니라 원주민들을 야만으로 간주하여 추방하거나 살해했던 과거의 모습을 떠올리는 것은 어렵지 않은 일이다. 환경 및 지구정치적인 맥락에서 영화를 보는 사람들이 많을 것이라 생각하며, 필자는 무엇보다 인간의 탐욕에 주목하면서 '천국과 세상'의 관계를 새로운 관점에서 생각해 보게 되었다. 지구자원의 한계를 극복하기 위해 판도라 행성에서 자원을 얻으려는 모습을 보면서 세상이 자신의 유익을 얻기 위해 천국에 대해 취하는 태도를 떠올릴 수 있었기 때문이다.

천국과 세상의 관계를 생각하면서 '천국은 세상과 어떤 방식으로 존재하는가?'라는 질문에 이르게 되었는데, 이 질문의 도움으로 묵상하게 된 성경 구절은 마태복음 11:12 말씀이다. "세례 요한의 때부터 지금까지 천국은 침노를 당하나니 침노하는 자는 빼앗느니라." 이 말은 천국이 세상에 의해 침노를 당해 왔다는 말이다. 천국이 하나님의 통치하에 있는 나라임을 생각한다면 '침노를 당한다'는 표현은 결코 적합하지 않다. 이 구절은 난해구절에 해당되며, 따라서 다양한 해석이 나올 수밖에 없다. 여러 주석을 살펴보면서 필자는 에두아르트 슈바이처(Eduard Schweizer)의 마태복음 주석[2]에서 이해의 단서를 찾을 수 있었다.

예컨대, 우리가 잘 알고 있는 알버트 슈바이처는 예수전 연구에서 예수의 종말론적인 사역과 의미에 초점을 맞추었다. 그래서 처음에는 민중 선동을 통해, 그리고 그것이 좌절된 후에는 자신의 죽음을 통해 도래될 하나님 나라에 대한 기대가 표현된 것으로 그는 이해했다. 그의 해석은 당시 유대 열심당원들의 행동에 적용되는 바가 없지 않지만 복음서 곳곳에서 증거되고 있는 예수님의 이미지와 전혀 맞지 않는 부분이 있다. 천국과 믿음의 관계를 중시한 학자들은 신앙의 열정을 표현한 것으로 해석한다. 한국 교회의 설교에서 흔히 만나 볼 수 있는 해석이다. 그러나 마태복음에 사용된 표현이 마귀의 행위에 적용된 것을 바탕으로, 에두아르트 슈바이처는 믿음의 열정을 의미하는 것으로 이해하기에는 어렵다고 지적한다. 하나님이 강압적으로 천국을 도래하게 한다는 표현 역시 동일한 난제 앞에 서게 됨을 환기시킨다. 에두아르트 슈바이처는 예수님의 존재와 천국의 임재 관계를 생각하면서, 당시 유

---

2) *Das Evangelium nach Mathäus*, NTD Bd.2, Göttingen, Vandenhoeck & Ruprecht, 1986.

대인들이 예수님을 어떻게 대했는지를 의미하는 것으로 해석한다. 다시 말해서 천국이 세상의 압제하에 있음을 환기시킨 것이라는 말이다. 예수님을 압제하면서 세상은 천국을 독점하려고 한다. 슈바이처의 해석은 예수님의 포도원 농부 비유(마태복음 21:33-39)에도 매우 부합된다. 천국의 온갖 좋은 것들은 세상에 의해 여러 가지 형태로 강탈당하고 있기 때문이다.

좀 더 쉽게 생각해 보자. 사람들은 세상에서 좋은 것이라면 유·무형을 가리지 않고 소유하기를 원한다. 재물일 수도 있고, 여러 가지 덕목일 수도 있으며, 정의와 평화와 같은 이념일 수도 있다. 처음에는 인식의 과정에 중점을 두지만, 시간이 지나면서 사람들은 단순히 앎의 수준에 만족하지 않고 자신들의 삶에서 그것들을 구현하고자 한다. 그러나 사람들의 생각과 가치관이 달라 세상에서 이것을 얻는 일은 쉽지 않다. 합리적인 소통이라는 방법을 동원하지만 여전히 힘의 논리가 결정적이다. 세상에서 좋다고 여겨지고 반드시 필요한 것들을 얻는 방법으로 힘의 논리가 사용되는 것이다. 역설적이다. 그러나 얻은 자는 비록 소유할지 모르지만, 좋은 것들은 제 빛을 발하지 못하고 강탈한 자 안에서 진정한 의미를 상실하게 된다. 이것이 좋은 것에 대한 탐욕스런 인간들의 반응과 결과다. 즉 좋은 것들을 얻기 위해 탐욕스럽고도 강압적으로 상자를 열어 보지만 그 안에서 쏟아져 나오는 것은 이미 변질되어 버린 것들뿐이다.

세상이 천국을 대하는 태도 역시 마찬가지다. 세상은 원래 자신이 필요한 유무형의 것들을 천국, 곧 천지의 창조주이신 하나님에게서 공급받는다. 그러나 세상은 그것을 얻기 위해 하나님이 원하시는 방법대로 하지 않고 자신의 논리와 느낌대로 하기를 좋아한다. 심지어는 금지된 상자를 열어서 스스로 얻고자 한다. 이것은 최초 인류의 타락에서 엿볼 수 있는 모습으로 인간의 본질을 표현한 것이라 생각한다. 천국의 가치는 세상의 강압적인 방법에 의해 추락하고 만다. 하나님은 인간에 의해 아들이 고난을 당하는 것을 비록 원하지는 않았지만 인간들의 강압적인 태도를 결코 물리치지 않으셨다. 오히려 그것을 통해 승리자로 우뚝 서게 하셨다. 하나님이 천국의 가치를 지키고 보호하시는 방법과 세상이 천국의 가치를 위해 기울이는 노력은 전혀 다르다.

천국은 세상 안에서 억눌려 있다. 그러나 천국의 가치를 하나님이 원하시는 방법에 따라 지키고 보존하는 사람은 비록 세상에 있으나 천국에 있는 것이며, 천국과의 끊임없는 관계 속에서 장차 정체성에도 큰 변화가 일어날 것이라는 기대가 없지 않다. 세상에 있으나 세상에 속해 있지는 않고, 오히려 천국에 속한 천국 시민으로서 사는 일이 가능하다는 생각을 한다.

(「목회와 신학」 2010년, 2월, 146-154)

근원으로의 회귀, 그리고 회복
〈위대한 침묵〉(필립 그뢰닝, 2005, 전체)

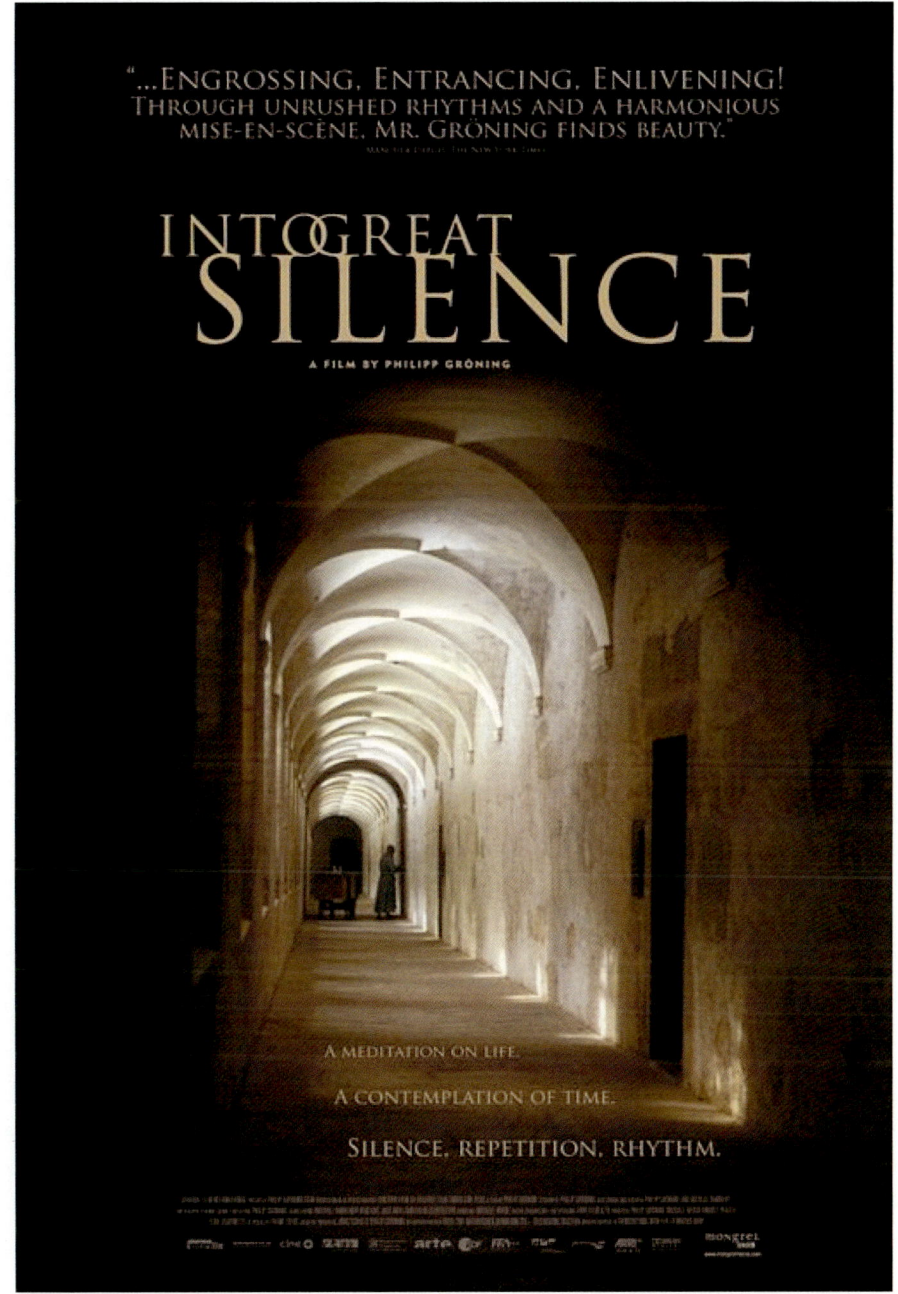

필립 그뢰닝(Philip Gröning, 1959~), 독일 출신의 감독, 의학과 심리학을 전공하였고, 1982년 영화계에 뛰어들었다.

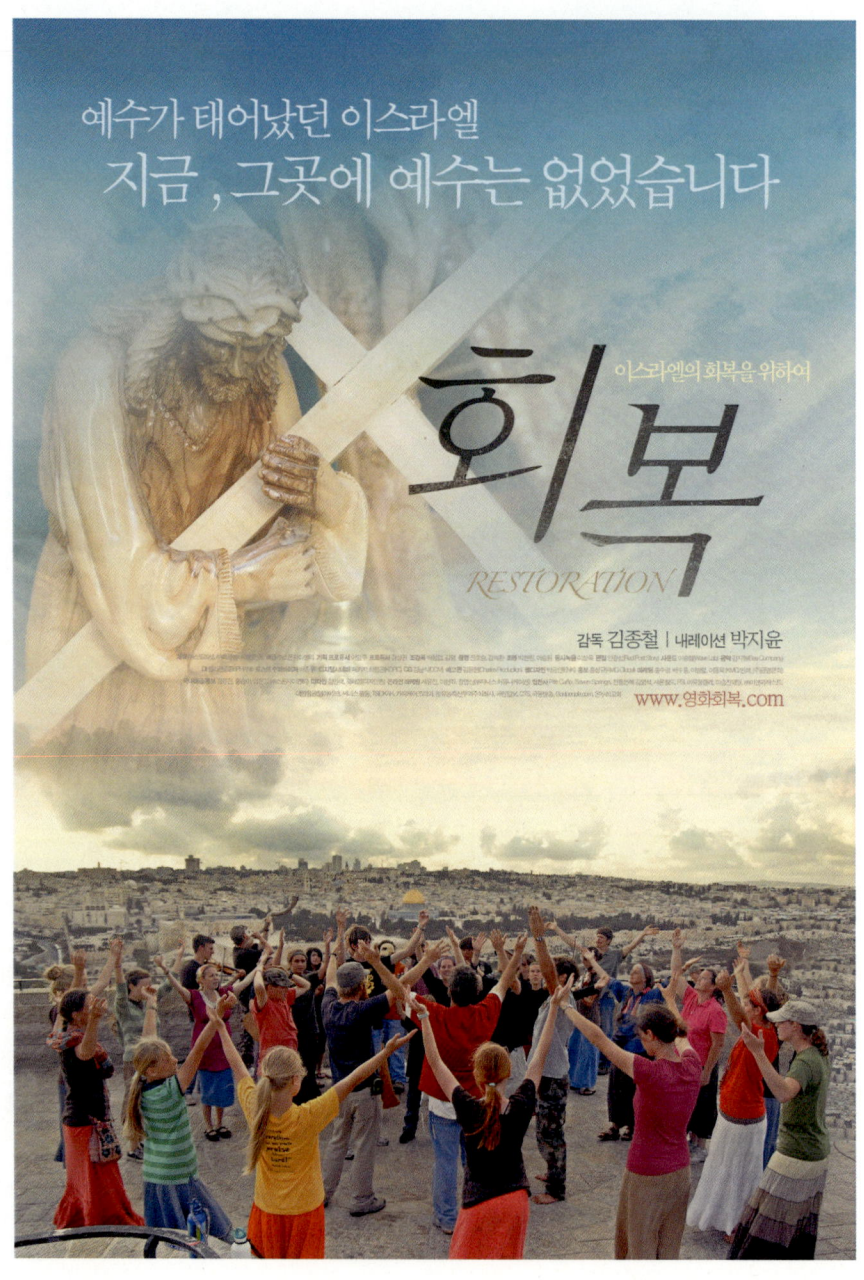

김종철, 회복(2009), 용서(2010)

<위대한 침묵>
(필립 그뢰닝, 2005, 전체)

<위대한 침묵>은 해발 1,300m 스위스 알프스 계곡에 자리 잡고 있는 카르투지오 수도회[1]의 그랑드 샤르트뢰즈 수도원(Le Grande Chartreuse)의 일상을 담은 영상이다. 2005년도에 제작되었지만, 4년이 지난 2009년도에 비로소 국내에서 개봉되어 우리 사회에 잔잔한 파문을 일으키고 있다. 그동안 세계의 각종 영화제에서 명성을 날린 작품을 뒤늦게나마 볼 수 있게 된 것은 한국사회(혹은 성도들)의 영성이 그만큼 성숙했기 때문이라고 생각한다. 이미 <워낭소리>, <똥파리>, <반두비> 등과 같은 독립영화에 대해 보여 준 높은 관심에서도 확인할 수 있었지만, 그동안 우리 안에 일어난 변화를 말해 준다는 점에서 개봉 자체에 큰 의미를 둘 수 있다고 생각한다. 그것은 영화에 대한 생각의 변화이고, 무거운 주제를 소화해 낼 수 있는 능력의 변화이며, 중심이 아닌 주변에 관심을 기울일 줄 알게 된 분별력의 변화이다. 간단히 말해서 영성에 큰 변화가 생긴 것이다.

이 작품은 비록 장르상 다큐멘터리로 분류되고 있지만 단지 기록물만으로 볼 경우에는 1688년에 처음 세워진 이래로 1960년 기자들에게 처음으로 공개된 이후에 줄곧 폐쇄되어 온 그야말로 베일에 감춰진 신비의 수도원을 들여다보고 싶어 하는 관음증 충족 이외에 별다른 의미가 있을 것 같지 않다. 그것 역시 적지 않은 의미일 수 있지만, 만일 제작 의도를 누구도 방문하지 못하는 곳을 영화를 통해 모든 사람들에게 보여 주고 싶었다는 데에서만 찾는다면, 영화의 깊이를 제대로 파악하지 못한 결과라고 감히 말하고 싶다. 영화는 그만큼 보는 자로 하여금 단순한 이해나 공감의 수준을 넘어 영화 자체에 몰입하게 할 뿐만 아니라 자기 자신을 들여다볼 수 있게 하기 때문이다. 사실 수도원에 대한 기록물이라고 결코 말할 수 없을 정도로 수도원 자체에 대한 정보도 없을 뿐만 아니라, 수도원 일상 가운데 몇 개의 장면들에 국한되어 있고, 또 영화는 외부에 가려져 있는 모습들을 많이 드러내 주고 있지 않다. 물론 촬영 조건이 그만큼 제한되어 있었기 때문이기도 할 것이다.

<위대한 침묵>은 여러 가지 면에서 관심을 끄는 영화다. 의학과 심리학을 전공했던 필립 그뢰닝 감독이 방향을 바꿔 입학한 뮌헨 영화 학교를 마치는 시기에 기획했던 영화라는 점에서도 그렇고, 그러나 1984년에 수도원에 제작의도를 알렸을 때 '아직 준비되지 못했다(Die Zeit ist noch nicht rief.)'는 수도원 측의 대답으로 인해 15년이나 지난 1999년에 시작할 수 있었던 영화라는 점에서도 그렇다. 게다가 음악이나 인공조명도 허용되지 않았고, 5개월간 수

---

[1] 카르투지오 수도회는 1084년 독일 퀼른의 브루노에 의해서 처음으로 세워졌다. 카르투지오 수도회는 가톨릭교회에서도 가장 엄격한 내규로 잘 알려져 있는데, 이 수도회에 가입한 수도사들은 평생 동안 침묵과 기도 그리고 고독을 통한 수련을 해야 한다.

도원 생활을 직접 체험하면서 촬영하는 동안 극히 제한된 촬영 조건 속에서 감독 혼자 모든 일을 처리해야 할 정도로 열악한 제작 환경 속에서 완성된 영화라는 점에서도 그렇다. <위대한 침묵>은 다큐멘터리일 뿐만 아니라, 한 편의 사실주의 영화라고 보아도 좋을 것이다. 그뢰닝 감독이 대사가 거의 없는 162분을 영화 상영시간으로 설정한 것은 관객으로 하여금 수도원의 실제를 조금이라도 체험할 수 있도록 배려한 것은 아니었을까 추측해 본다. 영화와 현실의 차이를 거의 느끼지 못했을 정도라고 하면 지나친 말일까? 사실 영화를 보는 동안에 숨 쉬는 소리, 핸드폰 진동 소리, 바스락 거리는 소리 등 보통의 영화관에서는 잘 들을 수 없는 소리도 들을 수 있을 정도였다.

한편, 제작 과정의 에피소드를 접하면서 필자는 몇 가지 질문을 갖게 되었고 영화를 통해 그 대답을 찾고 싶었다. 그뢰닝 감독의 기획 의도를 듣고 승인하게 될 때까지 15년간의 오랜 침묵 속에서 수도원에서는 도대체 무슨 일이 일어났고 또 어떤 변화가 있었던 것일까? 그뢰닝 감독은 과연 오랜 시간 동안 준비했던 수도원의 모습을 영상 안에 담아 넣은 것일까? 수도원의 일상을 담아내는 것 이외에 그뢰닝이 영상으로 말하고자 한 것은 무엇이었을까? 관객들이 영상을 매개로 수도원의 일상을 경험할 수 있도록 그뢰닝은 자신이 경험했던 것과 동일한 것을 영상으로 표현할 수 있었을까?

<위대한 침묵>의 의미를 좀 더 자세하게 이해하기 위해 영화 일반의 의미에 대한 간략한 스케치는 많은 도움이 될 것이다.

영화란 보이지 않는 현실을 시청각 이미지를 통해 보여 주는 것이며, 익숙해진 현실 혹은 그동안 간과되었던 현실을 일정한 주제의식 속에서 재구성해서 다감각적 이미지로 다시 경험하게 하거나 새롭게 경험하게 하려는 시도에 따라 생산된 영상물이다. 동일한 현실이라도 감독이 어떤 주제로 또 어떤 문제의식을 갖고 재구성하느냐에 따라 달라진다. 재구성과 해석의 과정이 반복적으로 이뤄지면서 불가피하게 의미의 변형이 일어나기 때문에 영화는 사람에 따라, 시기에 따라 그리고 공간과 지역에 따라 다양한 메시지로 거듭난다. 따라서 영화를 본다는 것은 영화를 하나의 매개로 삼고 성찰한다는 것이며, 또한 의미를 탐색하고 공유하는 것이고, 더 나아가서 소통하는 것이다.

첫 번째 맥락에서 볼 때, 남들이 보지 못하는 수도원의 일상을 담은 <위대한 침묵>은 일상에서 벗어난 세계를 성찰하는 데에 큰 도움을 준다. 특히 그곳에서 지배적인 침묵이 주변 세계와의 관계에서 어떤 의미를 갖는지를 성찰하도록 하는데, 다시 말해서 소리들이 멈추었을 때 과연 어떤 일이 일어날 것인지를 경험하게 해 준다. 그뢰닝 감독은 소리가 멈추었을 때 염려와 불안이 사라지며, 고요함이 지배하고, 또한 만물의 평화가 찾아오게 된다는 것을 영상을 통해 보여 주었다. 영화를 보면서 매우 잘 찍은 사진 작품을 보는 것 같은 느낌을 받은 것은 결코 이유 없는 것이 아니었다. 다시 말해서 그뢰닝 감독은 깊이 숨겨진 수도원의 일상을 매개로 '침묵'의 의미를 성찰하려고 한 것이었다.

그렇다면 두 번째 맥락에서 볼 때, 그뢰닝 감독이 수도원의 일상, 곧 침묵에 대한 성찰에서 발견한 것은 무엇일까? 영화에 어떤 메시지를 담아내고 있는가? 그뢰닝 감독은 한 인터뷰에서, 자신은 시간에 대한 영상을 만들고 싶었다고 말했다. <위대한 침묵>은 사람들이 시간을 어떻게 경험하는지, 사람들은 자신에게 일어나는 일들을 어떻게 경험하게 되는지에 대한 영상이라고 말했다. 이런 맥락에서 본다면, 영화 속에 일상시간의 흐름과 계절의 변화의 관계가 두드러지게 나타난 이유를 이해할 수 있을 것이다. 반복되는 일상의 과정에서 경험되는 계절의 변화를 표현한 것인데, 양자의 관계에서 달라지는 것이 있다면 사람의 변화에 따라 나타나는 경험의 개별성일 것이다. 아마도 수도원의 일상이 계속되는 한 그것은 결코 변하지 않을 것이다. 비록 사람에 따라 경험되는 것은 달라지더라도 결코 변하지 않는 그것은 바로 고요함이다.

영화의 바른 이해를 위해 먼저 용어의 의미를 살펴볼 필요가 있다. '침묵'이라고 번역된 'Stille'는 사실 '고요함'을 의미한다. Stille가 말없음의 상태를 지시하기도 하지만 말없음의 상태인 침묵과 동일하지는 않다. 아마도 영어 번역이 'Silence'로 번역되었기 때문인 것 같은데, '고요한 밤 거룩한 밤'의 노랫말에서 '고요한 밤'은 'Stille Nacht'의 번역이라면 쉽게 이해할 것이다. 전치사 in과 더불어 사용되면서 Stille가 간혹 말없음을 의미하기도 하지만, 그렇다고 '침묵'으로 번역하는 것은 무리라고 생각한다. 왜냐하면 영화에 대사가 전혀 없는 것은 아니기 때문이다. 수도사들의 대화도 있고, 홀로 성경 혹은 책을 소리 내며 읽기도 하고, 성가를 부르기도 한다. 이 정도면 비록 '침묵'으로 번역되었다 해도 말없음을 의미하는 '침묵'보다는 오히려 '고요함'으로 이해하는 것이 더 낫다는 생각이 든다. '침묵'이 단지 인간의 말없음만을 강조한다면, 고요함은 위기에 처한 엘리야가 하나님의 임재를 간절히 기다릴 때 두 차례에 걸친 크고 강한 바람과 땅을 뒤흔드는 한 차례 지진이 그친 후에 찾아오는 순간이다. 고요함은 비록 말은 없지는 않다 해도 전체적인 상황에서 느낄 수 있는 만물의 평화를 의미한다.

고대에서부터 기독교 영성으로 인정된 침묵은 하나님에 의해 사로잡힌 상태로 이해되었다. 먹이 앞에서 호시탐탐 노리며 소리를 죽이는 동물의 그것이 아니라, 하나님에 의해 압도된 상태, 바로 그것이 말없음, 곧 침묵으로 이해되었다. 그러나 <위대한 침묵>은 결코 침묵의 영화가 아니다. 그뢰닝은 하나님에 의해 압도된 의미의 침묵을 성찰하면서 침묵으로부터 무엇이 경험되는지를 보여 주고자 했다. 침묵이 아니라 오히려 여러 가지 소리들이 서로 어우러지면서도 어떻게 평화로울 수 있는지에 집중한 것이다. 실제로 감독은 영화 속에서 각종 소리들을 담아내었다. 바람 소리, 빗물 소리, 은은한 종소리, 회랑을 걸어가는 수도사의 가벼운 발소리, 마룻장을 밟을 때마다 삐걱거리는 소리, 연필 지나가는 소리, 금속성의 가위질 소리, 둘씩 짝 지어 산책을 나설 때마다 들리는 대화 등. 소리가 있음에도 불구하고 수도원에 가득한 것은 고요함이다. 사실 우리 사회에는 말만 없을 뿐, 갈등과 반목, 불안과 염려로 가득한 상황이 얼마나 많은가. 그뢰닝 감독은 수도사들의 대화 장면을 보여 주면서도 어떤 내용의 대화가 오고 가는지를 전해 주려고 하는 것 같지 않다. 그에게 중요한 것은 소리가 있고 대화가 있음에도 불구하고 고요함이 있다는 것이며, 만물의 평화가 가득하다는 것이다. 그 속에서 무엇이 움직이는지 보고자 했고, 무엇이 들리는지 듣고자 했으며, 또 그것은 우리가 그동안 알지 못했던 것들이며 간과하며 살았던 것들임을 말하고자 한 것이다. 고요함은 사람 의지가 지배하는 곳이 아니라 오히려 자연과 사람이 어우러지는 곳에서 나타난다. 엘리야가 고요한 중에 하나님의 음성을 들을 수 있었던 것처럼, 고요함은 하나님의 임재를 경험할 수 있는 곳이다. 염려와 근심이 사라진 곳이며, 오늘 우리들의 현실에서 볼 때 그곳은 우리가 돌아가야 할 근원이다.

영화를 보고 수도원의 삶을 자신의 삶으로 선택할 가능성은 없지 않다 하더라도, 감독은 그것이 우리 모두의 삶이 되어야 한다고 말하는 것 같지는 않다. 오히려 그가 말하고자 하는 것은 인간이 자신의 소리를 멈추었을 때 무엇을 경험할 수 있는지, 그리고 침묵을 통해 형성되는 고요함이 오늘 우리에게 어떤 의미가 있는지를 듣게 된다.

이것을 노자의 도덕경 16장의 내용과 비교해 보면, 매우 놀라운 사실을 발견하게 된다.

> "완전히 텅 비우고, 오로지 고요함(靜, Stille)만을 지키고 있으니, 온갖 만물은 함께 아우러져서 변화하는데, 나는 이것들이 되풀이되는 것을 보고 있네. 하늘의 도리는 돌고 돌면서 만물은 각자 그 근원(Wurzel)으로 되돌아오는구나. 근원으로 되돌아온 것을 고요함(靜, Stille)이라 하며, 이를 일러 하늘의 뜻(命, Schicksal)이 회복된 것이라고 말하네. 하늘의 뜻이 회복된 것을 일러 늘 변함없는 평상심(常, Ewigkeit)이라 하고, 늘 변함없는 평상심을 깨닫는 것을 밝은 지혜(明, Klarheit)라고 말하네. 평상심을 모르면 허망하게 재앙만을 일으키게 되고, 평상심을 알면 모든 것을 받아들이는 너그러운 포용성을 지니게 되며(duldsam), 포용성을 지니는 것이 곧 사사로움이 없는 공평한 보편적 존재(Gerechtigkeit)이네. 보편적 존재야말로 천하의 왕(Herrschaft)이며, 천하의 왕은 곧 하늘이네. 하늘이 곧 도(道, SINN)이며, 도(道, SINN)는 영구불변하네. 육신은 죽어서 없어진다 할지라도 참나[道]에게는 아무런 위태로움도 없네."[2]

노자의 도덕경 16장은 영화의 내용을 너무나 정확하게 전해 주고 있다고 생각한다. 침묵을 통해 드러나는 고요함 속에서 만물은 근원으로 회귀하며, 우리는 완전한 고요함 속에서 회복된 하늘의 뜻을 만나게 될 것이다. 침묵은 하나님의 뜻에 더욱 귀 기울이게 하며, 고요함은 세상에서 일으키시는 하나님의 사역에 더욱 주목하게 한다. 이런 의미의 결론을 그뢰닝 감독은 한 시각 장애인 수도사의 말로 대신하는데, 비록 인터뷰 때문에 그의 침묵 서원은 깨졌지만, 듣는 우리에게는 거듭 반추할수록 영화의 의미를 더욱 분명하게 깨닫게 해 주는 말이 아닐 수 없다.

"하나님께서 자신의 눈을 멀게 해 준 이유는 다 내가 감당할 수 있기 때문이며, 이로서 하나님의 사랑을 나를 통해 세상에 보여 주려는 의미이다."

"하나님께 가까이 갈수록 나는 행복하다."

"요즘 사람들의 삶이 불행한 이유는 하나님과 너무 동떨어져 있기 때문이다."

무엇을 회복할 것인가?
<회복>(김종철, 2009)

기독교 영화제작에 인색했던 한국 영화계에서 반가운 소식이 들린다. 아프리카에서 성경을 현지어로 번역하며 선교하고 있는 강명관 선교사의 이야기를 담은 <소명>(신현원, 2009)에 이어서 <회복>이 제작된 것이다. 국내에서는 처음으로 시도된 장르라는 점에서, 그리고 비록 수익 배분을 겨냥하지 않고 순수한 선교헌금의 의미라 할지라도 교회가 영화제작의 투자자로서 참여했다는 점에서 큰 의미가 있는 결과가 아닐 수 없다. 앞으로 기독교 영화 생산에 큰 귀감이 될 것으로 생각된다. 게다가 제작사 측은 이 영화가 전 세계적으로 한 번도 시도한 적이 없는 내용을 담고 있다는 내용의 보도 자료를 제시하고 있는데, 이 점에서도 <소명>과 <회복>은 한국 영화계에 기념비적인 의미를 갖는다고 볼 수 있다. 두 영화의 제작을 기점으로 한국 기독교 영화제작이 더욱 활성화되기를 기대하지 않을 수 없다.[3]

<회복>은 이스라엘의 회복을 주제로 다루고 있다. 유대인의 나라 이스라엘 현지에서 메시아닉 쥬(유대인 크리스천)들이 예수 그리스도에 대한 신앙고백으로 인해 어떤 어려움을 겪고 있는지를 보여 주면서 이스라엘의 회복에 대한 선교적 관심을 촉구하는 내용을 담고

---

2) 致虛極, 守靜篤, 萬物竝作, 吾以觀復, 夫物芸芸, 各復歸其根, 歸根曰靜, 是謂復命, 復命曰常, 知常曰明, 不知常, 妄作凶, 知常容, 容乃公, 公乃王, 王乃天, 天乃道, 道乃久, 沒身不殆. 본문의 번역은 다음의 사이트에서 인용했으며, Stille의 의미를 파악하기 위해 인용한 독일어는 유학 연구로 유명한 독일 학자 Richard Wilhelm의 노자의 독일어 번역본에서 인용했다.
http://kin.naver.com/open100/detail.nhn?d1id=11&dirld=1111&docld=593791&qb=
6rOg7JqU7JmAlOy5qOusteydmCDssKjsnbQ=&enc=utf8&section=kin&rank=4&sort=0&spq=0&pid=
f0UcNsoi5UKsstqeBcosss-455592&sid=S0XFl5miRUsAABuhlWQ

3) <소명>에 대한 글은 이미 「신앙세계」("'상상력의 시대' 여는 기독교 영화", 2009년 10월, 30-34)에 기고했기 때문에 이곳에선 <회복>에 제한하기로 하겠다.

있다. 유대인들의 무수한 방해와 테러, 그리고 위협에도 불구하고 결코 식지 않는 복음 전도에 대한 열정은 매우 감동적이었다. 성도들에게 단체 관람의 기회를 제공한다면 복음의 열정을 불러일으키는 데에 크게 기여할 것이라 믿어 의심치 않는다.

특별히 영화가 신앙의 맥락에서 첫 열매인 이스라엘의 회복을 다루고 있는 것 같아서, 필자는 더욱 큰 흥미를 갖고 보게 되었다. 왜냐하면 이 영화를 통해, <위대한 침묵>에서와 같이, 근원에로의 회귀가 갖는 의미를 거듭 확인할 수 있었기 때문이다. 한편으로는 영화적인 경험에 있어서 <위대한 침묵>과 비교되면서도, 다른 한편으로는 주제와 관련해서 비슷한 맥락에서 이해될 수 있는 영화다.

영화는 일종의 탐색 과정으로 전개되는데, 전체적으로 몇 가지 질문들에 대답하는 형태로 구성되었다. 시작부터 흥분을 불러일으켰던 출발점은 과격파 유대교 청년단체에 의한 폭탄 테러사건이다. '아미 오르티즈' 사건이란 목사님 가정에 선물로 위장되어 배달된 소포가 폭발하여 아들인 아미 오르티즈를 중태에 빠뜨렸던 일을 말한다. 예수 그리스도를 전도한다는 이유로 테러의 대상이 된 것이었는데, 희생자가 된 아미 오르티즈는 기적적으로 살아나 영화 시사회에서 건강한 모습을 볼 수 있었다.

유대인 크리스천들이 핍박을 받고 테러를 당하게 된 이유를 탐색하며 거친 호흡으로 시작된 영화는 비교적 객관적인 입장을 견지하고자 노력하였다. 유대교인들의 예배 방해 행위나 유대인 크리스천들이 당하는 테러와 핍박만을 전해 주지 않고, 유대랍비들이 전하는 중세부터 뿌리 깊이 내려온 반유대주의 역사에도 귀를 기울이는 성의를 보인 것이다. 다시 말해서 유대인들의 반기독교적인 정서와 그 이유를 알게 해 주었다. 유대교인이라는 정체성과 예수를 단지 위대한 선지자 혹은 랍비로 보는 것 이외에 반유대주의 역사는 그들이 왜 예수 그리스도를 거부하는지를 말해 주는 가장 중요한 이유였다. 사실 십자군 전쟁 당시 예루살렘을 점령한 십자군은 당시의 십자군 기사의 지도자였던 고트프리트 폰 보우일론의 인도하에 유대인들의 개종을 강요했고, 응하지 않을 경우에는 방화와 학살을 서슴지 않았다. 영화가 다루지 않고 있지만 14세기부터 유대인은 게토 안에 갇혀 격리된 삶을 살아야만 했다. 유럽인들의 반유대주의적인 역사는 영화가 보여 준 장면보다 훨씬 다양한 스펙트럼을 갖고 있는데, 홀로코스트는 반유대주의적인 정서의 절정을 이룬 사건이었다. 영화는 강한 유일신 사상을 가진 사람들이 자신들의 조상에 불과한 예수를 하나님으로 섬기는 것이 얼마나 어려운 일이고, 또 기독교 전통 속에 침투되어 있는 반유대주의적인 정서가 유대인들의 집단적인 피해의식으로 자리 잡고 있음을 잘 보여 주었다. 이런 관점에서 볼 때 이스라엘에서의 선교는 유대교와 기독교의 갈등 관계라는 문제의식 속에서 풀어 나가야 할 것으로 기대된다.

그렇다면 유대인들의 집단 피해의식은 성공적인 이스라엘 선교를 위해 그리스도인들이

해결해야 할 과제가 아닐 수 없다. 그러한 집단 피해의식이 이스라엘에 거주하는 유대인 전체의 것인지, 아니면 유대인 크리스천의 선교행위를 방해하는 과격단체들만의 논리에 불과한 것인지, 이 문제를 해결하기 위한 노력은 없는지, 만일 있다면 누가 어떤 형태로 실행하고 있는지 하는 것들이 궁금해졌다. 그런데 감독은 이 부분의 중요성을 인정은 하면서도 더 이상 관심을 보이지 않고, 카메라를 선교를 향한 뜨거운 열정으로 달구는 일에만 전념했다는 느낌을 받았다. 아니면 다소간의 긴 호흡으로 주목하기에는 감독의 열정이 너무 뜨거웠던 것은 아니었는지…. 다시 말해서 오직 유대인 크리스천들이 당하는 핍박과, 그럼에도 불구하고 결코 식을 줄 모르는 그들의 선교 노력과 간증 그리고 성공적인 선교인 이스라엘 회복을 위한 전 세계인의 기도를 촉구하는 내용에 주로 집중했다. 선교의 문제에 성급하게 다가감으로 인해서 효과적인 선교를 위해 필요한 단계를 뛰어넘었다고 볼 수 있다. 감독이 보여 준 뜨거운 열정은 빠른 영상편집과 영상에 삽입된 열정적인 음악들을 통해 충분히 느낄 수 있을 것이다. 물론 포괄적인 의미에서 선교기도에 다 포함될 수 있는 일이지만, 그러나 이스라엘의 회복을 주제로 다큐멘터리를 제작한다면, 선교의 현실만이 아니라 가장 핵심적이면서도 시급한 문제를 해결하기 위한 문제들도 다뤄야 하지 않았을까? 감독의 의도가 다른 곳에 있었기 때문일 수도 있지만, 솔직히 이런 질문이 제기되는 이유가 없지 않다. 과거 우리는 아시아와 남미 그리고 아프리카 지역에서 정치·사회·심리적인 문제 해결을 등한시하고, 교회가 오직 복음전도와 교회 건립에만 열을 올렸을 때 어떤 결과를 경험하게 되었는지를 잘 알기 때문이다. 이스라엘이라는 땅에서의 회복이 과연 어떤 의미에서의 회복이어야 했는지를 진지하게 고민할 필요는 없었을까? 만일 이스라엘 선교에서도 단지 교회를 세우고 확장하는 일에만 전념한다면, 그래서 ─ 유대인들이 비난하듯이 ─ 도움이 필요하고, 삶의 위기에 처한 사람들을 교인으로 등록시키는 일에만 열을 올린다면, 과거 선교의 역사에서 보인 잘못은 반복될 수밖에 없다. 선교를 하나님의 선교(Missio Dei)로 이해하는 입장에서 볼 때, 이스라엘의 회복은 유대교와 기독교의 갈등관계를 직시하고 좀 더 긴 호흡을 갖고 치유와 화해를 위한 노력과 더불어 이뤄져야 한다고 생각한다.

　기독교 영상미학의 발전을 위해 덧붙이고 싶은 말이 있다. 영화에서 음악의 역할과 음악 사용의 적절함에 대한 것이다. 영화에서 음악 사용의 가치는 특히 독일 영화음악가 한스 아이슬러(Hanns Eisler, 1898~1962)에 의해서 강조되었는데, 그는 영화에서 음악은 일종의 영상 해독제 역할을 할 뿐만 아니라, 영상에 생명력을 불어넣어 준다고 보았다. 영상의 배경에 흐르는 음악을 통해 영화는 관객들에게 여러 가지 감정들을 더욱 효과적으로 전달할 수 있게 된다. 뿐만 아니라 영화에서는 서로 독립된 이미지들을 자연스럽게 연결시켜 주는 효과도 있다.

영화 <위대한 침묵>이 돋보이는 것은 이런 기대효과를 과감하게 배제했음에도 불구하고 생명력 있는 영상미학을 구현해 내었기 때문이다. 침묵을 통해 고요함, 만물의 평화, 곧 하나님의 뜻으로 근원으로 돌아가고자 하는 열망을 표현해 내었다. 이에 비해 <회복>은 신앙의 장자로 선택된 이스라엘이 다시금 처음으로 회귀함으로써, 특히 예수 그리스도에 대한 신앙으로 돌아감으로써 이스라엘이 온전히 회복되기를 원하는 마음을 담았지만, <위대한 침묵>과 비교해 볼 때 방법은 전혀 달랐다. 배경음악은 영화 상영 내내 들을 수 있었는데, 심지어 인터뷰 중에도 계속되었다. 영상의 효과를 높이기 위해 사용되어야 할 음악이 오히려 영상에 집중하기 쉽지 않게 만들었다. 영상과 대화할 수 있는 여유를 가질 수 없었다. 보는 것이 아니라 오히려 '듣고 있다'는 인상을 강하게 받았다. 한국교회의 일방적인 설교형식에 젖어 있거나 침묵에 익숙하지 않은 사람들에게는 오히려 이런 식의 전개가 더 적합하다는 말이 없지 않지만, 적어도 영상미학적인 측면에서 종합적으로 볼 때, 음악의 사용은 영상에 몰입을 방해할 정도로 지나쳤다.

　이 모든 것에도 불구하고 <회복>은 이스라엘 선교를 향한 영화의 열정을 깊이 느낄 수 있게 해 주는 작품이다. 영화 관람을 통해 교인들은 이스라엘 선교가 직면하고 있는 어려운 현실을 알게 되고, 또 우리가 왜 이스라엘 선교를 해야 하는지, 유대인 크리스천들을 어떻게 도울 수 있는지에 대해 한 번쯤 묵상할 수 있는 기회를 얻을 수 있을 것이다.

(「목회와 신학」 2010년, 3월, 126-133)

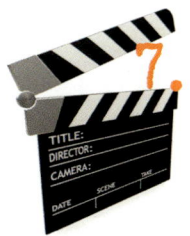

7. 어린이에 대한 성찰과 인식
그리고 +α

어린이의 가치 ▪ 〈나무 없는 산〉

어둠의 아이들 ▪ 〈어둠의 아이들〉

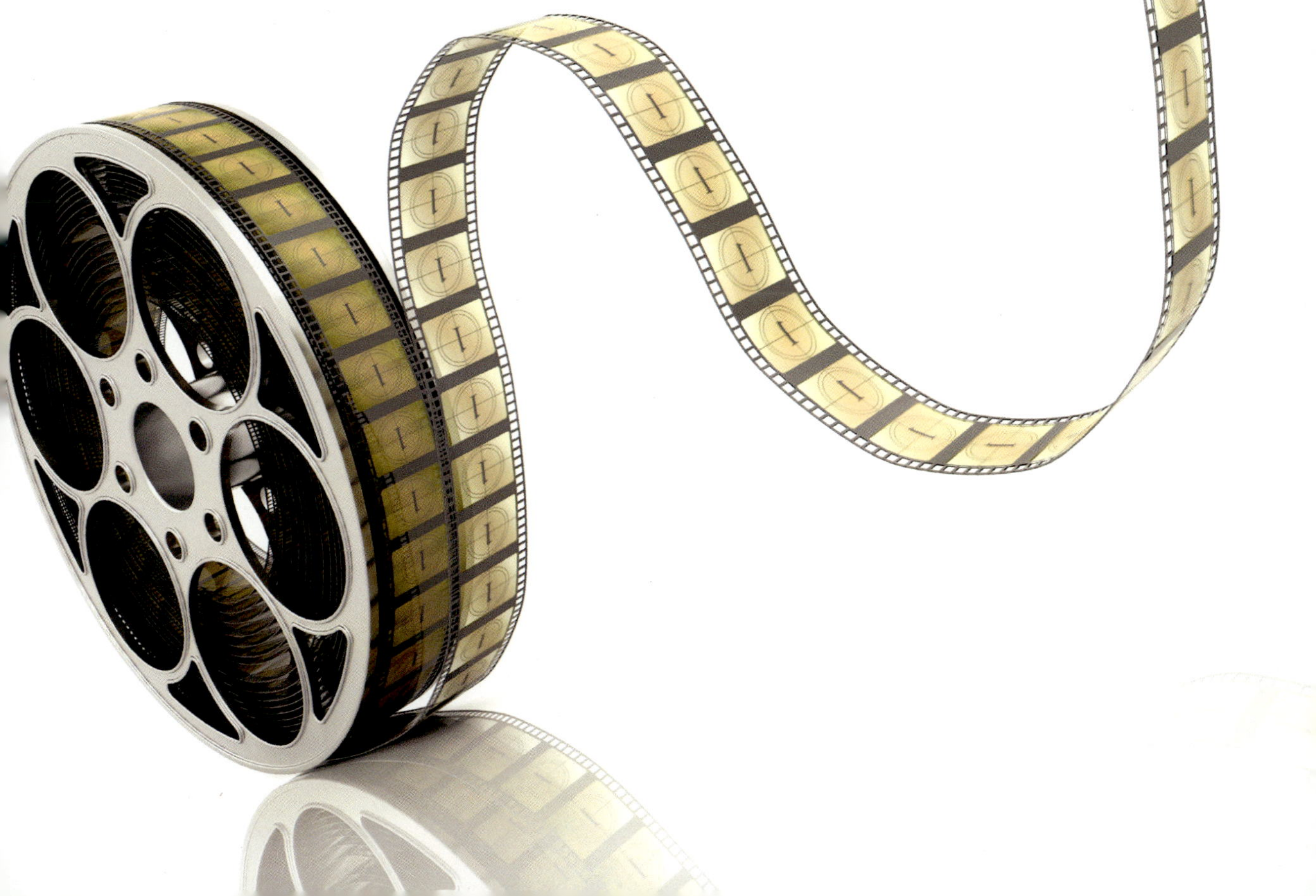

어린이의 가치

〈나무 없는 산〉(김소영, 2008, 전체)

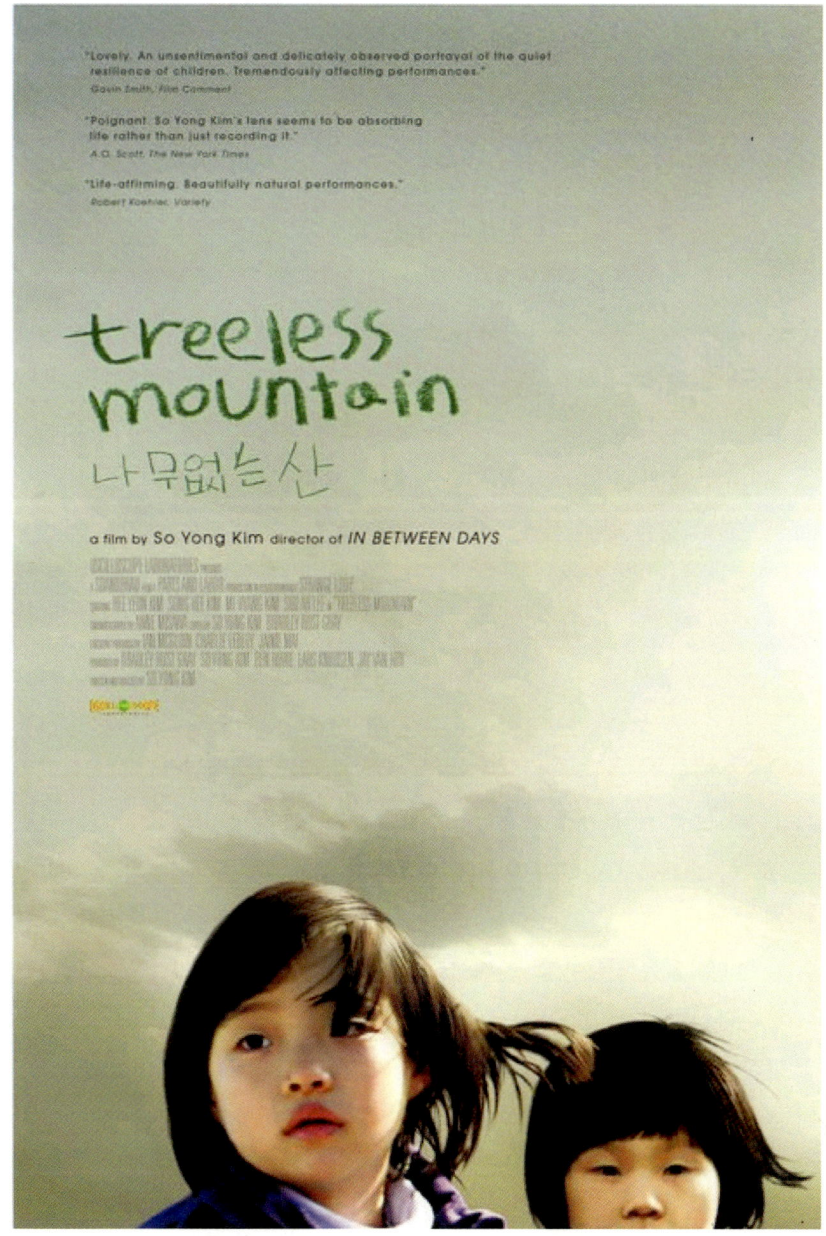

김소영, 부산 출신으로 미국으로 이주하여 활동. 시카고 예술대학 예술학 석사. 2006년 〈방황의 날들〉로 데뷔. 〈나무 없는 산〉으로 2008년 두바이국제영화제에서 최우수 작품상을 수상

Filmography: 방황의 날들(2006), 나무 없는 산(2008)

나무 없는 산을 일컬어 민둥산이라 한다. 나무가 있다면 당연히 푸르러야 하지만 나무가 없는 산, 민둥산은 푸르지가 않고 붉다. 산 위의 흙이 그대로 드러나기 때문이다. 나신을 보는 것만 같다. 주변의 민둥산을 많이 보아서 그랬는지 초등학교 시절 산을 그릴 때마다 불그스름하게 색칠했던 기억이 있다. 당연히 산에 불이 났냐고 선생님께 핀잔을 듣는 일이 다반사였다. 나무를 건축자재로 혹은 땔감으로 사용할 나무를 얻기 위해 산들의 옷들을 마구잡이로 벗겨 낸 결과다. 아낌없이 주는 나무를 칭송하면서… 그 결과 화려한 강산을 자랑했던 한반도의 산들은 민둥산이 될 수밖에 없었다. 산의 미관이 심하게 훼손된 것은 말할 것도 없지만, 더욱 큰 문제는 장마철마다 겪게 되는 홍수였다. 수많은 공장들이 들어서고 또 자동차가 많아지면서 오염된 공기를 정화시키는 기능을 상실하게 된 것도 적지 않은 문제였다. 국토의 절반 이상을 산이 차지하고 있어 사실 산에 대한 가치를 제대로 알아보지 못한 것이 사실이다. 산은 그저 산일 뿐, 그곳에 서 있는 나무들이 어떤 의미를 갖는 것인지 깨닫게 되기까지는 지독한 성장통을 겪어야만 했다. 다시 말해서 산에 나무가 없는 상태에서 장마철을 맞이하였을 때 피할 수 없었던 수해를 뼈저리게 경험하고 나서야 비로소 산에는 나무가 있어야 함을 알게 된 것이다. 나무는 단지 산 위의 장식물만이 아니었다. 그것은 옷이었다. 민둥산은 벌거벗은 우리들의 모습이었다. 게다가 산 위의 나무는 환경을 보호할 뿐만 아니라 산 주변에 사는 사람들의 삶과 생명을 지켜 주는 소중한 것이었다. 산에는 나무가 꼭 있어야 하지 그렇지 않으면 산은 오히려 위협적인 흉물이 될 뿐이다.

김소영 감독은 <나무 없는 산>의 이미지를 영화로 만들었다. 환경문제가 아니라 사람문제다. 특히 어린이 문제를 다루었다. 처음에 미국에서 상영되어 호평을 받았을 때 한국 언론은 영화를 소개하면서 영화제목 'Treeless Mountain'을 '민둥산'이라 번역했다. 그런데 한국에서 개봉되면서 <나무 없는 산>이 되었다. 그 자세한 이유를 모르겠지만 아무래도 민둥산보다는 <나무 없는 산>이 더 시적이고 또 영화의 분위기와 의미를 더 잘 반영해 주는 것 같기는 하다. 여하튼 영화는 부모의 보호 없이 친척집을 전전하며 제대로 된 양육이나 보호 없이 살아가는 두 명의 어린 여자아이들의 삶, 그들의 현실을 보여 주고 있다. 출현한 어린이들의 사실적이면서도 절제 있는 연기가 압도적이어서 영화가 더욱 슬프고 또 이런 현실이 한국에서 일어나고 있다는 사실에 무척 가슴 저리다.

그러나 영화가 단지 그런 안타까운 현실만을 보여 주는 목적을 가지고 있는 것일까? 필자가 영화의 제목에 좀 더 많은 시간을 두고 생각하게 된 것은 일본의 고레에다 히로카즈 감독의 2004년도 작품 <아무도 모른다>(Nobody Knows)를 떠올렸기 때문이다. <아무도 모른

다>는 실화를 바탕으로 해서 만들어진 영화인데, 고레에다 히로카즈 감독은 부모의 보호 없이 자라는 아이들의 가슴 아픈 현실을 보여 주는 것은 물론이고 그들 주변에 있는 사람들, 그들의 존재와 삶에 주목하지 못하고 자신들만의 삶을 살아가는 일본 사회에 큰 죄책감을 불러일으켰다. 그들의 비극적인 삶의 현실을 아무도 모르고 있는 사회는 건전한 사회가 될 수 없음을 암시적으로 역설한 것이다. 사회적인 약자의 현실을 아무도 모르게 된다면 이런 비극은 앞으로도 계속될 것이라는 경고다.

필자가 <나무 없는 산>을 보면서 비슷한 생각을 하게 된 것은 결코 우연이 아니다. 사실 김소영 감독은 이전의 작품 <방황의 날들>에서도 미국으로 이민 간 청소년들의 성장통, 다시 말해서 미국과 한국 문화의 차이에서 비롯되는 정체성 문제 그리고 청소년의 사랑 문제로 갈등하고 번민하는 모습을 실제적인 느낌을 주는 영상표현을 통해 보여 줌으로써 단순히 영화적인 맥락을 넘어 사회문화적인 맥락에서 영화의 의미를 반추해 볼 필요성을 강하게 어필한 바 있다. 모국어보다 영어에 더 몰입해야 하는 우리들의 현실을 다시 한 번 되돌아보게 만든 작품이기도 했다.

<나무 없는 산>의 경우도 비슷하다고 생각한다. 왜냐하면 '나무 없는 산'이 평소에는 단지 보기에 좋지 않은 것에 불과하지만 장마철이 되면 엄청난 피해를 가져오는 것처럼, 감독은 이 영화를 통해서 어른들이 자신들의 관심을 좇고 또 자신들의 문제에 매몰되어 살아가는 가운데 아이들의 보호를 등한시할 때 그것이 어떤 결과로 부메랑이 되어 되돌아올 것인지를 예고하고 있는 것이다. 버려진 아이들의 안타까운 현실이 보는 자들의 심금을 울리는 것은 빙산의 일각에 불과하다. 누군가에 의해서 보호받지 않으면 우리 사회에 어떤 결과로 이어지게 될 것인지 관객 스스로 판단해 볼 일이다. 아이들은 비록 사회적인 약자로서 평소에는 아무런 의미가 없는 듯이 보여도 그들이 없는 사회는 엄청난 비극적인 결과로 이어질 뿐이다.

감독이 이런 경고의 의도를 갖고 있다는 것을 알 수 있는 것은 제목이 말해 주고 있지만, 영화 속 장면을 통해서도 암시되고 있다. 아이들을 고모 집에 맡겨 놓고 떠나는 엄마를 쫓아가던 두 아이(진과 빈)는 그야말로 나무 없는 산에 이르게 된다(실제로는 공사폐기물 더미이다). 그들은 엄마를 기다리며 이미 꺾인—그래서 생명이 없는—나무를 그곳에 심고 물을 주지만 나무는 결코 자라지 않을 것이다. 그것은 상징적인 행위이며 영화 전개에 있어서 복선이다. 그곳은 돌아올 엄마를 기다리는 장소가 되지만 엄마의 약속은 결코 지켜지지 않을 것임을 예감하게 한다. 게다가 고모조차도 그들을 돌볼 수 있는 마음의 여유가 없다. 아이들을 돌볼 형편이 못 된다는 엄마의 편지를 받은 고모는 아이들을 일찌감치 시골의 할아버지, 할머니 집에 맡겨 버린다. 시골에 있는 할머니에게 맡겨지는 것이 술에 쩔어 살면서 아이

들을 제대로 돌보지 않는 고모의 집에 있을 때보다는 더 안전할 것 같다는 생각을 하면서 안도의 한숨을 쉬게 되지만, 그들의 보호 역시 오래 가지 못할 것이라는 불안감에 사로잡히게 된다. 아이들의 보호자인 할아버지, 할머니의 남은 삶은 얼마 되지 않을 것이며, 또한 그들의 삶의 터전 가까운 곳에서 들려오는 포클레인 소리가 그들의 미래를 암울하게 만들 것이기 때문이다.

부모들을 포함한 어른들이 자신들이 삶에 매몰되어 살아가는 동안 제대로 양육받지 못하고 보호받지 못한 아이들이 단지 보기에만 좋지 않고 또 안타까운 것이 아니다. 그런 현실의 진면목은 사회적인 위기가 닥쳐올 때 드러나게 될 것이다. 따라서 그런 일이 생기지 않도록 먼저는 부모들이 자녀들을 포기하는 일이 있어서는 결코 안 되겠지만, 사회적인 약자들의 현실을 사회와 국가마저 외면하는 일이 있어서도 안 될 것이다.

고레에다 히로카즈 감독의 2004년도 작품 <아무도 모른다>는 아파트에 버려진 네 아이들의 이야기를 다룬 영화인데 그 영화에는 버려진 아이들이 자기 스스로에 대해 어떻게 생각하고 있는지를 잘 말해 주고 있다. 사고로 숨을 거둔 막내를 별빛이 보이는 곳에 묻어 두고 돌아오는 길에서 다음과 같은 가사의 음악은 아이들의 존재 의미와 정체성을 잘 말해 준다.

한밤중에 하늘에 물어보아도
별들만 반짝일 뿐
마음에서 흘러나온 물이
검은 호수로 흘러갈 뿐
다시 한 번 천사는 나를 돌아볼까
내 마음에서 물놀이를 할까
겨울바람에 눈물이 흔들리고
어둠 속으로 날 인도하네
얼음같이 차가운 눈동자로
나는 점차 커 가고
누구도 가까이할 수 없는
악취를 풍기는 보석

혼자 남아 살아가는 그들에 대한 시선도 없고 설령 그들을 본다 해도 반응조차 하지 않는 주변의 냉랭함을 그대로 전해 주면서 또한 자신들의 꿈이 좌절되는 일들을 뼈저리게 경험하면서 그들이 자기 스스로에 대해서 어떻게 생각하게 되는지를 잘 말해 준다.

누구도 가까이할 수 없는
악취를 풍기는 보석

이렇게 슬픈 노래가 또 있을까 생각될 정도지만 그나마 다행스럽게 생각되는 것은 그럼에도 불구하고 아이들이 스스로를 '보석'으로 보고 있기 때문이다. 현실이 너무 비극적이어서 영화를 보는 내내 눈시울을 적셨지만 '보석'이라고 표현된 것에서 희망의 불씨를 볼 수 있게 되었다. 김소영 감독 역시 아이들이 부르는 마지막 노래를 통해 보는 자로 하여금 막연하게나마 희망을 기대할 수 있게 해 주어 다행이다. 그것은 이 사회에 남아 있는 일말의 양심을 믿는 믿음 때문에 가능했던 표현이 아니었을까 생각한다. 김소영 감독이 사용하고 있는 극단적인 클로즈업(extreme close-up)은 버려진 아이들의 표정을 통해 우리 자신들의 차가운 마음을 볼 수 있게 해 주는 것이라 생각했는데, 다른 한편으로는 씨네 21의 김혜리 기자의 말처럼 그래도 누군가가 그들을 가까이서 지켜보고 있다는 이미지로도 이해할 수 있을 것이라는 생각이 든다. 그렇다면 영화의 말미에 롱 숏을 통해 표현한 것은 이제는 감독의 보호를 떠나 그들을 지켜보는 자에게 맡기겠다는 의사표시임이 분명하다.

아이들은 사회적인 약자이고 그래서 그들의 존재 가치를 바로 인식하는 것이 힘들다 해도 그들은 숨겨진 보석이다. 그들의 존재가 비록 미미하게 보여 그들이 없는 세상, 그들을 버리는 세상이 처음에는 아무렇지 않게 보인다 해도, 그것은 사회와 국가에 큰 불행이 될 것이다. 위기의 순간에 분명하게 드러날 것이다. 그들이 제대로 성장할 수 있도록 돌보아 주는 것은 단지 부모의 책임만이 아니라 사회와 국가적인 책임인 것이다.

숨겨진 보석을 하나님 나라에 비유하신 분은 예수님이다. 그 보석을 얻기 위해 노력하라는 말씀은 복음에 대한 태도를 가리키는 것이다. 최근에 우리 사회에서 아이들은 성인들의 자유로운 삶을 추구하기 위해, 삶의 질을 고민하기 때문에, 높은 사교육 비용에 대한 부담감으로 인해 귀찮고 성가시고 문제덩어리로 인식되고 있다. 수많은 생명들이 세상의 빛을 보지 못하고 흡입기 안으로 사라지고 있으며, 아이들이 어른들의 폭력에 의한 희생자가 되고 있다. 아이들의 존재 가치가 어른들의 실용적인 이익에 밀려 점점 사라지고 있는 실정이다.

그러나 성경적인 가치에 따르면, 아이들은 숨겨진 보석이다. 부정할 수 없는 사실이다. 그들의 진정한 가치를 발견한 사람은 그 무엇과도 바꾸지 않는다. 예수님이 아이의 몸으로 이 땅에 오신 것은 아이에 대한 생각의 변화, 가치의 변화를 촉구한다. 영화를 기독교적인 맥락에서 읽는 관객들은 분명 영화를 통해 아이들의 존재가치를 천국에 비유한 예수님의 말씀을 회상할 수 있었고, 또 아이들에 대한 예수님의 가치평가는 영구불변의 진리임을 다시 한 번 확인할 수 있었을 것이다. 현실의 참다운 모습을 보는 것이 누구에게나 허락된 것이 아니라면 보는 자에게 주어진 책임은 그야말로 막중하다. 어린아이에 대한 예수님의 가치평가는 어른이 어린아이와 같은 태도를 가져야 한다는 것만 말하는 것이 아니다. 어린아이처럼 변화되라는 말씀은 더욱 아니다. 오히려 어린이들의 존재 자체에 주목할 것을 요구한다. 먼저는 아이들을 홀로 키워 내야 하는 젊은 엄마들이 끝까지 포기하지 않도록 기도하고 그들의 자립을 도울 수 있는 방법을 고안해 내야 할 것이다. 그리고 버려진 아이들에 대해 더욱 많은 관심을 갖고 돌봐야 할 것이다. 아이들의 양육에 대한 부담감으로 출산을 포기하는 부부들을 위해서도 기도하며 해결책들을 모색해야 할 것이다. 끝으로 출산의 용기를 가질 수 있도록 교육할 뿐만 아니라, 미혼모 보호를 위한 시설, 직장 여성을 위한 시설, 원활한 육아와 대안교육을 위한 기회를 제공할 수 있는 가능성을 모색해 보아야 한다. 이 일을 위해 교회가 감당해야 할 과제는 무엇인지 고민해야 한다. 아직까지 남아 있는 사회적인 양심이 교회가되고, 그들을 지켜보는 자로서 책임을 기꺼이 짊어지는 자가 교회가 되기를 소원한다. 그리스도는 아기의 모습으로, 부모의 돌봄과 보호가 필요한 존재로 이 땅에 오셨음을 기억하자.

중세에 독일 남부지방에 땅이 황폐해지자 많은 사람들이 살던 지역을 떠날 수밖에 없었다. 그러나 모두가 떠나 더욱 황폐해져 가는 땅으로 하나둘씩 들어와 나무를 심고 땅을 파새로운 삶의 터전을 일궈 낸 사람들이 있었다. 마침내 그들에 의해 땅은 풀과 나무가 자라게되었고, 마침내 사람이 살 수 있는 땅이 되었다. 이 일을 일궈 낸 사람들은 바로 예수를 믿는사람들이었다. 모두들 출산과 양육에 두려움을 갖고, 직장과 이혼 그리고 높은 교육비용으로 인해 결혼 및 출산을 주저하는 이 시기에(저출산율 세계 1위라고 하는데…) 생육하고 번성하여 땅에 충만하라는 하나님의 약속의 말씀은 과연 누구를 통해 이뤄지는 것이 마땅할것인가? 소망을 가지고 있는 사람은 그리스도인인가, 아니면 비그리스도인인가?
한 편의 감동적인 영화를 통해서 어린이의 가치를 다시 한 번 성찰해 보는 기회로 삼길바란다.

어둠의 아이들

〈어둠의 아이들〉(사카모토 준지, 2010, 18세)

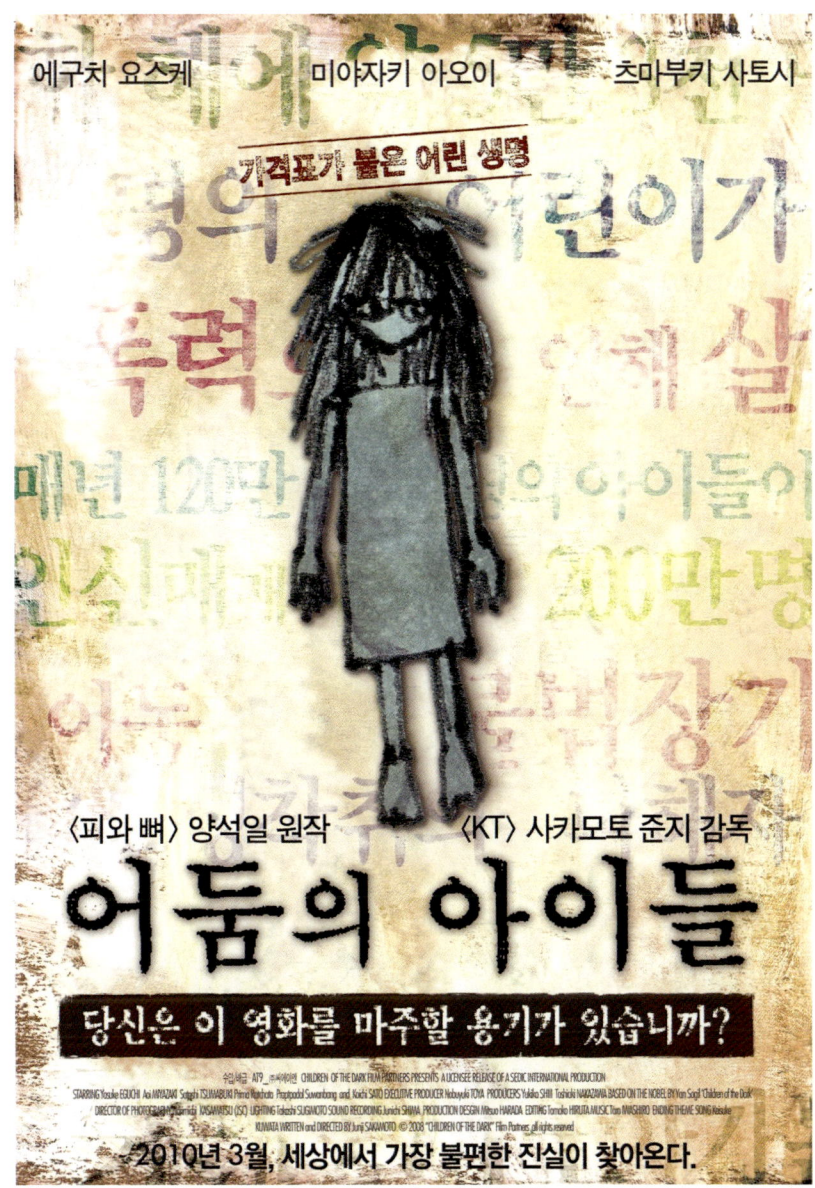

사카모토 준지(1954~). 일본 오사카 출신. 요코하마 국립대학 졸업. 〈패줄까 보대〉(1989)로 일본영화감독협회 신인상, 블루리본상 최우수 작품상을 수상

Filmography: 외통수(1991), 빌리켄(1996), 멍텅구리(1998), 신 의리없는 전쟁(2000), 얼굴(2000), 보쿠치―내가 사는 곳(2002), 케이티(2002), 망국의 이지스(2005), 클럽 진주군(2004), 다마모에(2007), ABC 단편영화(2008), 어둠의 아이들(2008), 카멜레온(2008)

인간은 자신의 한계를 극복하기 위한 노력을 아끼지 않는다. 한계는 극복되기 위한 것이라는 생각은 아마도 과학기술의 진보와 그 결과들을 경험한 인간들이 만들어 낸 것이라 생각한다. 한계란 과학기술의 한계일 뿐이며, 그러므로 한계란 당연히 극복되어야 하는 것이다. 그러나 경우에 따라서 한계는 단지 극복될 것이 아니라 인간이 더불어서 살아가야 할 혹은 그 일부로서 포함되어 있어야 할 환경일 수도 있다. 이럴 경우 인간은 한계를 극복하기보다는 한계의 범위에서 최선의 삶을 살도록 노력해야 할 것이다. 흔히 한계로 설정되는 것은 죽음과 생명의 문제이다. 생명과 죽음은 신에게 속해 있는 것이라고 생각해서 사람들은 이것들에 대한 인간의 자의적 판단을 금한다.

그러나 인간의 한계를 과학기술의 한계로 보는 입장도 있다. 유전자 정보를 해독하고, 생명의 역학관계를 풀어내어 생명을 인위적으로 만들어 낼 수 있게 되면서 생명의 문제는 더 이상 한계로 여겨지지 않게 되었다. 물론 영원히 사는 문제는 여전히 풀 수 없는 숙제이지만, 원하는 형태의 생명을 만들어 내고, 생명을 연장하는 기술은 개발되었다. 그러나 그것이 과연 바람직한 것인가? 아직은 법적인 규제로 과학자들의 뜻대로 되지는 않지만 기술적인 잠재력은 갖추어져 있는 상태다.

생명복제의 가능성이 높아지면서 이런 질문이 제기된다. 과연 생명공학의 혜택은 인간 모두에게 돌아갈 것인가, 아니면 자본의 힘에 좌우될 것인가? <어둠의 아이들>(사카모토 준지, 2008)은 태국의 아이들이 성적인 폭력에 어떻게 노출되어 있고, 또 그들이 서구 자본주의의 폭력에 의해서 어떻게 학대받으며 살아가고 있는지를 고발한 매우 충격적인 영화다. 무엇보다 감금된 상태에서 짐승과 같이 다뤄지는 아이들이나 살아 있는 상태에서 장기가 적출되는 모습은 차마 보기 힘든 장면이다. 인간의 욕망과 이기적인 사고에 대해 이토록 심한 거부감을 느꼈던 적이 없었던 것 같다. 서구의 강력한 군사력과 거대 자본력에 의해 거듭해서 착취의 대상으로 전락되는 아시아인의 비극적인 현실이 아닐 수 없다. 아니, 폭력의 피해자 당사자인 아시아인조차도 폭력을 반복하고 있는 불행한 모습을 볼 수 있다. 성매춘과 성폭력에 노출된 어린아이들의 인권도 문제이지만, 더욱 큰 충격은 장기이식을 위해 멀쩡하게 살아 있는 아이들에게서 하나밖에 없는 심장을 적출하는 현실이다. 생명을 살리기 위해 생명을 죽이는 일은 도대체 어떤 근거로 이뤄지는 것일까? 가족이기주의에 따른 판단이며, 자본이면 모든 것이 다 가능하다는 자본도착증이 아닐 수 없다. 한계를 극복하기 위한 노력에서 폭로되는 인간의 모습에서 죄의 단면을 보게 된다. 적극적으로 거부하는 행위로 나서지 않고 단지 보기만 하는 자들은 모두 공범일 수밖에 없다. 영화의 마지막 장면에서 아동성매수자에 대한 신문기사들과 함께 거울에 비친 모습은 바로 우리들 자신이 아닐까? 비록 직접

적인 공범은 아니라도 보고도 움직이지 않는 우리들 역시 공범이 아닐 수 없다. 참으로 슬픈
영화다.

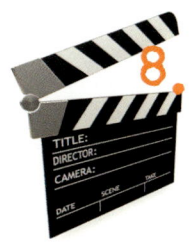

8. 정체성에 대한 성찰과 인식
그리고 + α

기독교적인 정체성을 회복하자 ▪〈와일드〉〈300〉
두 개의 시선에 대한 성찰 ▪〈포화 속으로〉
세상을 바꾸기 위한 능력은 어디에서 비롯되는가 ▪〈에반 올마이티〉

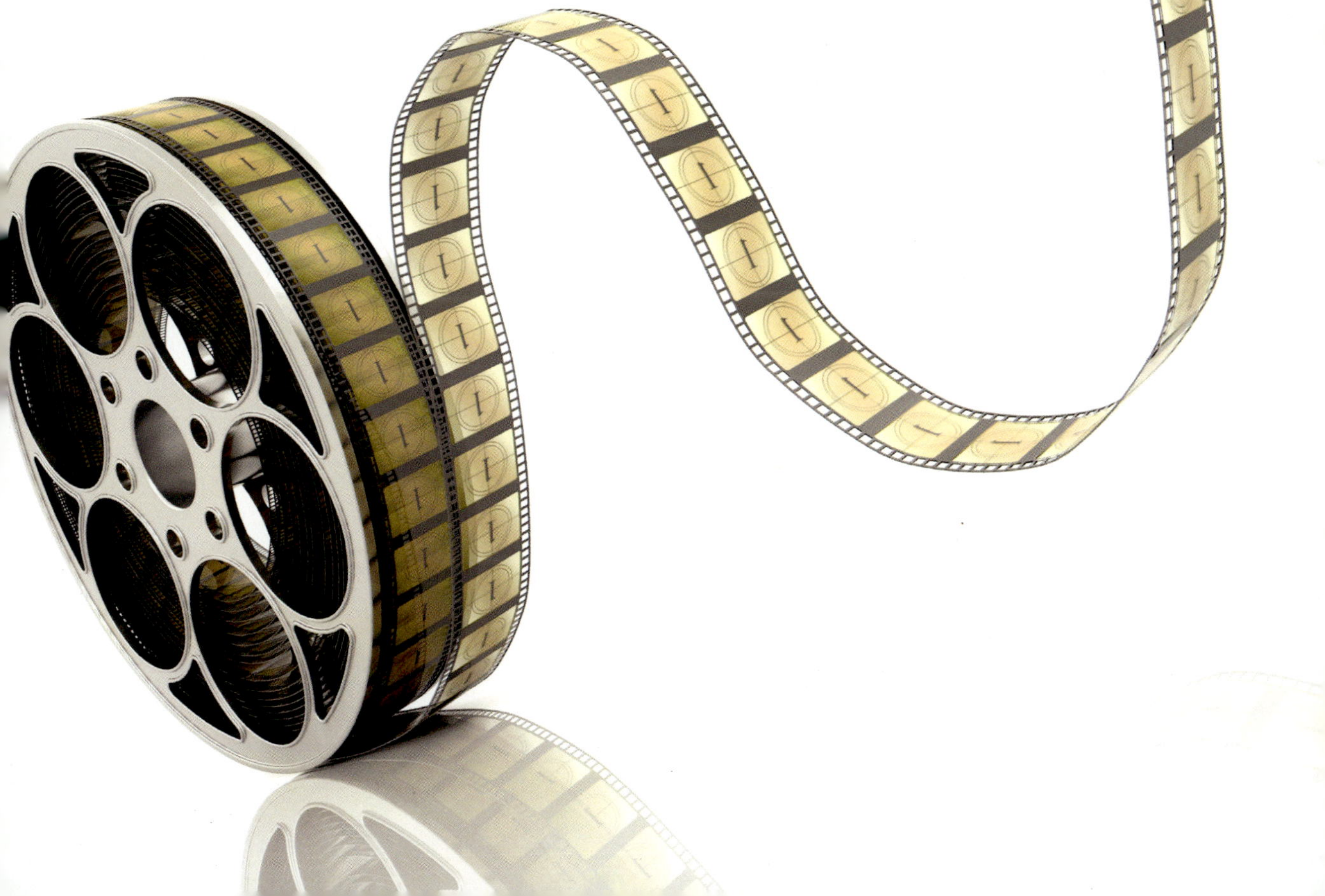

기독고적인 정체성을 회복하자

〈와일드〉(스티브 스파즈 윌리엄스, 2006, 전체)

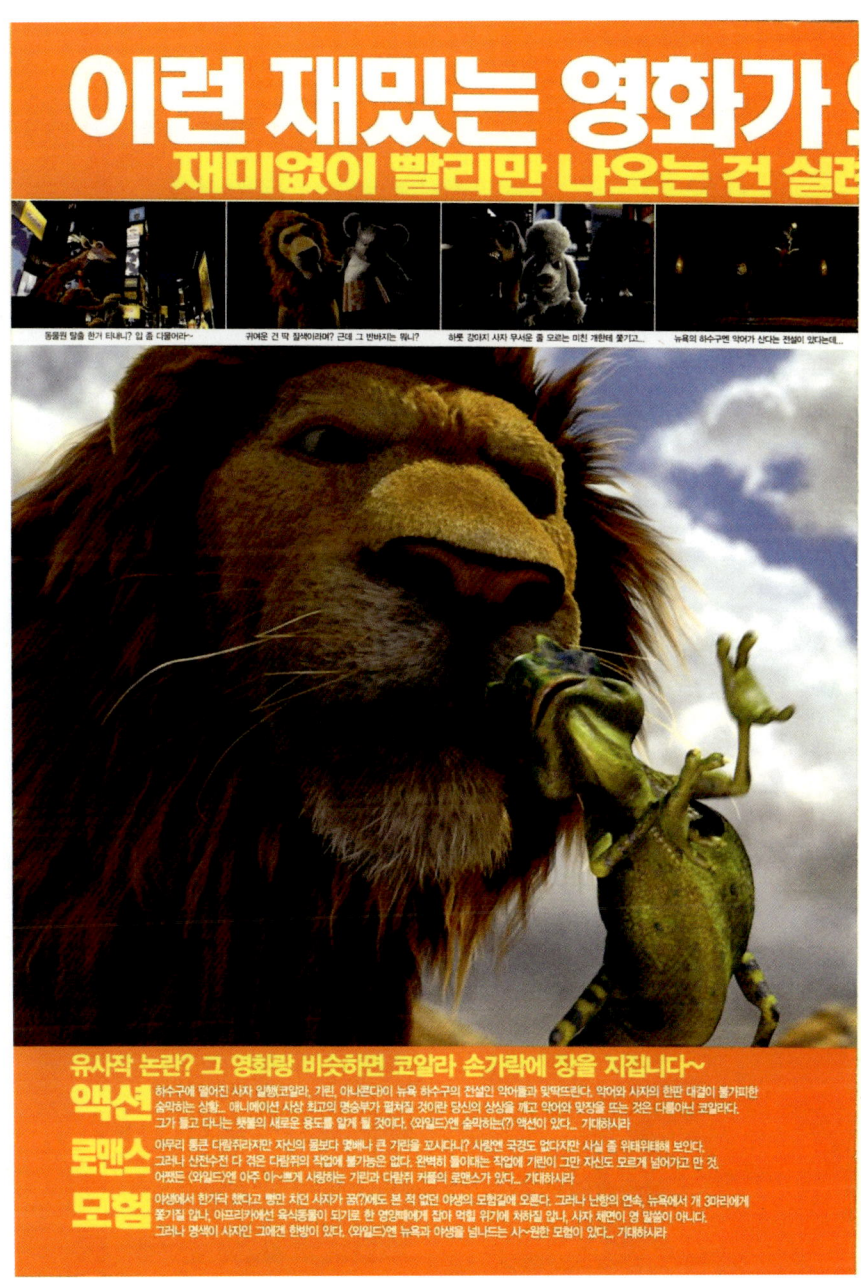

스티브 스파즈 윌리엄스(Steve 'Spaz' Williams). 캐나다 토론토 출신. 컴퓨터 애니메이션의 선구자 중 한 명으로 알려져 있으며, 〈와일드〉로 감독에 데뷔했다.

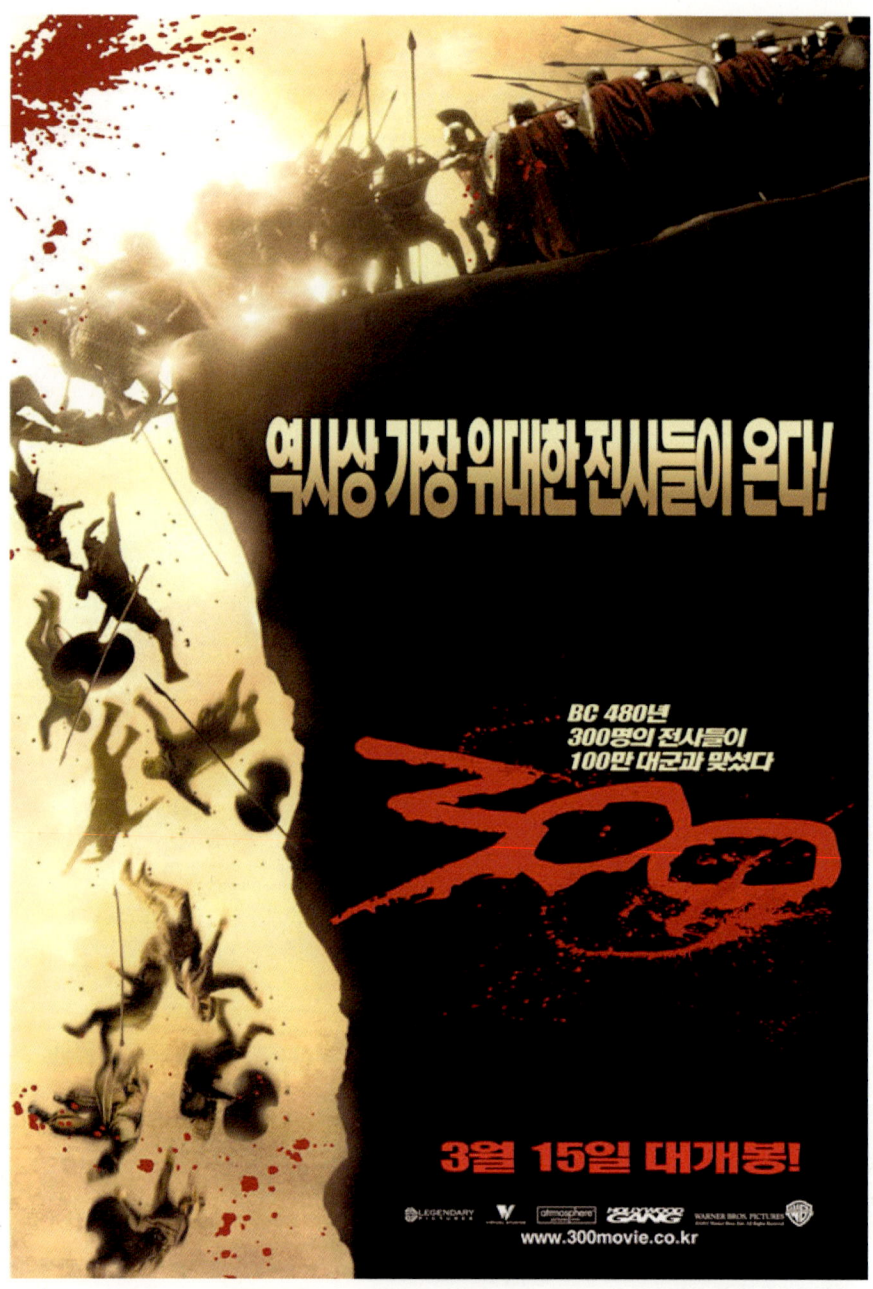

잭 스나이더(Zack Snyder, 1966~), 아트센터디자인 대학 출신답게 그는 두 번의 클리오 상과 칸 국제광고제 황금사자상
을 수상하고 또 런던 광고 커뮤니티에서 작품상 등을 수상하였다.
Filmography: 새벽의 저주(2004), 300(2007), 왓치맨(2009), 가디언의 전설(2010)

애니메이션 <와일드>는 동물원에서 사람들에 의해서 길들여진 아버지와 아들 사자가 사자로서 야성적인 본성을 회복해 가는 이야기다. 동물원에서 온갖 편안한 삶을 보장받고 있는 동안 사자는 구태여 자신의 정체성을 두고 고민할 필요가 없었다. 또 그럴 필요를 전혀 느끼지 못했다. 관람객들의 필요에 반응하기만 하면 되었기 때문이다. 사람의 손에 길들여진 사자는 동물원 안에 있을 때는 분명히 사자이고, 또한 구경꾼들에게 '정글의 왕'으로 인정받지만, 실상은 그렇지 못하다. 구경꾼들 앞에서 재롱을 부리고, 소리는 고양이 소리에, 심지어 애완견을 피해 달아날 정도다. 간단히 말해 결코 사자답지 못했다. 아들 사자가 우연히 컨테이너 박스에 갇혀 아프리카로 실려 가게 되자, 아버지 사자는 아들을 찾아 나선다. 아버지 사자는 영양 떼에 갇혀 위험에 처한 아들을 구하고, 아들 사자 역시 위험에 처한 아버지를 위해 싸우게 되는데, 이 과정에서 두 사자는 자기 안의 사자로서의 야성적인 본성을 회복하게 된다. <와일드>는 아이들로 하여금 자신이 어떤 사람인가를 생각하게 하면서 자신의 비전을 발견하도록 돕는 영화다.

청소년기에 자아를 발견하는 것은 무엇보다 중요한 일이다. 교육의 목적인 자아실현은 자아발견을 전제하기 때문이다. 그러므로 '나는 누구인가?'라는 질문은 중등교육을 받은 사람이라면 누구나 한 번쯤은 던져 보았을 질문이다. 어찌해서 나는 나이며 다른 사람이 아닌가 하는 질문이다. 그런데 정체성을 묻는 이 질문에 대한 대답을 찾았다고 자신 있게 나설 수 있는 사람은 몇이나 될까? 내가 누구인지를 알지 못할 경우에는 자아실현은 말할 것도 없고 존재 이유조차도 모르게 된다. 그렇다고 숙명론적인 의미로 받아들일 필요는 없다. 사명은 자아정체성과 불가분의 관계를 갖는다는 것을 말하려는 것일 뿐이다. 사명은 자기를 어떻게 이해하느냐에 따라 달라진다. 다른 사람이 아닌 나라는 모습으로 할 일이 있기 때문이다. 잘못된 정체성은 부당한 삶으로 이어지고, 잘못된 사명은 잘못된 정체의식으로 인한 결과다. 그러므로 소위 자아정체성 확립은 교육의 목표가 된다. 왜냐하면 자아정체성 확립은 한 인격체의 성숙을 말해 주기 때문이다.

<와일드>의 아버지와 아들 사자의 모습에서 정체성을 상실한 삶의 단면을 볼 수 있다면, 그 반대로 분명한 자아정체성을 갖고 사는 사람의 모습은 어떠할까? 역사 속 수많은 영웅들에게서 어렵지 않게 찾아볼 수 있는 있겠지만, 영화 <300>을 통해 실감나게 확인해 볼 수 있을 것이란 생각을 하게 된다.

<300>은 만화 <데어 데블>, <씬 시티>의 원작자 프랭크 밀러가 고대 그리스의 테르모필레 전투를 소재로 그린 만화를 기초로 해서 제작된 것이다. 역사에 기초하고 있지만 영화는 어디까지나 판타지다. 그런데 실제로 크세르크세스가 이끄는 페르시아의 대군은 테르모

필레 협곡에서 스파르타 군에게 저지당해 며칠 동안 쩔쩔맸다고 한다.

테르모필레 협곡에서의 전투는 BC 5세기(500~479 BC)에 세 차례 일어난 페르시아 전쟁에서 그리스가 마지막으로 페르시아를 무찌르는 전과에 크게 기여한 전쟁이다. 신체적으로 약한 자로 태어났을 때에는 버려지며, 오직 건강한 사내아이만 전사로 길러져 7세가 돼서는 집을 떠나 실전감각까지 기르도록 하는 스파르타식 훈련을 받은 '300용사'들이 테르모필레 협곡에서 목숨을 걸고 페르시아 군과 맞서 싸웠기에 그리스 군은 전열을 가다듬을 수 있는 시간을 얻을 수 있었고, 그 결과 테미스토클레스(Themistocles)가 이끄는 살라미스 해전에서 큰 승리를 얻게 된 것이다. 페르시아 군 250만을 상대로 싸웠다는 300명의 스파르타 군사들의 용맹을 상상하는 것이 쉽지 않았을 테지만, 영화는 그 실제를 보여 주는 듯했다.

물론 연출된 것이었겠지만, 필자는 영화 속 대군을 맞서 싸우는 스파르타 군인들에게서 독특한 점 한 가지를 발견하게 되었다. 바로 확고한 정체의식이다. 자신들이 스파르타인이라는 사실은 그들의 자랑이었다. 여러 번에 걸쳐 승전을 다짐하는 외침에서나, 군사들 간의 대화에서 그리고 당시 스파르타 군을 이끌었던 레오니다스 왕(제라드 버틀러 분)에게서, 또 그의 아내(레나 헤디 분)에게서 어렵지 않게 발견할 수 있는 사실이었다.

스파르타인들의 강한 정체의식은 자유의 가치에 대한 신념에 따른 것이었고, 자신의 존재이유인 자유를 누리기 위해 스스로를 강하게 훈련시키는 모습 속에서 확인된다. 숫자와 관련해서 역사가 헤로도투스가 전해 주는 기록이 사실인지는 확인할 수 없다 해도 — 설령 그것이 당시의 관행대로 과장된 표현이라 해도 — 분명한 것은 테르모필레 협곡에서 페르시아 대군과 맞서 싸울 수 있었던 용맹스러움은 강한 훈련을 통해 다듬어진 스파르타 인들의 확고한 자아정체성에서 유래한다는 것이다.

내가 어떤 존재인지 아는 것은 삶의 힘으로 분출된다. 과거 과학적인 지식이 힘으로 여겨지던 시대가 있었고, 군사력을 힘으로 여기던 시대가 있었으며, 자본주의가 팽배한 시대에는 경제력이, 오늘날에는 지식과 정보가 힘으로 여겨지고 있다. 아쉬운 것은 인류사회는 아직까지도 지배와 정복을 위하여 힘을 소유하려 한다는 사실이다. 인간이 어떤 존재인지에 대한 깨달음이 부족하기 때문이다. 그 결과 힘은 시대에 따라 단지 형태만 바뀌는 것일 뿐, 본질은 여전히 정복과 지배를 위한 성격에서 벗어나지 않는다. 그렇다면 앞으로 인류평화에 기여할 힘은 어디서 올 것인가?

지식의 확장과 과학기술의 발달은 계속되겠지만, 성경적인 의미에서 힘은 하나님에게서 온다. 하나님과의 관계에서 내가 어떤 존재임을 알게 될 때 소명의식이 생기며, 소명의식을 갖게 될 때 죽기까지 헌신할 수 있는 힘이 생겨난다. 이것은 성경과 교회사가 증거하는 진리다. 과거에도 그렇고 오늘날에도 그러하며, 또한 앞으로도 그러할 것이다. 기독교는 이것을 믿는 사람들의 공동체다.

예컨대, 히브리 인들은 나라를 잃고 살면서 무엇보다 먼저 자신이 누구인지를 분명하게 생각했다. 자신의 존재를 여호와 하나님과의 관계 속에서 생각했고, 그럼으로써 과감하게 창조신앙을 확립할 수 있었다. 뿐만 아니라 스스로를 하나님의 형상으로 이해하면서 나라의 주권을 잃었지만 자신들이 무엇을 해야만 할 것인지를 깨달을 수 있었다. 예수님 역시 여호와 하나님과의 관계 속에서 자신의 본질과 사명을 이해하셨다. 그리스도인들은 예수 그리스도와의 관계 속에서 자신의 본질을 이해하고 사명을 받아들인다. 왜냐하면 하나님의 아들 예수 그리스도와 하나님은 하나이기 때문이다.

우리가 하나님의 형상으로 만들어졌다는 사실은 아무리 과학기술이 발달해서 —『극단적 미래 예측』의 저자 제임스 캔턴이 예측하듯이 — 반인반기(伴人半機)의 인간이 만들어진다고 해도 변하지 않는 진리다. 과학기술, 지식 혹은 자본으로 정복과 지배를 위한 힘을 얻을 수 있다 해도, 십자가의 힘은 하나님과의 관계에서 내가 누구인가를 분명히 아는 일에 있다.

우리 그리스도인들은 세상 속에서 사람들과 더불어 살아야 하고, 또 생존을 위해 그들이 보기에 좋은 모습으로 살아간다. 동물원의 사자처럼 이 세상에 길들여져 있다. 안타까운 현실이다. 도대체 우리의 본성을 맘껏 발휘할 수 있는 때는 언제일까? 세상 속에 더 이상 묻혀 지내지 않고 하나님의 형상, 하나님의 자녀, 그리스도인으로서 언제쯤이나 세상을 놀라게 할 정도로 포효할 수 있을 것인가?

동물원에서 길들여진 아버지 사자가 자신의 본성을 회복할 수 있었을 때는 생명의 위기에 처한 아들 사자를 구하려고 했을 때였던 것처럼, 페르시아 대군 앞에서 스파르타 군사들이 강한 정체의식을 가질 수 있었을 때는 자유를 수호하려 했을 때였던 것처럼, 그리스도인들의 정체성 회복은 분명 생명의 위기에 놓인 세상을 향해 복음을 외치는 때가 아닐까? 우리를 통해 삼위일체 하나님을 참하나님으로 드러내는 일이 아닐까? 말로 삶으로 그리고 생각으로.

오늘날 그리스도인들이 사회에서 제 역할을 다하지 못하고 오히려 비난을 사는 일들이 많아지고 있다.
- 먼저 그 구체적인 사례를 살펴보고, 그 후에 왜 그러한 일이 생기게 되는지 이유를 서로 나누어 보자.
- 그리스도인이 비그리스도인이 아닌 이유가 무엇인가?
- 그리스도인으로서 정체성을 회복하기 위해 우선적으로 해야 할 일은 무엇인지 생각해 보고 서로의 생각을 나누어 보자.

두 개의 시선에 대한 성찰

〈포화 속으로〉(이재한, 2010, 12세)

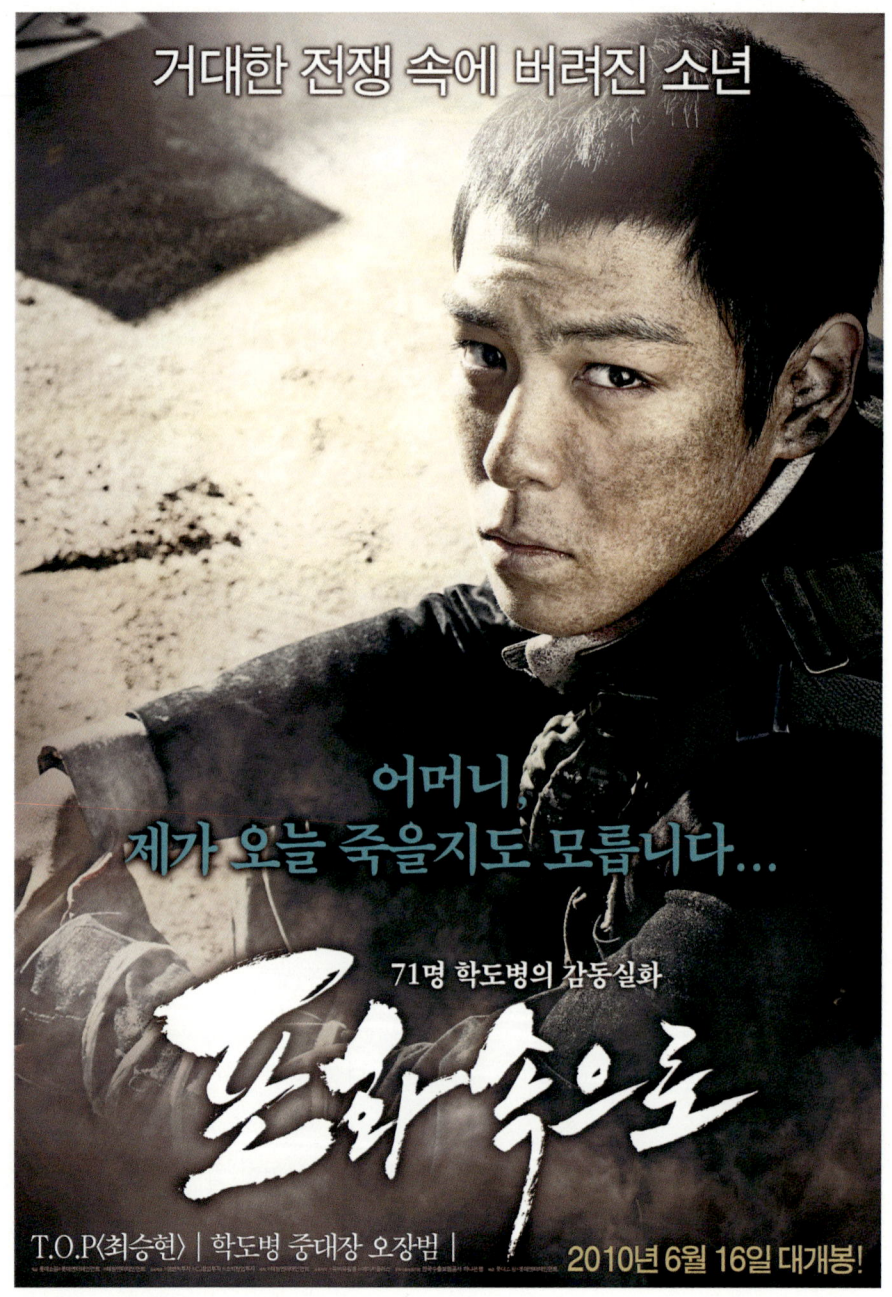

이재한(1971~), 뉴욕대학교 영화과 졸업
Filmography: 컷 린스 딥(1998), 내 머리 속의 지우개(2004), 사요나라 이츠카(2009), 포화 속으로(2010)

세상에는 그리스도인과 비그리스도인이 있다. 가톨릭 신학자 칼 라너의 '익명의 그리스도인'의 존재를 염두에 둔다 해도, 세상에는 스스로 그리스도인으로 고백하며 사는 사람들과 그렇지 않고 사는 사람들이 있다는 것은 확실하다. 이와 관련해서 끊임없이 반복되는 문제는 정체성의 상실 내지는 혼돈이다. 그리스도인이면서 그런 것 같기도 하고 그렇지 않은 것 같은 삶이 많다는 말이다. 그것이 소수라면 모르겠지만 다수가 명시적인 그리스도인이면서도 실제로는 그렇지 않게 살아간다. 의도적인 이중행위라고 보진 않지만 사실이 그렇다. 시간이 가면 갈수록 그리스도인으로서 산다는 것이 무엇을 의미하는지, 그렇지 않게 살아가는 것과 비교해 볼 때 무엇이 다른 것인지를 묻지 않을 수 없게 된다. 교회 밖의 삶에서 그 차이를 쉽게 찾아볼 수 없기 때문에 의문은 더욱 깊이 파고든다. 과연 명시적인 그리스도인으로서 살아가는 것은 무엇을 의미하는 것일까? 굳이 그럴 필요가 있는 것일까? 세상에 묻혀 가며 사는 것이 무엇이 문제인가? 도대체 그리스도인으로서 살아가는 삶으로부터 우리는 무엇을 기대할 수 있는가?

이런 고민은 비단 필자만의 것은 아닐 것이다. 신앙을 가진 모든 사람들이 안고 사는 문제가 아닐까 생각한다. 다만 분명하게 의식하고 사는 사람과 잊고 살거나 혹은 굳이 의식할 필요성을 못 느끼고 사는 사람의 차이만이 있을 뿐이다. 만일 그리스도인으로서 정체성을 갖는다는 것이 무엇인지, 그 해답을 발견하고 싶은 사람이 있다면, 자크 엘륄과 올리버 버클리가 각각 쓴 책『세상 속의 그리스도인』을 읽어 볼 일이다. 그렇지 않고 좀 간편한 방법을 찾는다면 전쟁실화를 바탕으로 제작된 <포화 속으로>를 감상할 것을 권하고 싶다. 정체성에 대한 확신이 어떤 결과로 이어질 수 있는지를 잘 말해 주고 있는 영화라고 생각하기 때문이다.

영화를 선택해서 보는 이유 가운데 하나는 우리에게 멀리 있는 일들을 문자적인 서술보다는 더욱 실감나게 느껴 볼 수 있기 때문이다. 때로는 사건 속 중심인물로, 때로는 구경꾼으로, 때로는 비평가로 영화 속에 참여하다 보면 영화를 본다는 것은 내 삶의 일부를 보는 것이라는 생각이 든다. 항상 그런 것은 아니지만, 좋은 영화일수록 나를 끌어당기는 힘은 더욱 강하다. 깊은 감동과 함께 시작과 끝이 너무 가깝다고 느끼면서 영화관을 나서게 된다. 비록 시대적인 상황과 관련해서 몇 가지 아쉬움을 남기고 있지만 <포화 속으로>는 그러기에 충분한 내용을 담고 있다.

영화를 보는 시각들과 평가하는 관점들은 다양할 수밖에 없지만, 이재한 감독의 <포화 속으로>에 대한 평은 일찍부터 극단적인 양상을 보이고 있다. 그 한쪽에는 비평가들이 붙여 준 '반공영화'라는 딱지가 붙어 있고, 다른 한쪽에는 북한군 박무랑(차승원)이 이끄는 766 유격대를 상대로 싸워야 했던 71명의 학도병들에 대한 기억을 되새겨 보는 '감동적인 영화'라는 네티즌들의 평가가 있다. 상반된 평가를 낳게 한 원인 가운데 가장 큰 것은 전쟁영화에 대한 기대감에서 비롯된다. 한편에서는 60주년을 기념하는 의미를 가진 영화가 통일세대를 위한 메시지를 담기를 원했다면, 다른 한편에는 천안함 사태를 계기로 전쟁의 참상에 대한 경각심이 필요하다고 생각한 사람들이 있었다. 양자 모두에게 공통점이 있다면, 일본해로 표기한 실수를 지적하는 것과 60년 전에 일어난 전쟁을 오늘의 시간에 재현하는 과정에서 감독은 무엇에 중점을 두었는지, 어떤 사건을 영화로 표현하려고 했는지에 대해 관심이 집중되는 것이다.

영화는 낙동강 전투가 치열했던 시기를 배경으로 한다. 한국 전쟁에서 낙동강 전선은 특별한 의미를 갖는다. 마지막 저지선과 최후의 공략선이라는 양측의 극단적인 상황판단으로 인해 전쟁은 더욱 치열해질 수밖에 없었다. 특히 유명한 것은 '다부동전투'이다. 양측 모두 죽기 아니면 살기로 달려든 전투에서 2,300명 국군과 5,690명 북한군의 희생을 치러야 했다고 한다. 전후 한 달이 막 지난 즈음에 당시의 처참했던 다부동전투지를 방문한 조지훈은 다음과 같은 시로 진혼곡을 불렀다.

다부원에서

한 달 농성(籠城) 끝에 나와 보는 다부원(多富院)은
얇은 가을 구름이 산마루에 뿌려져 있다.

피아(彼我) 공방(功防)의 포화(砲火)가
한 달을 내리 울부짖던 곳

아아 다부원(多富院)은 이렇게도
대구(大邱)에서 가까운 자리에 있었고나.

조그만 마을 하나를
자유(自由)의 국토(國土) 안에 살리기 위해서는

한해살이 푸나무도 온전히
제 목숨을 다 마치지 못했거니

사람들아 묻지를 말아라
이 황폐(荒廢)한 풍경(風景)이
무엇 때문의 희생(犧牲)인가를……

고개 들어 하늘에 외치던 그 자세(姿勢)대로
머리만 남아 있는 군마(軍馬)의 시체(屍體)

스스로의 뉘우침에 흐느껴 우는 듯
길 옆에 쓰러진 괴뢰군(傀儡軍) 전사(戰士)
일찍이 한 하늘 아래 목숨 받아
움직이던 생령(生靈)들이 이제
싸늘한 가을 바람에 오히려
간 고등어 냄새로 썩고 있는 다부원(多富院)

진실로 운명(運命)의 말미암음이 없고
그것을 또한 믿을 수가 없다면
이 가련한 주검에는 무슨 안식(安息)이 있느냐.

살아서 다시 보는 다부원(多富院)은
죽은 자(者)도 산 자(者)도 다 함께
안주(安住)의 집이 없고 바람만 분다.

　　아군이 최후의 저지선을 지키기 위해 모든 전력을 낙동강에 투입해야 하는 급박한 상황에서 박무랑이 이끄는 부대는 당의 명령을 어기고 낙동강이 아닌 포항을 향해 남하하고 있었다. 북한군의 진로를 예상하지 못한 국군은 71명의 학도병들만 남긴 채 낙동강 전선으로 투입하게 된다. 포항여중에 남은 학도병들은 훈련도 받지 않은 채 포항을 지켜 내야 하는 임무를 맡게 된다. 한 번의 전투에 참여해 본 경험이 있을 뿐인 중대장 학생의 지휘가 제대로 먹혀들지 않았지만, 학도병들은 최선을 다해 싸워 결국 11시간 동안 북한군의 공격을 저지할 수 있었다고 한다. 71명의 학도병들이 그야말로 맨몸으로 사수해야 했던 포항여중전투의 의미는 낙동강 전투와 함께 영원히 기억될 것이라는 생각이 들 정도다. 사실 그들이 없었다면 낙동강 전선의 판도는 어떻게 되었을까? 생각하면 끔찍하다.

　　<포화 속으로>에 담긴 이재한 감독의 의도는 분명하다. 71명 학도병들의 실상과 그들이 치렀던 전투를 재구성하는 일이다. 보는 자로 하여금 역사적인 사건을 간접적으로 경험하게 함으로써 감동을 주려는 것이다. 무엇보다 군인이 아닌 어린 학도병들이 치른 전투라는 점에서 영화는 더욱 가슴 아프고 또 감동적일 수밖에 없다.

　　그런데 71명의 훈련받지 않은 학도병들이 북한군 정규군에 맞서 싸웠다는 사실뿐만이 아니라 그들의 공격을 11시간 동안 저지했다는 사실을 접한 사람이라면 아마도 가장 처음 드는 질문은 '어떻게 그런 일이 가능할 수 있었는가?'일 것이다. 도대체 어떻게 그런 일이 가능할 수 있었는가? 이 질문은 이재한 감독이 영화를 만들면서 가졌을 것이라는 확신을 영화 속에서 거듭 확인해 볼 수 있다. 71명의 학도병들은 총 한 번 제대로 쏘아 보지도 못한 어린 학생들이었고 두려움에 사로잡혀 총알을 장전조차 할 수 없었던 중대장 학생이며, 교도소에 가는 대신에 북한군과 싸우겠다고 덤비는 모습은 그야말로 오합지졸들이었다. 군인으로서

마땅히 받아야 할 훈련도, 일사불란하게 움직여 나갈 체계도 없었다. 그들은 싸울 준비를 하고 있는 것이 아니라 그저 그곳에 방패막이로 서 있을 뿐이었다.

이런 학도병들에게서 놀라운 전투 능력이 발휘된 것, 아니 그들이 맡겨진 임무를 끝까지 지킬 수 있었던 것은 학도병이 아닌 군인으로서의 정체의식 때문이었다. 감독은 특별히 이 부분을 크게 주목한 것 같다. 학도병만을 남기고 떠나는 강석대(김승우) 대위와 포항으로 진격한 박무랑이 그들을 보는 서로 다른 시각을 대치시키고 있기 때문이다. 다시 말해서 강 대위가 던지고 떠난 "학도병은 군인인가, 아닌가."는 한마디는 학생 모두에게 큰 자극이 되었고, 전선에 투입된 이상 그들이 스스로를 더 이상은 학생이 아니라 군인으로 인식하게 만드는 화두였다. 내가 누구인가는 존재가 아닌 상황과 역할과 임무가 결정하는 것이다. '학도병도 군인'이라는 정체감을 확인한 학도병들은 당당한 대한민국 국군으로서 북한의 정규군과 맞서 싸울 힘과 용기를 가질 수 있었다. 이에 비해 박무랑에게 있어서 학도병은 "군인이 아니라 어린아이들일 뿐"이며 "어린아이인데다, 해방된 조국의 미래를 이끌 재목들"이다. 그래서 박무랑은 전면적인 공격을 가하지 않고 백기를 내걸 때까지 2시간을 기다려 주는 여유를 보인다. 어떻게 보면 강 대위보다는 박무랑의 시각이 더욱 그럴듯해 보인다. 그러나 박무랑의 시각은 진정성을 갖는 것이었을까? 강 대위와 박무랑의 서로 다른 시각을 판단하는 기준은 학도병들 스스로에게 달려 있는 듯했다. 어차피 같은 민족에 속한 동포이기 때문이다. 전세에 따라 생각이 바뀔 수도 있었다. 무엇이 옳고 그른지가 분명하지 않았고 오직 복수와 복수만이 가득했던 혼란의 시기였다. 승자가 곧 정의이고 그것이 역사에 옳은 일이라고 생각할 수 있었기 때문이다. 그러나 학도병들은 군인으로서 정체성을 택했다. 그들이 그렇게 선택한 이유는 단지 대한민국 국군에 의해 학도병으로, 아니 군인으로 부름받기 때문이다. 당시 상황에 비추어 볼 때 북한군에 의해 부름을 받았다 해도 그들은 그렇게 싸웠을 것이다. 죽어 가면서도 김일성 장군의 이름을 부르는 어린 북한군의 외침에서 분명하게 확인할 수 있는 사실이다. <포화 속으로>는 승리로 이끌었던 포항여중전투의 핵심이 바로 학도병들에 대한 강 대위의 인식, 아니 대한민국의 부름을 받은 자로서 학도병들의 정체의식에 있었다는 사실을 감동 있게 보여 주는 영화이다.

그러나 이를 위해 감독은 많은 것들을 포기해야만 했다. 그것으로 인해 평단의 혹평은 멈추지 않고 있다. 전쟁의 긴장감 속에서 학도병들은 공포와 두려움에 사로잡힐 수밖에 없고 또 혼란으로 가득한 상황이었음에 분명할 것인데, 전쟁 참여자들이 겪었음에 틀림없을 상황은 결코 재현되지 않고 있다는 것이다. 사실 영화는 그들이 훈련받지 않았고 어린 학생이었음에도 불구하고 중요한 임무를 완수해야 했으며, 단순한 학도병이 아닌 투철한 군인정신으로 북한의 정규군과 맞서 싸웠고 마침내 임무를 완수할 수 있었다는 사실을 확인해 주는 일에 전념하고 있을 뿐이다. 비록 사실의 재현을 목적으로 한 영화라 해도 심리적인 측면에서 현실감이 너무 떨어져 있다는 생각으로 인해 영화를 보는 내내 참여자가 아닌 단순한 관객으로서 있어야만 했다. 71명의 학생들 모두의 가슴 아픈 사연들을 모두 공개할 수 없었을 것이지만 너무 제한된 범위 내에서 소개된 것은 아쉬움을 불러일으키는 또 다른 부분이다. 영화에 깊이 공감할 수 있었다면, 자식을 내보내는 부모의 마음이나, 죽음이 예상되는 전투를 앞두고 부모를 떠올리는 자식의 마음뿐이었다.

전쟁을 통해 신화 혹은 영웅 만들기 전략은 전쟁보다는 평화를 더욱 원하는 오늘 우리 시대에는 어울리지 않는다는 사실을 감독은 미처 생각하지 못했던 것 같다. 오늘 우리 시대는 전쟁영웅보다는 어떻게 하면 전쟁 없이 평화롭게 살 수 있는지 굳이 영웅을 말하고 싶다면 평화의 영웅을 고민한다. 반공영화가 아닌 다음에야 오늘날의 전쟁영화는 영웅이 아닌 인간, 곧 휴머니즘을 다루어야 한다. 반드시 그래야 된다고 생각하는 것은 아니지만 시대와 상황의 요청임에는 분명하다. 더군다나 요즘같이 반공이데올로기가 다시금 기승을 부리고 있는 시기에 전쟁영웅을 부각시키는 작업은 재고해 볼 필요가 있다.

끝으로 비록 전쟁영화라는 장르에서 기대되는 부분은 많이 약화되었다고 해도 감독의 의도와 메시지는 영화 속에 분명하게 녹아들어 있다고 생각한다. 강 대위와 박무랑이 갖고 있는 학도병에 대한 서로 다른 시각은 한편으로는 소명이지만, 다른 한편으로는 유혹이다. 그리스도인으로서 필자가 주목하는 것은 바로 이 부분이다. 그나마 영화가 그렇게 멀지 않게 여겨진 유일한 이유는 바로 학도병들의 정체의식 속에서 오늘날 그리스도인들이 직면하고 있는 정체성 위기와 새로운 가능성을 볼 수 있었기 때문이다.

그리스도인은 엄밀한 의미에서 하나님의 뜻을 대적하는 모든 것들에 맞서 싸우는 사람들이다. 박해의 현장은 더 이상 현존하지 않지만, 세상에는 더욱 교묘한 방식으로 그리스도인들을 넘어뜨리는 일들이, 상황들이 엄연하게 현존하고 있다. 그리스도인의 정체성은 자크 엘륄과 올리버 버클리가 말한 대로 '세상 속의 그리스도인'으로 표현된다. 세상 안에서 살되 그리스도인의 정체성을 갖고 사는 존재이다. 단순히 한 인간으로서 사는 것과 그리스도인의 정체성을 갖고 사는 것의 차이는 소명에 있다. 하나님의 부르심, 곧 하나님이 참하나님이심을 드러내도록 부름을 받은 사람이라는 확신을 갖고 사는 사람이 그리스도인이다. 그리스도인으로서 시민 혹은 국민이며, 국민 혹은 시민으로서 그리스도인이다. 양자는 결코 분리할 수 없다. 그럼에도 불구하고 중요한 것은 세상을 향한 하나님의 사랑과 뜻이 세상 가운데 이뤄지도록 하나님의 부름을 받았다는 사실을 최고의 과제로 삼는 사람이 그리스도인이라는 사실이다. 이것은 실제로는 작은 일 같아도 결과에 있어서 엄청난 차이를 가져온다.

비록 연약한 인간에 불과하지만 그리스도인으로서 살아갈 때, 하나님의 일을 행할 수 있는 능력을 발휘할 수 있다. 왜냐하면 하나님의 부름을 받은 그리스도인은 약한 자를 강하게 하시고, 또 능력 주시는 자 안에서 모든 것을 할 수 있는 사람들로 예수 그리스도와 성령을 통해 확증받았기 때문이다.

(「신앙세계」 2010년, 7월, 106-113)

세상을 바꾸기 위한 능력은 어디에서 비롯되는가

〈에반 올마이티〉(톰 새디악, 2007, 전체)

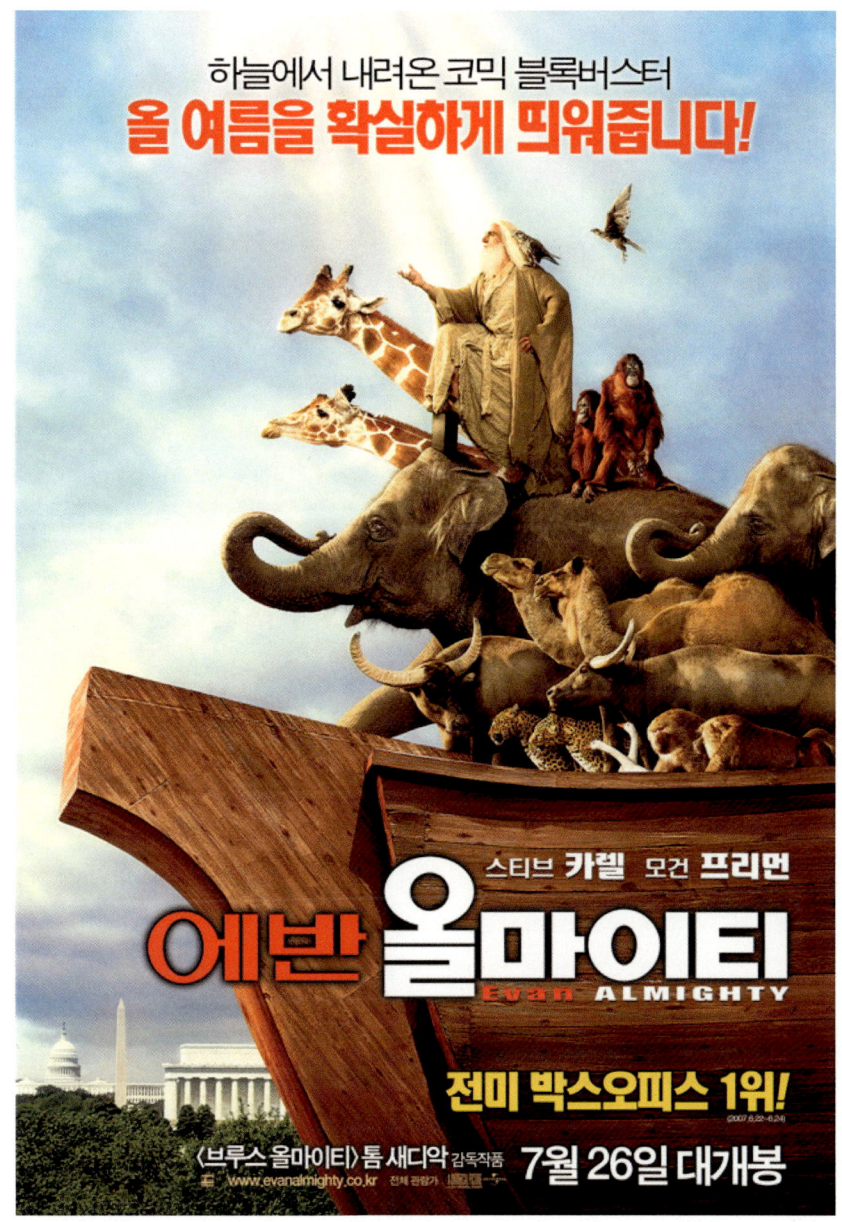

톰 새디악(Thomas Peter Shadyac, 1960~), 미국 버지니아 출신으로 1994년 〈에이스 벤츄라〉로 데뷔하였다. 코미디 장르에서 독보적인 위치를 차지하고 있다.

Filmography: 영 몬스터(1991), 에이스 벤츄라(1994), 라이어 라이어(1997), 패치 아담스(1998), 드래곤플라이(2002), 브루스 올마이티(2003), 에반 올마이티(2007)

입신양명을 꿈꾸는 사람들에게는 한 가지 공통점이 있다. '세상을 변화시키겠다'는 의지다. 자신이 나서야 하는 이유가 세상이 마땅히 되어야 할 모습을 갖고 있지 못하다고 생각하기 때문이다. 그들은 권력이나 군사력, 과학과 기술의 힘을 바탕으로 그리고 오늘날에는 특히 자본의 힘에 의지해서 세상을 바꾸어 보려고 한다. 그것을 '개혁'으로 부르든지, 아니면 '혁명'이라 일컫든지, 아니면 '변혁'이라고 하든지 그것은 단지 변화의 정도와 방법에 있어서 나타나는 차이일 뿐, 사실은 같은 내용에 대한 다른 이름일 뿐이다. '세상의 변화'를 겨냥한다는 점에서 동일하다는 말이다.

요즘 세상의 변화를 꿈꾸며 출사표를 던지는 대선주자들과 그들의 갑론을박을 지켜보면서 유권자들의 고민은 분명하다. 누가 진정으로 세상을 변화시킬 수 있는 사람이며, 많은 사람들 가운데 적격자를 도대체 어떻게 식별할 수 있을 것인가?

정치적인 분별력과 관련해서 사실 우리 사회의 큰 문제는 최종적인 결정이 외부적인 조건에 지나치다 할 정도로 좌우되는 것이다. 어느 종교에 속해 있고, 어느 학교 출신이며, 어느 지역 출신인지, 또 어떤 정당에 속해 있는지를 실제적인 실력보다 더 중시한다. 이런 것들이 유권자의 마음을 움직이고 또 행동을 결정하고 있다는 것은 부정할 수 없는 사실이다. 그래서 거짓 학벌이 난무하게 된 것이고, 특정 지역이나 종교의 유권자들에 대한 높은 기대 심리가 나타나게 된 것이다. 인맥이 중요하게 여겨지다 보니 누가 그 배경에 있는가 하는 것은 절대적인 의미를 갖는 변수다. 숱한 문제들을 야기했던 전통 유교사회의 허례와 허식은 점차적으로 사라지고 있지만, 실제로는 단지 모양만 바뀌었을 뿐 거짓과 포장된 이력으로 가득한 사회가 된 것 같다.

좀 더 합리적인 유권자들은 대개 이런 질문과 관련해서, 대선주자들이 세상을 변화시키려는 의지가 얼마나 강한지, 의지를 관철시킬 만한 능력이 있는지, 의지를 실행에 옮길 만한 인내와 지구력은 있는지 그리고 그것이 현실적인지를 묻는다. 그러나 모든 유권자들에게서 이런 것들을 온전하게 식별할 능력을 기대하는 것은 사실 무리다. 세상을 변화시키기를 원하는 사람들은 자신을 주목하는 사람들의 마음을 사로잡을 만한 충분한 조건들을 제시하고 있고 또한 그들의 공약들을 꼼꼼히 따지면서 듣지 않으면 눈 깜짝할 사이에 그들의 논리에 빠져들기 십상이기 때문이다.

선택에 있어서 아무리 혼동된다 하더라도 유권자들이 결코 놓치지 말아야 할 점이 있다. 비록 대답을 쉽게 발견할 수 있는 것은 아니라 해도, 진정으로 누구를 위한 변화인가를 묻는 것이다. 겉으로는 국민과 나라와 세계를 위한 것이라고 말하지만, 실상은 자기 자신이나 특정 계층 혹은 기업을 위한 변화를 추구하는 정치인들이 많이 있기 때문이다. 숱한 정치인들에게서 문제가 되고 있는 정경유착이니 뇌물수수혐의니, 혹은 권력과 지위 남용이니 하는 죄목들이 그것을 말해 주고 있다. 정치인들의 불순한 의도는 다른 누구보다도 부익부 빈익빈을 부추기고 사회의 신뢰를 무너뜨리는 결정적인 이유가 된다. 결국 도덕과 윤리를 타락시키고 대다수의 국민을 힘들게 만드는 장본인이다. 비전과 능력은 정치인들에게 무엇보다 중요한 요소이지만, 오늘날과 같은 대의정치 구조에서 특히 중요하게 여겨져야 할 일은 정치의도의 순수성과 신뢰성이다. 정치윤리와 도덕적인 정체성에서 문제가 없어야 한다.

저마다 그럴듯한 이유를 대면서 대선주자로 나서는 정치인들을 보면서, 도대체 누가 세상을 변화시킬 적격자인지, 그들의 순수한 의도를 어떻게 식별할 수 있는지를 묻지 않을 수 없다. 다시 말해서 세상을 진정으로 변화시킬 만한 사람이 갖추어야 할 자질은 무엇인가 하는 것이 유권자들의 가장 큰 고민거리다.

적어도 이런 고민에 공감하는 독자라면, <브루스 올마이티>, <패치 아담스> 등을 통해 우리에게 잘 알려진 톰 새디악 감독의 작품 <에반 올마이티>를 감상하기를 권한다. 왜냐하면 이 영화는 비록 다소 코믹한 방법을 통해서이긴 하지만, 세상을 변화시키기를 꿈꾸며 국회의원에 당선된 한 사람을 통해서 세상을 바꾸기 위해 진정으로 필요한 것이 무엇인지를 시사해 주기 때문이다.

영화 이야기

<에반 올마이티>에서 톰 새디악은 <브루스 올마이티>에서 앵커로서 브루스(짐 캐리 분)의 경쟁자였던 에반(스티브 카렐 분)을 등장시킨다. 에반은 '세상을 변화시키자'는 모토로 국회의원에 당선된다. 영화사회학적인 측면에서 본다면, 이것은 그만큼 현실의 변화를 꿈꾸는 사람들의 기대가 크다는 것을 반영한다. 여하튼 에반은 새 집, 새 자동차, 새 직장이 주는 행복 속에서 새로운 세상을 꿈꾼다. 그러나 열대우림을 살리자는 환경단체의 경고를 무시하고 부엌가구로 체리 원목을 사용하고, 떠돌이 개에게 물 한 모금 줄 여유도 없다. 아이들과의 약속은 식은 죽 먹기로 어긴다. 이런 사람이 어떻게 세상을 변화시키겠다고 하는지 의문이다.

새 집에서 설레는 첫날을 지내면서 가족 모두가 기도하며 잠자리에 들지만, 에반은 기도의 필요성을 전혀 느끼지 못한다. 자신에게는 다른 도움이 불필요할 정도로 충분한 능력이 있고 또한 국회의원 당선과 더불어 정치적인 능력도 갖추었다고 생각하기 때문이다. 그러나 모두가 세상을 바꾸려고 시도했지만 기대와는 달리 모두가 실패했다는 사실을 환기하며 에반은 모두가 잠든 사이에 자신이 세상을 바꿀 수 있도록 도와 달라고 기도한다. 하나님은 과연 그의 기도에 어떻게 응답하셨을까?

맞추어 놓지도 않은 자명종 시계가 정확하게 6시 14분에 울리고, 차번호도 'GEN614(창

6:14)', 집 앞에는 수많은 목재들이 배달된다. 게다가 수많은 동물들이 한 쌍씩 짝을 이뤄 에반의 뒤를 따른다. 이 모든 것들은 에반이 앞으로 무엇을 해야 하는지를 암시하는 것들이다. 창세기 6장 14절("너는 고페르 나무로 너를 위하여 방주를 만들되 그 안에 칸들을 막고 역청을 그 안팎에 칠하라")의 기록대로 노아의 방주를 만들라는 것이다. 자신이 왜 방주를 만들라는 것인지에 대한 상세한 설명도 없이 다만 9월 22일에 홍수가 올 것을 대비하라는 말만 듣는다. 그리고 하나님은 에반이 방주를 만들 수 있는 조건들만 만들어 주신다.

첫 출근과 함께 그에게 정치적인 기회로 다가온 사람은 롱 상원의원이다. 그는 국립공원의 개발을 위한 법 제정을 준비하면서 이 분야의 전문가인 에반의 지지를 얻고자 그에게 접근한다. 에반의 참모들은 정치적인 출세를 위해 롱의 계획에 협조하는 것이 좋겠다는 의견을 제시한다.

문제는 에반 자신에게 일어나는 변화다. 수많은 목재들이 배달되고, 자신이 사지도 않은 땅을 구입했다는 통보를 받고, 동물들이 에반을 따르는 것은 물론이고, 수염은 깎아도 계속 자라며, 의상은 노아가 입었을 것 같은 고대의상으로 바뀌었다. 다소 비현실적인 연출이지만 이는 자신의 의지와 상관없이 일어나는 변화를 강조하는 것이다. 이로 인해 가족의 오해도 사지만, 특히 롱 의원과의 만남에서 난처하고 곤혹스런 일들이 연속적으로 일어나는 것은 에반에게 정말 화가 날 일이다. 그러나 이 모든 것은 에반이 방주를 만들어야 한다는 하나님의 사인이었다. 결국 이상한 옷차림과 언행으로 인해 에반은 의원직을 일시적으로 정직당하기에 이른다. 가족들은 에반의 변화와 그로 인해 일어나는 좌충우돌의 사건으로 인한 충격으로 인해 에반을 떠나게 된다. 연속적인 불행을 경험하면서도 그것이 피할 수 없는 일임을 알게 된 에반은 하나님으로부터 받은 명령을 묵묵히 수행하며 방주를 만든다.

남편의 변화와 기행을 이해하지 못해 떠나긴 했지만 가족이 더욱 친밀하게 지내기를 기도했던 아내는 하나님으로부터 깨달음을 얻는다. 하나님은 인내를 구하는 사람에게 인내를 발휘할 기회를 주시고, 용기를 구하는 사람에게 그럴 수 있는 기회를 주신다는 말을 들은 에반의 아내는 자신이 했던 기도가 무엇을 의미하는지, 이런 상황에서 자신이 어떻게 해야 하는지를 깨닫고 남편에게 돌아간다. 사람들의 구경거리가 되고 또 온 매스컴이 비난하는 상황 속에서 진행된 방주 건설은 가족이 돌아옴으로써 더욱 큰 탄력을 받아 방주는 기일 내에 완공된다.

그러나 기다리고 기다리던 홍수는 일어나지 않는다. 사람들의 비웃음은 더욱 커지고 에반을 포함한 가족은 큰 실망과 더불어 당황하지 않을 수 없게 된다. 철거명령을 받은 경찰들이 방주를 철거하려는 찰나에 롱 의원의 의정활동 결과로 세워진 댐이 붕괴된다. 댐 붕괴로 마을은 순식간에 수몰되고, 마을 주민과 동물들은 방주로 피신해 생명을 구한다. 이 사건으로 롱 의원의 국립공원 내의 개발은 단지 롱 의원의 사리사욕과 건설주들의 이익만을 위한 것임이 밝혀진다. 에반 역시 자신이 무엇 때문에 방주를 건설해야만 했는지를 절감하게 된다. 세인들의 비난을 무릅쓰고 하나님의 명령에 순종해 자신에게 일어나는 변화를 받아들여야만 했던 에반의 수고와 노력을 통해 드디어 세상이 변한 것이다.

만일 에반이 롱 의원과의 정치적인 공조를 통해 정치적인 입지를 구축하려 했다면, 그에게 세상을 바꿀 기회는 오지 않았을 것이다. 에반의 아내에게 했던 하나님의 조언대로라면, 세상을 바꿀 수 있도록 도와달라는 에반의 기도는 에반으로 하여금 세상을 바꿀 기회가 주어진 것으로 응답된 것이다. 이 기회를 얻기까지 어떠한 어려움을 감수해야 했는가! 이 기회는 무엇보다 먼저 에반 자신에게 일어나는 변화를 받아들여야 했다. 세상이 조롱하고, 때로는 가족마저도 외면하는 그런 변화, 오직 하나님의 지시에 순종함으로써만 그 의미를 알 수 있는 변화가 먼저 자신에게 일어나도록 하고 나서야 세상을 변화시킬 수 있는 기회를 얻을 수 있었던 것이다. 자신의 계획이나 의지와는 상관이 없는, 그러나 하나님의 명령에 무조건적으로 순종함으로써 일어나는 변화를 받아들였을 때 에반은 진정으로 세상을 바꿀 수 있는 기회를 통해서 세상을 변화시킬 수 있게 된 것이다. 세상을 변화시키기 위해서는 먼저 자신이 하나님의 말씀에 따라 변화되어야 한다는 교훈을 얻게 된다. 왜냐하면 세상의 변화는 오직 하나님에게서만 가능하며, 세상을 창조하신 하나님의 능력으로만 세상을 변화시킬 수 있기 때문이다.

사실 현실에서는 하나님의 부르심과 소명이 에반에게 일어난 것과 같은 과정을 거치지 않는다. 마술과 같은 일이 일어나지 않으며 어쩔 수 없이 받아들이게 만드는 일은 드물게 일어난다. 선택의 가능성은 언제든지 열려 있으며, 얼마든지 거절할 수 있는 여지도 많다. 중요한 것은 하나님의 뜻이 누군가를 통해 반드시 이뤄지는 것이지, 꼭 특정한 누구를 통해 이뤄지는 것은 아니라는 말이다. 하나님은 부르심을 소명으로 받아들이지 않는 사람보다는 부르심에 합당하게 순종하는 사람을 사용하시면서 당신의 뜻을 이루시기 때문이다. 따라서 에반에게 일어나는 것과 같은 불가항력적인 일은 쉽게 일어나지 않을 뿐만 아니라 그것을 기대하며 사는 것은 결코 바람직하지 않다.

내용상 세 작품 <브루스 올마이티>, <클릭> 그리고 <에반 올마이티>는 일종의 시리즈 영화로서 전능의 문제와 관련해서 각각 다른 관점으로 접근해 간다. <브루스 올마이티>는 하나님의 전능을 인간의 모든 기도를 들어주시는 능력으로 오해하는 인간의 모습을 비판적으로 보여 주는 데 비해, <클릭>은 자기에게 일어나는 일을 자기의 뜻대로 통제하려고 할 때 일어날 수 있는 부정적인 결과를 비유적으로 암시하고 있다. <에반 올마이티>는 정치적인 힘으로 모든 문제를 해결하려고 할 때 생기는 부정적인 결과를 제시해 주고, 또한 세상을 변화시키기를 원하는 사람들이 먼저 갖추어야 할 것이 무엇인지를 시사해 준다. 다시 말해서 세상을 변화시킬 수 있는 능력은 어디서 비롯되는지, 그리고 무엇을 통해 그것이 가능하게 되는지를 강조한다. 세상의 변화는 나의 변화로부터 시작된다는 교훈을 새삼 깨닫게 된다.

1907년에 일어난 '평양 대부흥의 역사'는 먼저 나의 변화를 갈망했던 사람들의 회개로부터 시작했다고 보아도 과언이 아니다. 나의 변화를 원했던 사람들의 회개가 한국사회의 변화로 이어졌던 것이다. 이런 의미에서 부흥을 꿈꾸는 기독인들 역시 세상의 변화를 기도하기 전에 먼저 나의 변화를 과감하게 시도해야 할 것이다.

그 밖에 <에반 올마이티>는 기도와 응답에 관하여 매우 중요한 점을 시사해 주고 있다. <브루스 올마이티>에서 기도라는 모티브를 다루면서, 톰 새디악 감독은 인간의 기도에 들어 있는 이기적인 욕심을 충족시키려는 의지를 비판하고 있는데, <에반 올마이티>에서 기도는 응답에 이르기 위한 기회를 얻는 방법으로 이해되고 있다. 세상을 변화시키기를 기도하는 사람에게 변화된 세상을 선물로 주기보다는 세상을 변화시킬 기회를 주신다는 것이다. 이 기회 앞에서 에반은 자신에게 일어나는 엄청난 변화를 감수해야만 했고, 온갖 위기에 맞서야만 했다. 이는 빌립보서 2:13의 말씀에 근거해서 볼 때 매우 적합한 해석이라 생각한다. "너희 안에서 행하시는 이는 하나님이시니 자기의 기쁘신 뜻을 위하여 너희에게 소원을 두고 행하게 하시나니."

작게는 대한민국, 크게는 세상을 변화시킬 의지를 앞세우며 출사표를 던지고 있는 대선주자들이 우리 앞에 있다. 앞으로 있을 대통령 선거에서 우리 기독인들이 유념해야 할 점은 외부적인 조건이 아니다. 누가 얼마나 자기 자신의 변화에 용기를 발휘하는가에 초점을 맞추어야 한다. 사실 이것을 분별해 내기란 쉬운 일이 아니다. 이 문제를 해결하기 위해, 곧 선택의 분별력을 얻기 위해 우리 자신이 먼저 하나님의 뜻에 따른 변화의 용기를 발휘해야 한다. 왜냐하면 하나님의 능력과 분별력은 우리가 순종할 때 비로소 우리의 것이 되기 때문이다. 세상을 변화시킬 능력은 하나님의 뜻에 따라 자기 자신을 변화시킬 수 있을 때 주어진다.

(「신앙세계」 2007년 10월, 78-82)

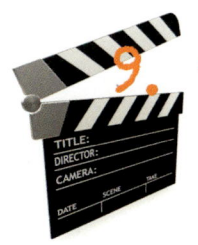

9. 삶의 희망에 대한 성찰과 인식
그리고 +α

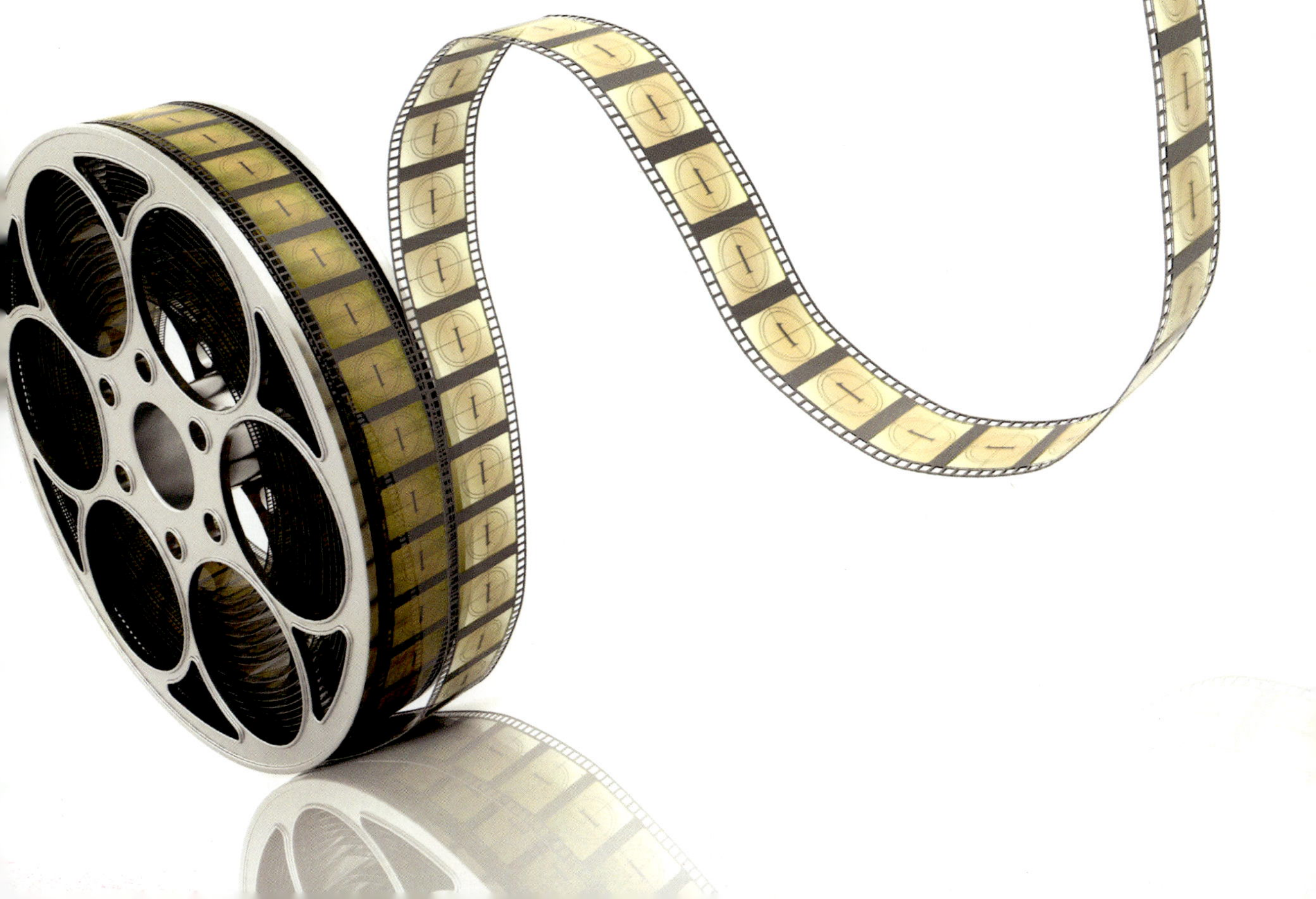

생명이 희망이다

〈디파이언스〉(에드워드 즈윅, 2008, 15세)

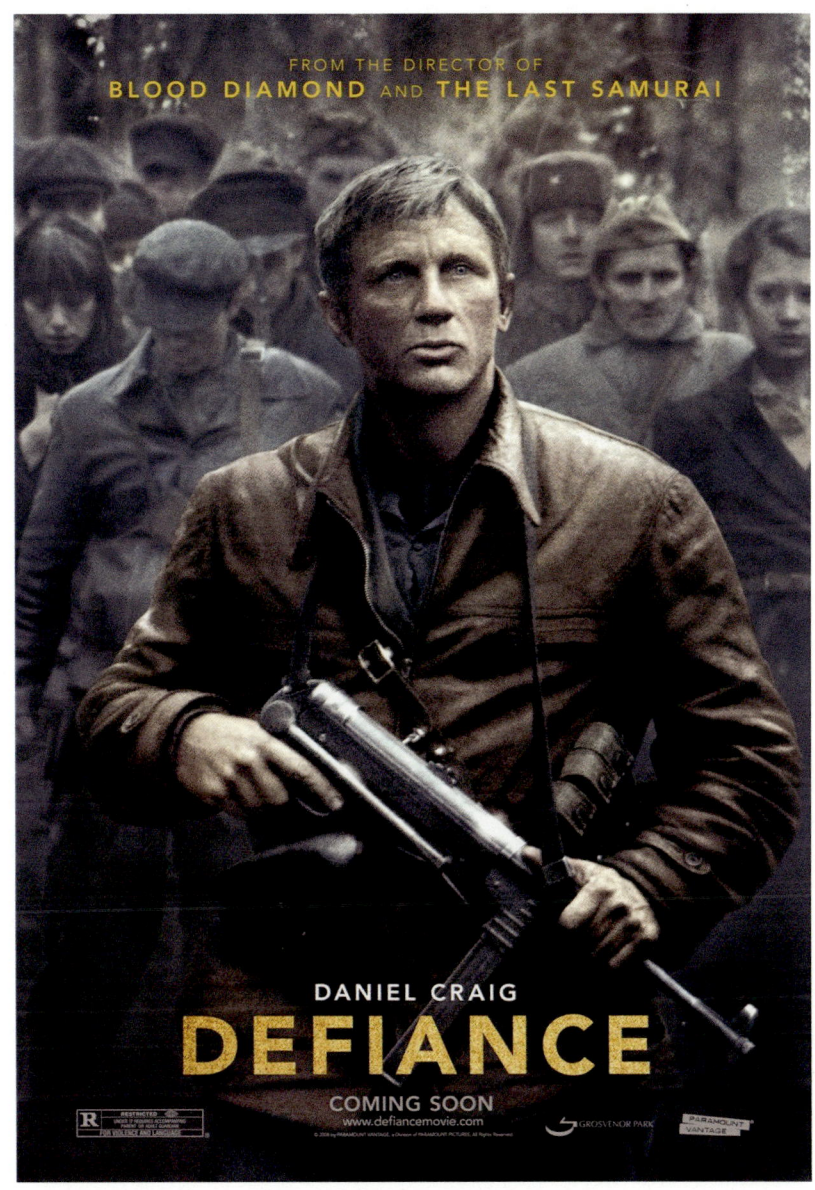

에드워드 즈윅(Edward Zwick, 1952~). 미국 시카고 출신. LA의 미국영화학교(AFI)에서 영화 예술을 전공. 초기에는 주로 TV 제작과 연출에 심혈을 기울였고, 〈패밀리〉는 5년 동안 방영되었다. 〈어젯밤에 생긴 일〉로 영화에 데뷔하여 크게 성공한 다. 특별히 그의 이름을 유명하게 만든 작품은 〈가을의 전설〉이다.

Filmography: 어젯밤에 생긴 일(1986), 영광의 깃발(1989), 여자의 선택(1992), 가을의 전설(1994), 커리지 언더 파이어 (1996), 비상계엄(1998), 라스트 사무라이(2003), 블러드 다이아몬드(2006), 디파이언스(2008)

2009년은 도대체 어디에서 문제 해결의 실마리를 찾을 수 있는지를 가늠하지 못한 채 세계 경제가 휘청거리며 갈팡질팡하고 있던 때였다. 삶의 희망이 사라졌다는 말을 도처에서 들을 수 있었다. 여론은 '미국발 금융위기'라고 말하면서 진원지를 미국의 부실한 금융체계에서 찾고 또 미국식 경제에 비판의 화살을 겨누었다. 그러나 당시 필자는 문제가 단지 그곳에만 있지 않을 것이라는 생각을 했다. 버락 오바마 미국 대통령의 취임 연설은 필자의 이런 생각을 확증해 주었는데, 그는 위기가 탐욕과 무책임의 결과이며 새 시대를 제대로 대비하지 못하고 과단성 있는 선택을 하지 못했기 때문이라고 지적하였다. 그동안 아무런 반성도 없이 미국식 경제에 휩쓸린 것이 가장 큰 이유가 되긴 하겠지만, 어디 미국인들만의 문제일까. 미국식 자본주의를 아무런 반성 없이 맹목적으로 추구해 온 인류 모두의 책임이 아닐까 생각한다.

필자는 경제전문가가 아니라서 기도하는 가운데 전문가들의 현명한 해결책을 기다릴 수밖에 없었지만, 다행스럽게도 목사로서 이 시대에 나름대로 해야 할 일에 대한 통찰력을 얻게 해 준 한 편의 영화를 접하게 되었다. 우리에게 <라스트 사무라이>(2003)로 잘 알려진 에드워드 즈윅 감독의 <디파이언스>다. '저항'이라는 의미가 강한 말임에도 불구하고 굳이 번역하지 않은 까닭은 아마도 '저항'이라는 말이 갖는 딱딱한 느낌 때문이 아닐까 생각하는데, 실제로 영화는 아주 다른 의미에서 저항의 측면을 보여 주고 있다.

히틀러의 군대가 유럽을 휩쓸었던 때, 유럽 전역에 흩어져 살던 유대인들은 생명의 위협으로 전율해야만 했다. 당시 독일군의 만행이 어떠했는가 하는 것은 영화 <쉰들러 리스트>(스티븐 스필버그, 1993)에서 아주 잘 표현되고 있는데, 비록 분명치 않은 의도에서 비롯된 것이긴 하나 쉰들러는 노역에 필요한 유대인 명단을 작성해서 가스실의 운명으로부터 많은 유대인들의 생명을 구해 낼 수 있었다. 영화의 마지막 장면에서 연합군을 피해 도피하는 쉰들러가 자신에게 있는 만년필과 금반지를 가리키며 이것으로 몇 명의 생명을 더 구할 수 있었다고 말하면서 흐느끼는 장면은 언제 보아도 눈시울을 적시고도 남는 명장면이다. 쉰들러의 리스트는 당시의 유대인들에게 구원의 희망이었으며 성경에서 말하는 생명책과도 같은 것이었다. 그렇기 때문에 비록 그 분명한 의미를 모르고 시작한 리스트 작업이라 해도 그것으로 인해 살아남은 유대인들에게는 참으로 큰 구원의 작업이었다. 결과를 예측하지 못하고 했던 일들의 의미가 자신을 전송하는 유대인들에 의해 밝혀졌을 때 쉰들러는 자신에게 남아 있는 적은 재산에 대해서조차도 오히려 부끄럽게 생각할 수밖에 없었던 것이다.

이스라엘이 가자 지구를 폭격했다는 소식과 동시에 개봉된 영화 <디파이언스>는 비록 반이스라엘 정서로 인해 관객들의 외면을 피할 수 없었지만, 정치적인 맥락을 도외시한다면 사실 생명을 최우선의 가치로 생각하는 그리스도인들에게 많은 것을 시사해 주는 영화라 생각한다. <쉰들러 리스트>가 주로 독일군의 만행, 곧 생명에 대한 잔인한 폭력을 보여 주는 것에 초점을 맞추었다면, <디파이언스>는 다소 다른 관점에서 비극적인 유대인 역사의 한 단면을 보여 주고 있는데, 생명을 지키기 위한 노력이 어떠한 의미를 갖는지 또 이를 위해서 어떠한 노력과 수고를 기울여야 하고 심지어 어떠한 희생을 각오해야 하는지에 대해 잘 말해 주는 영화다.

영화 이야기

<디파이언스>는 네키이마 테크가 쓴 『디파이언스: 비엘스키 유격대』라는 제목의 소설을 원작으로 하는 영화다. 책 제목이 말하고 있듯이 영화는 비엘스키 세 형제의 활약상을 그리고 있다. 처음에 비엘스키 형제는 단지 자신의 부모를 죽인 자들에 대해 복수를 하고 숲으로 도피했지만 죽음의 위협을 피해 숲으로 도망쳐 온 다른 유대인들의 생명을 지켜 주는 일에 전념하게 된다. 희생을 각오하며 복수하는 일에 힘을 소모하기보다는 오히려 죽음의 위협 속에서 숲으로 피신해 온 유대인들의 생명을 구하는 것이 더 낫고, 또한 독일군의 추격에 살아남는 것이 곧 이기는 것이라고 생각한 투비아(다니엘 크레이그 분)의 판단에 따른 결과였다.

그러나 독일군의 추격에 노출될 수 있을 뿐만 아니라 또한 식량도 부족한 상황에서 숫자가 불어나는 것에 대해 불안감을 느낀 둘째 주스(리브 슈라이버 분)는 맏형 투비아와 큰 갈등을 겪게 된다. 게다가 게토에 살고 있는 유대인들마저 숲으로 데리고 오자 동생은 큰 불만을 품고 투비아와 한판 싸움을 벌인 뒤 숲 속 공동체를 떠나게 된다.

주스가 러시아 군에 합류해서 유격대로 독일군과 무력투쟁을 벌이는 동안 형 투비아는 막내 아사엘(제이미 벨 분)과 더불어 숲 속 공동체를 형성해 생명을 지키는 일에 최선을 다하게 된다. 숲 속 공동체라는 특수한 상황이지만 투비아는 최소한의 인간다운 삶을 살기 위한 목적을 갖고 공동체를 유지하기 위한 수칙을 정하고 또 각자가 맡아야 할 역할들을 배분한다. 독일군과 하수인들의 공격을 방어하거나 추격을 피해 도피하는 일이며 매서운 추위, 굶주림, 각종 질병 그리고 공동체 내의 주도권 싸움과 같은 공동체를 위협하는 요소들이 수시로 나타나지만 투비아는 때로는 우유부단하면서도 때로는 단호한 대응으로 공동체 내의 질서 유지와 생명을 지키는 일에 전력을 기울인다.

결말 부분에서 영화는 독일군의 추격으로 비엘스키 공동체가 겪어야 했던 가장 큰 위기에 집중하는데, 모세가 이끄는 히브리 민족이 홍해를 건너던 것과 같이 비엘스키 공동체는 위험천만한 습지를 건너야만 했다. 투비아가 죽어 가는 한 랍비에 의해 모세에 비유된 것이 그렇게 과장된 표현은 아니라는 느낌을 받는다. 그러나 독일군의 탱크 공격으로 비엘스키 공동체가 피할 길을 찾지 못하고 전전긍긍하고 있을 때 비엘스키 공동체는 다시 돌아온 주스의 도움으로 독일군의 공격을 무력화시켜 공동체를 지켜 낸다.

생명을 지키는 노력은 언제 보아도 감동적이지만 <디파이언스>가 필자에게 특별히 감동적이었던 이유는 원수를 갚는 일보다 생명을 지키는 일을 더 소중하게 생각한 투비아의 결정 때문이다. 규칙을 어기는 사람들을 처형해야 하는 일도 있었지만, 그것은 자신의 권위에 도전했다는 이유에서 비롯된 것이 아니었다. 자기 자신만의 생명에 관심을 기울이는 가운데 공동체를 위기로 몰아가는 자들에게서 공동체 모두의 생명을 지켜 내기 위한 방어책이었다. 투비아의 처음과 나중은 오직 생명을 지키는 것이며 인간답게 사는 것이었다. 그래서 동생 주스와의 갈등도 마다하지 않았던 것으로 이해된다. 지나치게 유대민족주의적이며 선민주의적이라는 비판에도 불구하고 필자가 이 영화에 주목하는 이유가 바로 이 부분인데, 생명을 지켜 내고 인간다운 삶을 살기 위한 노력은 인류 모두의 과제이기 때문이다.

한편, 영화를 보고 난 후 마음 한구석에 깊이 각인된 영화의 한 장면이 있다. 선민으로서 고난 속에서 살아가는 것이 너무 힘들어 선민의 특권을 포기하고 싶다고 기도하는 장면이다. 택함 받은 백성으로서 겪어야 하는 일들이 너무 버겁다고 느꼈기 때문이다. 독일군으로부터 공격을 받아 가족을 잃는 고통 속에서도 원수 갚는 일을 하지 말아야 하고 또 생명을 죽이는 일에도 가담하지 않아야 하는 자신들의 처지를 감당할 수 없다는 말이다.

고난을 감당해야만 하는 선민으로서 삶을 이렇게 비관하는 모습을 보면서 그들의 고통에 감히 비교할 수 없지만 필자는 그리스도인으로서 겪어야만 하는 고난을 떠올리며 깊이 공감할 수 있었다. 모든 그리스도인들이 고난의 삶에도 불구하고 끝까지 그리스도인의 정체성을 잃지 않기를 바라는 마음이 간절했다.

한편, 투비아는 주스가 선택했던 것과 같이 악한 세력에 대항해 맞서 싸우지 않고 무엇 때문에 그토록 힘든 생명을 유지하는 일에 애를 썼을까? 이런 질문이 제기된 까닭은 무엇보다 투비아와 주스의 갈등을 보면서 마치 오래전 영화 <미션>(롤랑 조페, 1986)에서 신앙의 자유를 지키기 위해 무기를 들고 포르투갈 군대와 싸우는 멘도자와 십자가를 들고 끝까지 평화적인 자세를 유지하는 가브리엘 신부의 대조적인 장면을 다시 보는 것과 같은 느낌을 받았기 때문이다. <미션>에서는 십자가의 사랑을 두고 나누어졌지만, <디파이언스>에서는 선민으로서 정체성을 두고 서로 다른 두 개의 입장이 첨예하게 대립되고 있다. 누가 더 옳았느냐의 판단을 완전하게 유보한 <미션>에서와 같이 <디파이언스> 또한 분명한 판단을 관객에게 넘기는 것 같다. 그러나 <미션> 이후에 일어났던 것과 같은 뜨거운 토론은 이뤄지지 않을 것 같다. 왜냐하면 영화는 단연코 투비아의 선택과 활약에 집중하도록 연출되어 있기 때문이다.

투비아가 숲 속 공동체를 위해 기울인 노력에 대한 감독의 이해와 평가를 필자는 한 임신부의 입을 통해 독해할 수 있었다. 다시 말해서 그녀가 마을로부터 빠져나올 때 비록 독일군에 의한 성폭행으로 임신한 것이나 자신의 태 속에 있는 생명이 자신이 살아야 할 이유이며 삶의 희망이라고 말한 내용이다. 영화의 의미는 살아남는 것이 이기는 것이라는 투비아의 말을 통해서도 짐작해 볼 수 있었지만, 그녀의 말을 통해서 더욱 분명해진다. 희망한다는 것은 사는 것이라는 라틴어 격언이 있다. 희망하면서 삶을 포기하는 사람이 없기 때문이다. 희망하는 것은 살아 있는 자의 특권임에 분명하다. 그런데 사는 것 자체가 희망이라고 한다면 그것은 무엇을 의미하는 것일까? 이것은 독일군이 유대인을 추격하는 의도를 무의미하게 만드는 것이 그들을 적극적으로 공격하는 것보다 더욱 큰 의미를 갖기 때문에 살아남는 것이 이기는 것이라는 투비아의 말과 맥락을 같이한다.

그럼에도 불구하고 사는 것이 희망이라는 말을 듣고 한참 동안 그 대사를 음미하며 머물러 있어야만 했다. 영화가 말하려는 의미에 직접적인 관계가 있다고 여겨졌기 때문이며, 또한 절망하는 것 역시 살아 있는 자가 선택하는 것이라고 한다면 살아 있다는 것 자체를 희망과 연결시키는 것은 어느 정도 무리가 있을 수 있기 때문이다. 그런데 투비아가 기울이는 생명을 위한 삶에 주목하면서 어느 정도 생각의 실마리를 풀 수 있었다. 다시 말해서 삶의 이유와 목적을 자신에게서 찾고 또 자신의 생명을 보존하는 데에만 전력한다면 삶 자체는 결코 희망일 수가 없다. 희망일 수도 있지만 항상 그런 것은 아니기 때문이다. 자신에게 능력이 있는 한 희망할 수 있게 된다.

그러나 사는 것이 다른 생명을 위한 것이며, 생명을 지키고 더욱 풍성하게 하는 것이라면 살아 있는 것 자체가 희망이다. 자신에게 능력이 있든 없든 상관하지 않는다. 생명을 돌보면서 삶의 이유를 갖게 되고 또 그러한 삶을 통해 삶을 희망할 수 있기 때문이다. 이 말이 태어날 아이와 관련해서 나타난 것은 결코 우연이 아니었다.

인간의 탐욕을 경고하는 금융 혹은 경제 위기는 곧 생명의 위기다. 온갖 술수를 동원해 나의 생명만을 배불리고 살찌우겠다는 생각, 곧 탐욕과 무책임한 삶이 위기의 핵이라면, 이제는 나 아닌 다른 생명에 대한 관심을 기울일 때다. 다른 생명을 구하기 위해 서로 나누는 삶, 그리고 생명을 구하기 위한 리더십이 절실하게 요구된다. 사는 것이 사는 것 같지 않다며 절망감을 표현하는 사람들이 많은 이때에 사는 것 자체가 희망이라는 생각을 불어넣어 줄 수 있다면, 그것처럼 좋은 문제의 해결책은 없을 것이다. 위기의 때라 하더라도 사는 것 자체가 희망일 수 있기 위해 우리 모두는 다른 생명을 보존할 뿐만 아니라 더욱 풍성하게 하는 것을 이 시대의 과제로 삼아야 한다.

이런 과제가 더욱 절실하게 여겨질수록 문제의 해결책을 찾는 일에서 더욱더 예수 그리스도의 말씀과 삶에 의지하지 않을 수 없다. 요한복음 10:10의 말씀처럼, 그는 양으로 생명을 얻게 하고 더 풍성히 얻게 하려고 오셨기 때문이다.

공존의 조건

〈마다가스카〉(에릭 다넬 / 톰 맥그라스, 2005, 전체)

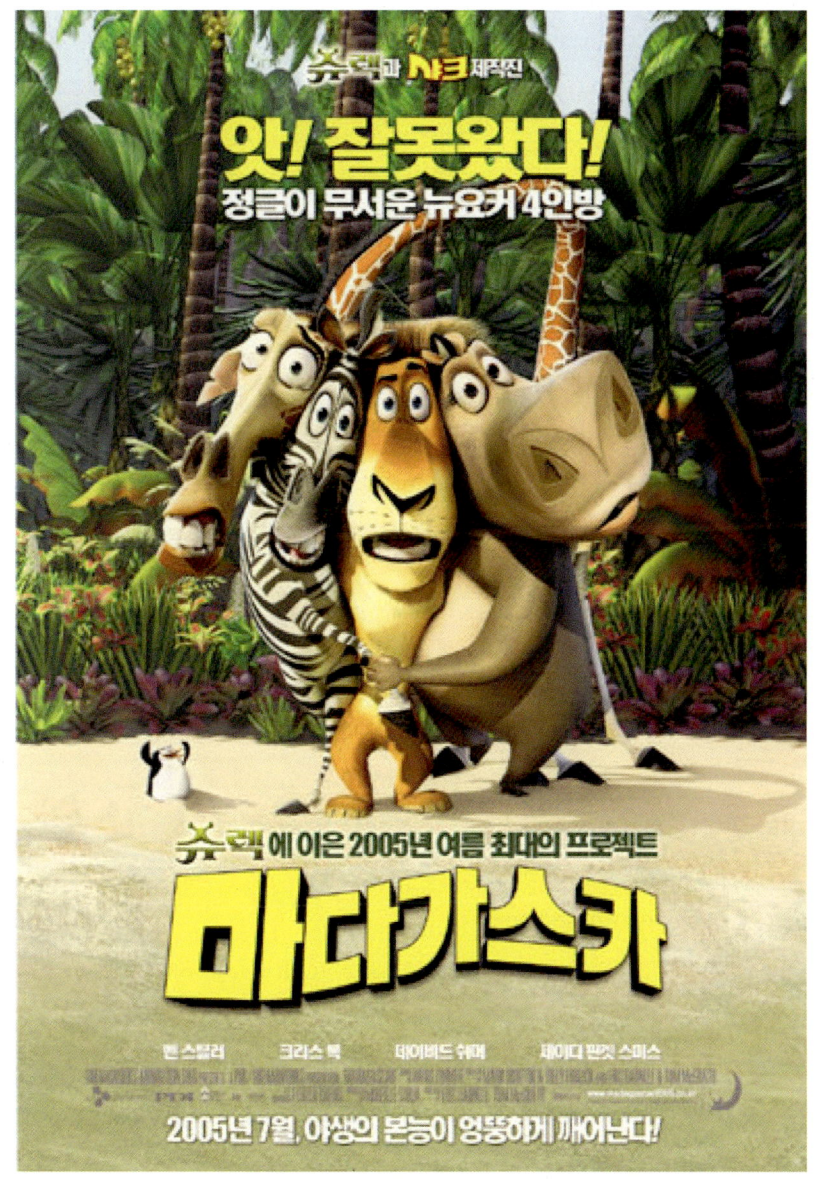

에릭 다넬(Eric Danel), 콜로라도대학교 방송저널리즘 출신으로 작품으로는 개미(1998), 마다가스카(2005)가 있다.

톰 맥그라스(Tom McGrath), TV 애니메이션 시리즈 〈렌 앤 스팀피 쇼〉 등을 연출한 베테랑 감독이다. 평소 애니메이션과 실사 영화를 넘나들며 15년이 넘게 자신만의 작업세계를 구축해 나가고 있는데, 〈마다가스카〉는 그의 첫 장편 연출작이다. 〈마다가스카〉 한국 개봉 전에는 드림웍스 대표 제프리 카젠버그와 함께 직접 방한한 바 있다.

누구의 말인지 기억나지는 않지만, 혹자는 '교육이란 서로 다른 사람들이 함께 있을 수 있는 능력을 기르는 것'이라고 정의한 바 있다. 21세기 다원적인 시대상황과 다문화 현실 그리고 간문화적인 갈등 국면이 부각되고 있는 상황에 비추어 볼 때 아주 적합한 이해라 생각한다. 서로 다른 생각뿐만 아니라 서로 다른 인종들이 함께 어우러지고, 또 서로 다른 문화와 사상이 공존하는 시대이기 때문이다. 심지어는 서로 적대적인 관계에 있는 사람들조차도 함께 있어야 할 필요를 느낄 정도다. 예컨대, 남북 관계와 중동 문제에서 볼 수 있는 경우이다. 쉽지 않은 일이지만 시대의 문제는 이것의 현실을 절실하게 요청하고 있다. 어디 그뿐인가. 사랑하는 사람들이 함께 있지 못해 별거하고 이혼하는 일은 심각한 사회문제가 되고 있다. 함께 있음을 감당하지 못한 교회들은 크게는 교단적으로, 작게는 교회 내부적으로 분열에 분열을 거듭하고 있다.

서로와 서로의 관계에 놓인 사이(間, inter)와 벌어진 틈을 두고 겪는 갈등과 반목 그리고 분열의 모습을 지켜볼 때마다 여러 가지 질문들로 고민하게 된다. 특히 절박하게 대답이 요구되는 질문은 '서로 다른 것들이라 하더라도 공존할 수 있는 가능성은 없는 것일까?'이다. 이런 상황에서 시급한 과제가 있다면, 서로 다른 사람들이 함께 공존할 수 있는 능력을 교육을 통해 배우는 일이 아닐까.

2005년에 개봉된 영화 <마다가스카>는 가족과 함께 가볍게 볼 수 있는 애니메이션이지만, 단순히 보는 기쁨을 넘어 이러한 질문에 대답하려는 시도로 볼 수 있는 영화다. 아이들은 단순히 보는 재미에 이끌리게 될 것이지만, 성인들은 생각할 거리를 얻을 수 있을 것으로 기대된다. 동물세계가 영화로 표현되었을 때는 인간세계를 패러디하기 위한 목적이 있음을 잊지 말아야 한다.

뉴욕에서 마다가스카로

추운 나라에서 온 네 명의 신사 펭귄, 그들은 지도자의 명령에 일사불란하게 행동할 정도로 꽤 훈련된 특공대다. 그들에게 사람들의 임의대로 각종 쇼를 연출해야 하는 뉴욕 센트럴 파크 동물원은 아무리 편해도 결코 있을 곳이 아니다. 그들은 자유 때문에 동물원 탈출을 시도하려 한다. 펭귄의 탈출 계획을 들은 얼룩말 마티는 이제 막 10번째 생일을 맞는 중이었다. 친구들이 마련한 생일잔치에도 불구하고 얼굴에는 수심이 가득하다. 오히려 기억조차 나지 않는 야생에 대한 그리움에 푹 젖어 우울하기만 하다. 모든 것이 풍족하고 또 모든 것이 갖추어져 있어 부족함을 전혀 느끼지 못하는 뉴욕 센트럴 파크 동물원, 이곳에서 마티가 해야 할 일이 있다면 동물원을 찾은 사람들에게 기쁨을 주는 일뿐이다. 그러나 생각지도 못하게 펭귄으로부터 야생의 무의식을 자극받은 마티는 하룻밤 동안만이라도 야생을 경험해 보고 싶어 한다. 넓은 초원에서 맘껏 달리는 자신의 모습을 꿈꾸며 마티는 과감하게 동물원 밖으로 나간다.

마티가 없어진 것을 알게 된 동물원 친구들, 사자 알렉스, 기린 멜먼 그리고 하마 글로리아는 얼룩말 마티가 직면할 위험을 염려하며 친구를 찾아 동물원을 탈출한다. 그들은 기차역에서 기차를 놓치고 다음 차를 기다리는 마티를 만난다. 마티는 친구들에게 돌아가라고 말하지만 친구들은 마티를 혼자 놔둘 수 없다며 함께 돌아갈 것을 강권한다. 그러나 갑작스럽게 나타난 야생동물들에 대한 두려움에 사로잡힌 시민들의 신고로 네 명의 동물 친구들은 경찰에 붙잡히고, 동물원으로 다시 돌아가게 될 운명이 된다. 바로 이때 동물보호가들의 노력에 힘입어 그들은 야생동물보호지역인 아프리카 케냐로 향하는 배에 오르게 된다. 그런데 배에 함께 타고 있던 네 명의 펭귄들은 행선지가 아프리카임을 확인하고 배를 납치하고 남극으로 항해를 바꾼다. 마티와 알렉스는 이 모든 일에 대한 책임이 서로에게 있다며 심한 말다툼을 한다. 급작스럽게 행로를 바꾸어 생긴 심한 요동으로 네 명의 동물 친구들은 바다에 빠지게 되고, 이리저리 표류하다 가까스로 마다가스카에 이르게 된다. 마티가 꿈꾸었던 야생의 삶이 시작된 것이다.

마다가스카에서 뉴욕으로?

네 동물들은 마다가스카에서 새로운 현실을 접하게 되는데, 바로 약육강식의 세계다. 모든 것들을 제공받는 가운데 우정과 공존의 삶이 보장된 뉴욕 센트럴 파크 동물원에서는 상상조차 할 수 없는 일이다. 살아남기 위해 처절한 생존경쟁을 치러야만 한다. 야생에서의 삶이 낯설기만 한 사자 알렉스는 이곳에서 지내는 동안 굶주릴 수밖에 없다. 이로 인해 알렉스는 야수로서의 자신의 정체성을 확인하게 된다. 날카로운 발톱을 세우고 듣는 모든 동물들로 하여금 벌벌 떨게 할 정도로 포효하는 자신의 모습을 보고 스스로도 놀라게 된다. 문명에 철저하게 길들여진 모습으로서는 도저히 감당할 수 없는 상태임에 분명하다. 굶주린 상태에서는 친구들조차도 먹을 것으로 보이기 때문이다. 사자 알렉스는 이러한 위험에서 우정을 지킬 뿐만 아니라, 또한 문명에 길들여진 스스로를 야성으로부터 지키기 위해 자기 주변에 강한 보호막을 쌓아 놓는다. 보는 모든 이로 하여금 눈시울을 뜨겁게 만드는 장면이다. 이제 네 명의 친구들은 더 이상 함께 있을 수 없게 된 상태다. 우정이 무너지기 직전의 상황이다.

이런 와중에 배를 납치해 남극에 도착한 펭귄들은 눈보라가 몰아치는 남극 땅에서 그들 자신만의 존재에 대한 두려움과 외로움을 못 이겨 다시금 남극을 떠날 결심을 한다. 그들이 이끄는 배는 마다가스카에 정박하게 된다. 뉴욕커들은 그 배를 통해서 다시 뉴욕으로 돌아가기를 원하지만 사자 알렉스에게는 더 이상 가능한 일이 아니다. 자신을 지켜 주기 위해 온갖 위험을 무릅쓰고 여정에 동반했던 알렉스를 기억하고 있던 마티는 용기를 내어 사자 알렉스에게 다가가, 친구로서 알렉스를 결코 포기하지 못하겠다는 뜻을 전한다. 함께 있을 수 있는 곳으로 돌아가자는 것이다. 마티, 멜먼 그리고 글로리아가 기울인 각고의 노력을 통해 뉴욕커 넷은 마침내 뉴욕으로 돌아갈 배에 오르게 된다. 그러나 그들이 탄 배에는 연료가 남아 있을까? 뉴욕을 향한 행선의 성공 여부를 미지수로 남겨 놓고 영화는 끝을 맺는다. 뉴욕은 단지 꿈일 뿐인가? 꿈꾸는 동안만은 함께 있을 수 있는 것인가?

<마다가스카>는 결코 쉽지 않은 주제를 다루고 있을 뿐만 아니라, 또한 한 가지 이상의 주제를 좇고 있다. 우선 어린아이들의 시각에서 단순화해서 본다면, 우정을 서로 나누는 모습을 보여 주지만, 자세히 들여다보면 문명과 자연이라는 두 개의 축 사이를 오고 가는 동안, 비록 적대관계에 있다 하더라도 모두가 함께 있을 수 있는 조건은 무엇인지에 대한 질문을 던지고 있다. 애니메이션의 관객으로서 아이들을 염두에 둔다면 내용을 모두 소화하기에는 무리라고 생각한다. 그러나 마다가스카에서 말하는 '우정' 역시 전체적인 구도 속에서 이해될 때 그 의미가 더욱 돋보이게 된다.

우정을 지켜라

'우정'은 친구들에게서 발견되는 사랑의 또 다른 이름이다. 흔히 '필로스'란 이름으로 표현되는데 비록 이름은 하나지만, 그것은 아주 복합적이고 또 다양한 얼굴을 갖고 있다. 관객은 얼룩말 마티와 사자 알렉스의 관계 속에서 우정의 여러 측면들을 발견할 수 있다. 얼룩말 마티의 열 번째 생일날 이벤트를 준비하는 것이나(기쁨 주기), 우울해 있는 마티를 위로해 주는 것(위로하기) 그리고 마티가 동물원 밖으로 나갔을 때 그를 염려하여 과감하게 그를 찾아 동물원을 나서는 것(보호하기), 친구들을 자신의 야성으로부터 보호하기 위해 자기 주변에 울타리를 세워 놓기(희생), 알렉스가 그의 야수적인 정체성으로 인해 고립되는 순간에 위험을 무릅쓰고 알렉스를 찾아가는 모습(용기)이나, 위험에 처한 마티를 구하기 위해 자기 스스로 쌓아 놓은 울타리 밖으로 과감하게 뛰쳐나오는 알렉스의 모습은 '우정'을 말하기 위한 장면들이다.

그러나 영화는 네 동물들이 엮어 내는 우정 이야기에 머물지 않는다. 영화가 말하고 있는 우정은 한층 더 나아가 공존의 기쁨, 곧 함께 있는 기쁨을 지향한다. 비록 이해관계로 인해 좌충우돌의 우여곡절이 있고, 존재의 차이 때문에 빚어지는 서로에 대한 부족한 이해로 때로는 서로를 비난하는 일이 있다 해도, 함께 있다는 사실만큼 큰 기쁨은 없다는 것이다. 그렇기 때문에 비록 심한 말다툼을 벌이다 표류하게 되었다 해도 외딴섬에 이르게 되었을 때 서로를 그리워하는 모습을 연출한 것이다. 자신들의 본 고향인 남극으로 갔던 네 마리의 펭귄들 역시 아무리 자유를 누릴 수 있는 곳에 있다 하더라도 누군가와 함께 있을 수 없는 자신들의 현실에 만족할 수 없다. 따라서 그들 역시 고립된 자유보다는 공존을 그리워해 결국 마다가스카로 행선지를 바꾸게 된 것이다. 우정, 그것은 함께 있음으로 더욱 빛나는 것이다.

문명의 가치와 의미

영화 속에는 서로 상반된 두 개의 주장이 제기되어 있다. 하나는 사람들의 기쁨을 주기 위해 동물원에 수용되어 각종 쇼를 연출하도록 함으로써 동물에 대한 관심을 불러일으키는 것에 큰 의미를 두는 것이고, 다른 하나는 동물은 동물로서 살 수 있어야 한다는 동물 보호가들의 입장이다. 다른 말로 표현한다면, 문명이냐 자연이냐가 첨예하게 대립되어 있다.

얼룩말 마티와 펭귄 특공대들 그리고 동물애호가들의 데모를 통해 강하게 주장되고 있는 것은 야생에 대한 긍정적인 태도이다. 그런가 하면 사자 알렉스를 포함한 멜먼과 글로리아는 문명의 가치와 의미를 역설한다. 뿐만 아니라 네 동물들이 마다가스카에서 보낸 짧은 기간의 야생생활을 정리하고 마침내 약육강식과 적자생존이 지배하는 세계가 아니라 공존을 위한 세계를 위해서 다시 동물원으로 돌아가려는 마지막 장면 역시 문명의 가치와 의미를 강조하려는 영화의 의도를 읽어 볼 수 있다.

문명과 자연의 관계 속에서 움직이는 주제를 암시하면서도 영화가 궁극적으로 겨냥하는 것은 공존의 조건이다. 영화의 논리에 따르면, 공존을 위해서는 부족함이 없어야 하고, 또한 통제되어야 한다. 야수의 야성은 오직 결핍에서 비롯된다고 보기 때문이다. 결핍을 충족시키는 것은 발달된 문명일 뿐이라는 것이다. 그렇다면 과연 세상의 모든 것들은 충족될 수 있으며 또한 통제가 필요하다면 무엇에 의한 통제를 말하는 것인가? 부족함이 없으면 공존할 수 있기 위한 충분조건이 충족되는 것인가?

부족을 채우기 위해 서로를 공격하고, 서로에 대한 공격은 결국 약육강식과 생존경쟁으로 이어진다. 그렇다고 해서 채워진다고 만족해지는 것은 더욱 아니다. 더 가지려고 하는 욕심이 있기 때문이다. 사자 알렉스의 메뉴가 '스테이크'에서 '생선초밥'으로 바뀌는 가운데 문제가 해결되는 듯하지만, 바뀐다고 해서 해결될 문제는 아니다. 더 가지려는 욕심은 여전히 남아 있기 때문이다. 이야기의 포커스가 동물의 세계에 제한된다면 모르지만, 인간세계를 패러디 하는 것으로 감상된다면 <마다가스카>는 바로 이 점을 간과하고 있다.

뿐만 아니라 통제권을 향한 노력은 서로 다른 이데올로기를 낳게 되고, 이미 구시대인 냉전체계에서도 경험한 바이지만, 서로 다른 이념체계는 강한 경쟁의식을 불러일으킬 뿐이고,

이것은 또 다른 맥락에서의 생존경쟁 구조를 낳을 뿐이다. 무엇에 의한 통제를 기대하는 것인가? <마다가스카>는 혹시 미국 주도형의 자본주의 문명사회를 암시하려는 것이었을까?

공존의 조건?

본질적으로 서로 적대관계에 있는 존재들 사이에도 우정이 가능할 수 있을까? 영화의 후반부에서 전개되는 사자와 얼룩말의 관계를 보면서 갖게 된 질문이다. 그러나 영화는 본래적으로 적대적인 것은 없다고 말하는 것 같다. 단지 조건과 환경에 따라 그렇게 될 뿐이라는 것이다. 이것을 인정할 경우, 그렇다면 '서로 다른 것들, 심지어 서로 적대적으로 보이는 것들(사자와 얼룩말)이 공존할 수 있기 위해서는 어떤 조건을 충족시켜야 하는가?'는 질문이 자연스럽게 제기된다. 영화는 적자생존, 생존경쟁의 원리가 지배적인 야생에서의 공존을 말하려는 것이 아니다. 그렇다면 조금은 다른 연출이 이루어졌을 것이다. 우정이 지켜질 수 있기 위한 조건, 더 정확하게 말하자면, 서로 다른 것들, 서로 적대적인 관계 속에 있는 것들이 평화 가운데 공존할 수 있기 위한 조건은 무엇인지를 묻고 있다. 그리고 대답으로서 문명적 삶이라는 '공동의 이상'을 제시한다. 꿈만 동일하다면(뉴욕의 센트럴 파크 동물원으로 돌아가는 일) 문제(알렉스의 굶주림)는 여러 가지 형태로 해결(고기에서 생선으로 대체)이 가능한 일이라는 기대가 반영되어 있다. 중요한 것은 꿈이다. 꿈만 같으면 공존을 위한 최소한의 조건은 충족된 것임을 영화는 역설한다. 과연 정말 그럴까?

공존의 조건은 하나님의 약속에 대한 소망이다

꿈이 같으면 공존할 수 있는 것인가? 역사에서 일어난 수많은 혁명과 그 혁명에 참여한 수많은 사람들의 열정을 미루어 보건대 틀림없는 사실이다. 그러나 모든 일이 다 그런 것은 아니다. 세상이 제시하는 꿈이라는 것은 아무리 그럴듯하게 단합된 모습을 불러일으킨다 해도 일시적인 현상에 불과하다. 역사를 통해서 어렵지 않게 확인해 볼 수 있는 사실이다. 혁명을 위해 생명을 바쳤다고 해도 의도가 달라 결국 수포로 돌아가는 모습이 얼마나 많은가. 정치인들이 대권장악을 위해서 이합집산하는 모습이나, 같은 목적을 가지고 시작했더라도 목표에 대한 서로의 이해관계가 달라 반목하고 갈등하는 것과 같은 용두사미의 모습이 또 얼마나 많은가. 게다가 일부 권력을 장악하고 있는 정치인이나 자본가들에 의해 가공된 꿈과 미래에 삶 전체를 기꺼이 투자했다가 낭패를 당한 일이 얼마나 많은가.

그러나 그리스도인은 한 가지 목적, 곧 하나님의 영광을 위하여 한 소망 안에서 부르심을 받았다. 약속에 대한 소망이요, 부활과 구원에 대한 소망이요, 하나님 나라에 대한 소망이다. 그렇기 때문에 동일한 꿈을 가지며, 이 꿈 안에서 지속적으로 함께 있을 수 있다. 비록 모양은 달라도 이 꿈을 이루시는 분이 하나님 한 분이고, 이 분에 대한 믿음도 동일하기 때문이다(에베소서 4:4-6). 문제는 자신의 꿈을 이상화하지 않고, 이 꿈을 스스로 이루려고 하지 않는 것이다. 하나님의 뜻을 비전으로 삼고 살아가는 가운데, 하나님이 이루시기를 기대하며 살 때 가능해진다. 우리가 할 일은 모든 차이와 다름이, 사실은 전체에 대한 인식의 차이에서 오는 것임을 인정하는 가운데 관용하는 것이다(고린도전서 13:9-12). 하나님의 약속을 소망하는 가운데 서로 안에서 진리를 보는 태도, 바울은 이것을 사랑으로 표현했고, 또 이것이 서로 적대적인 관계에 있다 할지라도 공존할 수 있는 조건이다.

(「교육목회」 Vol.26, 가을, 86-91)

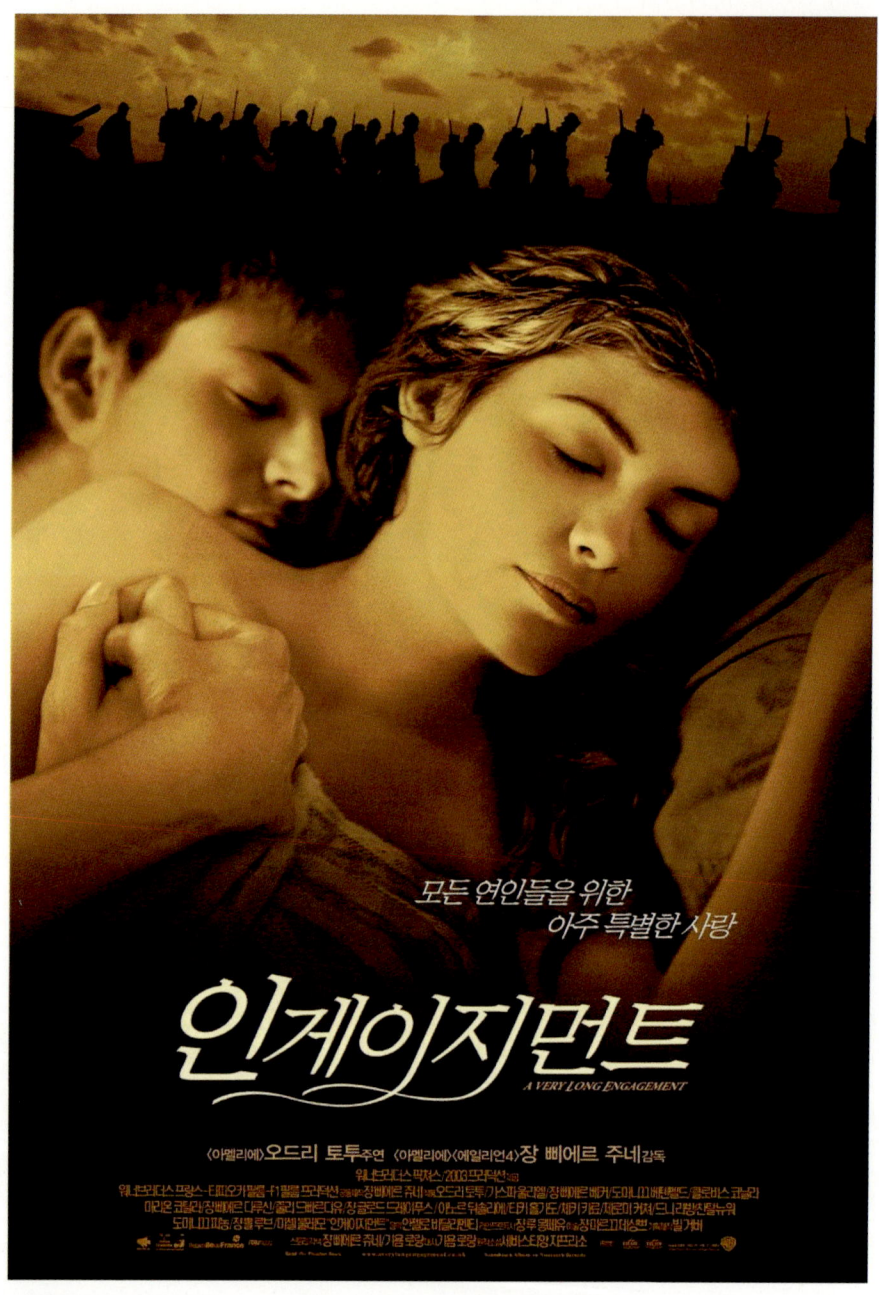

장 피에르 주네(Jean Pierre Jeunet, 1953~), 프랑스 세자르상(1981), 칸 영화제 황금 카메라상(1991)을 수상
Filmography: 아멜리에(2001), 인게이지먼트(2004)

<인게이지먼트>를 보고 몇 명 되지 않는 관객과 더불어 영화관을 빠져나올 때 마지막 엔딩 음악을 들으며 문득 이런 질문을 생각하였던 기억이 생생하다. 기억이 생생했던 것은 영화가 주는 감동이 컸기 때문이다.

'사랑하는 사람을 다시 만날 확신을 갖고 있는 사람이 그 혹은 그녀가 다른 곳에서 죽었다는 소식을 전해 듣게 되었을 때 어떤 태도를 보이게 될까?'

아버지의 임종 소식을 먼 곳에서, 그것도 거의 4개월이 지난 후에 듣게 된 경험이 있었던 필자로서 이 질문은 곧 나의 삶과 관련된 질문이기도 했다. 부친은 필자가 유학을 마치고 돌아오기를 간절히 바라셨다. 평소에도 손자와 손녀들에 대한 당신의 그리움을 은연중에 표현하셔서 무리를 해서라도(경제적인 면은 차치하고 만삭인 아내가 비행기를 타야 할 정도였다) 가족을 한국으로 보내야만 했을 정도였다. 부모 곁을 떠나 타국에 머물면서 석사과정만을 마치겠다는 처음 계획을 바꾸어 8년 후에 반드시 박사학위를 끝내고 돌아가겠다고 다짐했던 필자는 석사과정을 모두 마친 6년째가 되는 해에 받은 부친의 부고가 믿어지지 않았다. 이미 장사를 다 끝낸 상태였지만 쏟아지는 눈물과 얼굴 한 번 제대로 뵙지 못한 아쉬움을 몇 시간 동안의 절규로 채워야만 했다. 마음이 어느 정도 진정된 후에도 아버지의 부고 소식이 현실로 느껴지지는 않았다. 일 년이 지난 후에 한국을 방문해서 직접 무덤과 비석을 보고서야 아버지의 죽음을 실감할 수 있었다. 마치 살아 계신 듯해서 무덤 앞에서 엎드려 절을 했고, 한참이나 지난 후에야 일어설 수 있었다. 아버지는 돌아가셨고 이제는 세상에 더 이상 계시지 않음을 확인하고 나서 그동안의 삶 속에서 엮였던 아버지와 나와의 관계를 정리할 수 있었다. 어머니로부터 어떻게 돌아가셨는지를 들을 수 있었고 그 죽음의 의미에 대한 어머니의 해석이 마음속에 깊이 새겨질 수 있었다. 그동안은 죽음의 현실을 인정할 수 없었기 때문이다.

무덤까지는 비록 2시간 거리의 여행에 불과했지만 새로운 현실을 받아들이고 또 새로운 출발을 가능하게 하는 준비의 시간이었다. 죽음이 확인되고 나서야 비로소 내 삶이 정리될 수 있었다. 사람들은 부모를 여의고 나면 한동안은 방향 감각을 잃게 되어 헤맨다고 하는데, 필자의 경우는 부친 사망 후 거의 일 년 동안의 분주한 유학 생활로 인해 그런 방황의 기회조차 가질 수 없었다.

영화 <인게이지먼트>를 단순한 구도 속에서 보면, 한 여인의 사랑과 믿음이 어떤 결과로 이어질 수 있는지를 보여 주려는 감독의 의도를 읽을 수 있다. 그러나 영화는 다섯 명의 사형수와 그들과 관련된 사람들을 하나씩 보여 주면서 그들의 삶을 보여 주고 있는데, 이는 다양한 이야기 속에 담겨 있는 사랑 이야기를 들려주려는 것이다. 그러므로 감상의 초점을 단순히 주인공에 맞추지 않고 다섯 명의 사형수에 대한 이야기 안에 연루되어 있는 모든 사람들을 대조적으로 바라본다면 영화를 더욱 풍성하게 감상할 수 있다.

사랑하는 자의 부음을 들은 사람들의 태도는 고인과의 관계를 그대로 반영해 주는 법이다. 영화 <인게이지먼트>는 바로 그 태도의 다양함을 보여 주려 했고, 또 가장 바람직한 태도에 대한 교훈을 말하고 있다. 즉 '사랑하는 자의 부음을 들은 사람들은 과연 어떤 태도를 보일 것인가'라는 질문에 대해 나름대로 대답하려는 시도로 영화를 감상할 수 있을 것이다.

영화 이야기

영화는 전쟁 가운데 자해를 시도한 다섯 명의 사형수에 대한 이야기를 중심으로 전개된다. 빙고 참호에서 세 명의 생존자만을 제외하고 전멸했다는 보고에 뒷받침해서 그들의 죽음 순간까지 추적하는 형태로 이루어진다. 그렇다고 해서 추리 영화는 아니다. 마띨드(오두리 토투 분)가 약혼자 마네끄(가스파르 울리엘 분)의 부음을 듣고 그가 살아 있으리라는 자신의 믿음을 확인해 가면서 마침내 사랑의 결실을 얻게 된다는 내용이다.

마네끄는 언제 또 어떻게 죽을 것인가에 대한 불안과 두려움이 가득한 전쟁 상황 속에서 죽든, 아니면 사형을 당해 죽든 하루속히 약혼녀와의 만남을 그리는 가운데 의도적으로 적군의 총격을 유도해서 손가락 두 개를 절단하게 된다. 자해혐의로 사형을 선고받지만, 어차피 죽을 목숨이라면 차라리 적군의 총격에 의해 죽는 것이 낫다는 지휘관의 말로 인해 마띨드와 다른 네 사람은 적군과 대치되어 있는 지대로 보내진다. 그들의 운명은 바로 그곳에서 결정되는 것으로 여겨진다. 전쟁은 끝나고 다섯 명의 사형수들의 가족들은 부음의 소식을 접하게 된다.

한 여인은 애인을 죽음에 이르게 만든 이유를 추적하면서 그에 연루된 사람들을 하나둘씩 살인한다. 복수의 삶을 살아간 것이다. 다섯 명의 사형수의 사면을 거절했던 사령관과 애인을 죽인 고참에 대한 살해 그리고 국방장관을 살해하려다 실패해 그녀는 마침내 형장의 이슬로 사라져 간다. 죽기 바로 전에 그녀는 복수의 삶을 살지 말라는 애인의 마지막 메시지를 쪽지를 통해 넘겨받는다. 얼마나 아이러니한 결과인가!

다른 한 여인은 남편의 죽음과 더불어 그와의 인연을 애써 숨기며 살아간다. 그것은 영원히 숨겨져야 할 이야기며 다시는 떠올리고 싶지 않은 것이라고 생각하기 때문이다. 그에 대한 추억은 그녀를 더욱 비참하게 만든다고 생각하기 때문이다. 그녀는 남편의 죽음으로 새로운 삶이 가능해졌다고 본다.

다른 한 여인은 고인의 누나로서 죽음을 확인하는 것으로 만족해한다. 동생이 죽은 곳에 와서 그를 회상하며 애도한다. 혈족관계에 있는 자로서 마땅한 행동임을 보여 준다. 죽은 자는 죽은 자로서 무덤에 묻히고, 그의 무덤에는 고인을 추모하는 누군가가 있는 것으로 만족한다.

마네끄의 부음을 들은 마띨드는 약혼자의 죽음을 결코 현실로 받아들이지 않는다. 왜냐하면 그가 떠나는 순간부터 읊은 주문들은 하나같이 그의 살아 있음을 증거해 주기 때문이다.

> 차보다 자신이 먼저 모퉁이에 다다르면,
> 사과를 깎을 때 껍질이 안 끊어지면,
> 기차를 타고 가는데 일곱을 셀 때까지 검표원이 안 오면
> 그는 살아 있다는 것이다.

이러한 믿음으로 인해 마띨드는 심지어 그의 죽음을 확인했다는 사람의 뺨을 후려치기도 한다. 그가 자신의 희망을 빼앗았기 때문이라는 것이다. 심지어 마띨드는 마네끄의 비석 앞에서도 결코 그의 죽음을 인정하지 않는다. 사설탐정을 고용하고 신문에 당시 사형수들의 이름을 광고로 내면서 마네끄의 소식을 알고 있는 사람을 수소문한다. 이런 노력의 결과 그녀는 마침내 사형수 가운데 또 다른 이름으로 생존했던 한 사람에게서 마네끄가 살아 있음을 듣게 되고 마침내 두 사람은 상봉하게 된다. 물론 마네끄는 기억상실증을 앓고 있는 상태로 데로셀 부인의 보호를 받고 있는 중이었다.

영화는 참으로 감동적인 사랑의 이야기다. 사랑을 말하는 데에 좀 특별한 방법을 사용하고 있다는 점에서 창의적이고 신선하다. 남녀 간에 흔히 있는 사랑의 열정을 보여 준 영화가 아니라, 사랑하기 때문에 희망하며 기다리는 것이 얼마나 큰 힘을 가지고 있는지를 보여 주는 영화다.

영화의 엔딩을 보면서 '무엇이 마띨드로 하여금 포기하지 않게 했을까?'를 생각했다. 아마도 누구나 이런 생각을 했을 것이다.

이 질문에 대해 두 가지 대답을 발견한다. 첫째는 '재에서 재로'라는 말이다. 부모를 교통사고로 잃은 후에 마띨드가 습관처럼 읊었던 말이다. 이것은 그녀의 삶의 가치관을 말해 주는 것으로 인생은 결국 적신으로 왔다가 적신으로 간다는 욥기의 말씀을 떠올린다. 이런 삶의 가치가 없었다면 무의미하게 보이는 마네끄를 찾기 위해 필요했던 많은 돈을 지불할 수 없었을 것이다. 사랑하는 자의 생사를 확인하는 일에 올인할 수 있었던 삶의 태도이다.

둘째는 영화의 원제인 '아주 긴 약속'에서 발견할 수 있다. 구체적으로 말한다면 마네끄와의 결혼약속에 대한 확신이 그녀로 하여금 죽음의 소식을 넘어 살아 있음을 확신하게 했고 결코 포기하지 않는 삶을 살도록 했던 것이다. 믿음대로 된다는 사실이 이런 경우에도 적용

될 수 있는 것인지는 모르지만, 어쨌든 마띨드의 믿음은 현실이 되었다. 만일 그녀가 부음의 소식을 듣고 포기했다면 살아 있지만 결코 만나지 못할 일이었으나, 포기하지 않았기 때문에 비록 기억이 사라지긴 했지만 만날 수 있었다.

어떻게 보면 사람의 심리를 묘사하는 영화 같고 또 오직 영화 속에서만 일어날 수 있는 일 같지만, 십자가에 매달려 죽은 것으로 확인된 예수 그리스도를 죽은 자에게서 찾지 말고 산 자에게서 찾으라고 말하는 성경의 가르침을 생각한다면, 결코 불가능한 일은 아니라고 생각한다. 죽은 예수 그리스도에 대한 바른 태도는 무엇인가, 불가능하게 보이는 그리스도인의 삶에 대한 바른 태도는 무엇인가 하는 질문을 갖고 이 영화를 감상할 수 있다.

십자가에서 죽은 예수 그리스도에 대한 제자들의 태도 역시 얼마나 달랐는가! 엠마오로 내려가는 제자들처럼 모두들 실망해서 고향으로 내려갔고, 어떤 이들은 그의 죽음을 애도하며 슬픔 속에 보냈고, 어떤 이들은 죽은 자에 대한 예를 다하고자 했고, 특히 유대의 지도자들은 죽은 자가 다시 살아났다는 소문을 처음부터 막기 위해 무덤을 굳게 지키고 있었다. 누구도 그의 부활을 기대하지 못했다. 그런데 예수께서는 죽은 자들 가운데서 부활하셨다. 제자들 가운데 누구도 생전에 하신 부활의 예고를 믿는 가운데 그의 죽음을 대하지 못했다. 부활한 후에야 비로소 그의 말씀을 떠올리며 부활의 사실을 믿을 수 있었다.

기독교는 약속의 신앙이다. 약속이 이루어지기까지 얼마나 긴 시간이 필요한지, 또 얼마나 힘든 일이 전개될지 아무도 모른다. 분명한 것은 약속은 반드시 성취된다는 것이다. 예수 그리스도의 부활은 바로 이것을 증거해 주는 사건이다. 이 시대에 이 약속을 믿고 살 수 있기 위해서 그리스도인들은 비록 그가 다시 오지 않는다거나 혹은 이미 오래전에 죽었다는 말을 듣게 된다고 해도 결코 포기해서는 안 될 것이다. 죽음의 소식 넘어 부활의 기쁜 소식이 있기 때문이다. 약속을 소망하는 가운데 성취될 때를 기다리며 인내를 갖고 살아갈 일이다.

소망의 이유

〈나니아 연대기 – 캐스피언 왕자〉(앤드류 아담슨, 2008, 전체)

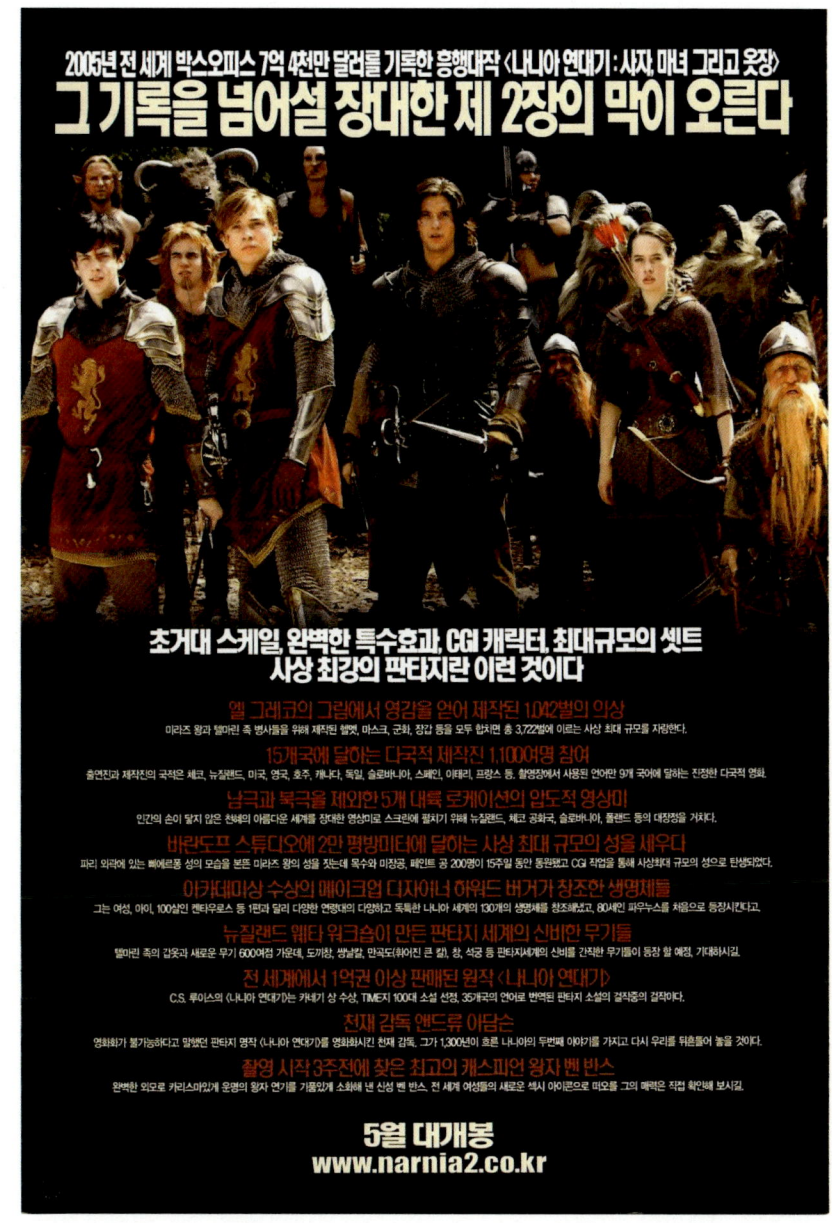

앤드류 아담슨(Andrew Adamson, 1966~), 뉴질랜드 출신, 〈슈렉〉을 통해 데뷔하였고 2001년에 이 영화로 아카데미상 장편애니메이션 부분에서 수상하였다.

Filmography: 슈렉(2001), 슈렉 2(2004), 나니아 연대기–사자, 마녀 그리고 옷장(2005), 나니아 연대기–캐스피언 왕자 (2008)

C. S. 루이스(1898~1963)의 작품『나니아 연대기』는 전 7권으로 된 어린이 판타지 소설이다. 어린이와 어른들을 가리지 않고 전 세계적인 독자를 가진 책으로 이미 판타지 장르에 있어서『반지의 제왕』과 더불어 문학의 고전으로 꼽히고 있다. 유명영화들을 패러디해 관심을 모았지만, 무엇보다 칸 영화제 공식경쟁 부문에 초청되어 화제가 되었던 <슈렉>으로 잘 알려진 앤드류 아담슨 감독은 2005년에 영상으로 표현하여 2006년 아카데미 제78회 시상식에서 분장상을 받은 <사자, 마녀 그리고 옷장>에 이어, 2008년에 두 번째로 <캐스피언 왕자>를 영화로 만들었다. J. R. R. 톨킨의『반지의 제왕』이나 조앤 K. 롤링의『해리포터』와 같은 판타지 소설이 영화로 제작되어 흥행에 성공한 이유는 문학에서 표현된 상상의 세계들이 화려하고 스펙터클한 디지털 영상 미학으로 가시화되었다는 점에 있는데, 문학적인 상상력과 시청각 표현예술의 상상력은 결코 동일하지 않기 때문이다. 영화 <나니아 연대기> 시리즈의 흥행 역시 이 점에서 예외는 아니다. 다시 말해서 주지의 소설 내용을 단순히 영화적으로 재현하는 것으로 만족했던 시절은 지나갔고, 관객의 눈과 마음을 사로잡을 수 있는 비주얼한 효과가 흥행의 결정적인 변수가 될 것이라는 말이다. 현대 디지털 영상기술은 그것을 충분히 가능하게 하기 때문에 관객들은 문학적 상상력을 통해 얻을 수 있는 것보다 더욱 화려한 비주얼 효과를 기대한다. CGI(Computer-Generated Imagery)가 1,600컷으로 전편에 비해 두 배가량 늘어난 것은 바로 이러한 배경에서 비롯된 것이라 생각한다.

1편에서는 겨울의 마녀로부터 나니아를 구해 내고 네 명의 페벤시 남매들이 나니아의 통치자로 등극하는 모습을 보여 준 데 비해, 2편에서는 이들이 캐스피언 왕자와 힘을 합쳐 텔마린 족의 공격으로 점령되고 또 미라즈의 폭정으로 황폐해진 나니아를 회복하는 내용을 담고 있다.

루이스의 의도를 바르게 파악하기 위해 독자나 관객은『나니아 연대기』를 먼저 큰 틀에서 이해할 필요가 있다. 다시 말해서『나니아 연대기』는 인간 세상에 나타난 악의 문제와 관련해서 예수 그리스도의 사역과 그가 선포한 천국이 무엇을 의미하는지를 말하고자 한 것이다. 권마다 다른 주제 속에서 다른 이야기들이 등장하지만 결국에는 동일한 큰 틀 속에서 움직이고 있음을 확인할 수 있다. 작가의 능력은 바로 이러한 큰 틀의 주제 속에서 움직이는 관계들을 어린이들이 이해할 수 있도록 설명하기 위해 그리고 교회 안에서만 회자되는 이야기로 제한되지 않도록 하는 데에서 입증되는 것인데, 루이스는 과감하게 신화적인 상상력을 바탕으로 전개되는 판타지 장르를 선택했다. 왜냐하면 루이스는 신화를 기독교 진리를 전달할 수 있는 훌륭한 수단으로 보았기 때문이다. 이로 인해 루이스는 사자 형상으로 예수 그리스도를 형상화하거나, 마법을 사용하는 것과 같은 비기독교적인 표현도 마다하지 않았다. 이처럼 복음을 세상과 소통시키기 위해 다소 파격적인 소재를 사용한 결과로 사실 루이스는 교회로부터 많은 오해와 비판을 받기도 했다. 그러나 『나니아 연대기』는 톨킨의 『반지의 제왕』과 같이 기독교 세계관이 깊이 스며들어 있는 소설로 평가되는 점에서 고전적인 의미를 결코 잃지 않을 것이다. 이것은 표현의 리얼리즘과 내용의 리얼리즘을 구분하는 루이스의 견해를 이해하면 보다 쉽게 받아들여질 것이다.

루이스에 따르면, 리얼리즘에는 실재하지 않은 이야기를 마치 실재하는 것처럼 표현해 독자들의 현실감을 불러일으키는 표현 리얼리즘과 실재의 내용을 다루는 내용 리얼리즘이 있다. 루이스의 판타지는 표현을 통해 실재 경험을 불러일으키기 위한 표현매체로 이해될 수 있다.

첫 편인 <사자, 마녀 그리고 옷장>에서도 그랬지만, 이번 <캐스피언 왕자> 편의 주제 역시 아슬란의 존재와 그 의미에 집중되어 있다. 즉 1편에서는 한 어린아이를 위해서라도 희생을 마다하지 않지만, 마침내 부활함으로써 아슬란의 존재와 가치 그리고 희생의 의미를 부각시켰던 것에 비해, 2편에서는 아슬란의 부재에 대한 나니아 사람들의 반응이 문제로 제기되고, 그 문제에 대한 대답으로 아슬란의 의미를 드러내고 있다.

<캐스피언 왕자> 이야기

전설 속의 나니아 나라 이야기를 전해 주는 스승의 말에 귀를 기울이는 것을 최고의 기쁨으로 생각하는 캐스피언에게 어느 날 위기가 찾아온다. 미라즈에게 자신의 혈통을 이을 아들이 생긴 것이다. 비록 형을 죽이고 왕위를 차지하였지만 아들이 없어 캐스피언을 후계자로 키워야 했던 미라즈에게 아들의 출산은 기쁨이었다. 하지만 캐스피언에게는 생명의 위협 그 자체였다. 미라즈의 계략을 간파한 코넬리우스는 뿔 나팔 하나를 쥐어 준 채 캐스피언이 옛 나니아 땅인 숲 속으로 도피할 수 있도록 돕는다. 뿔 나팔은 아슬란의 힘을 빌려 옛 나니아 사람들을 나니아 나라로 불러들일 수 있는 신비스러운 물건이다. 숲 속으로 피신하는 과정에서 캐스피언은 자신의 뒤를 쫓는 군인들의 공격을 받는 위기의 순간에 뿔 나팔을 분다.

한편, 캐스피언이 뿔 나팔을 불던 바로 그 시간에 나니아 나라에서 현실로 돌아와 일상적인 삶에 적응하며 살던 네 명의 소년, 소녀들은 지하철에서 나니아 나라로 불려 간다. 옷장을 통해서 들어가던 전편과는 다른 방법이다. 이미 천 년 이상이나 지난 나니아로 다시 돌아와 과거 영광의 순간을 회상하는 것도 잠시, 그들은 자신들이 살던 케어 패러벨 성이 황폐해졌다는 것을 확인하며 경악하게 된다. 무엇 때문이었을까? 그들이 영국으로 돌아온 이후 천 년간의 세월 사이에 나니아에서 도대체 무슨 일이 일어났던 것일까? 그 이유를 찾던 중에 그들은 나니아가 외부로부터 공격을 받았다는 사실을 알게 된다.

자신들이 살았던 곳이지만 이미 많은 것이 변해 버린 상황에서 그들은 텔마린 군에 의해 수장당할 위기에서 구출해 낸 난쟁이와 함께 길을 찾아 나서게 된다. 낭떠러지에 이르게 되어 모두가 길을 잘못 들었다고 실망하는 때에 루시는 절벽 맞은편에서 아슬란과 아슬란의 자신에게 오라는 사인을 보게 된다. 그러나 다른 사람들에게는 보이지 않았고 오직 루시만 보았기 때문에, 그리고 무엇보다 낭떠러지를 가로질러 갈 수 있는 방법이 없었기 때문에 일행은 루시의 말을 믿지 못하고 다른 방향으로 가지만 그 결과 길을 잃게 된다. 그리고 마침내는 루시가 말한 방향으로 걸음을 옮기게 된다. 그들은 가던 길에서 과거에 나니아에서 쫓겨나 숨어 지냈던 동물들과 사람들을 만나게 되는데, 그들은 캐스피언 왕자가 불었던 뿔 나팔 소리를 듣고 찾아온 것이었다. 일행은 나니아를 구할 원군을 얻은 것이다. 그 후에 그들은 마침내 난쟁이의 도움으로 목숨을 구한 캐스피언을 만나고 일의 사태에 대한 자초지종을 듣게 된다.

　　캐스피언은 아버지를 죽인 원수를 제거하고 옛 텔마린 왕위를 회복하고자 한다. 이제 미라즈 왕은 캐스피언과 나니아 사람들에게 공동의 적인 셈이다. 그래서 나니아 나라도 회복하고 또 잃어버린 왕위를 다시 찾기 위한 공동의 노력이 기울여진다. 네 명의 소년, 소녀가 이끄는 나니아 군대와 캐스피언은 미라즈를 습격하지만 복수할 마음이 급했던 캐스피언의 돌발적인 행동으로 인해 실패하고 만다.

　　캐스피언의 공격을 받아 분노한 미라즈는 이번 공격으로 캐스피언이 자신들의 주적임을 영주들에게 선포한다. 그래서 영주들의 승인을 얻어 왕위에 오른 미라즈는 캐스피언을 제거하고 안전하게 왕위를 차지할 뿐만 아니라 나니아를 완전히 정복할 기회로 삼는다. 그리고 나니아에 이르는 길을 가로막고 있는 강 위에 놓일 다리공사를 재촉한다. 다리가 서둘러 완공되었을 때 미라즈는 영주들의 지원을 받아 나니아를 공격한다. 수적으로 밀릴 수밖에 없는 나니아 사람들은 이제 위기를 맞게 되었다.

　　아슬란의 도움이 절실해진 때에 네 명의 소년, 소녀들은 유일하게 아슬란을 본 루시를 숲 속으로 보낸다. 그리고 루시가 아슬란을 만나 위기로부터 구해 줄 것을 기다리는 동안 미라즈의 공격을 지연시키기 위해 에드먼드는 미라즈에게 일대일로 싸워 승패를 결정할 것을 제안한다. 에드먼드와 미라즈 사이에서 벌어진 힘겨운 싸움에서 마침내 에드먼드가 최종 승리를 거두지만, 미라즈가 이끌었던 군대는 약속을 지키지 않고 나니아를 공격한다. 수적으로 감히 비교할 수 없을 만큼 많은 텔마린 군은 마치 인해전술을 펴듯이 나니아 군을 압박해 왔고, 그들이 가지고 있는 무기는 나니아의 성을 완전히 초토화시키기에 충분한 것이었다. 절체절명의 위기에 빠진 나니아 군인들은 그럼에도 불구하고 최후의 일각까지 싸우기를 포기하지 않는다. 바로 이때 아슬란이 등장하고, 아슬란에 의해 깨워진 숲의 공격으로 텔마린 군은 항복하게 된다.

수잔과 에드먼드는 다시 돌아오지 못하는 아쉬움을 안고 나니아를 떠나고, 캐스피언 왕자는 캐스피언 10세인 나니아의 왕으로 등극하여 평화의 나라 나니아를 통치하게 된다.

텔마린의 침공으로 나니아에서 쫓겨나 오랜 세월 동안 숨어 살아야만 했던 나니아 사람들에게 아슬란의 부재는 절망이었다. 영화는 이 장면을 여러 가지로 표현하고 있는데, 특히 황폐한 성의 모습이나 숨어 사는 나니아 사람들, 오랫동안 야수로 살면서 자신이 말할 수 있는 동물이라는 것조차 잊어버리며 사는 곰의 모습과 아무리 노력해도 깨어나지 않는 숲의 모습 등으로 나타나고 있다. 사람들의 기억 속에서 점점 사라져 실재했던 나라로 여겨지지 않고 오직 전설 속의 나라로만 회자되는 나니아와 비록 고통의 시간을 보낸다 하더라도 아슬란이 나타날 것을 기대하지만 아무리 기다려도 나타나지 않는 현실에 직면하면서 나니아 사람들이 보인 반응은 소망과 절망 가운데 하나였다.

이러한 상황에서 어떻게 해야 현명하게 대처하는 것일까? 아슬란의 부재는 무엇을 의미했고, 아슬란에 대한 기대는 나니아 사람들에게 무엇을 의미하는 것일까? 바로 이 질문에 대한 답을 루이스는 『나니아 연대기 — 캐스피언 왕자』를 통해서, 그리고 앤드류 아담슨은 영상미학을 통해 표현하고자 한 것 같다.

원작은 물론이고 영화 자체가 어린이 눈높이에 맞춘 것이라 주로 페벤시 남매들의 활약에 집중하고 있고, 또한 영화에는 원작에서 볼 수 있는 줄거리 연결 부분들이 생략되어 있어 책을 읽지 않은 관객들은 주제를 파악하기가 쉽지 않을 것이다. 그러나 다음에서 소개하는 '아슬란의 부재와 기대'를 중심으로 감상한다면 보다 생략된 틈을 메울 수 있을 뿐만 아니라 많은 것을 영화로부터 얻을 수 있을 것이라 생각한다.

아슬란의 부재

네 명의 소년, 소녀가 통치하던 화려하고 행복했던 시절은 어느새 사라지고 나니아는 몹시 황폐해졌다. 도저히 아슬란이 만든 나라라고 생각하기 힘들 정도다. 나니아에서 살던 말을 하는 동물들과 난쟁이들의 모습은 볼 수가 없었다. 이 모든 것이 텔마린 사람들에게 정복당한 이후에 벌어진 것이었다. 이제 나니아 사람들은 아슬란의 존재조차 의심하게 되고, 설령 존재한다 해도 어찌해서 그가 자신들의 고통을 방치하고 있는지 그 이유를 알 수 없어 원망하며 절망할 수밖에 없다.

사실 나니아 사람들뿐만 아니라 텔마린 사람들 역시 고통과 혼란 가운데 있는 것은 매한가지다. 왜냐하면 권력에 대한 욕심으로 형을 죽이고 대신 왕위를 차지하고 있는 폭군 미라즈(세르지오 카스텔리토 분)가 다스리고 있기 때문이다. 욕심은 결국 끔찍한 살인을 낳고, 더나아가 더 큰 욕심으로 조카마저 죽이려는 계략을 꾸미게 된다. 미라즈의 폭정으로 텔마린 사람들은 고통스럽고도 아주 지루한 일상을 살아야 했고, 나니아는 그들 중에서 오직 전설로서만 회자될 뿐인 나라가 되었다. 미라즈는 나니아에 대한 기억을 송두리째 뽑고자 나니아를 입에 담는 것조차 금하였다. 아슬란의 부재는 불의한 폭정을 초래하였던 것이다.

뿐만 아니라 아슬란의 부재가 초래한 결과 가운데 하나는 누구나 아슬란을 볼 수 없게 된 것이다. 아슬란의 위임을 받아 나니아를 다스렸던 네 명의 소년, 소녀들 가운데 오직 가장 어린 루시(조지 헨리 분)만이 볼 수 있었을 정도다. 무엇 때문일까? 누가 볼 수 있고 누가 볼 수 없는 것일까? 엠마오로 가는 두 제자들이 부활의 주님을 볼 수 없었던 것은 그들의 잘못된 기대 때문이었는데, 마찬가지 이유였을까? 이 질문에 대해 루이스는 루시의 입을 통해 '보고자 하는 사람이 볼 것'이라는 대답을 한다. 루시는 적어도 아슬란이 부재하는 순간에도 아슬란에 대한 신뢰를 갖고 그를 볼 것을 간절히 기대하고 있었다는 말이다. 아슬란의 부재에 결코 실망하지 않고 그를 보고자 하는 자들에게 주어진 특권이었다. 루시처럼 보고자 하는 사람들이 보는 그것은 단지 환상이나 착각이 아니었던 것이다. 왜냐하면 아슬란의 현존은 약속되어 있었기 때문이다. 아슬란의 부재로 인해 더 이상 바랄 수 없는 상황이라 하더라도 약속을 신뢰하고 소망하는 자들만이 볼 수 있다는 말이다.

아슬란의 부재는 창조 때 피조물에게 은혜로서 주어진 능력이 상실되는 결과로 이어졌다. 다시 말해서 말을 할 수 있는 동물이었던 곰이 오랫동안 야수 생활에 젖어 살면서 결국 말하기를 잊어버리고 자신에게 다가간 루시를 공격하고 숲마저 아무리 깨우려 해도 결코 깨어나지 않는다.

아슬란의 부재는 위기에 직면했을 때 마녀의 힘에 의지해서 문제를 해결하려는 강한 유혹을 받게 했다. 전편에서는 에드먼드(스캔다 케인즈 분)가 유혹에 넘어가 아슬란을 위기로 몰아넣었다면, 이번에는 피터(윌리엄 모즐리 분)가 유혹을 받아 위기 직전에 구출된다.

아슬란의 부재가 이런 결과들을 가져왔다면, 아슬란의 현존은 도대체 어떤 결과를 가져오게 되고 무엇이 바뀌게 될 것인가 하는 질문이 제기된다. 뿐만 아니라 나니아를 창조한 아슬란은 이처럼 자신의 부재로 인해 나타나는 숱한 부정적인 현상들에도 불구하고 어찌해서 그토록 오랫동안 침묵한 것이고, 도대체 그 침묵을 통해서 무엇을 원한 것일까?

한편, 미라즈가 나니아를 기억하지 못하도록 엄포를 놓는 모습에서 그가 진정으로 두려워한 것은 무엇이었을까? 미라즈의 조카 캐스피언(벤 반스 분)은 처음에는 유모에게서, 그리고 유모가 나니아를 가르친 이유로 쫓겨난 후에는 스승 코넬리우스에게서 나니아에 대한 이야기를 듣게 된다. 그 대가로 스승 코넬리우스는 감옥에 갇히게 된다.

아슬란에 대한 기대

아슬란의 부재를 고통스럽게 경험해야만 했던 순간에도 모두가 절망한 것은 아니었다. 캐스피언 왕자의 유모와 스승을 통해 이야기로 전해졌고, 은밀하게 회자되는 이야기를 바탕으로 캐스피언은 나니아 나라와 아슬란의 존재를 상상할 수 있었고, 결국 나니아 사람들을 만나면서 모든 것이 사실임을 확신하게 된다.

아슬란의 부재는 나니아 사람들로 하여금 땅을 잃고 유리하는 백성이 되게 만들었지만, 그럼에도 불구하고 그들은 아슬란이 올 것을 기대하고 있었고, 그 결과 뿔 나팔 소리에 신속하게 반응할 수 있었다.

텔마린 군인과 대치하던 중에 수에 밀려 절체절명의 위기에 처하게 되었을 때에 아슬란에 대한 기대는 그들에게서 최후의 일각까지 최선을 다해 싸우는 용기로 나타났다. 그들의 싸움은 단지 한 개인의 생명을 위한 것이 아니었고, 비록 부재하지만 언젠가는 반드시 나니아 나라를 구하러 올 것으로 확신된 아슬란을 위한 싸움이었기 때문이다.

실로 아슬란에 대한 기대는 새로운 세상에 대한 기대였다. 나니아의 과거에 대해 회상하면서, 억압과 착취가 더 이상 발붙일 곳이 없게 되고, 모든 피조물이 서로 자유롭게 소통하며 사는 세상을 기대한 것이다.

아슬란의 부재에 대한 경험과 그에 대한 기대를 바탕으로 나니아를 재구성해 본다면, 아마도 다음과 같은 나니아의 모습을 얻을 수 있을 것이다.

> 나니아 나라는 아슬란이 창조한 나라다.
> 시간 개념이 현실과 다른 나라다.
> 아슬란의 뜻에 따라 아담의 아들과 이브의 딸들이 다스리는 나라다.
> 아슬란을 정신적인 지주로 삼는 나라다.
> 모든 피조물들이 서로 소통할 수 있는 나라다.
> 위기에 빠질 때마다 아슬란의 도움을 받은 아이들의 힘으로 구원되며 또한 아이들이 다스리는 나라다.
> 일정한 나이가 되어 깨달음이 커지면 더 이상 올 수 없는 나라다.
> 원수지만 용서되고, 겸손한 자라면 누구나 당당하게 살아갈 수 있는 나라다.
> 약하지만 억눌리지 않고, 강하다 해도 정복하지 않는 평화의 나라다.
> 현실적인 측면에서 볼 때 존재의 의미나 가치가 없다고 여겨지는 나라다.
> 합리적인 사고보다는 상상력으로 움직여지는 나라다.
> 들어가는 방법이 다양하고 또 아슬란이 부르는 사람만이 들어갈 수 있는 나라다.

응답이 없는 하나님의 침묵과 같은 하나님의 부재 경험은 하나님 죽음의 신학을 태동시켰던 아우슈비츠와 같은 역사를 알고 있는 현대인들에게는 매우 익숙한 현상이다. 성경 역시 이미 이집트에서 400여 년간 보낸 히브리 민족의 비참한 노예 생활을 통해 드러내었고,

심지어 엘리야 같은 선지자는 하나님의 침묵으로 인해 차라리 죽여 달라고 애원했을 정도였다(물론 그 애원에 대해 하나님은 70명의 동역자의 존재를 확인시켜 주심으로 엘리야에게 용기를 주셨다). 성도들의 간절한 기도에 대해 하나님은 왜 침묵하시는 것일까?

루이스는 인간이 고통에 직면해서 하나님의 사랑을 깨닫는 단계까지 겪는 아픔과 슬픔을 아내와 사별한 후에 쓴『헤아려 본 슬픔』이란 책에서 '건강한 슬픔'이라고 표현한다. 피조물인 인간은 어떤 형편에 있든지 하나님의 사랑을 깨닫고 그 사랑 속에 거하며 살게 되어 있는데, 이렇게 본다면 기쁨과 행복만이 하나님의 사랑을 깨닫는 계기가 아니라는 말이다. 고통과 슬픔의 순간 역시 하나님의 사랑을 깨닫는 또 다른 측면일 뿐임을 루이스는 건강한 슬픔이라는 표현으로 역설한 것이다. 성경의 욥은 바로 이 사실을 분명하게 보여 준다. 그의 슬픔과 고통은 그가 더 깊은 차원의 하나님을 경험하며, 더 많은 은혜와 사랑을 받고 또 더 나은 삶을 살 수 있기 위한 터널에 불과한 것이었다.

나니아 사람들에게 아슬란의 부재는 버려짐이 아니라 오히려 건강한 슬픔의 시간이었다. 아슬란을 생각하고 그의 나타남을 기다리며, 또 나니아의 미래를 생각하고, 그 미래에 합당한 자신의 모습을 훈련시켜 나가는 시간이 된 것이다. 따라서 <나니아 연대기 — 캐스피언 왕자>를 통해서 루이스가 던져 주는 화두는 다음과 같이 정리된다. '소망할 수 없는 중에서 소망할 수 있다면 그 이유는 무엇일까?' 바울은 이 질문에 대해 예수 그리스도의 부활을 들었지만, 우리는 어린 루시에게서 그 대답을 발견한다. 아슬란의 존재와 그를 보고자 하는 간절한 마음 그리고 그가 나라를 회복할 것에 대한 믿음, 바로 이것이 다른 사람들이 보지 못하는 아슬란을 루시가 볼 수 있었던 이유이며, 또한 나니아 사람들이 소망할 수 없는 가운데 소망을 잃지 않게 한 이유였다.

이것을 통해 메시야의 존재와 그의 나타나심을 기다렸던 출애굽 역사 속의 히브리 민족에게서, 또 메시야를 기다렸던 구약시대의 사람들에게서, 그리고 주님의 임재를 기다렸던 초대 교회 성도들에게서 발견할 수 있는 소망의 이유를 떠올리는 것은 그렇게 큰 무리가 되지 않을 것 같다. 숱한 믿음의 조상들이 무엇으로 인해 그들의 믿음을 지킬 수 있었는지 영화를 통해 다시 한 번 생각해 볼 수 있을 것이다.

(「목회와 신학」 2008년 6월, 229 - 236)

희망을 잃어버렸을 때

⟨자전거 도둑⟩(비토리오 데 시카, 1948, 전체)

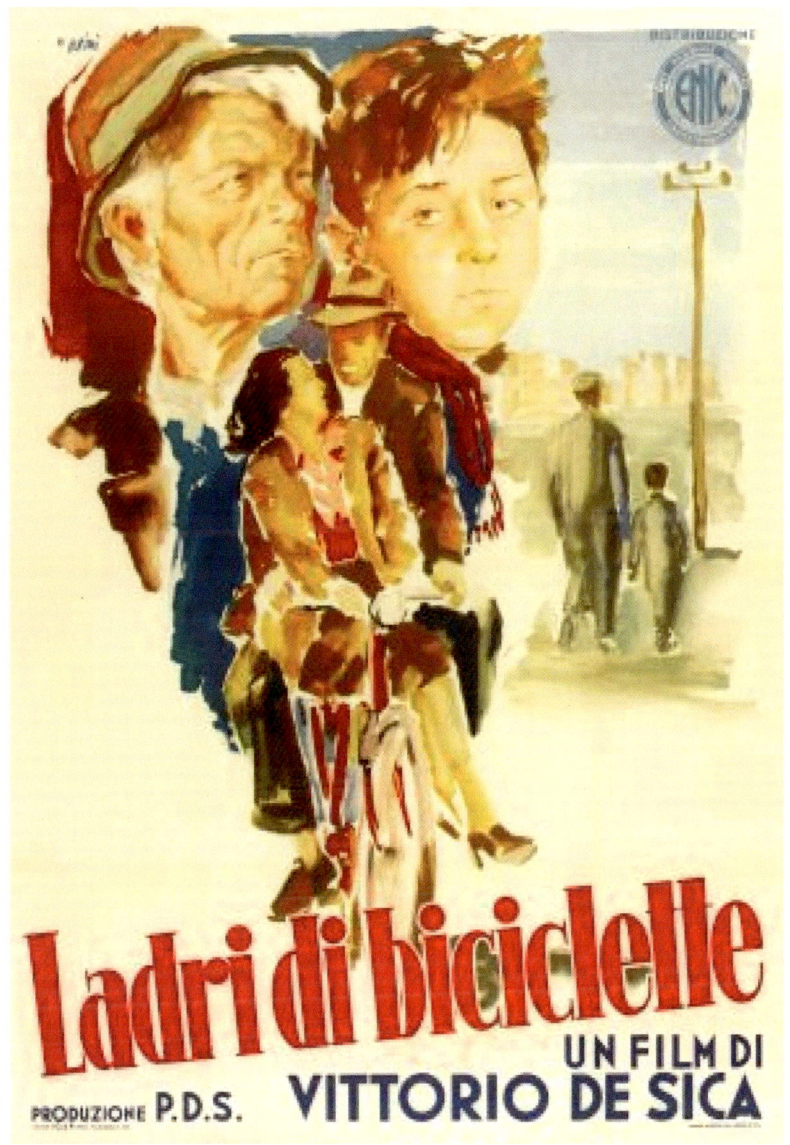

비토리오 데 시카(Vittorio De Sica, 1901~1974). 이탈리아 네오리얼리즘의 선구적인 인물. 고학으로 학업을 마치고 영화배우를 거쳐 감독이 되었다.

Filmography: 말괄량이 막달레나(1940), 수녀원의 가리발디 병사(1942), 구두닦이(1946), 자전거 도둑(1948), 밀라노의 기적(1951), 움베르토 D(1952), 종착역(1953), 나폴리의 황금(1954), 지붕(1956), 두 여인(1961), 보카치오 70(1962), 사랑의 변주곡(1963), 이태리식 결혼(1864), 폭스를 잡아라(1966), 연인들의 장소(1968), 핀치 콘티니의 정원(1971), 해바라기(1970), 여행(1974)

과거 거품경제로 국가 전체가 한창 축제의 분위기 속에서 살아갈 때 우리는 외환위기를 맞게 되고 결국 IMF 구제 금융에 의지해야만 했다. 다행스럽게도 우리는 경제주권을 빼앗긴 후 채 3년이 되지 않아 경제적인 독립을 할 수 있게 되었고, 이것을 우리는 자랑으로 생각하고 있다. 그러나 사실 그렇게 자랑할 만한 일은 아니다. 왜냐하면 가진 자들은 더욱 많이 가지는 계기가 되었고, 없는 자들은 더욱 힘든 삶을 견뎌 내야만 했기 때문이다. 그 후로 이어지는 빈부의 양극화 현상은 다소 사회민주주의에 근접한 정책을 표방하던 참여정부 시절에도 근절되지 않았다. 게다가 미국발 금융위기로 인해 세계경제가 휘청거리기도 했다. 금융위기에 대한 전문가적인 원인분석이 나왔지만, 기독교계에서는 사람들의 영혼을 빼앗아 간 배금주의에 대한 하나님의 심판으로 이해하는 사람들이 적지 않았다. 이 말은 곧 회개해야 한다는 말인데 도대체 누가 회개해야 한다는 말인지 다소 모호했다. MB 정권은 계속해서 경제우선 정책을 생각하고 또 추진했으며, 미국에서는 이를 두고 미래에 대한 통찰력이라고 칭찬했기 때문이다. 이래서는 배금주의가 전혀 사라질 것 같아 보이지 않았다. 이런 때 교회는 배금주의 사상에 물든 현실에 대해 비판의 칼을 들이대야 하겠지만, 무엇보다 먼저는 힘든 삶을 살아가는 사람들을 생각하며 그들을 섬기는 일에 총력을 기울이는 것이 더 나을 것이라고 생각한다. 필자는 없는 사람들이 얼마나 힘들게 살고 있을지를 생각하면서 답답함을 느끼며 기도하는 중에 불현듯 오래전 작품인 <자전거 도둑>이 영화 <북경 자전거>와 함께 떠올려졌다. 그린 환경 정책의 일환으로 자전거 타기가 유행인 이 시점에서 자전거를 두고 전개된 삶의 한 단면을 되새겨 보는 것도 의미 있는 일이라 생각한다.

비토리아 데 시카 감독의 1948년 작품 <자전거 도둑>은 이탈리아 네오리얼리즘을 대표하는 작품이다. 사실주의에 충실하게 세트장 하나 없이 로마 전 시내를 로케이션으로 촬영했고, 무명 배우들을 주연으로 기용했으며, 시종 자연 조명을 사용하였다. 2차 세계대전 후 이탈리아인들이 겪어야 하는 힘든 상황을 사실적으로 보여 준 작품인데, 오늘 우리 시대에서 힘들게 사는 사람들의 모습을 보는 것 같았다.

영화 이야기

아이들까지도 일해야만 할 정도로 모두가 힘들게 살아가는 종전 후 상황, 일자리를 얻기 위해 모두가 전전긍긍할 때 안토니오(람베르토 마지오라니 분)는 포스터 붙이는 일을 소개받는다. 일하는 조건으로 자전거가 있어야 한다는 말을 들은 안토니오는 궁여지책으로 자전거를 전당포에 맡겼던 것을 후회하지만 당시로서는 어쩔 수 없는 일이었다. 아내(리아넬라 카렐 분)는 집 안에서 돈이 될 만한 침대 시트를 팔아 안토니오가 일할 수 있도록 자전거를 되찾아 준다. 생활이 비록 불편해도 일하는 것이 더 나은 삶에 대한 기대감을 충족시켜 주기 때문이었다. 급료에 가족수당 그리고 초과수당까지 계산하면서 앞으로 전개될 행복을 꿈꾸며 안토니오 가족 모두는 즐거워한다.

오늘날 같으면 자전거는 그저 놀이나 여가 혹은 스포츠를 위한 도구이지만 특별한 의미를 갖기도 한다. 자전거의 다양한 의미에 대해서는 왕샤오슈아이 감독의 2001년도 작품 <북경 자전거>에서 잘 볼 수 있는데, 왕샤오슈아이 감독은 자전거의 다양한 의미를 탐구하면서 북경의 과거와 현대의 모습 속에서 북경 사람의 희망을 보여 주고자 한다. 과거 북경에서 자전거는 시계, 재봉틀, 라디오와 더불어서 일종 부의 상징이었다. 하지만 현대의 북경에서는 단지 낡은 교통수단에 불과하다. 영화는 낡은 교통수단에 불과한, 그러나 삶에서 없어서는 안 되는 자전거에 대한 애착을 가진 구웨이와 여자친구에게 잘 보이기 위해 훔친 학비로 자전거를 구입한 지안과의 관계에서 치고받는 에피소드를 넘어 자전거를 공유하며 사는 관계로 발전시킨다. 감독은 북경의 과거와 현재가 공존하는 북경의 삶에서 희망을 보았던 것 같다.

<자전거 도둑>에서 자전거는 그야말로 안토니오 가족 모두의 희망이었다. 기대감에 잔뜩 부푼 안토니오는 아내가 수선해 준 모자를 쓰고 아들(엔조 스타이오라 분)과 함께 첫 출근길에 오른다. 서툰 솜씨로 주변을 돌아볼 틈도 없이 일하는 중에 안토니오의 자전거는 도둑을 맞게 된다. 서둘러 뒤쫓아 갔지만 공범들의 교란으로 결국 놓치고 만다. 친구의 도움을 받아 광장으로 나가 자전거를 찾아보지만 몇천 대나 늘어져 서 있는 곳에서 잃어버린 자전거를 찾는 일이 쉬울 리가 없다. 친구들도 제 갈 길을 가고 결국 아들과 함께 자전거를 찾아다니는 중에 안토니오는 자전거 도둑을 발견하고 쫓아가 잡는다. 그러나 그가 도둑이라는 증거를 댈 만한 목격자가 없고 또 그가 가난한 처지에 있는 간질환자임을 알고 포기하고 돌아선다. 더 이상 자전거를 찾을 수 없게 된 안토니오는 앞날을 걱정하며 아들과 함께 집을 향해 걷는다.

집으로 가는 차를 기다리는 중에 안토니오는 경기장 앞에 세워진 자전거를 주목한다. 자전거가 삶의 희망이라는 점에서 희망을 훔칠 생각을 하게 된 것이다. 일을 실행하기 전에 안절부절못하는 안토니오의 모습은 공범들과 함께 안토니오의 자전거를 아주 태연스럽게 훔쳤던 사람들과 비교해 볼 때 매우 대조적이다. 안토니오는 아들을 먼저 집으로 보내고 자전거를 훔치려고 시도하지만 이내 붙잡히고 만다. 게다가 차를 놓치게 되어 되돌아온 아들은 안타깝게도 아버지가 사람들에 의해 집단으로 구타당하는 모습을 보게 된다. 경찰에 넘겨질 위기에서 아들의 눈물 어린 간절한 호소에 감동한 자전거 주인은 안토니오를 용서하게 된다. 마지막 장면으로 군중에 섞여 손을 잡고 가는 아버지와 아들의 모습은 대단히 인상적

이다.

　<자전거 도둑>은 삶의 희망을 잃어버린 안토니오가 절망적인 상황을 경험하는 가운데 스스로 도둑이 되어 가는 과정을 보여 주고 있는데, 안토니오의 모습을 통해서 어려운 상황에 처하게 될 때 우리에게 어떤 일들이 일어날 수 있는지, 또 그런 상황에서 어떻게 처신하는 것이 옳은 것인지를 생각할 기회를 제공해 준다. 이 영화를 통해서 선과 악의 분별이 결국 사회적인 상황에 달려 있다고 보는 윤리적인 독해는 다소 지나친 점이 없지 않다.

　먼저 영화 속에서 인상적인 장면 가운데 하나는 교회와 점(占)에 대한 대조적인 모습이다. 절박한 마음을 가진 사람들을 위해 교회가 하는 일은 미사를 드리는 조건으로 가난한 사람들에게 머리를 깎아 주고, 식사를 제공해 주는 것이었다. 교회에 대한 사람들의 관심은 그저 하루의 삶을 편하게 사는 일뿐이었다. 그러나 안토니오와 아내는 불확실한 미래에 대한 염려로 인해 점집을 찾고 그곳에서 미래에 대한 고민을 해결받는다. 물론 그 집을 찾는 사람들은 그들만이 아니었다. 기독교적인 전통이 강한 이탈리아에서 사람들이 교회가 아닌 점을 의지한다는 것은 당시 사람들이 얼마나 절박한 심정이었는지를 말해 준다. 절박할수록 하나님보다는 사람을 더욱 의지하는 모습을 볼 수 있다.

　둘째, 희망을 잃어버렸을 때 일어날 수 있는 일은 어떻게 해서든 자신의 힘으로 희망을 되찾자는 생각을 하는 것이다. 안토니오는 자전거에 희망을 두었기 때문에 그것이 사라지게 되었을 때 스스로 자전거 도둑이 될 생각을 한 것이었다. 잘못된 것에 희망을 두면 그 희망으로 인해 위기를 맞게 된다. 예컨대, 과거 예수님 당시의 유대인들은 모세, 곧 모세율법에 희망을 두었지만, 예수님은 바로 모세의 율법이 장차 그들을 고소할 것이라고 말씀하셨다(요한복음 5:45 하반절). 어려울수록 바른 희망을 가져야 한다.

　셋째, 감독은 아버지와 아들이 서로 손을 잡고 군중 속에 섞여 가는 모습에서 삶의 희망을 보았던 것 같다. <북경 자전거>가 과거와 현재의 공존에서 희망을 보았다면, <자전거 도둑>은 단합된 가족의 모습에서 삶의 희망을 본 것이다.

　<자전거 도둑>은 당시의 상황을 사실적으로 그리려는 작품이라 영화의 의미를 묻는다는 것이 어쩌면 사치스러울 수도 있는 작품이다. 희망을 잃어버린 사람들의 삶이 어떠한 것인지를 영화를 통해 볼 수 있다면 그것으로 만족해도 좋을 것 같다는 말이다. 감독은 마지막 장면에서 군중 속에 끼여 손을 잡고 함께 걸어가는 안토니오와 아들의 모습을 통해 오늘 우리들이 무엇을 지향해야 할지를 보여 주었다고 생각한다. 힘들수록 하나님을 의지하며, 하나님께 소망을 두고, 또한 가족이 더욱 단합해야 한다는 것, 바로 이것이 위기를 극복하는 자세이며 영화로부터 얻을 수 있는 지혜가 아닐까.

'도적질하지 말라'는 여덟 번째 계명은 내용적으로 볼 때는 다른 사람에게 재산적인 피해를 입히지 말라는 의미를 갖지만, 다른 한편으로는 주어진 현실에서 최선을 다하며 하나님의 뜻을 기다리되, 기다리는 삶 속에서 짐을 함께 나눠 지는 공동체적인 윤리에 무게중심을 두고 있다. 어려운 시기에 교회가 공동체적인 윤리를 어떻게 실천할 수 있는지를 함께 고민해 보자.

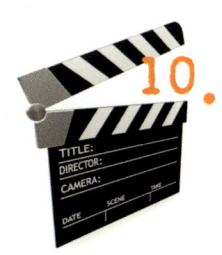

10. 소통에 대한 성찰과 인식
그리고 + α

양미숙론–삽질하는 사람들 ▪ 〈미쓰 홍당무〉
미디어의 힘 ▪ 〈라디오 데이즈〉
소통, 그 거룩한 이름을 위한 희생 ▪ 〈블랙〉

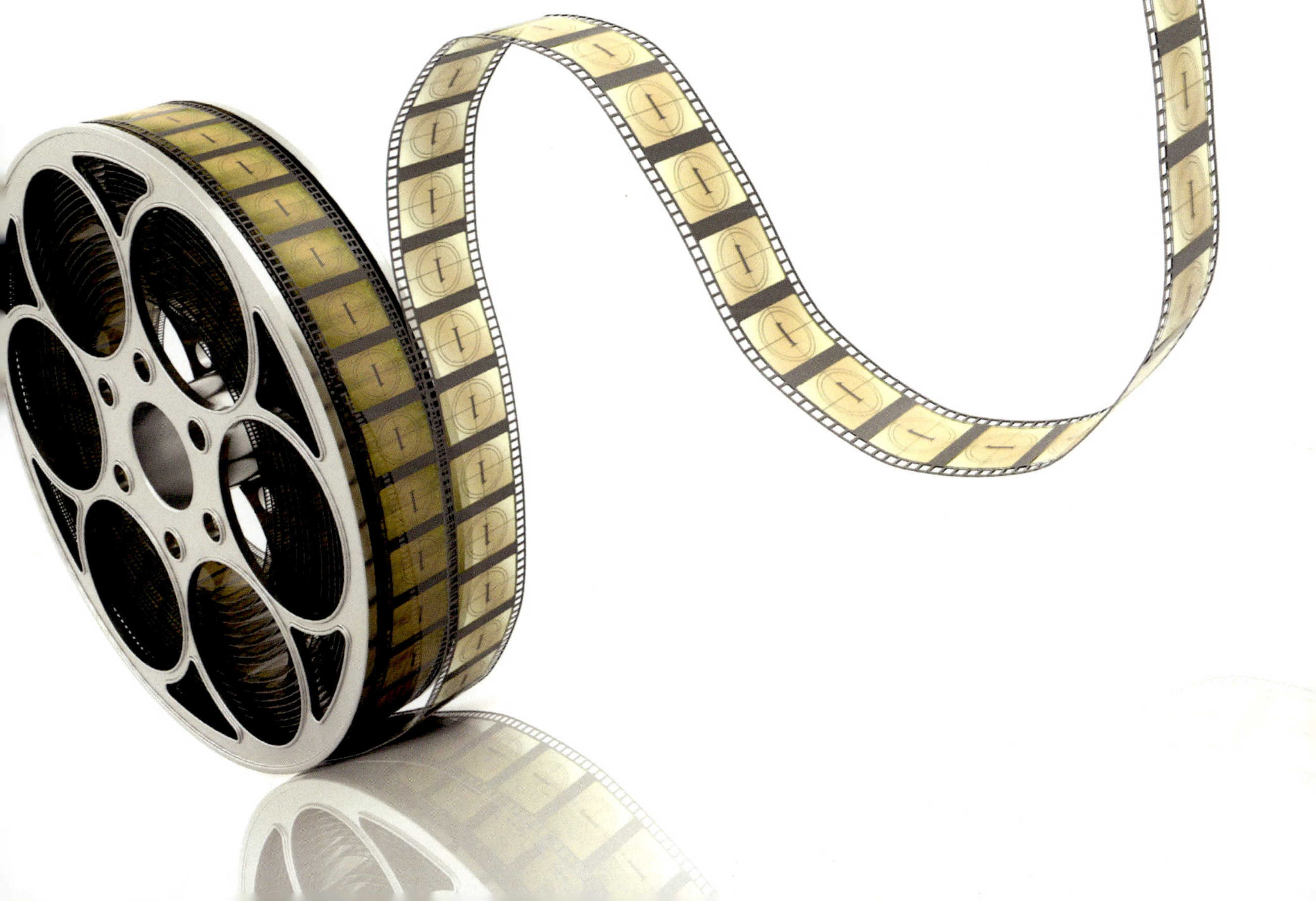

양미숙론 – 삽질하는 사람들
〈미쓰 홍당무〉(이경미, 2008, 18세)

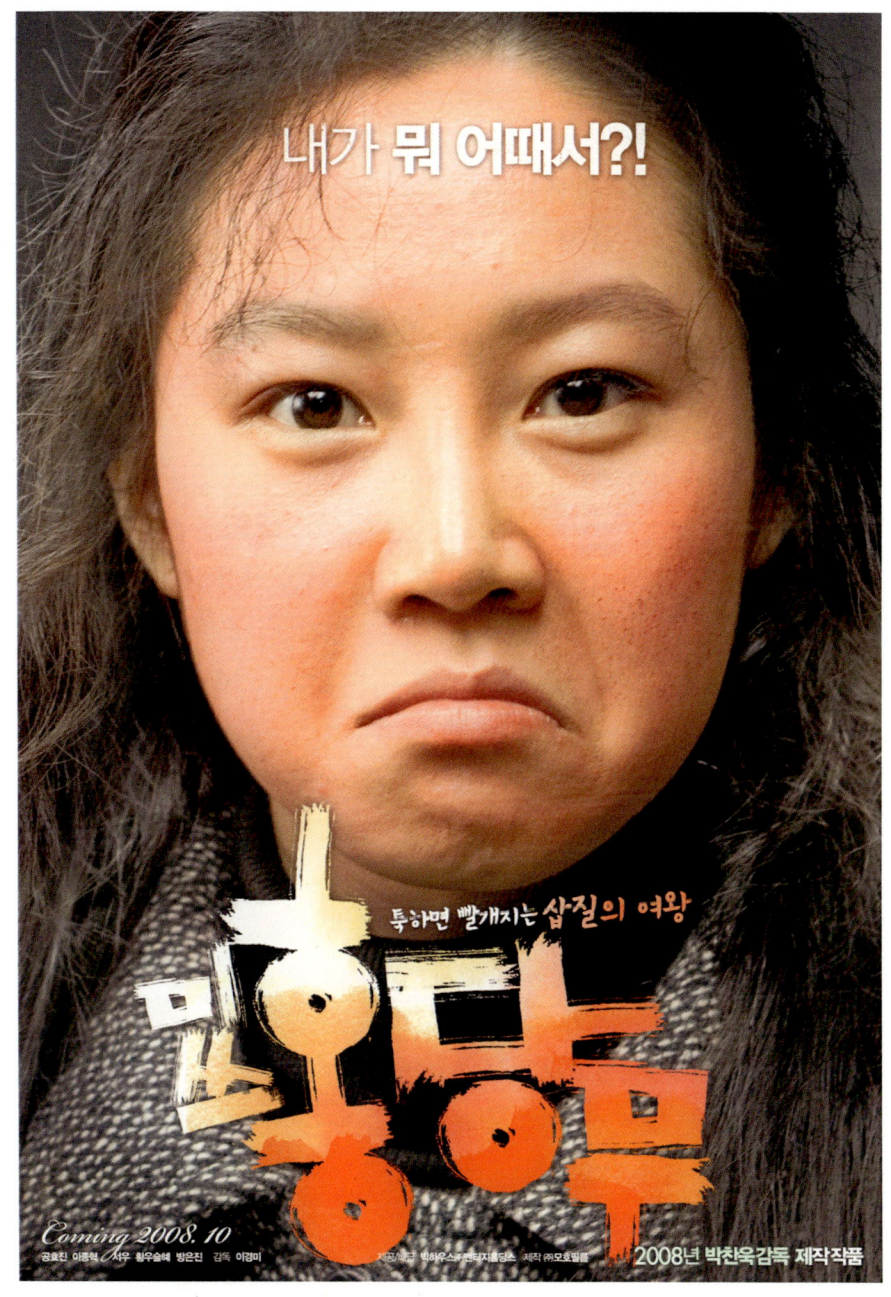

이경미(1973~), 한국외국어대학교에서 러시아어를 전공한 후에 한국예술종합학교 영화과를 졸업하였다.
Filmography: 오디션(2003), 잘돼가? 무엇이든(2004), 미쓰 홍당무(2008)

영화에서 등장인물의 캐릭터는 영화의 스토리텔링에서 매우 중요한 역할을 한다. 어떤 캐릭터로 설정되느냐에 따라 캐스팅되는 배우가 달라질 뿐만 아니라 상대 배우의 연기방향을 좌우하고, 결과적으로 영화 전체의 분위기를 결정하기 때문이다. 캐릭터는 한편으로는 새로운 인간의 발견이며, 다른 한편으로는 인간의 재구성 혹은 재창조이다. 이런 맥락에서 본다면, 영화는 영상언어를 통해 인간을 탐구하는 작업이다. 여기서 중요한 것은 관객들로 하여금 자신의 모습을 보도록 하거나 혹은 그들이 꿈꾸는 이상적인 유형이어야 하는 것이다. 경우에 따라서는 상징적인 의미에서 비정상적인 유형의 캐릭터를 등장시켜 영화의 스토리텔링에 주목하게 하기도 한다. 캐릭터 영화가 매력적인 이유는 바로 여기에 있다. 우리 자신의 모습을 보면서 현실을 반성하기도 하고, 이상적인 모습을 통해 꿈을 꾸기도 하며, 또한 우리가 아직 경험해 보지 못한 인간을 영화 속 캐릭터를 통해 만나 보면서 우리는 인간을 이해하고 결과적으로 세상을 이해하는 기회를 가질 수 있다. 캐릭터는 관객으로 하여금 영화에 관심을 기울이게 하는 요소 가운데 하나이다.

그런데 영화에서 가끔 독특한 캐릭터를 만나게 되면 이런 질문을 하게 된다. 저런 캐릭터는 도대체 어떻게 해서 만들어진 것일까? 실제 인물을 배경으로 한 것일까? 아니면 작가에 의해 만들어진 것일까? 아니면, 여러 유형들을 인공적으로 조합한 것인가? 우리 주변에서 쉽게 볼 수 없는 유형의 캐릭터를 만나게 될 경우에 우리는 주목하게 되고, 그 캐릭터가 이끌어 가는 혹은 살아가는 이야기의 결말에 더욱 큰 관심을 기울이게 된다.

이경미 감독의 장편영화로서는 처녀작에 해당되는 <미쓰 홍당무>는 한국 영화계에서 새로운 캐릭터를 탄생시켰다는 평가를 받고 있다. 우리 시대의 한 전형적인 모습을 보여 준다는 점에서 교육상 청소년들 모두가 관람하는 것이 바람직하지만 영화 속에 삽입된 외설장면으로 인해 18세 등급을 받은 것이 아쉽다. 여하튼 양미숙(공효진 분)은 누가 보더라도 다소 독특한 캐릭터다. 심지어 비정상적이기까지 하다. 끊임없이 삽질하는 삶을 보여 주고 있기 때문이다. 삽질의 결정적인 계기가 된 것은 고등학교 수학여행에서 자신에게 관심을 보여 준 서종철(이종철 분) 선생님을 10년 동안 짝사랑한 것이다. 그러나 꼭 그렇지 않아도 그녀는 매사에 삽질할 수밖에 없는 캐릭터다. 영화는 왜 그럴 수밖에 없는지를 설명하면서 하나의 예로서 양미숙의 삶 속에 얽혀 있는 여러 관계들을 실마리로 삼는다.

'삽질한다' 함은 아무런 의미도 없는 일을 행하는 것을 일컫는다. 때로는 스트레스를 풀기 위한 방법이기도 하지만, 결국 허무한 결과에 이르게 될 뿐이다. 첫 장면부터 나오는 양미숙의 삽질을 통해 그녀는 결국 아무런 의미가 없는 행위를 끊임없이 반복하는 사람으로 소개된다. 마치 아무도 오지 않을 것임에도 불구하고 그저 기다림 자체에 의미를 두고 사는 모습을 그린 『고도를 기다리며』에 등장하는 사람들처럼 말이다.

그런데 영화를 가만히 들여다보면, 아무런 의미가 없다는 말은 양미숙을 대하는 사람들이나 영화를 보고 안타까워하는 사람들이 하는 말이고, 사실 양미숙에게는 모든 행위가 의미심장하다. 자신이 짝사랑하는 서종철과의 관계 속에서 진정으로 원하는 것이 무엇인지도 모르고 근 4년 동안 서종철에 집착해 온 것이나, 그의 딸 서종희(서우 분)와 협력하여 서종철과 이유리(황우슬혜 분)의 내연관계를 끊으려고 노력하지만 결국 자신이 서종철과 하룻밤을 보내게 된 것이나, 서종희와 함께 『고도를 기다리며』를 연기한 것 등, 이 모든 것은 세상이 공평하지 않다는 믿음 때문에 그녀가 선택한 삶의 모습이었고, 누구도 문제 삼지 않는 안면홍조증이라는 콤플렉스를 극복하려는 의지였지만 결과적으로는 학교에서 스스로 왕따를 자초하는 행위였다. 심지어 마지막 장면에서 서종희와 함께 힘겹게 찾아간 피부과 의사에게 하는 사랑의 고백마저도 양미숙에게는 새로운 출발을 의미하는 것이었지만 우리에게는 또 하나의 삽질로 여겨진다.

이처럼 양미숙에게는 모든 것이 진지한 의미를 갖는 것임에도 불구하고, 왜 삽질로 여겨지게 된 것일까? 감독이 양미숙이라는 캐릭터를 통해서 보여 주고 싶었던 것은 무엇일까? 도대체 양미숙은 오늘 우리에게 누구인 것인가?

영화 속에서 그녀의 삽질 외에 그녀를 주목하게 만드는 몇 가지가 있다. 첫째는 고등학교 수학여행 때부터 시작된 안면홍조증이다. 이로 인해 그녀는 자신의 감정을 조금도 숨기지 못한다. 사실 그녀의 안면홍조증을 문제 삼는 사람들이 아무도 없지만 그럼에도 불구하고 그녀는 피부과 전문의에게 치료를 위한 상담을 받는다. 사뭇 진지하게 보여야 할 상담 장면이 오히려 우스꽝스럽게 표현되고 있는 것은 문제의 핵심이 결코 치료에 있는 것 같아 보이지 않기 때문이다. 그녀는 자신의 말에 귀 기울여 줄 대상을 찾고 싶은 것이다.

둘째, 그녀의 독특한 사고와 행동에는 세상은 공평치 않다는 믿음이 있다. 그녀는 늘 자기 비하적이며 부정적이다. 그녀가 끊임없이 노력하는 이유도 세상은 결코 1등을 할 수 없는 자신과 같은 사람들에게 자비를 베풀지 않는다는 확신 때문이다. '1등만 기억하는 더러운 세상'에서 살아가는 그녀만의 처세술이다. 그래서 그녀는 원래 고등학교 러시아어 교사이지만 비인기 과목으로 전락되어 중학교 영어교사로 전출되었음에도 불구하고 결코 포기하지 않고 새벽시간에 영어학원에 다닐 수 있었다. 동료교사들로부터 혹은 학생들로부터 왕따 취급을 받아도 전혀 개의치 않는다.

셋째, 부정적인 가치관과 안면홍조증으로 인해 그녀의 생각과 태도는 상당히 복합적으로 나타난다. 지극히 자기중심적인 사고에 매달려 있고(관계사고), 상대방이 어떻게 생각하느냐는 아랑곳하지 않고 자신의 감정을 사실로 믿어 버린다.

이상과 같은 특징을 보이는 양미숙이라는 캐릭터는 세상과 소통하는 일에 있어서 실패하는 사람의 전형을 보여 준다. 다시 말해서 세상과 소통하고 싶지만 자기 내적인 혹은 외적인 조건에 매여 결코 진정한 소통에 이르지 못하는, 아니 스스로 그것이 좌절됐다고 믿는 사람의 한 유형이다. 겉보기에는 외적인 조건으로 인해 소통하지 못하는 것처럼 보이지만 사실은 자기중심적인 사고로 인한 것이다. 즉 양미숙은 진정한 소통을 원했지만 내외적인 조건에 사로잡혀 스스로 소통을 포기해 버린 사람이다. 소통을 포기한 그녀의 행위가 아무리 의미 있는 것이라 해도 결국 하나의 삽질에 불과한 것으로 보이고 관객들은 그녀의 일방적인 행위에 웃을 수밖에 없는 것이다.

결국 영화는 양미숙이라는 캐릭터를 통해 제대로 된 소통을 스스로 포기한 채 자기중심적으로 사는 사람들이 얼마나 우스꽝스러운지, 또 그런 사람들의 주변에서 어떠한 해프닝이 일어날 수 있는지를 보여 주고 있다. <미쓰 홍당무>를 통해서 우리는 자기중심적인 사고에 빠져 양방향 소통을 거부하는 우리 자신의 모습을 볼 수 있을 뿐만 아니라, 소통을 거부할 경우에 결국 우리의 모든 행위는 삽질에 불과하다는 경고의 메시지를 듣게 된다.

최근 들어 미디어 업계와 기업들 사이에서 회자되고 있고 또 경영원리로 채택되고 있는 웹2.0은 개방, 참여, 공유를 기본철학으로 삼고 있는 새로운 웹 서비스로서 무엇보다 양방향 소통의 중요성을 일깨워 주고 있다. 웹2.0이 추구하는 양방향 소통은 경쟁시대에서 살아남을 수 있는 생존전략의 하나로 제시되고 있다는 점에서 한국교회가 주목해야 할 점이라 생각한다. 왜냐하면 필자는 한국교회의 위기에 대해 제시되는 여러 원인들 가운데 무엇보다 근본적인 원인은 소통의 부재에 있다고 믿기 때문이다. 지금까지의 소통방식으로는 종교 간 선의의 경쟁이 이뤄지는 다원주의 시대, 다문화 현실에서 결코 살아남기 어렵다. 가장 큰 문제는 교회가 대내외적으로 양방향 소통의 모범을 직접 보여 주신 삼위일체 하나님을 제대로 드러내지 못하고 있다는 것이다. 목회자와 성도, 성도와 성도 그리고 더 나아가서는 교회와 세상의 관계에 있어서 일방향적인 소통을 지극히 당연하게 생각하고 있는 교회의 소통 의지는 예수 그리스도와 그의 정신이 빠진 것으로 다 헛되어 바람을 잡으려는 것이고 결국 하나의 삽질에 불과할 뿐임을 명심할 일이다.

(「기독교세계」 2008년 12월, 84−85)

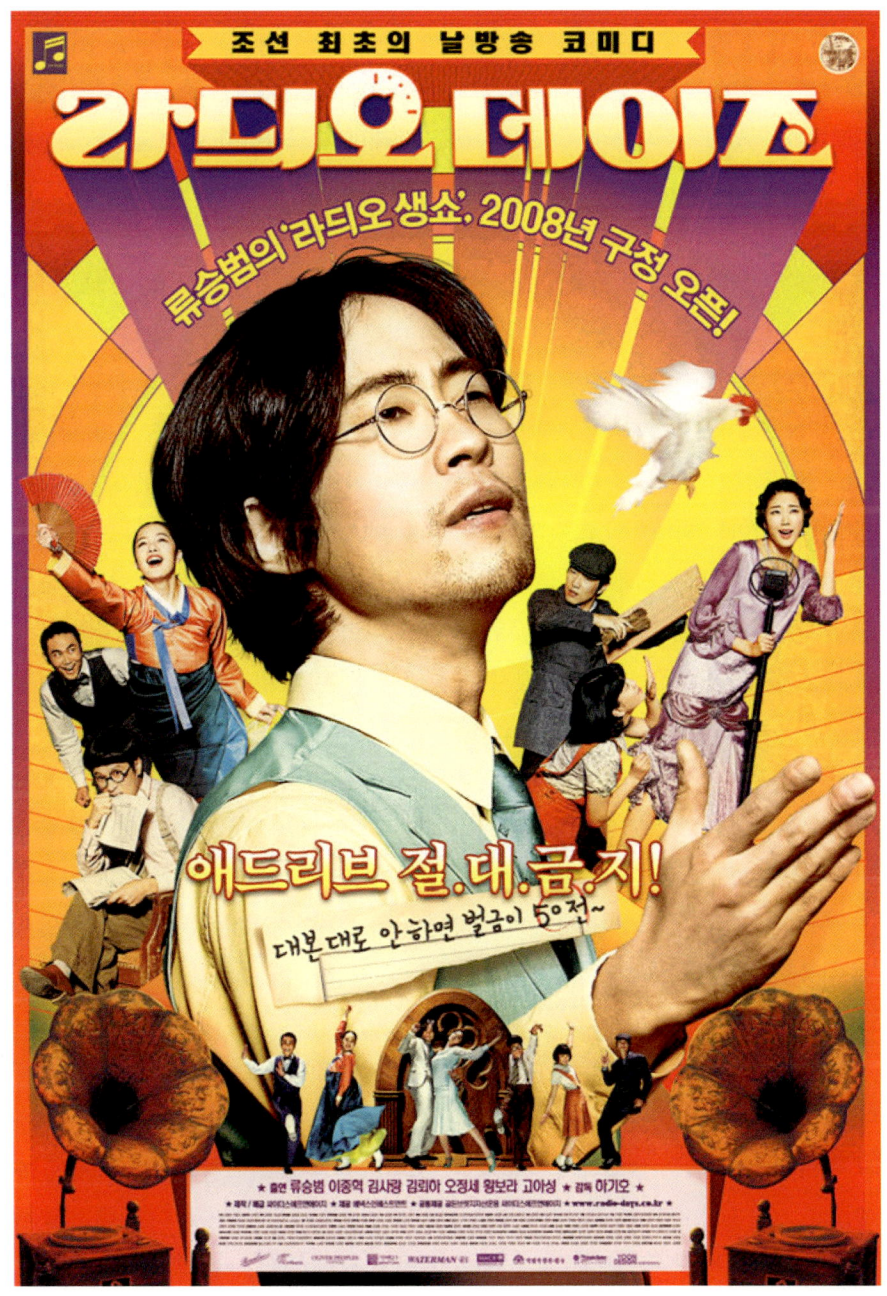

하기호(1973~), 한국예술종합학교 영상원 영화과 졸업

Filmography: 내 사랑 십자 드라이버(2000), 서바이벌 미팅게임(2003), 라디오 데이즈(2007)

뤼미에르 형제가 만든 동영상에서 기차가 달려오는 모습을 본 관객들이 기겁을 하며 자리를 피했다는 일화는 초기 영화사에서 오랫동안 회자되었던 이야기다. 최초의 동영상이 당시의 사람들에게 어떤 문화적인 충격을 안겨 주었는지를 실감나게 느껴 볼 수 있게 해 주는 일화다. 특히 현대와 같이 디지털 영상문화 소비가 일반적으로 이뤄지고 있는 시대에 그때 그 시절을 돌아본다는 것은 코믹하기까지 하다. 이제 동영상은 충격을 넘어 현대문화의 중심코드가 되었다. 우리나라의 경우만 해도 텔레비전 드라마가 시청률 30~40%를 기록하고 있고, 천만 관객이 극장으로 몰려들 정도가 되었으니, '영화의 힘'을 말하는 것은 극히 자연스러운 일이 되었다. TV 드라마나 영화를 보지 않으면 소통하기 힘들 정도로 영상은 사람들의 일상적인 대화를 차지하고 있고, 직장이나 학교 그리고 교회에서는 영상을 매개로 이루어지는 소통이 설득력을 얻고 있다. 영화의 맥락적인 의미를 물으며 다양한 전공과의 접목도 시도되고 있다. 이제 사람들은 현대를 영상시대로 단언하기를 주저하지 않는다.

그런데 오늘날 영상문화가 차지하는 지위를 라디오가 누렸던 때를 기억하는 사람들은 얼마나 될까? 우리나라의 경우 텔레비전 역사가 1960년대부터 시작되었다고 본다면, 그 이전 세대들은 적어도 라디오와 그것의 힘과 영향력에 대한 기억을 어렴풋이 가지고 있었을 것이다. 설령 역사적으로 그랬다는 사실은 알고 있다 해도 그것이 실제로 어떤 모습이었는지를 상상하는 것은 쉬운 일이 아니다. 라디오가 미디어의 중심을 차지하고 있었던 시대적인 배경과 분위기를 상상하는 것도 그렇지만 오늘날과는 비교될 수 없을 정도로 열악한 상황에서 라디오 프로그램이 제작되는 과정을 떠올리는 것은 더욱 힘겨운 일이다.

비록 일본인의 손에 의해 세워지긴 했지만 우리나라에 최초로 라디오 방송국이 개국된 때는 1926년이다. 경성방송국(JODK)이 그것이다. 이듬해에 첫 방송이 나가긴 했지만 이것은 미국이 1920년, 영국과 프랑스가 1922년, 독일이 1923년 그리고 일본이 1925년에 개국된 것을 생각한다면 비교적 빠른 시기에 개국된 것이다. 개국 초기에는 조선어와 일본어를 교대로 사용했지만 1932년부터는 조선어 방송을 시작했다.

<라디오 데이즈>는 라디오가 사람들의 인기를 독차지하고 있던 때에 조선 최초의 방송국에서 일어난 갖가지 해프닝, 곧 라디오 프로그램 편성과 제작과정에서 방송관계자들이 겪는 여러 가지 일들을 코믹하게 풀어내고 있다. 새로운 문화경험이 있기까지의 과정이 어떠했는지, 사람들의 반응은 어떠했는지를 보여 줌으로써 관객들로 하여금 당시의 상황을 간접적으로 경험해 볼 수 있게 해 주고 있다. 뿐만 아니라 라디오에 대한 폭발적인 인기를 두고 벌어지는 상반된 이해관계를 보여 줌으로써 미디어의 본질과 속성을 파악해 볼 수 있는 기회를 제공해 주고 있다.

경성방송국 라디오 PD로 일하면서 단지 간단한 뉴스만을 전해 주는 것으로 소일하던 로이드(류승범 분)는 사장으로부터 강한 압력을 받으며 청취자들의 관심을 사로잡을 만한 새로운 프로그램을 기획한다. 로이드는 먼저 재즈 공연을 생방송으로 중계하는 것으로 돌파구를 마련한다. 그러다 우연히 시나리오 작가 노봉알(김뢰하 분)을 만나 그에게서 '사랑의 불꽃'이라는 제목의 드라마 대본을 손에 넣게 된다.

드라마가 시작되는 첫날부터 스타로 발돋움의 기회로 삼으려는 출연진들의 역할 배분문제로 한차례 해프닝이 일어나고 거듭되는 진행 미숙은 적지 않은 방송사고로 이어진다. 온갖 수단과 방법을 다 동원해 위기를 모면하지만 언제 또다시 예기치 않은 변수가 돌발할지 아무도 모른다. 단지 들을 수만 있다는 이점을 살려 순간적인 임기응변으로 그때그때의 위기를 모면하지만 출연진의 돌발적인 애드리브는 드라마의 매끄러운 진행을 방해만 할 뿐이다. 뿐만 아니라 아무런 효과도 없이 성우들의 대사만으로 이루어진 첫 방송이 나간 뒤에 청취자들의 싸늘한 반응은 효과음향 도입의 필요성을 절감하게 만든다. 효과음향의 전문가로 나선 일명 K(이종혁 분)는 조선의 독립을 위해 싸우는 투사다. 이렇다 할 아무런 투쟁의 성과를 내지 못한 그는 라디오를 통해 거사를 일으킬 계획하에 자신의 신분을 숨기고 효과음향 전문가로서 방송국에 취직한다. K의 능숙한 효과음향 처리로 인해 연속극은 한층 생동감 있게 전달되고 사람들은 라디오 앞으로 모여들기 시작한다.

긴장감을 자아내는 분위기로 진행되는 라디오 연속극에 대한 뜨거운 반응으로 청취자는 청취자들이 원하는 대로 스토리를 전개시켜 달라고 데모하고, 일본 당국은 라디오에 귀를 기울이는 사람들이 많아지는 것을 보고 연속극에 관심을 보인다. 그래서 연속극의 결론이 전쟁에 동원할 청년들을 모으는 일본정책에 우호적인 방향으로 이어지길 바라는 마음에서 프로그램 진행에 개입하게 된다. 청취자와 일본정부의 개입으로 스토리 전개가 작가의 의도대로 진행되지 못하게 되자 로이드는 고민 끝에 해결책을 제시한다. 첫째, 연속극의 결과가 청취자 모두를 만족시킬 수 있는 방향으로 전개하도록 하고, 둘째, 작가로 하여금 일본의 간섭에 개의치 않고 글을 쓸 수 있도록 한 것이다. 이 과정에서 K의 역할은 매우 커서 일본의 통제로부터 자유로운 미디어 수호가 또 하나의 독립운동의 성격을 띠게 된다.

장르상 코미디 영화임에도 불구하고 느리게 진행되어 영화에 몰입하기가 힘들 정도였지만, 일제 치하의 조선 최초 경성방송국 안에서 진행된 생방송 과정을 다룬 것이라 사뭇 진지하고 무거울 수밖에 없는 내용임에도 불구하고 코믹하게 끌어간 것은 감독의 참신한 아이디어 때문이라 생각한다. 영화 자체만 보아서는 아쉬운 점이 없지 않지만 감독으로서 장편영화의 첫 데뷔작이라 생각하면, 감독의 장래성을 기대하게 만드는 작품임에는 분명하다.

한편, 감독은 <라듸오 데이즈>를 통해서 무엇을 말하고자 한 것일까? 방송 역사를 재현하려는 의도는 아닌 것 같다. 이에 비해 미디어의 힘과 영향력 그리고 이데올로기적인 속성을 보여 주려고 한다고 보면 꽤 설득력 있는 장면과 연출을 확인해 볼 수 있다. 어떻게 해야 수많은 사람들을 라디오 주변에 모여들게 할 것인지 고민하는 모습은 오늘날의 상황과 다를 것이 없고, 귀 기울이는 자들을 때로는 울리기도 하고 때로는 웃기기도 하는 것은 라디오의 영향력을 단적으로 말해 주는 것이다. 특히 일본 정부의 프로그램 통제와 개입은 미디어로서 라디오가 이데올로기의 충실한 종으로서 기능을 갖고 있음을 단적으로 보여 주는 것이다. 악명 높은 많은 독재자들이 무엇 때문에 미디어를 중요하게 생각했는지를 알 수 있을 것이다.

멀티미디어 시대에 복고풍적인 라디오를 소재로 택한 것은 아마도 <라디오 스타>(이준익, 2006) 이후에 라디오에 대한 사람들의 높은 관심을 반영하는 것이라 생각한다. <라디오 스타>가 대중매체로서 라디오에 대한 향수를 깨우고 또 많은 관심을 불러일으켰다면, <라듸오 데이즈>는 라디오 프로그램 제작과정 자체에 대한 관심을 높여 줄 것이다. 굳이 30~40년대를 배경으로 다루었다는 사실에 주목하지 않는다 해도 첨단 디지털 영상문화시대에 아날로그에 대한 추억을 불러일으키기 위한 감독의 의도를 읽어 볼 수 있다.

소통, 그 거룩한 이름을 위한 희생
〈블랙〉(산제이 릴라 반살리, 2005(국내 개봉 2009), 전체)

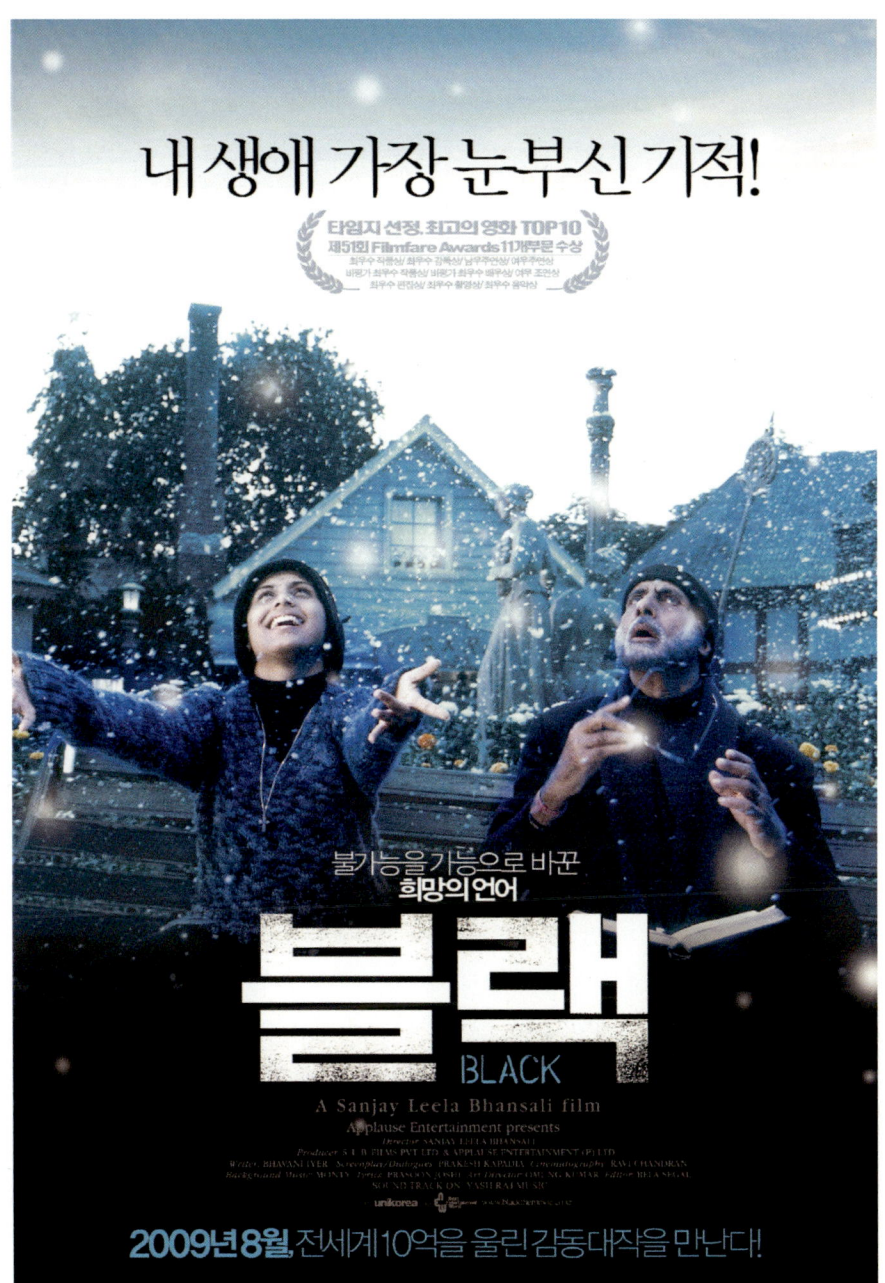

산제이 릴라 반살리(Sanjay Leela Bhansali, 1963~), 인도 뭄바이 출신
Filmography: 데브다스(2002), 블랙(2005), 사와리아(2007)

고양된 감정의 실타래들을 이성적인 언어로 풀어내는 일은 힘겨운 작업이다. 감동은 언어를 삼켜 버리기 때문이다. 하나님의 계시를 받은 선지자들이 그 충격으로 한동안 혼수상태에 빠지게 되었을 때, 그 상황이 어떠했는지는 잘 모르지만, 아마도 감동적인 미적 체험과 비슷하지 않았을까 생각한다. 감동을 그대로 전할 수 있는 천재적인 글솜씨가 아쉽다. 시각 예술가들에게서 공통적으로 발견할 수 있는 사실이지만, 영화감독들 역시 그래서 언어 대신에 이미지를 선택하는 것일까? 그들이 경험한 현실을 차마 말로 다 표현할 수 없기 때문에? 그러나 영화와 대중의 소통방식이 시청각 이미지만 있는 것이 아니고, 리뷰와 비평 그리고 영화이론과 같은 글쓰기도 있다는 사실을 염두에 둔다면 감동적인 영상이미지들을 문자로 옮겨 놓는 작업은 소통을 위해 반드시 필요하다. 소통은 의무이지 선택사항이 아니기 때문이다.

그런데 감동을 글로 옮겨 놓기 위해서는 어느 정도 숙성의 시간을 필요로 한다. 단순한 영화소개를 위한 것이라면 모르겠지만, 영화의 깊은 의미를 이끌어 내거나 그것의 기독교 미학적 관점에서 분석하고 해석하는 데에는 아무래도 시간이 필요하다. 영화의 기독교적인 의미를 탐색해 온 켄 가이어가 '영화묵상'의 중요성을 역설한 까닭도 여기에 있다. 영감을 주었던 대사들을 정확하게 옮겨 놓을 만한 기억력도 부족하지만 조금만 더 묵상해 들어간다면 더 깊이 우러나올 만한 것들이 많기 때문이다. 감상 후 감동 포인트를 중심으로 영화의 전체적인 맥락을 살펴보고, 전체적인 맥락을 잃지 않는 범위 안에서 영화의 주제에 따라 영화스토리를 재구성하는 작업이 그렇게 빨리 이뤄지는 것 같지 않다. 사실 스토리 재구성이야 어렵지 않은 일이라 해도 장르적인 적합성을 고려해 가면서 수많은 기호들 속에 함축된 감독의 의도를 파악하고, 그것의 영화적인 경험을 언어적인 표현으로 언어적인 재구성하며 영화의 의미에 접근하는 일은 그렇게 수월하지가 않다. 게다가 기독교 미학의 관점에서 영화의 주제와 의미를 다시 한 번 비판적으로 성찰하는 작업시간을 고려한다면 <블랙>을 보고 난 후에 그 벅차오르는 감동을 글로 옮겨야 하는 필자의 고민은 충분한 이유가 있다고 생각한다. 그럼에도 불구하고 글을 통한 소통을 기대하는 사람들이 있기에 필자의 딱한 처지는 핑계에 불과하다. 글을 써야 한다. 영화로부터 받은 깊은 감동의 숲을 빠져나와 문자로 옷을 입혀야 한다!

헬렌 켈러와 설리번 선생님에 대한 이야기는 여러 책들과[1] 이미 <The Miracle Worker>(아

---

1) 설리번에 대한 글에는 헬렌 켈러가 쓴 『선생님: 앤 설리번 메이시』(Teacher: Anne Sullivan Macy)(1955)가 있고, 윌리엄 기브슨이 쓴 『기적의 교사』(The Miracle Worker)(1957)는 브로드웨이에서 연극으로 공연되었고, 나중에 영화로도 상영되었다(1962; 1979년, 2000년에는 텔레비전 방송용으로도 제작되었다. 우리나라에서는 2000년도에 EBS에서 방영되었다.) 1980년 조지프 P. 래시는 서로 나누어진 두 사람의 이야기를 하나로 묶어 『헬렌과 그 스승: 헬렌 켈러와 앤 설리번 메이시의 이야기』(Helen and Teacher: The Story of Helen Keller and

서 펜 감독)란 제목으로 1962년에 영화로 소개되었다(한국에서 2000년도에 EBS에서 방영된 것은 텔레비전 방송용으로 제작된 것이다). 2009년에 상영한 <블랙>은 우리에게 잘 알려져 있는 복합장애인 헬렌 켈러와 앤 설리번의 감동적인 이야기를 인도적인 상황으로 각색한 것이다. 기본적으로 헬렌 켈러의 자서전 *My Story of Life*에 근거를 두고 있는데, 실제로 <블랙>은 위 영화를 연상케 하는 많은 장면들을 갖고 있다. 헬렌 켈러에 대한 글을 읽고 또 말로만 들어도 감동적인 이야기가 <The Miracle Worker>를 통해 재현되어 감동적인 현실을 눈으로 직접 볼 수 있었다면, <블랙>은 이외에도 어둠과 빛 그리고 소통의 의미를 성찰하려는 의도를 갖고 있다. 이 영화에 대한 기독인들의 관심이 얼마나 폭발적으로 나타날 것인지는 헬렌 켈러와 앤 설리번 이야기가 그동안 설교에서 얼마나 많은 예화로 사용되었는지, 그리고 이 영화가 2005년도에 인도에서 개봉되었음에도 불구하고 국내에서 개봉되지 않고 있다가 제7회 서울기독영화제에서 국내 프리미어 영화로 개봉되는 사실로부터 알 수 있다.

세계 영화제에서 수많은 상을 수상했던 영화가 지금까지 국내에 개봉되지 않았던 이유가 있다면, 아마도 인도영화가 한국 영화계에 비교적 많이 알려져 있지 않기 때문이라고 생각한다. 그나마 지난 81회 오스카상 수상식에서 8개 부문에서 상을 받은 <슬럼독 밀리어네어>를 계기로 인도영화의 수준에 비로소 눈을 뜨게 되었지만, 발리우드에서 생산된 작품성이 뛰어난 인도 영화들이 국내 영화계에서 제 빛을 발하지 못하는 것은 아쉬운 일이다. 비록 늦은 감이 있지만 제7회 서울기독영화제가 <블랙>을 프리미어로 개봉해 국내 영화팬들은 물론이고 기독인들이 감상할 수 있는 기회를 준 것은 참으로 다행스런 일이 아닐 수 없다. 적어도 영화와 기독교의 관계가 갖는 문화선교적인 맥락에서 살펴볼 때 기독교 문화선교의 큰 족적을 남기는 해가 될 것이라 의심하지 않는다.

<블랙>은 장르상 장애인 영화다. 장애인 영화가 아직 하나의 영화장르로 정착된 것은 아니지만, 장애인 영화는 다른 장르 영화와 공통적이면서도 독특한 특징을 갖는다.[2] 장애의 상태, 사회적인 냉대, 가족들의 고통과 갈등, 장애의 한계를 극복하면서 장애에 대한 긍정적인 의미를 부각시키는 장면 등이 주요 구성요소다. 국내에서도 장애인을 주제나 혹은 중심 소재로 삼은 영화들이 많이 만들어졌는데(<오아시스>, <여섯 개의 시선>, <별별 이야기>, <말아톤>, <집으로>, <허브>, <날아라 허동구>, <맨발의 기봉이>, <마더> 등), 외국 영화계에서는 더욱 적극적이다. 이런 점에서 장애인 영화는 단순히 계몽적인 차원이 아닌 영화 예술적인 측면에서 하나의 장르로서 자리매김해도 괜찮을 것이다.

Anne Sullivan Macy)를 출간했다.

2) 다음을 참고: 최성수, 『영화 속 장애인 이야기』(도서출판 이화, 2007).

장애인 영화는 형식적인 면에서 실제 장애인의 이야기를 영상미학적 관점에서 재구성한 것(cinementary)과 의미를 영상적으로 표현하기 위해 장애인의 이미지를 활용하거나 사용하는(소비하는) 영화로 구분된다. 이미지 소비를 위해 연출된 장애인 영화는 주로 의미의 탐구에 중점을 두고 보아야 하지만, 실제 이야기는 먼저 장애인의 현실을 이해해야 하며, 그 후에 영화적 표현에 대한 의미를 음미하는 것이 바람직하다. 장애인 영화로서 <The Miracle Worker>가 주로 장애를 극복하는 과정에서 일어나는 헬렌 켈러와 설리번 선생님의 일화들에 초점을 맞추었다고 한다면, <블랙>은 실제를 암시하는 장면 이외에도 빛과 어둠의 의미, 그리고 소통의 중요성을 성찰한다는 점에서 한 단계 진화된 영화다. 론 하워드 감독이 <뷰티풀 마인드>에서 수학자 내쉬(J. F. Nash)의 정신분열증을 재현하면서도 그의 장애를 하나의 반전을 위한 수단으로 사용하는 기지를 발휘하였다면, <블랙>에서 미셀의 복합장애와 사하이의 알츠하이머성 기억상실증 역시 소통의 의미와 중요성을 부각시키기 위한 기호로 읽힐 수 있다. 이는 빛과 어둠의 마법사라 불리는 화가 렘브란트가 그만의 독특한 명암 효과를 사용해 빛을 도드라지게 만든 것과 동일하다. 블랙을 통해 꿈과 희망을 주제화하는 영화를 보면서 필자는 렘브란트의 한 편의 그림을 보는 듯했다.

<블랙>은 알츠하이머성 기억상실증에 걸린 사하이를 위한 미셀의 또 다른 헌신 이야기를 제외하면 내용에 있어서 <The Miracle Worker>와 크게 다르지 않다. 이미 주지하고 있는 내용으로 인해 식상해하지 않도록 하면서도 장애인의 현실을 실감할 수 있도록 실제를 연상케 하는 장면을 곳곳에 배치했다. 다시 말해서 비록 실제를 바탕으로 연출된 것이긴 하지만 실제(헬렌 켈러와 앤 설리번의 관계)를 배제하지 않고 있어서 휴먼드라마적인 감동을 얻을 수 있고, 또한 영화적인 표현(사하이의 알츠하이머성 기억상실과 그를 어둠으로부터 이끌어 내려는 미셀의 노력)으로부터 다양한 의미들을 함께 맛볼 수 있도록 해 주고 있다는 점에서 빼어난 연출력이 발휘된 작품이다.

영화 이야기

태어난 지 몇 달 안 되어 볼 수도 없고 듣거나 말할 수도 없다는 판정을 받은 복합장애자 미셀(라니 무케르지 분)의 세상은 비장애인의 세계와 비교해 볼 때 특별할 수밖에 없다. 사실 미셀은 처음부터 빛을 모르고 밝음을 모르니 그 세상을 어둠이라고 말할 수도 없다. 그녀가 무엇보다 먼저 배워야 하는 것은 자신의 세계인 어둠을 아는 일이다. 본다는 것이나 듣는다는 것의 의미를 물어본다는 것 자체가 그녀에게는 무의미하다. 그녀에게는 처음부터 보는 것과 듣는 것이란 존재하지 않는 일이기 때문이다. 블랙과 침묵은 그녀가 자연스럽게 직면하고 있는 세상일 뿐이다. 아니, 아직 블랙과 침묵의 상대적인 의미마저도 그녀에게는 숙지되어 있지 못하다. 그녀에게 유일하게 있는 것은 촉각과 후각이다. 그녀의 세계는 모든 것이 냄새와 재질로 구성되어 있다. 딱딱하고, 부드럽고, 거칠거나 울퉁불퉁하거나 혹은 털이 있든가 없든가이다. 좋은 냄새가 나는 것들이 있고, 불쾌한 냄새가 나는 것들이 있다. 그녀가 주변 세상을 인지하는 것, 심지어 엄마를 아는 것도 촉각과 후각을 통해 아는 것이다. 존재하는 모든 것은 어둠과 침묵 속에 있는 것이다. 그것을 영화는 블랙, 어둠이라 표현한다. 영화에서 어둠과 침묵을 상징하는 블랙은 단순히 시청각 이미지만을 의미하지 않는다. 보지도 듣지도 그리고 말하지도 못하는 것, 어둠과 침묵과 고립된 삶의 공간을 모두 포함한다. 다시 말해서 자기 자신만의 삶의 방식 속에 밀폐되어 정상적인 소통을 하지 못하며 살아가는 미셀의 세계를 가리킨다.

블랙 속에서 살아가는 그녀를 바라보는 눈길은 한결같이 동정적이다. 그래서 그녀의 무례한 행동은 언제나 관용된다. 아니, 그녀의 부모는 나름대로 그것을 소통의 한 방식으로 받아들이고자 한다. 소통이 안 되고 있으면서도 자신이 받아들일 수 있는 한에서 그것을 하나의 소통이라고 생각한다. 그러한 소통방식으로 보낸 8년의 세월 동안 그녀는 오직 자신만의 세계에 방치되어 살아갔을 뿐이다. 정상적인 소통의 방식을 모르는 그녀로 인해 생기는 문제가 많다는 것은 불을 보듯 뻔한 일, 그러나 사실 그녀에게 일어나는 숱한 문제들이 그녀의 세계인 '블랙'이 처음부터 잘못되었기 때문에 일어난 것은 아니다. 문제는 그녀의 일방적이고 무례한 소통방식을 동정의 이름으로 관용하면서 제대로 된 소통방식을 계발해 주지 못한 데에 있었다. 부딪혀 넘어뜨리고 깨뜨리는 일은 다반사, 심지어 테이블 위에 있는 촛대를 넘어뜨려 집 전체를 위험에 빠뜨리게 하고, 동생 사라에게 해서는 안 될 일을 하며, 식탁 주위를 돌아다니면서 손으로 음식을 집어 먹는 일 등은 그녀가 자신만의 방식으로 다른 세상과 소통할 수 있도록 가르쳐 주지 못해서 생긴 일들이다. 동정에만 머물러 있는 것은 소통을 위한 고통보다는 자기 자신의 심적인 위안에 더 안주하려는 사람들에게서 발견되는 공통점이다.

미셀과 같이 자신의 세계만을 아는 사람들에게는 소통이 불가능한 법이다. 그런데다가 미셀은 아직 자신의 세계인 블랙이 무엇인지조차 모르고 있다. 그런 미셀에게, 그리고 그녀의 세계를 솔직하게 일깨워 주지 못하는 사람들 속에서 상상조차 할 수 없는 다른 세상의 생활규칙이나 규범들을 미셀로 하여금 깨우치도록 한다는 것은 처음부터 무리가 아닐 수 없다. 미셀에게는 자유로운 삶의 공간이 그녀 주위에 있는 가족들에게는 말로 다 표현할 수 없는 큰 고통과 절망의 시간들이며, 할 수만 있다면 속히 벗어나고 싶은 세계일 뿐이다. 두 세계가 아무런 소통의 노력도 없이 한 공간 속에 존재한다는 것은 처음부터 무리다. 미셀을 정신지체자를 위한 수용소에 보내 자기만의 세상 속에서 자유롭게 살도록 하든가, 아니면 미셀과 함께 지내면서 절망의 순간들을 인내하며 살아가야 한다.

미셀과 공존하느냐 아니면 그녀만의 세계로 보내느냐의 마지막 갈림길에서 특수 장애인을 위한 교사 사하이(아미타브 밧찬3) 분)가 나타난다. 그는 비록 술주정뱅이지만 스스로를 마법사라 부르며 미셀을 빛의 세계로 인도하겠다는 야심을 품는다. 무엇보다 먼저 그가 해야 하는 일은 미셀에게 그녀의 세계가 블랙임을 일깨워 주고 자기만의 세상 밖으로 끌어내 또 다른 세상을 인지시키는 것이다. 세상 모든 것의 이름, 곧 단어와 그 의미를 깨닫게 해 주어야 한다. 이 과정에서 심한 모욕감을 느낀 미셀의 아버지로부터 해고통지를 받아야만 했지만, 사하이는 일종의 소명자로서 자신의 할 일을 결코 포기하려고 하지 않는다. 교육자의 자세를 엿볼 수 있는 유명한 장면이기도 한데, 그에게 있어서 교육이란 장애인들로 하여금 세상과 소통하면서 독립적으로 살아갈 수 있도록 돕는 일이었다. 이 일이 이뤄질 때까지 그는 그 무엇과도 타협하지 않는 교육 철학을 갖고 있다. 온갖 오해와 불신에 부딪혀 좌절을 겪게 되는 순간에 미셀은 촉각을 통한 인지학습의 결과로 물(water)이라는 말과 그 의미를 깨우치게 되는데, 이후로 사하이의 교육 방식은 가족에게 받아들여진다. 그 후 미셀은 촉각을 통해 단어들을 습득하게 되고, 또 그것의 의미를 하나둘씩 깨우쳐 나간다. 사하이가 왜 그토록 촉각을 통한 인지학습에 열정을 가졌는지를 물어본다면 대답은 간단하다. 왜냐하면 이 세상에 존재하는 모든 것들, 만져지는 흙, 얼굴에 느껴지는 바람, 귀로 들려오는 노랫소리 그리고 책 속에 검은 글씨들까지 이 모든 것들은 물질적·정신적인 하나의 존재들이지만 이 모든 것의 의미를 알 때까지는, 다시 말해서 적어도 촉각을 통한 소통을 깨닫기 전까지 이 모든 것들은 미셀에게 아무런 의미가 없는 것들일 뿐이기 때문이다.

미셀에게 자신의 세계인 블랙을 직면하게 하고 또 모든 단어들과 그 의미들을 깨우쳐 주려고 노력하면서도 사하이가 가르쳐 주지 않은 유일한 단어는 '불가능'이었다. 그것은 미셀을 고립시키는 것이며 진정한 소통을 단절하게 만드는 요인이기 때문이다. 모두가 불가능할 것이라고 생각했던 일들을 하나둘씩 극복해 나가면서 미셀은 자신의 세계, 곧 블랙에서 희망을 배우게 된다. 그리고 마침내 불가능한 일로 여겨졌던 대학입학 자격도 얻게 된다. 모든 강의와 책을 수화로 통역해 주면서 미셀에게 지식을 매개해 준 사하이의 꿈은 미셀이 대학을 졸업하는 일이었다. 그것은 미셀의 꿈이기도 했다. 볼 수 있는 것만이 꿈이 될 수 있다는 주장에 대해서도 과감하게 이의를 제기할 수 있을 정도로 미셀에게 블랙은 더 이상 절망의 세계가 아니었으며 오히려 빛과 희망을 위한 디딤돌이었다.

그러나 점자로 된 책이 없었던 때여서 사하이의 수화에만 의지해야 하는 미셀의 독서 속도는 느릴 수밖에 없었고, 또 점자 타자 속도가 느려서 미셀은 계속해서 낙제의 고배를 마셔

---

3) 참고로 인도의 국민배우 아미타브 밧찬은 2008년도에 개봉된 영화 〈슬럼독 밀리어내어〉에서 어린 소년 자말이 똥통에 빠져 가면서 만나고 싶어 했던 바로 그 영화배우이다.

야만 했다. 미셸도 가족도 모두 지쳐 가는 때에 설상가상으로 사하이에게 큰 문제가 생기게 된다. <내 머리 속의 지우개>라는 영화를 통해 잘 알려진 알츠하이머성 기억상실증에 걸린 것이다. 머릿속의 기억들이 하나둘씩 사라지면서 마침내 미셸의 존재마저도 잊어버리는 일들이 생기게 된다. 결국 그녀 곁을 떠날 수밖에 없었던 사하이는 정신지체자를 위한 수용시설에 갇혀 지내게 된다. 사하이가 떠난 12년 후에 사하이를 만나게 된 미셸은 사하이에게 아무런 기억도 남아 있지 않음을 알게 되고 시청각 장애로 인한 블랙 이외에 또 다른 어둠, 곧 소통을 가로막는 장애물이 있음을 알게 된다. 보지 못하고 듣지 못하는 것만이 어둠이 아니라 기억하지 못하는 것 역시 어둠임을 영화는 강하게 호소한다. 미셸은 옛 스승인 사하이의 기억을 되살려 그를 어둠 속에서 이끌어 내기 위해, 그를 빛으로 인도하기 위해, 그로 하여금 소통할 수 있도록 하기 위해 노력한다. 자신의 존재마저도 기억하지 못하는 그에게 기억을 되살려 주기 위한 미셸의 방법은 자신의 이야기를 점자로 써서 읽히는 것이었다. 그러나 모든 기억을 상실한 사하이가 점자를 읽음으로써 옛날을 기억해 낸다는 것은 무리가 아닐 수 없다. 그럼에도 불구하고 미셸은 포기하지 않는다. 자신의 꿈이며 또한 사하이 선생님의 꿈이었던 졸업 가운을 입고 그에게 나타난다. 이 순간 사하이는 희미한 기억의 불빛을 보게 되고, 비 오는 창문을 열고 처음 미셸이 인지했던 물을 함께 느끼면서 감동의 눈물을 흘린다. 이 장면은 미셸이 처음으로 물이라는 의미를 알게 되는 장면과 함께 영화 속에서 가장 큰 감동을 준 장면이다.

헬렌 켈러와 설리번 선생님의 관계에서 교사의 헌신과 역할에 대한 이야기는 이미 잘 알려진 것이어서, 필자는 영화 감상을 통해 주로 감독이 의도한 소통의 의미에 대해 성찰하게 되었다. 미셸을 교육하는 과정에서 사하이에게 가장 중요한 것은 미셸이 소통할 수 있는 능력을 가질 수 있도록 한 것이다. 그것이 그녀가 자립할 수 있는 유일한 길이라고 생각한다. 그로 인해 부모로부터 오해를 받고 무시당하기도 하지만 사하이는 결코 포기하지 않는다. 그 이유는 미셸 자신만의 소통방식, 곧 자기 세계 안에 갇혀 있는 사람은 결코 소통할 수 없다는 것을 잘 알고 있었기 때문이다. 독일 신학자 판넨베르크(Wolfhart Pannenberg)는 인간이 자기 자신 안에 갇혀 있는 모습에서 원죄를 보았을 정도다. 소통하기 위해서는 자기 세계의 실상을 알아야 할 뿐만 아니라 타인의 세상을 인지할 수 있어야 한다. 그래야 서로 소통할 수 있게 되는 것이다.

요한복음은 우리가 사는 세상을 어둠으로 규정한다. 그것은 단순한 어둠이 아니다. 빛을 거부하고 자기 안에 폐쇄된 채 살아가려는 의지의 발현이다. 이 세상에 오신 예수님을 어둠 속에 빛으로 오셨다고 말한다. 우리로 하여금 더 이상 어둠에 머물지 않도록 하기 위함이다.

그리고 세상을 바로 보고 또 하나님의 세상을 볼 수 있도록 하기 위함이다. 비록 어둠이라도 이 세상은 버려야 할 것이 아니다. 그 세상 속으로 오셔서 빛을 밝히신 예수 그리스도를 구주로 영접하면 어둠은 빛의 세계로 바뀌는 것이다. 이 일을 위해 예수님은 십자가의 희생을 마다하지 않으셨다. 그의 희생의 유일한 목적은 오직 우리가 어둠 속에 머물러 있지 않기 위해, 우리 자신 안에 밀폐되어 있지 않기 위해, 곧 하나님과 소통할 수 있기 위함이다. 요한복음에서 구원은 곧 예수 그리스도를 통한, 보혜사 성령을 통한 하나님과의 소통이다. 요한복음이 말하는 '어둠'은 빛이 없는 세상, 곧 하나님과 소통하지 못하고 있는 상태를 상징한다. 예수 그리스도에 대한 믿음이 없고 진리의 영의 인도함이 없는 세상이 어둠이다.

한 개인의 삶이 하나님 혹은 그분의 생각과 뜻을 계시하는 역할을 할 때가 있다. 예수 그리스도를 통해 계시되는 것과는 비교할 수 없는 것이라 해도 삶 자체가 하나님의 세계를 드러낼 때 우리는 그것을 계시사건이라 부른다. 나면서부터 소경 된 자에 대해서 예수님은 본인의 죄나 부모의 죄 때문에 그렇게 된 것이 아니라 하나님이 그에게 할 일을 나타내기 위해 그렇게 되었다고 설명하신다(요한복음 9:1-3). 본인에게는 무척 힘든 시간들이었겠지만 하나님은 당신이 어떤 존재이며 어떤 일들을 하는지를 세상 가운데 알리기 위해 한 사람의 인생을 그렇게 이끄신 것이다. 생각해 보면 사실 당사자는 얼마나 힘든 시간들을 까닭도 모르고 힘들게 살아왔겠는가! 그러나 하나님의 주권적인 사역이시니 우리로서는 그저 놀라울 뿐이고 또 아멘으로 화답할 뿐이다. 전기를 읽으면서도 느끼는 바였지만 영상을 통해 본 헬렌 켈러의 삶은 하나님이 당신의 하신 일을 드러내기 위한 선택이었다는 생각을 하게 된다. 자기 안에 갇혀 있어 아무런 소통을 할 수 없는 우리들에게도 구원을 꿈꿀 수 있는, 빛을 볼 수 있는 소통의 능력을 갖게 해 주실 것이라는 약속을 확인해 볼 수 있다. 뿐만 아니라 세상의 빛이시며 우리의 구원이신 예수 그리스도에 대한 더욱 뜨거운 열망을 품게 된다.

소통을 위한 미셸과 사하이의 눈물겨운 헌신의 노력을 보면서 어둠 속에 있는 우리와의 소통을 위해 예수 그리스도의 거룩한 희생을 다시 한 번 되새겨 보고 그를 향한 열정을 더욱 뜨겁게 불태울 수 있기를 기대한다.

(「목회와 신학」 2009년 9월, 162-167)

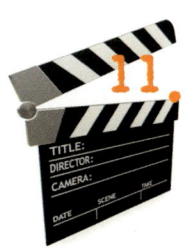

11. 과거에 대한 성찰과 인식
그리고 + α

과거에 대한 바른 태도 ■ 〈박물관이 살아있다!〉
기억하고 있는가 ■ 〈화려한 휴가〉
기억하고 있었나요? ■ 〈파괴된 사나이〉

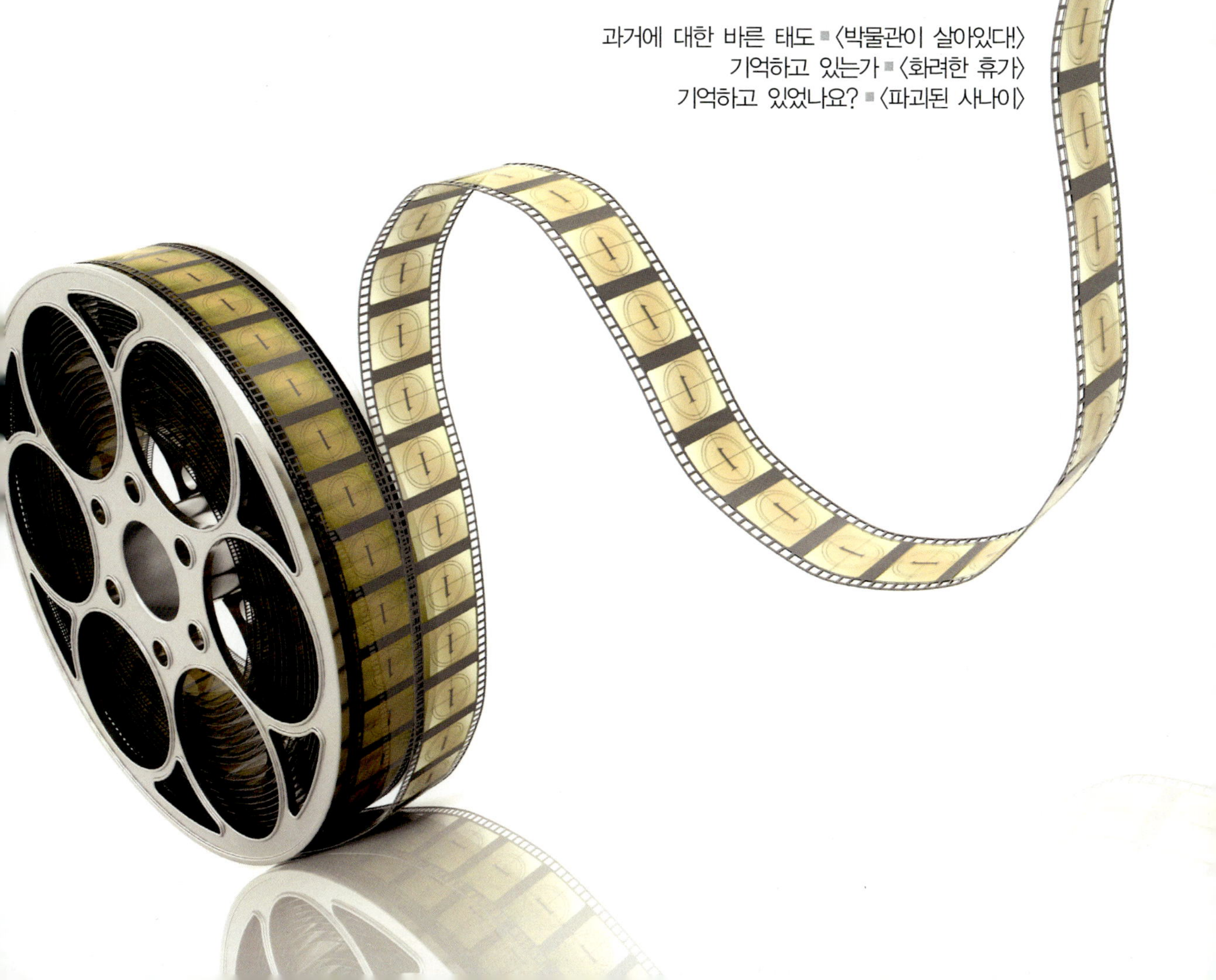

과거에 대한 바른 태도
〈박물관이 살아있다!〉(숀 레비, 2006, 전체)

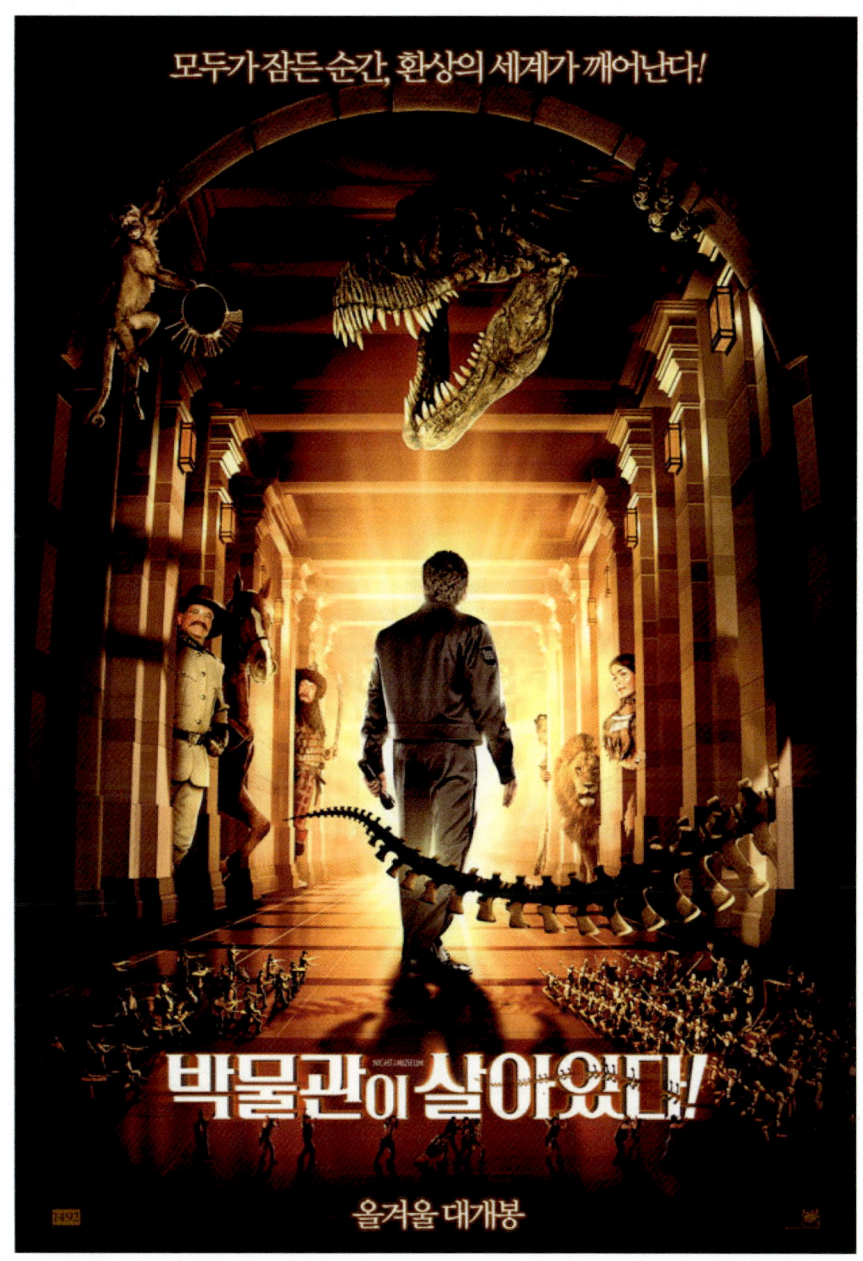

손 레비(Shawn Levy, 1968~), 예일대학교 졸업. USC 영화과에서 석사학위를 수여
Filmography: 빅 팻 라이어(2002), 열두명의 웬수들(2003), 우리 방금 결혼했어요(2003), 박물관이 살아있다!(2006), 핑크
팬더(2006)

사람들은 중요한 의미를 갖는 과거를 잊지 않기 위해 기록으로 보존하고, 그 정신을 이어받기 위해 해마다 기념하며, 기억 속에 남아 있는 것들을 현대인들의 정신과 삶 속에서 되살려 보기 위해 일종의 퍼포먼스를 통해 재현해 보기도 한다.

기독교 역시 예외는 아니다. 각종 절기가 그것을 말해 주고 있지만, 특히 하나님은 지도자들을 통해서 당신의 말씀과 행위들을 기록하게 했고, 생각하게 했으며, 잊지 않도록 기념하게 하셨다. 때로는 당시의 상황을 재현해 보도록 지시하셨다.

이 일에 있어서 성경은 매우 중요한 의미를 갖는다. 왜냐하면 성경은 그 자체로 보면 과거에 대한 기록이기 때문이다. 보기에 따라 달라지겠지만 현재와 미래에 비해 과거는 하나님의 행위를 비교적 체계적으로 인식할 수 있는 보고다. 신학 함(doing-theology)이 가능한 것도 하나님의 행위에 대한 기록과 증언을 담고 있는 성경이 있기 때문이다. 그래서 조직적인 신학연구가 이뤄지는 것이며, 이스라엘의 역사와 사도들의 선교사 연구뿐만 아니라 미래의 역사를 위해서도 중요한 자료가 된다.

성경은 비록 과거의 산물이지만 과거를 담고 있는 보고만은 아니다. 과거의 사실을 확인해 주지만 어떻게 독서되느냐에 따라 현재와 미래에도 결정적인 의미를 갖는다. 특히 약속의 성취에 대한 기대와 성령의 임재에 대한 소망을 갖고 독서하는 성경 읽기 자세가 요구된다. 과거의 기록인 성경은 무엇보다 하나님의 신실하심으로 인해 현재와 미래 사건에 있어서도 결정적인 의미를 갖는다. 그렇기 때문에 바울은 성경이 단지 문자로만 읽히기보다 살아 있는 영으로서 경험되길 원했다. 히브리서 기자 역시 하나님의 말씀은 살아 있다고 말했지만, 오늘날 실제로 그렇게 대하는 성도들은 몇이나 될까. 성경과 생활의 관계를 고민해 본 사람들이라면 누구나 한 번쯤은 가져 보았을 질문이다. 성경 속의 사건들을 지금 이곳에서 경험할 수는 없는 것이며, 그 사건 속에 등장하는 인물들을 살아 있는 모습으로 만날 수는 없는 것일까?

영화 <박물관이 살아있다!>는 위의 질문으로 고민하는 사람들에게 과거에 대한 바른 태도를 묵상해 볼 수 있는 기회를 줄 것이라 생각한다. 한 번쯤 방문했을 박물관에 대한 기억을 되살리며 영화를 묵상해 보는 것도 의미 있는 일이 될 것이다.

영화 이야기

이혼남 래리(벤 스틸러 분)는 계속되는 사업 실패로 먹고살 길마저 막막해진 상태다. 그의 아들은 전처와 함께 살고 있고, 게다가 확실한 미래를 보장해 줄 수 있을 것 같은 새 아빠에게 푹 빠져 있다. 래리는 아들에게마저 외면당할 위기 상황에 놓여 있다. 위기를 모면하기 위해 래리는 궁여지책으로 자연사 박물관 야간 경비원으로 일하게 된다. 막무가내로 일을 시작하게 된 그는 박물관의 문이 닫히고 해가 떨어지는 순간에 기상천외한 일들을 목격하게 된다. 밀랍인형이나 박제로 존재할 뿐인 전시물들이 살아 움직이는 것들을 보게 된 것이다. 당황스러운 경험을 하면서 래리는 마침내 순금으로 된 이집트 보물에 그 힘의 근원이 있음을 알게 된다. 그러나 밤마다 계속되는 혼돈을 제대로 수습하지 못한 래리는 한편으로는 직장에서 쫓겨날 위기를 맞게 되지만, 다른 한편으로 상상력 부족으로 박사논문을 포기하려는 동료를 도와주고 또한 아버지로서의 당당한 모습을 아들에게 보여 줄 수 있게 된다.

개괄적인 이야기로 미루어 보면 한 편의 가족 이야기를 보는 것과 같은 느낌을 주지만 꼭 그렇지만은 않다. 다른 구도 속에서 영화를 들여다볼 수도 있겠다는 말이다.

박물관은 그 자체로는 역사적인 의미를 갖지만 현실적으로 더 이상 중요한 가치를 갖지 않는다고 여겨지는 것들이 전시되는 곳이다. 사람들이 흔히 현실적으로 더 이상 의미를 갖지 않는 지식을 가리켜 박물관에나 가야 할 것이라고 말하는 것도 박물관의 이런 이미지 때문이다. 그러나 박물관은 역사의 증거들이 모여 있는 곳이다. 오직 현실적인 가치만을 보려고 할 때는 찬밥신세가 되지만, 일단 역사에 관심을 갖기만 한다면 매우 중요한 의미를 갖는 곳이기도 하다. 보기에 따라서 평가가 달라질 수 있는 것이다. 사람이 박물관에 대해 어떤 태도를 보이느냐 하는 것은 역사에 대한 그 사람의 가치관에 따라 달라진다. 역사에 무관심한 사람들이 과거의 것들로 가득한 박물관을 찾는 법은 없을 것이기 때문이다. 그들에게 박물관의 진열품들은 단지 죽어 있는 것들일 뿐이다. 그러나 일단 역사에 관심을 갖고 그 역사에 귀를 기울이며, 역사 속의 인물을 만나 대화하고 싶은 사람에게 박물관은 죽어 있는 것들만이 진열된 곳은 결코 아니다. 박물관의 삶과 죽음의 경계는 역사에 대한 관심과 역사에 귀 기울임이다.

파커 팔머는 『가르침과 배움의 영성』이라는 제목의 책에서 과거를 지나치게 대상적으로 대하는 현대교육의 문제점을 지적하면서, 과거에 대해 어느 정도 인격적인 관계 속에서 대할 필요가 있다고 역설한다. 그의 말에 따른다면, 박물관의 진열품들과 인격적인 대화를 나눌 수 있기 위해서는 역사에 대한 애정과 관심이 필요하다. 박물관은 이 목적을 위해 존재하는 것이지만, 사실 박물관의 관람객들을 불러들이는 주요인은 역사에 대한 관심이다.

역사를 말하고 생각하는 데에 있어서 생각의 전환이 요구된다. 과거는 단지 죽어 있는 것들만이 모여 있는 곳이 아니다. 과거를 단지 지식으로만 여길 것이 아니라 그 속에서 나 자신을 발견할 수 있는 공간으로 생각하며 관심을 갖게 될 때, 과거는 현재와 미래에 통합될 뿐만 아니라 오늘 나에게 중요한 의미로 다가온다. 역사는 어떻게 보느냐에 따라서 현실적으로도 중요한 의미를 갖기도 하고 역사의 어둠 속에 사장되어 버리기도 한다.

박물관은 과거의 기억들을 회상하는 곳이며, 또한 영화 속에서 그것이 살아 있게 연출된 것은 과거가 현재와 미래의 삶에서 결코 무의미하지만은 않다는 사실을 말하려는 것같이 보인다. 과거를 결코 묻어 두지 않고 우리의 삶 속에서 되살아나게 할 때, 다시 말해서 역사에 관심을 갖고 역사의 음성에 귀를 기울일 때 인생의 문제가 해결될 수 있다는 것이다.

분주하게 살아가는 현대인들에게 공통적인 사실이겠지만, 특히 한국의 역사의식은 주로 주변국들의 역사 왜곡에 대한 여론의 분노나 드라마 혹은 영화의 자극에 힘입은 바 크다. 역사책을 들여다보는 동기 역시 취직시험이나 입시에 있는 우리의 현실이 안타깝기만 하다. 역사가들을 제외하면 과거에 대한 관심 때문에 역사를 보는 사람은 소수에 불과하다. 숀 레비 감독이 <박물관이 살아있다!>를 만든 이유는 바로 이런 문제를 해결하기 위한 것이 아니었을까?

그리스도인으로서 이 영화를 보면서 에스겔의 마른 뼈들이 주의 말씀으로 다시 살아나는 장면을 떠올리게 되는 것은 당연한 일이다.

에스겔서에 따르면, 이스라엘은 하나님에 대해서 마른 뼈와 같은 존재였다. 오래전에 죽어 더 이상 소생할 기회를 얻을 수 없는 상태를 말한 것이다. 살아 있는 듯이 보이나 실상은 완전히 죽은 존재를 의미한다. 하나님은 이런 마른 뼈들로 하여금 신경이 되살아나게 하고 살을 붙여 주고 힘을 주면서 마른 뼈들에게 생명을 주셨다. 완전히 죽은 것들이 다시 살아나게 된 것이다.

어떻게 해서 이런 일들이 일어날 수 있을까? 에스겔서는 하나님의 말씀, 하나님의 능력으로 된 것이라고 증거한다. 사람으로서는 가능하지 않은 일이기 때문에 그저 놀라지 않을 수 없다. 하나님의 전능하심을 인정하지 않을 수 없는 순간이다.

뿐만 아니라 계시록의 아시아 일곱 교회 가운데 사데 교회의 사자에게 보내는 편지에서 주님은 살아 있는 듯이 보이나 실상은 죽었다는 평가를 내리셨다. 사람들이 교회에 모이고 예배를 드리고, 교제를 갖는 등 교회가 해야 할 일들을 행하는 점에서는 분명 살아 있는 듯이 보이지만, 주님의 눈에는 그렇지 않다는 것이다. 왜냐하면 사람들로 북적거렸지만 이미 세속화에 물든 교회였기 때문이다. 또한 라오디게아 교회의 사자에게 보내는 편지에서는 부요한 듯이 보이지만 실상은 빈곤하다고 평가하셨다. 왜냐하면 화려했지만 교만했고 열정이 없었기 때문이다. 그렇다고 해서 주님은 포기하지 않으셨다. 이런 교회라도 소생하기를 바라셨다. 주님은 문 밖에 서서 문을 두드리며 기다리신다. 음성을 듣고 문을 열기만을 기다리시는 것이다. 떠나지 않고 기다리는 것은 죽은 교회를 살아 있게 하시기 위함이다.

하나님의 말씀이 아니면 죽은 것들이 다시 생명을 얻는 일은 가능하지 않다. 주술적인 힘에 의지하거나, 돈이나 권력으로 될 일이 아니다. 오직 하나님의 능력, 오직 하나님의 말씀으로만 가능한 일이다. 이것을 믿는다면, 성경이 비록 과거의 기록으로 이뤄져 있지만 단지 과거의 사실, 곧 죽어 있는 것만으로 대해서는 결코 안 될 것이다. 하나님은 히브리서 기자를 통해 "하나님의 말씀은 살아 있고 활력이 있어 좌우에 날선 어떤 검보다도 예리하여 혼과 영과 및 관절과 골수를 찔러 쪼개기까지 하며 또 마음의 생각과 뜻을 판단"한다고 말씀하셨다.

이것은 그리스도인들이 과거에 기록된 성경을 읽되 살아 있는 말씀으로 대해야 할 충분한 이유가 된다. 어떻게 하면 과거의 사건들을 오늘의 사건으로 경험할 수 있고, 또한 과거의 인물들과 만나 대화할 수 있을 것인가? 사실 이렇게만 된다면 성경은 단지 기록이 아니라 진정으로 살아 있는 말씀이 될 것이다. 어떻게 해야 이것이 가능할까?

이것은 성경을 주석하고 해석해서 의미를 파악한다고 해결될 일이 아니다. 성경을 삶으로 살아 내는 일을 통해서 가능해진다. 다시 말해서 우리의 삶 속에서 하나님의 말씀이 진리가 되도록 할 때, 곧 말씀에 순종하게 될 때, 성경은 단순히 과거의 기록이 아니라 내 길의 빛이요 내 발의 등이 되며 내 삶의 이야기가 된다. 그때 비로소 주의 말씀은 억압하고 통제하는 말씀이 아니라 꿀 송이보다 더 달콤한 것이 된다.

기억하고 있는가

〈화려한 휴가〉(김지훈, 2007, 12세)

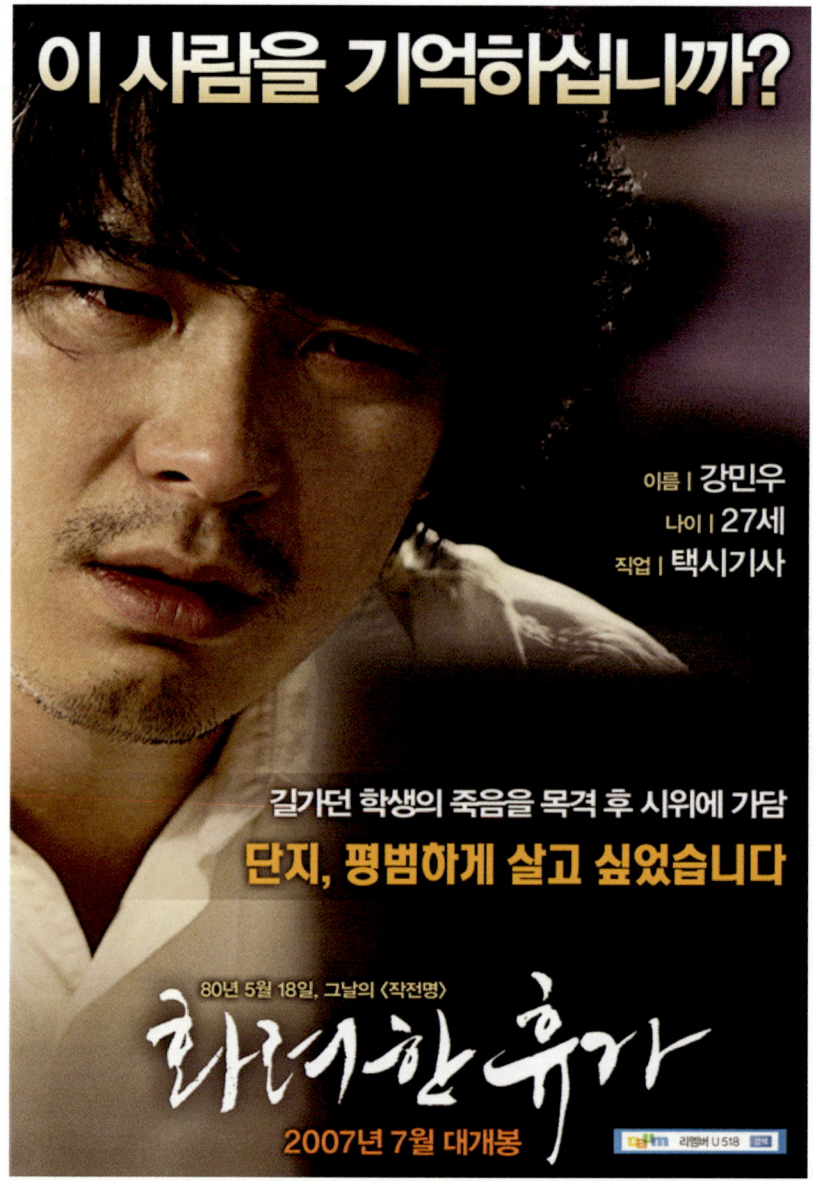

김지훈(1971~), 대구 출생. 한양대학교 연극영화과 졸업. 첫 번째 단편 〈온실〉로 데뷔 제46회 독립 영화제에서 우수 작품상을 수상했다. 〈목포는 항구다〉로 2004년 유바리 국제판타스틱영화제에서 그랑프리 수상. 〈화려한 휴가〉로 2007년 제3회 프리미어 라이징 스타 어워드 감독 부문 수상. 제27회 한국예술평론가협의회 올해의 최우수 예술가상 수상. 제5회 외신홍보상 수상. 대한민국영화연기대상 감독상, 최우수작품상 수상. 제5회 맥스무비 최고의 영화상 감독상 수상

Filmography: 목포는 항구다(2004), 화려한 휴가(2007)

기록과 증거가 아무리 많아도 역사를 복원한다는 것은 쉬운 일이 아니다. 역사가들은 단편적인 기록들과 증언들을 모아 전체를 재구성해 보려 하지만, 총체적인 시각을 가질 수 없는 인간은 역사를 원래의 모습으로 재구성하는 일에 결코 성공하지 못한다. 언제나 부분적인 역사 구성과 경험에 그칠 뿐이다. 그러다 보니 역사는 역사가의 관점에 따라 기술되고, 역사경험은 역사가의 경험에 제한될 수밖에 없다. 객관적으로 서술되는 역사는 아무런 감동이 없는, 그야말로 자료와 기록에 불과할 때가 많다. 역사의 의미는 단순히 기록되는 것에 있지 않음을 잘 알지만, 현실은 그렇지 않은 것 같다. 사건들에 대한 정보 제공에 그칠 때가 얼마나 많은가!

역사경험을 재현하고자 할 때 부딪히는 이러한 한계는 실제와 허구를 섞는 팩션(faction)이라는 장르가 등장하면서 어느 정도 해결되는 것 같다. 비록 허구적인 구성으로 인해 엄밀한 의미에서 역사라고 볼 수는 없지만, 적어도 역사적인 경험과 역사에 대한 감동을 재현하는 일에 있어서만큼은 어떤 역사가들도 따라잡을 수 없는 매력을 지니고 있는 것은 사실이다. 다시 말해서 오늘날 독자들은 작가들의 상상력 덕택에 역사를 생동감 있는 사건으로 경험할 수 있게 된 것이다.

게다가 화려하고 정교한 영상기술과 깊이 있는 영상미학을 기반으로 만들어진 드라마나 영화는 관객들로 하여금 마치 역사적인 현장에 있는 것과 같은 착각을 불러일으킬 정도의 수준이다. 영화의 힘에 압도된 덕택에 현대인들은 문자시대가 결코 누리지 못했던 현장감을 경험할 수 있게 되었다.

영화 제목이면서 당시 계엄군의 작전명이었던 <화려한 휴가>는 필자와 같이 현장에 있지 못했지만 역사에 대한 감동을 진하게 느껴 보기를 원하는 사람들의 궁금증을 시원하게 풀어 준 영화다.

<화려한 휴가>는 5·18 당시에 어떤 일이 있었는지, 당시에 폭도로 보도되었던 광주시민들은 실제로 어떤 사람들이었는지를 보여 주고 있다. 그리고 그들이 왜 총을 들 수밖에 없었는지, 광주의 일상적인 삶이 계엄군에 의해 어떻게 파괴되어 갔는지 그 과정을 영상으로 설명해 주고 있다. 이미 '5·18 사태'가 '5·18 광주 민주화 운동'으로 인식의 전환이 이뤄진 이후에 역사적인 실제를 보여 주는 영화가 제작된 것은 무엇 때문이었을까?

사실 5·18은 수많은 사람들의 입에서 회자되고 있긴 하지만 실제로 당시 광주에서 어떤 일들이 일어났는지를 궁금해하는 사람들이 아직 많이 있다. 자세한 역사를 몰라서 그런 것이겠지만, 다른 한편으로는 앞서 지적했던 역사경험의 한계에서 비롯된 것이기도 하다. 사람들은 이미 기록용 사진이나 편집된 동영상도 보고, 또 몇몇 사람들의 증언도 들었으며, 5·

18의 의미를 해석하기 위한 영화도 보았다. 그럼에도 불구하고 당시에 광주와 광주시민들에게 일어났던 일들을 감동적으로 느끼기에는 한계가 있었다. 복사본이 주류를 형성하는 시대에 원본은 과연 어떤 것이었는가 하는 질문은 주로 자라나는 세대들에게 나타나는 질문이겠지만, 당시의 사건을 차가운 기억으로 남겨놓고 싶어하지 않는 사람들이나 당시 광주 이외의 지역에 거주했던, 그러나 민주화 운동에 관심을 가진 모든 대한민국 국민들에게 제기되는 의문 가운데 하나이기도 하다.

영화를 묵상하고 그 의미를 음미하면 특히 마지막 장면을 주목하지 않을 수 없다. 관객 모두에게 강한 의문을 안겨 주었음에 틀림없는 마지막 장면은 다름 아니라 남녀 주인공의 결혼식 사진이다. 다소 비기독교적인 배경에서 이해될 수 있는 것이지만 지상에서 맺어지지 못한 인연을 죽음 후에 맺는 장면을 연출한 것이다. 이 사진에서 신랑과 신부 주위에 모인 사람들은 모두가 웃고 있지만, 유독 신부만이 굳은 표정을 하고 있다. 가장 아름다워야 할 신부의 얼굴이 왜 굳어 있고, 왜 마치 관객들을 질책이라도 하는 듯이 노려보고 있는 것일까? 영화를 보고 나서 한참 동안 그 장면을 잊을 수가 없었다. 마지막 장면을 연출하면서 감독이 의도한 것은 무엇이었을까? 영화는 다양하게 이해될 수 있지만 이 질문에 대한 대답에 제한해서 살펴보도록 하자.

영화 이야기

신애(이요원 분)는 5·18 당시 광주 보훈병원에 근무하면서 계엄군의 무력 진압에 의해 다친 시민들을 돌보았던 간호사다. 당시 도청을 사수하는 시민군을 이끌던 예비역 대령 흥수(안성기 분)의 딸이기도 하고, 택시 기사인 민우(김상경 분)의 마음을 온통 사로잡은 아름다운 여인이다. 아버지와 애인이 도청에서 계엄군과 대치하고 있을 때 그녀는 차량을 이용해 광주 전역을 돌아다니면서 확성기를 통해 "광주시민 여러분, 기억해 주세요. 우리의 형제자매들이 계엄군과 맞서 싸우고 있습니다. 광주를 잊지 말아 주세요"라고 외치며 광주시민을 깨우기도 했다. 광주시민의 기억 속에 아직도 뚜렷하게 기억되어 있는 목소리의 주인공인 것이다. 그녀는 그렇게 밤새 외쳤고, 실제로 광주시민들은 간곡하게 호소하는 그녀의 목소리를 듣고 도청으로 몰려들었다고 한다. 도청을 사수하려고 계엄군과 맞서 싸웠던 시민군뿐만 아니라 결국엔 그녀 역시 계엄군에 의해 사망했다.

시민군으로서 싸우다 죽거나 부상당한 사람들은 당시에는 폭도로 몰렸고 불순분자들의 선동에 의한 것으로 여겨졌다. 그러다가 군부 세력이 물러나고 국민에 의한 정부는 '5·18 사태'를 '5·18광주 민주화 운동'으로 수정했고, 당시 시민군으로 싸우다 죽었거나 부상당한 사람들을 5·18 유공자로 예우했다. 그렇다면 사진 속의 사람들은 모두 5·18 유공자로 등록되어 있는 사람들일 것이며, 더욱 중요한 것은 그들의 노력이 오늘날의 대한민국 민주화에 크게 기여한 것으로 평가되고 있다는 사실이다. 당시 폭도로 여겨졌던 그들의 명예는 회복되었고, 국가적으로 보상을 받게 되었다. 폭도가 아니길 바랐던 그들의 소원이 성취된 것이다. 그런 점에서 그들은 웃을 수 있고, 비록 몸은 죽었지만 그들의 정신은 살아서 오늘 우리들의 세대에게 큰 귀감이 되고 있다. 그러나 밤새 목이 터져라 외치며 광주시민의 참여와 당시의 광주를 기억해 달라며 호소했던 그녀의 얼굴은 왜 굳어져 있는 것일까? 어찌해서 그들과 함께 기뻐할 수 없었을까?

그것은 5·18을 단순한 역사로만 기억하고 있을 뿐 더 이상 기억되고 있지 않은 역사경험을, 즉 5·18 정신에 합당한 삶에 대한 아쉬움을 표현한 것은 아닐까? 정치적인 이슈나 정치 입문을 위한 순례의 길로만 이용되고 있을 뿐, 진정한 5·18 정신을 기억하고 또 체현하지 못하고 있는 오늘 우리들을 질책하는 것은 아닐까? 마지막 장면에서 느낄 수 있는 것은 오늘 우리들의 정신에서 잊혀 가고 있는 5·18 정신이다. 이 정신을 다시 회복할 때 비로소 아름다운 신부는 편안하게 눈을 감을 수 있을 것이다.

그녀의 굳어져 있는 얼굴의 이유를 이렇게 정리해 볼 수 있다면, 그녀는 오늘의 세대가 무엇을 기억해 주길 바라는 것일까?

역사를 보는 관점에 따라 다르겠지만, 기독인의 관점에서 본다면 하나님의 정의와 그것을 지키려는 피나는 노력이라고 생각된다. 영화가 일관되게 주장하고 있듯이 지극히 평범한 광주시민들이 총을 들었던 것은 그들이 폭도이기 때문이 아니었다. 그들은 마땅히 지켜져야 할 정의의 기본이 무너지는 순간에 최후의 보루이길 원했다. 잘 싸우고 또 어떻게 싸우느냐가 중요하지 않았다. 불의가 위세를 떨치려는 그 순간에 굴복하지 않고 저항했다는 사실 자체가 중요한 것이다. 불의에 너무 쉽게 타협하는 현대인들이 5·18을 기억해야 할 이유가 있다면 바로 굴복하지 않은 광주시민들의 모습이 아닐까? 영화 <화려한 휴가>는 바로 이것을 되새겨 보도록 해 주려는 것 같다.

- 하나님께서 아모스 선지자를 통해서 말씀하신 "오직 공법을 물같이 정의를 하수같이 흘릴지로다"라는 말씀(아모스 5:24)이 여자 주인공의 굳어진 얼굴에서 울려 나오는 듯하다. 이 말씀을 묵상하며 영화를 감상해 보자.
- 예수님이 기억하라고 말씀하신 것들이 오늘 우리들에게 어떤 결과로 나타나고 있는지 묵상해 보자.

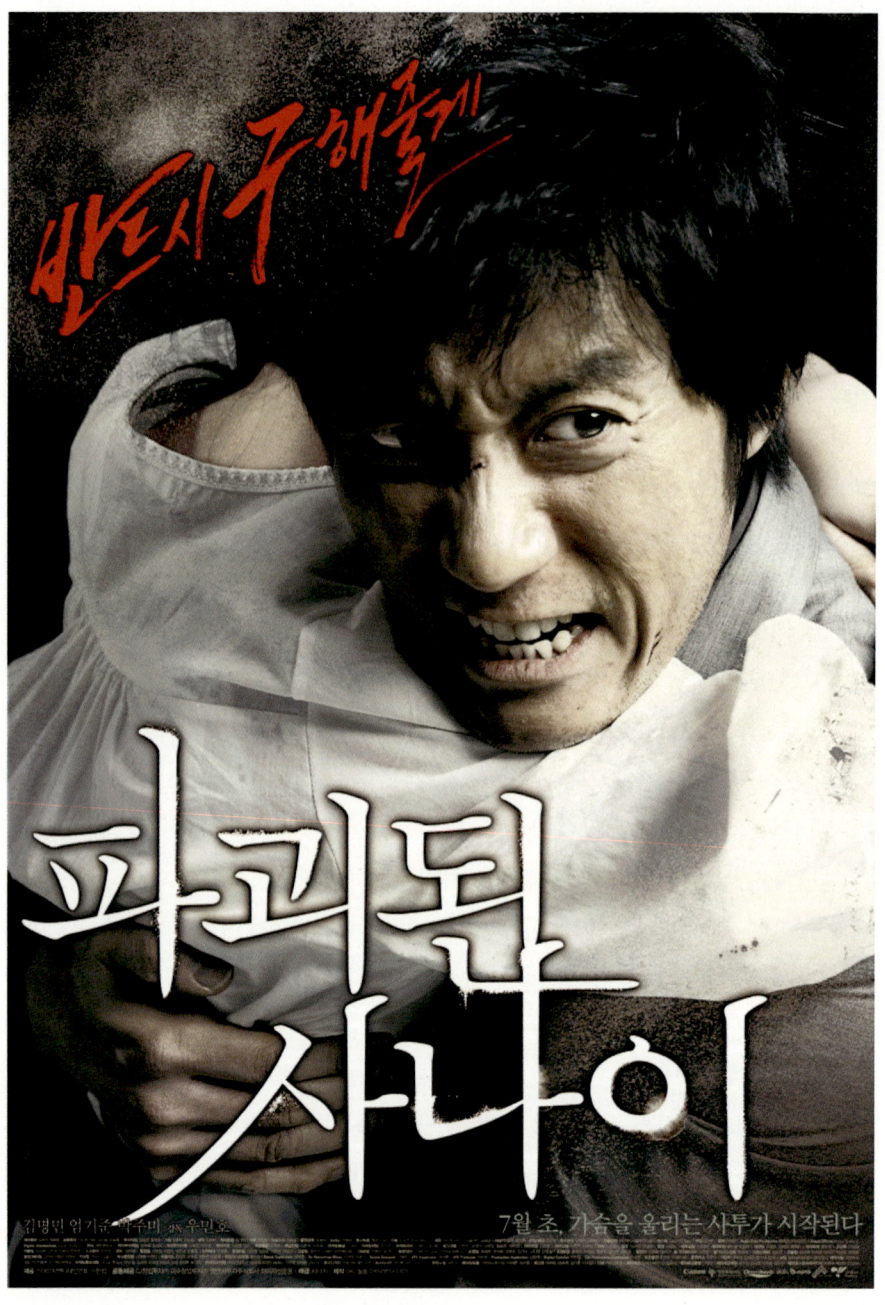

우민호 제7회 서울기독영화제 수상
Filmography: 누가 예수를 죽였는가?(2000), 파괴된 사나이(2010)

과거 유현목 감독이 <순교자>에서 전쟁 상황 속에서 삶의 의미를 묻는 질문에 하나님의 이름으로 설명하는 기계적인 일을 반복하기보다 오히려 실천적인 삶을 중시하는 한 목사의 입에서 하나님을 부정하는 것과 같은 발언을 하게 함으로 교계는 들썩거렸고, 유현목 감독은 이단아 내지는 사탄 취급을 받은 적이 있었다. <파괴된 사나이>의 예고편을 보면서 <순교자>와 더불어 일어난 당시의 에피소드를 떠올리고 사태의 추이를 염려하는 사람들이 적지 않았다. 필모그래피를 통해 우민호 감독은 제1회 서울기독영화제에서 <누가 예수를 죽였는가?>로 단편경쟁부문에서 갓피상을 수상했던 경력을 갖고 있음을 알게 되었다. 크리스천임에 분명하다는 생각을 한다. 그런데 그가 일을 저지른 것이다. 대중문화의 상업성에 편승해 자극적인 이미지만을 소비한 것일 뿐인가? 아니면 반기독교적인 영화인가? 아니면 상업영화 형식을 통해 기독교 주제를 심도 있게 고민한 결과인가? 영화를 보기 전부터 여러 생각들을 하게 만든 영화다.

뚜껑을 들여다본 필자는 한마디로 말해서 목사가 한없는 나락으로 스스로를 내팽개쳤다는 느낌을 받았다. 목사로서 진지하게 위기에 대처하는 고민도 찾아볼 수도 없고, 전직 목사라고 할 만한 경건성에 대한 흔적도 전혀 남아 있지 않다. 목사는 하루아침에 세속적인 삶을 살아간다. 크리스천으로서 서울기독영화제에 작품을 제출했을 정도라면 영화의 내용으로 인해 일부 교회와 그리스도인들의 반발을 전혀 예상하지 못할 사람은 전혀 아닌 것 같다. 그럼에도 불구하고 영화는 매우 도발적이고 또 충격적이다. 도발적이라 하면 딸이 유괴되어 생사조차도 알 수 없는, 아니 오히려 죽었다는 생각을 강하게 만드는 위기적인 상황에서 한 치의 주저도 없이 수직적으로 추락하는 목사의 모습 때문인 것이고, 충격적이라 함은 그런 목사의 모습을 통해서 기독교 가르침의 핵심을 건드리고 있기 때문이다. <그리스도 최후의 유혹>의 경우에서와 같이 <파괴된 사나이>는 실제를 비틀어 관객들로 하여금 새로운 의미 경험을 유도하고 있는 것이다. 기독교 영상문화의 새로운 가능성을 엿보게 만든 영화다.

무엇보다 우려되는 것은 표면적으로 영화를 보는 사람들이 목사의 갑작스런 변신으로 인해 큰 충격을 받고 이로 인해 영화를 부정적으로 보게 되는 것이다. 그러나 파괴된 목사의 이미지들은 영화의 메시지를 부각시키기 위해 가공된 소재일 뿐이며, 현실의 목사를 겨냥한 것은 아니다. 교회 이미지가 많은 영화이지만 결코 부정적이지도 않다. 이 글은 이것을 밝힐 필요성을 강하게 느껴 쓰게 된 것이다.

영화 이야기

감독의 의도에 가깝게 다가가기 위해 역설적으로 다소 길다고 여겨지지만, 오히려 더 풍성한 것들을 얻을 수 있는 우회적인 길을 걸어 보겠다. 성경 욥기를 읽어 본 사람이라면, 특히 그가 그리스도인이라면 한 번쯤은 이런 생각을 해 보았을 것 같다. '만일 이런 일이 내게 닥치면 나는 과연 어떤 반응을 보이게 될 것인가?' 살아 있다는 사실을 제외하고는 인간의 소유로 일컬어질 만한 것들을 모두 잃은 상황에서 그가 던진 신앙고백은 아마도 전무후무한 것으로 기록될 것이다.

"내가 적신으로 왔으니 적신으로 돌아갈지라"
"주신 자도 여호와시요 취하신 자도 여호와시니 여호와께서 찬송과 영광을 받으실지라"

그러나 솔직히 말해서 예수님의 삶이, 비록 그가 아무리 인간으로서 당한 일이었다 하더라도 인간이 그렇게 할 수 있다고 생각하기 쉽지 않은 것처럼, 욥의 고백과 삶 역시 오늘 우리들의 현실에 비추어 볼 때 재현이 가능할 것 같지 않다는 느낌을 받는다. 인간으로서 어떻게 그럴 수 있겠느냐는 말이다. 그래서 현실적인 가능성을 전제했다기보다는 하나의 이상적인 유형으로서 모든 그리스도인들이 궁극적으로 지향해야 할 삶의 모습을 표현한 것으로 여겨진다. 그렇지 않다면, 그리스도인들은 엄청난 부담감을 안고 살아가게 된다. 이런 문제를 해결하기 위해 사람들이 고안해 낸 방법은 여러 가지다.

예수님의 삶의 경우, 우리가 잘 아는 아프리카의 성자 슈바이처 박사는 유일한 가능성을 예수님의 종말의식에서 찾는다. 다시 말해서 예수님의 삶을 이해하면서 그는 종말이 곧 오게 될 것이라는 강한 종말의식이 있었고, 이것이 없이는 결코 가능하지 않은 삶으로 본 것이다. 모든 것을 포기할 수 있는 불가피한 상황에서만 그런 삶을 살고 또 산상수훈과 같은 그런 말씀을 할 수 있었다는 것이다. 실존론적 해석을 시도했던 불트만 같은 신학자는 당시의 신화적인 사고가 삽입된 것으로 보고 소위 성경의 '탈신화화' 작업을 통해서 현재의 재현가능성을 시도했다.

욥의 경우에 사람들은 대개 욥의 상황을 현실로 보기보다는 하나의 스토리텔링의 구조 안으로 옮겨 놓음으로써 부담감의 문제를 해결한다. 쉽게 말해서 욥의 변치 않는 신앙은, 하나님이 '온전하고 정직하여 하나님을 경외하며 악에서 떠난 자'로 평가하신 충분한 이유가 되며, 또한 그가 왜 하나님의 자랑이 될 수 있었는지를 확인해 주는 기능을 갖는다고 보는 것이다. 실제적인 인간을 염두에 둔 상황이라기보다는 하나님의 자랑이 되기 위해서 인간은 어떤 존재가 되어야 할 것인가, 어떤 상황을 예상해야 하는가를 보여 주기 위한 구조적 장치라는 것이다.

이런 해석들은 성경을 통해서 삶의 의미를 이해하고 또 삶의 지혜를 발견하기를 원하는 사람들에게서 발견되는 전형적인 태도다. 이런 해석에 문제가 있다면, 성도들을 고난의 삶으로 초대하는 것이 아니라 사건의 한가운데에서 오직 삶의 의미와 방향을 잃지 않으려는 소극적인 태도를 낳을 뿐이라는 것이다. 할 수만 있다면 고난의 상황은 피하되, 불가피할 경우는 의미를 찾아라! 뭐 이런 식이다.

예수님과 욥의 삶을 대하면서 제기되는 또 다른 질문은 다분히 현실적이다. 만일 두 사람의 삶을 오늘의 현실 속에서 재현하지 못한다면, 즉 고난의 순간에 끝까지 신앙을 지키지 못한다면, 그런 나의 삶은 무엇이며, 또 어떻게 평가될 것인가? 끝까지 지킬 수 없었던 이유는 무엇인가?

성경은 주로 신앙을 끝까지 지킨 사람들을 중심으로 기록되어 있지만, 이에 비해 신앙을 끝까지 지키지 못했던 사람과 신앙에서 멀리 떨어져 있었던 사람이 신앙을 받아들인 사례도 전해 주고 있어서 이런 문제에 직면했을 때 해결을 위한 도움을 어느 정도 기대하도록 한다. 다윗과 베드로가 대표적이요, 사도 바울은 비록 신앙의 굴곡은 아니라도 그리스도와 멀리 있었던 때가 있었다. 비유적인 관점에서는 탕자 이야기가 있다. 특히 사도 바울은 예수 그리스도를 만나기 이전의 자신을 '죄인 중의 괴수', '만삭되어 나지 못한 자'로 표현하고, 사울에서 바울이라는 이름의 변화를 통해서 차별화했으며, 또 자신이 가졌던 모든 것을 '배설물'로 여긴다고 고백했다. 탕자 이야기는 집을 나선 아들이 다시 아버지 품으로 돌아오게 되는 이야기를 말하면서도 탕자로서의 삶에 대한 구체적인 언급은 하지 않고 있다. 사실 가장 긴 이야기가 담겨야 할 공간임에도 불구하고 생략되었다. 아마도 수많은 사람들의 삶의 유형들이 그 안에서 읽힐 수 있을 것이다. 이런 점에서 성경의 뛰어난 문학적인 상상력을 새삼 느끼게 된다. 그런데 주목할 일은 그가 다시 아버지 집으로 돌아갈 수 있게 된 계기다. 즉 고통으로 가득한 삶의 한가운데서 그는 하늘을 보았고, 아버지와 그의 집의 풍성함을 기억해 낸다. 이로 인해 그는 아버지 집으로 다시 돌아갈 힘을 얻게 되고, 그는 아버지의 넓은 사랑에 의해 받아들여지게 된다. 집을 나와서 다시 집으로 돌아가기까지의 시간에 대해 성경은 어떤 평가도 내리지 않고 있다. 중요한 것은 잃어버렸던 아들이 아버지 품으로 돌아오고, 집에서는 큰 잔치가 벌어지게 되었다는 사실이다.

성경은 어쩌면 우리의 현실과 그렇게 멀리 있는 것같이 느껴지지 않는 이런 사람들을 예수님이나 욥과 같은 사람들보다 더 많이 제시해 주고 있는 것 같다. 기독교가 복음의 본질을 상실하게 되는 중요한 이유 가운데 하나는 바로 이런 질문에 직면한 인간들을 하나님의 심판대 앞으로만 인도하려는 데에 있다. 이런 일에 있어서 중세 말의 교회는 대표적이었다. 사람들의 죄를 지적하고, 죄에 대한 하나님의 심판을 통해서 사람들을 불안하게 만들고 두려움과 공포에 사로잡히게 만들고, 그런 그들 앞에서 특별한 의미를 갖는 교회가 되었다. 성도들이 처한 극단적인 상황에서 구원을 제시하는 교회 이미지를 제시한 것이다. 예수 그리스도가 아닌 교회의 역할이 강조되면서 면죄부의 등장은 당연한 귀결이었다. 다행히 루터의 종교개혁과 그의 칭의론의 등장으로 교회는 이런 왜곡과 변질로부터 벗어날 수 있었지만, 엄밀하게 말해서 이것은 단순히 역사적인 사건만이 아니라 오늘날에도 여전히 일어나는 일이다. 오늘날 그리스도의 복음보다는 교회의 역할을 강조할 때 신앙의 성숙과 물질적인 헌신의 정도를 비례관계로 보게 되는 것과 크게 다르지 않다.

앞서 제기한 질문을 다소 다르게 표현한다면, 만일 내가 불행한 사건의 한 중심에서 신앙을 끝까지 지켜 내지 못했다면 그것은 무엇 때문이며, 또 그것은 도대체 무엇을 말하는 것인가? 이 질문은 신앙생활에서 굴곡을 경험한 사람들, 특히 큰 시험을 거쳐서 주의 품으로 다시 돌아온 사람들에게 매우 중요한 의미를 갖는다. 왜 그랬을까? 나의 과거는 도대체 무엇이었는가?

영화 <파괴된 사나이>는 유괴된 딸을 두고 전개되는 아버지의 처절한 사투를 그려 내고 있지만, 사실은 바로 위의 질문에 대한 세 가지 대답을 제시하는 것으로 여겨진다. 그 첫째는 파괴된 삶이라는 것이고, 둘째는 믿음을 잃어버린 삶이었다는 것이고, 마지막 셋째는 기억하지 못한 삶, 곧 소망을 잃었던 삶이었다는 것이다.

영화를 감상하면서 주의해야 할 점은 목사직을 버리고 평범한 사람으로 사는 것 자체를 하나의 파괴된 존재 형태로 이해하면 안 된다는 것이다. 만일 그렇게 본다면 평범한 사람으로 사는 사람들은 모두 파괴된 사람이 되는 것이다. <파괴된 사나이>는 그가 더 이상 목사가 아니라는 사실만을 가리키는 것은 아니다. 오히려 아동 유괴라는 사건이 한 가정과 한 인간에게 어느 정도로 파괴력을 발휘할 수 있는지를 보여 주는 것이다. 이런 점에서 영화는 사회성이 매우 강한 영화다. 5살 때 유괴되어 8년이 지났음에 불구하고 딸이 살아 있다고 믿으며 매일 시내를 돌며 전하는 전단에 대해 보이는 사람들의 무관심한 태도나 사건 수사에 지쳐 있는 경찰의 모습은 우리 사회의 치부를 다시 한 번 폭로한다.

먼저 주영수의 삶의 단면을 '파괴'로 본다면 무엇이 파괴된 것이고 왜 그렇게 된 것인지가 궁금하다. 앞서 언급했지만 목사에서 일상인으로의 변화는 결코 파괴가 아니다. 그가 살아가는 삶의 모습 역시 엄밀히 말해서 파괴라 할 수 없다. 누구나 그렇게 살아가기 때문이다. 용서를 주제로 열광적으로 설교하는 주영수는 설교 도중에 목사가운을 벗고 내려온다. 그렇게 함으로써 주영수는 자기가 말하는 대로 살 수 없다. 딸의 유괴범을 결코 용서할 수 없다는 자신의 내면을 표현한 것이다. 영화가 말하는 파괴의 단서는 여기서 찾을 수 있다. 오히려 원수라도 용서하며 살아가기를 사람들에게 전달할 뿐만 아니라 자기 스스로도 그런 삶을 살도록 부름을 받은 사람이 그것을 내려놓았을 때, 더 이상 하나님을 신뢰할 수 없었던 순간, 감독은 바로 이런 모습을 가리켜 파괴라고 지칭한 것이다.

소명을 포기하고, 또 딸의 생존을 더 이상 기대하지 않은 채 세상 속의 한 사람으로서 회사를 운영하는 남편을 향해, 다시 말해서 파괴된 남편을 향해 아내는 '믿음을 잃어버렸다'고 말한다. 이에 대해 남편은 오히려 그녀의 행위가 정상적이지 않다고 비난한다. 하나님의 부재에 대한 경험을 두고 남편과 아내의 반응이 전혀 달리 나타난 것이다. 사실 영화는 두 사람의 태도에서 누가 더 옳았느냐에 초점을 맞추고 있지 않다. 결국 아내의 믿음이 옳다는 것이 입증되었지만 그렇다고 해서 영화는 그것을 크게 부각시키고 있지 않다. 만일 그랬다면 아마도 다소 식상한 영화가 되었을 것이다. 감독에게 보다 더 중요한 측면은 딸의 유괴로 인해 목사였던 주영수가 '믿음을 잃어버렸다'는 사실을 환기시키는 것이다. 딸의 생존을 더이상 기대하지 않는 것과 믿음을 잃어버렸다는 사실은 마지막 장면에서 종합된다. 종교영화가 아니면서도 기독교의 핵심 메시지를 잘 성찰한 감독의 연출력이 돋보이는 부분이다.

목사 이후의 주영수의 삶을 종합적으로 점검해 보게 해 주는 장면은 마지막이다. 어렵게 찾은 딸 혜린은 트라우마에 대한 치료를 받는 중이고, 주영수는 수감 중이다. 담당 경찰과 함께 면회를 온 혜린은 그동안 자신을 찾았던 아버지를 향해 이렇게 묻는다.

"잃어버린 후 나를, 지금까지 나를 계속 기억하고 있었나요?"

사실 8년 동안 세상과 단절하며 갇혀 지내야 했던 혜린이로서는 오랫동안 자신을 찾아오지 않았던 부모들을 원망할 수밖에 없었을 것이다. 그러나 혜린의 마지막 대사를 통해 우리는 혜린이가 오랜 상처로부터 회복되고 있는 중임을 확인해 볼 수 있다. 그런데 마지막 장면의 포인트는 혜린의 질문을 듣는 주영수의 분명하지 않은 얼굴표정에 있었다. 딸의 질문에 대해 확실하게 대답하지 못하는 아버지의 뇌리에는 유괴 후에 자신이 그동안 살아온 과거들이 주마등처럼 스쳐 지나갔을 것이다. 그리고 감독은 바로 그 시간들을 '딸에 대한 기억을 잃어버린 시간'으로 부각시킨 것이며, 이것은 곧 아내가 지적했던 '믿음을 잃고 살았던 시간들'과 일치한다. 딸에 대한 기억을 말하고 있지만 사실 그것은 아내의 말에서 짐작해 볼 수 있듯이 믿음에 대한 기억이었다. 주영수가 잃어버렸던 것은 사실 딸만이 아니라 믿음에 대한 기억이었다. 딸의 질문은 단지 그 사실을 확인시켜 줄 뿐이었다.

종교성을 두고 많은 질문들이 오가게 만든 마지막 장면은 영화가 결코 반기독교적이지 않고 오히려 기독교 메시지에 대한 강한 의지를 갖고 있다는 사실을 확인해 준다. 다시 말해서 신앙인의 타락은 예수 그리스도가 더 이상 기억되지 않는 삶이다. 기억되지 못할 때 우리의 삶은 거침없이 세상 속으로 빨려 들어가게 될 뿐임을 보여 준다. 베드로가 예수께서 붙잡히시던 날 밤에 스승과의 관계를 세 번씩이나 부인한 것도 기억하지 못했던 것이며, 가나안 땅을 점령한 후에 수많은 부침을 경험했던 것은 사사기에 따르면 여호와의 말씀과 그분의 행위를 기억하지 못했기 때문이었다. 기억이 다시 살아나게 되는 것은 한마디의 전화통화였고, 끝없이 계속되는 고통의 순간이었으며, 하늘을 우러러보았을 때이고, 닭이 세 차례 울어 댈 때였다.

그리스도인으로서 사는 것, 그것은 하나님의 말씀과 그의 행위들을 기억하는 삶이다. 망각의 순간을 틈타 사단의 세력이 침입하고 유혹 아래 놓이게 되며, 결국 착각의 과정을 거쳐 죄의 길에 들어서게 된다. 죄의 파괴력이 얼마나 강한가! 중요한 것은 기억하는 것이다. 하나님의 말씀과 그분의 행위를 기억하며 거듭 반추하며 사는 삶이 제자의 삶이다.

끝으로 주영수의 삶의 단면을 '파괴'로 본다면 무엇이 파괴된 것이고 왜 그렇게 된 것인지가 궁금하다. 앞서 언급했지만 목사에서 일상인으로의 삶 자체는 파괴가 결코 아니다. 그가 살아가는 삶의 모습 역시 엄밀히 말해서 파괴라 할 수 없다. 영화가 말하는 파괴는 원수라도 용서하며 살아가기를 사람들에게 전달할 뿐만 아니라 자기 스스로 그런 삶을 살아야 하도록 부름을 받은 사람이 그것을 내려놓았을 때를 일컫는다. 용서를 주제로 열광적으로 설교하는 주영수는 설교 도중에 목사가운을 벗고 내려온다. 그렇게 함으로써 주영수는 자기가 말하는 대로 살 수 없다. 딸의 유괴범을 결코 용서할 수 없다는 자신의 내면을 표현한 것이다. 이것이 바로 파괴인 것이다.

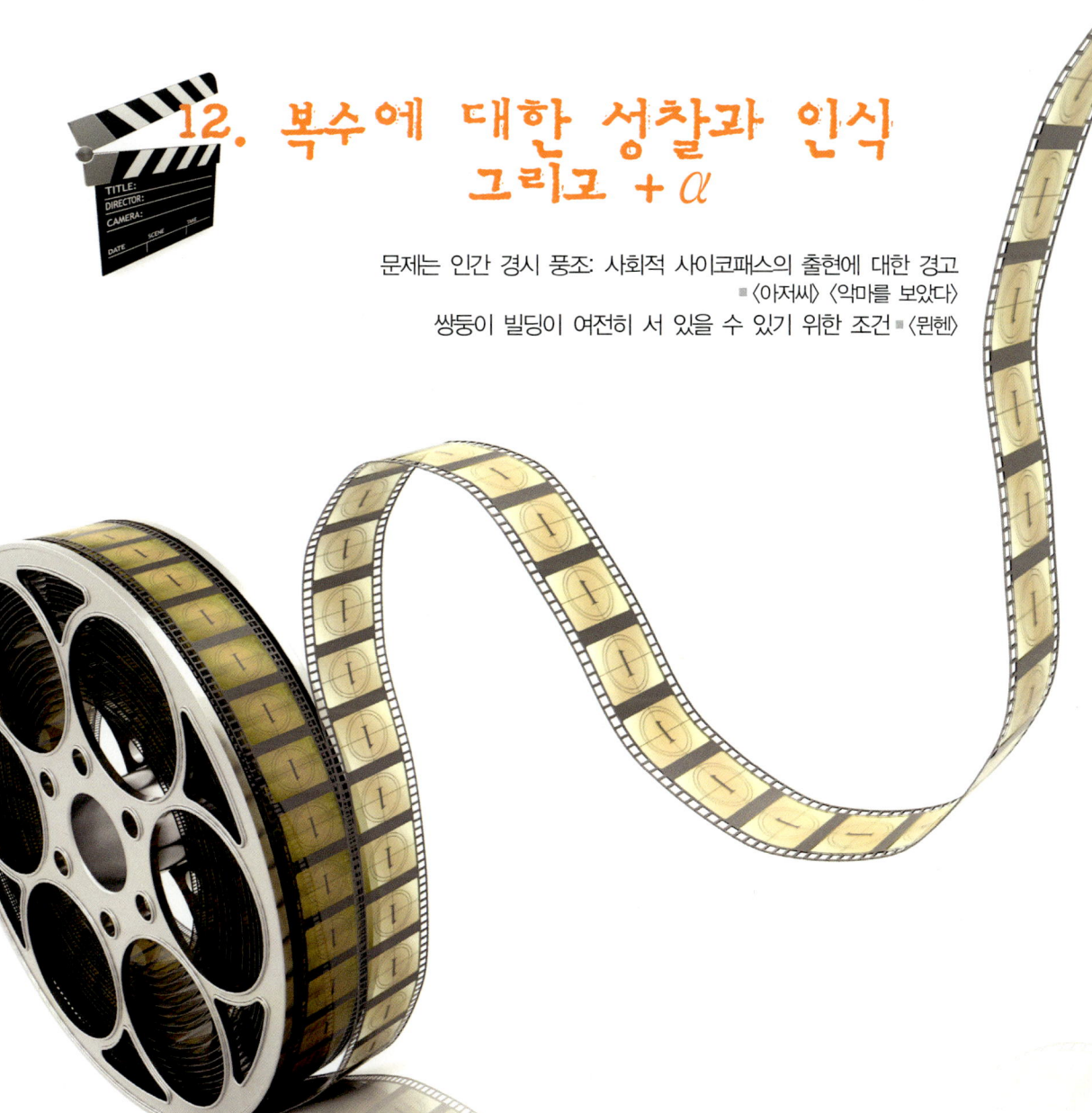

12. 복수에 대한 성찰과 인식 그리고 + α

문제는 인간 경시 풍조: 사회적 사이코패스의 출현에 대한 경고
■〈아저씨〉〈악마를 보았다〉
쌍둥이 빌딩이 여전히 서 있을 수 있기 위한 조건 ■〈뮌헨〉

문제는 인간 경시 풍조: 사회적 사이코패스의 출현에 대한 경고

〈아저씨〉(이정범, 2010, 18세)

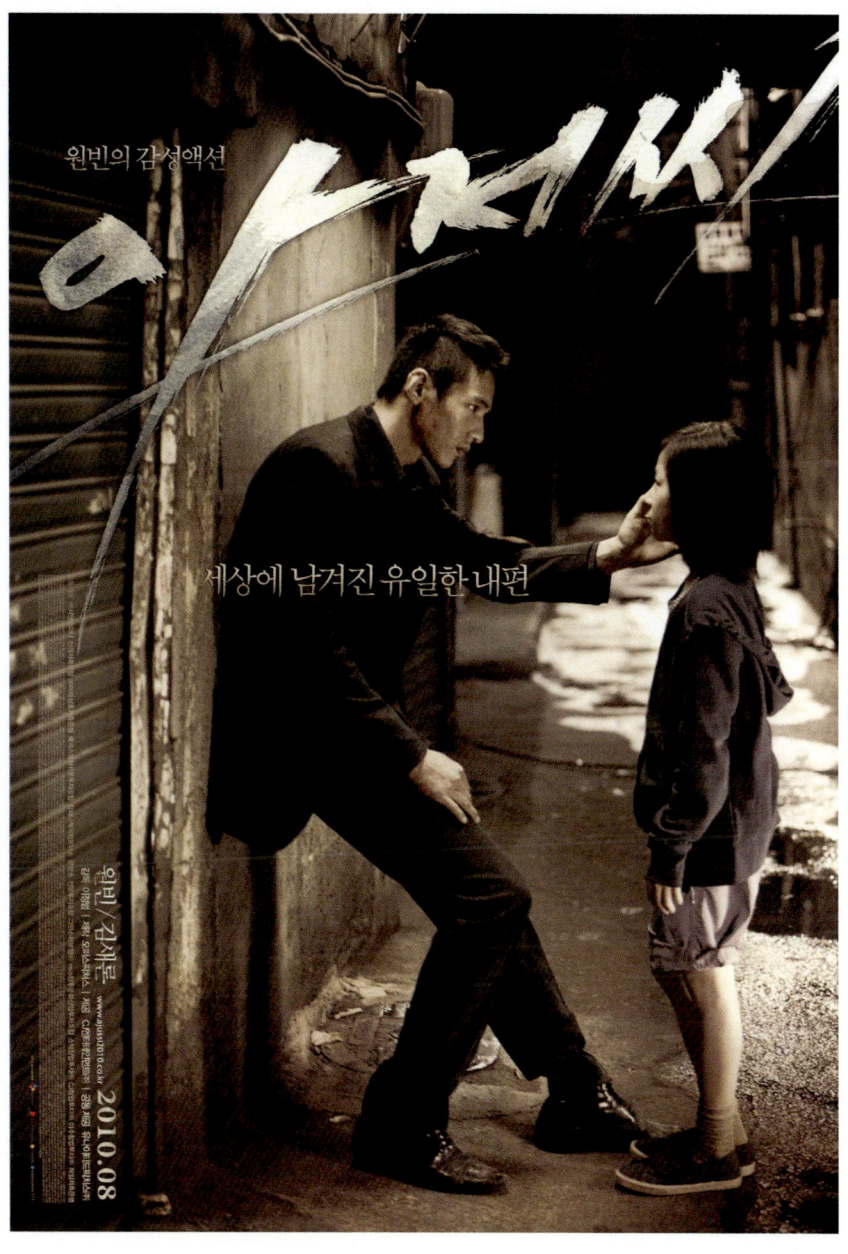

이정범(1971~), 한국종합예술학교 영상원 졸업, 〈열혈남아〉로 데뷔
Filmography: 열혈남아(2006), 아저씨(2010)

〈악마를 보았다〉(김지운, 2010, 18세)

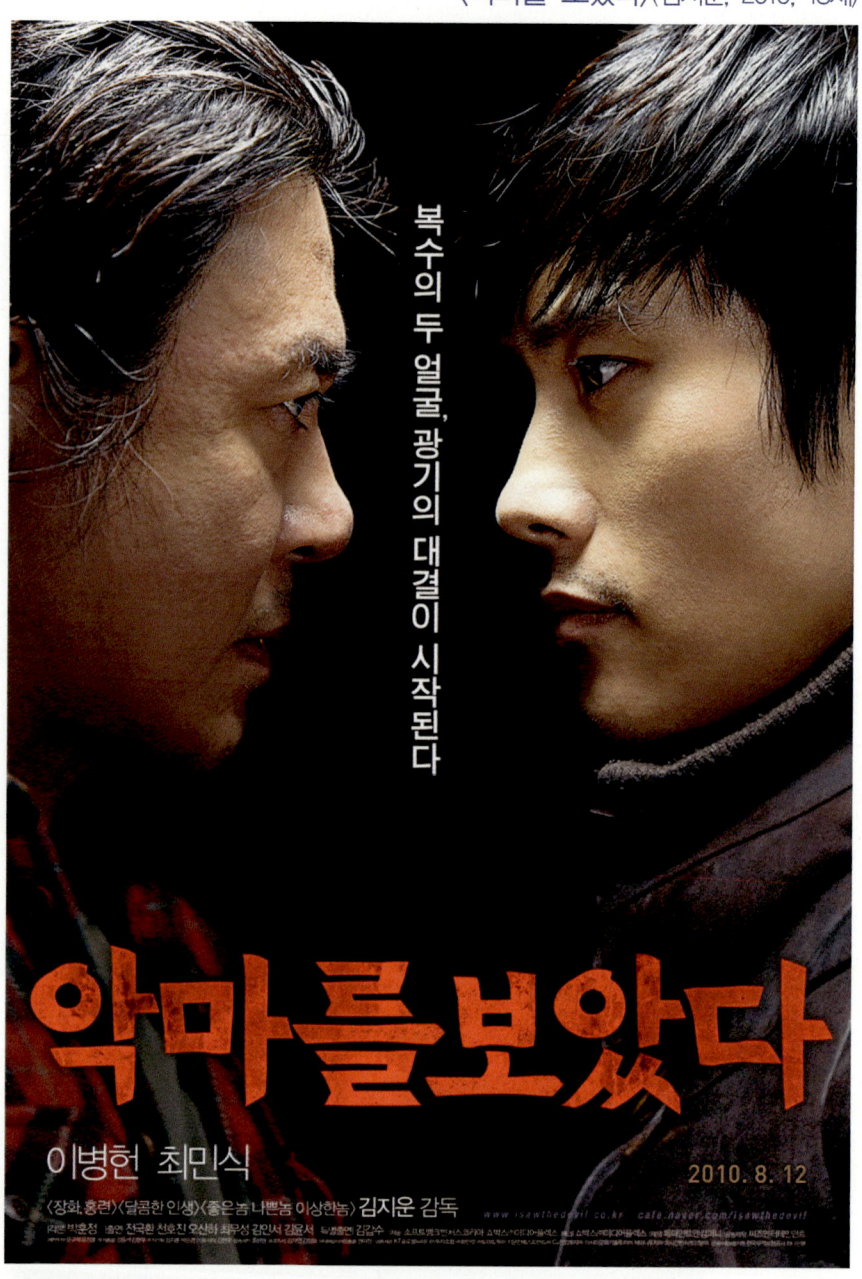

김지운(1964~), 서울예술대학 연극과 졸업, 〈조용한 가족〉으로 데뷔, 1997년 씨네21 시나리오 공모 당선, 2004년 제라르메 국제판타스틱 영화제 대상 수상

Filmography: 조용한 가족(1998), 커밍 아웃(2000), 반칙왕(2000), 쓰리(2002), 장화, 홍련(2003), 사랑의 힘(2003), 달콤한 인생(2005), 인류멸망보고서(2010), 좋은 놈 나쁜 놈 이상한 놈(2008), 선물(2009), 악마를 보았다(2010)

영화와 사회

영화는 현실을 반영한다. 당대의 사람들에 의해 만들어지기 때문이다. 영화 감상은 현실을 연상할 수 있을 때 제대로 이뤄진다. 예컨대 캐릭터들을 통해서 자신의 내면을 들여다보거나 혹은 어떤 인물의 유형을 보는 일이다. 혹은 스토리를 통해서 현실의 이야기를 들을 수 있을 때 영화 감상을 통한 미적 경험은 증폭된다.

현실에 대한 연상이 직접적으로 이뤄지지 않아도 영화에 대한 관객들의 반응에서 관객들의 현실 인식을 미루어 짐작할 수 있다. 비록 영화가 비현실적이라도 관객들의 반응 자체가 현실을 구성한다는 말이다. 관객과 영화의 이런 상호관계는 영화가 언제나 사회적인 의미 연관 속에 있음을 시사한다.

필자는 영화에 대한 관객들의 반응만을 통해 단지 영화의 장면이나 스토리에 매이지 않고 우리 사회의 단면을 미루어 관찰할 수 있었으며, 이 글은 필자의 관찰과 그 결과를 기술해 본 것이다. 물론 이런 생각을 하게 되기까지 미하엘 하네케 감독의 <하얀 리본>(2009)에 대한 감상은 많은 도움을 주었다. 이 영화는 2009년 칸 영화제에서 황금종려상을 수상한 것은 물론 2010년에 각종 영화제에서 상을 받았고, 특히 아카데미 시상식에서는 촬영상과 외국어 영화상을 받았다.

사이코패스

먼저 영화에 등장하는 사이코패스에 대한 이해를 위해 선행 작업으로서 인간행위에 결정적인 영향을 미치는 뇌에 대해 스케치해 보도록 하자. 인간의 뇌는 능뇌(hindbrain), 중뇌(midbrain), 전뇌(forebrain)로 구성되어 있다. 능뇌는 호흡과 심장박동과 같은 교감신경을 조절하며, 중뇌는 잠과 각성을 통제하고 부분적으로는 청각 반응과 지각을 조절한다. 다른 동물들에 비해 인간에게 발달되어 있는 전뇌는 가장 늦게 진화된 것으로 여겨지는 것인데, 주로 갖가지 감각 정보들을 통합하고 또 전달하며 감정적 반응들을 조절하는 변연계(Limbic system)가 위치해 있다. 이곳에 '편도'라는 것이 있다. 아몬드 같은 모양을 가졌는데 좌·우뇌에 각각 한 개씩 있다. 해마가 인간의 단기 기억을 담당하는 데 비해, 편도는 감정을 조절하는 곳이다. 진화학자들의 말에 따르면 인류 진화의 최우선적인 과제는 생존이라고 하는데, 외부의 공격으로부터 자신을 보호하고 또 신속하게 반응할 수 있기 위해서 발달된 수용체가 편도라는 것이다. 쉽게 말해서 편도는 소위 생각과 판단이라는 것이 일어나기 전에 자극에 대한 신속한 반응을 가능하게 한다.

예컨대 외부로부터의 공격과 위협에 대한 반응은 순간적으로 이뤄져야 하기 때문에 이를 위해서는 경험적으로 학습된 고통과 두려움, 공포에 대한 기억을 통해 자극이 위험성을 판단하고 반응하도록 지시하는 시상에 이르기 전에 먼저 몸의 반응을 일으킬 필요가 있다. 뭔가가 날아올 때 순간적으로 눈을 감거나, 어두운 밤에 문이 열리는 소리를 들을 때 갑자기 두려움을 느끼는 것 혹은 낯선 소리에 신경이 곤두서게 되는 일 등이다. 편도는 바로 이런 감정적인 반응을 조절한다. 이처럼 인간의 감정을 느끼고 표현하는 것과 밀접한 관련이 있기 때문에 그리고 편도에 따른 반응들이 항상 옳은 것은 아니며, 때로는 매우 정당한 반응일 수 있지만, 때로는 잘못된 반응이고 착각일 수도 있기 때문에 훈련된 통제가 필요하다.

편도의 중요성을 간파한 대니얼 골먼(Daniel Goldmann)은 편도체의 기능에 대한 뇌 과학의 연구 결과를 근거로 해서 감성 지능(EQ)을 주장하였다. 사회적 관계 속에서 감정조절을 어떻게 하느냐에 따라 실패하기도 하고 성공하기도 한다는 경험적인 원리에 바탕을 둔 것이다.

여러 영화들을 통해서나 우리 사회의 연쇄 살인마 유영철, 강호순 등을 통해 많이 회자된 사이코패스들의 특징은 감정을 통제하는 전두엽이 정상적이지 않다는 것이다. 그것이 편도의 이상인지, 아니면 심리적으로 복합적인 원인에 따른 것인지는 확실치 않지만, 이들은 고통이나 두려움을 잘 못 느낀다는 특징을 갖고 있다. 다른 사람들의 감정을 읽지 못하기 때문에 남을 배려하지 못하고, 그래서 극단적인 이기심을 표현하면서도 그것의 심각성을 자각하지 못한다. 영화에서 볼 수 있듯이 충동적이고 즉흥적인 행동을 일삼아서 잔인한 연쇄 살인을 범하곤 하지만, 통계에 따르면 연쇄살인범으로 나타나는 경우는 전체 사이코패스의 숫자에 비해 비교적 적은 부분을 차지한다고 한다. 대체로 절도, 사기, 강간 등과 같은 범죄를 저지르는 사람들에게서 발견되는 숫자가 더욱 많다. 일상에서 그들은 반복적으로 죄를 짓는데, 거짓말이 탄로 난다 해도 전혀 놀라지 않고 또 다른 거짓말을 일삼는다.

전두엽은 인간의 발달된 뇌 구조로서 호모 사피엔스의 지능 발달에 결정적이었다. 뇌 연구에 중요한 자극을 주었던 철도 노동자 게이지(Phineas Gage)의 사고로 발생한 전두엽 손상과 그로 인한 인격적인 손상의 사례에서 볼 수 있었던 것처럼, 전두엽이 잘못될 경우 비정상적인 삶으로 이어지기 때문에 사이코패스는 흔히 '반사회적 인격장애'라 불린다.

사이코패스는 유전적 결함이라는 선천적인 이유에서 비롯되기도 하지만, 후천적으로 뇌의 전두엽에 치명적인 손상을 입히는 사고를 통해서도 나타날 수 있다.

<아저씨>와 <악마를 보았다>

2010년 하반기 한국 영화계에서는 두 개의 한국영화가 선전했다. <아저씨>와 <악마를 보았다>이다. 두 영화 모두 하드 고어 무비에 가까운 영화로 18금이다. 하드 고어 무비는 한마디로 말해서 잔혹한 영화다. 범죄 행위를 정보나 사건에 대한 보도로 처리하지 않고 행위 그 자체를 재현하기 때문에 잔인할 수밖에 없다. 특히 감독은 영화를 보는 관객에게 마치 자신이 피해자로서 당하는 느낌을 불러일으키는 앵글을 자주 사용함으로써 감정적인 전율을 극대화한다. 흔히는 사지가 절단되고, 머리가 심하게 파손되며, 장기가 적출되거나 파열되는 모습 등을 그대로 보여 준다. 자극성이 대단히 강한 호러 영화다. 게다가 범죄와 관련되어 있어서 느와르적인 면이 강하기 때문에 어둠과 붉음(핏빛)이 만들어 내는 묘한 색채감각으로 인해 관객들이 받는 충격은 더욱 극적일 수밖에 없다.

이런 장르의 영화, 아니 보다 가깝게 느껴 보기 위한 표현을 선택하자면, 잔혹한 영화가 한국사회에서 선전하는 데에 어떤 이유가 있을까? <추격자> 이후에 한국 영화계에서는 스릴러에 대한 관심이 확실히 높아졌다. 물론 영화 외적인 요소가 전혀 없는 것은 아니다. 무더위가 기승을 부리는 시기에 개봉되었다는 것도 한몫하고, 또한 무엇보다 배우의 몫이 더욱 큰 것 같다.

예컨대 <아저씨>의 주연 배우 원빈의 수려한 외모는 수많은 여성 팬들을 사로잡았고, 마약 매매와 아동 유괴, 불법적인 장기 매매를 서슴지 않는 사이코패스와 같은 사회의 암적 존재들에 대해 그가 행하는 폭력은 스크린을 가득 채우는 붉은 핏방울들이 스크린 밖으로 튀어나오게 할 것만 같았음에도 불구하고, 관객들의 반응은 이전과 매우 달랐다. 필자를 더욱 놀라게 만든 것은 이런 장면들이 잔혹함보다는 오히려 낭만적인 감정을 불러일으킬 정도였다는 기사였다. 다시 말해서 과거의 상처를 가진 한 남자가 불우한 환경에서 살아가는 어린 소녀를 지키기 위해 모든 것을 내놓는 열정에 매료되었다는 것인데, 남성들의 낭만적이고 열정적인 희생에 대한 여성들의 향수가 영화를 통해 간접적으로 충족되었다는 내용이다. 게다가 원빈의 미모는 여성 팬(심지어 내 아내까지!)들을 사로잡기에 충분했다고 생각된다.

이에 비해 <악마를 보았다>는 개봉 전부터 상영 제한 판정을 유발할 정도의 혐오스런 장면들로 인해서 회자되었고, 일부 삭제되어 개봉되었지만 오히려 그로 인해 영화 자체에 대한 관심은 더욱 커졌다. 영화를 본 많은 사람들의 입에서 오르내리며 화젯거리가 되고 있지만, 필자 역시 오랜만에 상업 영화에 출연한 최민식의 냉혈한 연기와 그에 맞서 싸우는 이병헌의 감성적인 연기가 만들어 내는 환상적인 콤비네이션으로 인해 영화에 몰입할 수 있었다.

사이코패스의 잔혹함을 강조한 것이라 영화가 현실을 얼마나 반영하고 있는지는 확실하지 않지만, 간혹 보도되는 인체를 심하게 훼손하여 유기한 살인 사건에 대한 보도를 생각해 본다면, 우리 사회의 현실과 그다지 멀지 않다고 생각한다. 관객들에게 회자되는 잔혹함은 사건 정보나 지식으로만 알고 있는 것과 직접 보는 것이 얼마나 큰 차이가 있는지를 실감한다.

하드 고어 무비에 익숙하지 않은 사람들에게는 눈뜨고는 차마 볼 수 없는 장면들이 많아 영화 감상을 주저하기가 쉽지만, 영화적으로 감상할 수 있고 또 스릴러에 익숙한 관객이라면 한 번쯤 문을 두드려 볼 가치가 충분히 있다. 이런 장르의 영화들은 그동안 우리 영상문화에서는 쉽게 접할 수 없었던 것이라 생각하기 때문이다.

무엇인가를 생각하며 감상하기에는 힘든 영화들임에 분명하다. 그러나 이야기가 전개되는 과정에 주목하면서 어떤 패턴을 발견하게 되었는데, 그 이후부터 필자는 다소 이격된 거리에서 바라보는 여유를 가질 수 있었다. 잔혹함에 크게 신경을 쓰지 않고 영화를 보게 되었다는 말이다. 크게 두 가지인데, 하나는 장르적으로 유사한 장면들이 있었기 때문이고, 다른 하나는 두 감독들이 의도했었을 것으로 여겨지는 캐릭터의 패턴을 볼 수 있었다. 이 두 가지를 순서에 따라 정리해 보자.

첫째, 두 영화는 장르적인 측면에서 그다지 낯설지 않은 영화다. 한국 영화계에서 사이코패스들의 잔혹함은 <양들의 침묵>(1991), <노인을 위한 나라는 없다>(2007)와 같은 외국영화는 물론 한국영화 <검은 집>(2007), <실종>(2008), <추격자>(2008) 등에서 다뤄졌고, 돈을 벌기 위해 혹은 생명을 연장하기 위해 살아 있는 사람의 장기를 적출하는 내용은 <어둠의 아이들>(2008)에서 이미 익숙해져 있었다. 게다가 복수와 복수를 재현하는 잔혹한 장면들은 이미 박찬욱 감독의 복수 3부작(<복수는 나의 것>, <올드 보이>, <친절한 금자씨>)에서 접할 수 있었다. 사실 박찬욱 감독의 세 영화는 현재 논란이 되는 두 영화가 갖고 있는 많은 장면들을 선행적으로 보여 주었다. 복수 3부작을 통해 연출한 몇몇 장면들이나 그 장면들이 주었던 정서적인 충격을 생각해 보더라도 두 영화 속에서 표출된 잔혹함은 관객에게 어느 정도 익숙한 장면임에는 분명하다. 새로운 것이 있다면 표현에 있어서 보다 더 실제적이라는 사실일 것이다. 즉 행위의 의도와 실현 과정의 긴장감 그리고 결과만을 보여 주기보다는 마치 현장검증이라도 하는 듯이 행위 자체를 보여 주었다는 것이다. 물론 이 과정에서 더욱 리얼하게 보일 수 있는 장면이 있었지만(진짜 악마와 같은 개가 인육을 먹는 장면 등) 인간의 존엄성을 훼손하는 혐오스런 장면이라 해서 삭제되었다.

영화를 보면서 필자는 장르적으로 익숙해진 모습에 스스로 놀라지 않을 수 없었다. 원래부터 잔혹한 장면들이 많아 공포영화를 좋아하지 않았기 때문이다. 할리우드나 일본 영화에서나 볼 수 있음직한 장면들로 가득하지만 관객들의 발길이 이어지는 것은 그만큼 한국 관객의 영화 감상 수준이 높아졌거나 아니면 그런 장면에 이미 면역이 되어 정서적으로 어느 정도 안정되었다는 사실을 반영한다.

둘째, 영화제작을 지향하는 비평이 아니라 관객의 영화이해, 특히 기독교적 영화이해를 지향해 왔던 필자는 영화를 보되 영화적으로만 보고 또 말하기보다는 사실 영화의 스토리나 주제와 관련해서 현실을 보는 것을 더욱 선호한다. 우리 영상문화에서 쉽게 접할 수 없는 하드 고어 무비인 만큼 장르적인 측면에서 할 이야기가 많겠지만 내용과 관련해서 필자의

마음을 사로잡은 질문은 인간학적인 질문이었다. '이런 인간은 도대체 어떻게 해서 생겨난 것일까?'

앞서 언급했듯이 뇌의 이상에 따른 사이코패스들의 경우는 유전적인 원인에 기인하는 것이고, 유전적 치료가 아니면 근본적으로 해결할 방도를 찾기가 쉽지 않기 때문에 또 다른 사건이 일어나기 전에 그들을 격리시킴으로써 예방하는 것이 최고의 해결책이다. 이에 비해 다소 사회적인 맥락에서 일어나는 잔혹한 범죄와 관련해서는 우리 모두의 문제로 인식할 필요가 있다. 인간은 유전자의 영향과 사회적인 환경이라는 두 가지 결정적인 요소가 서로 유기적인 관계를 가짐으로써 형성되기 때문이다. 특히 우리가 함께 고려하고 있는 두 영화는 두 요소의 상관관계를 잘 보여 주고 있다고 생각한다. 여하튼 필자는 영화 속의 장면들로부터 불현듯 이런 질문을 제기하게 되었고, 이런 질문을 통해 영화에서 어떤 패턴을 인식할 수 있었다.

영화 이야기

먼저 <악마를 보았다>를 살펴보자. 이 영화에서 등장하는 수현(이병헌)은 약혼녀를 잔혹하게 살해한 사이코패스 경철(최민식)을 응징하되, 그에게 더욱 심한 고통을 안겨 줄 계획을 세우고 또 실행한다. 위치추적기를 통해 그를 추적하여 잡았다가 죽지 않을 만큼의 고통을 주고 또 풀어 주기를 반복한다. 문제는 정작 경철 본인은 고통과 두려움을 전혀 느끼지 못한다는 사실이며, 풀려난 다음에는 또 다른 범죄를 계속해서 저지른다는 것이다. 그럼에도 불구하고 왜 이런 행위를 반복하는 것일까? 아무리 극악한 범죄를 저질렀다 하더라도 인간으로서 공기관에 맡겨야 한다면서 던지는 이런 질문은 처제의 입을 통해서 강하게 언급되지만 수현은 자신의 행위가 나름대로 의미가 있다고 확신하며 복수를 포기하지 않는다. 살인마 경철에게 반복적으로 행하는 복수에서 경철과 수현 두 사람은 어느새 점점 닮아 간다. 수현 역시 자신이 처한 실존적인 환경으로 인해 폭력을 주저하지 않는 사람, 고통과 두려움을 잊어버린 사람이 된 것이다. 결국 두 사람 모두 사회적으로 허락되지 않은 범법 행위자이며, 경찰에 쫓기는 신세가 된다. 굳이 차이를 드러낸다면, 수현은 오직 살인마에게만 잔혹한 행위를 서슴지 않지만 경철은 누구에게든지, 특히 여성들에게 자신의 악마성을 드러낸다는 것이다. 수현의 잔혹함은 약혼녀의 죽음에 대한 복수이지만, 경철의 범죄 행각은 여성에 대한 병적이고 변태적인 집착증을 보이며 스스로는 결코 절제하지 못하는 욕망의 표현이자 사회에 대한 불신과 불만의 표출로, 근본적으로는 인간을 경시하는 태도다.

이에 비해 <아저씨>의 아저씨(원빈)는 아무 잘못도 없이 오직 자신의 직업적인 이유 때문에 죽어야 했던 임신한 아내로 인해, 그녀를 지키지 못했다는 사실을 떠올리며 큰 죄책감을 안고 사회적으로 철저히 자신을 숨기며 살아간다. 이것은 그가 그토록 도난당한 마약과 불법 장기 매매를 위해 납치된 여성과 그녀의 딸인 소녀를 구하겠다는 결심을 하며 위험을 무릅쓰고 나서게 된 직접적인 이유이다. 행위 자체는 복수라기보다는 오히려 일종의 속죄로 여겨지고, 그 행위의 잔혹함은 사회적 정의를 표현하는 것 같은 인상을 받는다.

이에 비해 범인들의 잔혹함은, 사람의 인권이나 생명보다는 생명 연장을 원하는 돈 많은 사람들을 위해 불법으로 장기를 매매하는 것을 정당하게 여기는 그들의 태도에서 볼 수 있듯이, 생명과 돈에 대한 탐욕에서 비롯된 것이었다. 안락사를 두려워하고 또 주저하는 가장 중요한 이유는 이처럼 강제적으로 시행되는 적극적이고 비자의적인 안락사 때문이다.

사회적 사이코패스

두 영화를 통해서 필자는 무엇보다 인간을 경시하는 사람들이 어떤 이유에서 형성되는지, 그리고 그런 사람들이 어느 정도로 타락할 수 있는지를 볼 수 있었다. 수현과 아저씨가 공권력을 대신해서 행하는 일들은 법적인 측면에서 보호되어야 할 인권을 무시하는 행위이다. 다시 말해서 인간 자신보다 자신의 내적인 동기나 욕망 그리고 돈을 더욱 중시하게 될 때 사이코패스와 같은 인간의 탄생은 명약관화한 것이라는 사실이다.

비록 전두엽에는 아무런 이상이 없다 할지라도 명예와 권력과 돈 그리고 생명 연장과 같은 각종 그럴듯한 이유들로 인해 인간을 경시하는 사람들을 '사회적 사이코패스'라고 볼 수 있다. 유신정권이나 5공화국 시기에 얼마나 많은 사람들이 경제부흥이라는 이름 때문에 혹은 권력으로 인해 목숨을 잃어야만 했는지를 생각해 보라. <하얀 리본>은 순수와 복종을 강요하는 권위에 의해 폭력이 어떻게 재생산되는지를 잘 말해 준 영화였는데, 마찬가지로 사회적 밈(Meme)에 이상이 생겨 형성되는 존재들은 '사회적 사이코패스'다.

사회적 사이코패스는 매우 다양한 방식으로 나타난다. 캄보디아의 킬링필드에서 볼 수 있듯이 이데올로기와 권력을 유지하기 위한 대량살상은 가장 대표적이며, 돈에 대한 탐욕으로 인해 인권을 유린하는 악덕 기업주 그리고 욕망을 억제하지 못하고 어떤 방식으로든 욕망을 충족시키기 위해 노력하는 사람들이 있다. 복수 또한 마찬가지다. 복수를 결행하는 사람들에게 그 대상은 이미 존재의 의미와 가치는 사라지고 말기 때문이다.

사회적 사이코패스들은 인간을 경시하는 유전자 확대와 재생산의 주범들이며, 이들이 인류 사회에 미치는 막대한 피해를 생각해 본다면, 무엇보다 예방적인 차원에서 인간과 인권을 중시하는 가치관을 올바로 세우는 일에 힘써야 할 것이다. 가정에서부터, 교회에서부터 그리고 우리 학교에서 먼저 철저하게 실행되어야 하며, 특히 교육 기관에만 미루지 말아야 하며 또한 권위에 의존해서는 안 된다. 인권은 그 무엇으로부터 침해받을 수 없는 천부의 권리다. 하나님의 형상으로 창조된 인간을 경시하는 것은 하나님을 만홀히 여기는 것이다. 그런 인간과 그런 사회가 어떻게 파괴될 것인지를 아는 것은 어렵지 않다. 인간을 경시하는 것은 어떠한 이유로도 정당화되지 못한다.

하드 고어 무비인 두 영화는 이런 점에서 그 잔혹함을 넘어 우리에게 인간의 소중함을 다시 한 번 일깨워 주는 사회 영화다. 모방 범죄가 일어나지 않고 미모의 배우나 그들의 연기에 사로잡혀 메시지를 놓치는 일이 없었으면 좋겠다는 바람이 유독 강했던 영화 감상이었다. 원수를 사랑하라는 말씀과 원수 갚는 일을 오직 하나님에게 맡기라는 말씀은 우리 안에 사이코패스를 제거하는 가장 좋은 안내자이다.

쌍둥이 빌딩이 여전히 서 있을 수 있기 위한 조건

〈뮌헨〉(스티븐 스필버그, 2005, 15세)

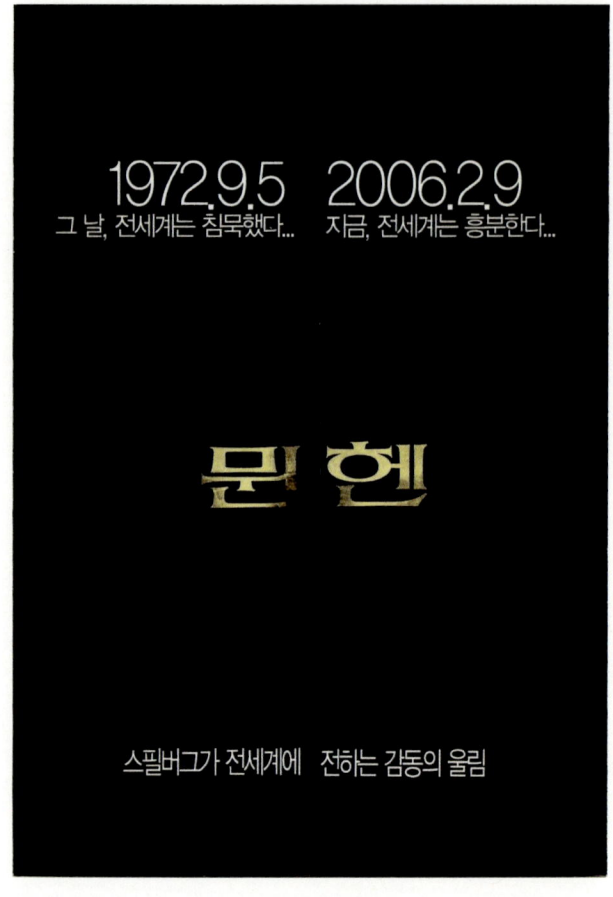

스티븐 스필버그(Steven Spielberg, 1946~), 오하이오 주 신시내티 출생으로, 어린 시절부터 영화에 관심이 많았으며 13살에 〈도피할 곳이 없는 탈출〉, 16살에는 장편 〈열전〉을 만들었다. 69년 단편 〈앰블린〉을 애틀랜타영화제에 출품했고, 1970년 캘리포니아 주립대학 영화과를 졸업할 무렵에 제작한 단편영화가 유니버설영화사의 눈에 띄어 그때부터 텔레비전 방송물의 감독을 하기 시작했다. 71년 텔레비전전용 영화로 제작된 〈대결〉은 유럽 극장에서 개봉되어 아보리아츠영화제에서 그랑프리를 받았다. 1974년에 제작되어 칸 영화제에서 각본상을 수상한 〈슈가랜드 특급〉은 그의 첫 극장상영작으로서 실화를 바탕으로 한 것인데, 코믹한 요소와 긴박감 넘치는 서스펜스 연출의 탁월함으로 많은 비평가들로부터 찬사를 받았다. 아카데미영화제 감독상(1994), 골든 글로브 감독상(1999), 아카데미영화제 감독상(1999) 등을 수상한 화려한 경력을 가지고 있다. 그의 작품 가운데 〈죠스〉(1975), 〈레이더스〉(1981), 〈E.T.〉(1982), 〈인디아나존스〉(1984), 〈컬러 퍼플〉(1985), 〈태양의 제국〉(1987) 등은 잇따라 영화흥행기록을 갱신하였다. 특히 〈쥬라기 공원〉(1993)은 그의 독창적인 특수효과와 기술적인 기교가 잘 드러났고 〈쉰들러 리스트〉(1993)는 제66회 아카데미 감독상과 작품상을 비롯하여, 7개 부문을 수상한 바 있다. 현재는 감독활동뿐만 아니라 제작활동도 활발하게 하고 있다.

Filmography: 죠스(1975), 레이더스(1981), E.T.(1982), 인디아나존스(1984), 컬러 퍼플(1985), 후크(1991), 쥬라기 공원(1993), 쉰들러 리스트(1993), 아미스타드(1997), 쥬라기 공원 2-잃어버린 세계(1997), 태양의 제국(1987), 라이언 일병 구하기(1998), 우주전쟁(2005), 뮌헨(2005) 등

1972년 9월 5일 지구촌의 대축제인 제20회 뮌헨 올림픽이 한창이던 때, 팔레스타인 게릴라 단체 '검은 9월단'은 이스라엘 선수촌에 난입했다. 진입을 저지하던 2명의 코치를 현장에서 살해하고 선수들을 인질로 잡은 채 이스라엘에 억류 중이던 팔레스타인 230명의 석방을 요구했다. 헬기로 탈출을 시도했지만 대치 중이던 독일특수경찰과 총격전을 벌이게 되었다. 이 과정에서 게릴라 5명이 사살되고 3명은 체포되었다. 인질은 '검은 9월단'에 의해 전원 사살되었다.

이데올로기에 기초한 살인 동기

당시에 TV로 생중계된 이 사건을 접한 전 세계인은 경악했고, 이스라엘 지도부는 크게 분노했다. 당시 총리였던 골다 메이어는 이스라엘이 결코 약하지 않다는 것을 보여 주기 위해 인질극을 주도한 배후 인물 11명을 지목하고 암살을 지시한다. 자신들의 보복이 역사에서 결코 예외적인 사건이 아님을 환기시키면서 이스라엘 정보원 모사드의 일원인 애브너(에릭 바나 분)를 책임자로 임명한다.

애브너는 만삭의 아내와 함께 출생할 아이를 기다리며 단란한 가정을 꿈꾸고 있다. 임무수행의 심각성과 위험성을 감지한 애브너는 가족을 위해 거절하고 싶었지만 민족과 국가 그리고 가족이 불가분리의 관계에 있는 유대적인 정서로 인해 마지못해 책임을 맡게 된다. 사실 새로운 생명의 출생을 기다리는 한 가정의 남편으로서 애브너가 암살의 책임을 맡게 된 것은 아이러니한 일이 아닐 수 없다. 이것은 영화의 결말을 암시하는 복선으로 읽히기도 한다. 내 가족이 소중하다면 다른 사람의 가족도 존중되어야 하기 때문이고 또한 생명의 탄생을 기다리는 자가 생명을 죽이는 일을 하는 것처럼 역설적인 것은 없기 때문이다.

애브너의 뇌리에 깊이 박히도록 암살 행위에 계속적인 동기를 부여해 준 것은—비록 총리에 의해 부여된 의미였긴 하지만—그 임무 수행이 가족의 일이라는 점이다. 가족의 소중함을 알고 또 소박하긴 하지만 행복한 가정을 꿈꾸는 애브너는 게릴라 단체들에 의해 무참히 살해당하는 이스라엘 인질들의 모습을 떠올리면서 자신의 가족도 그중에 하나일 수 있다는 두려움을 갖게 된다. 오히려 두려움의 대상을 먼저 제거함으로써 가족을 위험으로부터 지켜야 한다는 의지로 발전되면서 암살 행위는 자연스럽게 합리화된다. 임무 수행에 회의를 느낄 때마다 연상되는 이스라엘 인질들이 살해되는 장면은 애브너로 하여금 임무 수행이 테러에 의해 가족을 잃은 자에게 나타나는 자연스런 분노의 표현이며, 그렇기 때문에 정당한 일로 여기게 해 주어 임무 수행의 의지를 더욱 굳게 해 준다. 그러나 이 모든 것은 애브너의 자발적인 생각이었다기보다는 가족의 일이라는 명분으로 그에게 주입된 국가이기주의에 기초한 이데올로기였다.

악순환의 궤도에 올라타다

에프레임(제프리 러쉬 분)으로부터 임무를 부여받은 애브너는 네 명의 팀원과 함께 암살리스트에 있는 사람들을 하나씩 암살해 나간다. 암살단은 국제적인 비난을 피하면서도 여타의 테러와 차별화하기 위해 철저하게 목표물만을 제거하는 데에 전념한다. 그러나 스필버그는 암살 행위의 정당성에 의문을 불러일으키도록 하기 위해 몇 개의 장면에서 다소 대담한 장면을 연출한다. 대표적인 것은 애브너 팀을 통해 암살당하는 사람들이 지극히 평범한 사람들이며, 심지어 따뜻한 마음의 소유자로 부각시킨 것이다. 곧, 그들은 거리의 카페에서 사람들에게 글을 읽어 주는 사람이며, 한 가정의 아빠로서의 다정다감한 모습을 갖고 있고 낯선 사람에게 따뜻한 말 한마디를 건넬 수 있는 사람이다. 암살명단에 있는 마땅히 제거되어야 할 사람들의 실제 모습들을 접하고, 또 그들을 제거하는 계획을 실행하는 애브너와 그의 팀원들은 깊은 혼돈을 경험하게 된다.

암살 계획을 실행하면서 애브너 팀은 자신들에 의해 암살된 사람을 대신해서 임명된 대체 인물들이 전보다 더욱 잔인한 테러로 보복하는 사실을 확인한다. 결국에는 그들 역시 암살 명단에 추가될 수밖에 없다. 암살 행위는 결코 멈추어질 것 같지 않아 보인다. 애브너 팀은 끝없는 악순환의 궤도 위에 서 있는 것이다. 이런 악순환의 심각성을 깨닫고 의미 없는 행위에 깊은 회의를 느끼게 된 팀원들은 점점 잦아지는 갈등으로 인해 팀워크의 위기를 느끼게 된다. 게다가 팀원들의 일부가 암살되자 자신들도 누군가에 의해 표적이 되고 있다는 사실로 인해 초긴장상태에 빠진다. 축제의 분위기를 상징하는 만찬은 더 이상 의미를 갖지 않는다. 암살을 위해 사용된 방법들이 자신들에게도 동일하게 사용될 수 있다는 극도의 불안감으로 애브너는 두려움에 사로잡히고 심지어 강박 증세를 보이는 가운데 정상적인 생활에 큰 방해를 받는다. 스필버그는 애브너에게 나타난 이러한 변화를 상징적으로 보여 주고 있는데, 아내와의 두 번에 걸쳐 이뤄진 대조적인 섹스신을 통해서다. 즉 임무 수행 전에 가진 만삭의 아내와의 관계에서는 비록 불편한 자세였지만 서로에게서 큰 만족을 느꼈던 반면에, 임무 수행 후에 가진 섹스에서는 극도의 불안감 속에서 무감동적인 행위만이 반복될 뿐이다. 이로써 스필버그는 애브너의 임무가 결코 풀어지지 않는 악순환의 궤도에서 반복될 뿐이며, 또한 인간의 기본적인 욕구마저도 방해받을 정도로 한 개인과 가족을 황폐하게 만들었음을 폭로한다.

1872년의 테러와 보복의 메커니즘

주의 깊은 관객이라면 마지막 장면에서 지금은 더 이상 존재하지 않는 뉴욕의 쌍둥이 빌딩을 볼 수 있을 것이다. 계속적인 테러를 종용하는 에브라임과 더 이상의 테러는 불가능하다며 버티는 애브너 사이에서 볼 수 있었던, 그러나 9·11테러로 무너져 내려 더 이상 존재하지 않는 것이다. 애브너는 계속적인 암살을 종용하는 에브라임을 오히려 저녁 만찬에 초대하지만 거절당한다. 평화의 길을 가자는 의미에서 이루어진 애브너의 제안을 거절함으로써 이스라엘은 계속해서 보복의 길을 가겠다는 의지를 보인 것이다.

그런데 바로 이 장면에서 필자는 상당히 흥분되고 있음을 스스로 감지할 수 있었다. 사실 1972년 뮌헨 테러가 없었다면 가장 좋았겠지만, 이 사건 이후에 볼 수 있었던 일련의 테러와 각종 중동지역의 전쟁들을 살펴보면, 그 배후에는 평화의 제안을 거부하고 복수의 칼을 놓지 않던 이스라엘 정부의 분노와 암살 행위가 있었음을 확인해 볼 수 있다. 영화를 통해 마치 이런 가설을 듣는 것 같았다. "만일 1972년 뮌헨 올림픽 인질 사건과 응징의 조치로 이뤄진 암살테러가 없었다면 쌍둥이 빌딩은 여전히 서 있을 수 있지는 않았을까?" 이스라엘 정부가 좀 더 거시적인 안목에서 대처했다면 9·11테러는 없었을 수도 있지 않았겠느냐는 가설이다. 만일 누군가 이런 가설에 동의한다면 스필버그 감독은 분명 이 영화를 통해서 과거에서부터 9·11테러에 이르기까지 계속된 테러의 메커니즘을 규명해 보여 주려 했다고 추리하는 것은 그렇게 무리한 것이 아니다.

자기중심적 사고의 비극

20세기의 마지막에 새로운 천년을 기대하며 전 세계적으로 가졌던 각종 화려한 퍼포먼스에서 받은 감동이 크면 클수록 9·11테러에 대한 충격은 클 수밖에 없었다. 왜냐하면 21세기에 대한 기대 가운데 가장 큰 비중을 차지했던 것은 세계 평화였기 때문이다. 그런데 기대와 소망의 열기가 채 가시기도 전에 인류사에서 결코 지워지지 않을 끔찍한 테러가 일어난 것이다. 사실 9·11테러가 일어났을 때 많은 사람들은 어떻게 해서 이런 일이 인류 역사에, 그것도 21세기 벽두에 일어날 수 있었는지를 의심하고 또 의심했다. 사람들이 내놓은 해법은 '문명의 충돌', 곧 테러의 원인을 이슬람 문명과 기독교 문명의 충돌에서 찾은 것이다. 한편으로는 결코 있어서는 안 되는 보복이 서로에 대해 행해지고 있었지만, 다른 한편으로는 갈등의 극복은 물론이고, 공생을 넘어 상생할 수 있는 가능성들을 모색하기에 분주했다. 그러나 진단에 대한 처방의 효력은 기대에 미치지 못한 것 같다. 사무엘 헌팅턴이 전망하고 규정한 '문명의 충돌'이라는 개념으로 진단하기에는 그 해결책을 찾기가 쉽지 않은 일들이 많기 때문이다. 예를 하나 든다면, 이슬람권에서는 모하메드를 풍자하는 것이 엄밀하게 금지되어 있는데도 불구하고, 덴마크 언론이 모하메드를 테러리스트로 풍자한 만화를 게재해 이슬람권을 발끈하게 만든 일이다. 이로 인해 세계 각 지역에서 폭력사태가 끊이지 않고 있다. 이것은 문명의 충돌이 아니라 한쪽이 다른 쪽을 배려하지 못한 무분별한 행위에서 비롯된 것이다.

　'문명의 충돌'이 그럴듯한 인식의 틀을 제공해 주는 것은 사실이지만, 갈등의 실마리를 찾으면서 너무 성급하게 '문명'을 희생양으로 삼은 것은 아닌가 하는 의문을 갖게 된다. '문명의 충돌'은 사실 형체를 도저히 짐작해 볼 수 없는 추상화와 같은 것이다. 좀 더 구체적인 표현을 빌자면 가치관과 세계관의 차이 혹은 종교의 차이를 의미한다. 서로의 차이를 좁히지 못하는 것은 물론이고, 차이를 인정하지 못하는 것이 갈등의 원인이라는 것이다. 그래서 7개 내지는 8개 문명권의 차이를 진지하게 인식하는 것은 물론 차이를 인정하면서 공존할 수 있는 방법이 적합한 해결책으로 강구되었다. 문명의 충돌을 피하기 위한 인종의 차이, 문화의 차이, 성별의 차이, 나이의 차이, 장애인과 비장애인의 차이 등 수많은 차이들을 인식하는 노력이 캠페인의 형태로 전개되었고 또한 그 차이를 인정하며 공존할 수 있는 방법이 다양하게 모색되었다.

　그러나 인류가 직면하고 있는 갈등과 문제가 단지 차이 자체에서만 비롯된 것일까? 차이 자체보다는 오히려 자기중심적인 사고에서 비롯되는 것은 아닌가? 옳고 그름의 차이를 정확하게 알고 있다 해도 진리의 기준과 평가가 자기중심적이라면 갈등은 피할 수 없기 때문이다. 그러나 아무리 큰 차이를 갖고 있다 해도 이타적이고 남을 배려하는 마음만 있다면 갈등 없이도 얼마든지 공존할 수 있다.

　스필버그는 바로 이 점을 바르게 본 것 같다. 영화에만 제한해서 그의 생각을 읽어 본다면, 그는 인류의 숙제 가운데 하나로서 팔레스타인과 유대인의 갈등이 단지 차이를 인정하지 않아서 비롯된 것이라는 생각에 쉽게 동의하지 못하는 것 같다. 갈등의 핵심은 차이를 넘어 최소한의 행복을 누릴 수 있는 집을 차지하기 위한 싸움(이것은 암살을 준비하기 위해 머물렀던 집에서 우연히 이뤄진 암살대상자를 경호하는 PLO 청년들과의 동거와 그들과의 대화에서 충분히 표현되었다)인 것이다. 이런 맥락에서 볼 때, 어떻게 보면 서로 공존할 수 없는 조건이지만, 다른 한편으로는 서로가 조금씩 양보하면 그들이 폐허에서 함께 동거할 수 있었듯이 그런 방식으로 공존할 수 있는 것이다. 스필버그는 공동의 목적임에도 불구하고 이것을 자신들만이 차지하기 위한 욕심에서 유래된 싸움의 고리가 단절되지 않고 계속되었기 때문에 결국 9·11테러로 이어지게 된 것이라는 논리다. 싸움의 이유는 차이 그 자체에 있다기보다는 오히려 공존을 방해하는 자기중심적인 사고에서 기원하는 소유욕이고, 또한 소유욕이 좌절되었을 때 나타나는 서로에 대한 보복에서 찾아야 한다고 주장하는 듯하다. 적어도 한쪽이 다른 쪽의 행복한 삶을 배려하고 달리 생각했다면, 예컨대 최소한 1972년의 인질극에 대해 이스라엘 정부가 가족의 일이라는 명분으로 암살 행위를 합리화하지 않고, 오히려 인류 전체를 생각하고 대처했다면, 분명 9·11테러의 비극으로까지는 이어지지 않았을 것이라는 가상 시나리오다. 필자는 영화 <뮌헨>에서, 특히 마지막 장면에서 그의 이런 추리를 읽어 볼 수 있었다.

<뮌헨>을 만들면서 유태인인 스필버그가 이 영화로 인해 자신이 동포로부터 미움을 받을 것이라는 염려를 숨기지 않았던 이유도 바로 여기에 있다. 임무를 수행하는 중에 예상치 못한 살인을 하고 깊은 회의에 빠져 "우리들은 정의로워야만 하잖아. 그런데 난 지금 그걸 잃었어. 그것이 내 영혼인데 말이야"라고 신음하는 듯이 말하는 로버트(마티유 카소비츠)에게서 유대인 스필버그의 독백을 들을 수 있는 것은 그렇게 어려운 일이 아니다. 다른 나라나 민족과 달리 여호와를 하나님으로 섬기고 있고 또 그의 율법을 가지고 있는 자라면 정의를 생각해야 했고, 또 보다 거시적인 관점에서 사태를 바라보며 평화를 일궈 내야 하지 않았느냐는 스필버그의 자성의 목소리를 듣게 된다.

복수의 참담한 결과

복수는 복수를 초래할 뿐이다. 애브너는 비록 자신의 의지가 아니라 이데올로기에 사로잡혀 어쩔 수 없이 시작된 보복용 암살이라 해도, 결과적으로는 심리적으로 대단히 황폐해지게 되었다. 살인행위가 인간의 영혼을 황폐화시키는 것은 당연하지만, 꼭 그런 것만은 아닌 것 같다. <리플리스 게임>(릴리아나 카바니, 2005)에서 볼 수 있듯이 살인을 하되 아무런 동요 없이도 할 수 있고, 또한 아주 고상한 취미생활을 하며 일상의 삶을 아주 자연스럽게 살아갈 수도 있기 때문이다. 따라서 애브너의 정신과 마음의 황폐함은 살해 그 자체보다는 오히려 복수 행위에서 찾아야 한다. 그러므로 성경은 형제자매를 미워하는 것이 바로 살인과 같은 것이라고 본 것이다. 굳이 살인까지 가지 않더라도 복수심에 불타는 마음만으로 한 영혼을 황폐하게 만들기에 충분하기 때문이다.

더 이상 존재하지 않는 쌍둥이 빌딩을 보여 주면서 1972년의 테러와 보복의 메커니즘을 보여 주는 <뮌헨>은 9·11테러에 대한 보복으로 오사마 빈 라덴을 잡기 위해 수행된 아프가니스탄 폭격과 이라크 전쟁 등으로 나타난 미국의 태도에도 깊은 의문을 제기한다. 1972년의 테러와 그 이후에 전개되는 과거의 역사로부터 아무것도 배우지 못한 부시 정권에 일침을 놓는 영화가 아닐 수 없다. 부시 정권은 차이를 인정한다 하더라도 지배적인 세력은 있어야 한다고 생각하는 편이다. 현대의 화두가 되고 있는 세계화는 그런 정치적인 의도를 담고 있는 경향 가운데 하나다. 아무리 차이를 인정한다 해도 지배적인 경향은 전제되어야 한다는 생각의 결과다. 이러한 생각에 쉽게 동의할 수 없었던 스필버그는 <뮌헨>을 통해서 이런 질문을 제기하는 듯하다. '주도권을 내세우지 않으면서도 서로 다른 것들이 공존할 수 있는 가능성은 진정 없는 것일까?'

쌍둥이 빌딩이 여전히 서 있을 수 있기 위한 필요조건이 보복적인 응징을 포기하는 것이었다고 한다면, 이것을 어기고 부시 정권에 의해 실행된 일련의 보복조치들의 결과는 어떻게 나타날 것인가? 그 조짐이 이미 여러 곳에서 나타나고 있지만, 9·11테러 이후에 결코 줄어들지 않고 오히려 점점 더 대담해지는 공포 분위기는 단지 그 서막에 불과할 것이다. 무너진 쌍둥이 빌딩은 자본과 기술의 힘으로 다시 세울 수 있겠지만, 무너진 신뢰관계와 잿더미에 묻힌 천하보다 귀한 생명은 도대체 무엇으로 보상할 수 있을 것인가? 피는 피를 부르는 법이다. 인류 모두가 함께 거할 집인 지구촌을 지켜 내기 위해서 좀 더 거시적인 안목에서 평화질서를 고안해 내야 한다.

스필버그는 영화를 통해서 정치를 하려는 것은 아니었다. 따라서 그는 평화를 위한 구체적인 방법을 제시할 수는 없었다. 그는 애브너라는 한 인간의 파멸과정의 단면을 통해 보복 정치의 결과와 한계를 보여 주면서 현 부시 정권을 비판하고 있을 뿐이고, 그 대안으로 가상적인 시나리오를 통해서 방향만을 제시하려는 것뿐이다. 그가 말하고 싶은 것은 적어도 누가 먼저 시작했든지 무력과 폭력에 의한 보복행위는 멈추어져야 한다는 것이다. 그리고 인간 사회의 기본 단위인 가정에 충실하면서 어떤 일이 전개되는지를 지켜보자는 것이다. 바로 이런 점에서 우리는 인류에 대한 스필버그 특유의 낙관론적인 사고를 읽어 볼 수 있다. 그렇다면 이제 무력과 폭력에 의한 보복행위를 대체할 만한 방법을 고안해 내는 것은 정치인들의 과제로 돌아갈 것이다.

한편, 이미 다수의 영화를 통해 '복수'라는 주제에 익숙한 한국 관객들에게 <뮌헨>은 복수의 또 다른 모습을 보여 주고 있어 복수의 다양한 측면을 이해하는 데에 큰 도움을 얻을 수 있을 것으로 기대된다. 다시 말해서 박찬욱 감독의 복수 3부작을 포함해서 <오로라 공주>(방은진, 2005)[1]와 <6월의 일기>(임경수, 2005)[2]의 주제는 희생당한 자녀의 어머니를

---

1) **방은진**(1965~): 국민대 의상학과 출신으로 연극배우, 영화배우 출신의 영화감독이다. 연극 〈처제의 사생활〉로 연극에 데뷔하여 연극배우로 활동하다 임권택 감독의 〈태백산맥〉(1994)에 캐스팅된 것을 계기로 영화배우가 되었다. 이때 그녀의 나이는 29세였다. 1995년 〈301 302〉에 주연으로 출연하여 청룡영화제, 춘사영화제의 여우주연상, 영화평론가 협회 여우주연상을 수상했고, 2002년에는 대종상여우조연상을 받았다. 1999년 김진한 감독의 단편 〈장롱〉에 조감독으로 활동하기도 하였다.
   Filmography: 엄마, 미안해(2004), 오로라 공주(2005), 출연작: 태백산맥(1994), 301 302(1995), 엄마와 별과 말미잘(1995), 학생부군신위(1996), 너희가 재즈를 믿느냐(1996), 산부인과(1997), 구멍(1999), 수취인불명(2001), 잎새(2001), 스물넷(2001), 비디오를 보는 남자(2002), 로드무비(2002), 묻지마 패밀리(2002)

2) **임경수**(1967~): 서강대 출신으로 TV 프로그램 제작에 참여하면서 꾸준히 연출수업을 쌓아 왔다. 단편 〈이상한 하루〉(1996)로 데뷔했고, 〈깜동〉, 〈비오는 날의 수채화〉 등에서 연출부 생활을 거쳤다.
   Filmography: 도둑맞곤 못살아(2002), 6월의 일기(2005)

통해 이뤄지는 복수다. 박찬욱 감독은 3부작을 통해 복수의 숙명적인 현실(<복수는 나의 것>)과 복수의 방법과 내용(<올드 보이>) 그리고 복수와 삶의 상관관계(<친절한 금자씨>)를 보여 주었고, <오로라 공주>와 <6월의 일기>는 사회적으로 소외받은 자의 대표 격인 여성(특히 여러 이유로 혼자 된 여성)들이 자녀의 비극에 대해 어떻게 분노하는지를 보여 주었다. <악마를 보았다>는 복수는 서로를 닮게 만든다는 사실을 폭로한다. 이에 비해 <뮌헨>은 복수하는 행위가 행위 당사자 안에 어떠한 영향을 미치는지 또 그 결과가 어떻게 나타나는지를 잘 표현하고 있다.

복수를 하나님께 맡기기

복수하는 일은 오직 하나님께 속했다는 말은 인간은 어떤 부당한 일을 당했다 하더라도 스스로의 힘으로 복수하려고 해서는 안 된다는 의미다. 모든 것을 하나님께 맡기는 가운데 오히려 원수에게 선을 쌓기를 노력한다면 하나님은 어떤 방식으로든 반드시 그 대가를 치러 주신다는 것이 성경이 말하는 중심 메시지 가운데 하나다. 인간의 자유를 구속하기 위함이 아니다. 복수를 하나님께 맡기는 것은 서로 다른 사람들이 지구촌에서 평화 가운데 공존하면서 풍성한 삶을 살아갈 수 있게 하기 위한 조건인 것이다. <뮌헨>은 하나님의 이런 뜻을 오해하고 또한 그 말씀에 순종하기를 거절하고 오직 국가이기주의에 사로잡혀 있고 율법주의적인 사고에 따라 사는 사람들의 결국이 어떻게 될 것인지를 잘 보여 준 영화라고 생각한다.

(「목회와 신학」 2006년 4월, 194－199)

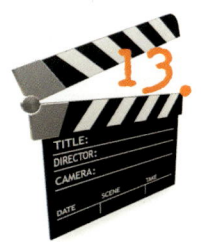

13. 폭력에 대한 성찰과 인식
그리고 +α

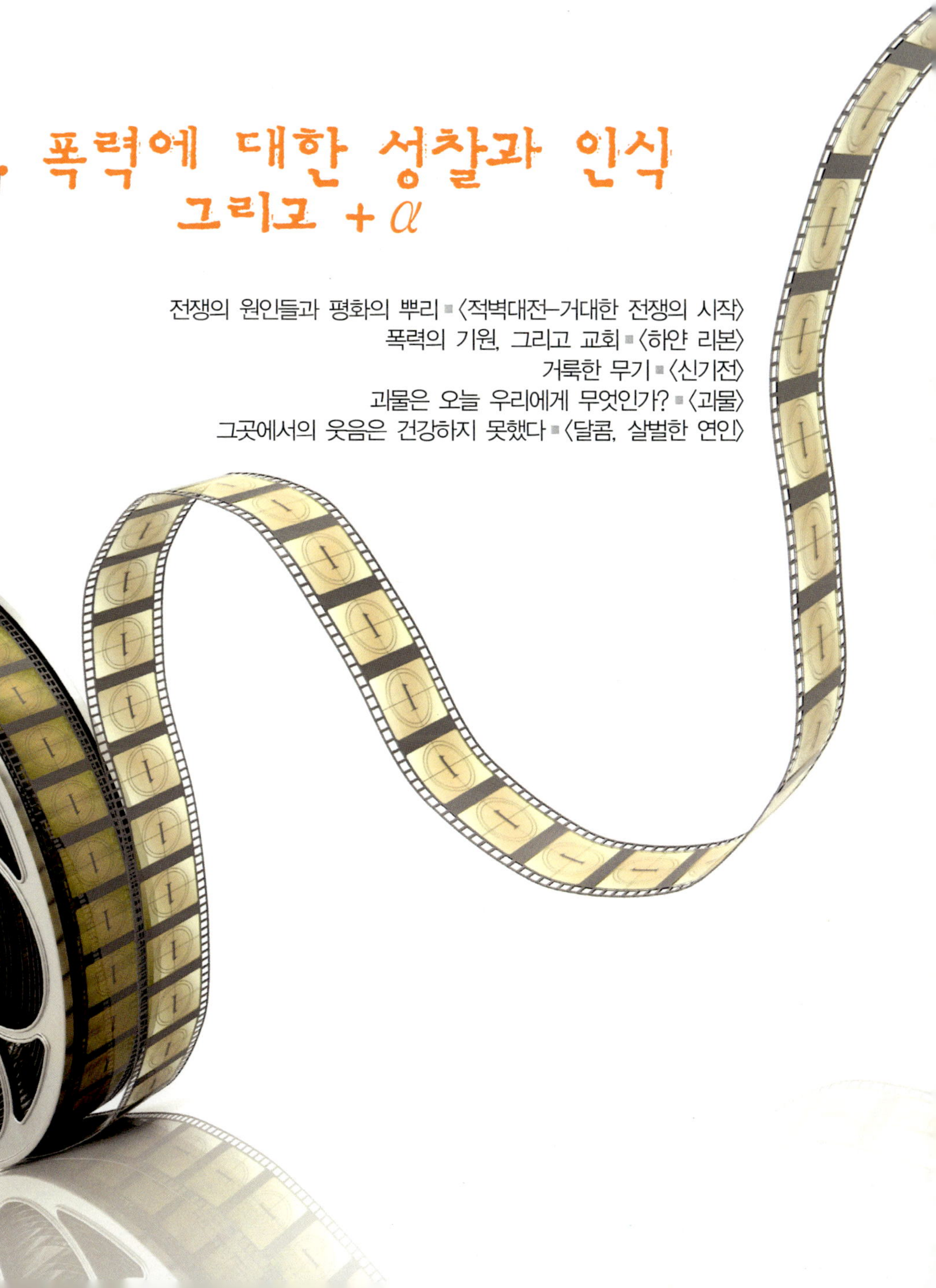

전쟁의 원인들과 평화의 뿌리
〈적벽대전─거대한 전쟁의 시작〉(오우삼, 2008, 15세)

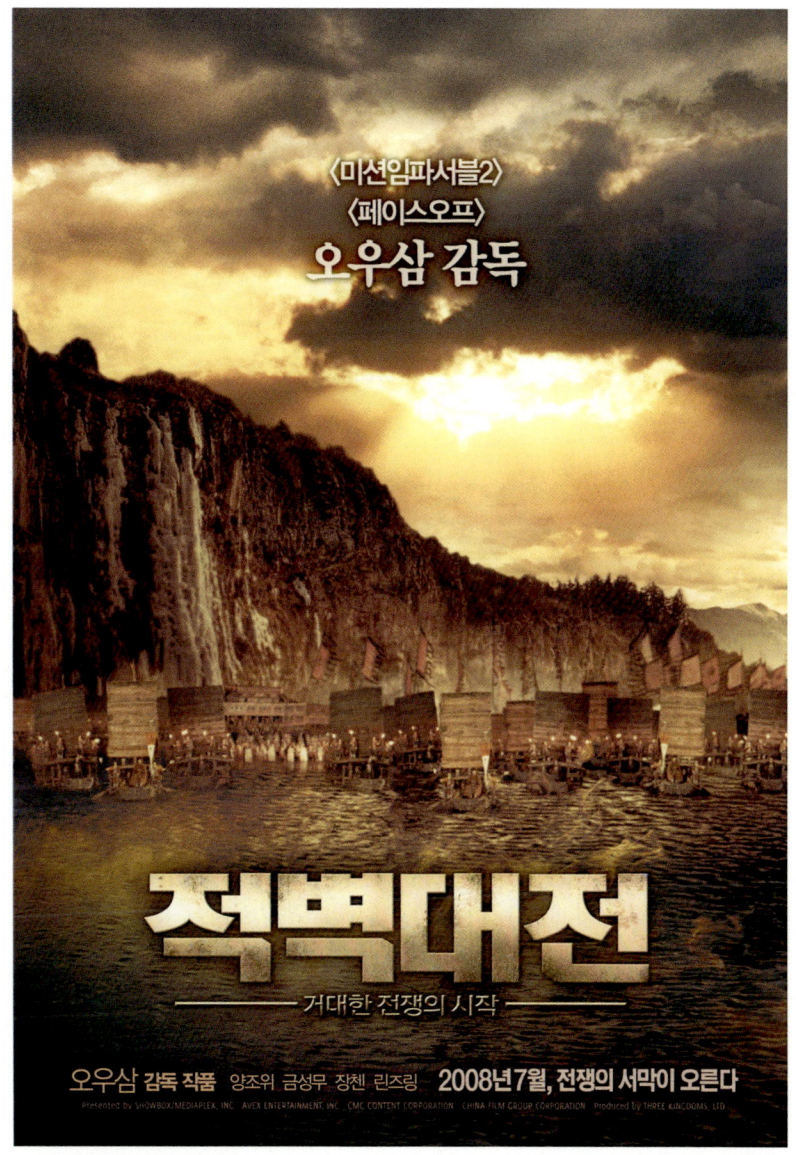

오우삼(吳宇森, 1946~), 중국 출신, 1990년 홍콩금장상 감독상, 작품상, 1993년 홍콩금장상 편집상 수상

Filmography: 드래곤 테이머(1974), 철한유정(鐵漢柔情, 1975), 용호문(龍虎門, 1975), 소림문(少林門, 1975), 영웅본색(英雄本色, 1986), 영웅본색 2(英雄本色 Ⅱ, 1987), 흑전사(義膽群英, 1989), 첩혈쌍웅(喋血雙雄, 1989), 첩혈가두(喋血街頭, 1990), 종횡사해(縱橫四海, 1991), 첩혈쌍웅 2─첩혈속집(Lashou shentan, 1992), 하드 타겟(1993), 브로큰 애로우(Broken Arrow, 1996), 페이스 오프(1997), 미션 임파서블 2(2000), 윈드토커(2002), 하이어─호스티지(2002), 페이첵(2003), 보이지 않는 아이들(2005), 적벽대전─거대한 전쟁의 시작(2008), 적벽대전 2─최후의 결전(2009), 검우강호(2010)

촉과 오나라의 20만 연합군이 위의 조조가 이끄는 100만 대군에 맞서 일전을 벌여 조조가 이끄는 대군을 대파시킨 적벽대전은 수많은 전투신을 담고 있는 삼국지에서 단연코 백미로 꼽힌다. 적벽대전은 동한 헌제 건안 13(208)년 중국대륙이 위·촉·오 삼국으로 분할되어 통치되던 때에 한 황실의 힘을 등에 업은 조조(장풍의 분)가 천하를 통일하려는 야심을 내려놓게 만든 결정적인 싸움이다. 영화 <적벽대전-거대한 전쟁의 시작>은 조조의 위세가 어떠했는지, 유비(우용 분)와 손권(장첸 분)이 어떻게 연합세력을 형성하게 되었는지 그리고 마침내 그들이 적벽에서 어떻게 조조의 100만 대군과 맞서게 되었는지를 보여 주는 것으로 1부를 마무리한다.

오우삼 감독은 이 영화를 통해서 단지 화려한 액션만을 보여 주려고 했던 것 같지 않다. 당시의 지도자인 조조와 유비 그리고 손권의 캐릭터를 통해서 다양한 지도자상과 전쟁에 임하는 여러 가지 동기들을 보여 준다. 뿐만 아니라 유비 휘하에 있는 제갈량(금성무 분), 관우, 장비, 조자룡(후쥔 분)과 같은 장수들의 개성과 인품까지도 꼼꼼하게 분석해 내고 있다. 물론 소설 삼국지가 담고 있는 모든 것들을 다 보여 주고 있지 않아 삼국지를 읽은 독자들에게는 실망스럽기도 하겠지만, 그래도 인간이해와 관련해서 적지 않은 소득을 얻을 수 있을 것 같다. 영화 안에서 사용된 전술에 관련해서는 단지 읽고 상상할 수 있었던 것들을 눈으로 확인해 볼 수 있다는 점에서 영화의 매력을 물씬 느낄 수 있다.

2부에서 더욱 자세하게 표현될 것으로 기대되지만, 오우삼 감독이 1부에서 관객들에게 특별히 어필하고 싶은 점이 있다면 부제로 붙여진 '거대한 전쟁의 시작'의 다양한 동기들과 장수들의 지략이라 생각된다. 다분히 감독의 해석이 가미되긴 했지만 거대한 전쟁의 시작을 주목해서 감상한다면 먼저 다음과 같은 몇 가지 동기들로 정리된다.

첫째, 조조의 싸움은 천하통일에 대한 야심과 주유의 아내 소교에 대한 탐심에서 비롯되었다. 천하통일에 대한 야심은 스스로에게 신적인 의미를 부여하는 것이어서 다분히 종교적인 의미를 담고 있다. 이것은 권력을 추구하는 모든 사람들에게 공통적으로 나타나는 특징이다. 그러나 소교(린즈링 분)에 대한 개인적인 탐심이 전쟁의 원인이 되고 있는 사실은 조조의 장수들까지도 실망하게 만든다. 백성들을 자신의 욕심을 채우기 위한 수단으로만 여기는 태도 때문이다. 조조는 비록 권력을 가진 자다운 여유를 가졌지만 부하 장수들과의 관계에서 신뢰를 구축하지 못하는데, 이는 공과 사를 구분하지 못한 그의 리더십 때문이다.

둘째, 유비의 모습이 1부에서는 크게 부각되지 않고 있지만, 유비가 싸움에 임하게 된 동기는 조조와 대조적으로 백성을 보호하는 데에 있었다. 조조에게 쫓기는 상황에서도 유비는 백성들의 신변안전을 최우선의 과제로 여긴다. 그 결과 휘하 장수들의 힘을 모으고 또 손권과 협력하에 조조와의 싸움을 벌이게 된다.

셋째, 손권은 연합전선을 독려하는 제갈량 앞에서 우유부단한 모습을 보이지만 조조에 대한 불신으로 인해 유비와 연합하게 된다. 한편, 손권이 조조의 연합제의를 거절하고 유비와 연합할 것을 결정하기까지는 주유(양조위)의 영향력이 컸는데, 영화를 보면서 궁금해진 것은, 주유의 마음을 움직인 것은 무엇이었을까이다. 주유를 찾아간 제갈량은 주유와 거문고 합주를 하게 되는데 마치 재즈 연주를 듣는 듯했다. 이 연주를 통해 제갈량과 주유는 서로에 대해 무엇을 독해한 것일까? 제갈량의 지론은 3국의 균형에 기반을 둔 평화였다. 자신의 악기를 연주하면서도 하나의 음악을 만들어 내는 것은 마치 오늘날의 재즈 연주와 같은 느낌을 주는데, 거문고 합주는 제갈량의 지론을 예술적으로 승화시켜 표현한 것이 아닐 수 없다. 다시 말해서 삼국의 균형이 온전하게 유지되기 위해서 조조와의 한판 승부는 피할 수 없는 것이었으며 이를 위해 힘을 합치지 않겠느냐고 묻는 제갈량의 질문에 주유는 자신의 거문고 연주를 통해서 긍정적으로 대답한 것이다. 참으로 동양적인 소통방식인 이심전심의 전형을 보여 주는 장면이 아닐 수 없다. 정리해서 말한다면, 주유가 제갈량과 만나 조조와 한판 싸움을 결정하게 된 이유는 조화와 균형에 대한 기대 때문이었던 것 같다. 거문고 연주로 서로의 마음을 읽은 제갈량과 주유는 한마디 말도 없이 서로에 대한 의사를 확인할 수 있었다.

영화 속에서 주목할 만한 것 가운데 또 하나는 장수들의 지략이다. 영화 속성상 소설 속의 지략들이 다 소개될 수 없었겠지만, 다양한 원인과 동기들을 드라마틱하게 표현한 전쟁은 장수들의 지략과 어우러져 영화의 맛을 더해 주는데, 특히 제갈량이 낡은 전술로 알려진 '구궁팔괘진' 전법을 사용해 승리로 이끄는 장면은 압도적이다. 조조와의 싸움에서 항상 결정적인 역할을 했던 유비의 책사 제갈량의 지혜는 주로 자연을 통해 얻어진 것이었다. '구궁팔괘진'은 거북이 등껍질을 본뜬 것이고, 2부에서 자세하게 나오게 되겠지만 적벽대전에서의 승리 역시 바람의 방향을 이용해서 얻게 된다.

제갈량이 지혜를 얻는 모습을 보면서 어떻게 하면 자연을 통해서 지혜를 얻을 수 있는 것일까 하는 의문이 든다. 여호와를 경외하는 것이 지혜의 근본이라고 했기 때문이다. 여호와를 경외하는 것과 자연과 어떤 상관관계가 있는 것일까? 이런 질문에 직면해서 생각해 본다면, 지혜는 피조물과 더불어 사는 삶의 자세로부터 얻을 수 있는 것이라고 추측하게 된다. 자연을 정복하려는 것이 아니라 자연과 더불어 세상을 살아가려고 할 때 자연으로부터 지혜를 얻을 수 있는 것이다. 제갈량의 지론도 바로 이러한 자연과 조화로운 삶에서 비롯된 것이리라. 여호와를 경외하는 것에 신앙의 생태학적인 차원이 포함되어 있음을 알게 된다. 그래서 솔로몬 역시 지혜는 하나님에게서 나온다고 말하면서도 잠언 30장에서 피조물들을 통해서 얻은 지혜를 기록해 놓을 수 있게 된 것이다.

인류역사가 전쟁의 역사라고 말하면 지나친 말일까? 물론 어떤 관점에서 역사를 보느냐에 따라 달라지겠지만 역사를 대략 훑어보면 시대마다 전쟁에 대한 기록들을 어김없이 만나게 된다. 실로 고대사는 전쟁사를 중심으로 기록되었고, 근대 역시 정복을 위한 전쟁으로 가득했으며, 전체주의 이념이 지배적일 때에도 전쟁은 역사를 이끄는 힘이었다. 비록 냉전시대라는 것이 이념적인 갈등을 말하지만 자세히 들여다보면 싸움 일보 직전의 상황이 계속적으로 연출되었던 시대다. 싸움 도구의 발전과 규모의 확대 그리고 싸움의 양태가 바뀌었을 뿐 인류역사는 전쟁으로 가득하다. 따라서 전쟁을 잘 분석하면 역사의 흐름을 이해할 수 있고 또 인간을 이해할 수 있다. 비록 소설 속의 싸움이지만 적벽대전에 임하게 되는 삼국 지도자들과 장수들의 기량을 통해서 인간과 세상을 이해하는 실마리를 얻을 수 있을 것 같다.

묵상: 유네스코 헌장의 전문에는 "전쟁은 사람의 마음속에서 태어난 것이기 때문에, 사람의 마음속에 평화의 보루를 구축해야 한다"고 명시되어 있다. 이것을 종교적인 측면에서 해석하면, 싸움의 시작은 인간의 원초적인 죄인 신적인 존재가 되고 싶은 마음과 탐심에서 비롯된다고 볼 수 있다. 이에 반해 하나님이면서 인간이 되시고, 또 자신의 생명을 죄인들을 위해 내어준 예수님의 모습에서 평화의 기원을 보게 된다. 우리 삶 속에서 평화를 구현하기 위해 구체적으로 해야 할 일들을 서로 나누어 보자.

(「기독교세계」 2008년 9월, 114-115)

폭력의 기원, 그리고 교회
〈하얀 리본〉(미하엘 하네케, 2009, 15세)

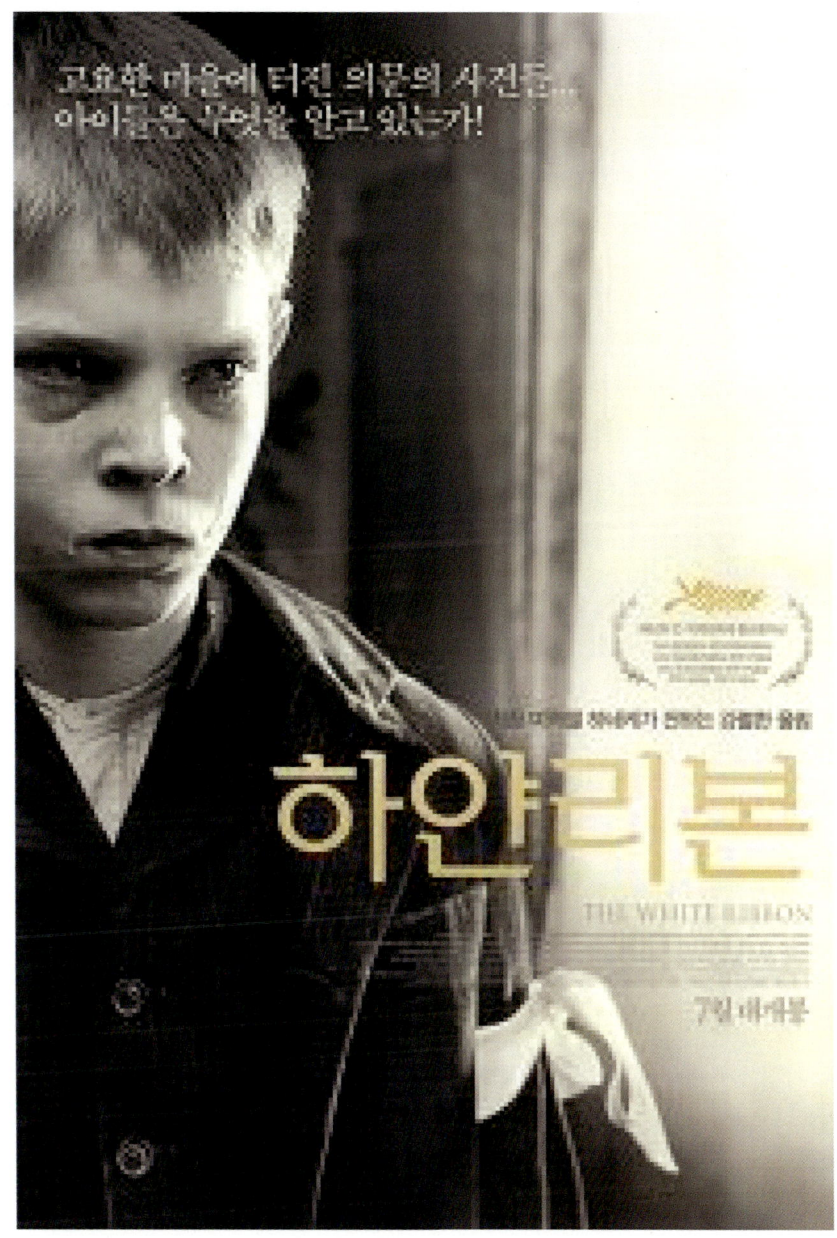

미하엘 하네케(Michael Hanecke, 1942~), 독일 뮌헨 출생. 비엔나에서 철학과 심리학, 연극을 공부하였고, 주로 폭력과 미디어라는 주제를 다뤘다. 〈피아니스트〉로 칸 영화제에서 심사위원대상과 남녀 주연상을 수상

Filmography: 베니의 비디오(1992), 뤼미에르와 친구들(1995), 퍼니 게임(1997), 미지의 코드(2000), 피아니스트(2001), 늑대의 시간(2003), 히든(2005), 퍼니 게임(2007), 하얀 리본(2009)

영화는 1차 세계대전이 발발하기 1년 전 독일의 북쪽에 위치하고 있는 어느 작은 시골마을을 배경으로 한다. 마을은 작지만 대단히 아름다운 풍경을 가지고 있고, 흑과 백으로만 표현되는 장면은 영화의 사실성을 한층 높여 준다. 2009 칸 영화제에서 촬영상을 받은 이유가 충분히 있다고 여겨진다. 영화의 배경인 마을은 대단히 아름다운 영상으로 재현되었다.

영화는 기본적으로는 마을에서 갑작스럽게 일어나는 일련의 불행한 사건을 중심으로 전개되지만, 이 영화는 내용적으로 몇 개의 시각으로 분석될 수 있다.

첫째는 사건의 배후는 누구인가를 밝히려는 일종의 추리극적인 요소이다.

진료를 마친 지역 의사가 집으로 돌아오는 길에 누군가에 의해 묶여 있던 줄 때문에 낙마하여 병원에 입원하게 되는 사건을 시작으로 마을에서는 계속적으로 불행한 일이 일어난다. 가난한 농부의 아내가 창고 안에서 일하다 사고로 사망하고, 농장의 창고에는 원인을 알 수 없는 불이 나며, 추운 겨울날 누군가에 의해 창문이 열려져 갓난아기가 감기에 걸리고, 남작의 아들은 누군가에 의해 괴롭힘을 당하고 나무에 거꾸로 묶인 채 발견된다. 게다가 과부의 장애인 아들은 누군가에 의해 린치를 당해 눈에 치명적인 손상을 입는다. 관리인 아들과 남작의 아들은 풀피리를 두고 실랑이를 벌이다 남작의 아들이 호수에 빠지는 일이 생기기도 한다.

일련의 사건들 가운데서 주목할 만한 사실은 평화로운 마을에서 일어나는 일련의 사건들의 배후에는 언제나 마을의 아이들이 있었다는 것이다. 아무도 생각하지 못했던 이런 사실을 눈여겨본 지역 학교의 교사는 아이들, 특히 목사의 자녀들을 의심하지만 그의 단호한 엄포와 함께 무시된다. 마을의 역사는 그렇게 계속되고 1차 세계대전의 발발을 알리는 멘트와 함께 영화는 닭 쫓던 개 지붕 쳐다보는 느낌을 주며 끝난다.

둘째는 권위주의적인 사회, 가부장 사회 속에서 고통당하며 신음하는 여성과 아이들의 모습이다.

가정에서 아버지의 역할은 절대적이다. 아이들은 저녁 식사 시간에 늦게 도착했다는 이유로 정신적·인격적인 벌뿐만 아니라, 육체적인 체벌을 감수해야 한다. 자위했다는 이유로 양손이 묶인 채 자야 했으며, 아버지의 성추행을 감수하며 은폐해야 하고, 아버지가 원하지 않은 일을 했다는 일로 동생들이 보는 앞에서 뺨을 맞아야 한다. 온갖 모욕을 들어도 생계 혹은 안정된 삶을 위해 참아야 한다. 남자는 말하고 아이와 여자는 들어야 했다. 사회에서는 가진 자가 베푸는 자가 되고 힘이 없는 자는 자신이 억울한 일을 당해도 한마디 불평도 하지 못하는 신세가 된다. 그러다가는 밥줄이 끊어질 수도 있기 때문이다.

셋째는 성인들의 이중적인 모럴이다. 의사는 아내와 사별한 후에 이웃에 사는 산파와 내연의 관계를 가질 뿐만 아니라 딸을 성추행한다. 사랑을 실천해야 할 목사는 가정 안에서 아이들에 대한 정신적인 폭력을 행사하고, 아이들의 편에 서 있어야 할 교사는 아이들의 비밀스런 행동이나 혹은 아이들이 상담한 내용의 비밀을 지키지 않고 궁지에 몰렸을 때 아이들을 지켜 주지 못한다. 남작은 자신의 아이들과 가족은 소중히 여기면서도 소작농들의 노동에 대한 정당한 대가를 지불하지 않으며 자신의 뜻에 복종하지 않는 사람들을 가차 없이 내쫓는다. 그의 아내는 이탈리아에서 다른 남자의 구애에 넘어가 마음이 기울어진다.

넷째는 아이들의 반응이다. 감독은 일련의 불행한 사건들을 일으킨 장본인이 아이들일 것이라는 확신을 남겨 놓고 있지는 않지만, 작은 잘못에도 인격적이고 정신적이고 육체적인 벌을 받아야 했던 목사의 아들은 죽고 싶은 충동을 느낀 마음에 다리의 난간 위를 걸어 보기도 하고, 딸은 아버지가 아끼는 새를 가위로 난도질 한다. 자신의 엄마가 부당한 노동 조건에서 일하다 사망한 것에 대해 아무런 보상도 받지 못하고 또 항거도 할 수 없게 되자, 아들은 남작의 채소밭을 망쳐 놓는다. 이런 모습들에서 볼 수 있듯이 아이들은 성인들의 태도에 대해 결코 무반응으로 대하지는 않았다.

작가의 의도는 논란이 많은 만큼 아직 분명하진 않지만 내레이션을 통해 짐작할 수 있는 범위에서 미루어 생각해 본다면, 아마도 1차 세계대전 직전에 작은 시골마을에서의 일련의 의혹적인 사건들을 통해서 그 이후의 현상들에 대해 설명하려는 데에 있는 것 같다. 역사를 아는 사람들에게는 그것이 무엇을 가리키는지를 짐작하게 되고, 감독은 바로 이런 관객에게 역사 속에서 일어나는 사건들이 결코 아무런 이유가 없는 것이 아님을 암시하려는 것 같다. 많은 비평가들은 이를 두고 하네케가 영화를 통해 파시즘과 나치즘의 태동을 설명하려 했다고 해석한다.

사실 이렇게 해석될 수 있기 위해서는 영화 속에 등장하는 시골마을이 독일의 전형적인 모습임을 입증해 보여야 하는데, 그러기에는 너무 많은 논리 비약을 감수해야 한다. 사실 과거 독일 사람들의 생활을 숙지하고 있거나 혹은 나이 든 독일 사람들에게 물어보면 영화 속에 등장하는 가부장적인 문화적 배경은 과거의 독일에서 전반적으로 발견할 수 있는 현상이었다는 것이다. 부모에게 존칭어를 써야 했고, 항상 아버지 중심적인 가부장 문화가 지배적이었으며 이에 따라 여성과 아이들은 억압의 구조에 익숙해져야만 했다는 것이다.

이러한 현상이 대대적으로 무너진 시점을 독일 사람들은 '68혁명'으로 보고 있다. 일종의 종교개혁 이후 또 한 차례 홍역을 치른 사건이다. 교회를 개혁한 것은 아니지만 기성세대에 대한 강한 불신과 불만에서 일어난 문화혁명이라 볼 수 있는데, 젊은이들은 더 이상 그들에게 존칭어를 쓰지 않았고, 또 성인세대의 이중도덕을 비판하면서 청년 남녀들 사이에서는 동거문화가 싹이 트기 시작했다. 역사가들의 일부는 일종의 해방이라고 해석하는가 하면, 일부는 그들의 폭력적인 태도로 인해 하나의 재앙으로 묘사하기도 한다. 이런 모습은 RAF를 다룬 영화 <바더 마인호프>(Der Baader Meinhof Komplex)(울리 에델, 2008)에서 일부 표현되어 있다.

그러나 마을에서 일어나는 일련의 사건들과 이후에 전개되는 역사를 인과관계로 이어 보려는 시도는 단지 추측에 불과할 뿐이다. 시대적으로 큼지막한 사건들이나 특정 이데올로기가 출현하는 것에 대한 원인을 어떤 지배적인 패러다임으로 설명하는 것은 인과적인 역사이해를 선호하는 사람들에게는 꽤 그럴듯한 설명이 되겠지만, 사실 두 사건 사이의 밀접한 연관관계를 입증하기는 쉽지 않다. 파시즘과 나치즘은 대단히 복잡한 시대적인 배경에서 태동한 것이다.

비록 영화라는 것이 은유적인 이미지 언어를 사용해서 우리에게 이미 익숙해 있는 이야기들을 빗대어 말하지만, 어느 한 마을에서 일어난 일을 독일 역사를 설명하는 전형으로 삼는 것은 그렇게 설득력이 있어 보이지 않는다. 비평가들과는 달리 감독 자신은 테러가 왜 일어나는지, 사람들은 왜 이데올로기에 열광하고 빠져드는지, 그 원인에 대한 탐색 작업으로 생각했던 것 같다. 독일 역사에서 폭력과 이데올로기 하면 당연히 파시즘과 나치즘을 떠올릴 수 있고, 또한 독일의 과거를 잘 알고 있는 사람들은 대체로 영화에서 나오는 아이들이 독일의 민족사회주의(Nazi)가 지배하던 시대에는 중심세대가 되어 전면에 등장하게 된다는 것을 바탕으로 나치즘이나 파시즘의 기원을 떠올리겠지만, 엄밀히 말해서 그렇게 단정을 지을 만한 단서들을 찾기란 쉽지 않다. 어쩌면 이런 노력은 인과관계의 사슬에서 벗어나기 힘든 인간들의 자연스런 경향이 아닐까 생각한다. 그렇기 때문에 비평가들은 서둘러 파시즘과 나치즘의 원인을 영화에서 보았던 것 같다.

그러나 필자가 보기에는 오히려 감독의 말이 영화이해에 더욱 설득력이 있다고 생각한다. 왜냐하면 <하얀 리본>의 이야기는 오늘 우리들에게도 얼마든지 일어날 수 있는 일들이기 때문이다.

영화 속의 가정이나 사회를 보면 우리나라에서 유교적인 전통이 지배적이었던 때의 모습과 비슷하다는 것을 발견하게 된다. 우리에게는 다행스럽게 비록 파시즘과 나치즘 같은 이데올로기가 태동하지 않았지만, 유교적인 전통이 막바지를 달리고 있을 때 동학혁명과 같은 민중봉기가 일어나고, 조선 말 일본 제국주의의 등장이 있었으며, 또 그 후에는 이승만 정권의 전횡과 박정희 유신정권이 활기를 치던 때가 있었다. 지금도 그렇지만 가정은 엄격한 가부장적 분위기였고, 여성들과 아이들은 이런 환경 속에서 신음하였다. 우리의 역사 혹은 마을 혹은 가정 안에서도 어렵지 않게 발견할 수 있었던 것은 힘의 논리가 지배하는 시대였다는 점에서 영화와 유사한 현상이 아닐까 생각한다. 권위주의적이고, 남성우월주의로 가득하고, 이중적인 모럴을 관용하는 사회가 비록 파시즘이나 나치즘과 같은 이데올로기는 아니라 하더라도 폭력적인 현상으로 이어진다는 것은 분명한 사실이다.

독일에서 목사, 의사, 교사 그리고 법률가는 국가가 공인하는 권위를 갖는 직업이다. 법률가는 등장하지 않고 있지만 사법기관에서 나온 형사들로 상징되어 등장하고 있다고 여겨진다. 이렇게 보면 영화는 공식적으로 권위를 행사할 수 있는 사람들의 폭력이 어떻게 예기치 않은 결과로 이어질 수 있는지를 기술해 보여 주고 있다고 볼 수 있다.

이와 관련해서 주목할 만한 영화는 스티븐 스필버그의 작품 <뮌헨>(2005)이다. 영화는 1972년 뮌헨 올림픽 테러에 대한 이스라엘 정부의 보복테러 사건을 다루고 있지만, 끊임없이 반복되는 테러에 대한 보복테러의 고리 속에서 인간성이 어떻게 파멸되어 가는지를 보여 준 작품으로서 폭력이 폭력을 낳는다는 교훈을 강하게 전달하고 있다. 당시 9·11테러에 대한 보복조치로서 군사적 공격을 감행했던 부시 정권을 비판한 영화였다.

특별히 그리스도인인 필자의 주목을 끄는 장면은 그러한 폭력이 가장 크게 부각되는 곳이 다름 아니라 목사의 집이라는 사실이다. 아이들에 대한 목사의 권위적인 태도는 궁극적으로 기독교의 경건성에 의해 뒷받침되고 있으며 그리스도인의 경건을 지향하고 있다. 식사 시간에 늦었다는 이유로 죄로부터 벗어났다는 혹은 죄의 유혹으로부터 지켜 준다는 의미에서 하얀 리본을 매도록 하는 것이나. 자위를 했다는 이유로 침대에 두 손을 묶은 채 자도록 하는 것 그리고 학교에서 떠들었다는 이유로, 아니 자세한 이유도 묻지 않은 채 다른 학생과 분리해서 세워 놓는 일 등은 바로 사택과 목사의 주변에서 일어나는 일이었다. 게다가 부모를 포함해서 마을 어른들에게 철저하게 순종하는 삶, 올바른 생활 습관과 태도는 유독 목사의 자녀에게 강조되어 나타나고 있다. 그리고 학교의 교사는 일련의 사건 현장에서 바로 목사의 아이들을 목격하게 되고 또 그들을 의심하게 된다.

물론 사택에서만 사건이 일어나는 것은 아니다. 거리에서, 농장에서, 농부의 집에서, 의사의 집에서, 학교 교실에서 그리고 농장 주인의 집과 그의 아이에게서 일어나고 있는 사건들이 나열되었다. 그러나 결국에는 이 모든 원인들이 사택에 있는 아이들에게 집중된 것은 무엇을 말하는 것일까?

과거 종교는 최고권위를 누렸다. 구원을 이유로, 죄와 벌의 악순환에서 벗어나게 한다는 이유로 교회는 각종 폭력의 주체였다. 마녀 사냥이나 십자군 전쟁 등은 큼지막한 사건일 뿐, 역사 속에 기록되지 않은 교회의 각종 폭력은 가히 헤아릴 수 없을 정도다.

이 영화를 묵상하면서 특별히 필자에게 깊은 인상을 남긴 영화 <다우트>(존 패트릭 샌리, 2009)를 떠올릴 수 있었다. 가톨릭이 운영하는 사립학교를 배경으로 하는 영화에서 교장 수녀는 무섭기로 소문나 있는데, 잘못을 행하는 학생들에게는 호랑이 같은 이미지를 갖고 있다. 심지어 후배 수녀가 진행하는 수업시간 중에도 들어와 임의로 수업을 방해하는 행위도 관용될 정도로 권위를 갖고 있다. 그녀의 전횡이 당연하게 받아들여지는 분위기다. 그녀의 통제 속에 있는 신참내기 제임스 수녀는 교사는 아이들에게 친절하게 대해야 한다는 자신의 교육철학에서 점점 멀어져 자신도 모르게 아이들을 향한 태도가 점점 격렬해지고 있음을 자각하며 스스로 놀라게 된다. 교회를 개방적으로, 또 성도들의 눈높이에서 교구를 운영하려는 신부에 대한 불만은 사사로운 일에 대한 부정적인 시각에서 시작되어 결국 신부와 학생의 부정한 관계를 확신하게 될 정도로 비약된 근거 없는 의심으로 발전하여 결국 교구 신부가 스스로 교회를 떠나게 만들 정도였다. 가정 폭력뿐만 아니라 학교 안에서 따돌림을 당하는 흑인 학생에 대한 신부님의 특별한 배려는 의심으로 인해서 순식간에 부정한 관계로 전락된 것이다. 비록 확신과 의심의 문제를 다룬 영화이지만 종교라는 이름으로 행해지는 폭력의 단면을 볼 수 있는 영화이기도 했다.

그 밖에 <죽은 시인의 사회>(피터 위어, 1989)는 학교와 가정의 폭력은 또 다른 폭력(자살)을 낳는다는 사실을 잘 드러내고 있으며, <델마와 루이스>(리들리 스콧, 1991)는 여성에 대한 남성의 권위주의적인 태도와 폭력이 여성들의 폭력으로 이어져 결국 어떤 비극적인 결과로 이어질 수 있는지를 실감나게 표현해 주었다. <코러스>(크리스토프 파라티에, 2004)는 전후 시대의 프랑스의 한 학교를 배경으로 하는 교육영화인데, 이 영화에 등장하는 아이들은 갖가지 어려운 상황 속에서 학교를 다니고 있다. 교장과 교사들의 폭력에 시달린 아이들은 정서적으로 매우 불안정한 상태가 되고, 심지어 한 아이는 교장의 폭력에 폭력으로 반응한다. 이런 형편을 알게 된 새로 부임한 선생님은 아이들과 음악을 통해 소통하면서 새로운 가능성을 열어 준다. 음악을 통한 소통에서 서로가 변해 가는 모습을 확인하며 꿈을 키운다. 그러나 선생님과 아이들의 꿈은 교장의 폭력 앞에서 무너지게 되고, 이에 항의하는 교사는 교장의 일방적인 선언으로 학교에서 쫓겨나게 된다.

폭력의 기원이 바로 권위라는 이름으로 행해지는 부당한 상황에 있다는 감독들의 주장을 엿볼 수 있게 하는 영화들이다.

우리 사회에서 흔히 볼 수 있는 일방향 소통방식, 주입식 교육, 체벌 등은 권위주의의 상징이다. 이러한 것들은 사회 도처에서 발견될 수 있지만, 자세히 따지고 보면 종교적인 배경을 갖는다. 가장 철저하게 낮아져야 함에도 불구하고 가장 좋은 것들에 대해 책임지고 있다는 이유로 인해서 가장 큰 권위를 요구하는 것, 바로 이것이 종교의 입장이며, 이로 인해 폭력은 재생산될 수밖에 없다. 기독교에서뿐만이 아니라 모든 종교에게 나타나는 암적 현상이다.

어릴 때 기억으로 목사님이나 교회 중직자의 자녀들 중 일부가 교회 안팎에서 문제를 일으키는 경우를 보고 의아해하면서도, 모든 가정에서 일어날 수 있는 일이라고 생각했는데, <하얀 리본>은 필자의 의혹에 대한 일말의 해결점을 제시해 주고 있다. 학교뿐만이 아니라 교회와 학교 그리고 가정에서 책임 있는 자리에 있는 사람들이 구성원들을 어떤 방식으로 대하느냐에 따라 그곳은 행복의 재생산을 위한 출발점이 될 수도 있고, 그렇지 않으면 폭력의 양성소가 될 수도 있다.

거룩한 무기
⟨신기전⟩(김유진, 2008, 15세)

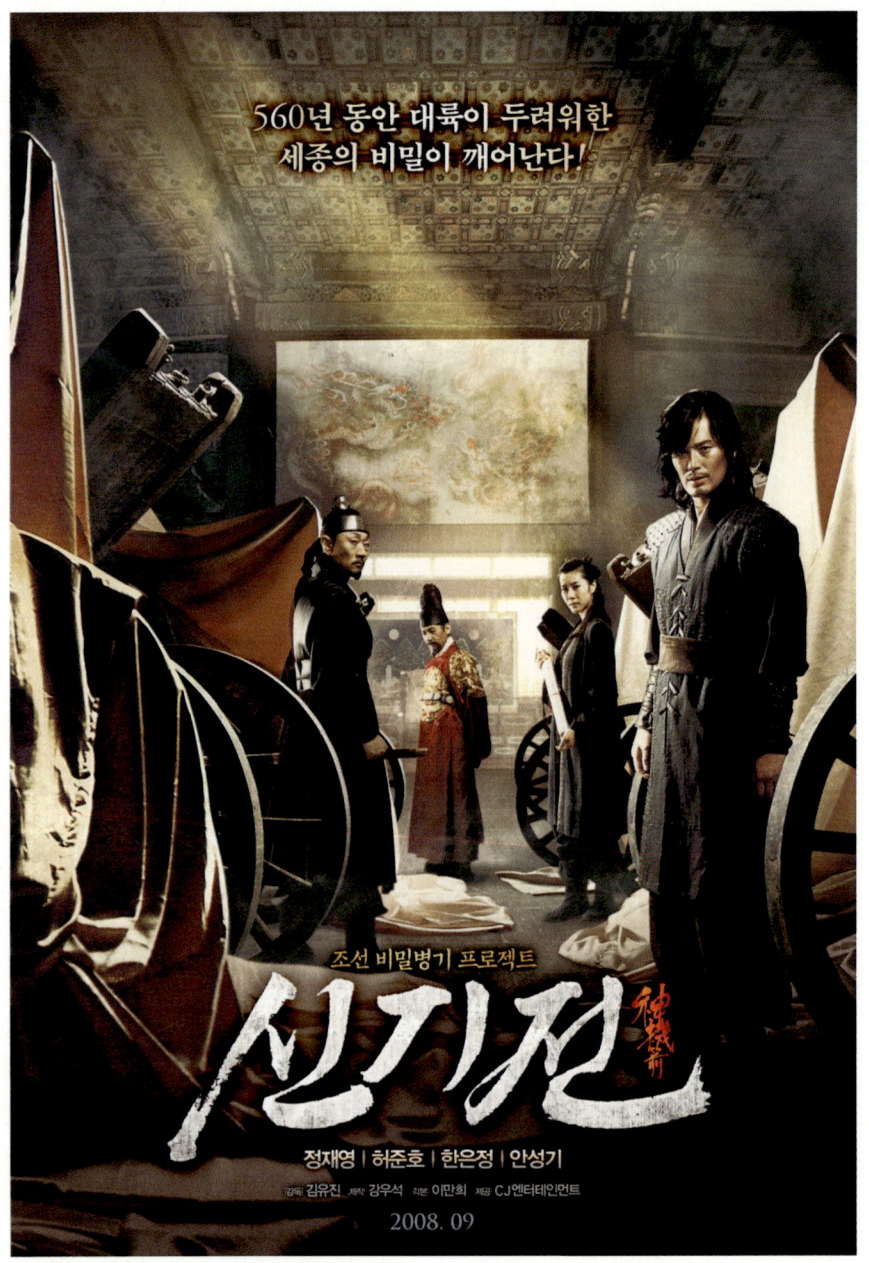

김유진(1950~), 서울 출생, 중앙대학교 연극과 졸업

Filmography: 영웅연가(1986), 시로의 섬(1988), 단지 그대가 여자라는 이유만으로(1991), 참견은 노 사랑은 오 예(1993),
금홍아 금홍아(1995), 맥주가 애인보다 좋은 일곱 가지 이유(1996), 약속(1998), 와일드 카드(2003), 신기전(2008)

한 편의 영화를 보고 그동안 쌓였던 스트레스를 풀어 버릴 수 있다면 그것만큼 좋은 일은 없을 것이다. 필자에게 <신기전>은─주변 강대국과의 관계에서 굴욕적인 모습을 많이 보았던 까닭에 비록 팩션(faction)이긴 하지만─그런 영화였다. 그럼에도 불구하고 단지 이미지에 불과한 영화를 보는 내내 불편한 마음을 감출 수 없기도 했다. 영화 속의 장면 임에도 불구하고 한 국가의 주권을 무시하는 명나라 사신의 태도도 그렇거니와 그 위세에 눌려 사대주의적인 태도를 취하는 관료들을 보는 것이 쉽지 않았다. 게다가 우리나라 역사에서 가장 훌륭한 왕으로 여겨졌던 세종대왕마저 명나라의 기세에 꼼짝 못하는 모습을 볼 때는 정말이지 울화통이 치밀었다. 무엇보다 필자의 마음을 더욱 힘들게 했던 것은 그때나 지금이나 강대국에 대하는 정부의 태도가 크게 다를 것이 없는 듯이 보였기 때문이다. 역사로부터 배운 것이 없었던 것일까? 그나마 다행스럽게 생각하면서 쌓였던 스트레스를 날려 버릴 수 있었던 것은 새로운 화포제작으로 나라의 주권을 회복하겠다는 풀뿌리들의 의지를 보았기 때문이다. 영화 <신기전>은 바로 이 화포제작에 얽힌 에피소드를 상상력을 바탕으로 전개된다.

영화 이야기

때는 세종 30년 1448년, 조선에서 새로운 화포가 제작된다는 소식을 들은 명나라는 사신들을 보내 진상을 조사하게 한다. 화포제작의 비밀을 가지고 있는 홍리(한은정 분)는 아버지의 희생적인 죽음을 뒤로하고 조정의 보호 아래 부보상단에 몸을 숨긴다. 잘못된 무역정보로 인해 도산 직전에 있던 설주는 처음에는 완강하게 거부했지만 조정에서 나온 창강(허준호 분)의 제안을 들은 후에 맘을 고쳐먹고 홍리를 받아들인 것이다. 설주(정재영 분)의 보호 아래 홍리는 극비리에 화포제작에 착수하지만 여러 번에 걸쳐 시행착오를 겪는다. 이로 인해 상단의 사람들이 다치고 심지어 목숨까지 잃는 일이 발생하지만 화포제작이 갖는 국가적인 의미를 되새기며 포기하지 않는다. 명나라 사신들은 화포제작의 비법이 담긴 총통등록을 입수하고 그것을 분석하면서 그 세밀한 제조법에 놀라지만 그것이 어떤 종류이며 또 얼마나 큰 화력을 가진 것인지 알아내지 못한다. 결국 화포제작에 열쇠를 쥐고 있는 사람을 찾아내는 것이 상책이라고 판단한다. 홍리와 설주가 서로 지혜를 모아 마침내 화포제작의 성공을 눈앞에 두고 있었을 때 명나라 사신들은 총통등록만을 가지고는 화포의 진상을 알 수 없게 되자 열쇠를 쥐고 있는 홍리를 명나라로 데리고 갈 계획을 세운다. 군사력을 동원해 조정을 압박하면서 홍리를 넘겨줄 것을 요구하자 국가적인 위기를 느낀 조정은 어쩔 수 없이 홍리를 포기하게 된다.

사실 명나라의 목적은 단지 홍리를 명나라로 이끌고 가서 화포제작의 계획을 포기하게 만들려는 것에만 있지 않았다. 이것을 빌미로 삼아 그동안 북방정책을 추진했던 세종의 기세를 완전히 제압하려는 것이었다. 상단에 속한 형제와 다름없는 사람들을 잃으면서까지 노력을 기울인 화포제작이 수포로 돌아가는 것은 물론이고 사랑하는 사람마저 잃게 될 위기에 처한 설주는 화포제작에 마지막 힘을 다하고, 마침내 그동안 실패할 수밖에 없었던 점을 보완하여 화포제작을 성공으로 이끈다. 홍리를 넘겨주었음에도 불구하고 침략의 계획을 포기하지 않고 공격해 왔을 때 설주는 비밀리에 완성한 로켓화포를 사용해서 명나라 군대를 전멸시켜 대륙의 오만한 기세를 완전히 꺾어 놓는다.

비록 단 한 줄에 불과한 역사기록을 바탕으로 상상력을 동원해서 만들어진 작품(faction)이긴 하지만 그 어떤 역사 교과서보다도 더 강한 역사의식을 고취시킬 수 있는 영화라 생각한다. 굳이 가상이 실제보다 더 큰 영향력을 행사하는 시대임을 환기하지 않는다 해도 <신기전>은 나라의 주권과 힘의 상관관계를 성찰해 볼 수 있게 하는 작품임에는 틀림없다. 또한 한편으로는 강대국의 힘에 눌려 국민의 생명을 담보로 하는 굴욕적인 외교관계를 갖는 정부의 모습을 떠올리며 맘이 편치 않았고, 다른 한편으로는 비록 다소 위험한 발상이긴 하지만 강력한 화력을 가진 무기개발로 인해서 대륙의 기세를 꺾어 놓는 장면을 보면서 핵무기 개발과 더불어서 벌어지는 미국과 북한의 줄다리기를 보는 듯했다. 뿐만 아니라 미군 주둔과 철수와 관련해서 벌어진 토론과정에서 여전히 외세에 의존적인 세력들이 적지 않음을 확인할 수 있었던 때를 떠올리면서 영화 속 세계가 빠른 시일 내에 현실로 나타나기만을 기대한 것은 비단 필자만은 아닐 것이다. 그렇다고 해서 가공할 만한 신무기 개발을 서두르라는 말은 아니다. 강대국의 힘에 압도되어 국가의 자존심이 훼손되는 일이 일어나지 않도록 노력해야 할 것이라는 말이다.

무엇보다도 영화 속 화포제작의 과정에서 우리가 배울 수 있는 교훈은 화포제작의 성공은 협업의 과정을 통했다는 것이다. 다시 말해서 비록 아버지로부터 화포제작의 비밀을 전수받았지만 홍리 혼자만의 힘으로는 결코 성공할 수 없었다. 화포제작은 설주를 포함한 그 주변 인물들의 협업을 통해 가능했다. 이것은 개방, 참여, 소통(공유)을 특징으로 하는 웹2.0 시대의 두드러진 현상 가운데 하나인 '집단지성'의 단면을 보여 주는 것인데, '집단지성'이란 대중들의 적극적인 참여를 통해 얻게 되는 지적 능력으로 혼자서는 생각지도 못한 문제들을 해결하는 원동력을 일컫는다. 홍리와 설주 그리고 그 주변 사람들이 모은 힘과 지혜는 소위 '집단지성'을 형성해 새로운 기술을 개발하는 데에 크게 기여할 수 있었던 것이다. 워싱턴대 심리학과 교수인 키스 소여가 『그룹지니어스』란 책에서 창의성은 집단의 소통과정에서 나온다고 주장한 것같이 화포제작은 바로 다수 사람들의 협력을 통해 가능한 것이었다.

뿐만 아니라 힘겨루기에서 압도하는 자가 있는가 하면 압도당하는 자가 있는 것은 신앙의 세계에서도 마찬가지라 생각한다. 세상의 온갖 유혹과 시험에 맞서 너무나도 쉽게 신앙의 자존심을 포기하는 사람들이 있기 때문이다. 이런 사람들은 땅에 발붙이고 사는 사람으로서 어쩔 수 없다는 변명을 늘어놓는다. 세상 속에서는 세상의 논리로 살고, 교회에서는 신앙의 논리로 살아야 한다고 역설하기도 한다. 문제는 유혹에 맞설 수 있는 힘을 기르는 노력조차 기울이지 않고 너무 쉽게 포기하는 것이다. 이런 상황에서 영화의 '신기'를 신앙의 문제와 연결시켜 보면서 '세상의 유혹에 당당하게 맞서 이길 수 있는 무기는 무엇일까?'라는 질문이 제기되는 것은 당연한 일이 아닐 수 없다. 예수님도 시험을 당하셨다면, 시험을 당하고 유혹을 받는 것은 피할 수 없는 일임에 분명하다. 그러나 예수님은 그것들에 압도당하지 않고 이겨 낼 수 있는 힘이 있었다. 그것은 단지 40일 동안의 금식이 공급해 주는 힘이 결코 아니었다. 시험을 이겨 낼 수 있었던 거룩한 무기는 오직 여호와만을 하나님으로 섬기는 신앙이었으며, 또한 하나님의 말씀이었다. 말씀에 순종하는 삶을 통해서 예수님은 "내가 시험을 이기었노라"(요한복음 16:33)라고 자신 있게 말씀하실 수 있었고, 요한은 예수 그리스도에 대한 믿음을 통해서(요한일서 5:4) 세상을 이길 수 있다고 말한 것이다. 뿐만 아니라 바울에게 있어서 거룩한 무기는 성령, 곧 하나님의 말씀이었다(에베소서 6:17). 성도들이 세상에서 어둠의 권세와 맞서며 살아갈 때 압도당하지 않고 하나님의 자녀로서 당당하게 살아갈 수 있는 힘은 바로 하나님의 말씀과 예수 그리스도에 대한 믿음으로부터 공급된다는 말이다. 믿음과 성령, 곧 하나님의 말씀은 그 어떤 무기보다 더욱 강력한 무기인 것이다. 우리는 이것을 가리켜 '거룩한 무기'라 말할 수 있을 것이다.

공동체 안에서 서로 협력하는 것은 교회의 창의적인 사역을 위해 꼭 필요한 일이다. 고린도전서 12장은 공동체가 유기적인 관계 속에서 서로 협력해야 할 필요성을 말하고 있다. 에베소서 6:10-20은 성도들의 영적인 전쟁을 위해 갖추어야 할 거룩한 무기를 떠올리게 한다. 두 개의 성경 본문과 더불어서 공동체 협력과 거룩한 무기에 대해 묵상해 보자.

(「기독교세계」 2008년 11월, 86-87)

괴물은 오늘 우리에게 무엇인가?

〈괴물〉(봉준호, 2006, 12세)

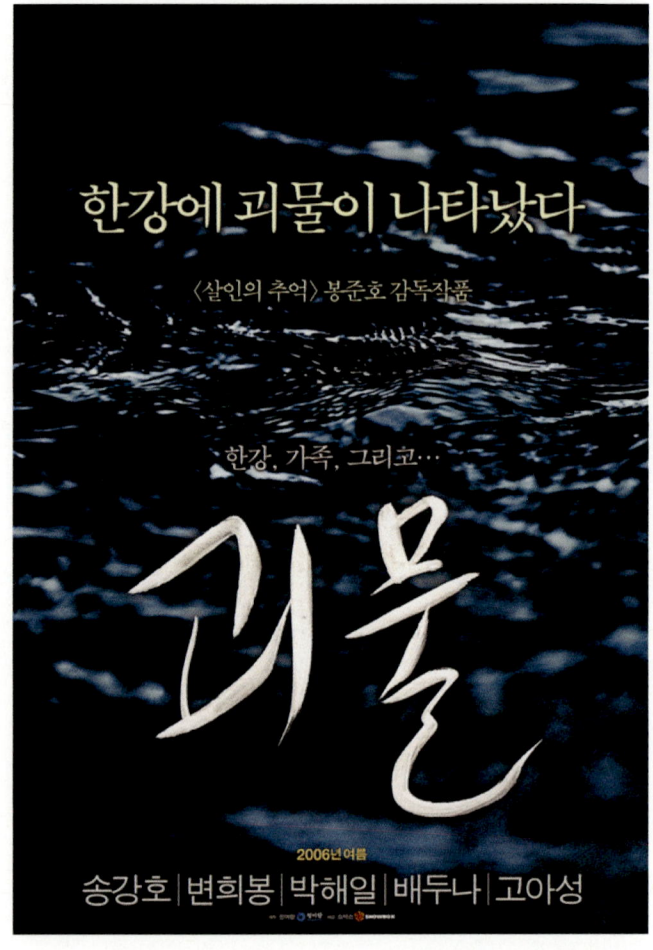

봉준호(1969~). 연세대 사회학과를 졸업. 한국영화아카데미 11기 출신이다. 〈살인의 추억〉(2003), 〈괴물〉(2006)로 널리 알려지게 되었지만 감독으로서의 자질은 일찍부터 나타났다. 그의 단편작 〈백색인〉(1993)은 신영청소년영화제에서 수상했고, 〈프레임 속의 기억〉(1994)은 밴쿠버국제영화제에 초청되었다. 특별히 그의 첫 장편작으로서 영화계의 주목을 이끌어 낸 작품은 〈지리멸렬〉(1994)이다. 이 작품은 원래 그의 영화아카데미 졸업 작품인데 3부작으로 구성되어 있다(〈바퀴벌레〉, 〈골목 밖으로〉, 〈고통의 밤〉). 뿐만 아니라 비록 개봉 당시 국내에서는 흥행하지 못했지만 국제 영화제에서 좋은 반응을 얻어 낸 〈플란다스의 개〉(2000)는 봉준호 감독이 유머감각에 있어서 독창성을 맘껏 발휘한 작품으로 평가되고 있는데 제25회 홍콩국제영화제 국제영화비평가상, 뮌헨영화제 초청되었다. 2003년 〈살인의 추억〉으로는 대종상영화제 감독상, 제2회 대한민국 영화대상 감독상, 작품상, 시나리오상, 산세바스찬 영화제 은조개상, 신인감독상 그리고 최고의 흥행작으로 2006년 개봉된 〈괴물〉로 대한민국 영화대상에서 감독상을 수상했다. 국내 상영 이전에는 칸 영화제에서 '감독주간 상영작 중에서 가장 중요하고 야심에 찬 영화'라고 소개되기도 했다. 프랑스 영화평론지 '카이에 뒤 시네마' 편집진이 선정한 2006년 최고의 영화 2위로, 2006년 12월 아사히신문사와 아사히방송이 주최하는 '제49회 아사히 베스트 텐 영화제' 투표에서 외국영화 부문 1위로 꼽혔다.

Filmography: 백색인(1993), 지리멸렬(1994) 플란다스의 개(2000), 살인의 추억(2003), 이공(2004), 괴물(2006), 마더(2009)

영화 <괴물> 이야기

미8군부대 영안실 시신 방부제로 쓰이는 독극물 포르말린(포름알데히드 수용액)이 한강으로 방류된다. 정치적으로 민감한 사안이라 비록 직접적인 연관관계를 고발하고 있진 않지만, 그 이후 장면에서 등장하는 괴물의 모습은 그것이 독극물 방류와 결코 무관하지 않음을 시사해 준다. 환경오염으로 인한 돌연변이성 괴물이 태어난 것이다.

다소 한심한 듯이 보이는 모습으로 삶을 사는 박강두(송강호)는 한강 둔치에서 매점을 운영한다. 강두의 아버지(변희봉)가 술회하는 바에 따르면, 강두는 어릴 때에 부모의 사랑과 관심을 제대로 받지 못하고 자란 것 같다. 그리고 동생들의 비난거리인 다소 뒤떨어진 모습은 바로 부모의 애정결핍과 영양부족으로 생긴 것으로 아버지는 추측한다. 강두의 아내는 13년 전 딸 현서(고아성)를 낳고 어딘가로 사라져 버린 후 생사조차 모르는 상태다. 남편으로서 혹은 형이나 오빠로서 제대로 인정받지 못하는 입장이지만 적어도 딸 현서와 관련된 일에 관한 한 누구보다 민감하게 반응하며 진지한 삶을 사는 아빠다. 아빠로서 최선의 노력을 다하는 그의 모습에 깊은 인상을 받는다.

어느 날 한강에 모습을 드러낸 괴물로 인해 한강 시민 공원은 순식간에 아수라장이 되고, 숱한 희생자 가운데는 공교롭게도 강두의 딸 현서가 포함된다. 모두들 현서가 죽은 줄로만 알고 있는 상황에서 강두는 현서로부터 감이 먼 전화 한 통을 받는다. 한강의 어느 하수구에 있다는 소식이다. 이 소식을 들은 강두와 그의 가족은 그녀의 생존에 놀라워하며, 발신지를 추적해서 현서가 있는 곳을 확인해 달라며 공권력에 구조를 요청하지만, 딸의 생존을 입증하고 또 그녀를 구하기 위해 사람들을 설득하는 일은 힘겹기만 하다. 오히려 이런 상황은 강두네 가족을 더욱 어려운 상황으로 몰아가고, 특히 괴물에 의해 희생된 것으로 알려진 딸이 살아 있다고 믿고 있는 강두를 지켜본 병원 관계자들은 다소 이해하기 힘든 강두의 상태를 딸을 잃은 충격으로 혹은 바이러스 감염으로 생긴 정신이상으로 진단한다.

공권력의 도움을 통해 현서를 찾아내는 일에 한계를 느낀 강두네 가족은 마침내 병원을 탈출하고 전 재산을 털어서 현서를 구조하는 데에 필요한 물건들을 구입한다. 각고의 노력 끝에 마침내 괴물과 조우하게 되어 투쟁하지만 이 과정에서 강두 아버지(변희봉)는 사망하고, 강두는 그를 쫓는 경찰에 붙잡혀 병원에 재수용된다. 미국으로부터 파견된 의료진들은 바이러스가 발견되지 않았음에도 불구하고 강두에게 무리한 의료행위를 시행한다. 가까스로 피신한 삼촌 남일(박해일)은 학교 선배의 도움으로 전화 발신지를 추적해 현서가 원효대교 북단의 하수구에 갇혀 있다는 사실을 확인한다. 이 소식을 전해 들은 강두는 가까스로 병원을 탈출한 후 원효대교로 달려가 현서가 있었던 하수구에 이르지만 오직 현서의 흔적만을 발견할 뿐이다. 잠시 후 괴물의 입에 물려 있는 현서를 보고 필사적으로 괴물을 쫓는다.

시위진압용 최루탄을 맞고 잠시 기절한 괴물의 입에서 현서를 꺼내지만 이미 숨을 거둔 상태다. 이에 분노한 강두는 마지막 힘을 발휘해 동생들과 함께 괴물을 제거하게 된다.

영화 <괴물>은 개봉 전부터 이미 칸 영화제 초청작품으로 상영되어 세계 영화인들의 격찬을 받은 바 있다. 620여 개의 스크린을 통해 개봉된 이후로 폭발적인 관람객을 동원하면서 <괴물>은 한국영화사에서 각종 흥행기록을 갱신하였다.

우선적인 관심을 끄는 부분이 있다면, 사람들이 <괴물>에 열광하게 되는 이유다. 짧은 시간에 그렇게 많은 관객을 동원할 수 있는 힘은 도대체 어디서 나오는 것일까? 한 텔레비전 뉴스는 이 질문에 대한 답을 가족 이야기에서 찾았고 또 실제로 많은 관객들이 그렇게 영화를 감상하는 것으로 확인해 주었다. 그렇게 감상하자면 못 할 것도 없지 않지만, 그것이 진정 영화가 말하려는 의도일까? 봉준호 감독은 한 영화잡지와 가진 인터뷰에서 <괴물>의 중심메시지는 결코 가족에 있지 않다고 말한 바 있다. 그럼에도 불구하고 가족에 초점을 맞추는 것은 피상적인 영화보기의 결과가 아닐까? 좀 더 다른 맥락에서 볼 필요가 있다는 말이다. 괴물과 가족의 관계는 오히려 스필버그 작품 <우주전쟁>에서 잘 나타나 있다. 다시 말해서 <우주전쟁>은 괴물체의 침입으로부터 위기에 처한 가족을 지켜 내려는 한 아버지의 노력을 소개하고 있다. 비록 흥행하지는 못했지만 아버지의 이미지를 반추해 볼 수 있는 기회를 주는 영화였다.

<괴물>의 구성이 한 가족의 이야기와 연결되어 있긴 하지만 감독의 의도는 겉보기와는 좀 다른 맥락에서 발견된다. 이를 위해 무엇보다 괴물이 주는 다양한 상징적인 의미들을 일별해 볼 필요가 있다.

괴물의 상징적인 의미들

인간의 이성적인 사고의 한계를 넘어서는 크기나 모양으로 등장하는 괴물은 결코 실제적이지 않은 가공적인 존재다. 과학의 발달과 더불어 세계를 합리적으로 이해하게 되면서 괴물은 실재의 가능성에서 점점 멀어졌고, 이제는 오직 이미지로만 남아 있을 뿐이다. 괴물을 어떻게 정의하느냐에 따라 다르겠지만, 돌연변이에 의한 기형이나 유전자 조작에 의해 변형된 존재를 가리키는 것이 아니라면, 괴물은 합리적인 사고 밖에서 발견될 수 있는 존재다. 신화적이고 동화적이며, 상상력에 기반을 둔 이미지다. 그러므로 현대 사회에서 괴물에 대한 담론이 이뤄진다면 그것은 상징적인 의미를 가질 수밖에 없다.

신화적인 사고가 지배적이었을 때에 괴물은 인간의 불안과 두려움 그리고 공포의 대상이었다. 그래서 괴물은 인간의 근원적인 공포심과 두려움을 표현하는 것이었으며, 또한 인간으로 하여금 자신의 한계를 깨닫게 하는 도구적인 의미를 갖고 있었다. 괴물에 대해 어떠한 태도를 갖느냐 하는 것은 인간이 한계를 극복할 것인지, 아니면 위기 앞에 굴복할 것인지를 판가름하는 일이었다. 뿐만 아니라 괴물은 인간들이 피하고 싶어 하는 운명을 구체화한 것이기도 하다. 예컨대 인간을 정형적으로 이해하던 때에는 샴 쌍둥이 같은 신체적인 기형이나 사고로 인한 심한 외상의 흔적을 가진 사람들을 괴물로 여기기도 했다. 괴물은 말세론적인 징후이기도 했다. 인간의 힘으로는 결코 대항할 수 없는 괴물의 출현은 시대가 말세임을 가리키는 상징이기도 했다.

괴물에 대한 동서양의 이해는 공통점도 있지만 다른 점도 없지 않다. 서구문화적인 맥락에서 괴물의 출현은 위기 상황을 의미한다. 핵의 부작용으로 출현한 돌연변이성 괴물 이야기를 그리고 있는 영화 <고질라>(롤랜드 에머리히, 1998)[1]가 대표적일 것이다. 그 밖에 괴물은 인간의 진정한 인간성이나 사랑을 부각시키거나 혹은 영웅의 존재와 그의 활약을 드러내기 위한 도구이기도 하다. 예컨대 소설 『노트르담의 꼽추』나 영화 <미녀와 야수>, 뮤지컬 및 영화 <오페라의 유령> 그리고 영화 <킹콩> 시리즈 등은 인간의 진정한 사랑을 구체화하는 것이다. 꼭 괴물은 아니지만 괴물의 이미지를 가진 사악한 세력들과의 싸움을 그리고 있는 <슈퍼맨>과 <스파이더 맨>은 일상적인 삶 속에 묻혀 사는 한 시민과 위기적인 상황에서 그 빛을 발하는 영웅이 그렇게 멀리 있지 않음을 보여 준다. 말하자면 누구나 사회적인 책임감과 소명의식을 갖고 산다면 영웅이 될 수 있다는 메시지를 부각시켜 준다. 서구에서 괴물은 다분히 신화적인 맥락이나 개인 혹은 사회윤리적인 맥락에서 이해되고 있음을 확인해 볼 수 있다.

괴물의 한국적인 이미지

이런 서구적인 의미를 갖는 괴물은 한국에서도 유효할까? 봉준호 감독의 작품 <괴물>(The Host)은, 비록 한국인으로서 첫 작품은 아니지만(1999년 개봉한 심형래[2] 감독의 <용가리>가 있지만 이것은 감독만 한국인이었을 뿐 처음부터 할리우드를 겨냥한 것으로 외국 배우들을 기용해 만든 작품이었다. 그리고 납북된 신상옥[3] 감독이 북한의 요구에 의해

---

1) **롤랜드 에머리히**(1955~): 독일 슈투트가르트 출신으로 할리우드에서 활동한 영화감독. 어린 시절 회화와 조소에 많은 관심을 보였다. 광고계에서 일하다 뒤늦게 영화학교에 들어가 영화를 배웠다. 이때(1984)에 만든 작품 〈디스트럭션〉(Das Arche Noah Prinzip)은 베를린 영화제 공식 개막작이었다. 1992년작 〈유니버설 솔저〉가 흥행한 이후로 할리우드에서 에머리히는 고예산 영화의 흥행을 보장하는 감독으로 알려지게 되었다.
   Filmography: 디스트럭션(1984), 조이(1985), 고스트 체이스(1987), 문 44(1990), 유니버설 솔저(1992), 스타게이트(1994), 인디펜던스 데이(1996), 고질라(1998), 패트리어트-늪속의 여우(2000), 투모로우(2004)

2) **심형래**(1958~): 고려대학교 식품공학과 경영대학원을 졸업하고, 1982년 코미디언으로 첫발을 내딛었고, 코미디언으로 오랫동안 활동하면서 특히 바보연기로 최고의 인기를 누렸다. 1988년에 KBS 코미디대상, 1990년 코미디 연기상, 1999년에 방정환재단 소파상을 수상했다. 〈각설이 품바타령〉(1984)으로 영화계에 데뷔하였고, 특히 어린이를 위한 영화에서 큰 두각을 나타냈다. 김대중 정권에서 신지식인으로 선정되기도 했다. 한국의 디지털 특수효과 기술 발전에 크게 공헌한 감독으로 평가받는다.
   Filmography: 영구와 공룡 쮸쮸(1993), 핑크빛 깡통(1994), 티라노의 발톱(1994), 파워 킹(1995), 용가리(1999), 용가리(2001), 디-워(2007)

1985년 제작한 것으로 알려진 <불가사리>는 한국인에 의한 괴물영화이지만 사회주의적인 이데올로기에 강요된 듯한 느낌이 있다) 한국 영화사에 한 획을 긋는 영화임에는 분명하다.

뿐만 아니라 자세히 들여다보면, 봉준호 감독의 <괴물>은 서구적인 맥락에서 많이 벗어나 있음을 발견하게 된다. 다시 말해서 <괴물>은 영웅 이야기에서 볼 수 있는 도구적인 의미를 전혀 갖고 있지 않고, 또 누구나 영웅이 될 수 있다는 메시지를 담고 있지도 않다. 한계를 극복하는 인간의 의지를 보여 주고 있지 않고 또 앞서 언급한 말세적인 의미의 괴물 이미지를 함축하고 있지도 않다. 간단하게 말해서 기존과는 전혀 다른 새로운 이미지라고 보면 좋을 것이다. 그것은 한국이라는 정치·사회·문화적인 상황 속에서 이해될 수 있는 이미지다. 사람들이 괴물에 열광하는 이유는, <태극기 휘날리며>에 대해 열광했을 때와 같이, 우리 민족 속에 잠재되어 있는 집단 무의식을 자극하는 이미지에 있지 않을까 생각한다.

그것은 무엇일까? 우리 민족의 집단 무의식을 자극했던 요소는 무엇이었을까? 신상옥 감독의 작품 <불가사리>(1985)는 고려 말 부패한 조정에 의해 수탈당하는 민중들의 억울함을 대표하는 한 대장장이에게 일어난 불의한 죽음을 계기로 가슴 깊이 맺힌 딸의 한을 괴물로 형상화시켰다. 괴물에 의한 응징을 말함으로써 민중의 한을 통쾌하게 풀어내었다. 괴물 불가사리는 한을 형상화한 것이며 억울한 민중의 한을 풀기 위해 등장한 응징의 도구였다. 한국적인 주제인 '한'을 다루기는 했지만 괴물이 도구적인 의미로 형상화됨으로 인해 다분히 할리우드적인 맥락에서 감상될 수 있는 작품이었다.

이에 반해 <괴물>에서 주목하고 있는 대상은 평범한 시민의 기준에서 한참 뒤떨어지는 강두네 가족이다. 그들 각각은 나름대로 현대 한국시민의 이미지를 형상화하고 있다. 아버지는 가족을 책임지는 가장으로서의 모습에 끝까지 충실하며, 정부의 말이라면 그대로 믿고 따르는 시민의 전형적인 모습을 보여 준다. 첫째 아들 강두는 공권력에 의해 무시되어 자신의 의사표현도 제대로 할 수 없을 정도로 힘없는 시민의 전형이다. 둘째 아들 박남일(박해일)은 조국의 민주화를 위해 헌신하며 대학시절을 보냈지만 졸업 후 아직까지 변변한 직장도 구하지 못하고 있는 청년 실업자다. 딸 박남주(배두나)는 한국의 스포츠를 대표하는 양궁에서 나름대로 최선을 다하지만 느려터진 습관으로 인해(빨리빨리 문화에 비추어 보면 역설적

---

3) **신상옥**(1926~2006): 도쿄미술전문학교 출신의 영화감독으로 영화계의 거장으로 일컬어진다. 일본에서 회화를 공부한 후에 1945년에 귀국했는데, 처음에는 조감독으로 활동하다가 1950년 신상옥 프로덕션을 설립하고, 한국 전쟁이 한창이었던 1952년 부상에서 만든 영화 〈악야〉로 감독 데뷔했다. 1961년에 만든 〈성춘향〉(1961)이 크게 흥행함으로 감독으로서의 입지를 굳히게 되었다. 특히 아내 최은희와 더불어 1978년 납북되어 활동하다가 1986년 극적으로 탈출해 화제가 되기도 했다. 〈사랑방 손님과 어머니〉으로 제1회 대종상 감독상, 〈벙어리 삼룡이〉로 4회 대종상 감독상, 〈대원군〉으로는 7회 그리고 〈평양 폭격대〉로 11회 대종상 감독상을 수상했다. 〈빨간 마후라〉는 11회, 〈벙어리 삼룡이〉 12회, 〈이조여인 잔혹사〉는 15회, 〈전쟁과 인간〉으로 17회 아시아 영화제에서 수상하였다. 제2회 대한민국 영화대상 공로상에 선정되기도 했다.
Filmography: 로맨스 빠빠(1960), 성춘향, 사랑방 손님과 어머니, 상록수(1961) 등

인 캐릭터이다) 제시간 내에 활을 쏘지 못하는 한계를 극복하지 못해 결국 동메달로 만족할 수밖에 없는 인물이다.

영화 속 강두네 가족은 한국 민족에게서 어렵지 않게 발견되는 캐릭터들로 이루어졌다. 각각 흩어져 살다가 현서의 희생을 계기로 한자리에 모인 이들이 힘을 합치면 과연 어떤 일들이 이뤄질 것인지 궁금해진다. 다양한 캐릭터들로 구성된 강두네 가족을 통해 감독은 삶터를 잃었음에도 불구하고 여론에 의해 보도되는 사회적인 위기상황에 대해서는 특별한 경각심을 갖지 않으면서 오로지 괴물에 의해 희생된 딸에 몰입하는 힘없고 배경 없는 시민의 전형적인 모습을 보여 주려 한다. 그들은 공권력에 대해 저항할 마음도 갖지 못했고, 또 삶터를 되찾기 위한 권리를 행사하는 일에도 관심을 갖지 않을 정도였다.

그들에게 괴물은 불의의 세력을 응징하기 위한 도구적인 의미를 갖고 있지 않다. 오히려 평범한 시민들을 뚜렷한 이유도 없이 희생시키고 있음에도 불구하고 공권력에 의해서는 철저하게 방관되는 약한 존재일 뿐이다. 자신의 가족을 곤경에 빠뜨렸다는 점에서, 그리고 자신들이 가지고 있는 전 재산을 투자해 무기를 구입했다는 점에서 괴물은 강두네 가족에게만 대단한 의미를 갖는 존재로 여겨질 뿐이다. 괴물과 맞서 싸우는 그들의 용기 있는 행위는 사실 위기를 극복하기 위한 영웅적인 결의에서 비롯되지 않는다. 그들의 삶터인 한강둔치가 위험구역으로 지정되어 하루아침에 삶터를 잃게 된 것에 대한 한탄도 없다. 자신들이 병원관계자들에 의해 혹은 미군에 의해 부당한 대우를 받고 있다고 해서 공권력을 비난하며 정의에 호소하지도 않는다. 주어진 현실을 묵묵히 받아들이면서 단지 가족의 한 사람이 당한 희생만을 슬퍼할 뿐이다. 또한 죽은 줄만 알았던 딸이요 손녀요 조카인 현서가 살아 있다는 소식에 자신의 모든 것들을 올인하여 그녀의 행방을 찾기 위해 열정을 낼 뿐이다. 가족을 위해 보여 준 그들의 결연한 모습은 한국 영화에서 전형적으로 나타나는 '혈연중심적인 희생'이라는 모티브를 통해 어렵지 않게 이해될 수 있다. 이것이 <괴물>에 대한 감상이 가족 이야기를 중심으로 이뤄지도록 하는 중요한 이유들이다. 그러나 앞서 말했듯이 영화의 핵심은 가족 이야기에 있지 않다.

가족 이야기가 아니라면 <괴물>을 통해서 관객은 무엇을 읽어 낼 수 있을까? 외연적인 의미를 제외할 경우 영화를 통해서 표현되고 있는 내포적인 의미를 물어볼 필요가 있다. 주제적인 측면을 고려해서 말하자면, 북한 발 <불가사리>가 권력에 의해 침탈되는 민중들의 한과 응징을 통한 한풀이를 형상화시키고 있듯이, <괴물> 역시 오염된 환경과 권력의 전횡 아래 신음하는 민중의 아픔을 표현하고 있다. 그럼에도 불구하고 가족의 생명에 관한 한 결코 포기하지 않는 민중들의 저력이 강조되어 있다. 그러나 <괴물>은 결코 응징의 의미를 함축하고 있지는 않다.

오늘날 우리에게 괴물은 무엇인가?

영화를 감상하면서 누구나 쉽게 발견하게 되는 것은 강력한 힘을 상징하는 미군의 오만한 태도다. 영화의 첫 장면에서부터 나타나는 그들의 오만한 태도는 미군 부대 내 영안실에서 시체의 방부제로 쓰이는 독극물을 한강으로 방류하라는 지시로 나타난다. 서울 시민의 식수로 사용되는 한강이 오염될 것이라는 반론을 철저히 무시한 것이다. 이는 맥팔랜드 사건으로 이미 여론에 공개된 실제 이야기에 바탕을 둔 장면이다. 봉준호 감독은 영화제작이 바로 이 사건에서 얻은 영감에 기반을 두고 있다고 술회한다. 그는 한편으로는 독극물의 한강 방류 사건과 괴물의 출현 그리고 그에 따른 미국의 전횡적인 태도를 상관관계 속에서 설정해 놓고, 다른 한편으로는 괴물에 의해 희생되고 또 가족을 구하기 위해 괴물과의 일전을 불사하는 한 가족의 무모한 모습을 하나의 이야기 속에서 전개시키고 있다.

바로 이런 구도 속에서 영화이해의 실마리를 찾아볼 경우에 이런 질문에서 피할 수 없게 된다. 감독은 무엇 때문에 괴물에 맞서 싸우는 대상으로 영웅이 아닌 평균 이하의 삶의 모습을 가진 강두네 가족을 등장시킨 것이었을까? 앞서 말한 대로 그것은 강두네 가족이 강대한 미국 앞에 선 한국 민중의 모습을 형상화한 것이기 때문이다.

강자에 의해 피해를 당했을 때 약자는 한마디 저항도 못하고 당할 수밖에 없다. 그들에 대한 저항은 오히려 더 큰 피해를 불러올 것이라는 두려움 때문이다. 그래서 약자들은 피해를 당하고도 마땅한 대처방안도 강구하지 못한 채 가슴앓이로 힘겨운 삶을 살게 된다. 한국적인 문화정서에서 이것은 흔히 '한'으로 표현되었다. <불가사리>에서 대장장이의 딸이 아버지가 남긴 불가사리 형상을 소중히 간직하며 바느질로 살아갔듯이, 마음속에 한을 품은 사람들은 오직 인고의 삶으로 불의를 견디어 내거나 혹은 한풀이나 그에 버금가는 행위에 의지해서 자신의 억눌린 감정들을 풀어낸다. 무속문화에서는 생전에 못다 푼 것들로 인해 원혼의 존재를 등장시키기도 한다. <불가사리>는 불의하게 죽어 간 민중들의 한을 괴물 불가사리로 형상화해 복수하며 한을 풀어낸다는 내용을 담고 있다. '한'을 다루고 있지만 이데올로기적인 상황으로 인해 흥행에서 성공하지는 못했다.

한편, 한국 민족의 한을 영상화했다고 평가받는 <서편제>에서는 맺힌 한을 원망의 삶으로 풀어내거나 혹은 복수의 길을 택하는 대신에 예술로 승화시키는 모습을 보여 주었다. 이처럼 한국인들에게 한은 저항할 수 없는 힘에 의해 일방적으로 당할 수밖에 없는 약자들의 억눌린 감정이다. 이 힘은 시대적으로 다양한 모습으로 형상화되었지만 공통적인 것은 쉽게 대항할 수 없는 존재로 형상화되었다는 점이다. 이 힘은 서구적인 이미지로 본다면 '괴물'에 해당되는 존재였다.

다시 말해서 한국인들에게 '괴물'은 부패한 고관들이었고 가정주부들에게는 부정한 남편이었으며, 며느리에게는 불의한 시어머니였고 평화를 사랑하는 한민족에게는 남의 땅을 호시탐탐 노리는 외세였다. 노동자들에게는 노동력을 착취하는 악덕 기업주들이었고, 학생들에게는 촌지에 눈이 먼 부정한 교사요 종교에서는 부도덕하고 부패한 성직자였다. 미국은 우리에게 있어서 결코 섣불리 다룰 수 없을 뿐만 아니라 그들의 눈짓, 손짓만으로도 죽기도 하고 살기도 하는 존재로 인식되고 있다. 괴물의 출현과 관련해서 비록 돌연변이라는 기제를 사용해 설명하고 있지만, 사실 괴물은 단순한 돌연변이보다는 강대국의 이미지 뒤에 숨겨져 있으면서 변형되어 나타나 그 정체를 알 수 없는 존재로 보는 것이 더 정확할 것 같다.

괴물의 이미지를 이렇게 이해할 수 있다면, 영화 <괴물>은 오늘 우리들에게 괴물은 무엇인지를 묻게 하며, 또한 현대 한국 시민의 다양한 이미지 가운데 약한 자로서의 이미지를 구체화하고 있는 강두네 가족에 의해 괴물이 제거되는 모습을 통해 침략을 당하지만 결코 굴복하지 않는 한국 민중의 저력을 환기시키고 있다.

그동안 한국 민족은 바로 이런 종류의 수많은 괴물들 앞에서 한마디 불평도 못하고 가슴속에 묻어 두고 살아왔다. 비록 오늘날 우리는 한심한 정치 현실 속에서 살아가고 있지만, 세상 모든 사람들 앞에 내놓아도 부끄럽지 않은 민주화에 대한 뜨거운 열정을 갖고 있고, 또한 스포츠 강국으로서의 이미지를 갖고 있다. 이 모든 것이 힘을 합친다면 어떤 결과로 이어질 것인가? 아직은 경제적인 위기로 인해 청년 실업과 노숙자들의 삶이 끊이질 않고 있어 안타까운 마음이 들지만, 위기 상황에 직면해서 모두가 한마음으로 대처한다면 어떠한 괴물이라도 능히 이겨 낼 수 있을 것이라는 자신감이 생기는 것은 단순한 민족주의적인 생각에 기인하는 것일까? 그것이 무엇이든 분명한 것은 봉준호 감독은 영화 한 편을 통해서 오늘 우리들에게 이런 희망을 품게 해 주고 있다는 사실이다.

<웰컴 투 동막골>(박광현, 2005)을 본 사람들은 아마도 마을 사람들이 산돼지의 공격을 받게 되었을 때 인민군과 국군 그리고 미군이 어떻게 하나가 되어 위기 상황을 극복해 나갔는지를 기억할 것이다. 얼마나 감동적인 장면이었는가! 아무리 서로 대립되는 세력이라 하더라도 모두가 함께 어우러질 수 있는 공간으로서 동막골은 오늘 우리 사회의 이상향으로 여겨지고 있을 정도다. 오늘날 우리 민족과 국가가 직면하고 있는 각종 위기상황들이 우리 모두를 압도할 만한 것이라 하더라도 결코 굴복해서는 안 된다. 힘을 합쳐 한마음이 되어 문제를 해결해 나갈 때 우리 앞에 극복될 수 없는 장애물은 결코 존재하지 않을 것이기 때문이다. 우리가 주 안에서 한마음 한뜻이 되어야 하는 이유도 바로 동일한 것이 아닐까?

(「신앙세계」 2006년 9월, 100 - 105)

그곳에서의 웃음은 건강하지 못했다
〈달콤, 살벌한 연인〉(손재곤, 2006, 18세)

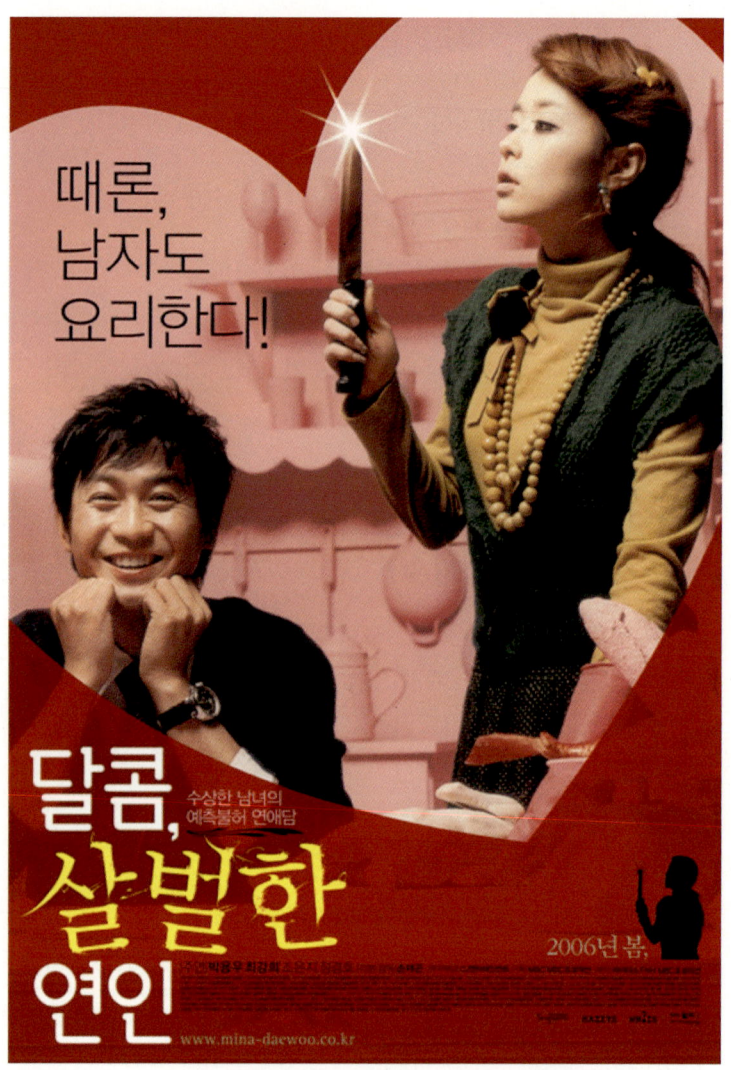

손재곤(1972~), 한겨레 영화제작 학교 출신인 손재곤 감독은 "필름에 대한 애착도 추억도 없다"는 소신을 주저 없이 밝힌 다. 현재까지는 주로 코미디 영화에 집중하는 편이다. 저예산 영화로 만든 〈너무 많이 본 사나이〉가 2000년 부천 영화제에 서 상영되면서 주목을 받기 시작했다. 장규성 감독의 패러디 영화 〈재밌는 영화〉(2002)의 각본을 썼고, 2006년도에 상업영 화 데뷔작으로 개봉된 〈달콤, 살벌한 연인〉은 그에게 2006년 제9회 디렉터스 컷 시상식에서 올해의 신인감독상을 안겨 주 기도 했다. 뿐만 아니라 제5회 대한민국영화대상 시상식에서는 각본상의 영광을 안기도 했다.

Filmography: 너무 많이 본 사나이(2000), 태극기 휘날리며(2003), 어디선가 누군가에 무슨 일이 생기면 틀림없이 나타난 다 홍반장(2004), 달콤, 살벌한 연인(2006), 이층의 악당(2010)

웃음이 몸에 좋다고 한다. 온종일 웃으면 면역기능이 좋아지고 웃고 있는 동안에는 신체 나이가 5~7년은 젊어진다고 한다. 힘도 10~20% 강해지고 3분 웃음은 25분 동안 윗몸일으키기 효과가 있다고 한다. 웃음으로 암도 견디어 내고 웃음으로 삶의 용기를 새롭게 얻기도 한다. 그래서 웃음 치료사도 생기고 웃음 목회의 노하우도 소개되고 있을 정도다. 웃으면 복이 온다는 말은 결코 빈말이 아니다.

그러나 아무리 건강에 좋다고 해도 때와 장소 그리고 상황을 가려서 웃어야 한다. 때와 장소를 분별하지 않는 웃음은 비록 본인은 건강해질지는 모르겠지만 다른 사람들에게는 불쾌감을 주어 결국 타인의 건강을 해치게 한다. 예컨대 남의 장례식에서 시신 앞에서 웃거나 혹은 웃음을 자아내는 사람이 있다면 그것은 갖은 계략 끝에 마침내 살인을 성사시킨 살인자 본인이거나 아니면 공범임에 분명하다. 그렇지 않고도 웃는다면 그것은 망자를 희롱하는 일이다. 유족들의 분노를 사게 될 것이다. 그럼에도 불구하고 이런 일이 아무렇지도 않게 여겨진다면 그 사회는 이미 정상이 아닌 것이다. 어떻게 죽음 앞에서 웃을 수 있는가, 도무지 있을 수 없는 일이다.

영화 속에서 살인하고도 아무렇지도 않게 생각하는 사람을 그린 영화로 필자가 기억하는 것으로 가장 충격적이었던 것은 <리플리스 게임>(릴리아나 카바니, 2002)[1]이다. 영화의 주인공인 청부살인업자(존 말코비치)의 일상은 지극히 고상하기만 하다. 매혹적인 미모의 젊은 아내가 있으며, 클래식 음악과 다양한 미술을 감상하고, 또 포도주의 깊은 맛을 음미할 수 있는 여유도 있고, 아름답고 우아한 집을 소유하고 있다. 그러나 그는 고도의 사기꾼이고 또한 살인청부업자다. 그의 일상은 살인청부업이라는 이미지로부터는 도무지 상상할 수 없다. <리플리스 게임>은 지킬 박사와 하이드의 또 다른 캐릭터를 보여 준다. 그러나 이 영화는 직업과 일상에서의 모습이 아무리 다르다 해도 살인의 순간과 살인행위로 인한 긴장감은 결코 생략되지 않고 있다. 일상에서의 평온함은 살인 후의 모습일 뿐이다. 게다가 어떤 경우도 시체를 앞에 두고 웃는 일은 일어나지 않는다. 직업이 아무리 살인이라 하더라도 죽음 앞에서는 결코 웃을 수 없는 것이 인류의 보편적인 정서이기 때문이다.

그런데 <왕의 남자> 이후 흥행몰이에 나서면서 주목받고 있는 <달콤, 살벌한 연인>은 이런 보편적인 정서를 마구 비웃는 것만 같다. 영화를 보는 내내 속이 편치 않았는데, 영화

---

1) **릴리아나 카바니**(1933~): 이탈리아 카프리 출신. 로마국립영화학교를 졸업한 후 주로 이탈리아 TV방송사의 프리랜서 감독으로 다큐멘터리를 제작했다. 권위적인 가치관에 도전하는 영화를 많이 만들었다. 성과 폭력을 다루면서 이탈리아 정치, 사회문제에 대한 깊은 통찰력을 갖고 영화를 만들고 있다.
   Filmography: 비엔나 호텔의 야간배달부(1974), 선과 악을 넘어서(1977), 찢어진 깃발(1981), 톰 베린저의 니나(1982), 베를린 어페어(1985), 프란체스코(1989), 어디 있나요? 저는 여기 있어요(1993), 리플리스 게임(2002)

관 이곳저곳에서 젊은 관객들의 웃음이 끊이질 않았기 때문이다. 웃어서는 안 되고 웃을 수 없는 순간이라고 생각했지만 관객들의 웃음은 계속되었다. 코믹하게 연출되었기 때문이다. 극도의 긴장감을 유발할 만한 살인 장면들을 직접적으로 보여 주지는 않았는데, 왜냐하면 영화의 본래 의도는 다른 데에 있었기 때문이다.

영화의 핵심은 겉보기와는 전혀 다른 한 여자가 살인을 계기로 엮이는 일상 속에서, 특히 한 남자와의 연애를 매개로 해서 일어나는 희극적인 에피소드다. 이 과정에서 관객은 여러 차례 웃게 된다. 살해자 처리 문제로 고민하면서 나눈 변호사와의 대화에서 웃고, 벽지에 묻은 핏자국과 관련해서 웃고, 시체가 옷장에 숨겨져 있어 옷 넣을 곳이 없다고 투덜대는 소리에 웃는다. 뿐만 아니라 암매장이 이루어질 때까지 썩지 않게 보존하기 위한 방법으로 김치냉장고를 사들이는 과정에서 또다시 웃게 된다. 그 웃음은 암매장의 순간에도 계속된다. 살인의 수가 늘어나는 만큼 웃음의 횟수도 늘어 간다. 두 번째 살인과 암매장의 순간에도 여지없이 웃음이 터져 나온다. 영화에서 살인과 시체는 오직 웃음을 위한 소품일 뿐이다. 살인과 취미의 관계를 묻기까지 할 정도다. 결코 웃어서는 안 되는 일이지만 주연배우들의 코믹한 캐릭터, 남녀의 달콤한 로맨스, 진실과 거짓의 줄다리기 속에서 팽팽하게 당겨지는 긴장감으로 인해 터부의식이 완전히 마비된다. 영화는 영화일 뿐이라고 변론할지 모르겠지만 아무리 영화라고 해도 또 아무리 웃음이 건강에 좋다 해도 이러한 웃음을 허용하는 것이 정말 바람직할까? 이런 웃음이 과연 건강을 가져다줄 것인가?

어떤 내용인지 좀 더 자세히 들여다보자.

황대우(박용우 분)는 대학에서 강사의 신분으로 영문학을 강의한다. 진정한 사랑을 만날 때까지 혼자 살기를 각오하지만 나이가 들면서 자신에게 일어나는 심상치 않은 변화를 경험한다. 아픈 허리를 누군가가 주물러 주기를 내심 바라지만 오직 전동 마사지 기계로 만족해야만 한다. 아랫집에 새로 이사 온 여자 미나(최강희 분)를 우연히 알게 되지만 데이트를 신청할 용기는 없다. 그러나 친구의 반강제로 떠밀려서 내뱉은 "내일 저랑 같이 영화 보러 안 갈래요?"라는 데이트 신청이 예상치 않게 먹혀들어 간다. 첫 데이트에서 어설프고 촌스러움을 맘껏 발휘하지만 미나는 대우가 그렇게 싫지만은 않다. 문 앞에서 행한 첫 키스로 대우는 갑자기 모든 일에서 행복을 느낀다. 그녀는 미술을 전공하고 책 읽기를 좋아한다고 했다. 그러나 이 모든 것은 거짓이다. 그녀의 본명은 '미자', 그녀의 진면목은 3명의 살인자요 어떤 이유에서 살인을 했든 그녀는 살인 후 시체를 암매장한 범죄자다. 우아하고 지적으로 보이는 겉모습과 달리 아주 끔찍한 또 다른 모습을 가진 미나는 제목 그대로 '달콤, 살벌한 연인'이다. 미대에는 근처에도 가 보지 못했으며 독서와는 거리가 멀다. 오피스텔에 사는 이유는 외국으로 도피할 수 있을 때까지 잠시 머물 곳이 필요했기 때문이다. 그녀는 유산을 노리고 노인과 결혼한 후에 심장마비로 돌연사하자 억대의 재산을 유산으로 물려받는다. 그리고 이제는 이탈리아로 달아날 계획을 갖고 있다. 이 모든 사실을 알아 버린 대우는 비록 그녀를 사랑하지만 헤어지지 않을 수 없다. 영화 자체만을 보자면 로맨스와 스릴러 그리고 코믹한 요소로 잘 구성된 영화다. 영화 한 편을 통해서 세 가지의 맛을 모두 느껴 본다는 것은 흔치 않은 일이다.

웃을 수 있고, 때로는 긴장하기도 하고, 또 때로는 청춘 남녀의 로맨스에 가슴이 설레기도 한다. 그러나 어딘지 모르게 찝찝하다. 영화관 곳곳에서 쏟아지는 웃음소리, 그 웃음소리가 심히 거슬린다. 영화관을 나서면서 인상 깊었던 영화장면이 떠올려지기보다는 오히려 고막에 남아 있는 그 웃음소리에 소름이 돋는다. 그러나 가만히 돌이켜 보면, 그것 역시 현실의 일부라는 생각을 하게 되면서 이 사회의 한 구성원으로서 괜한 부끄러움마저 든다. 그렇다. 이 영화는 이 시대의 한 모습을 보여 주고 있다. 생명을 심히 경시하는 현실을 반영한 것이다. 실제로 낙태 기록으로는 이미 세계 1위의 자리를 놓치지 않고 있다. 말다툼 끝에 아내나 남편을 죽이고, 재산 때문에 부모를 죽이고도 아무렇지 않은 듯 태연하게 살아갈 수 있는 시대다. 얼마 전에는 돈 때문에 어머니를 살해한 후에도 살해 현장에서 태연하게 라면을 끓여 먹었다는 패륜아의 이야기도 전해진다. 지금 우리 사회의 일부에서는 생명이 일상에 비해 결코 중요하게 여겨지지 않고 있다. 누군가의 삶 곧 생명현상이 자신의 일상에 방해된다면 얼마든지 제거할 수 있다고 생각되고 있다. 우리 사회의 높은 자살률은 이런 현실의 일부를 반영한다. 미나의 행위는 마치 도스토옙스키의 『죄와 벌』의 주인공 라스꼴리니코프가 아무 쓸모없는 노파를 죽이고도 그것을 정당하다고 생각했던 것과 같은 양상이다. 아니, 그녀는 자신의 행위를 그것에 빗대어 정당화시켰다. 그리고 살인과 죽음은 그녀의 일상 속에서 얽히고설키는 가운데 단지 웃음거리가 될 뿐이다.

그러나 이런 웃음에 현혹되어 영화의 초점을 놓쳐서는 결코 안 된다. 설왕설래의 달콤한 키스로 엮이는 그럴듯한 방패막이(로맨스)에 은폐되어서도 안 된다. 살인을 아무렇지도 않게 생각하고, 또 시체 앞에서 웃음을 자아내도록 연출할 수 있었던 것은 그것이 이 시대 영성의 진면목을 반영하기 때문이다. 이것을 바로 파악해야 한다. 자신의 일상을 생명보다 더욱 중요하게 여기는 다소 그릇된 영성이다. 관객들이 끔찍스럽게 생각하는 것은 살인 자체보다 이중적인 모습을 의식하면서도 그것이 자신의 일상을 방해하지만 않는 한 아무렇지 않은 듯이 살아가는 모습이다. 그것이 왜 문제가 되는지 오히려 반문한다. '너나 잘하세요'라는 식이다.

정리해서 말한다면, 지금은 피리를 불어도 노래하거나 춤을 추지 않고 애곡해도 결코 함께 슬퍼하지 않는 세대다. 아무런 방해 없이 흘러가는 일상을 생명보다 더 귀하게 생각하는 사람들이 많다. <달콤, 살벌한 연인>은 이것을 영화적인 상상력으로 표현하고 있다. 이 영화를 대할 때 한편으로는 비평적으로 보아야 한다. 이 영화가 제공하고 있고 또 기대하는 웃음, 곧 자신의 평안한 일상을 다른 사람의 생명보다 더 귀하게 생각하는 상황에서 터져 나오는 웃음은 결코 건강할 수 없다. 폭력의 희극화는 또 다른 모방행위를 유발시킬 가능성이 높기 때문이다. 무엇보다 중요한 이유는 생명이 일상보다도 비교할 수 없을 만큼 소중하기 때문이다. 다른 한편으로는 이 영화는 오늘 우리 시대 영성의 단면을 보여 준다. 따라서 그리스도인으로서 이 시대적인 영성을 기독교적인 영성으로 변화시킬 책임감을 강하게 느끼게 된다.

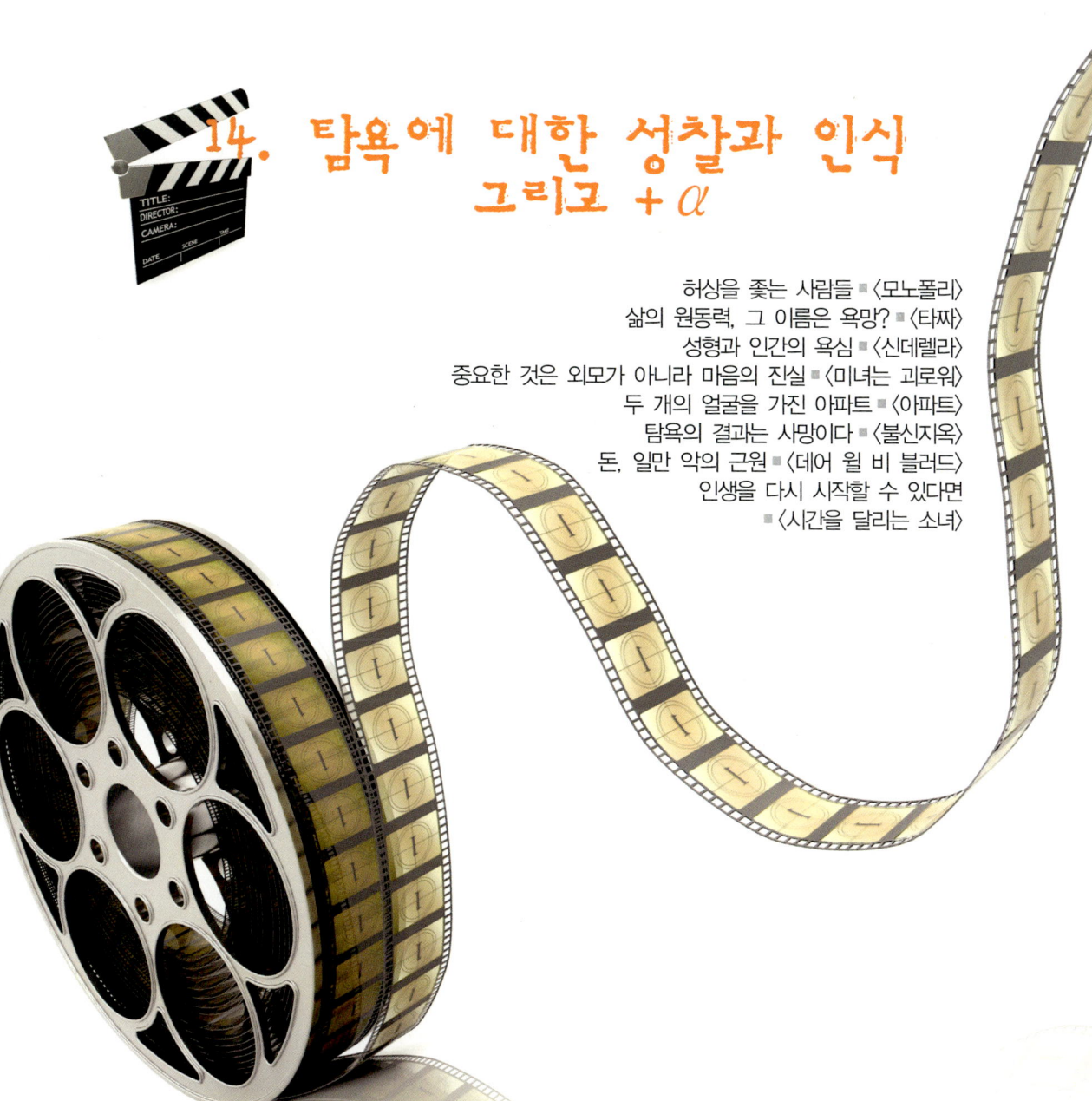

14. 탐욕에 대한 성찰과 인식
그리고 + α

허상을 좇는 사람들
〈모노폴리〉(이항배, 2006, 15세)

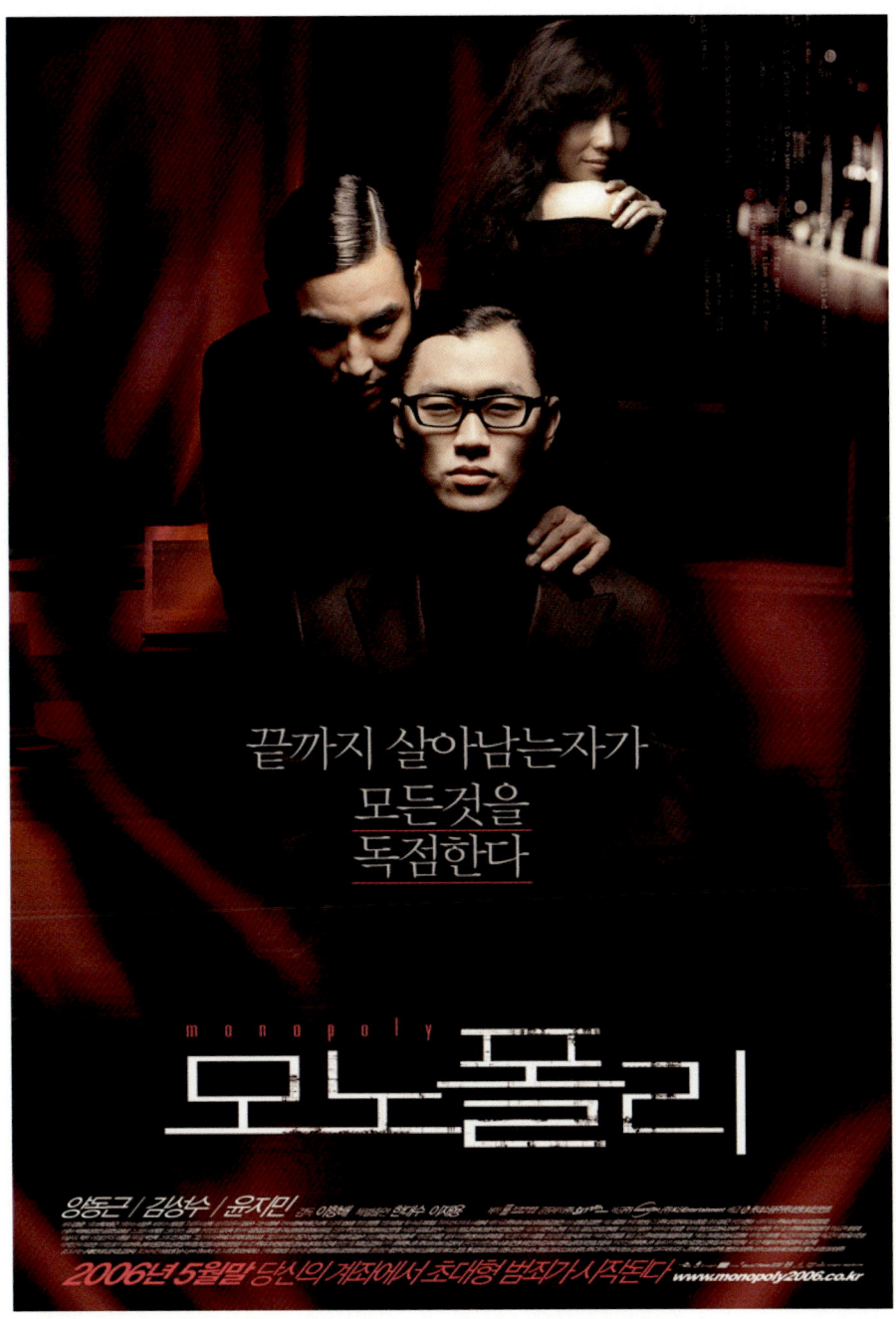

이항배, 〈모노폴리〉로 영화감독에 데뷔한 신인감독이다.

명품이 주는 이미지는 다양하다. 한편으로는 물건 자체가 지닌 예술성으로 인해 소장할 가치가 있지만, 다른 한편으로는 그것을 소유한 사람들의 이미지에 상응하는 품위를 보장해 준다. 워낙 고가이고 희소가치가 있다 보니 사회적으로 우월의식을 갖도록 해 주기도 한다. 그것을 소유할 만한 자격이나 조건이 되는 사람들에게는 별문제가 없는 일이지만, 문제는 그것이 주는 이미지로 인해 그렇지 못한 사람들에게 모조 내지는 위조현상이 나타난다는 것이다. 우리 사회에 큰 문제로 부각되고 있는 '짝퉁'이 그것이다.

이미지는 실재를 경험한 자들에게 각인되어 있는 심상이다. 경험된 것은 실재지만 기억 속에 남아 있는 것은 이미지다. 이미지로 인해 새로운 경험이 나타나기도 한다. 오래 남는 것이 강하다는 것이 요즘 유행하는 말 가운데 하나인데, 실제로 이미지의 지속시간은 실재보다 더 길다. 실재 없는 이미지를 보들리야르는 '파생실재'라 한다. 이로 인해 이미지의 영향력은 실재보다 훨씬 더 강하다. 실재가 사라지면 대체물을 찾게 되지만 이미지의 상실은 존재의 상실로 이어지기도 한다. 그래서 허상일 뿐인 이미지를 실재로 여기는 태도는 일종의 종교가 된다. 이것은 현대 종교문화의 특징적인 현상 가운데 하나다.

그런데 인간은 아주 많은 경우, 행복 혹은 진리를 추구한다는 미명하에 허상을 좇는다. 부지중에 일어나기도 하지만 의지적인 경우도 없지 않다. 그리고 마침내 허무에 사로잡혀 비참한 파국을 맞이하게 된다. 이 사실을 알고 있음에도 불구하고 분별력을 잃은 인간은 허상을 좇는 행위를 반복한다. 그 이유는 아마도 '행복을 가져다주는 실재의 세계는 어디에 있는 것일까?'라는 질문이 여전히 해결되지 않았기 때문일 것이다.

벨기에 시인이자 극작가인 모리스 마테를링크(Maurice Maeterlinck)의 작품 가운데 <파랑새>라는 제목의 동화극이 있다. 이 동화극은 나무꾼의 두 남매가 크리스마스이브에 꾼 꿈을 내용으로 삼고 있는데, 파랑새를 찾아 떠난 오랜 여행 끝에 두 남매는 자신들이 그토록 오랫동안 찾고 있었던 파랑새가 자기 집 새장 안에 있음을 깨닫게 된다는 이야기이다. 이 동화극은 비록 어린이를 위한 것으로 만들어졌지만 인생의 행복이나 진리를 찾기를 원하는 사람들에게 아주 귀중한 깨달음을 준다. 왜냐하면 사람들은 행복해지기 위해 노력하며 그 실마리를 밖에서 찾아보려 하지만 그것은 단지 허상일 뿐이고, 사실은 바로 자기 안에 있음을 말하고 있기 때문이다. 파랑새는 삶의 의미와 행복을 추구하는 자들의 눈에는 실제적인 의미를 갖는 것이나 실제로는 허상에 불과하다. 허상임을 알고 실재의 세계로 눈을 돌린다면, 파랑새는 역경 속에 있는 사람들에게 희망을 품게 하기 때문에 구도자적인 삶에서 매우 중요한 단서가 되지만, 만일 거기에 집착해 현실에 눈을 돌리지 못한다면 그것은 마치 무지개를 좇는 것과 같이 결국 허무한 결론에 이르게 될 뿐이다.

이항배 감독의 처녀작 <모노폴리>는 아쉬운 점이 없진 않지만 신인 감독치고는 뛰어난 기량이 돋보이는 작품이다. 비록 감독이 추구한 영화의 목표는 천재적인 사기행각을 보여주려는 데에 있겠지만, 다른 한편으로는 파랑새를 찾아 떠나는 사람들의 허무한 결국을 실감나게 느껴 볼 수 있게 한다.

<모노폴리>란 특정 기업(또는 기업군)이 시장이나 산업을 전적으로 지배하고 있는 상태를 일컫는다. 이기주의적이고도 세상에 대한 힘을 지배하려는 생각에서 비롯되는 경제현상이다. 영화에서 이 말은 "대한민국은 상위 1%가 독점한다"는 대사 속에 암시되어 있다. 다시 말해서 영화 <모노폴리>는 표면상 한국을 이끌고 지배하는 상위 1%를 키우기 위한 프로젝트에 필요한 자금을 모으는 과정에서 일어나는 범죄 사기극이다.

영화 이야기

나경호(양동근 분)는 카이스트를 졸업하고 해커 전문가로서 은행에서 전산망 보안을 위해 일한다. 컴퓨터로 세상과 소통하는 그는 컴퓨터와 관련해서는 능력을 인정받지만 대인관계는 원만하지 못하다. 그의 취미는 각종 액션 피규어들을 수집하는 것이다. 수집된 인형들이 그의 친구들이며, 경호는 그들과 대화하면서 지치고 고된 삶에 대한 위로를 받는다. 그리고 언젠가는 자신의 인생을 바꿀 사람을 만나게 될 것을 꿈꾸며 산다. 경호는 채팅 상대자에게 자신이 쓴 소설을 통해 자신을 이야기하는데, 소설 속의 등장인물은 그의 방에 가득 채워져 있는 인형들이다.

어느 날 경호는 액션 피규어 상점에서 만난 한 남자에게서 자신의 이상적인 모습을 발견하고 압도당하고 만다. 존(김성수 분)이란 이름을 가진 재미교포 1.5세다. 존에게는 매력적인 애인 앨리(윤지민 분)가 있다. 존의 사업을 위해 자신이 이용당하고 있음을 잘 알고 있는 앨리는 경호에게 존을 믿지 말라고 경고한다. 그 후 경호는 존과의 관계에서 불안한 심리상태를 보이게 된다. 경호와의 관계가 깊어졌다고 판단한 존은 자신의 프로젝트를 설명한다. 존과 관계되는 사람들이 하나둘씩 죽어 가는 것에 강한 의문을 갖고 있었던 경호는 존의 순수하지 못한 의도에 분노하면서 불법적인 제의를 거절한다. 존은 불안에 떨고 있는 경호에게 다가가 은행 전산망 보안을 뚫고 돈을 인출할 수 있는 능력이 있는 경호에게 의도적으로 접근한 것은 잘못이었음을 시인한다. 그러나 아무리 그렇다 해도 경호에 대한 애정(동성애)에 있어서 자신의 마음은 진실이라고 고백한다. 존의 고백을 들은 경호는 마침내 존의 제의를 수락한다. 대한민국 국민의 각 계좌에서 소액을 인출해 존이 지정한 계좌에 이체시킨 것이다.

일을 무사히 마쳤다고 생각하는 순간, 존은 무기명 채권을 챙겨 달아나고 앨리와 경호는 국정원 요인들에 의해 체포된다. 두 사람은 존이 자신들에게 특별한 의미를 갖는 사람이었다는 이유로 존의 실체를 드러내기를 거부한다. 그러나 최면을 이용한 정보원의 전략에 말려들어 결국 모든 것을 털어놓게 된다. 영화는 바로 이 두 사람의 자술에 근거해서 진행된다. 비록 소액이지만 대한민국의 모든 은행 고객의 계좌에서 인출되는 긴급한 상황이라서 철저한 수사를 진행하지만 존의 흔적은 끝내 발견되지 않는다. 존의 완전범죄 행각에 놀라워하는 정보원은 7천억 원이라는 돈이 은행에서 불법으로 인출된 사실이 가져올 파급효과를 두려워해 정보원 기금으로 일단 급하게 은행돈을 막아 놓는다. 그리고 마침내 존의 지문이 묻어 있다고 추정되는 시계를 찾아낸다. 그러나 경호는 존을 끝까지 보호하기 위해 유일한 증거물을 탈취해 물속으로 뛰어들면서 사건은 끝내 미궁에 빠지게 된다. 존은 도대체 어디로 사라진 것일까?

존이 사건의 실마리를 쥐고 있다고 판단해 존의 행적만을 집요하게 쫓던 정보원들과는 달리, 경호에 대한 몇 가지 단서에 의문을 갖고 있었던 한 정보원은 경호의 컴퓨터에서 발견된 채팅 기록을 바탕으로 추적해 나가면서 새로운 사실을 알게 된다. 경호와 앨리의 진술 속에 등장하는 존이 실존인물로 등장하지만 그것은 단순히 가상적인 연결고리일 뿐, 사실은 경호가 쓴 소설 속에 등장하는 가공된 인물이라는 것이다. 다시 말해서 경호와 앨리는 치밀한 각본에 따라 사건을 모의한 후에 가상적인 존을 설정해 놓고, 그와 얽힌 이야기를 마치 사실처럼 진술한 것이다. 그럼으로써 정보원들의 관심이 존에게 집중하도록 해 수사의 방향을 엉뚱한 곳으로 돌려놓고, 그 사이에 경호와 앨리는 외국으로 도주하여 자유로운 삶을 만끽한다.

수사의 방향을 엉뚱한 곳으로 돌려놓은 방법이라든지, <왕의 남자>에 이어 또다시 국민적 호기심을 자극하는 동성애적인 분위기 연출 혹은 전혀 예상치 못한 놀라운 반전으로 영화를 보는 재미가 컸지만, 다른 한편으로는 분명한 스토리도 없이 캐릭터들 사이에 연결고리가 형성되었다는 아쉬운 점으로 남는다. 상영시간을 다소 연장해서라도 등장인물들의 뒤엉키는 관계 속에서(즉 혼돈 속에서) 사건의 진실이 밝혀져 가는 통쾌한 맛을 느끼게 해 주었다면 훌륭한 추리물이 되었을 것이라는 생각을 한다. <모노폴리>는 한국 영화계에서 흔치 않은 범죄 추리극으로서 <범죄의 재구성> 이후로 등장한 꽤 괜찮은 영화 가운데 하나다.

이 영화의 핵심이자 영화를 반추해 볼 때 거듭 떠올려지는 장면은 아무래도 뛰어난 지능을 가진 해커 전문가의 치밀한 계산에 의한 반전에 있을 것 같다. 반전을 중심으로 영화를 곱씹어 보면 마치 무지개를 좇는 인간의 모습을 보는 것 같다. 다시 말해서, 경호나 앨리의 진술 속에 등장하는 범죄의 핵심인물인 존은 실재하지 않는 인물이지만 계산상 전제될 수밖에 없는 허수 같은 존재다. 영화 속에서는 '파랑새'(Blue Bird)라는 이름의 보트로 암시되어 있지만, 여하튼 그의 실재를 전제했을 때 비로소 사건의 전모가 밝혀지는 그런 의미를 갖는 존재다. 그래서 국정원 관계자는 모든 수사력을 존에게 올인한 것이다. 존재하지 않는 인물을 추적하고 또 그와 얽힌 사건들을 파헤치는 노력은 수포로 돌아갈 수밖에 없다. 수사 요원들이 허상을 좇는 동안에 자유로운 삶을 위해 떠나는 모습이 무척 대조적이다.

영화전문적인 측면을 제외하고 오직 감동 포인트에 집중해서 영화를 묵상하면 영화가 주는 교훈과 더불어서 오늘 우리 사회의 일면을 볼 수 있다. 무엇보다 먼저는 댄 브라운의 소설과 영화 <다빈치 코드>에 대한 기독교의 반응이다. 기독교계의 반응을 가만히 들여다보면 존재하지 않는 인물과 사건에 대한 수사진들의 모습과 다를 것이 없다고 여겨진다. 아무리 열심히 <다빈치 코드>의 범죄성(?)에 대해 성토하고 또 그것의 비역사성을 비난한다 해도 댄 브라운의 유명세는 결코 식지 않고, 오히려 기독교의 편협성에 대한 세인들의 비난만 높아졌다. <다빈치 코드>는 결코 깨지지 않은 채 소설과 영화로 여전히 실존하고 있다. 실제로는 존재하지 않는 이야기일 뿐이기 때문이다. 처음부터 허구인 것에 대한 집착으로 기독교가 얻은 것은 무엇인가? 비그리스도인들로 하여금 기독교의 편협성을 비난하게 만들어 오히려 잃기만 한 것은 아닌가? 사실이 아닌 것에 대한 반응이었기에 처음부터 좌절될 수밖에 없는 것이다. 결국 작가와 출판사에 부와 유명세만을 안겨 주었을 뿐이다.

둘째, 영화가 말하려는 주제는 아니지만, 사기극의 모티브가 되었던 상위 1%를 키우는 프로젝트를 들으면서 몇 가지 상념에 사로잡히게 된다. 현대인들은 왜 상위 1%라는 구별된 의식에 집착하는가? 이러한 집착에 대해 그리스도인들은 결코 좋게 평가하지 않는다. 사실 모든 것이 획일화되는 대중화시대에 강력한 지도력을 발휘하는 소수자에 대한 수요가 급증하게 되는 것은 당연하다. 그러나 성경은 무엇보다 99% 속에서 빛을 발하는 지도력을 말한다. 육체를 입고 세상에 오시어서 사람들과 함께 거하신 예수 그리스도에게서 최고 지도자의 모델을 발견하고자 한다. 세상 속에 임하신 대중 속에서 빛과 소금의 역할을 충분히 감당해 내는 자가 바로 실질적인 의미에서 1%에 해당되는 지도자다.

끝으로 존재하지도 않는 인물인 존을 수사의 대상으로 삼으며 그를 추적하는 사람들의 노력이 마치 무지개를 좇는 것 같은 느낌을 받았다. 무지개는 보는 사람들을 매료시키는 아름다움을 갖고 있다. 어떤 사람들은 보는 것만으로 만족하지 못해 소유하고 싶다는 욕심을 품기도 한다. 심지어 어떤 사람들은—비록 비유적인 의미에서 표현된 것이긴 하겠지만— 그것을 잡으려고 길을 나서기도 한다. 아름다움에 사로잡힌 결과이겠지만, 그것이 금방이라도 잡힐 것처럼 가깝게 있기 때문이기도 하다. 오랜 세월이 지나서야 사람들은 그것이 단지 물방울과 햇빛의 조화에 의해 형성된 것일 뿐 결코 잡히거나 소유될 수 없는 것임을 알게 된다. 그러나 깨닫게 되었을 때는 이미 백발이 된 상태다. 인생의 무상함을 표현할 때 흔히 무지개를 잡으려는 것과 같다고 표현하는 까닭이 바로 여기에 있다. 실재하지 않는 것을 있다고 믿고 살아갈 때, 만일 믿음의 근거가 허상에 불과한 것으로 밝혀질 때 느껴지는 허무감은 얼마나 클 것인가.

그리스도인에게 있어서 허상을 마치 실재인 양 좇는 믿음은 우상숭배다. 이런 태도를 하나님이 강력하게 금하신 이유는 그 결과가 인간을 비참하게 만들기 때문이다. 인간을 사랑하는 하나님은 한편으로는 하나님과 인간의 관계를 보호하려는 차원에서, 다른 한편으로는 그것이 인간들에게 가져오는 파괴적인 결과로 인해 이미지 숭배 곧 우상숭배를 금하신 것이다. 인간을 구원하시기 위함이기 때문에 따지고 보면 우상을 만들거나 절하지 말라는 계명은 하나님과의 바른 관계 속에서 구원을 사모하는 사람들에게는 기쁜 소식이 아닐 수 없다.

(「목회와 신학」 2006년 8월, 188 – 191)

삶의 원동력, 그 이름은 욕망?
〈타짜〉(최동훈, 2006, 18세)

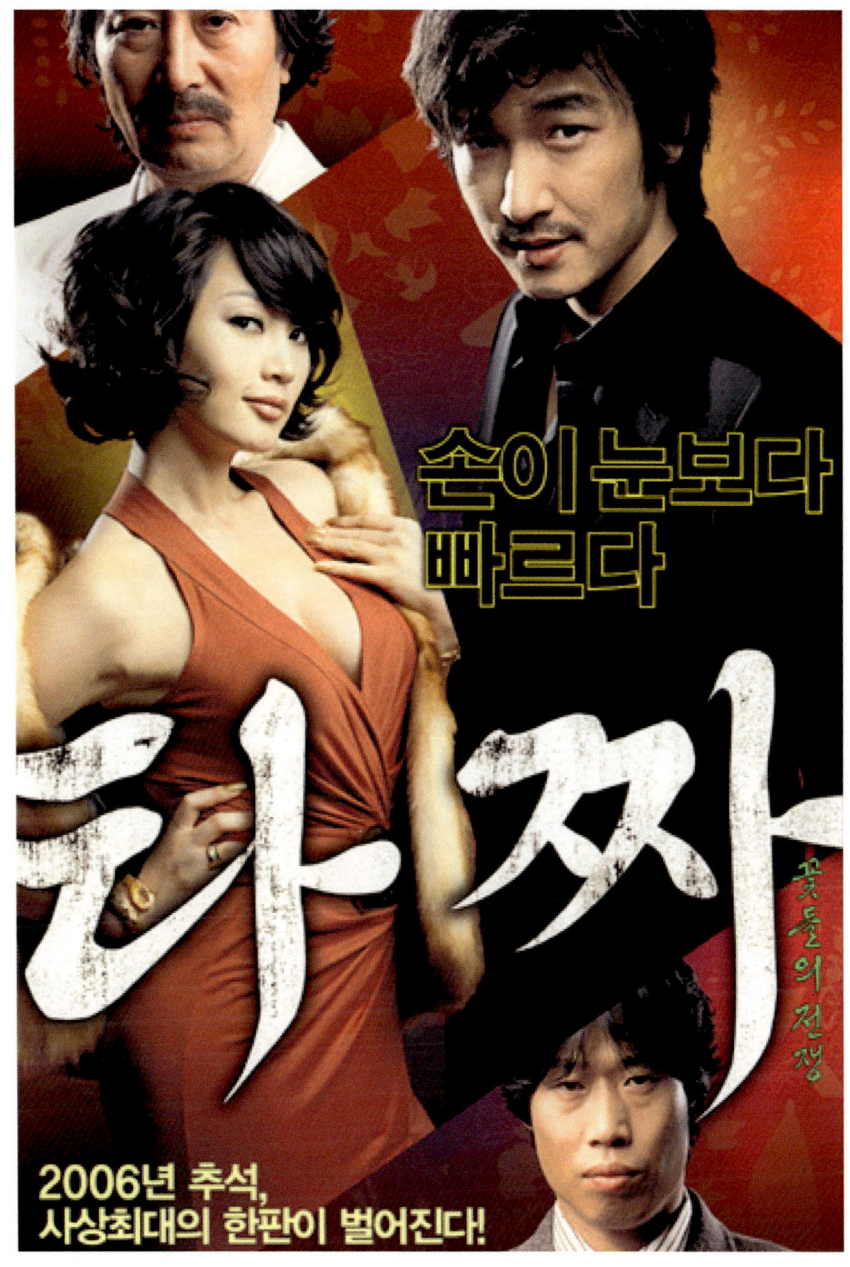

손이 눈보다 빠르다

타짜

꽃들의 전쟁

2006년 추석,
사상최대의 한판이 벌어진다!

최동훈(1971~), 서강대학교 국문과 졸업, 〈범죄의 재구성〉으로 화려한 데뷔, 2004년 제25회 청룡영화상 신인감독상, 각본상, 2004년 제3회 대한민국 영화대상 신인감독상, 각본상, 한국영화평론가 협회 신인감독상을 수상
Filmography: 범죄의 재구성(2004), 타짜(2006), 전우치(2009)

단편소설 「사람은 무엇으로 사는가」에서 톨스토이는 세 가지 질문에 대답하고자 한다. 첫 번째는 사람의 마음속에는 무엇이 있는가, 두 번째는 사람에게 주어지지 않은 것은 무엇인 가 그리고 마지막 세 번째 질문은 사람은 무엇으로 사는가이다. 우화적인 형식을 통해서 톨 스토이가 주는 대답은 사랑이다. 다시 말해서 사람의 마음속에 있는 것은 사랑이고, 사람에 게 주어지지 않은 것은 자신에게 무엇이 필요한지를 아는 지식이며, 사람은 사랑으로 살아 가는 것이라고 대답한다. 이 글을 통해서 톨스토이는 사람이 살아갈 수 있도록 해 주는 원동 력은 세상에 대한 염려와 근심이 아닌 사랑임을 역설한다. 사람은 사랑으로 사는 것이라는 말이다.

그런데 아무리 좋은 것이라 해도 사랑이 욕망이라는 이름을 갖게 될 때는 불행의 씨앗이 된다. <욕망이라는 이름의 전차>는 미국 극작가 테네시 윌리엄스의 3막으로 된 희곡인데 1947년에 초연되었고 1951년에 엘리아 카잔 감독에 의해 영화화되었다. 이 작품은 남부 출 신의 몰락한 한 여인이 왜곡되고 변질된 사랑 속에서 어떤 삶을 살고 또 어떻게 죽어 갔는지 를 보여 주고 있는데, 작가는 그녀의 삶과 애정행각을 이끌었던 힘을 '욕망'으로 규정한다. 인간의 운명을 결정짓는 한 매개로서 욕망의 의미를 넘어 스피노자는 그의 『윤리학』에서 욕 망을 아예 인간의 본질적인 요소 가운데 하나로 규정한다. 욕망 없는 인간이 없다는 말이다. 이와 유사하게 정신분석학자인 라캉은 욕망을 일컬어서 사람을 살아가게 만드는 원동력이 라고 한다.

스피노자와 라캉의 말은 욕망이 항상 부정적인 의미만을 갖고 있지 않다는 것을 시사한 다. 실제적으로 욕망은 두 개의 얼굴을 가진다. 긍정적인 측면에서 욕망은 삶의 긴장감을 유 지해 주고 또한 성취욕을 자극해 삶의 발전을 촉진시키는 원동력이 되기 때문이다. 비록 문 학과 철학 그리고 정신분석학의 시각을 통해 발견된 것이지만, 욕망에 대한 부정적인 견해 들은 인간의 죄성을 아주 정확하게 표현하고 있다. 경험적으로 아는 일이지만 인간세계에서 욕심이 일어나는 곳에는 언제나 죄가 있기 때문이다.

영화 <타짜>는 인간의 삶을 이끄는 잘못된 원동력을 욕망(부정적인 의미에서)이라고 보 고 영화적인 상상력을 통해서 그 실체와 결과를 보여 주는 영화라고 생각된다. 최동훈 감독 역시 한 인터뷰에서 <타짜>를 구상하면서 도박을 통해 대박을 꿈꾸는 인간의 모습을 그려 보고 싶었다고 말한 바 있다. 그리고 어떻게 해서 도박을 하게 되었고, 도박을 하면서 누굴 만났는지, 그 결과는 어떻게 됐는지 등과 같은 이야기에 관심을 표현하고 싶었다고 말한다. 그러니까 <타짜>는 무엇이 한 평범한 인간을 도박의 소용돌이에 휩쓸리게 만들고 또 그 결 과는 어떠한지에 대해 말하려는 것이다. 다시 말해서 도박의 근원을 묻고 싶은 것이었다. 인 간의 삶을 이끄는 올바른 원동력을 찾기 위해 먼저 그릇된 것들을 들여다보는 것도 괜찮은 방법이라 생각해 소개해 보기로 한다.

　사실 필자에게 <타짜> 경험은 충격이었다. 무지했던 타짜의 세계, 곧 그동안에는 오직 입으로 회자되는 소문으로만 들어 알고 있던 전문 도박꾼들의 삶을 직접 볼 수 있었기 때문이다. 한 편의 르포를 보는 듯했다. 이미 많은 사람들에게 동명의 만화(허영만 화백)로 잘 알려져 있는 것이어서 어느 정도의 흥행은 예상했지만, 추석 연휴 기간에 흥행에 있어서 선두를 달렸다는 소식을 접하면서 새삼 놀라지 않을 수 없었다. 무엇이 관객들의 관심을 끈 것일까? 물론 적절한 개봉시기가 한몫을 했다고 생각한다. 사행성 도박의 주범이었던 바다 이야기와 온갖 성인 PC도박으로 나라 전체가 시끄러웠던 때에 개봉되었기 때문이다. 그러나 단지 그것만을 흥행의 이유로 본다면 영화의 가치를 폄하하는 것이다. 꼭 이 시기가 아니라도 흥행할 수 있는 정당한 이유를 가지고 있다고 보기 때문이다.

　<타짜>에는 사람의 마음을 사로잡는 무엇이 분명히 있다. 2시간 19분의 상영시간을 도무지 느낄 수 없었을 정도였기 때문이다. 다시 말해서 <타짜>의 흥행에는 사회적인 분위기 이외에 또 다른 요소가 작용했다. 그것이 무엇일까? 크게 세 가지를 들 수 있겠다.

　첫째는 실증적인 고증을 거쳐 만들어졌다는 것이다. 전국에서 둘째라면 서러워할 타짜들의 기술을 습득하기 위해 기울인 배우들의 피나는 노력은 관객으로 하여금 영화가 가공된 현실이 아니고 마치 현실 그 자체인 것 같은 착각을 불러일으킬 정도였는데, 대부분의 촬영이 생생한 현장감을 담아내는 로케이션으로 이뤄졌다고 한다.

　사실 도박은 한국인의 일상에서 그렇게 낯설지 않다. 도박판에서 돈을 잃고 판돈을 빌리는 한 고등학교 선생이라는 사람의 입을 통해서도 전해지고 있지만 성인이 되면 누구나 한 번쯤 하게 되는 일이 도박이다. 이것이 어디 성인만의 놀이이겠는가. 학생들의 수학여행이나 MT에도 빠지지 않는 놀이기구다. 가족이 모인 자리에 어김없이 등장하는 것도 꽃으로 하는 싸움, 곧 화투다. 명절에 따라 윷놀이가 대신 하는 경우도 있지만 화투는 대체로 빠지지 않고 등장하는 한국인의 대표적인 놀이다.

　흥행의 둘째 이유는 그동안 입소문으로만 들었던 일들, 그래서 결코 현실이라고 믿지 못하던 전문도박꾼들의 일상을 보여 주었기 때문이다. 초보자들이 전문가들 앞에서 느끼는 경외감이라고 할까 아니면 단순한 오락을 넘어 복수와 폭력이 난무한 도박의 진면목을 보고 느낀 당혹감이라고 할까, 여하튼 앞서 말했듯이 영화가 아니라 마치 현실을 보여 주는 듯했기 때문에 충격은 더욱 컸던 것 같다. 영화라는 것이 원래 인간의 원초적인 본능에 해당되는 관음증을 합법적으로 충족시켜 주는 기능이 있지만 마치 핍쇼를 들여다보는 것 같은 착각에 들기도 한다. <타짜>는 한편으로는 관객들에게 도박에 참여하지 않도록 하면서 관객들의 도덕적인 자존감을 높여 주고, 다른 한편으로는 도박의 현장을 몰래 들여다보게 하면서 대리만족을 채워 주는데, 인간의 이중성을 자극하면서 관객들의 긴장감을 한층 고조시켰다.

셋째는 필자가 글을 쓰게 된 중요한 이유가 되는데, 도박 이야기 속에서 숱한 인간의 모습과 그들의 삶을 이끄는 힘이 무엇인지를 볼 수 있도록 했기 때문이다. 인간의 진면목을 스크린을 통해 제시하는 것은 영화의 예술성을 돋보이게 하는 것 가운데 가장 중요한 것이다. 이것은 주로 출연배우들의 뛰어난 연기력에서 비롯되지만 이야기의 탄탄한 구성도 간과할 수 없는 요인이다. 캐릭터들의 등장과 이야기 구성은 서로 묶여 있어 함께 다뤄져야 한다.

기본적으로 <타짜>는 정 마담(김혜수 분)이 내레이션으로 회상하는 형식 속에서 진행된다. 정 마담이 '내가 아는 타짜들 중에 최고의 타짜'로 꼽으며 소개된 고니(조승우 분)라는 한 남자가 도박에 발을 들여놓게 된 때부터 타짜가 되기까지의 수련과정 그리고 타짜로서 삶의 굴곡을 그려 내고 있는데, 전국을 돌아다니며 도박을 벌이는 장면이 많아 일종의 로드무비 같은 형식을 갖추고 있다. 고니가 만난 도박판의 사람들은 갖가지 캐릭터들을 가지며 등장한다. 주요 캐릭터들은 대체로 고니가 아닌 고니의 스승 평경장(백윤식 분)의 설명을 통해 설명된다. 평경장에 의해 이뤄지는 전설적인 타짜들의 세계에 대한 설명은 영화 속의 고니는 물론 영화 밖의 관객들로 하여금 하나둘씩 차례로 등장하는 인물에 대한 기대감을 높여 주어, 마치 한 편의 추리극을 보는 것과 같은 느낌을 불러일으킨다. 뿐만 아니라 복수(평경장의 죽음이 아귀에 의한 것이라고 생각하며 복수하려는 고니, 곽철용(김응수 분)의 죽음에 대한 대가를 고니에게서 찾으려는 아귀의 복수심)라는 주제를 적절하게 사용해 전체 이야기를 매우 긴장감 있게 끌어간다. 문외한들에게는 낯설지만 전문 타짜들에게는 잘 알려져 있는 수칙을 설명하는 실례로서 이야기를 끌어 나가는 점 역시 타짜들의 세계를 들여다보려는 관객들의 관심을 끌고 또 시선을 주목시키기에 충분했다. <범죄의 재구성>에서 탄탄하게 다져진 예리하고 치밀한 구성능력이 한층 더 발전된 모습을 갖춘 작품이다.

영화의 의미를 발견하기 위해 이제 영화의 내용으로 들어가 보자.

영화 이야기

고니는 어느 가구공장에서 일한다. 대학에 다니는 것보다 돈을 더 잘 벌 수 있는 방법이 있다고 믿으면서 소신껏 인생을 살아가는 젊은 청년이다. 고니는 박무석 일행이 짜고 치는 도박판에서 3년 동안 번은 돈을 모조리 잃고 또 누나의 돈마저 잃게 된다. 박무석 일행에게 속았다는 사실을 알고 박무석을 찾으러 서울 근교의 도박판을 뒤지는 중에 우연히 전설적인 타짜 평경장을 알게 되고 갖은 노력 끝에 그에게서 타짜의 기술을 습득한다. 고니는 평경장에게서 타짜가 되기 위한 네 가지 수칙을 전수받는다. 첫째, 타짜에게는 야수성이 필요하다(거침없는 폭력). 둘째, 손이 눈보다 빠르다. 셋째, 이 세상에 안전한 도박판은 없다. 넷째, 이 바닥에는 영원한 친구도 원수도 없다.

고니는 잃은 돈을 찾으러 화투판에 뛰어들었지만 도박의 맛에 이끌려 쉽게 떠나지 못한다. 잃은 돈의 5배만 따면 도박을 그만두겠다는 다짐을 하고 평경장과 함께 전국을 돌아다니며 돈을 따지만 막상 돈을 마련한 후에는 갈 때까지 가 보자는 생각에 평경장과의 약속을 어기고 정 마담과 더불어 타짜의 삶을 산다. 정 마담이 이끄는 마차에 올라탄 고니는 그동안 경험하지 못한 화려한 삶을 만끽하지만 이내 평경장의 사망 소식을 접하며 큰 충격을 받는다. 오른손 팔목이 잘려 있는 것을 본 고니는 함께 기차를 탄 아귀의 소행이라고 믿고 복수의 칼을 간다. 이제 고니는 돈과 승부욕보다는 불타는 복수심에 사로잡혀 일사각오로 화투판에 임하게 된다. 박무석에게 복수하고, 곽철용을 제거하며, 이제 아귀에 대한 복수만을 남겨 두게 된다. 곽철용의 계략에 빠져 죽을 고비를 가까스로 넘긴 고니는 도박판의 길동무인 고광렬(유해진)이 아귀에게 수를 쓰다 당했다는 소식을 접한다. 한편으로는 슬픈 일이지만 다른 한편으로는 드디어 아귀에게 복수할 기회를 얻게 된 것이다. 그러나 아귀와의 만남에서 고니는 평경장을 죽인 자는 아귀가 아닌 정 마담임을 알게 된다. 정 마담과 함께 벌인 한판 승부에서 아귀는 고니가 수를 썼다고 판단하며 고니의 팔을 붙잡는다. 이제 막 고니의 오른손을 뭉개뜨릴 기세다. 그러나 아귀의 오판으로 판명되어 사태는 역전된다. 아귀는 자신이 판 함정에 스스로 빠지게 된다. 위기를 절묘하게 피하게 된 고니는 자신의 복수심을 정 마담에게 쏟아붓는다. 판돈의 일부를 챙기고 나머지 돈을 모두 불에 태워 버린 것이다. 정 마담이 쏜 총에 팔에 부상을 입지만 홍콩으로 잠적해 버린다. 이것으로 고니는 우연한 호기심에 이끌려 도박판에 끼어든 이후로 얽히고설킨 복수의 인연을 모두 끊어 버리게 된다. <타짜>는 타짜로서의 삶의 여정을 보여 주는 영화이지만 한 편의 복수극으로도 이해될 수 있기도 하다.

그러나 박찬욱 감독의 복수 3부작에서 볼 수 있는 복수의 또 다른 메커니즘을 도박을 매개로 해서 보여 주려는 것은 아니다. 도박의 실상을 고발하면서 도박에 빠지지 말라고 경고하는 것도 아니다. 영화가 말하려는 것은 도박의 근원, 곧 도박에 발을 들여놓게 하고, 마침내 도박중독에 빠지게 만드는 것은 다름 아닌 욕망이다. 다른 사람들과의 경쟁에서 이기려는 승부욕, 자신의 복수심을 채워 넣으려는 욕망, 사람의 관계야 어떻든 그리고 사람의 목숨이야 어떻든 돈만 벌면 된다는 물질에 대한 그릇된 욕망, 돈도 복수도 아니라 상대방의 허점을 발견해 응징하려는 새디스트적인 욕망 등을 볼 수 있다. 이들 욕망은 타짜의 세계에서 삶의 원동력이며 그들로 하여금 도박에 발을 들여놓게 하고 또 한 사람의 타짜의 삶을 이끄는 힘이었다.

물론 영화는 그러한 욕망의 결과를 말하는 일에서 결코 인색하거나 관용적이지 않다. 승부욕은 신뢰를 저버리게 하고(고니가 평경장과의 약속을 어긴 일), 증오는 살인으로 이어지고(정 마담이 평경장의 살해를 지시한 일), 돈에 대한 욕망에 사로잡힌 사람은 결국 돈을 잃게 되고, 새디스트적인 욕망은 자가당착에 빠지게 된다. 욕망에 이끌려 하는 행위가 다 이런 결국을 맞이하는 것은 아니겠지만, 성경(약 1:15)은 결국 그럴 것이라고 단언한다. "욕심이 잉태한즉 죄를 낳고 죄가 장성한즉 사망을 낳느니라."

타짜는 전문도박꾼을 지칭하는 말이지만, 사실 욕망에 이끌려 가는 사람들이다. 영화 <타짜>는 타짜들의 삶을 움직이는 돈의 실체가 무엇인지를 말해 주고, 그것을 좇는 사람들의 욕망이 어떠하며, 또한 그들의 결국이 어떠한지를 보여 준다. 그것이 지극히 자명한 일임은 욕망에 대한 부정적인 평가가 보편적이기 때문이다. 어떤 종교에서는 지옥으로 들어가는 세 개의 문들(분노, 욕망, 거짓) 가운데 하나로 욕망을 꼽고 있을 정도다.

욕망은 릭 워렌이 『목적이 이끄는 삶』에서 그리스도인들이 극복해야 할 것들로서 제시한 죄에 빠진 사람들의 삶을 이끄는 다섯 가지 원동력(죄의식에 의해 끌려 다닌다, 원한과 분노의 쓴 뿌리를 씹으며 살아간다, 두려움에 이끌려 살아간다, 물질에 이끌려 살아간다, 다른 사람들의 인정을 받기 위해 살아간다)을 포괄한다. 이상의 다섯 가지가 하나님 없는 사람들의 삶을 이끄는 원동력이라면 그리스도인들의 삶을 이끄는 힘은 무엇이어야 하는가? 바로 이 질문에 대한 대답으로 릭 워렌은 목적, 곧 하나님께 영광을 돌리는 일임을 역설한다. 왜 목적이 이끄는 삶이어야 하는가? 아마도 욕망은 세계의 표상만을 보게 하는 데 반해, 목적은 세계의 본질을 보게 해 주기 때문은 아닐까.

이처럼 욕망의 종교적인 의미를 생각해 본다면, 우리나라가 도박공화국이라는 이미지에서 하루속히 벗어날 수 있는 길을 모색하기 위해서는 제도적인 측면에서 고민하는 것도 중요하겠지만, 그보다 더 중요한 것은 아무래도 기독교가 마련해야 할 것이라는 확신이 든다. 삶의 진정한 원동력은 바로 하나님에게서 비롯된다고 믿기 때문이다.

"보라 하나님은 나의 구원이시라 내가 의뢰하고 두려움이 없으리니 주 여호와는 나의 힘이시며 나의 노래시며 나의 구원이심이라"(이사야 12:2)

(「목회와 신학」 2006년 12월, 228-231)

성형과 인간의 욕심
〈신데렐라〉(봉만대, 2006, 15세)

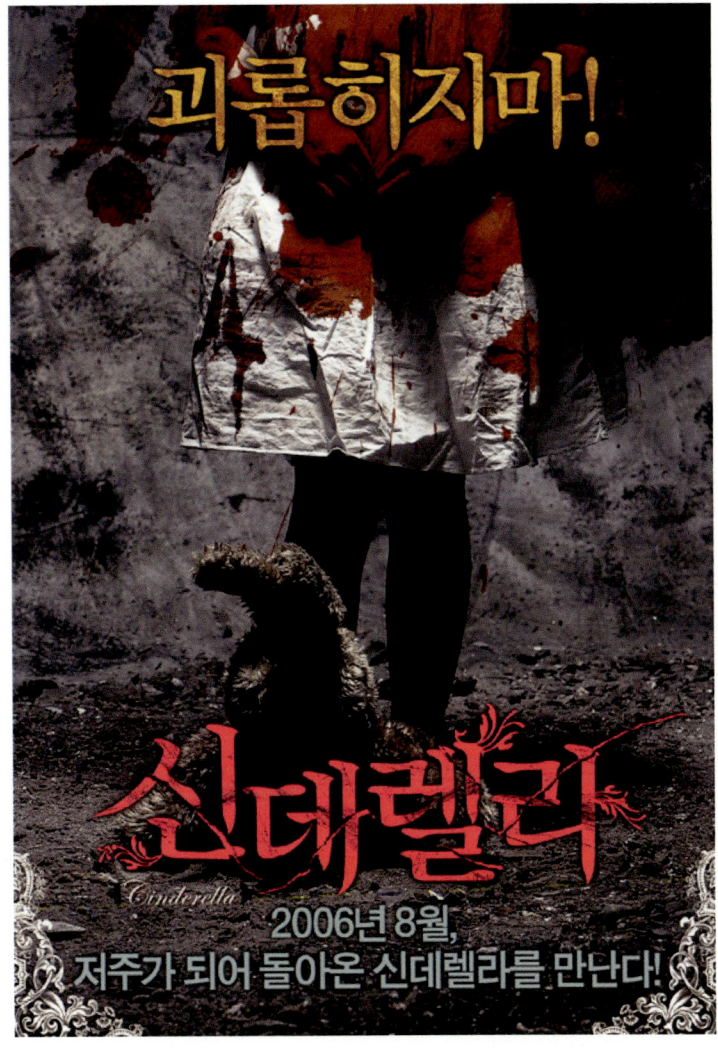

봉만대(1970~), 영화 〈도쿄 섹스피아〉(1999)로 데뷔한 봉만대 감독은 CF 출신 감독이다. CF와 기업 광고 등을 통해 다양한 경험을 쌓아 온 그는 연출과 편집에 대한 남다른 감각으로 독특한 영상 미학을 추구한다. 1988년 극단 '드라마 스튜디오' 단원으로 활동하였고, 1988년 진주 개천예술제 〈방황하는 별들〉로 연기상 은상을 수상하였으며, 1990년 35mm 아동을 위한 영화 〈돌아온 손오공〉과 1994년 35mm 극영화 〈휘파람 부는 여자〉의 조감독으로 활동하였다. 항상 새로운 것을 시도하는 강한 연출 의욕을 갖고 있다고 평가되는 그는 콘트라스트가 강한 조명, 시간의 연속성을 과감히 뛰어넘는 점프 컷 섹스의 전희와 절정을 연상케 하는 함축적 영상 등을 많이 사용한다.

Filmography: 휘파람 부는 여자(1995), 킬링 게임(1996), 언더그라운드(1996), 스파링 파트너(2000), 연어(2000), 아파바 (2000), 이천년(1999), 맛있는 섹스 그리고 사랑(2003), 동상이몽(2005), 신데렐라(2006), 불꽃처럼 나비처럼(2009), 맛있는 상상(2010)

대한민국은 성형왕국이다. 필자에게 대한민국을 총체적으로 규정할 만한 판단능력이 있어서 이렇게 말하는 것은 아니다. 필자는 그저 왜 이런 오명이 붙었는지 의아해하며 매스컴이 전하는 이미지를 반복한 것일 뿐이다. 대한민국이 성형왕국이라 함은—필자의 이해에 따르면—아마도 대한민국과 성형이 일종의 연상관계 속에 있고 또 그만큼 많은 성형수술이 행해지고 있음을 시사해 주는 말일 것이다.

　성형이 노출된 신체 부위에 남아 있는 흉터를 제거하거나 혹은 건강을 해치는 기형을 바로잡는 의미에서 이뤄진다면, 그것은 치료행위의 하나이고, 또한 심리적인 장애도 치료하는 효과를 갖는다. 그러나 실제보다 더 예쁘게 보이려는 마음에서 비롯되는 성형은 미용이다. 미용을 위한 성형은 과거 "신체발부는 수지부모라 불감훼상이 효지시야니"(사자소학), 곧 몸은 부모로부터 받은 것이어서 함부로 상하게 하지 않는 것을 효도의 기본으로 여겼던 시대에는 상상조차 할 수 없었던 일들이다. 더 예뻐지려는 인간의 욕심이 의료기술의 발달에 힘입어 비상하게 된 것이 바로 성형이다. 미용을 목적으로 성형을 하면서도 굳이 인간의 욕심 운운하기를 싫어하는 사람들의 이야기를 들어 보면 나름대로 타당한 논리를 갖고 있다. 타고난 얼굴이나 몸매가 맘에 들지 않아 대인관계에서 심리적인 장애를 느끼기 때문이라는 것이다. 만일 외모로 인해 위축되었던 삶이 성형을 통해 자신감을 갖고 당당하게 살아갈 수 있게 된다면 그것은 단순한 미용보다는 치료의 의미가 더 크지 않으냐고 주장한다. 욕심보다는 사회적인 압력에 따른 것으로 어쩔 수 없는 선택이라는 말이다. 틀린 말은 아닌 것 같다.

　사실 성형과 미용의 경계가 모호해지게 되는 주요 이유는 사회적인 분위기에서 온다. 이미지를 중시하는 시대이기 때문인데, 이미지 시대라 함은 이미지가 판단 형성과 행위의 동기에 지대한 영향을 미치는 시대를 일컫는다. 현대인들은 수많은 이미지를 소비할 뿐 아니라 새로운 이미지 생산을 위해 노력하고, 또 다수가 공감할 수 있는 이미지를 소유하기 위해 투자한다. 드러나지 않은 채 은근히 우러나는 맛보다는 겉으로 드러나 있어 사람들의 이목을 끄는 매혹적인 맛을 더 선호한다. 게다가 실제로 좋은 이미지는 취업률을 높이고 또 경제 생산에 기여하는 바도 적지 않은 것 같다. 배우자 선택에도 지대한 영향을 미친다. 그러니 보다 더 아름답게 하기 위한 목적을 가진 미용이 현실적인 삶을 힘들고 어렵게 하는 장애를 극복하는 치료로 인식되기도 하는 것은 당연한 결과다.

　문제는 이미지를 좇다가 인생을 망치는 경우가 종종 나타나는 데에 있다. 2006년도에 연예인이 되기 위해 60억이라는 가족 소유의 거액을 날려 버린 한 여대생의 이야기는 이미지 시대의 폐단을 단적으로 보여 주는 예가 될 것이다. 뿐만 아니라 성형중독으로 인해 자기 얼굴에 이물질을 주입해 '선풍기 아줌마'로 불릴 정도가 되어 결국 정신과 치료를 받아야 했던 한 여자를 우리는 아직도 잊지 않고 있다.

영화 <신데렐라>는 이런 시대적인 분위기 속에서 만들어질 수 있었던 것으로 성형 이야기 속에 담긴 숱한 사연들 가운데 하나를 소재로 삼고 있다. 특히 영화적인 상상력을 바탕으로 성형의 신기루에 해당하는 얼굴이식을 소재로 삼는 가운데 인간의 욕심과 사악한 본성을 보여 주려고 노력했다.

영화사상 처음으로 얼굴이식을 소재로 삼은 영화는 <페이스 오프>(오우삼, 1997)[1]다. 이 영화는 수사에 필요한 중요한 정보를 빼내기 위해 전략적인 차원에서 행하는 얼굴이식을 소재로 삼고 있다. <미션 임파서블> 시리즈에서는 위장을 위해 필요한 얼굴의 가면을 만들어 사용하는 데에 반해, <페이스 오프>는 얼굴이식 성형을 감행한다. 부분적인 성형이 아니라 얼굴 전체를 이식하는 성형기술은 영화가 제작되던 당시는 그야말로 신기루였다. 이미지가 현실을 이끄는 단적인 예가 되겠지만, 지금은 얼굴이식 성형이 프랑스와 중국에서 성공했다는 소식을 들을 수 있게 되었다. 그러나 얼굴이식 성형은 사실 아직까지 쉽지 않고 또 상당한 위험이 내재된 수술로 여겨진다.

얼굴이식 성형과 관련해서 이미지와 현실의 차이를 염두에 둘 때 주목해야 할 사항이 한 가지 있다. <페이스 오프>의 성형은 당시로서는 이상적인 것이었으면서 또한 전략적인 것이었다는 사실이다. 그렇기 때문에 이식 후에 받게 되는 충격은 실제적인 경험의 부족으로 인해 오직 상상될 수 있었을 뿐이며, 그래서 그 충격은 다소 무시될 수 있었다. 그 충격이 관객들에게까지 전달되지 못했다는 말이다. 단지 인간관계에서 일어나는 정체성의 혼란과 그에 따른 위험만이 강조되었다. 이는 인간복제와 관련된 영화들이 제작되어 개봉되었지만 (<6번째 날>, <아일랜드>) 인간복제에 대한 실제적인 경험의 부재로 인해 단지 우려할 뿐, 아직은 우리에게 그렇게 충격적으로 여겨지지 않고 있는 것과 같다.

실제의 경우에 있어서는 — 인간복제가 아직은 이론적인 결과일 뿐이고 또 영화적인 상상력 속에만 존재하고 있는 것처럼 — 이식을 위한 얼굴피부를 얻는 것도 쉽지 않지만, 설령 얼굴이식 성형을 받았다 해도 수술 후에 전혀 다른 얼굴을 보게 되었을 경우에 어떠한 충격을 받게 될 것인지, 또한 어떠한 정체성 혼란을 겪게 될 것인지에 대해서는 오직 상상력에 의지할 수밖에 없는 상황이다.

한편, 단순히 이상적으로만 여겨지던 얼굴이식 성형이 치료목적으로 프랑스와 중국 의료

---

1) **오우삼**(1946~): 중국 출신의 다작의 감독으로 20년 동안 30편 이상의 흥행작을 내놓았다. 마테오리치 학교를 마치면서 실험영화를 만들기 시작했는데, 다른 영화감독과는 달리 영화학교 대신에 현장에서 영화를 시작했다. 쇼브라더스에서 조감독으로 일한 후 2년 만에 〈철한유정〉(The Young Dregons)으로 감독에 데뷔하였다.
 Filmography: 철한유정(1975), 소림문(1975), 영웅본색(1986), 페이스오프(1997), 블랙잭(1998), 미션 임파서블 2(2000), 페이첵(2003), 랜드 오브 데스티니(2004), 보이지 않는 아이들(2005) 등

진에 의해 성공적으로 행해진 이상, 앞으로는 얼굴이식을 원하는 사람들이 더욱 많아질 것으로 예상된다. 그리고 영혼과 외모가 서로 뒤바뀌면서 생기는 좌충우돌의 이야기를 전해 주고 있는 텔레비전 드라마 <돌아와요 순애씨>는 가상적인 스토리이긴 하지만 외모 혹은 이미지의 변화가 어떠한 혼란으로 이어질 것인지를 대략적으로 추측해 보게 한다.

얼굴은 한 인간의 정체성을 식별하고 또 결정하는 데에 매우 중요한 요소이기 때문에 얼굴이식 성형은 남용을 막기 위해 엄격한 윤리와 도덕적인 기준을 요구한다. 복제기술에 의지하지 않는다면, 장기기증의 경우와 같이 누군가의 기증 없이는 가능하지 않은 일이기 때문이다. 도대체 죽은 자가 아니라면 누가 자신의 얼굴을 기증할 수 있을 것인가?

이 질문은 더 이상 기증자가 없는 상황에서 죽기만을 기다리는 장기손상 환자들에게도 마찬가지로 제기되는 질문이지만, 만일 얼굴 전체에 심한 흉터를 가진 사람들이 현재의 모습으로 살기를 두려워하고 성형에 대한 강한 유혹에 사로잡히게 될 경우 반드시 해결해야 할 문제다.

생각해 보건대, 이런 복잡한 문제는 인간의 본질을 다시 한 번 되새겨 보는 의미를 갖는다고 생각한다. 봉만대 감독 역시 이 점을 잘 알고 있었음에 분명하다. 왜냐하면 영화 <신데렐라>는 얼굴이식 성형과 관련해서 겪는 딜레마적인 상황을 전제하기 때문이다.

기증자를 생각할 수 없을 경우에 사람들은 첨단의 과학기술력에 바탕을 두고 한편으로는 로봇을 생각했고(스티븐 스필버그, <A.I.>), 다른 한편으로는 인간복제를 떠올렸다(마이클 베이, <아일랜드>). 그리고 자신의 아이를 갖고 싶지만 사정이 여의치 않을 경우에는 씨받이나 오직 자궁만을 빌려 주는 대리모를 등장시켰다. 이렇듯 인간은 필요한 것들은 어떻게 해서든지 소유할 수 있도록 노력해 왔고, 과학기술의 발달은 인간의 욕심에 날개를 달아 주었다. 봉만대 감독은 존재의 일부인 얼굴의 손상과 관련해서 아직은 시험단계에 있는 얼굴이식 성형을 다루었다. 그것이 바로 2006년 개봉작 <신데렐라>다. 봉만대 감독은 신체의 일부를 복원시킬 수 있는 기증자를 더 이상 생각할 수 없는 상황에서 인간은 어떤 행위를 감행할 수 있고 또 무엇을 생각할 수 있는지를 동화 「신데렐라」의 이미지를 사용해서 보여 주려 한 것이다. 그런 상황에서 문제를 해결하기 위해 인간이 무엇인가를 할 수 있다면, 인간의 본성상 그것은 결코 아름다운 일일 수 없기 때문에 영화가 멜로 형식이 아니라 스릴러의 형식을 취하게 된 것은 당연한 일로 여겨진다.

봉만대 감독이 영화를 통해 제시하는 인간의 모습을 리얼하게 파악할 수 있기 위해 영화 이야기를 시간적인 흐름에 따라 들여다보도록 하자.

영화 이야기

윤희(도지원 분)는 남편에게 서류를 전해 주기 위해 어린 딸 현수를 시동을 끄지 않은 자동차에 남겨 놓고 자리를 떠난다. 엔진과열로 자동차가 폭발하고 자동차 안에 있던 딸 현수는 심각한 수준의 화상을 입는다. 의사들도 포기할 정도로 더 이상 살아날 가망이 없는 상태다. 가까스로 생명을 구했지만 얼굴에 심한 화상으로 차마 볼 수 없을 정도가 된다. 윤희가 현수를 위해 간절히 기도하는 때에 난데없이 자신을 엄마라 부르며 따라다니는 한 여자아이를 만나게 된다. 딸과 비슷한 연령의 아이다. 성형외과 의사인 윤희는 아이를 보는 순간 불현듯 좋지 않은 생각에 사로잡히고 곧 은밀한 계획을 준비한다. 아이의 얼굴피부를 자신의 딸 현수에게 이식하려는 것이었다. 그러나 해맑게 웃는 아이를 보면서 괴로워하며 차라리 자기의 딸을 포기하고 대신 주워 온 아이를 딸로 키울 것을 생각하지만 차마 실행에 옮기지 못한다. 그 대신 성형외과 의사인 윤희는 그 아이가 성장했을 때 딸 현수에게 얼굴이식 성형을 해 주기로 결심한다.

주워 온 아이는 '현수'로 불리며 엄마의 딸로서 성장한다. 그러나 얼굴이식을 통해 새로운 모습을 갖게 될 때가 올 때까지 화상을 입은 딸 현수는 지하실에 갇혀 지내야만 했다. 외부출입을 할 수 없는 것은 물론이고 존재 자체도 알려져서는 안 되는 상황이었다. 지하실 창틈으로 바라본 '현수'의 예쁜 모습과 활달한 모습을 보면서 상대적으로 자신은 엄마에게 버림을 받았다고 생각한 현수는 괴로워하면서 결국 자신의 생일날에 목을 매 자살하고 만다. 이로 인한 충격을 받았기 때문이었을까, 윤희는 다소 불안정한 심리상태를 보이게 된다.

'현수'(신세경 분)는 17세 여고생이다. 예뻐지고 싶어 하는 친구에 비해 '현수'는 좋은 피부를 유지하기 위해 엄마가 해 주는 얼굴 마사지조차 부담스럽기만 하다. 한편, 윤희에게 수술을 받은 '현수' 친구들이 성형과 관련된 환영에 사로잡혀 자살하거나 혹은 자학으로 죽는 사건이 일어난다. 지하실에 갇혀 살다가 자살한 현수의 원혼에 의해 일어난 사건이었다. 자기 엄마에게 수술을 받았던 친구들에게서 일어나는 불행한 일로 인해 의아해하며 엄마를 의심했던 '현수'는 엄마가 어릴 때부터 출입을 금지시켰던 지하 창고에서 자신의 이름이 기록된 흉측한 얼굴사진 한 장을 발견한다. 결국 '현수'는 그동안 엄마 몰래 만났던 별거 중인 아빠를 만나 자기 출생의 비밀을 알게 된다. 자기가 주워 온 아이라는 것을 안 '현수'는 괴로워하며 극도의 긴장 상태에 놓이게 된다.

출생의 비밀을 알게 된 '현수'는 더욱 분명한 것들을 알기 위해 문제의 사진이 있었던 지하실을 샅샅이 뒤진다. 여러 자료들과 흔적들을 통해서 자신이 진짜 딸이며 안면피부가 이식된 것으로 착각한다. 엄마가 자신을 위해 위험한 일을 저질렀다고 생각하며 엄마의 깊은 마음을 헤아린다. 친구의 도움으로 가까스로 지하실에서 빠져나와 엄마와 마주친 '현수'는 자신은 얼굴이 어떠하다 해도 엄마만 있으면 괜찮았다며 오히려 슬픔에 젖어 있는 엄마를 위로한다. 그러나 사실은 자신이 진짜 딸 현수에게 안면피부를 이식해 주기 위해서 길러진 아이였음을 뒤늦게 알게 된다. 동화 신데렐라의 계모의 이미지로 인해 당연한 사실로 여겨지는 순간이다. '현수'를 눕혀 놓은 윤희는 수술을 시행하려고 하려는 순간에 포기한다. 딸 현수는 이미 죽은 상태였기 때문이다. 반전의 충격을 온몸으로 느끼면서 관객은 제정신으로 돌아온 윤희가 딸 현수의 원혼을 위로해 주는 모습에 엄마의 슬픔과 좌절에 깊은 감동을 받는다.

영화 제목에 해당되는 동화 속의 신데렐라는 계모와 이복누이들에 의해 온갖 괴로움을 당하며 산 한 여자아이가 왕자를 만나 행복하게 살게 된다는 이야기의 여자 주인공이다. 팔은 안으로 굽는다는 진리가 혈연 중심적인 이기주의에 의해 어떻게 왜곡될 수 있는지를 잘 표현해 준 동화다. 뿐만 아니라 신데렐라는 여자의 인생은 한 남자에 의해 순식간에 바뀔 수도 있는 전형으로 인식되어, '신데렐라콤플렉스'라는 말이 사용되기도 한다.

영화 제목은 관객으로 하여금 동화 속의 이야기와 비슷한 내용의 전개를 연상케 한다. 그러나 실제로는 불의의 사고로 인해 반전을 위한 포석이 된다. '현수'가 아닌 현수가 죽어 원혼이 되었기 때문이다.

영화가 주는 메시지를 파악하기 위해 이런 질문을 생각해 보자.

현수의 원혼과 성형한 여학생들의 죽음은 도대체 어떤 관계가 있는 것일까? 그것은 일종의 성형외과 의사인 엄마에 대한 복수일 수도 있다. 성형한 여학생들을 죽음으로 몰아가면서 수술을 집도한 의사를 곤경에 빠뜨리게 만들려는 것이다.

그런데 영화의 내용을 가만히 들여다보면 복수의 이미지보다는 '내 얼굴'과 '낯설게 여겨지는 얼굴'이 묘하게 대립되고 있는 것을 확인해 볼 수 있다. 다시 말해서 성형한 여학생들은 수술 후의 얼굴이 낯설게만 여겨지면서, '내 얼굴'을 요구하는 원혼에 시달린 것이다. 이러한 묘한 대립을 연출해 내면서 감독이 기대한 것은 무엇이었을까?

성형은 미학적으로 정형화된 이미지를 환자에게 심어 주는 것이다. 성형한 후에는 자신의 이미지가 아닌 타인의 이미지를 갖게 된다. 그러므로 낯설게 여겨지는 것은 당연한 일이다. 성형 후 예쁘게 보이는 것은 사실이지만 다른 사람의 이미지를 갖고 살게 되는 것이다. 그것은 한편으로는 유명한 연예인의 이미지일 수 있고, 다른 한편으로는 이미 고인이 된 누군가의 이미지일 수도 있다. 분명한 것은 내 것이 아닌 다른 사람의 이미지라는 것이다. 봉만대 감독은 분명 이런 상관관계를 염두에 두고 영화를 연출해 나갔음에 분명하다. 그럼으로써 남의 이미지를 갖고 사는 사람의 정체성에 대해 강한 의문을 제기한다.

그렇다면 감독은 성형반대론자일까? 아니면 성형 이야기는 단지 영화의 소재일 뿐 진정한 의도는 신데렐라에서 나오는 계모와 이복언니의 못된 심성과 같은 인간의 욕심과 사악한 본성을 관객에게 확인시켜 주려는 것이었을까?

유독 미용이나 성형에 관심을 보이지 않은 현수만이 살아남고 다른 친구들은 모두 죽었다는 사실은 미용적인 목적에서 행해지는 성형에 대해 일침을 놓고 있다는 추측을 하게 만든다. 뿐만 아니라 복제와 관련해서 그것의 긍정적인 사용을 원하면서도 그것의 부정적인 결과를 낳게 하는 남용을 염려하는 것과 같이, 성형 역시 치료를 위한 목적으로 행해지는 것은 찬성하지만, 그것이 인간의 손에 들어가면 얼마든지 사악한 목적을 위해 사용될 수 있음을 영화를 통해 확인해 볼 수 있다.

이즈음에서 우리가 주목해야 할 두 사람이 있다. 한 사람은 이지선이고, 다른 한 사람은 조엘 소던버그이다. 이 두 사람 모두 자동차 사고로 50% 이상의 화상을 입었고, 죽음의 위기를 거친 사람들이다. 얼굴에 심한 흉터를 갖고 있으면서도 결코 좌절하지 않고 세상 속에서 떳떳하게 살아가면서 오히려 수많은 사람들에게 희망의 메시지를 던져 주며 사는 사람들이다. 두 사람의 모습은 사실 보는 사람들마저 민망할 정도지만 그들은 결코 드러난 모습으로 인해 좌절하지 않았다. 그들이 그렇게 살아갈 수 있는 이유는 무엇일까?

그들의 공통적인 대답은 '상처의 치유자'가 되고 싶다는 데에 있었다. 자신이 당한 상처에도 결코 굴복하지 않는 모습을 보여 주면서, 비슷한 상황에 있거나 혹은 그렇지 않으면서도 좌절의 위기 앞에서 괴로워하는 사람들에게 삶의 의욕을 불어넣어 주고 싶다는 것이다. 누구에게나 장애는 힘든 상황임에는 부정할 수 없는 사실이지만, 두 사람에게 그것은 결코 좌절의 이유가 될 수 없고, 또한 다른 무엇으로 감추어져야 할 것도 아닌 것이다.

처음으로 돌아가 보자. 대한민국에서 많은 성형수술이 행해지고 있다는 것은 무엇을 의미하는가? 실제보다 이미지를 더욱 중시하고 있음을 의미한다. 사실 예의를 중시하는 유교시대에서 지배적인 문화형태는 체념문화였다. 허례허식은 바로 이런 문화 속에서 태동될 수 있는 폐단 가운데 대표적인 것이다. 허례허식은 의식의 절차가 간소화됨으로써 많이 사라졌지만 필자가 보기에는 단지 그 모양만 바뀌었을 뿐, 뿌리는 여전히 한국사회에서 근절되지 않고 있다. 그 단적인 예로 지적할 수 있는 것이 바로 이미지를 중시하는 사회적인 경향이다. 성형이란 바로 이러한 경향 속에서 이미지 개선을 위한 의지의 표현에 불과하다. 뿌리를 제거하지 않는 한 성형에 대한 부정적인 경향이 강해지면 또다시 다른 모양으로 우리 사회를 포장하게 될 것이다.

근본이 바뀌어야 한다. 모양이나 이미지만 바꾸는 것은 단지 새로운 변종만을 낳게 할 뿐이다. 이를 위해 우리가 할 수 있는 일은 무엇일까?

성형수술은 부족하다고 여겨지는 부분을 인간의 힘으로 채워 넣으려는 의지의 결과다. 의학기술의 발달은 인간의 꿈이 실현가능하도록 했고, 이 꿈을 실현하기를 갈망하는 사람들은 자신의 이미지 변화를 위해 성형의 유혹을 뿌리치지 못하는 것이다. 그럼으로써 하나님이 행하실 공간을 남겨 놓지 못하게 된 것이다.

도대체 해 아래 새것이 있겠는가? 솔로몬은 자신의 인생을 돌아보면서 깊은 회한 가운데 하나님이 계실 공간을 마련해 놓지 않은 곳에 새것은 있을 수 없다고 단언했다. 반대로 삶의 역전적인 변화를 경험했던 바울은 그리스도 안에 있을 때 비로소 새로운 피조물이 될 수 있다고 선언한다. 이로써 우리가 알 수 있는 것은, 새것은 오로지 하나님 안에 있을 때에 가능하다는 것이다.

하나님이 찾으시는 자는 상한 심령이라고 했다. 이미지 시대에 마음에 깊은 상처를 받는 사람은 아마도 외모에 자신이 없는 사람일 것이다. 실제로 외모로 인해 입사에 불이익을 받을 수도 있고, 또한 대인관계에서 기대 이하의 대접을 받을 수도 있다. 원하는 배우자를 만나는 일에 어려움을 겪을 수도 있다. 그러나 이 모든 상황에서 하나님이 개입하실 공간을 남겨 두지 않은 채 인간의 행위(성형)로 채워 넣으려는 것은 하나님을 신뢰하지 않고 있다는 증거는 아닐까? 그분의 능력을 실천적으로 인정하지 않는 결정임에는 분명하다. 외모로 사람을 판단하지 않을 뿐만 아니라, 생사화복을 주장하시는 하나님을 신뢰한다면, 치료가 아닌 목적으로 성형을 하는 일에 대해서 한 번쯤 심사숙고해 보아야 할 일이다. 이미지 시대를 간과하는 것은 아니지만, 진정으로 이미지를 소중하게 생각한다면 존재 자체의 변화를 가능하게 하는 방법을 선택해야 할 것이다. 세상 만물을 통치하는 분은 중심을 보시는 분임을 기억해야 한다. 부족하다고 여겨질수록 더욱 간절히 기도함으로 하나님의 인도하심을 구하면서 사는 것이 신앙인의 참된 삶의 태도가 아닐까. 새로운 변신은 바로 이런 삶에서 가능해진다. 인생의 만족은 오직 하나님에게서 비롯된다.

（「목회와 신학」 2006년 10월, 208-211）

중요한 것은 외모가 아니라 마음의 진실
〈미녀는 괴로워〉(김용화, 2007, 12세)

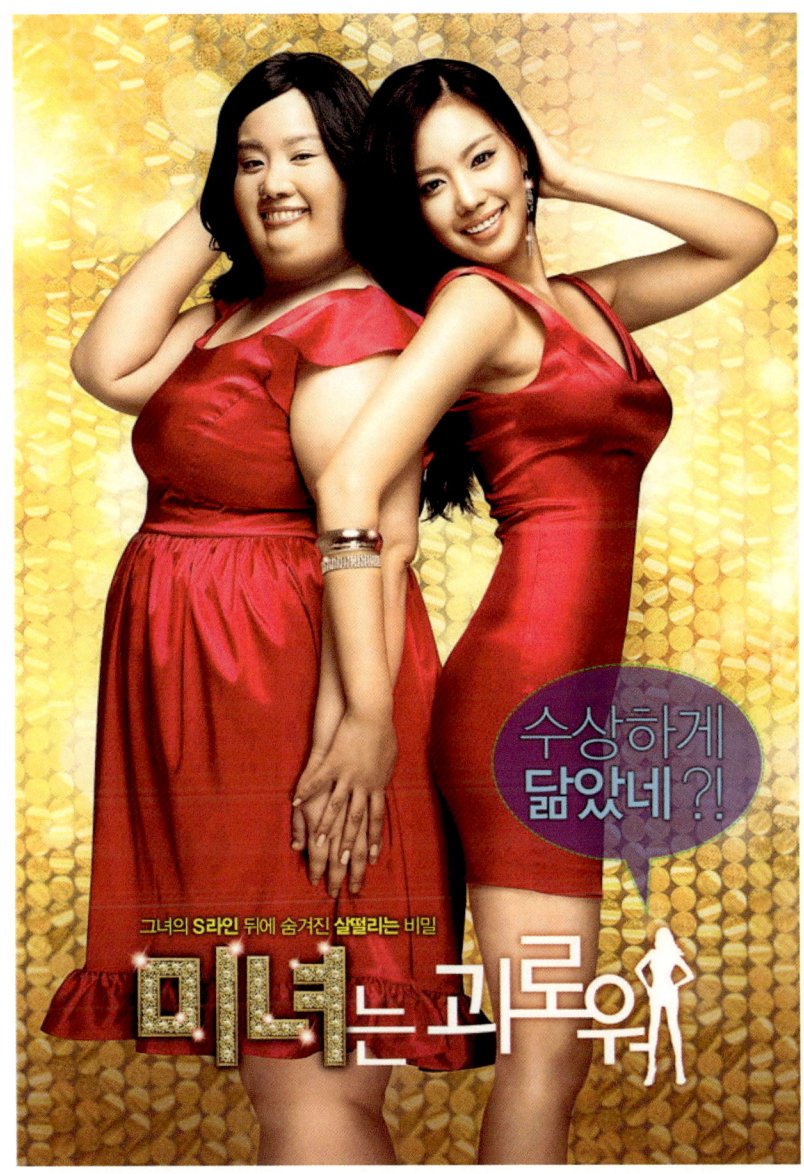

김용화(1971~), 중앙대학교 연극 영화학과 출신. 2003년 〈오! 브라더스〉로 데뷔해 코미디 영화로 300만 이상을 동원해 코미디 영화를 제대로 만든다는 평을 받을 정도로 능력을 인정받은 감독이다. 제1회 대한민국 영상대전 우수상(2000), 제42회 로체스터 국제영화제 대상(2000), 제33회 휴스턴 국제영화제 동상(2000)의 수상경력을 갖고 있고, 유미코 스즈키의 베스트셀러 만화를 원작으로 해서 만든 2006년 〈미녀는 괴로워〉는 육백만 명 이상의 관객을 사로잡은 영화다.

Filmography: 자반고등어(졸업작품 단편, 2000), 오! 브라더스(2003), 미녀는 괴로워(2006), 국가대표(2009)

미녀가 괴로움을 겪게 되는 일이 있다면 아마도 미모를 유지하기 위해 기울이는 부단한 노력 때문일 것이다. 사실 미모를 유지하기 위해서는 먹는 것, 잠자는 것, 행동하는 것에 많은 제약을 받게 마련이다. 다소 유별난 라이프스타일도 그렇거니와 미녀는 게으르다는 말도 있듯이 미녀가 되기 위해서는 어느 정도의 비난도 감수해야 한다. 때로는 남자들의 프러포즈 공세도 한편으로는 기쁨의 탄성을 발하겠지만, 다른 한편으로는 마음의 진실 여부를 가리기 위해 기울이는 힘겨운 노력으로 인해 괴로울 수도 있겠다. 아무튼 미녀가 되고 또 미녀로 산다는 것이 생각처럼 쉬운 일은 아닐 것 같다.

　　그러나 미녀에게 괴로움보다는 즐거움이 더 많다는 것은 삼척동자도 다 아는 일이다. 거리나 모임에서 주목받고, 지나치다 싶을 정도의 친절과 호의를 받는다. 과일을 사는 경우에도 하나 더 얻을 수 있고, 골라먹어야 하는 것이라면 직접 고르지 않아도 최상품을 만날 수 있다. 까다로운 절차도 미녀 앞에서는 그 거센 기운을 잃는다. 자동차 사고를 내도 몸을 다칠 정도의 사고가 아니라면 괜찮은 일이다. 손해를 입었음에도 미녀 앞에서는 있을 수 있는 일로 여겨진다. 미녀라면 어디를 가든 큰 노력 없이도 간단한 미소 작전만으로 얼마든지 VIP로 대접받을 수 있다. 왜 그런가?

　　사람은 아름다움 앞에서 부드러워지고, 아름다움 앞에서 약해지고, 아름다움 앞에서 행복을 느끼기 때문이다. 아름다움은 21세기의 강력한 무기다. 그래서 미녀가 가는 길은—성격만 괜찮다면—대체로 평탄 대로다. 미녀 앞에서 일어나는 이런 일들을 보고 그렇게 놀랄 일은 아니다. 아름다움에 대한 대부분 인간들의 공통적인 반응이기 때문이다. 미녀에 대한 남성들의 이런 반응을 보고 굳이 남성들을 비난할 필요는 없다. 여성들 역시 미남에 대해서 비슷한 태도를 보인다는 연구 결과가 있기 때문이다.

　　이런 생각을 뒤집기라도 하듯이 <미녀는 괴로워>라는 제목의 영화가 개봉되었다. 도발적이기도 하지만, 사실 왜 그런지 궁금해서 영화를 보게 된다. 일단 심리전에서 승리했다고 볼 수 있다. 장르적인 측면(코믹멜로)에서 흥행기록을 올리기도 했다. 600만이 넘었다고 한다.

　　영화의 내용을 들여다보고 나서야 제목을 이해하게 되었고 또한 흥행의 이유도 알게 되었다. 미녀가 괴로운 이유를 말하는 이야기가 괜찮게 구성되어 있음을 확인할 수 있었다. 영화가 흥행하게 된 이유는 괜찮은 구성과 더불어 오늘 우리 사회에서 누구나 한 번쯤은 반추해 볼 만한 내용을 갖고 있었기 때문이라고 생각한다. 사실 영화 속 이야기는 예외적인 경우에 해당되겠지만, 다소 과장되게 표현되었다. 이것은 미녀가 되기 원하거나 혹은 미녀를 선호하는 사람들에게 아름다움 이면의 괴로움과 사랑의 진실을 실감나게 보여 주려는 의도로 읽힐 수 있다고 생각한다.

영화 이야기

뚱뚱한 여자 강한나(김아중 분), 그녀는 외모에 대한 열등감으로 남 앞에 당당하게 나서지 못한다. 때로는 콜 서비스의 대화 상대자로 살아가고, 때로는 립 싱어를 대신하는 백 싱어로만 자신을 알릴 뿐이다. 늘 무대 뒤에 머물러 있고, 얼굴 없는 전화로만 소통할 수밖에 없다. 빼어난 목소리로 인해 자신이 남몰래 연모하는 남자로부터 관심을 받고 행복해하지만, 실제로는 자신이 이용당하고 있을 뿐임을 알게 되면서 마음에 큰 상처를 받는다. 이로 인해 자살을 시도할 정도로 삶의 의욕을 잃지만 실패하고 만다. 그래서 선택한 마지막 수단이 전신성형이다. 콜 서비스를 통해 자신에게 음란한 내용으로 전화를 했던 한 성형외과 의사를 찾아간다. 수술비용이 없었던 한나는 그의 약점을 이용해 그를 협박함으로 성공적으로 전신성형을 받는다. 오랜 잠적 끝에 모습을 드러낸 강한나, 그녀의 친한 친구조차도 알아보지 못할 정도다. 친구의 도움으로 미녀 가수로 데뷔에 성공하지만, 그렇게 되기까지 그녀는 과거의 강한나를 철저히 숨겨야만 했다. 심지어 정신이 왔다 갔다 하는 아버지마저도 사람들 앞에서 외면해야만 했다. 과거와 철저하게 단절하려는 노력으로 인해 한나는 결국 친구도 잃게 될 위기에 놓이게 된다.

그러나 언제까지 숨겨질 수 없는 법, 과거의 모습과 성형으로 인해 얻게 된 미모에 대한 모든 비밀이 밝혀진다. 수많은 팬들이 운집해 있는 첫 번째 공연장에서 그녀는 성형한 자신을 고백하며 옛날의 강한나로 돌아가고자 한다. 일종의 성형 커밍아웃이다. 예상 밖으로 팬들의 사랑과 지지에 힘입어 다시 일어설 수 있게 되고 미녀 강한나로서의 정체성 속에서 살게 된다.

김삼순 신드롬 이후에 외모보다 자존감과 자신감 있는 삶을 지향했던 여성들은 이 영화로 인해 자존감과 자신감을 재고할 수도 있겠다는 생각을 해 본다. 여하튼 감독은 이 영화를 통해 성형천국으로 알려진 한국사회 속에서 성형은 이제 더 이상 사치와 허영심에서 비롯된 선택만은 아님을 말하려는 것 같다. 성형에 대한 편견을 되돌아보게 하고 심지어 불식시키려는 의도를 강하게 풍기고 있다. 사실 성형도 이제는—모든 성형에 해당되는 것은 아니지만—보험혜택이 될 정도로 성형에 대한 편견은 많이 누그러졌다. 그래도 마지막 장면에서 한나의 친구가 성형외과 의사 앞에서 전신성형을 요구하는 장면은 감독이 혹시 성형지상주의를 지향하고 있는 것은 아닌지 의문이 들 정도다.

한편, <미녀는 괴로워>는 비록 극적으로 표현되긴 했지만 성형이 단지 외모의 변화로만 끝나지 않고, 심한 정체성 혼란으로 이어질 수 있음을 잘 보여 준 영화다. 성형의 기쁨과 고통의 양면을 보여 준 것이다. 특히 성형된 미녀로서 살게 되면서 잃는 것과 얻는 것이 무엇일 수 있는지를 생각하게 해 준다.

뿐만 아니라 감독은 영화의 흐름을 강한나의 커밍아웃에 집중시키고 있는데, 커밍아웃 이후에 미녀 가수가 아닌 성형한 미녀 가수 강한나로서 당당한 삶을 등장시킴으로써, 중요한 것은 외모가 아니라 마음의 진실이라는 메시지를 읽을 수 있게 해 준다.

영화를 보면서 우리가 믿는 하나님은 외모보다 중심을 보시는 분임을 되새겨 보면서 믿음을 갖고 있는 사실에 대해 감격할 수 있었으면 좋겠다.

(「기독교세계」 2007년 3월, 114-116)

두 개의 얼굴을 가진 아파트
〈아파트〉(안병기, 2006, 18세)

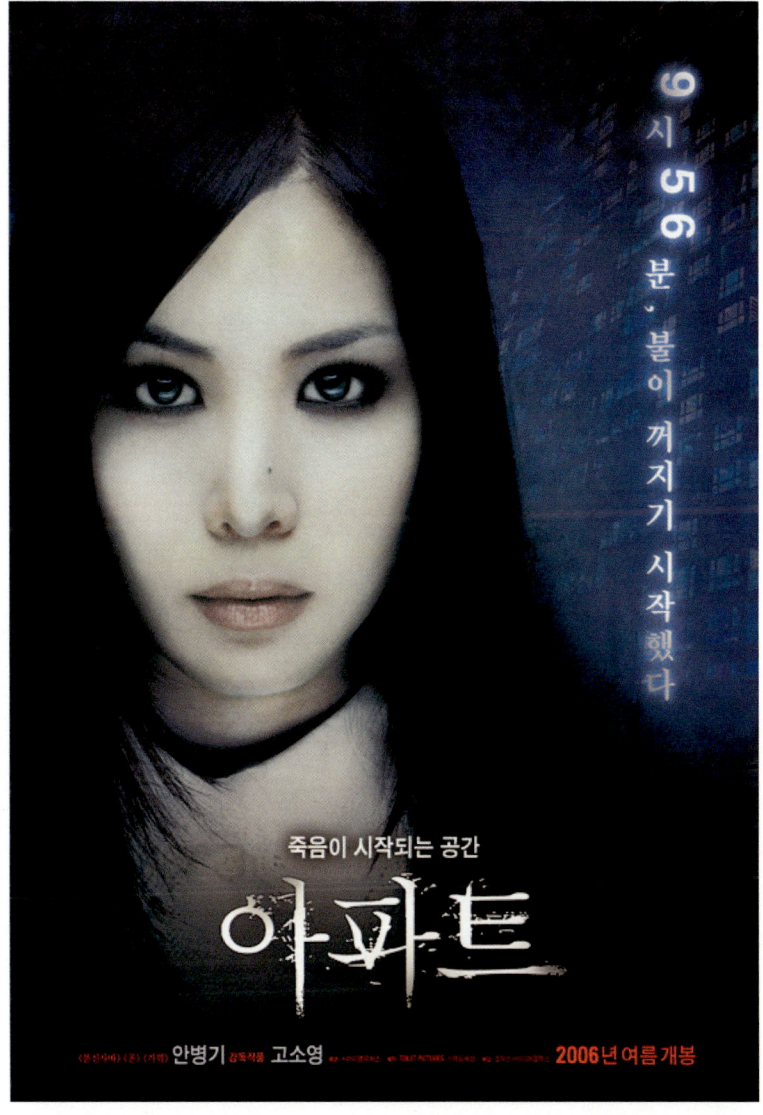

안병기(1967~). 서울예대 영화과 출신의 감독으로 국내 유일의 공포영화제작사인 토일렛 픽처스의 대표다. 정지영 감독의 〈하얀 전쟁〉(1992), 〈헐리우드 키드의 생애〉(1994), 〈블랙잭〉(1997), 〈까〉(1998) 등의 조감독을 거치며 탄탄한 연출력을 쌓아 온 그는 2000년 여름을 뜨겁게 달군 〈가위〉를 제작했는데, 이는 국내 공포영화로는 최초로 260만이 넘는 관객을 동원하며 한국에서 공포영화의 가능성을 연 작품이다. 2002년에는 핸드폰과 원조교제를 다룬 〈폰〉으로 공포영화의 대명사로 부각되었다. 2004년 작품 〈분신사바〉는 부천판타스틱 영화제에서 폐막작으로 선정되었고, 과거 2002년에 〈폰〉을 폐막작으로 상영한 적이 있는 제17회 '도쿄 판타스틱 필름 페스티발'에서도 폐막작으로 선정되었다.

Filmography: 가위(2000), 폰(2002), 분신사바(2004), 아파트(2006)

현대 사회에서 인간관계의 피상성 내지는 단절을 표현하기 위해, 그리고 인간의 이중적이고 사악한 본성을 드러내는 데에 가장 적합한 상징은 무엇일까? 예술에서 흔히 사용되는 매체는 기계다. 예컨대 피카소의 '한국에서의 대학살'은 1937년 작 '게르니카' 이후에 다시 한번 폭력의 잔혹성에 분개한 피카소가 한국 전쟁에서의 참상을 표현한 작품이다. 그는 이곳에서 기계의 모습을 한 인간들이 겨누는 총부리 앞에서 연약한 인간들이 벌거벗은 채 두려움과 공포로 떨고 있는 모습을 그렸다. 기계는 과학시대의 결정체이면서도 인간의 비인격적인 모습을 잘 보여 주기 때문에 소재로 사용된 것으로 보인다. 그러나 기계는 이중적이고 사악한 본성을 표현하기에는 충분하지가 않다. 기계보다는 기계를 사용하는 인간이 이중적이고 사악하기 때문이다.

한국 공포영화 전문가로서 <가위>(2000), <폰>(2002) 등을 연출한 안병기 감독이—만화작가 강풀의 원작『미스테리 심리 썰렁물 아파트』에 근거해서 많은 부분을 각색했다—위의 질문에 대해 고심하는 가운데 그가 선택한 것은 아파트였다. 아파트는 사람이 사는 곳이어서 기계로는 표현할 수 없는 것을 가지고 있다. 안병기 감독은 아파트가 주는 이미지와 그 안에서 외롭게 살아가는 한 장애인을 선택했다. 다시 말해서 그는 <아파트>라는 제목의 공포영화를 만들면서 단순히 공포 분위기를 자아내며 관객을 놀라게 하는 것으로 만족할 수 없었다. 진짜 무서운 것은 사람이라는 말이 실감날 정도로 감독은 공포의 대상으로 인간을 설정해 놓고, 인간의 이중성과 사악함을 표현한 것은 물론이고, 공포의 대상인 인간들이 자신들의 부메랑에 의해 희생당하는 모습을 영상에 담았다. 안병기 감독은 두 가지 중심 소재, 곧 아파트와 장애인을 통해서 사람이 무서운 이유가 사람이 사람으로부터 격리되고, 또 사람을 외면하며 사람을 비인격화시키는 것에 있음을 역설한다.

영화이야기

지체장애자로서 휠체어에 의지하며 사는 유연(장희진)이 교통사고로 부모를 한꺼번에 잃게 되었을 때 아파트 주민들은 이웃이라는 미명하에 유연을 마치 자식처럼 그리고 가족처럼 대해 주기로 한다. 구체적인 실천 방안으로써 주민들은 유연의 집 열쇠를 복사해 개인들이 소지한 후에 순번제로 돌아가면서 유연을 돌보기로 결정한다. 이러한 소식이 매스컴에 알려지자 아파트는 곧 살기 좋은 아파트로 주목을 받는다.

그러나 아파트 주민들의 친절도 잠시, 유연은 살기 좋은 아파트를 만들기 위한 주민들의 가식적인 행위 뒤에 숨겨진 폭력을 고통스럽게 경험해야만 했다. 유연을 돌보는 것은 자기들의 이미지 욕구를 충족시키기 위한 것이거나 혹은 성적 만족을 충족시키기 위한 기회가 되었다. 그들의 이웃사랑은 진정으로 유연을 위한 행동이 아니라, 자신들의 필요를 채우기 위한 것이었고, 궁극적으로는 아파트에 대해 좋은 이미지를 알리려는 것뿐이었다. 결국 유연은 그들의 욕구충족을 위한 수단으로 전락하게 되었다. 평화롭고 행복해 보이는 아파트의 이미지 속에는 위선과 거짓으로 가득한 인간의 모습으로 가득하다. 주민들의 말처럼 이웃사랑을 실천하는 아파트라면 모두가 행복해하는 크리스마스이브 축제에 유연은 당연히 함께 있어야 하지만 처절한 외로움을 견디지 못한 유연은 자살을 감행하고 정확하게 9시 56분에 목숨을 잃는다.

매장 인테리어로 일하는 세진(고소영)은 지하철에서 자신을 붙잡고 동반자살을 시도하려던 여자에게서 가까스로 벗어났던 사건으로 정신적인 충격을 받은 이후로 당분간 일을 나가지 않고 집에서 휴식과 안정을 취하기로 한다. 밤 시간에 우연히 창밖을 바라보던 그녀는 자신의 아파트 건너편에서 일어나는 연쇄적인 사망사건을 경험하게 된다. 무엇보다 그녀의 관심을 끈 것은 아파트 주변에서 만나 알게 된 유연에게 일어나는 부당한 일이었다. 유연의 말에 따르면, 이웃이 자신을 잘 돌봐 주어 힘들지 않다고 했지만, 유연에게 부당한 일들이 계속해서 일어나는 장면을 목격하면서 세진은 이웃의 돌봄에 대해 강한 의심을 품게 된다. 뿐만 아니라 정확하게 9시 56분에 건너편 아파트에 불이 꺼지면서 그곳에서 사망 사건이 일어나게 되었다는 사실도 알게 된다. 이 시간과 사망사건의 관계를 몇 차례 관찰한 세진은 9시 56분과 불을 끄는 것에 깊은 상관관계가 있다는 결론을 내린다.

세진은 양자 사이에서 어떤 연결고리를 찾은 것일까? 영화를 보는 관객은 궁금해하지만 끝내 시원한 대답을 발견하지 못한다. 뿐만 아니라 죽은 유연이가 왜 유독 세진에게만 보이는 것인지에 대한 설명도 없다. 처음부터 원혼에 의한 사건이었다는 사실을 세진이 알고 나 있었던 것처럼 말이다. 영화가 다소 힘없이 이어져 가는 이유도 바로 스토리상의 이러한 공백에 있지 않을까? 상관관계만을 확인했을 뿐 자세한 내막에 대해 알지도 못했을 뿐만 아니라 알려고도 하지 않은 세진은 오히려 경찰에 의해 의심을 받고 사생활 침범이라는 비난도 받게 된다. 그럼에도 불구하고 아파트 주민들에게 9시 56분 이후에 불을 끄지 말라며 여러 차례 호소하지만 오히려 주민들로부터 사이코 취급을 받는다.

한편, 세진은 우연히 알게 된 같은 아파트 단지에 살고 있는 여고생과 함께 아파트 홈페이지를 살펴보는 가운데 자신이 최근에 만난 유연이 이미 오래전에 자살한 사람임을 확인한다. 순간적으로 당황하게 된 세진은 그동안 자신이 만나 대화했고 또 창문을 통해 본 유연이 단순한 허상임을 알게 된다. 그리고 길에서 만났을 때 잠시 휴식을 취하라며 유연이 건네준 큐브에 기입되어 있던 숫자가 사실은 사망자들이 거주했던 아파트 호수임을 알게 된다. 그리고 그곳에 기입된 숫자에 따라 최종적으로 한 집을 방문하게 되는데, 그녀는 이미 죽어 있는 상태였다. 그녀에게서 발견한 열쇠로 유연이 살던 집으로 간 세진은 그곳에서 유연의 원혼을 만난다. 그동안의 모든 죽음이 외로움을 위로받고 싶었지만 오히려 자신의 존재를 노리개로 삼으며 왜곡했던 유연의 원한에 의한 복수였던 것임을 유연을 통해 알게 된다. 그리고 마지막으로 자신도 예외가 되지 않음을 깨닫게 된다. 결국 세진은 유연의 고통을 함께한다는 말을 남기고 아파트 옥상에서 투신하게 된다.

비록 한여름의 더위를 식히기 위해 만들어진 공포영화로 기분전환의 의미가 강하게 부각된 것이어서 영화로부터 깊은 의미를 얻으려는 것은 무리일 수 있겠지만, 스토리 진행과 세진의 직업 연관성이 전혀 부각되지 않았고, 다소 억지스럽게 아파트 주민들에게 위험을 경고하는 세진의 모습 그리고 유연의 죽음과 직접적인 관계가 없는 세진의 투신자살의 의미가 불투명하게 처리되고 있다는 점이 무척 아쉽다. 뿐만 아니라 원혼의 이미지가 전혀 한국적이지 못하고 다분히 일본적이라는 것도 공감을 얻어 내기가 쉽지 않은 점이다. 강풀의 만화를 원작으로 하고 있지만 원작의 느낌을 제대로 살려 주지 못했다는 다수의 평가가 전혀 근거 없는 말은 아니다.

그러나 영화가 말하려는 의도에만 제한해서 살펴볼 경우, 조금이나마 현대 한국사회를 반추해 볼 수 있도록 해 준 영화라고 생각한다. 영화가 아파트의 연쇄사망사건을 매개로 해서 관객들에게 특별한 관심을 환기시키고 있는 것은, 앞서 살펴본 대로, 개인주의적이고 이기주의적인 삶의 상징이 된 아파트의 부정적인 이미지고, 다른 하나는 장애인에 대한 비장애인들의 비인격적인 태도다.

아파트의 두 얼굴

1962년 마포에 처음으로 아파트라는 것이 근대화의 상징물로 세워진 이후, 당시의 정권에 의해 혁명한국 건설의 일환으로 아파트는 근대 과학기술에 힘입어 서울 중심부 위에 우후죽순으로 서게 되었다. 오늘날 대한민국 국민에게 아파트는 삶의 윤택함을 상징하는데, 특히 서울 강남의 아파트는 부의 상징이 되었을 정도다. 아파트는 그 밖에도 자본주의적인 이윤 추구의 한 방편이 되었다. 부동산 투기는 주로 아파트와 관련된 토지와 건물 투기가 대부분일 정도로 재테크의 수단으로 가장 선호되기도 한다. 뿐만 아니라 아파트는 높고 두꺼운 벽으로 인해 삶의 고전적인 열린 관계를 파괴하는 한 전형으로 인식되기도 한다. 이웃이라는 관계가 파괴되고 단지 개인주의적인 삶을 가능하게 해 주는 것이라는 부정적인 이미지를 갖고 있다. 층간 소음으로 살인이 일어나기도 하고, 옆집 사람이 죽은 지 며칠이 지났어도 아무도 모를 수도 있는 일이 아파트에서 일어나기 때문이다. 물론 이런 일이 아파트에서만 일어나는 현상은 결코 아니지만, 아파트가 그런 이미지로 각인되어 있다는 사실은 부정할 수 없는 사실이다. 우리 사회에서 대가족이 핵가족으로 바뀔 수 있었던 가능성을 제시해 준 것도 아파트의 급속한 보급에 힘입은 바가 크다. 토지 이용률을 높여 주어 경제개발의 주요 정책 사업으로 추진되었고, 또 주택의 공동 관리에 있어서 높은 효율성으로 인해 편리한 삶의 대명사로 부상되기도 했다. 근대성의 상징처럼 여겨진 아파트는 현대 사회에서 단절, 소외, 외로움의 상징으로 여겨지는 야누스적인 모습을 갖고 있다.

'아파트'라는 현상이 사회문제로 부상하고 또한 공동체에 대한 의식이 높아지면서 개인주의적인 삶의 전형으로 알려진 아파트 주민들은 나름대로의 대안을 모색하며 부정적인 이미지에서 벗어나려고 노력한다. 한편으로는 부녀회의 노력에 힘입어 비록 옛날과 비교할 수는 없지만 현대적인 의미에서의 공동체성을 확보하기 위해 노력했고, 다른 한편으로 공동체적인 노력은 아파트 값의 하락을 막기 위한 고육지책이었다. 심지어는 아파트 값 인상을 위한 공동대책을 마련하기도 한다. 그러나 과연 그러한 제스처가 공동체 형성과 발달에 진정한 의미를 갖는 것이며, 또한 그 노력은 언제까지 지속될 수 있을 것인가?

안병기 감독 작품 <아파트>는 바로 이러한 부정적인 이미지를 갖는 아파트를 통해 현대인의 외로움과 단절 그리고 관계의 소외와 왜곡을 표현한 공포영화다. 아파트 자체에 대한 부정적인 이미지를 부각시키려는 의도보다는 인간의 이기적이고 사악한 이중적인 본성을 드러내려는 의도가 더욱 강하게 부각된 영화였다. 이를 위해 안병기 감독은 장애인을 등장시킨다. 그들에 대한 비장애인의 태도에 주목시키려는 의도다.

장애인에 대한 비인격적인 태도

한국사회는 장애인과 비장애인이 더불어 살 수 있기 위한 조건을 아직 갖추고 있지 못하다. 아직은 복지국가를 향한 도상에 머물러 있다는 것으로 만족해야만 할 수준이다. 얼마 전 안마사 자격증과 관련한 대법원의 판결로 인해 시각장애인들이 보여 준 격렬한 시위는 단적인 예가 된다. 시각장애인들에게는 유일한 생계수단이었던 안마사 자격증이 비장애인에게도 주어질 수 있다는 것은 법적으로는 아무런 하자가 없는 것이지만, 사회복지제도가 완전하게 정착되지 못한 현시점에서 시각장애인들에게는 마치 사형선고와도 같이 느껴졌다.

이 사건은 오늘날 한국사회에서 장애인에 대한 의식이 어느 정도인지를 말해 준다. 장애인과 비장애인의 다름을 인정하지 않은 결정이었기 때문이다. 이러한 결정이 비록 시각장애인들에게는 다른 삶의 가능성을 열어 주는 듯이 보이지만, 사실 그들이 사회 안에서 할 수있는 일이란 그렇게 많지 않기 때문에 그들에게 절망적인 결정으로 여겨지는 것은 당연했다. 그렇다고 해서 복지제도의 혜택을 풍족하게 누리며 살 수 있는 형편도 못 된다.

법이 성인과 어린이, 남성과 여성의 차이를 인정하고 있듯이, 장애인과 비장애인의 차이도 인정해 주어야 한다. 법 앞에서의 평등을 내세워 장애인들과 비장애인들의 형평성을 따지는 것은 장애인에 대한 사회적인 인식수준이 그만큼 성숙되지 못했다는 사실을 잘 말해 준다. 아주 미숙한 판단이 아닐 수 없다.

이창동 감독의 <오아시스>에서 볼 수 있었던 것과 같은 장애인에 대한 비인격적인 태도는 <아파트>에서 아주 극명하게 표현되었다. 장애인에 대해 높은 관심을 보이고 있는 최근의 영화에서는 쉽게 볼 수 없는 장면이어서 충격적이었다. 원혼의 등장이 주는 소름 끼침보다 장애인에 대한 폭력이 더욱 놀랍고 또 충격적인 것이었다. 예컨대 유연의 의사를 전혀 묻지도 않고 주민들 멋대로 서로 돌아가면서 유연을 돕자고 결정하고는 현관열쇠를 복사한 것이며, 자신들의 친절과 호의를 거부하는 유연에게 폭력을 사용하는 것은 예사로운 일이고, 심지어는 성적으로 폭행을 가하는 모습을 보이기도 한다. 그러나 정작 외로움을 가장 크게 느끼게 될 때인 크리스마스이브에는 유연을 방 안에 홀로 방치해 놓는 냉혹함을 보인다. 아파트 주민들에게 장애인 유연은 좋은 아파트를 만들기 위한 전시효과에 불과했던 것이다.

비인격적인 대우를 받는 가운데 극단적인 외로움 속에서 죽었던 유연의 원혼이 복수한다는 구도 설정이나 외로움에 지쳐 지하철에서 투신자살한 한 여인의 죽음은 현대 사회의 단면을 잘 말해 준다. 비인간적인 대접을 받아 가면서도 저항은 물론이고 말 한마디 제대로 못 하는 수많은 사람들의 고통과 신음소리가 있고 또 지독한 외로움에 사로잡혀 있는 사람들이 오늘도 어딘가에서 위로의 손길을 기다리고 있다는 사실을 환기시켜 준다. 그들의 말에 귀 기울여 주고, 그들의 아픔에 공감해 주는 사람들을 공허하게 찾으며, 또한 도움의 손길을 눈 빠지게 기다리며 흐느끼고 있는 사람들이 적지 않다는 말이다. 삶의 희망을 다 잃어버린 사람들, 차마 스스로 생명을 끊을 수 없기에 근근이 목숨을 연명하며 살아가는 사람들이 우리 주위에는 적지 않다. 그들은 도대체 어디에 있느냐고 묻지만, 사실 관심을 기울이면 우리 가까이에서 얼마든지 찾을 수 있다.

예수님은 마태복음 25장의 양과 염소의 비유에서 마지막 때에 주님의 심판이 있을 것임을 예고하셨다. 거기서 천국에 들어가는 자와 지옥으로 가는 자들의 차이는 사회적으로 소외된 사람들에 대해 어떤 태도를 보였느냐에 따라 달라진다. 화려하고 이기적이고 개인주의적인 삶에서 벗어나 소외된 자들에게 관심을 기울인다면 주님의 칭찬을 받게 될 것이지만, 만일 그렇지 못하면 지옥의 불로 떨어지게 될 것임을 경고하셨다. 그들이 어디 있느냐가 아니라 바로 우리 가까운 곳, 곧 우리의 이웃 가운데 있는 것이다.

좁은 땅에서 살아갈 수 있기 위해 아파트 건설을 포기할 수 없는 것이 한반도에서의 삶의 한 양태라면, 한국 그리스도인은 오히려 아파트를 살 만한 공간으로 만들고 또 진정한 이웃의 관계를 회복할 수 있게 하는 것을 과제로 삼을 일이다. 더 이상 폐쇄된 공간이 아니라 이웃을 향해 열려 있고, 또 모두가 평화롭게 공존할 수 있는 공간을 위해 노력해야 할 것이다.

원혼의 존재라든가, 복수 그리고 자살이라는 매개를 통해 구성된 영화로서 비록 비기독교적인 세계관에 근거한 것이지만, 현대 사회의 단면을 보여 줄 뿐만 아니라, 또한 그리스도인들이 이 시대에 어떻게 살아야 할 것인가에 대해 강하게 시사해 준 영화라고 생각한다.

탐욕의 결과는 사망이다
〈불신지옥〉(이용주, 2009, 15세)

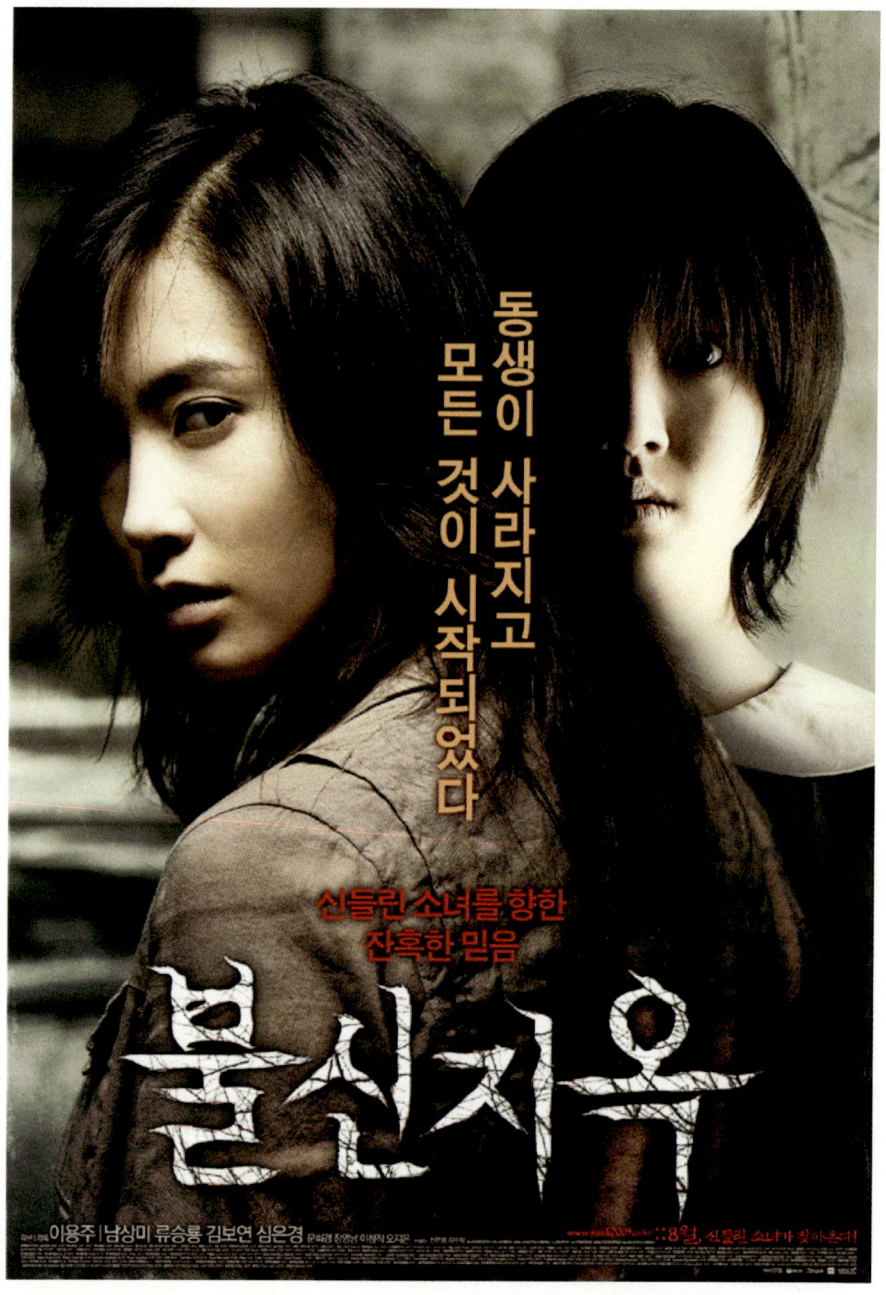

이용주(1970~). 연세대학교 건축공학과 졸업. 봉준호 감독의 〈살인의 추억〉 연출부를 통해 현장 경험을 쌓은 후 〈불신지옥〉으로 데뷔

갑작스럽게 동생이 사라진 긴박한 상황, 그래서 서울에서 숨 가쁘게 살아가는 자신을 불러들인 당사자임에도 불구하고 경찰에 신고하기보다는 오히려 더 열심히 기도할 것을 다짐하는 엄마의 말을 듣는 순간 필자는 가슴 깊은 곳에서부터 시작되는 거친 숨을 몰아쉬기 시작했다. 영화가 정상적인 믿음의 문제를 다루지 않을 것이라는 예상은 포스터를 보고 이미 알고 있었기 때문에 영화의 장면에 대한 필자의 반응은 무척 당황스럽기만 했다. <밀양>을 보고 너무나도 정확한 교회의 신앙생활과 성도들의 내면이 표현되는 것을 보았을 때 느꼈던 역겨움과 비록 동일하지는 않다 할지라도 비슷한 것이었다. 영화의 장면들이 낯설다고 느끼면서도 한편으로는 두려운 마음과 교회의 치부가 들어날 것에 대한 불안한 마음을 감출 수가 없었다. 사실 이런 어설픈 감정 상태는 영화의 결과를 다 알고 나서야 사라지게 되었지만 영화를 보는 내내 불편했다. 영화관을 떠나 묵상의 시간을 가지면서 깨달은 것이지만 필자를 다소 혼란스럽게 만든 장면은 너무나도 정확한 교회의 한 단면을 재현한 것으로 비합리적인 결정과 신앙의 담대함을 동일시 여기는 관행들이었다. 그러나 자세히 들여다보면 영화는 단지 교회의 이런 비합리적인 혹은 일부 광신도들의 신앙을 폭로하려는 것이 아님을 알게 된다.

사실 교통사고로 인해 남편을 잃고 또 의학적으로 회생이 불가능할 것 같다고 판단된 둘째 딸의 상태가 기도를 통해서 회복되었다는 사실은 기도와 초월적인 세계가 엄마에게 무엇을 의미하는 것인지를 잘 말해 주는 것이다. 초월적인 존재와 세계는 확실히 존재하는 것이며, 초월적인 세계와의 소통은 오직 기도밖에 없다는 것에 대한 확신이 더욱 커지게 되리라는 것은 당연한 결과였다. 그녀에게 있어서 기도란 불가능한 일을 가능케 하는 능력이었다. 가족이 건강하고 또 행복하게 살 수 있게 하는 것은 물론이고, 심지어 죽은 자까지도 살아날 수 있게 하는 능력이었다. 능치 못함이 없게 만드는 것으로 그녀에게 그것은 복을 위한 하나의 수단이었다.

이창동 감독은 <밀양>에서 기도는 상처 입은 영혼을 치유할 수 있을 뿐만 아니라, 또한 죄가 용서받을 수 있게 해 주는 것이었다. 기도가 피해자는 물론이고 — 피해자의 용서의 선언이 없는 상태에서 — 가해자까지도 치유해 그로 하여금 평안한 삶을 살게 해 준다는 사실에 충격을 입은 신애는 오히려 기도에 반감을 품는다. 이로써 이창동 감독은 초월적인 것과의 소통에 의지해서 고통의 문제를 해결하려는 인간의 한계를 폭로하면서, 고통의 문제는 적어도 인간과 인간의 소통관계를 통해서 먼저 해결되어야 하며, 뿐만 아니라 상처 입은 영혼에게는 늘 함께 있어 주는 존재가 큰 위로가 된다는 것임을 역설하였다. 인간의 소통이 전제되지 않은 기도에 대한 깊은 회의를 읽어 보게 된다. 이창동 감독이 <밀양>에서 폭로하고 있는 바로 그 기도의 한계를 <불신지옥>의 이용주 감독은 다른 맥락에서 더욱 구체화하고 있다. 다시 말해서 그 한계를 넘어서려는 데에서 인간의 탐욕을 본 것이다.

교통사고에서 기적적으로 회생하게 되는 과정에서 기도가 있었다면 그것이 하나님의 은혜로 여겨지는 것은 당연하다. 감사와 찬양 그리고 헌신적인 삶이 이어지는 것 역시 신앙생활에서 쉽게 볼 수 있는 일이다. 그런데 문제는 단순하지 않은 것 같다. 초월적인 힘을 통해 다시 살아난 둘째 딸에게서 이상한 현상들이 나타났기 때문이다. 지나친 식욕과 앞일에 대한 예언 그리고 치유의 능력들이 나타나게 된 것이다. 그녀에게 일어난 사실을 합리적으로 설명할 수 없지만, 사실 기독교는 하나님의 은사라는 말로 설명한다. 그러나 이용주 감독의 관심은 기독교적인 맥락에서 그것이 어떻게 이해되느냐에 관심을 갖기보다는 초자연적인 현상에 집착하여 인간과 한 성도로서의 위치를 떠나 결국 믿음의 본질에서 벗어난 인간의 탐욕을 폭로한다. 하나님의 은혜를 받은 성도로서의 삶에 집중하지 못한 엄마는 기도를 단지 가족의 건강과 행복을 위한 수단으로 여기게 되고, 그리고 예언적인 현상과 치유의 능력으로 이익을 얻으려는 아파트 주민들은 무속적인 기복신앙들과 혼합하기를 주저하지 않는다. 둘째 딸의 희생은 사실 기복주의적인 신앙을 가진 엄마를 비롯한 아파트 주민들의 탐욕의 결과였다.

재미있는 장면은 철저하게 합리적인 사고를 대변했던 형사에게 일어난 태도와 생각의 변화다. 동생의 실종 사건을 수사하는 과정에서 일어나게 된 일련의 사건들 속에서 사람들은 어떤 초월적인 현상이었음을 말하지만 그는 끝까지 믿지 않는다. 그러나 그런 그도 절망할 수밖에 없는 순간이 있었는데, 불치병으로 죽음의 문턱에 있는 딸이다. 어린 딸이 병상에서 회복되기를 바라는 아빠의 마음이 얼마나 간절하겠는가! 오직 이 간절한 심정으로 그는 치유의 능력이 있다는 부적을 구해 사용해 보려고 하고, 또한 빙의 현상에 압도되어 그 앞에 굴복해 딸의 생명을 위해 구하는 비합리적인 태도를 보이기도 한다. 그 결과였을까? 딸은 마침내 병에서 회복된다. 그녀의 회복은 무엇을 의미하는 것일까? 비합리적인 신앙의 힘을 보여 주는 것 같지만 영화는 그녀의 앞날에 어떤 불행한 일이 일어날 것인지를 암시해 주는 장면으로 막을 내리고 있다.

장르상 공포영화라서 인지하기 쉽지 않겠지만 영화 속에 등장하는 죽음들이 타살이 아니라 한결같이 자살이었다는 사실은 이 영화가 인간의 탐욕과 그 결과들을 보여 주는 데에 집중하고 있음을 알게 된다. 탐욕은 현재보다 더 많은 것을 얻으려고 자극하지만 결국은 탐욕에 사로잡힌 자에게 죽음을 불러오게 한다는 것이다.

(「기독공보」, 2009년 9월 6일, 26면)

돈, 일만 악의 근원
〈데어 윌 비 블러드〉(폴 토마스 앤더슨, 2007, 15세)

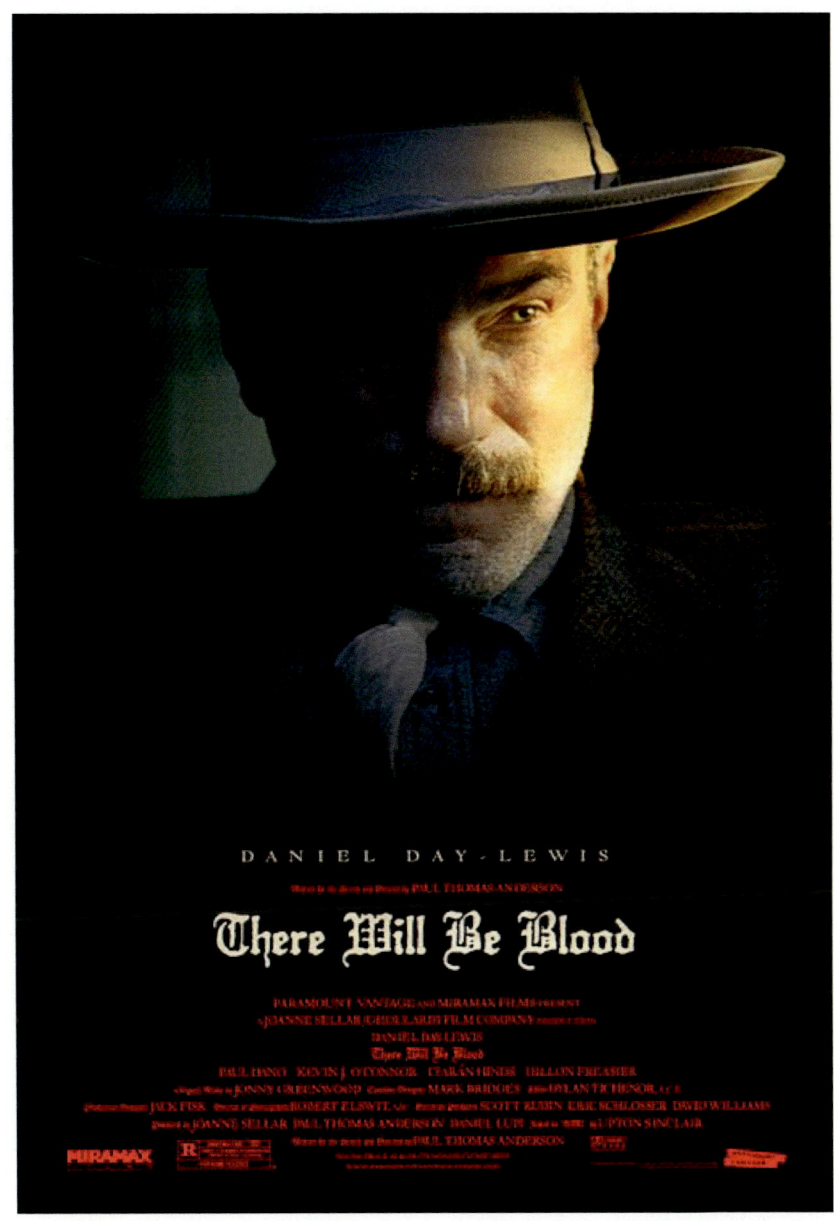

폴 토마스 앤더슨(Paul Thomas Anderson, 1970~). 뉴욕대학교 영화과를 졸업. 〈부기 나이트〉를 통해 앤더슨은 미국 영화의 기대주로 떠올랐다.

Filmography: 리노의 도박사(1996), 부기 나이트(1997), 매그놀리아(1999), 펀치 드렁크 러브(2002), 데어 윌 비 블러드 (2007)

우리가 살고 있는 시대의 특징 가운데 하나는 부를 최고의 가치로 삼는 것이다. 직장 선택의 기준으로 가장 선호되는 것이 돈이라는 조사결과가 입증해 준다. 부라는 것이 과거에는 단순히 삶의 수단에 불과한 것이었지만, 지금은 삶의 목표가 되었다. 부는 명예와 권력을 가져다주고, 심지어 사람의 마음을 사로잡기도 하기 때문이다. 재물은 단지 삶의 수단이나 힘을 의미하는 것을 넘어 어느덧 우리에게 있어서 신적인 의미를 갖게 되었다. 돈만 있으면 모든 것을 할 수 있다는 믿음이 보편화되어 있기 때문이다. 자고로 풍요롭게 살고 싶어 하는 인간의 욕망은 멈추지 않았다. 물신숭배가 자본주의 시대의 대세로 부각되는 것을 막는 일이 쉬운 일은 아니다. 그렇다고 해서 그것을 전혀 아무렇지도 않게 생각하는 것은 성경에 충실하게 살려는 그리스도인에게 여간 아쉬운 일이 아니다. 종교적인 측면에서 볼 때 '부'에 따라붙는 부정적인 이미지 때문인데, 쇼펜하우어가 지적했듯이, 부는 바닷물과 같아서 마시면 마실수록 더욱 큰 갈증을 느끼게 된다. 다시 말해서 부에 대한 욕망은 마약과 같아서 배금주의로 이어지는 것은 시간문제일 뿐이며, 그래서 부를 추구하는 일은 일종의 유사 종교 행위로 나타난다. 돈은 물신숭배의 근원이다. 이렇게 되면 왜 부와 종교가 오래전부터 상생 관계를 유지해 올 수 있었는지를 알게 될 것이다.

아카데미시상식에서 수상의 영광을 얻은 <노인을 위한 나라는 없다>(에단 코엔 / 조엘 코엔, 2007)는 돈에 대한 욕망과 죄 그리고 죽음의 상관관계를 성찰한다. 유럽 칸 영화제에서 수상할 만한 작품이 아카데미에서도 인정받은 것은 이제 미국인들 역시 미국식의 자본주의의 한계를 의식하고 있다는 단서로 읽힐 수 있지는 않을까? 아무튼 모든 사람들이 부를 추구하는 세상에서 한 번쯤은 반드시 진지하게 생각해 보아야 할 질문이며, 특히 자본과 종교의 관계에 대한 생각에 이르게 되면서 자연스럽게 떠올려지는 질문이 있다. 부를 추구하는 과정에 어떤 일들이 일어나며, 구도의 과정에서는 어떤 일들이 일어날까? 양자 사이에 공통분모는 있는 것일까? 있다면 그것은 무엇인가?

양자의 유사관계를 생각하며 서로를 비교해 보는 것은 재미있는 일이 아닐 수 없다. 일이라는 것이 늘 그렇지만, 종교와 자본의 관계가 한결같지만은 않다. 부를 추구한다고 해서 모두가 같은 길을 가는 것은 아니기 때문이다. 부지런한 노동과 검소한 삶에 근거해서 부를 얻는 경우가 있지만 그렇지 않은 일도 있다. 일찍이 막스 베버는 자본주의의 발달과 기독교 윤리사이에 상관관계가 있음을 밝히면서 기독교 윤리관이 자본주의 이념을 보편화시키는 데에 크게 기여했다고 주장한 바 있다. 기독교가 부를 추구하도록 고무한다기보다는 기독교 윤리의 덕목들이 자본주의 성장에 밑거름이 되었다는 말이다. 하나님은 부를 우리들의 품에 안겨 주시지 않으며 단지 부에 이르는 길을 제시해 줄 뿐이기 때문에 정당한 윤리에 근거한 부의 축적은 그렇게 탓할 일만은 아니다. 정상적인 부의 축적은 노력의 대가이며, 그것을 하나님의 축복으로 여기는 것은 당연한 일이다. 그러나 분명한 것은, 키케로의 지적대로 부를 획득하는 많은 길들이 있지만 긍정적인 경우는 그렇게 많지 않다는 사실이다. 불의와의 타협을 불사해야 하는 것은 물론이고 스스로 불의의 주체세력이 되어야 할 때가 있다. 다시 말해서 부를 축적하는 과정에서 일어날 수 있는 변수가 다양하다는 것이다.

폴 토마스 앤더슨 감독 작품으로 아카데미 촬영상과 남우주연상을 수상한 <데어 윌 비 블러드>는 그 변수 가운데 하나를 보여 준다. 부에 대한 인간의 욕망이 어떤 결과로 이어질 수 있는지를 성찰하게 해 주는 영화다.

영화이야기

사금을 채취하다 다리에 부상을 입은 다니엘 플레인뷰(다니엘 데이 루이스 분)는 어느 날 우연히 석유를 발견한 후에 유전개발을 통해 부를 얻게 된다. 사람들을 믿지 못해 세상과 고립해 살아가는 그의 유일한 인간적인 기쁨은 술을 마시는 것과 작업장에서 일하다 죽은 동료의 아들로, 양아들로 삼은 H. W. 플레인뷰에게 몰입하며 사는 것이다. 그에게 아들은 가족과 패밀리 비즈니스의 상징이다. 다시 말해서 석유가 묻혀 있는 땅 주인과 지역 주민들을 설득할 때마다 자신의 사업이 가족의 행복을 지향하고 있음을 보여 주는 의미를 가지고 있다.

그러나 사고로 청력을 잃은 아들이 자신의 일에 방해가 되자 위스키를 탄 우유를 먹이며 억지로 재우려는 것이나, 이복동생을 자처한 헨리가 출현하자 주저하지 않고 아들을 떠나보내는 모습, 헨리의 거짓말을 알게 되었을 때 주저 없이 그를 살해하는 것 그리고 다시 아들을 불러들이는 모습에서 다니엘에게 있어 가족이란 무엇인가를 묻지 않을 수 없게 된다. 가족을 강조하는 그의 본심은 아들이 장성한 후에 아버지를 떠나 멕시코에서 새로운 유전사업을 하겠다고 했을 때 여지없이 드러난다. 경쟁자이기를 자처하는 아들을 향해 다니엘은 그가 친아들이 아니고 단지 최소한의 인간됨을 지키려는 욕망의 도구이며 유전사업을 위해 필요한 액세서리로 이용했음을 드러낸 것이다. 결국 다니엘에게 '가족'과 '패밀리 비즈니스'란 세상으로부터 고립되는 상황에서 얻을 수 있는 유일한 도피처이며 또한 유전개발권을 얻기 위한 속임수에 불과했던 것이다.

유전개발을 통해 부를 거머쥐려는 마음은 결국 종교('제삼의 계시교'라 불리는)를 이용하는 데까지 이르게 된다. 기름을 해안까지 옮길 송유관을 매설하는 데에 필요한 땅 주인이 땅을 파는 대신에 자신이 믿는 종교를 믿을 것을 요구했을 때, 다니엘은 비록 내키지 않았지만 오직 송유관을 얻기 위해 종교에 귀의한다. 이 과정에서 다니엘은 자신이 경멸했던 제삼계시교의 목사인 엘리 선데이(폴 다노 분)에게 혹독한 통과의례를 치르게 되는데, 처음 교회에 나온 다니엘로 하여금 엘리는 사람들 앞에서 큰 소리로 "나는 죄인이며 아들을 버렸다"고 외치게 한 것이다. 아들 문제에 관한 한 이해할 수 없는 과민한 반응을 보였던 다니엘의 과거 모습을 생각해 볼 경우 도무지 상상할 수 없는 일이었지만, 오직 송유관을 얻기 위한 일념으로 다니엘은 엘리의 말에 기꺼이 순종하며 외친다. "나는 죄인이며 아들을 버렸다." 이 장면은 후에 재정문제로 어려움을 겪고 있는 엘리가 돈을 얻기 위해 다니엘을 찾아왔을 때 되갚아 주게 되는데, 다니엘은 엘리로 하여금 자신이 "거짓 선지자이며 하나님은 미신"일 뿐임을 외치게 한 것이다. 돈을 위해 종교적인 신념을 버리는 엘리의 이런 태도로 인해 다니엘은 자신이 부를 얻기 위해 벌인 속임수 행각과 엘리의 종교적인 사기가 전혀 다르지 않음을 확인하게 되면서 분노하며 엘리를 살해한다. 마지막 장면에서 나타나는 엘리의 죽음은 곧 다니엘의 죽음과 다르지 않았다. 그래서 무슨 일이 있느냐는 질문에 대해 다니엘은 "I'm finished"라고 외친 것이 아닐까.

<데어 윌 비 블러드>는 업튼 싱클레어가 1927년에 쓴 소설 『오일!』의 초반부 내용에 근거한 작품인데, 그 내용은 욕망에 사로잡혀 석유개발과정에서 수단과 방법을 가리지 않고 부를 얻고자 하는 사람들의 모습을 다루고 있다. 영화는 부를 얻는 과정에서 다니엘이 어떤 모습으로 변해 가는지에 집중한다. 아무것도 없는 황량한 지역에서 사금을 채취하던 때부터 석유개발로 엄청난 부를 획득하는 과정에서 다니엘이 자신의 욕망을 어떻게 채워 나가며, 또한 부를 얻은 후에 그의 결말이 어떻게 끝나는지를 보여 준 것이다.

영화에서 인상 깊은 장면은 죄를 용서하는 보혈과 부를 가져다주는 검은 피(석유)가 대조적으로 소개되고 있는 것이며, 또한 엘리가 보혈의 능력을 사칭하며 예언자를 자칭하듯이, 다니엘은 검은 피의 힘을 쥐고 있는 자신이 세상의 예언자임을 자처하는 장면이다. 피라는 것이 인간의 신체 곳곳에 흘러 생명현상을 가능하게 하듯이, 석유는 인간 삶의 모든 영역에서 없어서는 안 되는 것이다. 양자의 대비는 종교와 자본의 공생관계를 환기시켜 주려는 의도가 담겨 있는 것이라 생각한다. 교회를 무너뜨리기 위한 가장 좋은 방법은 여자(남자 목회자의 경우)와 돈이라는 말이 결코 빈말은 아니다.

- 설교를 위한 착상: 디모데전서 6:10의 말씀("돈을 사랑함이 일만 악의 뿌리가 되나니 이 것을 사모하는 자들이 미혹을 받아 믿음에서 떠나 많은 근심으로써 자기를 찔렀도다")을 묵상하면서 현대 자본주의 사회에서 돈을 사랑하지 않고 살아갈 수 있는 삶과 그 방법에 대해 나눠 보자.

(「기독교세계」 2008년 5월, 86-87)

인생을 다시 시작할 수 있다면

〈시간을 달리는 소녀〉(호소다 마모루, 2006, 전체)

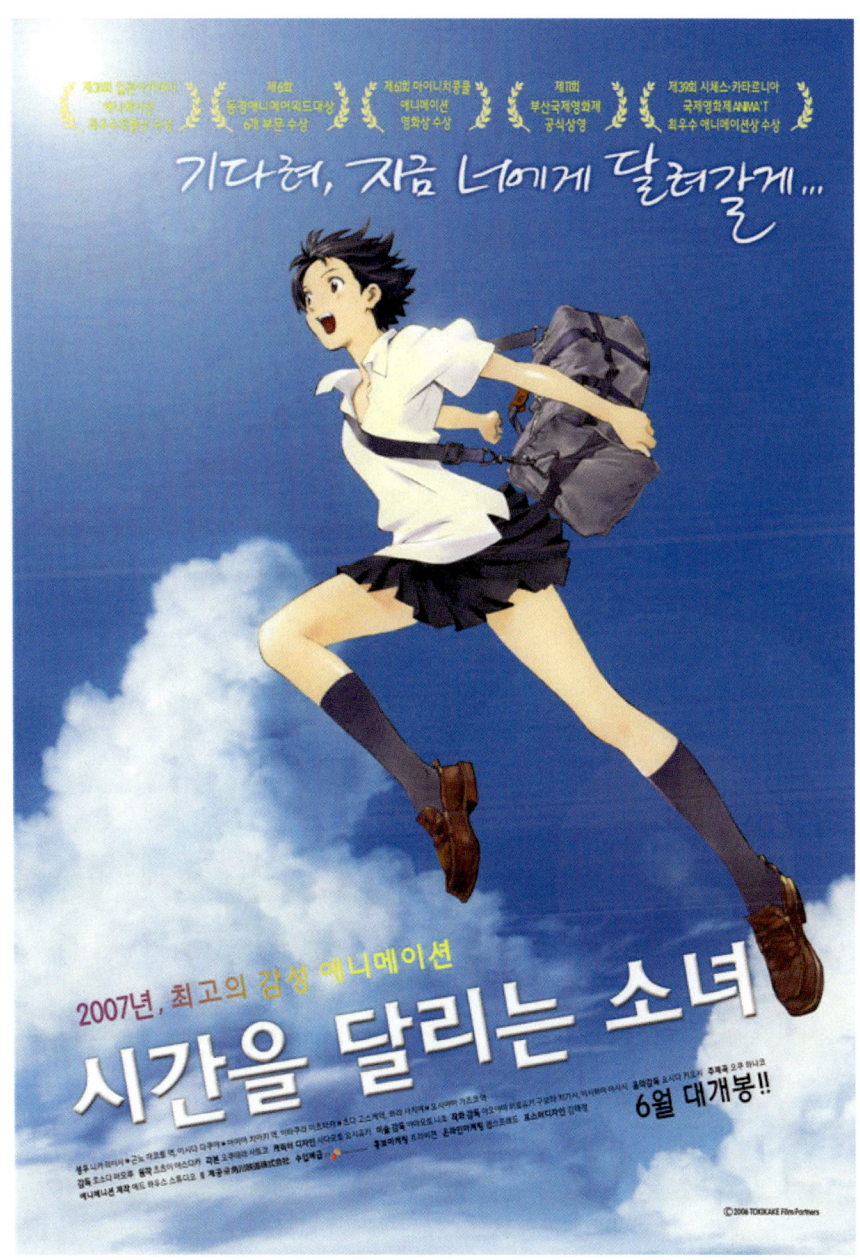

호소다 마모루(1967~), 일본 도야마현 출생. 일본아카데미 애니메이션 최우수 작품상을 비롯하여 전 세계 영화제에서 23개 상을 수상했다.

Filmography: 원피스 극장판 6기 – 오마츠리 남작과 비밀의 섬(2005), 시간을 달리는 소녀(2006), 썸머 워즈(2009)

인생을 다시 시작하고 싶은 마음이 들 때가 있다. 꼭 이미 살아온 삶을 후회하기 때문만은 아니다. 물론 그런 경우가 더 많겠지만, 말하자면 현재의 삶에 만족하지 못하거나 혹은 가지 않은 길에 대한 짙은 아쉬움 때문이기도 하다. 더 나아질 수 있었지만 그렇지 못한 현실을 보게 될 때, 다른 길을 갈 수 있었지만 선택의 기로에서 어쩔 수 없이 하나를 포기하고 다른 길을 간 후 출발점에서 멀리 왔다고 생각될 때, 한 번쯤은 돌아보며 인생을 다시 시작하고 싶은 마음이 드는 것이다. 사람들이 이런 생각에 더 강한 미련을 갖는 이유는 한편으로 실제 로는 이 일이 불가능하지만, 다른 한편으로는 사람은 누구나 자기가 원하는 삶을 살고 싶어 하는 마음 때문이다. 그러나 실제 인생은 그렇지 않고 또 그럴 수도 없다는 것을 사람들은 잘 안다. 그럼에도 불구하고 인생의 한순간을 다시 시작하게 된다면 어떻게 될까? 지금과는 얼마나 많은 것들이 달라질 것인가? 자신에게는 물론이고 주변에 있는 사람들에게 어떤 일 이 생길 것인지 궁금해진다. 그래서 인간의 상상력은 과거와 미래를 오가며 우리가 원하는 대로 삶을 이끌어 갈 수 있는 가능성을 소설을 통해, 만화를 통해 그리고 영화를 통해서 시 험해 본다. 사람들이 타임머신을 생각해 낸 것은 바로 이런 이유 때문이다.

한편, 과거와 미래를 오가며 시대를 건너뛰는 타임머신은 <백 투 더 퓨처>(로버트 저메 키스, 1985)에서 볼 수 있듯이, 스케일 면에서 일상적인 감동을 주기에는 너무 크다고 생각 한 것일까, 아니면 축소지향의 일본인 특유의 기질 때문일까? 츠츠이 야스타카는 1965년에 발표된 소설 『시간을 달리는 소녀』에서 소위 '타임리프'를 생각해 냈다. 타임리프란 시간 과 장소를 단번에 도약하여 현재에서 과거로 거슬러 올라가 다른 시간과 장소로 이동하는 초능력을 말한다. 힘껏 달리다 점프만 하면 된다. 일종의 타임머신의 원시형이라 볼 수 있는 데, 복잡하고 거대한 규모의 타임머신보다는 훨씬 소박하고 또 인간냄새가 물씬 풍긴다. 호 소다 마모루 감독이 애니메이션으로 제작한 영화는 소설과 다소 다른 전개로 구성되었지만, 주제와 메시지는 크게 다른 것 같지 않다고 한다.

<시간을 달리는 소녀>는 비록 애니메이션이라도 어른들도 충분히 감상할 수 있는 내용 과 의미를 담고 있는 영화다. 뿐만 아니라 영화에 삽입된 아름다운 선율의 OST는 영화를 지 루하지 않게 감상할 수 있게 해 준다.

영화이야기

주인공 콘노 마코토는 우연한 기회에 자신의 과거로 돌아가 현재와는 다른 새로운 현재, 곧 자신이 원하는 삶을 만들어 갈 수 있는 길을 발견하게 된다. 마코토는 이모를 통해 그것 이 '타임리프'라 불리는 현상이고, 그 나이의 소녀들에게서 흔히 있을 수 있는 일이라는 말 을 듣는다. 마코토는 타임리프를 통해서 그동안 자신이 놓쳤던 많은 일들을 만회하면서 타임리프의 매력과 재미에 푹 빠지게 된다. 학교성적도 올리고, 지각도 안 하고 게다가 그토록 잦았던 실수로 인해 벌어지는 해프닝도 얼마든지 줄일 수 있게 된다. 더군다나 단순히 이성 친구로만 여겼던 치아키가 자신에게 사랑을 고백하는 순간, 당황한 마코토는 어색한 순간을 피하기 위해 타임리프를 사용하는데, 이를 통해 그녀는 타임리프가 사람과의 관계마저도 바꿀 수 있음을 알게 된다. 타임리프는 모든 것을 자신이 원하는 대로 다시 시작할 수 있게 하는 초능력인 것이다.

한편, 마코토는 타임리프를 사용하면서 자신이 원하는 대로 살아갈 수 있지만, 자신이 누리는 혜택으로 인해 오히려 다른 사람에게 피해가 돌아갈 수도 있음을 깨닫는다. 사소하고 하찮은 일에 초능력의 대부분을 사용한 것을 후회한 마코토는 남아 있는 기회를 좀 더 의미 있는 곳에 사용하기를 원한다. 한편, 자신이 타임리프를 통해 맺어 준 고스케와 여자친구에게 위기상황이 닥치게 되었을 때, 그들을 구할 기회를 놓친 마코토는 절망에 빠지게 된다. 그러나 자신을 대신해서 치아키가 자신에게 남아 있는 타임리프로 그들을 구하기 위해 써 버린다. 사실 치아키는 미래에서 타임리프를 통해 과거로 온 것이기 때문에 다시 미래로 돌아가야만 했다. 그러나 마지막 기회를 친구의 생명을 구하기 위해 다 써 버린 치아키는 더 이상 미래로 돌아가지 못하게 된다. 이 사실을 알게 된 마코토는 자신에게 남아 있는 단 한 번의 기회를 사용해 치아키로 하여금 미래로 돌아갈 수 있도록 해 준다. 이로 인해 결국 모든 것이 원점으로 돌아가게 된다. 결국 그 많은 과거와 현재의 사건들이 원점으로 돌아온 것이다. 그러나 마코토는 타임리프 경험을 통해 현재에 충실하는 것과 현재의 경험이 얼마나 중요한지를 깨닫게 된다.

주지의 사실이지만, 현재가 아무리 만족스럽지 않다 해도 과거로 돌아가 인생을 다시 시작하는 일은 가능하지 않다. 그럼에도 다시 시작할 수 있는 가능성을 보여 준 이 영화는 단지 가상으로서 현재의 우리를 돌아보게 하려는 의도에 바탕을 두고 만들어졌다. 지금 이 순간이 어떻게 비롯되었든, 나의 실수로 가득한 현재든, 아니면 후회할 만한 일들로 가득하든 중요한 것은 현재는 결코 회피하거나 혹은 다른 무엇으로 대체할 일이 아니라 대면해야 한다는 것이다. 과거로 돌아가 다시 시작하는 것이 문제의 본질적인 해결은 아니라는 것이다. 그래서 성경은 과거를 수정하기보다는 미래에 있을 구원에 더 큰 관심을 기울이며, 구원에 이르는 후회 곧 '회개'를 통해서 지금 바로 돌아설 것을 요구한다. 바울은 이런 요구에 믿음으로 응답하는 사람을 일컬어 '그리스도 안에 있다'고 보고 '새로운 피조물'로 표현했다. 시작은 이미 시작되었으며, 우리는 단지 예수 그리스도를 믿는 믿음 속에서 성실하게 살아가기만 하면 된다.

2004년에 개봉된 <나비효과>(에릭 브레스 / J. 마키에 그러버)는 과거의 한 작은 사건이 미래에 얼마나 큰 영향을 미칠지 변화의 규모에 측면에 초점을 맞췄다면, <시간을 달리는 소녀>는 우리가 원하는 대로 살아갈 수 있도록 할 때 다른 사람들에게 어떤 결과가 일어날 것인지를 보여 주고 있다. 그럼으로써 공동체 안에서 내가 원하는 삶대로 사는 것이 최선의 삶이 아님을 환기시켜 준다. 뿐만 아니라 자신에게 주어진 삶의 기회를 어떻게 사용해야 할 것인지를 생각해 보게 한다.

- 묵상을 위한 질문: 인생이 내 뜻대로 되지 않는 것은 잘 아는 사실이지만, 현재를 후회한 다고 해서 바뀌는 것은 아무것도 없다. 그렇다면 만족스럽지 못한 현 재에 직면할 때, 그래서 그것이 큰 고민거리로 느껴지게 될 때, 그리 스도인으로서 바람직한 해결책은 무엇인지 생각해 보자(참고: 데살로 니가전서 5:16-18, "항상 기뻐하라 쉬지 말고 기도하라 범사에 감사 하라 이는 그리스도 예수 안에서 너희를 향하신 하나님의 뜻이니라").

(「기독교세계」 2008년 6월, 86-87)

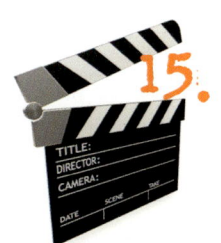

15. 본다는 것에 대한 성찰과 인식
그리고 $+\alpha$

이미지와 현실에 대한 영화적 성찰 ▪ 〈영화는 영화다〉
보는 자에게 주어진 과제 ▪ 〈크로싱〉

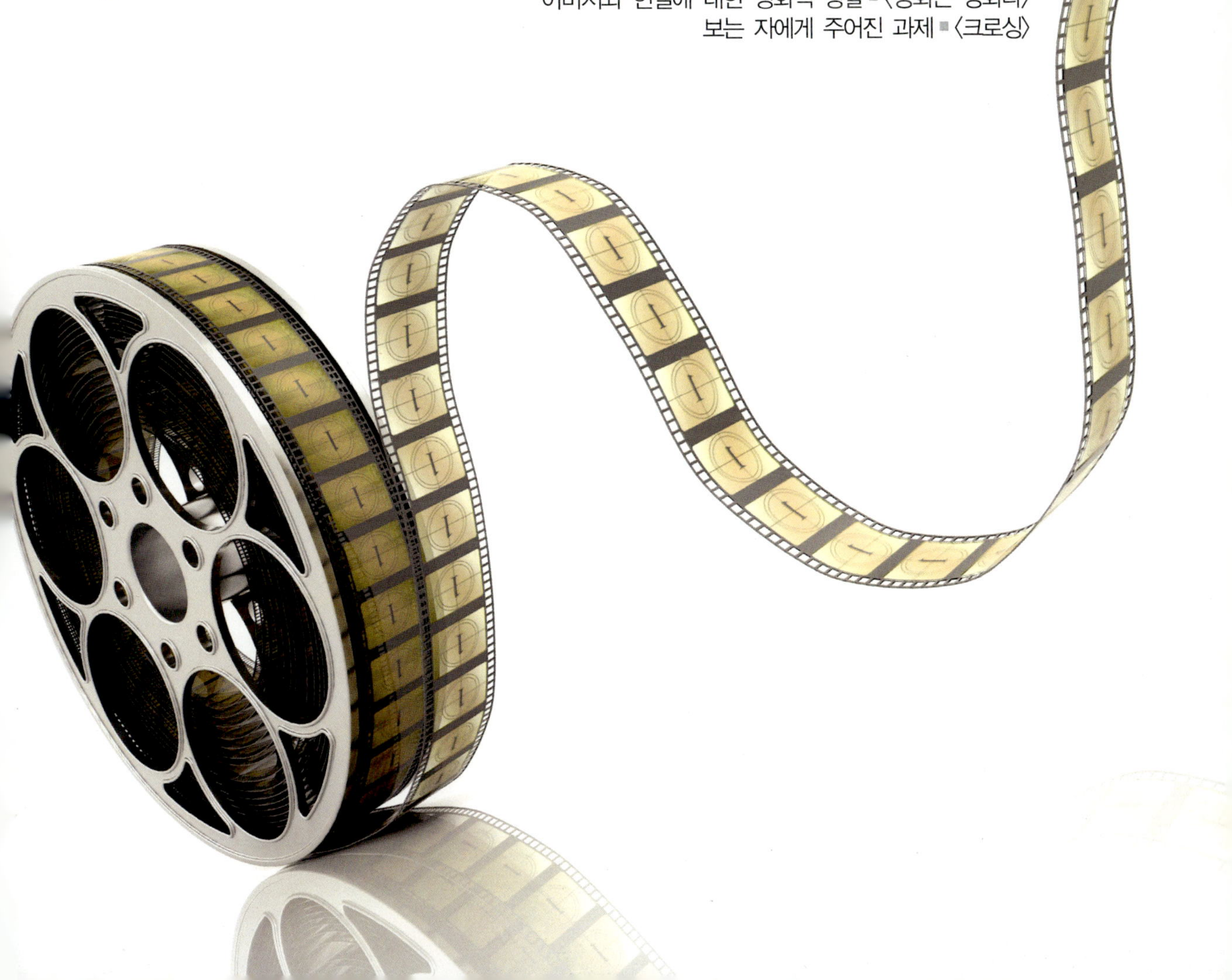

이미지와 현실에 대한 영화적 성찰
〈영화는 영화다〉(장 훈, 2008, 18세)

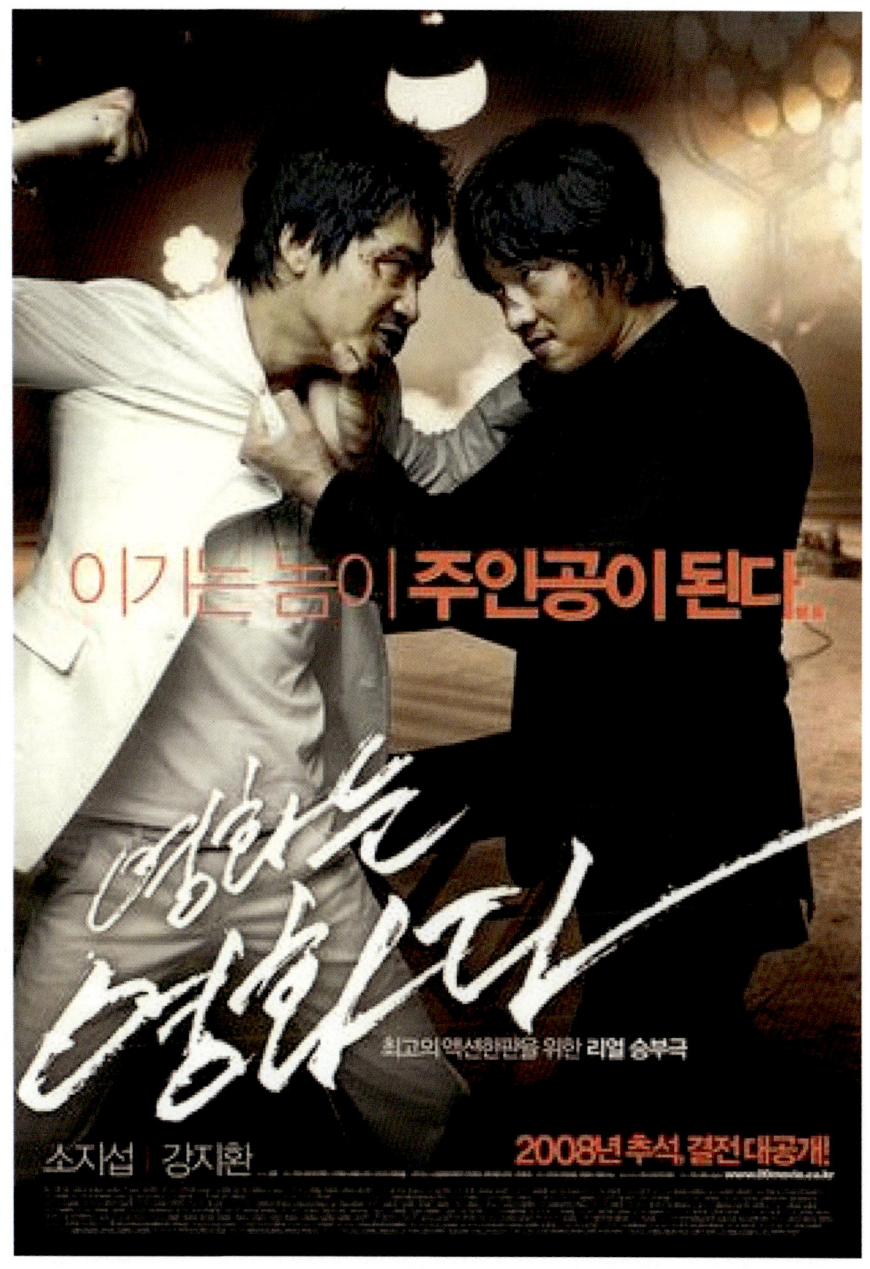

장 훈(1975~), 2008년 한국영화평론가협회상 신인 감독상, 2009년 대종상영화제 시나리오상 수상. 김기덕 감독 작품의 조감독 출신으로 활동하였다.

Filmography: 영화는 영화다(2008), 의형제(2010)

영화의 문제로서 '현실'

감독이란 존재는 자신이 원하는 어떤 현실을 만들어 스크린 위에 펼쳐 보인다. 그러나 감독이 만드는 현실은 결코 현실이 아니다. 오직 시청각 이미지를 통해 내러티브 구조 속에서 재구성된 것일 뿐이며, 우리는 이것을 가리켜 영화라 한다. 관객들이 의미를 발견하느냐 아니면 단순히 보는 행위로 그치느냐, 영화 속에서 현실을 보는지 아니면 단지 영화적인 스토리만을 보게 되는지는 보는 자의 감상 태도에 달려 있지만, 어찌되었든 관객은 영화 속에서 자신의 현실을 다시 들여다보기도 하고 그동안 간과해 왔던 현실을 자세히 주목하기도 하며 혹은 그동안 감추어져 있던 현실을 새롭게 접하기도 한다. 현실을 재구성하기 위해 감독에게는 빼어난 연출능력과 편집능력이 요구되지만 배우들에게는 뛰어난 연기력이 요구된다. 감독의 연출능력과 배우들의 연기력을 기반으로 영화는 보는 자들로 하여금 가능한 한 현실감 있게, 즉 리얼하게 느낄 수 있도록 하는 것이 관건이다. 촬영 이후에 진행되는 편집 과정 역시 영화의 실제감을 높이기 위해 매우 중요한 작업이다. 그렇다고 영화의 의미를 현실재현에 제한해야만 하는 것은 아니다. 영화는 각종 영화적인 표현수단을 동원해 현실의 의미를 상징적으로도 드러낼 수 있기 때문이다. 다시 말해 영화제작에 있어서 감독은 현실의 의미를 드러내기 위해 형식적인 표현에 중점을 두지만(형식주의), 때로는 현실을 사실적으로 재현함으로써 관객들이 현실을 바로 볼 수 있게 하는 것을 목적으로 삼기도 한다(사실주의). 그래서 영화는 언제나 현실과 이미지 사이에서 줄다리기를 하며 관객의 눈과 마음을 사로잡는다.

최근에는 발전된 영상기술을 통해 현실재현보다는 표현에 중점을 두는 영화가 많이 제작되고 있다. 특히 고도의 CG 기술로 인해 더욱 현실감 있는 표현이 가능해졌다. <태극기 휘날리며>, <웰컴 투 동막골>, <매트릭스>, <반지의 제왕>, <해리포터>, <나니아 연대기>, <다크 나이트>와 같은 블록버스터급 영화들은 CG 기술이 없었다면 결코 가능하지 않은 것들이다. 장 보들리야르가 '시뮬라크르'라는 개념을 통해 이미지가 현실보다 더 강한 현실경험을 불러일으킬 수 있음을 말했지만, 이제 영화의 중심과제는 영화적인 현실인 가상과 실제적인 현실의 간격을 좁히는 데에 있다. 이 점에 있어서 로버트 저메키스 감독의 작품 <베오울프>(2007년)는 진일보한 콘셉트로 평가된다. 왜냐하면 이 영화는 할리우드 여배우 안젤리나 졸리의 행동 이미지만을 통해서 실제의 '그녀'를 표현해 내려고 했기 때문이다. CG 기술을 낙관하는 사람들은 앞으로는 배우의 출현 없이도 오직 이미지만을 가지고 영화제작이 가능할 것이라고 전망한다. 이미지만을 통해서도 실제와 같은 표현을 할 수 있고 보는 자들로 하여금 실제적인 경험을 불러일으킬 수 있는 기술이 현실화될 것이라는 말이다. 적어도 관객의 시야가 집중되는 스크린상에서 현실과 가상의 경계가 사라질 것이란 전망도 없지 않다. 그것이 언제가 될지는 미지수이지만, 장훈 감독은 장편영화 데뷔작인 <영화는

영화다>를 통해 그러한 가능성을 부정한다. 제아무리 리얼하게 표현되었다고 해도 영화는 결코 현실일 수 없으며 현실이 영화처럼 될 수는 없다는 주장이다. 그래서 "영화는 영화다"라는 단언적인 진술을 제목으로 사용한 것이다.

특별히 주목할 만한 일은 영상기술을 통해서 현실과 가상의 문제를 다루는 할리우드 영화와는 달리 <영화는 영화다>는 영상기술에 의존하지 않은 채 순전히 배우들의 연기와 잘 짜인 내러티브를 통해서 이 문제를 다루고 있는 것이다. 물론 이러한 시도로는 홍상수 감독의 <극장전>(2005)이 최초의 시도가 아닌가 생각한다. 사실 <영화는 영화다>를 보고 과거 홍상수 감독이 현실과 영화에 대한 성찰을 그린 <극장전>을 떠올리는 것은 어렵지 않은 일이다. <극장전>은 영화 속 이야기와 영화 밖 이야기를 대조적으로 그리면서 현실과 영화의 경계를 성찰하고 있는데, 칸 영화제에 초청작으로 상영될 정도로 작품성이 인정받기는 했지만 이야기 흐름이 모호해 주제조차 파악하기 힘들었다는 평가를 받았다. 홍상수 감독에 대한 유럽 영화계의 기대감이 커서 초대되긴 했지만 현지의 평가는 그다지 만족할 만한 수준이 못되었다. 단지 영화와 현실의 이중구조를 영화를 통해서 성찰했다는 점에서 새로운 시도로 평가받는 데에 그쳤다.

뿐만 아니라 유하 감독의 <비열한 거리>(2006) 역시 현실과 영화의 관계를 성찰한 영화로 꼽힌다. 유하 감독은 영화의 리얼리티를 높이기 위해 액션신에서 대담한 시도를 했다고 전해지는데, 이로 인해 실제로 출연배우들이 부상당하는 일도 생겼다고 한다. 영화의 실제감을 높이기 위한 시도는 그로 하여금 영화 속의 영화를 통해 영화와 현실의 문제를 성찰한다. 다시 말해서 영화의 실제감을 높이기 위한 소재를 찾던 한 무명의 영화감독은 조폭친구로부터 들은 살인사건을 영화로 만듦으로써 영화에서 흥행하지만 이로 인해 그에게 사실을 털어놓은 친구는 위기에 처하게 된다는 이야기다. 실제감을 높이기 위해 현실을 영화로 만든다는 점에서 주목할 점이지만 영화 자체가 영화와 현실의 문제를 성찰하고 있지는 않다. 단지 리얼한 소재의 영화가 현실에 어떤 영향을 미칠 수 있는지를 시사해 주고 있으며 또한 내용적으로는 비열한 정도에 있어서 조폭의 세계나 영화의 세계가 모두가 동일하다는 주장을 펼치고 있을 뿐이다.

그러나 비록 김기덕 감독의 시나리오를 바탕으로 제작되긴 했어도 <영화는 영화다>의 장훈 감독은 <비열한 거리>에서 볼 수 있는 단순한 소재거리로 등장하는 영화와 현실의 관계에만 머물러 있지 않으며, <극장전>이 갖고 있는 모호한 이중구조 역시 훌륭하게 극복한 것 같아 보인다. 영화처럼 살고 싶은 깡패와 현실의 실제감을 갖고 영화를 촬영하고 싶어 하는 배우를 통해서 영화와 현실의 차이점을 부각시킨 것은 물론이고, 영화가 왜 현실이 아니고 영화일 수밖에 없는지, 그 이유를 설득력 있게 보여 주기 때문이다. 아울러 영화란 무엇이고 현실은 무엇인지에 대한 고민도 담고 있는데, 특히 영화와 현실이 서로 일치되는 지점으로 여겨지는 수타와 강패의 싸움 장면은 영화의 백미로 여겨지는 것으로, 필자는 이 장면에서 결국 영화와 현실이 교차되는 순간에는 영화가 현실보다 더 압도적이라는 메시지를 읽어 볼 수 있다.

영화는 왜 현실이 아닌가?

앞서 말한 대로 영화는 상이한 영역 속에서 살아가는 두 사람을 등장시킨다. 그들의 만남 속에서 영화와 현실의 관계가 어떻게 엮여 가는지를 보여 준다. 인기 액션배우 수타(강지환 분)와 조직폭력배 강패(소지섭 분), 두 사람의 만남은 매우 우연적이다. 혼자 영화관을 찾아가 영화를 감상할 정도로 영화를 좋아하고 또 실제로 과거에 배우가 되고 싶어 했던 강패는 우연히 룸살롱에서 수타를 만나게 된다. 수타에게 사인을 받으러 간 강패는 비록 수타로부터 모멸적인 말을 듣긴 하지만 그것으로 동요되지 않고 오히려 수타와 그곳에 동석한 감독(고창석 분)과 여배우(홍수현 분)에게 매우 강한 인상을 심어 준다. 촬영 중에 자신의 성질을 이기지 못해 상대 출연배우를 폭행한 수타는 위기에 직면하게 된다. 그의 폭행경력을 알게 된 배우들이 함께 출연하기를 꺼리기 때문이다. 영화가 도중에 중단될 위기에 직면하게 되었을 때 수타는 배우가 되고 싶어 했던 강패를 기억해 내고 그에게 연락하게 된다. 강패는 그의 제안을 수락하는 조건으로 연기가 아닌 실제 싸움을 제안한다. "나도 배우가 안 됐다면 너 정도 주먹은 됐어"라며 자신감을 비친 수타는 강패의 제안을 받아들인다.

영화 속 깡패인 수타와 현실 속 깡패인 강패와의 만남은 이렇게 시작되었다. 수타의 입을 통해 나온 대사는 강패의 입에서 흘러나올 정도로 그의 무의식을 자극하고, 수타에게 강패는 영화 속에서 리얼하게 표현하고 싶은 이상적인 모습이다. 두 사람이 만들어 내는 실제 액션에서 리얼감을 느낀 감독은 감탄을 연발하지만, 오히려 강패의 리얼한 액션으로 인해 영화의 한계를 넘는 좌충우돌의 해프닝은 도를 넘어 위기로까지 이어지기도 한다. 예컨대 여배우에게 기습키스를 하는 것이나 그녀를 강간하는 신에서 보여 준 강패의 리얼한 행위는 모두를 놀라게 했을 뿐만 아니라, 여배우를 경악에 빠뜨리게 했다. 여배우의 자살신에서는 그것을 실제로 착각한 강패가 물에 빠진 그녀를 건져내 촬영을 망치기도 한다. 이 계기로 해서 강패는 실제로 그녀와 애정관계를 갖게 되기도 한다(김기덕 감독의 작품으로 여성주의자들 사이에서 많은 논란을 불러일으킨 '나쁜 남자'에서 나타난 것과 유사한 구조가 등장하고 있는데, 이는 김기덕 감독 특유의 왜곡된 여성관을 드러내는 것이다. 남성의 억압과 지배 속에서 오히려 안전한 삶의 자리를 찾아가는 여성의 모습은 이 영화가 여성주의자들을 분노하게 만드는 요인 가운데 하나다). 영화와 현실이 연속선상에 있게 된 것이다. 그러나 영화적인 삶이 자신의 현실을 어떻게 위기로 몰아갔는지를 경험한 강패는 영화와 현실의 한계를 실감하게 된다. 그래서 더 이상 영화적인 삶을 살 수 없다고 판단하고 영화 촬영을 중간에 그만두게 되는데, 이것은 영화 자체를 위기로 몰아가는 일이기도 했다. 영화가 현실을 망치고, 현실이 영화를 망칠 수 있다는 사실을 환기시켜 준다.

영화는 왜 영화일 수밖에 없는가?

두 사람의 모호한 상관관계 속에서 엮이는 내러티브를 통해 감독은 '영화는 어찌해서 영화일 수밖에 없는 것인가?'를 성찰하면서 관객에게 영화와 현실에 대한 자신의 생각을 설득하고 있다(물론 김기덕 감독의 시나리오를 기반으로 한 영화라는 점을 명심하자). 비록 영화를 계기로 나타나는 여배우와의 관계 변화도 언급되고 있지만 감독은 무엇보다 먼저는 영화를 촬영하는 과정에서 강패와 수타, 이 두 사람의 관계에서 일어나는 변화를 추적한다. 현실에서는 서로 다른 실존이지만 가상에서는 비슷한 삶의 방식을 살았던 두 사람은 만남을 통해서 서로가 서로에게 근접해 간다. 가상의 깡패인 수타는 실제 깡패인 강패와의 만남에서 실제 폭력의 실상을 알게 되고, 또 그것을 영화 속에서 표현하려고 애쓰는가 하면, 강패는 수타와의 만남에서 영화 속 주인공으로서 인생을 경험하며 그것을 자신의 삶에서 구현해 보고자 한다. 영화가 현실이 되고 현실이 영화가 될 수 있음을 보여 주는 장면들이다. 이런 변화로 인해 수타는 영화적인 표현의 리얼리티를 구현하면서 언제나 이미지 속에만 묻혀 있던 자신을 현실 밖으로 드러낸다. 자신의 인기관리를 위해 늘 숨어서만 만나던 여자친구와 카페에서 공개적으로 만나게 된 것이다. 리얼한 연기로 인해 수타는 실제적으로 성숙해질 수 있었던 것이다.

그런데 강패는 이미지 속에서건 현실 속에서건 자신의 삶에 결코 만족하지 못한다. 그 이유는 무엇일까? 진짜 싸움을 조건으로 수타의 제안을 받아들였던 강패는 연기가 아니라 실제 액션으로 영화를 촬영한다 해도 강패는 주인공인 수타를 결코 이길 수 없게 되어 있다. 왜냐하면 영화를 망치지 않기 위해서는 결론이 각본대로 나와야 하기 때문이다. 상황에 따라 각본이 수정될 수 있지만 그것은 결코 큰 틀에서의 변화는 아니다. 큰 틀의 변화는 영화를 망치기 때문이다. 뿐만 아니라 각본은 강패의 실존적인 삶에 영향을 미쳐 보스의 명령을 위반하게 만들기도 하지만 그러나 영화 촬영이 끝난 강패는 다시 현실로 돌아간다. 각본대로 사는 삶이란 것이 결국 환상에 불과함을 알게 된 강패는 보스의 명령이 아닌 자신의 의지에 따라 복수를 한다. 영화와 현실의 차이는 바로 각본에 따른 실제감인지, 아니면 주체적인 의지의 결단에 따른 실제감인지에 달린 것이다. 마지막 신에서 수타가 지켜보는 가운데 행하는 강패의 린치행위는 보스의 명령에 따른 것도 아니며, 그렇다고 영화 속의 한 장면을 연출한 것도 아니고, 단지 자신의 의지에 따라 복수를 행하는 것임을 보여 주고 있는데, 현실이 영화와 어떻게 다른 것인지를 극렬하게 보여 준다. 깡패의 현실은 오직 영화 속에서만 현실감을 경험했던 수타로 하여금 구역질을 유발할 정도였다. 장훈 감독의 <영화는 영화다>라는 주장은 이 마지막 신을 통해서 매우 설득력 있게 다가온다.

즉 영화가 영화일 수밖에 없는 가장 중요한 이유는 영화적인 표현이 아무리 리얼하다 해도 결론은 각본에 따를 수밖에 없고 각본에 따른 삶은 결코 현실이 될 수 없기 때문이다. 그래서 리얼한 표현이라고 해도 그것이 결코 현실을 대체할 수는 없는 것이다. 깡패가 실망할 수밖에 없었던 이유는 바로 이것이다. 영화는 각본대로 되어야 좋은 영화가 되지만 현실은 결코 각본대로 되지 않기 때문이다. 영상기술이 아무리 발달한다 해도 영화는 결코 현실이 될 수 없으며 언제나 2% 부족한 상태에 머무를 수밖에 없다.

신앙의 문제로서 '현실'에 대한 묵상

영화와 현실의 문제를 생각하면서 신앙인으로서 신앙과 현실의 문제를 떠올리는 것은 그렇게 큰 무리는 아닐 것 같다. 왜냐하면 신앙 역시 하나님 나라와 현실의 관계 속에서 동일한 문제를 갖고 있기 때문이다. 성경은 천지창조가 하나님의 말씀으로 이뤄지고, 그것이 하나님이 보시기에 좋았다고 증거한다. 우리가 사는 세상이 하나님이 보시기에 좋은 것이 되기 위해서는 하나님의 뜻에 따른 삶이 되어야 한다는 말이다. 하나님이 보시기에 좋은 세상은 하나님 나라를 가리킨다. 다시 말해서 신앙이란 하나님의 뜻, 곧 하나님이 쓰신 각본대로 사는 것이며, 신앙을 통해서 우리는 하나님이 보시기에 좋은 세상이 무엇인지를 경험할 수 있게 된다. 히브리서 11장은 신앙을 바라는 것들의 실상이고 보지 못하는 것들을 증거하는 것이라고 말한다. 여기서 말하는 바라는 것이나 보이지 않는 것이란 단지 인간의 욕망이 지향하는 세계를 의미하지 않는다. 그것은 미래 그 자체이면서 미래를 규정지을 하나님의 나라이다. 하나님 나라가 현실이 되느냐 아니면 단지 보이지 않는 세계로 남게 되느냐 하는 것은 신앙의 깊이에 달려 있다는 말이다. 하나님 나라가 현실 속에 모습을 드러내고, 현실이 하나님 나라로 변하게 되는 것, 바로 이것이 신앙을 통해 이뤄지는 것이다. 그러므로 신앙인에게 현실은 하나의 문제로서 다가온다. 왜냐하면 신앙은 어떻게 하면 현실 속에서 하나님 나라를 드러내며 살 것인가를 늘 고민하기 때문이다. 하나님 나라를 경험한 사람은 반드시 현실로 나아가 하나님 나라의 삶을 살아야 하며, 다른 사람들이 현실 속에서 하나님 나라를 경험할 수 있도록 도와야 한다. 변화산에만 머물러 있지 않고 세상을 향해 나아가는 것이 하나님의 뜻이기 때문이다.

(「호신대 학보」 137, 138호)

보는 자에게 주어진 과제

〈크로싱〉(김태균, 2008, 12세)

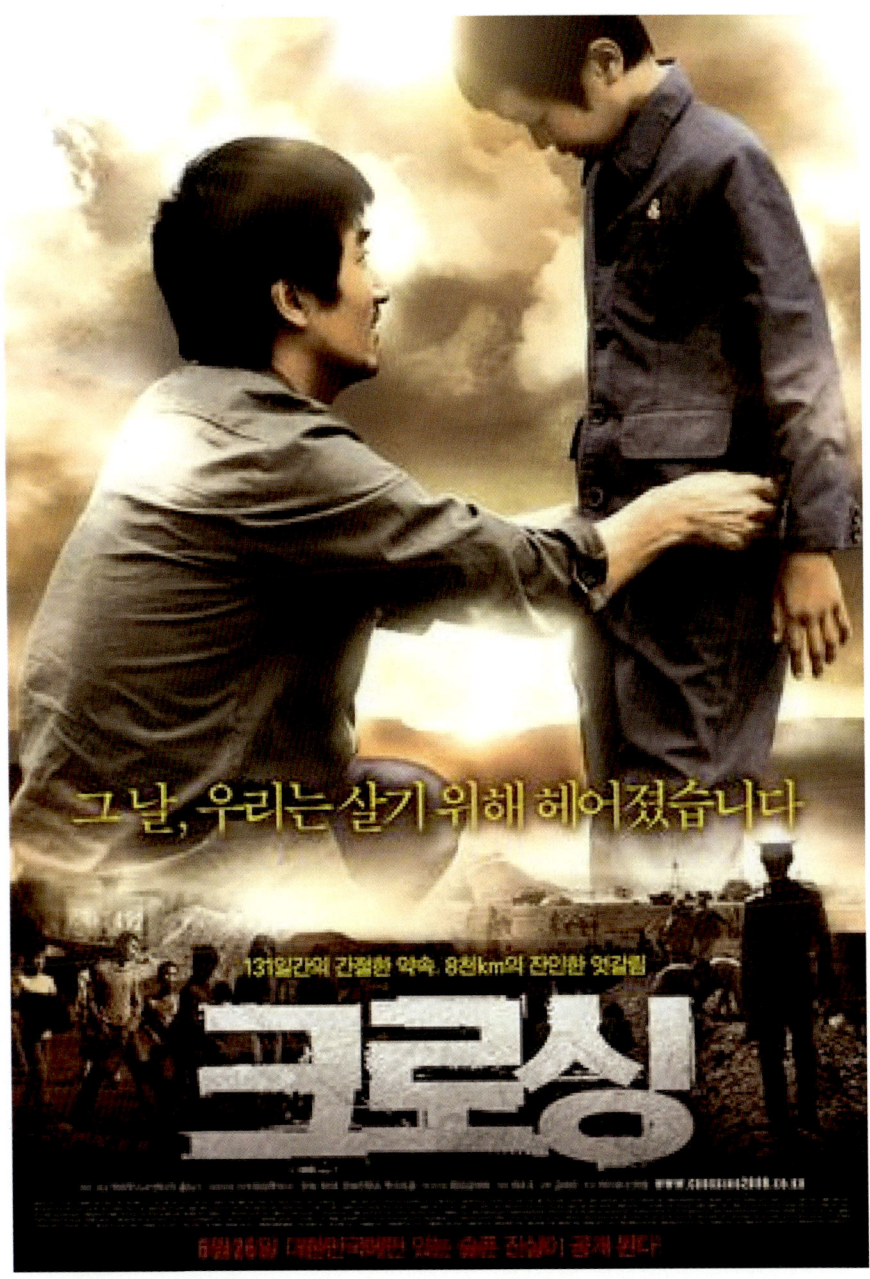

김태균(1960~), 서울 출생, 한국외국어대학교 정치외교학과 졸업, 한국영화아카데미 4기 수료

Filmography: 박봉곤 가출사건(1996), 키스할까요(1998), 화산고(2001), 골목길 이야기(2004), 늑대의 유혹(2004), 3인3색 러브 스토리(2005), 백만장자의 첫사랑(2006), 크로싱(2008), 피아노(2009), 맨발의 꿈(2010)

시각행위는 감각적인 경험 중에서 가장 강력한 영향력을 주는 것이며, 지식습득에 있어서도 단연코 압도적이다. 본다는 것은 생각과 태도 그리고 삶의 변화를 위해 가장 기본적인 것이기도 하다. 시각행위를 기반으로 하는 영상문화시대에 사람들의 삶과 태도에 있어서 어떤 변화를 기대한다면 단순히 들려주거나 읽히기보다는 보여 주도록 노력해야 한다. 듣는 것보다 보는 것이 더욱 큰 효과가 있기 때문이다. 문자미디어와 구전관습이 지배적이던 시대에 믿음의 기원은 들음에 있지만, 믿음 그 자체는 바라는 것들과 보이지 않는 세계를 보는 능력으로 이해된다. 욥은 신앙 성숙의 정도를 듣는 것에서 보는 것으로의 변화로 이해한다. "이제까지 귀로 듣기만 하였더니 이제 눈으로 주를 뵈옵나이다." 보아도 보지 못했던 욥이 이제는 볼 수 있게 되었다는 말이다. 보고 알게 된다는 것은 분명 하나님의 축복이다.

존 버거는 『본다는 것의 의미』라는 제목의 책에서 시각행위의 본질을 다양한 각도로 탐구했는데, '본다는 것'은 곧 관계의 유사성을 전제한다고 말한다. 예컨대, 사람들이 동물원에 가서 동물을 보는 것은 동물들의 행태 속에서 인간의 유사성을 보기 때문이라는 것이다. 결국 인간의 시각행위, 곧 본다는 것은 사회를 보는 것이고, 인간을 보는 것이며 또한 자기 자신을 들여다보는 것이다. 보아도 사태를 깨닫지 못하는 것은 그 안에 자신이 부재하거나 혹은 보이는 것과의 관계를 애써 인정하고 싶지 않기 때문이다. 그러나 성경은 이런 경우를 하나님의 심판으로 이해한다(이사야 6:9). 이사야의 말씀을 통해서 우리는 하나님의 은혜와 축복의 결과로 보는 자에게는 일종의 책임감이 주어진다는 교훈을 얻게 된다.

원래 하나님의 말씀은 단순히 들리는 것만을 겨냥하지 않는다. 말씀하신 것은 반드시 나타나기 때문이다. 태초의 말씀은 세상이 되었고, 인간은 세상을 통해 하나님을 알 수 있게 되었다. 다시 말해서 인간으로 하여금 세상 안에 거하게 하셨으며, 세상을 관리하며 세상과 더불어 살아갈 수 있게 하셨다. 하나님은 보여 주시면서 보고 알도록 하셨고, 또한 시편 19편 기자가 노래하듯이 스스로를 볼 수 있도록 드러내 놓으셨다. 그러므로 인간은 보는 것과의 관계 속에서 하나님과 관계를 맺게 된다. 그래서 우상의 유혹은 늘 현존하게 된다. 하나님의 말씀에 대한 올바른 반응은 단지 듣는 것으로 끝나지 않고 보려고 하는 것이며, 또한 자신이 본 것을 다른 사람들이 볼 수 있도록 하는 것이다. C. S. 루이스는 <나니아 연대기—캐스피언 왕자> 편에서 보려고 하는 자가 볼 수 있다는 사실을 강조하였다. 하나님의 말씀은 보려고 하는 자에게 보이는 것이기 때문에 보는 자는 단지 세상만이 아니라 하나님을 보려고 해야 한다. 이것이 지혜이며 또한 영적인 통찰력이다.

이스라엘 백성들에 대한 하나님의 계시행위도 처음에는 들려주는 방법에서 보여 주는 방식으로 옮겨졌다. 다시 말해서 처음에 하나님은 모세를 통해 '젖과 꿀이 흐르는 땅'을 들려주시고, 하나님이 그들과 함께 계시면서 돕는 분이심을 각종 이적을 통해 나타내 보여 주셨다. 사사기서는 하나님의 역사를 보고 또 젖과 꿀이 흐르는 땅을 간절히 보고자 했던 사람들은 하나님과의 관계를 바르게 가졌지만, 그렇지 못한 사람들은 언제나 하나님을 떠나 자기 소견에 옳다고 여기는 대로 살았다고 평가한다. 하나님은 이스라엘 백성들의 변화를 기대할 때마다 장차 일어날 일을 보여 주는 방법을 사용하셨는데 때로는 직접적인 이적 사건을 통해서, 때로는 먼저 선지자들을 통해 보여 준 후에 그들을 통해서—비록 상징행위를 통해서이긴 하지만—이스라엘 백성들이 볼 수 있도록 하셨다. 그러므로 하나님의 역사를 듣고 또 역사의 사건들을 눈으로 보는 것은 이스라엘 백성들이 하나님을 인식하는 방법이었다. 보았으면서도 잘못된 인식과 태도를 바꾸지 않을 때 하나님은 심판하셨다. 왜냐하면 보는 것은 아는 것이며 알면서도 행하지 않는 것은 죄이기 때문이다.

영화의 매력은 바로 보고자 하는 것을 시청각 이미지를 통해 보여 주고, 또 보여 줌으로써 더욱 자세히 보려는 욕망을 깨우는 데에 있다. 예컨대, <화려한 휴가>(김지훈, 2007)는 5·18에 대한 경험은 없고 단지 기록과 이념 그리고 구호를 통해서만 접하는 세대에게 그때 그곳에서 실제로 어떤 일이 있었는지를 관객들로 하여금 경험할 수 있도록 해 준 영화였다. 이것은 영화가 흥행할 수 있었던 중요 요인 가운데 하나다. 이 영화를 통해서 그때 그곳에서 일어난 사건을 볼 수 있었고 간접적으로 경험할 수도 있었기 때문이다. 역사를 단지 들려주기보다 보여 주려고 했던 영화 <화려한 휴가>는 5·18 민주화 운동을 교육할 때 매우 적합한 영화로 평가되어 오랫동안 영상 텍스트로 사용될 것이다. <실미도>는 감추어졌던 사실을 드러내 보여 줌으로써 국민들로 하여금 더욱 자세히 보려는 열망을 일깨웠고, 국회 차원에서 실미도 문제를 거론하게 되었을 정도였다. 이처럼 영화는 보여 주고 또 보려는 욕망을 일깨워 주기 때문에 기독교 안에서 더욱 큰 비중을 갖게 된다.

필자는 영화 <크로싱>을 감상한 후 '본다는 것'이 얼마나 소중한 것인가를 새삼스럽게 깨닫게 되었다. 비록 북한을 '괴뢰군'으로 오해하던 시대는 지나갔지만, 북한의 폐쇄정책으로 인해 아직까지 북한 주민의 실상이 제대로 공개되고 있지 않은 상황에서 여러 가지 이유로 죽음을 무릅쓰고 북한의 경계를 넘은 탈북자들의 실상을 단지 사진 몇 장과 더불어 들리는 탈북자 몇 명의 증언만으로 그들의 삶이 어떠하리라는 것을 상상하는 것은 쉽지 않았다. 어쩌면 자본주의 사회에 이미 깊이 젖어 있는 필자에게 적극적으로 보려고 하는 마음이 없었다는 것이 솔직한 고백일 것이다. 이제 북한 주민과 탈북자들의 실상을 볼 수 있게 되었고 또 더 자세히 알고 싶은 욕망이 생겼다고 말한다면 그것은 분명 영화 <크로싱> 때문이다.

2002년 3월 25명의 탈북자들이 중국 주재 스페인 대사관으로 진입한 사건을 근거로 만든 <크로싱>은 북한 주민들의 비참한 실상과 탈북자의 현실을 보여 주고 있지만, 앞으로 전

세계 사람들로 하여금 더욱 많은 정보를 얻고 싶어 하고 또 정확한 현실을 보고자 하는 욕망을 불러일으킬 것으로 예상된다.

2006년도에 개봉한 <국경의 남쪽>(안판석 감독) 역시 탈북자를 다루고 있지만, 이 영화는 스토리 전개상 탈북의 현실보다는 남녀의 사랑과 이별에 초점을 맞춘 멜로물이었다. 탈북자의 사랑과 이별을 다루면서 탈북자 이미지를 소비했을 뿐, 실제로는 남북 이산가족이 겪는 애환의 연장에 불과했다. 탈북자의 현실을 느껴 보기에는 역부족이었다는 말이다. 그러나 <크로싱>은 달랐다. 피치 못할 사정으로 겪는 이산가족의 슬픔을 다루고 있긴 하지만 북한 현실과 탈북자들의 실상을 더욱 리얼하게 영상으로 표현하고 있기 때문이다. 그래서 <크로싱>에 대한 반응은 남북관계를 다룬 다른 영화와 다를 수밖에 없다.

아마도 이 영화를 가장 환영한 단체는 북한의 인권상황을 우려하는 전 세계 NGO 단체들일 것이다. 인권 사각지대로 잘 알려진 북한의 인권상황을 보다 정확하게 알리고 싶었던 그들로서는 실상을 보여 주어 경험할 수 있게 한 <크로싱>만큼 설득력 있는 영화를 발견하는 것이 쉽지 않을 것이기 때문이다. 실제로 감독과 출연배우들은 4년이라는 비밀스런 제작기간 동안 수많은 탈북자들과 인터뷰했으며, 탈북자를 지원하는 사람들을 만나 자문을 구했고 탈북자 김철용 씨가 조감독으로 활동함으로써 영화의 현실감각을 더욱 높이려 노력했다. 시사회에 참석한 탈북자 가운데 한 사람은 세트장과 탈북자의 현실이 자신이 경험했던 것과 너무 같다는 사실에 놀라워할 정도였다.

물론 정치외교적인 측면에서 가깝게는 북한과 중국의 관계를 염려하는 목소리가 없지 않다. 영화를 통해 불필요한 외교적인 마찰이 일어날 수도 있다는 것이다. 남한에 대한 북한의 태도가 바뀔 수 있고, 북한 주민들의 탈북시도에 대한 경계가 더욱 강화될 수도 있다는 것이다. 이로 인해 탈북자들을 도우려는 사람들의 노력을 더욱 힘들게 만들 수도 있는 일이다.

김태균 감독과 주연배우 차인표 씨는 이 점을 처음부터 숙지하고 있었고, 충분히 예상할 수 있는 일이었다고 한다. 정치적인 함의가 가득한 영화는 처음부터 흥행을 염두에 두지 않는 법이다. 또한 복잡한 이해관계에 얽힐 수 있는 영화제작을 지원할 투자자를 얻는 것도 쉽지 않아 제작을 주저했다는 감독의 말은 어렵지 않게 이해될 수 있는 일이었다. 김태균 감독 역시, 그의 필모그래피가 말해 주듯이, 인권문제나 혹은 정치적 색채가 짙은 영화에 관심을 가지고 있는 것 같지 않다. 그럼에도 불구하고 김태균 감독은 무엇 때문에 이 영화를 제작하게 된 것일까? 이 질문에 대한 대답을 크게 두 가지로 살펴볼 수 있다. 하나는 영화 안에서 찾아볼 수 있다면, 다른 하나는 감독과 배우와의 인터뷰에서 발견하게 된다.

우선 김태균 감독은 시사회 후에 가진 기자 간담회에서 이 영화를 만들게 된 동기 가운데 하나로 '부끄러운 마음'을 꼽았다. 부끄러운 마음이란 오래전에 북한의 현실을 다큐멘터리로 제작한 영화를 본 후에 자신의 삶을 돌아보며 느낀 것을 일컫는다. 게다가 제작을 준비하는 과정에서 탈북자들과의 인터뷰를 하면서 그동안 그들의 실상에 대해 너무도 무지했던 자신을 보고 같은 민족으로서 느끼는 감정이었다. 바로 이러한 부끄러운 마음으로 시작한 김태균 감독은 영화제작을 자신의 숙명으로 생각하게 되는데, 특히 생각지도 못한 곳에서 40억이라는 거금의 투자가 이뤄진 사실을 두고 영화제작이 하나님의 뜻이며 이 일이 이뤄질 수 있게 하신 하나님의 도우심으로 고백한다. 뿐만 아니라 중국과 몽골을 오가며 촬영하는 기간 동안 충분히 예상할 수 있는 위험한 변수조차도 결코 일어나지 않았으며, 오히려 촬영기간 내내 수많은 기적과 같은 일들을 경험할 수 있었다고 한다. 결국 4년 동안의 비밀스런 영화제작을 마치고 마침내 개봉할 수 있게 된 것은 탈북자들의 인권에 대한 감독과 출연배우의 신앙에 힘입은 바 크다고 볼 수 있다. 다시 말해서 5년 전에 예수를 영접한 김태균 감독은 영화제작에 임하면서, 한편으로는 영화제작을 기도로 후원하는 신앙동지들의 격려를 들을 수도 있었지만, 다른 한편으로는 수많은 동료로부터 회의적인 반응을 들어야 했다고 한다. 상반된 반응 속에서도 김태균 감독은 모든 일의 결국을 하나님의 인도에 내맡겨 결국 영화를 완성할 수 있었다고 한다. 배우 차인표 씨는 촬영에 임하면서 시편 82편의 말씀을 붙잡고 기도했으며, 영화제작의 완성은 곧 기도의 응답이었다고 고백한다.

이제 두 번째 동기를 살펴보기 위해 영화 <크로싱>의 내용을 잠시 들여다보자.

함경남도 축구 대표 팀으로 활동했던 용수(차인표 분)는 비록 열악한 환경 속에서 광부로 일하지만 아내와 아들 준(신명철 분)과 더불어 단출한 삶을 살고 있다. 아내의 예사치 않은 기침은 영양결핍으로 인해 폐결핵으로 진전되고, 게다가 그녀는 임신한 상태임이 확인된다. 북한에서는 구하기 힘든 약을 구하기 위해 용수는 중국행을 결심하고, 아들 준에게 엄마를 잘 지켜 달라는 부탁을 한다. 탈북에 힘겹게 성공한 용수는 약을 구하기 위해 불법 노동자로 일하며 돈을 모으지만, 중국 공안의 단속을 피하다 그동안 벌어 놓은 돈을 다 잃어버리게 될 뿐만 아니라 공안당국에 쫓기며 숨어 지내는 신세가 된다. 약을 구하지 않고는 빈손으로 돌아갈 수 없었던 용수는 인터뷰를 하면 돈을 준다는 말에 탈북자들을 돕는 단체의 도움을 받지만, 약을 구해 고향으로 돌아가려는 자신의 의지와는 달리 바로 서울로 이전하게 된다. 그러는 사이 아내는 폐결핵으로 숨을 거두고 아들 준은 아버지를 찾아 중국으로 가게 된다. 용수는 탈북을 돕는 브로커를 통해 가족의 탈북을 시도하지만 결국 아내의 죽음 소식을 들어야만 했다. 살아남은 용수의 아들 준 역시 중국 국경을 넘어 몽골까지 가는 데는 성공하지만 결국 고비사막의 한계를 넘지 못해 안타깝게 숨을 거두게 된다.

북한에 두고 온 아내가 약 한 번 써 보지도 못하고 죽었다는 소식을 접하면서 절망감에 사로잡혔던 용수는 자신을 돕고 있는 공장장이 하나님의 섭리와 계획을 말하며 위로하였을 때 그에게 의미심장한 질문을 던진다. "어찌해서 하나님은 남한에만 있고, 먹을 것도 없고 치료할 약도 없는 북한에는 없는 것이냐, 어찌해서 부유한 자에게만 있고, 가난한 자에게는 없는 것이냐?" 영화는 이 질문에 대해 직접적으로는 아무런 대답을 주고 있지 않다. 감독은 비라는 이미지를 통해 오직 간접적인 방식으로 하나님의 눈물을 말하고 있을 뿐이다. 다시 말해서 유독 비만 내리면 좋아하는 준의 모습과 거듭 반복되는 비의 이미지를 통해 감독은 북한 주민의 아픔과 고통이 있는 곳에 하나님의 눈물과 위로가 있을 것임을 확신한 것이다. 영화 전체를 통해서 반복되는 장면이어서 주목되기는 하지만 쉽게 하나님의 눈물과 위로로 독해될 수 없는 것이 아쉽다. 감독은 바로 이런 장면을 통해서 하나님은 결코 가난한 자와 고통 속에 있는 자들을 외면하지 않으신다는 사실을 말하고 싶었던 것 같다. 이것을 영화제작의 두 번째 동기로 이해하는 것에 큰 무리는 없을 것이라 생각한다. 하나님의 눈물과 위로를 보았던 감독이 <크로싱>을 숙명으로 생각한 것은 당연한 일이라 생각하기 때문이다.

한편, 필자는 절망의 순간에 던지 영수의 질문이 다분히 영화를 보는 자에게 던진 과제로 여겨진다. 왜냐하면 하나님은 사람을 통해서 일하시기 때문이다. 북한에 하나님이 없는 듯이 보이는 것은 상징적으로 비를 통해서 나타나는 하나님의 눈물과 위로를 볼 수 있는 안목이 없기 때문이기도 하지만, 생명의 위협에 처해 있는 북한 주민들에게 직접적인 도움의 손길을 펴지 못하기 때문이기도 하다. 기아의 사실을 접하면서도 정치적인 이유로 식량 원조를 중단하는 것은 우리가 죄인임에도 불구하고 사랑을 베푸시는 하나님의 사랑을 제대로 드러내지 못하는 것이다. 일만 달란트 빚을 탕감받은 자가 일백 데나리온의 빚을 탕감하지 못하는 것과 다를 바가 없다.

결론적으로 말해서 감독이 영화 <크로싱>을 만들면서 기대한 것은 관객들이 북한 주민과 탈북자의 실상을 바로 보는 것이며, 또한 보는 자들에게서 어떤 행위가 표출되는 것이다. 기독교인들은 먼저 부름을 받은 자로서 하나님의 부재를 호소하는 곳, 곧 도움이 필요한 곳에 하나님의 도우심을 나타내야 할 과제를 갖고 있다. 기독교인들이 이 영화에 주목해야 할 이유가 있다면, 어느 곳에서 하나님의 부재가 경험되고 있는지 알기 위함이며, 하나님이 보여 주시는 현실을 보기 위함이고, 또한 보는 자에게 부끄러운 마음을 불러일으키는 현실적인 요구에 충실하게 응답할 수 있기 위해서다. 북한 주민과 탈북자들을 위해서 교회가 구체적으로 해야 할 일이 무엇인지를 깨닫는 영화 감상의 시간이 되길 기대한다.

(「목회와 신학」 2008년 7월, 218-224)

최성수(1963~)

서울 출생, 서강대학교 철학과(B.A.), Rheinische Friedrich-Wilhelms-Universität Bonn 신학석사(Mag. theol.), 신학박사(Dr. theol.), 호남신학대학교 신대원(M. Div.), 현재 장로회신학대학교, 감리교신학대학교, 안양대학교, 대전신학대학교, 한남대학교 등 출강

저자는 조직신학자와 영화평론가로서, 그리고 프리랜서로서 여러 기독교 잡지에 기독교 문화와 영화에 대한 글을 기고하고 있다. 기독교적 영화비평을 활성화하는 데 크게 기여했으며, 국내의 여러 대학에서 대중문화와 영화에 대한 강의와 강연을 하고 있다. 기독교 문화 및 영화와 기독교의 관계에 대한 다양한 형태의 글쓰기와 전국의 교회를 순회하며 강연하면서 한국 기독교 문화의 발전과 부흥을 위해 헌신적인 노력을 기울이고 있다.

Koreanisches Christentum in der Begegnung mit einheimischen Religionen, Beiträge zur theologischen Urteilsbildung Bd. 7, Peter Lang Verl. Frankfurt a.M./Berlin/Bern/Bruxell/New York/Wien 1999.
『신학과 목회, 그 뗄 수 없는 관계』, 『영화관에서 만나는 하나님』, 『영화 속 장애인 이야기』, 『영화 속 기독교』, 『판넨베르크 신학 연구』, 『계명은 복음이다』, 『제3의 설교론』, 『지혜는 섬기는 자를 위한 선물』, 『소명은 계시사건이다』, 『제자의 역할』, 『대중문화 영성과 기독교 영성』

G. Sauter, 『종말론 입문. 소망의 이유를 묻는 이를 위하여』
G. Sauter, 『소망을 위하여. 자우터 교수 은퇴 기념 논문집』(편역)
판넨베르크와 자우터, 『신학은 어떤 의미에서 학문인가?』(편역)

영화를 통한 성찰과 인식 그리고 +α

초판인쇄 | 2011년 1월 15일
초판발행 | 2011년 1월 15일

지 은 이 | 최성수
펴 낸 이 | 채종준
펴 낸 곳 | 한국학술정보㈜
주　　소 | 경기도 파주시 교하읍 문발리 파주출판문화정보산업단지 513-5
전　　화 | 031) 908-3181(대표)
팩　　스 | 031) 908-3189
홈페이지 | http://ebook.kstudy.com
E-mail | 출판사업부 publish@kstudy.com
등　　록 | 제일산-115호(2000. 6. 19)

ISBN　978-89-268-1817-6 03230 (Paper Book)
　　　　978-89-268-1818-3 08230 (e-Book)

이담 books 는 한국학술정보(주)의 지식실용서 브랜드입니다.